史記

评注版

全本 全注 全评

[西汉]司马迁 著

韩兆琦 评注

三 世家

岳麓書社·长沙

“吴王光”青铜鉴

吴王夫差矛

齐景公墓殉马

战国鲁国青铜器

战国燕国透雕龙凤纹铜铺首

蔡侯青铜鼎

陈侯壶

卫鼎

宋公固铺

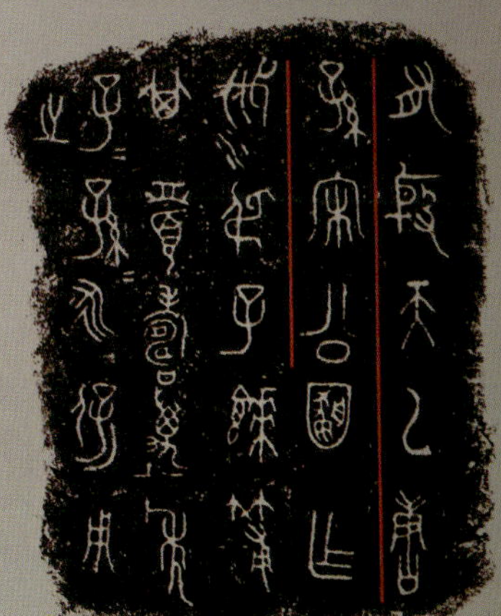

释文

有殷天乙唐（汤）孙宋公固乍（作）瀸（滥）弔（叔）子餗箭（铺），其眉寿万年，子=孙=永保用之。

宋公固铺铭文

叔虞方鼎

晋国鸟尊

“王子午（楚庄王儿子子庚）”青铜鼎

越王句践剑

郑国东周祭祀遗址编钟

赵国青铜马

魏国云兽纹青玉璜

韩国错金青铜鉌

长沙王玺金印

中山靖王刘胜墓出土铜朱雀衔环杯

西汉窦绾金缕玉衣

梁王墓群出土的士兵陶俑

南宋 马远 《孔丘像》

河南永城芒砀山陈胜墓

徐州狮子山楚王墓出土勾连丝纹龙形玉佩

目　录

吴太伯世家第一

吴太伯，太伯弟仲雍，皆周太王之子，[1]而王季历[2]之兄也。季历贤，而有圣子昌[3]，太王欲立季历以及昌[4]，于是太伯、仲雍二人乃奔荆蛮[5]，文身断发，示不可用，[6]以避季历。季历果立，是为王季，而昌为文王[7]。太伯之奔荆蛮，自号句吴[8]。荆蛮义之，从而归之千余家，立为吴太伯[9]。

太伯卒，无子，弟仲雍立，是为吴仲雍。仲雍卒，子季简立。季简卒，子叔达立。叔达卒，子周章立。是时周武王克殷，求太伯、仲雍之后，得周章。周章已君吴，因而封之[10]。乃封周章弟虞仲于周之北故夏虚，是为虞仲，[11]列为诸侯。

周章卒，子熊遂立，熊遂卒，子柯相立。柯相卒，子彊鸠夷立。彊鸠夷卒，子余桥疑吾立。余桥疑吾卒，子柯卢立。柯卢卒，子周繇立。周繇卒，子屈羽立。屈羽卒，子夷吾立。夷吾卒，子禽处立。禽处卒，子转立。转卒，子颇高立。颇高卒，子句卑立。是时晋献公灭周北虞公，以开晋伐虢也。[12]句卑卒，子去齐立。去齐卒，子寿梦立。寿梦立而吴始益大，称王。

自太伯作吴，五世而武王克殷，[13]封其后为二：其一虞，在中国；其一吴，在夷蛮[14]。十二世而晋灭中国之虞。中国之虞灭二世，而夷蛮之吴兴。大凡从太伯至寿梦十九世。

（以上为第一段，写吴国强大以前的早期历史。）

①太伯——姬姓，史失其名，故以行（háng）称之。太伯：一作“泰伯”。 仲雍——“雍”是名，“仲”是排行，为第二。 周太王——即古公亶（dǎn）父。“太王”乃武王灭商后对古公亶父的尊称。 ②王季历——周文王之父，“历”是名，“季”字是排行，为最小。“王季”是武王灭商后对季历的尊称。 ③圣子昌——即后来的周文王，名昌。 ④以及昌——从而可以传给其孙姬昌。 ⑤荆蛮——周人对楚人的蔑称。又，古代中原人对楚、越等南方人亦称荆蛮。按：今无锡鸿声街道有太（泰）伯墓、太（泰）伯祠，香火繁盛，当地皆尊为太伯所奔之地。 ⑥文身断发——当时南方少数民族的生活习惯。文：花纹，引申为刺画花纹。 示不可用——已经改变了华夏民族的传统，不可能再回华夏地区继承王位。 ⑦而昌为文王——姬昌为商朝的西方诸侯之长（伯），“文王”乃武王灭商后对姬昌的尊称。 ⑧句（gōu）吴——“句”是南方古言中的发语词，犹如称“越”为“於越”。 ⑨立为吴太伯——《正义》曰：“吴，国号也。太伯居梅里……号‘句吴’。寿梦卒，诸樊南徙吴；至二十一代孙光，使子胥筑阖庐城都之，今苏州也。” ⑩因而封之——正式策命他为吴王。 ⑪夏虚——夏朝都城的旧址，在今山西平陆北。虚：“墟”的本字。 虞仲——“虞”为国名，“仲”是人名。据本文，司马迁乃称周章之弟为“虞仲”，虞仲是太伯的四世侄孙；但《左传》《论语》都称太伯之弟仲雍为“虞仲”。 ⑫晋献公灭周北虞公——事在晋献公二十二年（前655），因为虞国都城在当时周国都城雒阳的北方，故称虞国诸侯为“周北虞公”。 开晋伐虢——开：让开道路。 ⑬作吴——创建吴国。作：兴起，创立。 五世——指吴太伯、吴仲雍、吴季简、吴叔达、吴周章。 ⑭其一虞，在中国；其一吴，在夷蛮——史公此处明确称被晋所灭之“虞”，与长江下游建都于今苏州之“吴”为兄弟之国，此说法最早见于《左传》。中国：古时用以指称华夏族所居之中原地区。

王寿梦二年，楚之亡大夫申公巫臣怨楚将子反而奔晋，[1] 自晋使吴，教吴用兵乘车[②]，令其子为吴行人[③]，吴于是始通于中国。吴伐楚。十六年，楚共王伐吴，至衡山。[④]

二十五年，王寿梦卒。寿梦有子四人，长曰诸樊，次曰餘祭，次曰餘眛，次曰季札。季札贤，而寿梦欲立之，季札让不可，于是乃立长子诸樊，摄行事当国[⑤]。

王诸樊元年，诸樊已除丧，让位季札。季札谢曰："曹宣公之卒也，诸侯与曹人不义曹君，将立子臧，子臧去之，以成曹君。君子曰'能守节矣'。君义嗣，谁敢干君！[⑥]有国，非吾节也。[⑦]札虽不材，愿附于子臧之义[⑧]。"吴人固立季札，季札弃其室而耕，乃舍之。秋，吴伐楚，楚败我师。四年，晋平公初立。

十三年，王诸樊卒。有命授弟餘祭，欲传以次[⑨]，必致国于季札而止，以称先王寿梦之意，且嘉季札之义，兄弟皆欲致国，令以渐至焉[⑩]。季札封于延陵[⑪]，故号曰"延陵季子"。

王餘祭三年，齐相庆封有罪，自齐来奔吴。吴予庆封朱方之县，以为奉邑，[⑫]以女妻之，富于在齐。

四年，吴使季札聘于鲁[⑬]，请观周乐[⑭]。为歌《周南》《召南》。曰："美哉，始基之矣，犹未也，然勤而不怨[⑮]。"歌《邶》《鄘》《卫》。曰："美哉，渊乎，忧而不困者也。吾闻卫康叔、武公之德如是，[⑯]是其《卫风》乎？"歌《王》。曰："美哉，思而不惧，其周之东乎？[⑰]"歌《郑》。曰："其细[⑱]已甚，民不堪也，是其先亡乎？"歌《齐》。曰："美哉，泱泱乎，大风也哉。[⑲]表东海[⑳]者，其太公乎？国未可量也。"歌《豳》。曰："美哉，荡荡乎，乐而不淫，其周公之东乎？[㉑]"歌《秦》。曰："此之谓夏声[㉒]。夫能夏则大，大之至也，其周之旧[㉓]乎？"歌《魏》。曰："美哉，沨沨乎，大而宽，俭而易行，[㉔]以德辅此，则盟主也。"歌《唐》。曰："思深哉，其有陶唐氏之遗风乎？不然，何忧之远也？非令德[㉕]之后，谁能若是！"歌《陈》。曰："国无主，其能久乎？[㉖]"自《郐》以下，无讥[㉗]焉。歌《小雅》。曰："美哉，思而不贰，怨而不言，[㉘]其周德之衰乎？犹有先王之遗民也。"

歌《大雅》。曰："广哉，熙熙乎，曲而有直体，其文王之德乎？"歌《颂》。曰："至矣哉，直而不倨，曲而不诎，近而不逼，远而不携，[29]迁而不淫，复而不厌，哀而不愁，乐而不荒，[30]用而不匮，广而不宣，施而不费，取而不贪，处而不底，行而不流。[31]五声和，八风平，[32]节有度，守有序[33]，盛德之所同也。"见舞《象箾》《南籥》[34]者，曰："美哉，犹有憾[35]。"见舞《大武》[36]，曰："美哉，周之盛也，其若此乎？"见舞《韶护》[37]者，曰："圣人之弘也，犹有惭德[38]，圣人之难也！"见舞《大夏》[39]，曰："美哉，勤而不德[40]，非禹，其谁能及之？"见舞《招箾》[41]，曰："德至矣哉，大矣，如天之无不焘也，如地之无不载也，虽甚盛德，无以加矣。[42]观止矣，若有他乐，吾不敢观。"

去鲁，遂使齐。说晏平仲[43]曰："子速纳邑与政[44]，无邑无政，乃免于难。齐国之政将有所归；未得所归，难未息也。"故晏子因陈桓子以纳政与邑，是以免于栾高之难。[45]

去齐，使于郑。见子产，如旧交。谓子产曰："郑之执政侈，难将至矣，政必及子。[46]子为政，慎以礼。不然，郑国将败。"去郑，适卫。说蘧瑗、史狗、史鳅、公子荆、公叔发、公子朝曰："卫多君子，未有患也。"

自卫如晋，将舍于宿，闻钟声，[47]曰："异哉！吾闻之，辩而不德[48]，必加于戮。夫子获罪于君以在此，惧犹不足，而又可以畔乎？[49]夫子之在此，犹燕之巢于幕也。君在殡[50]而可以乐乎？"遂去之。文子闻之，终身不听琴瑟。[51]

适晋，说赵文子、韩宣子、魏献子曰[52]："晋国其萃于三家乎[53]！"将去，谓叔向[54]曰："吾子勉之！君侈而多良，大夫皆富，政将在三家。吾子直，必思自免于难。"

季札之初使，北过徐君[55]。徐君好季札剑，口弗敢言。季札心知之，为使上国，未献。还至徐，徐君已死，于是乃解其宝剑，系之徐君冢树而去。从者曰："徐君已死，尚谁予乎？"季子曰：

“不然。始吾心已许之,岂以死倍吾心哉[56]!”

七年[57],楚公子围弑其王夹敖而代立,是为灵王。十年,楚灵王会诸侯而以伐吴之朱方,以诛齐庆封。吴亦攻楚,取三邑而去。十一年,楚伐吴,至雩娄[58]。十二年,楚复来伐,次于乾谿,楚师败走。[59]

十七年,王餘祭卒,弟餘眛立。[60]王餘眛二年,楚公子弃疾弑其君灵王代立焉。

四年,王餘眛卒,欲授弟季札。季札让,逃去。于是吴人曰:“先王有命,兄卒弟代立,必致季子。季子今逃位,则王餘眛后立。今卒,其子当代[61]。”乃立王餘眛之子僚为王[62]。

(以上为第二段,写寿梦、诸樊、餘祭、餘眛四代的吴国,主要突出了季札之“让”与季札之“贤”。)

①寿梦二年——公元前584年。　亡大夫——因在本国犯罪而出逃到其他国家的大夫。　申公巫臣怨楚将子反而奔晋——申公巫臣原是楚国的贵族,公元前598年,楚国平定陈国内乱,捉到了陈国的美妇人夏姬,楚将子反想将其据为己有,申公巫臣以“大道理”劝阻了他,而自己却偷偷带着夏姬逃到晋国去了(即所谓“亡大夫”)。子反大怒,挑动楚王杀了申公巫臣家族的许多人,瓜分了其家产与领地。申公巫臣恨楚将子反,发誓要报此仇。　②自晋使吴,教吴用兵乘车——申公巫臣为了向楚国报仇,自己请求替晋人出使吴国,策动吴国与晋国联合共同反楚。到达吴国后,他帮着吴国训练军队,教给吴军车战,从此吴国强大,成为了楚国东部的劲敌。晋国与吴国对楚国轮番挑战,遂造成了楚国在两条战线之间疲于奔命。　③行人——指外交官。　④十六年——公元前570年。　楚共王——名审,庄王之子,公元前590—前560年在位。　衡山——在今安徽芜湖北。　⑤摄行事当国——暂时行使国君的职权,真正的王位还给季札留着。摄:代理。　⑥义嗣——合适的继承人。义:意思同“宜”。诸樊是长子,故季札称其为“义嗣”。　干——犯,侵夺。　⑦有国——掌国之政,为国之君。　非吾节——不是我这种操行的人所愿干的。　⑧附于子臧之义——效法子臧的让

国守节。 ⑨欲传以次——想按着次序向下传。 ⑩以渐至焉——慢慢地逐渐传至季札。 ⑪延陵——吴邑名,在今江苏常州。 ⑫朱方——吴邑名,在今江苏镇江丹徒镇东南。 奉邑——采邑,领地。奉:通“俸”。 ⑬聘于鲁——出使鲁国。聘:国与国间的礼节性访问。 ⑭周乐——周天子使用的音乐,其歌词即今所存之《诗经》。因为鲁国是周公姬旦的后代,周天子为表示对鲁国的特殊尊重,故将自己使用的音乐赠给了鲁国一套。下述《周南》至《郐》,都是《诗经·国风》中的篇名。 ⑮美哉,始基之矣,犹未也,然勤而不怨——“美哉”赞其音乐;“始基之矣,犹未也,然勤而不怨”三句称其为王业奠定基础,但犹未成功,故民虽劳而不怨。勤:劳。 ⑯卫康叔——名封,武王之弟,周公平定武庚、三监之乱后,封其为卫国之君,都朝歌。 武公——名和,公元前812—前758年在位,犬戎灭西周时,卫武公曾出兵佐平王定都于雒阳,从而受到周王室的褒奖。 ⑰思而不惧——《集解》引杜预曰:“宗周陨灭,故忧思;犹有先王之遗风,故不惧也。” 其周之东乎——这大概是周国东迁以后的诗歌吧。 ⑱细——琐屑,渺小,不重要。《郑风》多言男女爱情之事,少关政治大局,故季札认为“其细已甚”,又料其“先亡”云云。 ⑲泱泱——水深广貌,宏大貌,此处用以比喻齐国音乐的雄浑宽厚。 大风——宏伟的乐章。 ⑳表东海——为诸侯表率而地处东海之滨。 ㉑荡荡——水势奔流激荡。 乐而不淫——安乐而不放纵。 周公之东——周公平定管蔡之乱后告诫成王所作的诗歌,如《东山》《狼跋》《七月》等篇即是。 ㉒夏声——中井积德曰:“秦国即周之旧都,故其声‘夏’也。‘夏声’,犹言‘京音’也。故曰‘周之旧乎’。” ㉓周之旧——西周王朝旧时占有的领地。 ㉔沨沨(féng)——形容乐声婉转抑扬。 俭而易行——即政令简约,宽缓易行。按:中华本于此断句作“大而宽,俭而易,行以德辅,此则盟主也”似欠顺畅,今依杨伯峻《春秋左传注》之断句。 ㉕令德——美好的德行。 ㉖国无主——没有好的君主。陈国的君主如陈厉公、陈灵公等,俱以荒淫闻名。 其能久乎——陈被楚国所灭,在公元前534年。后五年复国,前479年复为楚所灭。 ㉗无讥——不再评论。 ㉘思而不贰——有忧伤而无背叛之意。思:哀思。 怨而不言——有埋怨而无叛逆之言。 ㉙至矣哉——即好到家了。 直而不倨——正直而不傲慢。 曲而不诎——柔顺而不降低身份。 近而不逼——与君主亲近时能不使其感到受威胁。 远而不携——与君主疏远时而不与之离心离德。携:离心。 ㉚迁而不淫——受到贬谪时能坚守节操不动摇。 复而不厌——官复原职而能兢兢业业永不倦怠。 哀而不愁——忧心国事时能不忧愁绝望。 乐而不荒——内心喜悦时能不忘乎所以。 ㉛用而不匮——言其道德弘远,能屡施不绝。 广而不宣——言其道德远布而自己又不张扬。 施而不费——《论语·尧曰》:“因民之所利而利之,斯不亦惠而不费乎?” 处而不底(zhǐ)——停于某处时,能不画地为牢,该动则动。 行而不流——变动过程中能不随波逐流,该止则止。 ㉜五声——指宫、商、角、徵、羽五音。这里泛指一切音乐。 八风——指“八音”,中国古代对乐器的分类,即匏、土、革、木、石、金、丝、竹八种乐器。 ㉝节有度,守有序——杨伯骏认为是乐曲之节拍得其正,音阶之调和得其体。 ㉞《象箾》《南籥》——赞美文王的两种舞蹈名。杨伯峻认为:“箾”同“箫”。“舞《象箾》”,盖奏箫而为象舞。“籥”音“乐”,形似笛之乐器。“舞《南籥》”,盖奏南乐以配籥舞。 ㉟美哉,犹有憾——“美哉”是赞美舞蹈之精彩;“犹有感”是表现文王对自己的功业尚有遗憾。 ㊱《大武》——赞美武王功业的舞蹈名。 ㊲《韶护》——赞美汤的舞蹈名。 ㊳犹有惭德——杨伯骏认为:季札或以商汤伐纣为以下犯上,故云“犹有惭德”,以表不满。竹添光鸿认为是商汤自己深感不如尧舜。 ㊴《大夏》——赞美禹的舞蹈名。 ㊵勤而不德——自甘劳苦而不居功。不德:不以德自居。 ㊶《招箾》——亦作《韶箾》《箫韶》,赞美虞舜的舞蹈名。 ㊷焘(dào)——同“帱”,车帷。此处指覆盖。 虽甚盛德,无以加矣——即没有任何人的盛德能够超过舜了。 ㊸晏平仲——即晏婴,字平仲,春秋时齐国大夫。 ㊹纳邑与政——赶紧将领地与职权交回朝廷。纳:交付,致送。 ㊺因陈桓子纳政与邑——向陈桓子递交辞呈,交出了自己领地与职权。陈桓子:也称田桓子,名无宇,田氏家族的领袖,有宠于齐庄公。田氏家族这时在齐国已经逐渐强大,故季札预言“齐国之政将有所归”。这当然是后人为美化季札而渲染他的“先知先觉”。 栾高之难——齐国贵族栾施、高强忌恨陈无宇与鲍国两家，于是陈、鲍两家首先发难打走了栾施、高强，瓜分了他们的领地，从此陈氏家族益强。晏婴在这场事变中表面上中立，实际上是站在了陈氏一方。 ㊻郑之执政侈——春秋时郑大夫良霄，字伯有，为人骄奢跋扈。 难将至——季札说此话后的第二年，郑国即发生内乱，伯有被杀。 政必及子——郑国内乱后，子产为相，从此执郑政四十余年。 ㊼将舍于宿——宿：应作“戚”。《左传》作“将宿于戚”，戚：卫邑名，在今河南濮阳北戚城。当时是卫国贵族孙林父的封地。 闻钟声——听到孙林父家击钟奏乐。 ㊽辩而不德——梁履绳《左通补释》认为“辩”应作“变”，意思是“既为变乱，而又不德”。按：孙林父曾与另一贵族甯喜作乱驱逐了卫献公，改立了卫殇公。后来孙林父又与甯喜闹矛盾，被卫殇公驱逐。孙林父逃到晋国，引导晋兵伐卫，杀掉了卫殇公与甯喜，重新迎回了卫献公，而自己仍执卫政而不知羞耻。 ㊾夫子——指孙林父。 获罪于君以在此——孙林父是因为前次驱逐了卫献公，卫殇公才将“戚”这块领地封给孙林父的，现在卫献公回来了，孙林父理应对此感到不安，结果他还击钟享乐，故季札对其厌恶。 又可以畔乎——“畔”即“般”字，当“乐”字讲，《左传》于此直作“惧犹不足，而又何乐”。 ㊿君在殡——卫献公死于复辟后的第三年，季札到卫国的时候，卫献公尚未埋葬。殡：殓而待葬。 ㊿¹文子——孙林父的谥号。 终身不听琴瑟——从此不听音乐。 ㊿²赵文子——晋国赵氏家族的首领，名武。 韩宣子——晋国韩氏家族的首领，名起。 魏献子——晋国魏氏家族的首领，名舒。季札访晋的时代，六卿掌晋政，晋君等同傀儡。当时的六卿为范氏、中行氏、智氏、韩氏、赵氏、魏氏。 ㊿³晋国其萃(cuì)于三家乎——《集解》引服虔曰：“言晋国之祚将集于三家。”萃：聚，集中。 ㊿⁴叔向——姓羊舌，名肸(xī)，晋国后期的名臣，曾被孔子称为“古之遗直”。 ㊿⁵徐君——徐邑的封君。徐原为小国，在今江苏泗洪南，后被吴国所灭。 ㊿⁶岂以死倍吾心哉——倍：通“背”，违背。按：季札系剑于徐君之墓的故事，迹近小说。 ㊿⁷七年——餘祭七年，公元前541年。 ㊿⁸雩(yú)娄——春秋吴地，后属楚。在今河南固始东南。 ㊿⁹次——停留，指在旅行途中或行军途中。 乾谿——春秋楚地，在今安徽亳州东南。 ⑥0十七年——餘祭十七年，公元前531年。 王餘祭卒，弟餘眜立——梁玉绳曰："餘祭四年，夷眜十七年，史误倒。"关于餘祭之死，《左传·襄公二十九年》曰："吴人伐越，获俘焉，以为阍，使守舟。吴子餘祭观舟，阍以刀弑之。"时即餘祭四年。又据1973年长沙马王堆出土之帛书《春秋事语》，亦谓"吴伐越，复（俘）其民，使守其周（舟）。吴子余蔡（祭）观舟，闽（阍）人杀之"。说法相同。 ⑥1今卒，其子当代——按：此六字与上文重复，似应删。 ⑥2乃立王餘眜之子僚为王——按：《史记》诸篇皆谓王僚是餘眜之子，谓公子光是诸樊之子；而《春秋公羊传》则谓王僚是诸樊之子，公子光是餘眜之子，刚好相反。

王僚二年，公子光伐楚，败而亡王舟。[①]光惧，袭楚，复得王舟而还。

五年，楚之亡臣伍子胥[②]来奔，公子光客之。公子光者，王诸樊之子也。常以为"吾父兄弟四人，当传至季子。季子即不受国，光父先立。即不传季子，光当立"。阴纳贤士，欲以袭王僚。

八年，吴使公子光伐楚，败楚师，迎楚故太子建母于居巢以归[③]。因北伐，败陈、蔡之师。九年，公子光伐楚，拔居巢、钟离[④]。初，楚边邑卑梁氏之处女与吴边邑之女争桑[⑤]，二女家怒相灭，两国边邑长闻之，怒而相攻，灭吴之边邑。吴王怒，故遂伐楚，取两都而去。

伍子胥之初奔吴，说吴王僚以伐楚之利。公子光曰："胥之父兄为僇于楚，欲自报其仇耳，未见其利。"于是伍员知光有他志，乃求勇士专诸，见之光。光喜，乃客伍子胥。子胥退而耕于野，以待专诸之事。

十二年冬，楚平王卒[⑥]。十三年春，吴欲因楚丧而伐之，[⑦]使公子盖余、烛庸以兵围楚之六、灊。[⑧]使季札于晋，以观诸侯之变[⑨]。楚发兵绝吴兵后，吴兵不得还。于是吴公子光曰："此时不可失也。"告专诸曰："不索何获[⑩]！我真王嗣[⑪]，当立，吾欲求之。季子虽至，不吾废也[⑫]。"专诸曰："王僚可杀也，母老子弱[⑬]，而两公子将兵攻楚，楚绝其路。方今吴外困于楚，而内空无骨鲠之臣，是无奈我何。”光曰：“我身，子之身也[14]。”四月丙子，光伏甲士于窟室，而谒王僚饮。[15]王僚使兵陈于道，自王宫至光之家，门阶户席，皆王僚之亲也，人夹持铍[16]。公子光详[17]为足疾，入于窟室，使专诸置匕首于炙鱼之中以进食。手匕首刺王僚，铍交于匈[18]，遂弑王僚。公子光竟代立为王，是为吴王阖庐。阖庐乃以专诸子为卿[19]。

季子至，曰：“苟先君无废祀，民人无废主，社稷有奉，乃吾君也。吾敢谁怨乎？哀死事生，以待天命。非我生乱，立者从之，先人之道也。”复命，哭僚墓，复位而待。[20]吴公子烛庸、盖余二人将兵遇围于楚者[21]，闻公子光弑王僚自立，乃以其兵降楚，楚封之于舒[22]。

王阖庐元年，举伍子胥为行人而与谋国事。[23]楚诛伯州犁，其孙伯嚭亡奔吴，吴以为大夫。

三年，吴王阖庐与子胥、伯嚭将兵伐楚，拔舒，杀吴亡将二公子。光谋欲入郢[24]，将军孙武曰：“民劳，未可，待之。”四年，伐楚，取六与灊。五年，伐越，败之。六年，楚使子常囊瓦伐吴。[25]迎而击之，大败楚军于豫章[26]，取楚之居巢而还。

九年，吴王阖庐谓[27]伍子胥、孙武曰：“始子之言郢未可入，今果如何？”二子对曰：“楚将子常贪，而唐、蔡皆怨之[28]。王必欲大伐，必得唐、蔡乃可。”阖庐从之，悉兴师，与唐、蔡西伐楚，至于汉水。楚亦发兵拒吴，夹水陈[29]。吴王阖庐弟夫槩欲战，阖庐弗许。夫槩曰：“王已属臣兵，兵以利为上，尚何待焉？”遂以其部五千人袭冒[30]楚，楚兵大败，走。于是吴王遂纵兵追之。比至郢，五战，楚五败。楚昭王亡出郢，奔郧。[31]郧公弟欲弑昭王，[32]昭王与郧公奔随[33]。而吴兵遂入郢，子胥、伯嚭鞭平王之尸以报父仇[34]。

十年春，越闻吴王之在郢，国空，乃伐吴。吴使别兵击越。楚告急秦，秦遣兵救楚击吴，吴师败。阖庐弟夫槩见秦越交败吴，吴王留楚不去，夫槩亡归吴而自立为吴王。阖庐闻之，乃引兵归，攻夫槩。夫槩败，奔楚。楚昭王乃得以九月复入郢，而封夫槩于堂谿[35]，为堂谿氏。十一年，吴王使太子夫差伐楚，取番。楚恐而去郢徙鄀[36]。

（以上为第三段，写公子光弑王僚即位，与其破楚入郢，使吴国强大至巅峰。）

①王僚二年——公元前525年。 亡王舟——失掉了吴国先王所乘之舟，名曰余皇。 ②伍子胥——名员，其父伍奢、兄伍尚皆被楚平王所杀，伍子胥为报父兄之仇而辗转逃到吴国。 ③太子建母——楚平王前太子建之母，太子建因费无极的谮毁而被楚平王所废，其母亦被废弃，仍住在楚国。 居巢——楚邑名，春秋时为吴、楚交争之地。旧说即殷、周巢国，在今安徽六安东北，或在今巢湖东北。 ④钟离——楚邑名，故城在今安徽凤阳东北。 ⑤楚边邑卑梁氏——《伍子胥列传》作“吴边邑卑梁氏”，两处歧异。卑梁：邑名，在今安徽天长西北，其地为当时吴、楚两国的交界处。 ⑥十二年冬，楚平王卒——楚平王死于王僚十一年，公元前516年，此误。 ⑦十三年——王僚于其十二年被弑，没有十三年。此应作“十二年”，公元前515年。 因——趁，乘机。 ⑧公子盖余、烛庸——二人皆王僚之弟。 六（lù）——楚邑名，在今安徽六安北。 灊（qián）——楚邑名，在今安徽霍山县东北。 ⑨观诸侯之变——看中原诸国对吴趁楚丧以伐之的反应如何。 ⑩不索何获——不动手怎能有收获。索：求，争取。 ⑪我真王嗣——我是真正的王位继承人。 ⑫季子虽至，不吾废也——即使季札回来，他也不会再废掉我。 ⑬母老子弱——有人认为是专诸说自己，是专诸托其母子于光；也有人认为是指王僚而言，是王僚母老子弱。后说是。 ⑭我身，子之身也——意谓今后你们家里的一切问题都由我负责，我要为你家尽一切责任。 ⑮窟室——地下室。 谒王僚饮——请王僚来公子光家饮宴。谒：请。 ⑯人夹持铍（pī）——手持长矛的卫士夹立两侧。铍：将短剑装在长柄之上，类似长矛。 ⑰详——通“佯”，假装。 ⑱手匕首刺王僚，铍交于匈——当专诸以匕首刺中王僚的时候，左右卫士的长铍也同时刺入专诸的胸膛。匈：同“胸”。 ⑲卿——诸

侯国之大臣通常称“大夫”，其中有功勋巨大，经周天子策命者，可称为“卿”，如管仲、赵衰等。 ⑳复命，哭僚墓——复命于僚，哭其墓也。 复位而待——回到自己的岗位，等待公子光的吩咐。 ㉑吴公子烛庸、盖余二人将兵遇围于楚者——“二人将兵遇围于楚者”为夹注句，本句实应读作“吴公子烛庸、盖余闻公子光弑王僚自立，乃以其兵降楚”。 ㉒舒——楚县名，县治在今安徽庐江县西南。 ㉓阖庐元年——公元前514年。 行人——犹今之外交官。 ㉔谋欲入郢——想趁势攻取楚国的都城。郢：楚国的国都，在今湖北荆州市荆州区西北。 ㉕六年——当为“七年”，公元前508年。 子常囊瓦——姓囊名瓦，字子常，当时为楚国令尹。 ㉖豫章——此豫章地址不详，大约在长江北、淮水南，不是江西南昌的豫章。 ㉗谓——说。 ㉘楚将子常贪，而唐、蔡皆怨之——唐、蔡：邻近楚国北境的两个小国，唐的国都在今湖北随县唐县镇，蔡的国都在今河南上蔡西南。唐、蔡二君朝楚时，因不给楚令尹子常送马、裘而一度被子常拘留，故二君恨子常。 ㉙夹水陈——夹汉水列阵，吴居汉水东，楚居汉水西。陈：“阵”的古字。 ㉚袭冒——出其不意地进犯。 ㉛楚昭王——名珍，楚平王之子，公元前515—前489年在位。 郧（yún）——楚县名，在今湖北安陆，一说在今湖北十堰郧阳区。 ㉜郧公弟——郧县县令之弟，名怀。楚人对县令称“公”。 欲弑昭王——因为楚平王当年杀了他们的父亲，故郧公之弟说：“平王杀吾父，今我杀其子，不亦可乎？” ㉝昭王与郧公奔随——郧公阻止其弟曰：“君讨臣，谁敢仇之？君命，天也。若死天命，将谁仇？”于是保护昭王逃到了随国。随是楚国的附属国，国都在今湖北随州。 ㉞子胥、伯嚭鞭平王之尸——“伯嚭”二字疑衍。按：《伍子胥列传》云：“及吴兵入郢，伍子胥求昭王。既不得，乃掘楚平王墓，出其尸，鞭之三百然后已。” ㉟堂谿（xī）——也作“棠谿”，楚邑名，在今河南西平西。 ㊱去郢徙鄀（ruò）——离开旧郢都而迁居于鄀。鄀：又称“上鄀”，楚邑名，在今湖北宜城东南。

十五年，孔子相鲁。①

十九年夏，吴伐越，越王句践迎击之槜李②。越使死士挑战，三行造吴师，呼，自刭。[3]吴师观之，越因伐吴，败之姑苏，[4]伤吴王阖庐指，军却七里。吴王病伤而死[5]。阖庐使立太子夫差，谓曰："尔而忘句践杀汝父乎？"对曰："不敢！"[6]三年，乃报越[7]。

王夫差元年，以大夫伯嚭为太宰。[8]习战射，常以报越为志。二年，吴王悉精兵以伐越，败之夫椒，报姑苏也。[9]越王句践乃以甲兵五千人栖于会稽[10]，使大夫种因吴太宰嚭而行成，请委国为臣妾。[11]吴王将许之，伍子胥谏曰："昔有过氏杀斟灌以伐斟寻，灭夏后帝相[12]。帝相之妃后缗方娠，逃于有仍而生少康。[13]少康为有仍牧正[14]。有过又欲杀少康，少康奔有虞[15]。有虞思夏德，于是妻之以二女而邑之于纶。[16]有田一成，有众一旅。[17]后遂收夏众，抚其官职。[18]使人诱之，遂灭有过氏[19]。复禹之绩，祀夏配天，不失旧物。[20]今吴不如有过之强，而句践大于少康。今不因此而灭之，又将宽之，不亦难乎！且句践为人能辛苦[21]，今不灭，后必悔之。"吴王不听，听太宰嚭，卒许越平[22]，与盟而罢兵去。

七年，吴王夫差闻齐景公死而大臣争宠，新君弱，乃兴师北伐齐。子胥谏曰："越王句践食不重味，衣不重采，[23]吊死问疾，且欲有所用其众。此人不死，必为吴患。今越在腹心疾而王不先，而务齐，不亦谬乎！"吴王不听，遂北伐齐，败齐师于艾陵[24]。至缯，召鲁哀公而征百牢。[25]季康子使子贡以周礼说太宰嚭，乃得止。[26]因留略地[27]于齐、鲁之南。九年，为驺伐鲁，至，与鲁盟乃去。[28]十年，因伐齐而归[29]。十一年，复北伐齐。[30]

越王句践率其众以朝吴，厚献遗之，吴王喜。唯子胥惧，曰："是弃吴也[31]。"谏曰："越在腹心，今得志于齐，犹石田[32]，无所用。且《盘庚之诰》有'颠越勿遗，商之以兴'。[33]"吴王不听，使子胥于齐，子胥属其子于齐鲍氏[34]，还报吴王。吴王闻之，大怒，赐子胥属镂之剑以死。将死，曰："树吾墓上以梓，令可为器；[35]抉吾眼置之吴东门，以观越之灭吴也。"

齐鲍氏弑齐悼公。吴王闻之，哭于军门外三日[36]，乃从海上攻齐，齐人败吴，吴王乃引兵归。

十三年，吴召鲁、卫之君会于橐皋[37]。

十四年春，吴王北会诸侯于黄池，欲霸中国以全周室。[38]六月丙子，越王句践伐吴。乙酉，越五千人与吴战。丙戌，虏吴太子友。丁亥，入吴。[39]吴人告败于王夫差，夫差恶其闻也[40]。或泄其语，吴王怒，斩七人于幕下。七月辛丑，吴王与晋定公争长。[41]吴王曰："于周室我为长[42]。"晋定公曰："于姬姓我为伯[43]。"赵鞅怒，将伐吴，乃长晋定公。[44]吴王已盟，与晋别，欲伐宋。太宰嚭曰："可胜而不能居[45]也。"乃引兵归国。国亡太子，内空，王居外久，士皆罢敝，于是乃使厚币以与越平。[46]

十五年，齐田常杀简公。

十八年，越益强。越王句践率兵复伐败吴师于笠泽[47]。楚灭陈。

二十年，越王句践复伐吴。二十一年，遂围吴。二十三年十一月丁卯，越败吴。越王句践欲迁吴王夫差于甬东，予百家居之。[48]吴王曰："孤老矣，不能事君王也。吾悔不用子胥之言，自令陷此。"遂自刭死。越王灭吴，诛太宰嚭，以为不忠，而归。

（以上为第四段，写夫差为报父仇而破越，又因轻越北伐而被越所灭。）

①十五年——公元前500年。　孔子相鲁——按：所谓"孔子相鲁"，即指孔子佐鲁定公会齐景公于夹谷事，此所谓"相"，乃"傧相"，非"宰相"。史公以"宰相"书之，古今历史家多以为误。　②檇（zuì）李——越邑名，亦作"醉李""就李"。在今浙江嘉兴西南。　③死士——敢死之人。　三行造吴师——排成三行走到吴军阵前。造：至，达。　呼，自刭——《左传·定公十四年》叙死士呼曰："二君有治，臣奸旗鼓，不敏于君之行前，不敢逃刑，敢归死。"遂自刭也。　④越因伐吴——越军乘吴军懈怠，趁机发起进攻。　败之姑苏——"姑苏"二字衍。　⑤病伤而死——因伤势转重而死。　⑥使立太子夫差——命立太子夫差继位。　谓曰："尔而忘句践杀汝父乎？"对曰："不敢！"——

按:此处史公乃写成阖庐、夫差父子间之问答,而《左传》则是写为阖庐死后,“夫差使人立于庭,苟出入,必谓己曰:‘夫差!而忘越王之杀而父乎?’则对曰:‘唯,不敢忘!’” ⑦三年,乃报越——此指后事而言之。报越:向越国讨还血债。 ⑧王夫差元年——公元前495年。 太宰——职同丞相。 ⑨夫椒——山名,即今苏州西南太湖中洞庭西山。 报姑苏也——应作“报槜李也”。上文分明说阖庐被越军败于槜李,伤指身死,《左传》正作“报槜李也”。 ⑩栖于会稽——躲藏到会稽山上。会稽山在今浙江中部。 ⑪大夫种——即文种,越国的肱股大臣。 因——通过,借助。 行成——求和。 委国为臣妾——将国家政权交与吴国,自己做吴王的奴仆。 ⑫有过氏杀斟灌以伐斟寻,灭夏后帝相——帝相是夏朝中期的一个帝王,斟灌、斟寻是忠于帝相的两个部落酋长,有过氏是与夏王朝作对的一个部落,其头领名叫寒浇。寒浇先杀了斟灌、斟寻,而后又灭了夏王帝相。 ⑬后缗方娠,逃于有仍而生少康——帝相正在怀孕的妻子后缗,逃回了她的娘家有仍氏部落,生下了少康。 ⑭牧正——主管放牧的官。 ⑮有虞——部落名,居于蒲阪(今山西永济西南蒲州镇)。舜为其领袖。 ⑯思夏德——不忘夏朝的旧恩。 邑之于纶——把纶这块地方封给了少康,使之作为立脚点。纶:在今河南虞城东南。 ⑰有田一成——《集解》引贾逵曰:“方十里为成。” 有众一旅——《集解》引贾逵曰:“五百人为旅。” ⑱收夏众——把散落的夏族遗民再收合起来。 抚其官职——把夏朝的国家、制度再重建起来。《集解》引服虔曰:“抚修夏之故官宪典。” ⑲使人诱之,遂灭有过氏——据《左传》说少康“使女艾谍浇,使季杼诱豷(浇之弟),遂灭过、戈”。“过”即寒浇部落,“戈”即豷的部落。 ⑳复禹之绩——把大禹当年的政绩重新恢复。 祀夏配天——祭天的时候以禹配享。历代帝王祭天,照例都是让自己王朝的开国者配享。 不失旧物——意即把当年的光辉业绩通通恢复起来。旧物:犹言“旧业”。 ㉑能辛苦——意即能吃苦耐劳。能:耐。 ㉒许越平——答应了越国的求和结约。平:媾和。 ㉓食不重味——饭桌上没有第二个菜。 衣不重采——衣服上不见第二种颜色。都是极言其生活之俭朴。 ㉔败齐师于艾陵——据《左传》,此役在吴王夫差十一年，公元前485年，今乃系之于七年下，误。艾陵：齐邑名，在今山东济南莱芜区东北。一说在今泰安东南。 ㉕缯——鲁邑名，大约在今山东枣庄峄城区。 征百牢——要求鲁国以百牢之礼招待吴王夫差。《集解》引贾逵曰："周礼，王合诸侯，享礼十有二牢。上公九牢，侯伯七牢，子男五牢。"今征百牢，极其无理。 ㉖季康子——季桓子之子，名肥，当时执掌鲁政。 使子贡以周礼说太宰嚭，乃得止——子贡：也写作"子赣"，孔子的弟子，以善于辞令与经商闻名。按：此处所叙诸事多与《左传》不合。 ㉗略地——开拓地盘。 ㉘为驺伐鲁——驺：此处同"邾"，在今山东邹城东南，其领主是鲁国境内的一个小封君。 与鲁盟乃去——《左传》对此次吴与鲁之战争描写甚详，最后鲁向吴请盟。 ㉙十年，因伐齐而归——此"十年"应作"十一年"，公元前485年。据《左传》，此年吴与鲁国、邾国、郯国"伐齐南鄙，师于鄎"。而齐之权臣弑其君悼公，吴王为之哭于军门之外三日。吴之水军自海上伐齐，齐人败之，吴王乃还。 ㉚十一年——应作十二年，公元前484年。 复北伐齐——此即前注所说的艾陵之役，详见《左传·哀公十一年》。史公将次序误倒。 ㉛是弃吴也——《左传》于此作"是豢吴也"，"豢"字生动有力。 ㉜得志于齐，犹石田——意谓即使打败齐国，占有齐国领土，也恰如得到一片"石田"，不可耕种。 ㉝《盘庚之诰》——即《尚书》中的《盘庚》，是商朝帝王盘庚迁都时告诫其部众的训辞，分上、中、下三篇。 颠越勿遗，商之以兴——意谓对于那些横暴不服管教的人要彻底消灭，这就是商朝所以能够兴盛的原因。 ㉞属其子于齐鲍氏——属：通"嘱"。托付。鲍氏：齐国大族，鲍叔牙的后代。 ㉟梓（zǐ）——一种优质的乔木，性耐湿，故宜为棺。 令可为器——让它日后做棺材。 ㊱哭于军门外三日——《集解》引服虔曰："诸侯相临之礼。" ㊲会于橐皋——橐皋（tuó gū）：吴邑名，在今安徽巢湖西北之柘皋镇。 ㊳北会诸侯于黄池——按：此次与吴王相会于黄池的诸侯有晋定公、鲁哀公，以及周天子的代表单平公。黄池：宋邑名，在今河南封丘西南。 欲霸中国以全周室——意即以保护周天子为名而实际是吴王夫差与晋定公争夺霸主地位。 ㊴丁亥——六月二十二日。 入吴——攻入吴国都城，即今苏州。 ㊵恶其闻——害怕其他国家得知这个消息。 ㊶七月辛丑——七月初七。 晋定公——名午,公元前511—前475年在位。 争长——争当盟主。 ㊷于周室我为长——在姬姓诸侯中吴国的年辈最长。《集解》引杜预曰:“吴为太伯后,故为长。” ㊸于姬姓我为伯——在姬姓诸侯中晋国自文公以来长期居于霸主地位。伯:通“霸”。 ㊹赵鞅——即赵简子,当时执掌晋政。 将伐吴——将对吴国发动攻击。 乃长晋定公——关于夫差与晋定公在黄池谁获首位,各书的说法不一。 ㊺不能居——不能占领,因为宋与吴国相距尚远。 ㊻罢敝——劳累不堪。罢:通“疲”。 厚币——厚礼,一般用璧、帛、马匹等物。 以与越平——向越人求和罢兵。 ㊼笠泽——古水名。一说即今太湖,一说系太湖东岸一小湖,一说即今吴淞江。 ㊽甬东——即今浙江舟山群岛,当时属越。 予百家居之——意谓让吴王住在那里食百家之税以终老。

太史公曰:孔子言“太伯可谓至德矣,三以天下让,民无得而称焉”。余读《春秋》古文,乃知中国之虞与荆蛮句吴兄弟也。延陵季子之仁心,慕义无穷,见微而知清浊。呜呼,又何其闳览博物君子也!

(以上为第五段,是本篇的论赞,在这里作者突出地赞扬了吴太伯的“让国”和季札的远见卓识,博识多闻。)

[**简评**] 吴国的创建者是不是吴太伯,这是有争议的问题。“太伯”的名字最早见于《诗经 · 皇矣》,其中有所谓“帝作邦作对,自大(太)伯、王季。维此王季,因心则友。则友其兄,则笃其庆。载锡之光,受禄无丧,奄有四方”。从这几句诗里,顶多可以引申出太伯“让”出继承权,使王季享有了周国。至于“作邦作对”是什么意思,有些模糊,大概杨宽先生所说的太王派太伯、仲雍到山西建立虞国,给日后周国向东方发展做桥头堡,就是从这几句话中悟出来的。《皇矣》是西周时期的作品,提供的信息十分珍贵。除此之外,明确说到太伯“三以天下让”的是孔子,见

《论语·泰伯》,但没有说到“奔吴”。说太伯“奔吴”,并说他在长江下游创建吴国的是《左传》与《国语》,司马迁的《吴太伯世家》主要就是依据《左传》与《国语》的说法写下来的。《史记》中曾有若干大名鼎鼎的人物不见于先秦任何典籍,最早就见于《史记》,于是人们便争相传说,深信不疑;而太伯创建吴国的事情最早见于《左传》《国语》,而且在春秋后期的吴国屡屡向北方大国挑衅的时候,北方诸国没有一个人对吴国的种姓提出怀疑,甚至连周天子也都承认,而事至二千五百多年后的今天,人们却对它提出怀疑,想否定它,这也的确很不容易。但人们的怀疑是有道理、有根据的,我们也同样不能否认。对此,我们只有寄希望于今后的考古发掘,希望能在长江下游发现西周时期的吴国王室的墓葬,能从这些王室墓葬中确定他们是不是与周原文化有联系。

司马迁视吴国为太伯的后代,与视越国为禹的后代,以及说匈奴的祖先为黄帝的后裔,出于同一种民族思想。这种周边民族向华夏靠拢、向黄炎血统靠拢的趋势,出现于战国中期以后,这在《国语》《左传》《世本》《山海经》等书中都有表现,顾颉刚曾在《中国上古史研究》中作过专门论述。这种趋势在司马迁的《史记》中又有新的、巨大的发展,这种民族思想的形成是与武帝时期西汉帝国的空前统一、空前强大的客观形势密不可分的。

吴国从寿梦时代开始强大,随后由于晋国反楚的需要,与吴国建立联盟,从客观上又促进了吴国的快速发展。吴与晋的联合给楚国带来厄运,阖庐入郢使吴国地位进一步提升;随后的夫差破越、败齐,更使吴国势力达到了巅峰。阖庐与夫差都是发展吴国、发展长江下游地区的杰出人物,也是春秋末期辉煌夺目的悲剧英雄。夫差的悲剧在于轻敌、在于路线的错误,绝不是小说戏剧所演绎的“荒淫残暴”。与晋国为了反楚而支持吴国一样,楚国为了反吴则支持越国,真可谓螳螂捕蝉,黄雀在后。夫差不彻底安顿后方，而一味北上与齐国争锋，从而使句践的阴谋得逞；明白这一点也就知道后来诸葛亮为什么要花那么大力气“五月渡泸，深入不毛”，平定南中地区。

司马迁崇尚“礼让”，痛恨统治者为了争权夺利而荼毒生灵，故而将“让国”的吴太伯置于“世家”之首，此与“本纪”之首列尧、舜，“列传”之首叙伯夷相同，前人之述备矣，不复赘。

［**集评**］《太史公自序》：“太伯避历，江蛮是适；文武攸兴，古公王迹。阖庐弑僚，宾服荆楚；夫差克齐，子胥鸱夷；信嚭亲越，吴国既灭。嘉伯之让，作《吴世家》第一。”

王世贞曰：“札听乐而辨六国之兴衰，独不知吴之将亡，而默无一救乎？彼不欲以其身殉鸱夷也。”“季札盖智人也，得老氏之精而用之。夫以诸樊之为长焉而让，夷祭、夷昧（即餘祭、餘昧）之为仲为叔焉而让，即中人亦勉能之。夷昧没而犹让，则非中人所能也。彼见夫吴之俗狠戾而好战，日寻楚之干戈，而僚以贪愎躁勇之性，光以狡悍忍诟之资左右焉，其人目睆而齿击，盖未尝一日而忘乎王位也。札欲以礼息斗而不能，以义割恩而不忍，其身之不恤，而何有于国？故孰计而舍之，非得已也。彼二人者，感札之予位而不忮，安札之无欲而不疑，以其属尊而不之逼，而札始得为札矣。”（《弇州山人四部稿》）

杨宽曰：“西周有两个封国都是仲雍的后裔，即在北方的虞（国都在今山西平陆北）和南方的吴（国都在今江苏无锡东）。‘虞’字从‘吴’，古‘虞’‘吴’读音相同，实为一字的分化。相传太王因季历生子名昌（即周文王），‘有圣瑞’，要传位给季历及昌，太伯、仲雍因而出奔‘荆蛮’，断发文身，自号勾吴（即是吴国）。太伯死后，传给仲雍，仲雍传季简，季简传叔达，叔达传周章。等到武王克商，就封周章于吴，另封周章之弟虞仲于虞（见《史记·吴世家》）。这个传说尽管春秋时代已经存在，但是，不符合事实。事实上，太伯、虞仲是虞的始祖，所以仲雍又称虞仲。《左传·僖公五年》记载晋献公第二次假道虞国进伐虢国，虞国大夫宫之奇向虞君进谏，讲到虞的开国历史，就说：'太伯、虞仲，大王之昭也，大伯不从（《史记·晋世家》'不从'作'亡去'，是以不嗣。'足以证明虞的始祖是太伯、仲雍。至于吴国，应该是虞的分支。宜侯夨簋所说康王时虞侯夨分封到宜的事，该即吴国的始祖。从当时商、周关系以及周对戎狄部族的战斗形势来看，太王传位给幼子季历，而让长子太伯、次子仲雍统率部分周族迁到今山西平陆以北，创建虞国，是一项很重要的战略措施。从虞国既可以向北开拓，向东又可以进入商朝京畿地区，向南越过黄河可以进入洛水流域，这样，就可以成为周向东方开拓的重要据点。"（《西周史》）

吴国诸侯世系表

寿梦（前585—前561年）——诸樊（寿梦子，前560—前548年）——餘祭（诸樊弟，前547—前531年）——餘眜（餘祭弟，前530—前527年）——王僚（餘眜子，前526—前515年）——阖庐（诸樊子，前514—前496年）——夫差（阖庐子，前495—前473年）　被越所灭

齐太公世家第二

太公望吕尚者，东海上人。[①]其先祖尝为四岳[②]，佐禹平水土甚有功。虞夏之际封于吕，或封于申，姓姜氏。[③]夏商之时，申、吕或封枝庶子孙，或为庶人，尚其后苗裔也。[④]本姓姜氏，从其封姓，故曰吕尚。

吕尚盖尝穷困，年老矣，以渔钓奸周西伯[⑤]。西伯将出猎，卜之，曰："所获非龙非彲，非虎非罴；[⑥]所获霸王之辅。"于是周西伯猎，果遇太公于渭之阳，与语，大说，[⑦]曰："自吾先君太公[⑧]曰'当有圣人适周，周以兴'。子真是邪？吾太公望子久矣。"故号之曰"太公望"，载与俱归，立为师[⑨]。

或曰，太公博闻，尝事纣。纣无道，去之。游说诸侯，无所遇，而卒西归周西伯。或曰，吕尚处士，隐海滨。周西伯拘羑里，散宜生、闳夭素知而招吕尚。[⑩]吕尚亦曰："吾闻西伯贤，又善养老，盍往焉[⑪]。"三人者为西伯求美女奇物，献之于纣，以赎西伯。西伯得以出，反国。言吕尚所以事周虽异，然要之为文武师[⑫]。

周西伯昌之脱羑里归，与吕尚阴谋修德以倾商政，其事多兵权[⑬]与奇计，故后世之言兵及周之阴权皆宗太公为本谋。周西伯政平，及断虞芮之讼，而诗人称西伯受命曰文王。[⑭]伐崇、密须、犬夷，大作丰邑。[15]天下三分，其二归周者，太公之谋计居多。

文王崩，武王即位。九年，欲修文王业，东伐以观诸侯集否。[16]师行，师尚父左杖黄钺，右把白旄以誓，[17]曰："苍兕苍兕，总尔众庶，与尔舟楫[18]，后至者斩！"遂至盟津[19]。诸侯不期而会者八百诸侯。[20]诸侯皆曰："纣可伐也。"武王曰："未可。"还师，与太公作此《太誓》[21]。

居二年，纣杀王子比干，囚箕子。[22]武王将伐纣，卜，龟兆不吉，风雨暴至。群公尽惧，唯太公强之劝武王，武王于是遂行。十一年正月甲子，誓于牧野，伐商纣。[23]纣师败绩。纣反走，登鹿台，遂追斩纣。[24]明日，武王立于社[25]，群公奉明水，卫康叔封布采席，师尚父牵牲[26]。史佚策祝[27]，以告神讨纣之罪。散鹿台之钱，发钜桥之粟，以振贫民。[28]封比干墓[29]，释箕子囚。迁九鼎，修周政，与天下更始。[30]师尚父谋居多。

于是武王已平商而王天下，封师尚父于齐营丘[31]。东就国，道宿行迟。[32]逆旅之人曰："吾闻时难得而易失。客寝甚安，殆非就国者也。"太公闻之，夜衣而行，犁明至国[33]。莱侯来伐[34]，与之争营丘。营丘边莱。莱人，夷也，会纣之乱而周初定，未能集远方，是以与太公争国。

太公至国，修政，因其俗，简其礼[35]，通商工之业，便鱼盐之利，而人民多归齐，齐为大国。及周成王少时，管蔡作乱，淮夷畔周，乃使召康公[36]命太公曰："东至海，西至河，南至穆陵，北至无棣，五侯九伯，实得征之[37]。"齐由此得征伐，为大国，都营丘。

（以上是为第一段，写姜尚辅佐文、武二王创建周王朝与被封于齐、建设齐国的丰功伟绩。）

①太公望吕尚——姜姓，吕氏，名望，字尚父，一说字子牙；因其祖先曾封于吕，以地为氏，故氏吕；周文王时号"太公望"，西周初官太师，周武王尊称他"师尚父"，齐人追称他"太公"，俗称"姜子牙"。　东海——指东方滨海之地，约今山东东南部、江苏东北部一带。　②四

岳——尧舜时官名。相传为共工的后裔,因佐禹治水有功,赐姓姜,封于吕,并使为诸侯之长;一说为尧臣羲和四子,分掌四方之诸侯。章炳麟则认为:《尚书》载唐虞之世,与天子议大事者为四岳。 ③吕——古国名,姜姓,一作“甫”,在今河南南阳西,春秋初年被楚所灭。 申——古国名,姜姓,在今陕西、山西之间。周宣王时一部分东迁于谢(故城在今河南南阳),春秋时被楚所灭。 ④枝庶——嫡长子以外的支系。 庶人——平民。 苗裔——后代子孙。 ⑤以渔钓奸周西伯——奸(gān):通“干”,求。周西伯:即周文王姬昌,殷末时为西方的诸侯之长。 ⑥彲(chī)——同“螭”,古代传说中一种没有角的龙。 羆(pí)——兽名,即“棕熊”。亦称“人熊”。 ⑦渭之阳——渭水北岸。水的北面或山的南面称阳。 说——“悦”的古字。 ⑧先君太公——文王以称其父季历。 ⑨师——周代官名,又称太师,为辅弼君王的重要大臣,辅佐天子掌理国家事务。 ⑩羑(yǒu)里——又作“牖里”,古邑名,在今河南汤阴北,当时有殷朝的监狱。 散宜生、闳夭——均为周初大臣。 ⑪盍(hé)往焉——何不前去看看呢? ⑫言吕尚所以事周虽异,然要之为文武师——记述吕尚归周的原因虽有不同,但关键的是人们都说他是文王、武王的太师。要之:重要的是,关键在于。 ⑬兵权——用兵的权谋。 ⑭政平——政治清平。 断虞芮(ruì)之讼——裁决虞、芮两国的纠纷。虞:古国名,在今山西平陆北;芮:古国名,在今陕西大荔东南。据《周本记》,虞、芮两国发生边界纠纷,两国诸侯到周国欲请文王裁决。他们入周境后,见到周国之民的谦恭礼让,深受感动,于是未见文王就自行解决了问题。 诗人称西伯受命曰文王——受命:承受天命。因为《诗经·大明》中有所谓“有命自天,命此文王”,于是有人遂将虞、芮二侯闹纠纷事与此诗所言联系起来,说是虞、芮二侯到周国求文王裁决争讼,这就表明了上帝是让文王称王。 ⑮崇、密须——都是商朝的诸侯国名,崇在今陕西西安鄠邑区东;密须也称“密”,在今甘肃灵台西南。 犬夷——也作“犬戎”,古族名,周初活动于今陕西彬州、岐山一带。 大作丰邑——大规模地在丰邑兴建都城。丰邑:本为商朝崇国的都邑,文王灭崇后建都于此,故址在今陕西西安长安区沣河西岸。 ⑯九年——公元前1048年。

东伐以观诸侯集否——向东进行一次试探性的伐纣演习，以观察诸侯是否听从。集：通“辑”，此指服从。 ⑰师尚父——武王对姜太公的尊称。 左杖黄钺（yuè）——左手秉持黄金大斧，象征着最高统帅的威严。杖：秉持。黄钺：黄金为饰的长柄大斧。 白旄——饰有旄牛尾的军旗。 ⑱苍兕（sì）苍兕，总尔众庶，与尔舟楫——招呼苍兕官集合起所有的民众和船只。苍兕：西周官名，掌管舟船。总：集合。 ⑲盟津——又称“孟津”，黄河古渡口名，在今河南洛阳孟津区东、孟州西南。 ⑳诸侯不期而会者八百诸侯——期：事先约定。按：前后两“诸侯”重出，应削其一。 ㉑《太誓》——也作《泰誓》，《尚书》篇名，是周武王伐纣前大会诸侯的誓师词。 ㉒比干——纣王的叔父，官任少师。 箕子——纣王的父辈，一说为纣王的庶兄，官任太师。 ㉓十一年——公元前1046年。 誓于牧野——武王大军在牧野作战前宣誓，其誓词即《尚书》之《牧誓》。牧野：古地名，在殷都朝歌（在今河南淇县）西南。 ㉔反走——回身逃跑。 鹿台——古台名，位于朝歌城中，为纣王所筑，贮藏大量财宝。 遂追斩纣——《周本纪》作“纣走，反，入登于鹿台之上，蒙衣其珠玉，自燔于火而死”。 ㉕立于社——站在殷朝的社稷坛前。社：祭祀土神的场所。凡帝王都要祭祀社稷坛，故后世也往往用“社稷”代指国家。 ㉖群公奉明水，卫康叔封布采席，师尚父牵牲——《周本纪》云：“毛叔郑奉明水，卫康叔封布兹，召公奭赞采，师尚父牵牲。”奉：捧着。明水：古代祭祀所用的净水。卫康叔封：周武王的同母少弟，名封，后为卫国的始封君。布：铺。采席：饰有文采的垫席。牲：牺牲，用作祭品的牲畜。 ㉗史佚策祝——史官诵读祭祀天地鬼神的祷词。史佚：史官名佚，也称作“册逸”“尹佚”。策祝：古代祭祀或求神时，以简册祝告鬼神。 ㉘钜桥——地名，在今河北曲周东北，其地有大粮仓。 振——“赈”的本字，救济。 ㉙封比干墓——增修比干坟墓，以旌其功德。封：积土为坟。 ㉚迁九鼎——将九鼎从殷都朝歌迁到周朝的东都雒阳。九鼎：相传为夏禹所铸，上面画有九州各自的特产与其稀有之物，夏、商、周三代奉为象征国家政权的传国之宝。 更始——除旧布新，重新开始。 ㉛封师尚父于齐营丘——把师尚文分封在齐国营丘。营丘：古邑名，在今山东淄博临淄区北,后改名临菑。 ㉜东就国——到东方的封地上任。 道宿行迟——在路上停宿,行走迟缓。 ㉝犁明至国——天亮时已到营丘。犁:通"黎"。 ㉞莱侯来伐——"莱侯"当作"莱人"。莱:古国名,在今山东龙口东南,前567为齐所灭。 ㉟因其俗,简其礼——按:《管晏列传》说管仲治齐的情景是"通货积财,富国强兵,与俗同好恶";又说"其为政也,善因祸而为福,转败而为功,贵轻重,慎权衡"云云,盖齐国之方针历来如此,与鲁国之守旧不同。 ㊱召(shào)康公——即召公姬奭(shì),谥曰"康",燕国的始封之君。因其留在周朝辅佐成王,食邑于召(今陕西岐山西南),故称"召公"。 ㊲实得征之——你都有权讨伐。实:是,这里的意思即"能够""可以"。

盖太公之卒百有余年,子丁公吕伋[①]立。丁公卒,子乙公得立。乙公卒,子癸公慈母[②]立。癸公卒,子哀公不辰立。

哀公时,纪侯谮之周,周烹哀公而立其弟静,是为胡公。[③]胡公徙都薄姑[④],而当周夷王之时。

哀公之同母少弟山怨胡公,乃与其党率营丘人袭攻杀胡公而自立,是为献公。献公元年,尽逐胡公子,因徙薄姑都,治临菑[⑤]。

九年,献公卒,子武公寿立。[⑥]武公九年,周厉王出奔,居彘。[⑦]十年,王室乱,大臣行政,号曰"共和"[⑧]。二十四年,周宣王初立。

二十六年,武公卒,子厉公无忌立。厉公暴虐,故胡公子复入齐,齐人欲立之,乃与攻杀厉公,胡公子亦战死,齐人乃立厉公子赤为君,是为文公,而诛杀厉公者七十人。

文公十二年卒,子成公脱立。成公九年卒,子庄公购立。

庄公二十四年,犬戎杀幽王,周东徙雒。秦始列为诸侯。五十六年,晋弑其君昭侯。

六十四年,庄公卒,子釐公禄甫立。

釐公九年,鲁隐公初立。十九年,鲁桓公弑其兄隐公而自立为君。

二十五年，北戎伐齐。郑使太子忽来救齐，齐欲妻之。忽曰："郑小齐大，非我敌[9]。"遂辞之。

三十二年，釐公同母弟夷仲年死。其子曰公孙无知，釐公爱之，令其秩服奉养比太子。

三十三年，釐公卒，太子诸儿立，是为襄公。

襄公元年，始为太子时，尝与无知斗，及立，绌无知秩服，无知怨。

四年，鲁桓公与夫人如齐。齐襄公故尝私通鲁夫人。鲁夫人者，襄公女弟也，自釐公时嫁为鲁桓公妇，及桓公来而襄公复通焉。鲁桓公知之，怒夫人，夫人以告齐襄公。齐襄公与鲁君饮，醉之，使力士彭生抱上鲁君车，因拉杀鲁桓公，桓公下车则死矣。鲁人以为让，而齐襄公杀彭生以谢鲁。[10]

八年，伐纪，纪迁去其邑[11]。

十二年。初，襄公使连称、管至父戍葵丘，[12]瓜时而往，及瓜而代。[13]往戍一岁，卒瓜时而公弗为发代。或为请代，公弗许。故此二人怒，因公孙无知谋作乱。连称有从妹在公宫，无宠，使之间襄公，曰"事成以女为无知夫人"。[14]冬十二月，襄公游姑棼，遂猎沛丘。[15]见彘，从者曰"彭生"[16]。公怒，射之，彘人立而啼。公惧，坠车伤足，失屦，反而鞭主屦者茀三百。[17]茀出宫。而无知、连称、管至父等闻公伤，乃遂率其众袭宫。逢主屦茀，茀曰："且无入惊宫，惊宫未易入也。"无知弗信，茀示之创[18]，乃信之。待宫外，令茀先入。茀先入，即匿襄公户间；良久，无知等恐，遂入宫；茀反与宫中及公之幸臣攻无知等，不胜，皆死。[19]无知入宫，求公不得。或见人足于户间，发视，乃襄公，遂弑之，而无知自立为齐君。

桓公元年春，齐君无知游于雍林[20]。雍林人尝有怨无知，及其往游，雍林人袭杀无知，告齐大夫曰："无知弑襄公自立，臣谨行诛。唯大夫更立公子之当立者，唯命是听。"

初，襄公之醉杀鲁桓公，通其夫人，杀诛数不当，淫于妇人，数欺大臣。群弟恐祸及，故次弟纠奔鲁，其母鲁女也，管仲、召忽傅之。[21]次弟小白奔莒，鲍叔傅之。[22]小白母，卫女也，有宠于釐公。小白自少好善大夫高傒。[23]及雍林人杀无知，议立君，高、国先阴召小白于莒。[24]鲁闻无知死，亦发兵送公子纠，而使管仲别将兵遮莒道，射中小白带钩。小白详死[25]，管仲使人驰报鲁。鲁送纠者行益迟，六日至齐，则小白已入，高傒立之，是为桓公。

桓公之中钩，详死以误管仲，已而载温车中驰行[26]，亦有高、国内应，故得先入立，发兵距鲁。秋，与鲁战于乾时，鲁兵败走，齐兵掩绝鲁归道。[27]齐遗鲁书曰："子纠，兄弟，弗忍诛，请鲁自杀之。召忽、管仲，仇也，请得而甘心醢之[28]。不然，将围鲁。"鲁人患之，遂杀子纠于笙渎[29]。召忽自杀，管仲请囚。桓公之立，发兵攻鲁，心欲杀管仲。鲍叔牙曰："臣幸得从君，君竟以立。君之尊，臣无以增君。君将治齐，即高傒与叔牙足也。君且欲霸王，非管夷吾不可。夷吾所居国国重[30]，不可失也。"于是桓公从之。乃详为召管仲欲甘心，实欲用之。管仲知之，故请往。鲍叔牙迎受管仲，及堂阜而脱桎梏，斋祓而见桓公。[31]桓公厚礼以为大夫，任政。

桓公既得管仲，与鲍叔、隰朋、高傒修齐国政，连五家之兵，[32]设轻重鱼盐之利，以赡贫穷，禄贤能，[33]齐人皆说。

二年，伐灭郯，[34]郯子奔莒。初，桓公亡时，过郯，郯无礼，故伐之。

五年，伐鲁，鲁将师败，鲁庄公请献遂邑以平。[35]桓公许，与鲁会柯而盟[36]。鲁将盟，曹沫以匕首劫桓公于坛上，曰："反鲁之侵地！"桓公许之。已而曹沫去匕首，北面就臣位。桓公后悔，欲无与鲁地而杀曹沫。管仲曰："夫劫许之而倍信杀之，愈一小快耳，[37]而弃信于诸侯，失天下之援，不可。"于是遂与曹沫三败所亡地于鲁。诸侯闻之，皆信齐而欲附焉。七年，诸侯会桓公于甄[38]，而桓公于是始霸焉。

十四年，陈厉公子完，号敬仲，来奔齐。齐桓公欲以为卿，让；于是以为工正。[39]田成子常[40]之祖也。

二十三年，山戎伐燕，燕告急于齐。齐桓公救燕，遂伐山戎，至于孤竹而还[41]。燕庄公遂送桓公入齐境。桓公曰："非天子，诸侯相送不出境，吾不可以无礼于燕。"于是分沟割燕君所至与燕，命燕君复修召公之政，纳贡于周，如成康之时。[42]诸侯闻之，皆从齐。

二十七年，鲁湣公母曰哀姜，桓公女弟也。哀姜淫于鲁公子庆父，庆父弑湣公，哀姜欲立庆父，鲁人更立釐公。桓公召哀姜，杀之。

二十八年，卫文公有狄乱[43]，告急于齐。齐率诸侯城楚丘而立卫君。[44]

二十九年，桓公与夫人蔡姬戏船中。蔡姬习水，荡公，公惧，止之，不止，出船，怒，归蔡姬，弗绝。[45]蔡亦怒，嫁其女。桓公闻而怒，兴师往伐。

三十年春，齐桓公率诸侯伐蔡，蔡溃。遂伐楚。楚成王兴师问曰："何故涉吾地？"管仲对曰："昔召康公命我先君太公曰[46]：'五侯九伯，若实征之，以夹辅周室。'赐我先君履，东至海，西至河，南至穆陵，北至无棣。楚贡包茅不入，王祭不具，是以来责。[47]昭王南征不复[48]，是以来问。"楚王曰："贡之不入，有之，寡人罪也，敢不共乎[49]！昭王之出不复，君其问之水滨[50]。"齐师进，次于陉[51]。夏，楚王使屈完将兵捍齐，齐师退，次召陵。[52]桓公矜屈完以其众[53]。屈完曰："君以道则可[54]；若不，则楚方城以为城，江、汉以为沟，[55]君安能进乎？"乃与屈完盟而去。过陈，陈袁涛涂诈齐，令出东方，觉[56]。秋，齐伐陈。是岁，晋杀太子申生。

三十五年夏，会诸侯于葵丘[57]。周襄王使宰孔赐桓公文武胙、彤弓矢、大路，命无拜。[58]桓公欲许之，管仲曰："不可。"乃下拜受赐。秋，复会诸侯于葵丘，益有骄色。周使宰孔会。诸侯颇有叛者。晋侯病，后，遇宰孔。[59]宰孔曰："齐侯骄矣，弟无行[60]。"从之。是岁，晋献公卒，里克杀奚齐、卓子，秦穆公以夫人入公子夷吾为晋君。[61]桓公于是讨晋乱，至高梁[62]，使隰朋立晋君，还。

是时周室微，唯齐、楚、秦、晋为强。晋初与会，献公死，国内乱。秦穆公辟远，不与中国会盟。楚成王初收荆蛮有之，夷狄自置[63]。唯独齐为中国会盟，而桓公能宣其德，故诸侯宾会[64]。于是桓公称曰："寡人南伐至召陵，望熊山[65]；北伐山戎、离枝、孤竹；西伐大夏，涉流沙[66]。束马悬车登太行，至卑耳山而还。[67]诸侯莫违寡人。寡人兵车之会三，乘车之会六，九合诸侯，一匡天下。昔三代受命，有何以异于此乎？吾欲封泰山，禅梁父。"管仲固谏，不听；乃说桓公以远方珍怪物至乃得封，桓公乃止。

三十八年，周襄王弟带与戎、翟合谋伐周，齐使管仲平戎于周。周欲以上卿礼管仲，管仲顿首曰："臣陪臣，安敢！"三让，乃受下卿礼以见。三十九年，周襄王弟带来奔齐。齐使仲孙请王，为带谢。[68]襄王怒，弗听。

四十一年，秦穆公虏晋惠公，复归之。是岁，管仲、隰朋皆卒。管仲病，桓公问曰："群臣谁可相者？"管仲曰："知臣莫如君。"公曰："易牙[69]如何？"对曰："杀子以适君，非人情，不可。"公曰："开方[70]如何？"对曰："倍亲以适君，非人情，难近。"公曰："竖刀[71]如何？"对曰："自宫[72]以适君，非人情，难亲。"管仲死，而桓公不用管仲言，卒近用三子，三子专权。

四十二年，戎伐周，周告急于齐，齐令诸侯各发卒戍周。是岁，晋公子重耳来，桓公妻之。

四十三年。初，齐桓公之夫人三，曰王姬、徐姬、蔡姬，皆无子。桓公好内，多内宠，如夫人者六人：长卫姬，生无诡；少卫姬，生惠公元；郑姬，生孝公昭；葛嬴，生昭公潘；密姬，生懿公商人；宋华子，生公子雍。桓公与管仲属孝公于宋襄公[73]，以为太子。

雍巫有宠于卫共姬，因宦者竖刀以厚献于桓公，亦有宠，桓公许之立无诡。[74]管仲卒，五公子皆求立[75]。冬十月乙亥，齐桓公卒。易牙入，与竖刀因内宠杀群吏，而立公子无诡为君。太子昭奔宋。

桓公病，五公子各树党争立。及桓公卒，遂相攻，以故宫中空，莫敢棺。桓公尸在床上六十七日，尸虫出于户。十二月乙亥，无诡立，乃棺，赴[76]。辛巳夜，敛殡。

（以上为第二段，概述丁公至桓公期间的齐国史实，着重叙说了齐桓公在管仲等贤臣辅佐下成就霸业的历程。）

①丁公吕伋——“丁”字是谥。 ②癸公慈母——癸公名慈母。 ③纪侯谮（zèn）之周——纪侯对周夷王说齐哀公的坏话。纪：古国名，在今山东寿光。谮：进谗言；说人的坏话。 周烹哀公——《集解》引徐广曰：“周夷王。”烹：用开水将人煮死。一说为下油锅炸。 胡公——名静，“胡”字是谥。 ④薄姑——也作“亳姑”，商朝的诸侯国，在今山东博兴东南，后被周公所灭。齐胡公曾迁都于此。 ⑤因徙薄姑都，治临菑——又从薄姑迁回，重以临菑为都城。 ⑥九年，献公卒——献公之年有脱误，疑是二十九年。 武公寿立——此年为公元前850年。 ⑦周厉王——夷王之子，名胡，公元前877—前841年在位。周厉王因残暴不仁引发国人暴动，被驱逐，逃死于彘。彘：古邑名，在今山西霍州。 ⑧大臣行政，号曰“共和”——自厉王奔彘，至其子宣王即位，中间十四年号曰“共和”。共和元年即公元前841年，从此中国历史开始有明确纪年。 ⑨非我敌——我们和人家不门当户对。敌：相当，对等。 ⑩以为让——以此谴责齐襄公。让：谴责。 齐襄公杀彭生以谢鲁——谢：表示歉意。 ⑪纪迁去其邑——实指齐灭纪国，与前文“纪侯谮之周，周烹哀公”相呼应。 ⑫连称、管至父——二人皆齐国大夫。 戍葵丘——率兵到葵丘驻守。葵丘：齐邑名，在今山东淄博市临淄区北。 ⑬瓜时——瓜熟的时候。 及瓜而代——谓来年瓜熟时就派人去替换他们。 ⑭从妹——伯叔妹或堂妹。 在公宫——在齐襄公后宫为妾。 间襄公——窥测襄公的行踪。间：用作

动词,监视,探测。 以女为无知夫人——让你给公孙无知做正妻。女:通“汝”,你。 ⑮姑棼——齐邑名,“薄姑”的别名。 遂猎沛丘——趁便又到沛丘打猎。沛丘:齐邑名,也作“贝丘”,在今山东博兴南。 ⑯见彘,从者曰“彭生”——彘:野猪。《集解》引服虔曰:“公见彘,从者乃见彭生,鬼改形为豕也。” ⑰失屦(jù)——丢掉了鞋子。屦:用麻葛等材料制成的鞋子。 反——同“返”,回到宫里。 主屦者茀——给襄公管鞋子的内务小官名茀。 ⑱茀示之创——主屦者茀便脱下衣服让叛乱分子们看自己被打的伤痕。创:伤口。 ⑲匿襄公户间——将齐襄公藏在门后面。 茀反——谓主屦者茀藏好襄公后又出来与诸侍卫共同与叛乱分子作战。 ⑳齐君无知游于雍林——雍林:地名,方位不详。 ㉑次弟纠——名纠,史称“公子纠”。 管仲、召忽傅之——管仲:春秋时齐国大夫,名夷吾,字仲。召忽:春秋时齐国大夫,曾辅佐公子纠。傅:护持,辅佐。 ㉒次弟小白奔莒——小白:即日后之齐桓公。莒(jǔ):西周初期建立的小国名,己姓,一说曹姓。始都计斤,春秋初年迁都于莒,在今山东莒县。 鲍叔——即鲍叔牙,齐国大夫。 ㉓好善——并列动词,意即“结好”“交好”。 高傒——高敬仲,齐国大夫。 ㉔高、国——高敬仲、国懿仲,都是齐国大夫。 阴召——暗中召其回国,令其继承君位。 ㉕详死——装死。详:通“佯”,假装。 ㉖温车——亦作“辒车”,一种可供睡卧的车子。
㉗乾(gān)时——齐地名,在今山东境内,因其靠近时水,天旱则干,故称“乾时”。 掩绝鲁归道——截住了鲁军的退路。掩绝:遮断,截住。

㉘请得而甘心醢之——请让我把他们剁成肉酱以解心头之恨。甘心:因解恨而感到快乐。 ㉙笙渎(dòu)——在今山东菏泽北。
㉚夷吾所居国国重——夷吾在哪个国家执政,哪个国家就会强盛起来。

㉛堂阜——齐邑名,在今山东蒙阴西北,靠近鲁国。 脱桎梏——意将管仲释放出来。桎梏:刑具,在手曰桎,在脚曰梏。 斋祓(fú)——斋戒沐浴,去除不祥。祓:祭祀以除不祥。 ㉜隰(xí)朋——齐国大夫,桓公时的重臣。 连五家之兵——当时齐国的军政合一制度。《国语·齐语》曰:“五家为轨,故五人为伍,轨长帅之;十轨为里,故五十人为小戎,里有司帅之;四里为连,故二百人为卒,连长帅之;十连为

乡,故二千人为旅,乡良人帅之;五乡一帅,故万人为一军,五乡之帅帅之。三军,故有中军之鼓,有国子之鼓,有高子之鼓。” ㉝轻重——指货币,因其能以轻驭重,故称。此处指铸造货币,以控制物价。 禄贤能——起用有贤能的人做官。 ㉞二年——公元前684年。 伐灭郯(tán)——郯:古国名,在今山东郯城北。 ㉟伐鲁,鲁将师败——“将”字衍。 鲁庄公请献遂邑以平——遂:当时的小国名,《集解》引杜预曰:“遂在济北蛇丘县东北。”平:求和。 ㊱与鲁会柯而盟——柯:齐邑名,在今山东东阿与阳谷之间。 ㊲劫许之而倍信杀之——倍:通“背”,违背。 愈一小快耳——不过是获得一点暂时的快乐。愈:此处通“偷”,苟且。 ㊳诸侯会桓公于甄——甄:也作“鄄”,卫邑名,在今山东鄄城北旧城镇。 ㊴卿——官名。西周至战国执掌军政的高级长官,天子、诸侯皆置。 工正——官名,掌百工。 ㊵田成子常——田成子,名恒,汉人为避文帝刘恒之讳,故称之曰“常”。齐国后期专齐政,其子孙篡夺了姜氏政权。 ㊶至于孤竹而还——孤竹:古国名,在今河北卢龙东南。 ㊷分沟——重新挖沟划界。 复修召公之政——重新实行召公当年实行的善政。召公:燕国的始封之君姬奭。

成康之时——西周成王、康王统治天下之时。成王于公元前1042—前1021年在位;康王于公元前1020—前996年在位,被后人称为西周政治清平之时。 ㊸卫文公有狄乱——卫文公:名燬,戴公之弟,公元前659—前635年在位。狄:古部族名,春秋时活动于齐、鲁、晋、卫、宋、邢等国之间,与诸国接触频繁。所谓“狄乱”,即狄人灭卫,杀懿公之乱。 ㊹城楚丘——在楚丘筑城。楚丘:在今河南滑县东。卫国的都城原在朝歌(在今河南淇县),丧乱后卫君迁居于此。 立卫君——即扶立文公为卫君。 ㊺归蔡姬——把蔡姬送回母家。 弗绝——并未正式断绝(婚姻关系)。 ㊻召康公——即召公奭,当时在周王朝辅佐成王,以下讲话就是传达周成王的意思。 先君太公——即姜尚。 ㊼楚贡包茅不入——楚王应向周天子进贡的菁茅,已经很久没有送了。包茅:成束成捆的菁茅。包:束。茅:即菁茅,楚国特产的茅草,供祭祀时使用。 王祭不具——周天子的祭祀用品不完备。 是以来责——因此我们特来讨要。责:索取,讨要。 ㊽昭王南征不复——不复:一去不返，指周昭王当年伐楚淹死于汉水事，管仲以此作为向楚国进兵的借口。《正义》引《帝王世纪》曰："昭王德衰，南征，济于汉，船人恶之，以胶船进王。王御船至中流，胶液船解，王及祭公俱没于水中而崩。"

㊾敢不共乎——共：同"供"，供应。 ㊿昭王之出不复，君其问诸水滨——至于昭王淹死之事，楚国不能负责，你到汉水边上去问汉水吧。《集解》引杜预曰："昭王时汉非楚境，故不受罪。" ⑤①次于陉——次：驻扎。陉：山名，在今河南漯河郾城区东，一说在今新郑西南。 ⑤②楚王使屈完将兵捍齐——屈完：楚之同姓公族。捍：抵御。按：《左传》作"楚子使屈完如师"，乃派其前往谈判。 次召陵——次：驻扎。召陵：楚邑名，在今河南漯河郾城区东南。 ⑤③矜屈完以其众——矜：夸耀，炫耀。众：强大的军队。 ⑤④君以道则可——如果您以道德服人是可以的。道：道理，正义。 ⑤⑤楚方城以为城，江、汉以为沟——方城：楚山名，在今河南叶县南、方城东北，西连伏牛山脉。江、汉：应依《左传》作"汉水"，此役与长江无关。沟：指护城河。 乃与屈完盟而去——按：此即"召陵之盟"。 ⑤⑥过陈，陈袁涛涂诈齐，令出东方，觉——《陈杞世家》曰："陈大夫辕涛涂恶其过陈，诈齐令出东道。东道恶，桓公怒，执陈辕涛涂。"陈：西周初分封的诸侯国，建都宛丘，在今河南周口淮阳区。 ⑤⑦葵丘——地名，杨伯峻认为当在今河南兰考，或在今河北临漳西。 ⑤⑧周襄王使宰孔赐桓公文武胙，彤弓矢、大路——周襄王：名郑，公元前652—前619年在位。宰孔：即太宰孔，周公姬旦之后，因食邑于周地，又称宰周公。文武胙：祭祀文王、武王用过的祭肉。周天子以之赐诸侯表示对其荣宠。大路：亦作"大辂"，天子的车乘。 命无拜——让齐桓公不用跪拜答谢。 ⑤⑨晋侯病，后——晋献公因为有病迟到了。 遇宰孔——正遇上已经散会回国的宰孔。 ⑥⓪弟无行——意即放心不要再去了。弟：作副词，姑且。 ⑥①里克——晋国大夫。 杀奚齐、卓子——二人均为献公之子，骊姬所生。献公死后，晋大夫荀息遵献公之托立奚齐为君，里克杀奚齐；荀息改立卓子，里克又杀卓子，荀息亦随之自杀。里克派人迎公子重耳，重耳不入；于是改迎当时逃在秦国的公子夷吾立以为君。 秦穆公以夫人入公子夷吾为晋君——秦穆公因为自己的夫人是晋献公之女，故而送公子夷吾回国即

位。 ㉒高梁——晋邑名，在今山西临汾东北，在当时晋国都城绛邑的北方。 ㉓楚成王初收荆蛮有之，夷狄自置——楚成王刚刚收服周边的荆蛮小国，以夷狄自居。 ㉔诸侯宾会——中原各诸侯国都服从齐国，参加会盟。宾：服从，归顺。 ㉕望熊山——遥望熊耳山而对之祭祀。古代遥祭山川曰望。熊山：即熊耳山，在今河南西北部，秦岭东段支脉。因两峰状若熊耳得名。 ㉖西伐大夏，涉流沙——大夏：古地区名，也称太原，指今山西西南部靠近黄河一带地区，兼有汾、洮流域。按：据前文，桓公为定晋乱，曾率兵至高梁，高梁即所谓"大夏"之地。流沙：钱穆认为：此流沙在今山西境，今平陆县东二十里傅岩前有沙涧水，或是也。中井积德认为：齐桓北伐山戎而已，未尝西涉流沙也。是等语，皆后人之附益矣，非桓公之言。 ㉗束马悬车——包裹马足，拴牢车子，以防滑跌倾覆。 卑耳山——即辟耳山，在今山西平陆西北。 ㉘仲孙——齐国大夫。 为带谢——替叔带向周襄王赔罪求情。按：齐国对王子带这个叛乱分子一直包庇、偏袒。 ㉙易牙——即雍巫，齐桓公的宠臣，善调味，传说曾烹子为羹给桓公吃。 ㉚开方——卫懿公之子，齐桓公的宠臣，离家十五年不归。 ㉛竖刀(diāo)——即"竖刁"，齐桓公宠臣。 ㉜自宫——阉割自己。 ㉝属孝公于宋襄公——将孝公昭托付于宋襄公。属：通"嘱"，托付。 ㉞雍巫——雍人，名巫，即前文之"易牙"。 卫共姬——即上文所云之"长卫姬"。 桓公许之立无诡——《集解》引杜预曰："易牙既有宠于公，为长卫姬请立。" ㉟五公子皆求立——五公子：指前述"孝公昭"以外的其他五人。 ㊱乃棺，赴——将桓公装殓并向各国发出讣告。赴：今作"讣"，报丧。

桓公十有余子，要其后立者五人[①]：无诡立三月死，无谥；次孝公；次昭公；次懿公；次惠公。孝公元年三月，宋襄公率诸侯兵送齐太子昭而伐齐。齐人恐，杀其君无诡。齐人将立太子昭，四公子之徒攻太子，太子走宋，宋遂与齐人四公子战。五月，宋败齐四公子师而立太子昭，是为齐孝公。宋以桓公与管仲属之太子,故来征之。以乱故,八月乃葬齐桓公。

六年春,齐伐宋,以其不同盟于齐也。夏,宋襄公卒。七年,晋文公立。

十年,孝公卒,孝公弟潘因卫公子开方杀孝公子而立潘,是为昭公。昭公,桓公子也,其母曰葛嬴。

昭公元年,晋文公败楚于城濮,而会诸侯践土,朝周,天子使晋称伯。[②]六年,翟侵齐。晋文公卒。秦兵败于殽。十二年,秦穆公卒。

十九年五月,昭公卒,子舍立为齐君。舍之母无宠于昭公,国人莫畏。昭公之弟商人以桓公死争立而不得,阴交贤士,附爱[③]百姓,百姓说。及昭公卒,子舍立,孤弱,即与众十月即墓上弑齐君舍,而商人自立,是为懿公。懿公,桓公子也,其母曰密姬。

懿公四年春,初,懿公为公子时,与丙戎之父猎,争获不胜。[④]及即位,断丙戎父足,而使丙戎仆。[⑤]庸职之妻好,公内之宫,使庸职骖乘。[⑥]五月,懿公游于申池,二人浴,戏。职曰:"断足子!"戎曰:"夺妻者!"二人俱病此言,乃怨。[⑦]谋与公游竹中,二人弑懿公车上,弃竹中而亡去。

懿公之立,骄,民不附。齐人废其子而迎公子元于卫,立之,是为惠公。惠公,桓公子也。其母卫女,曰少卫姬,避齐乱,故在卫。

惠公二年,长翟来。[⑧]王子城父[⑨]攻杀之,埋之于北门。晋赵穿弑其君灵公。

十年,惠公卒,子顷公无野立。初,崔杼有宠于惠公,惠公卒,高、国畏其逼也,逐之,崔杼奔卫。[⑩]

顷公元年,楚庄王强,伐陈。二年,围郑,郑伯降,已复国郑伯。[⑪]

六年春,晋使郤克于齐,齐使夫人帷中而观之。[⑫]郤克上,夫人笑之[13]。郤克曰："不是报，不复涉河！[14]"归，请伐齐，晋侯弗许。齐使至晋，郤克执齐使者四人河内，杀之。八年，晋伐齐，齐以公子强质晋，晋兵去。十年春，齐伐鲁、卫。鲁、卫大夫如晋请师，皆因郤克。晋使郤克以车八百乘为中军将，士燮将上军，栾书将下军，以救鲁、卫，伐齐。六月壬申，与齐侯兵合靡笄下[15]。癸酉，陈于鞌[16]。逄丑父为齐顷公右。[17]顷公曰："驰之，破晋军会食。"射伤郤克，流血至履。克欲还入壁，其御曰："我始入，再伤，不敢言疾，恐惧士卒，愿子忍之！"[18]遂复战。战，齐急，丑父恐齐侯得，乃易处，顷公为右，车絓于木而止。[19]晋小将韩厥[20]伏齐侯车前，曰"寡君使臣救鲁、卫"，戏之[21]。丑父使顷公下取饮[22]，因得亡，脱去，入其军。晋郤克欲杀丑父。丑父曰："代君死而见僇，后人臣无忠其君者矣。"克舍之，丑父遂得亡归齐。于是晋军追齐至马陵[23]。齐侯请以宝器谢，不听；必得笑克者萧桐叔子，令齐东亩。[24]对曰："叔子，齐君母。齐君母亦犹晋君母，子安置之？且子以义伐而以暴为后，其可乎？"于是乃许，令反鲁、卫之侵地。

十一年，晋初置六卿，赏鞌之功。齐顷公朝晋，欲尊王晋景公，晋景公不敢受，乃归。归而顷公弛苑囿，薄赋敛，振孤问疾，虚积聚以救民，民亦大说。厚礼诸侯。竟顷公卒，百姓附，诸侯不犯。

十七年，顷公卒，子灵公环立。

灵公九年，晋栾书弑其君厉公。十年，晋悼公伐齐，齐令公子光质晋。十九年，立子光为太子，高厚傅之，令会诸侯盟于钟离。[25]二十七年，晋使中行献子伐齐。齐师败，灵公走入临菑。晏婴止灵公，灵公弗从。曰："君亦无勇矣！"晋兵遂围临菑，临菑城守不敢出，晋焚郭中而去[26]。

二十八年，初，灵公取鲁女，生子光，以为太子。仲姬，戎姬[27]。戎姬嬖，仲姬生子牙，属之戎姬。戎姬请以为太子，公许之。仲姬曰："不可。光之立，列于诸侯矣，今无故废之，君必悔之。”公曰：“在我耳。”遂东太子光，使高厚傅牙为太子。[28]灵公疾，崔杼迎故太子光而立之，是为庄公。庄公杀戎姬。五月壬辰，灵公卒，庄公即位，执太子牙于句窦[29]之丘，杀之。八月，崔杼杀高厚。晋闻齐乱，伐齐，至高唐[30]。

庄公三年，晋大夫栾盈奔齐，庄公厚客待之。晏婴、田文子谏，公弗听。四年，齐庄公使栾盈间入晋曲沃，为内应，以兵随之，上太行，入孟门[31]。栾盈败，齐兵还，取朝歌[32]。

六年，初，棠公[33]妻好，棠公死，崔杼取之。庄公通之，数如崔氏，以崔杼之冠赐人。侍者曰：“不可。”崔杼怒，因其伐晋，欲与晋合谋袭齐而不得间。庄公尝笞宦者贾举，贾举复侍，为崔杼间公[34]以报怨。五月，莒子朝齐，齐以甲戌飨之[35]。崔杼称病不视事。乙亥，公问崔杼病，遂从崔杼妻。崔杼妻入室，与崔杼自闭户不出，公拥柱而歌。宦者贾举遮公从官而入[36]，闭门，崔杼之徒持兵从中起。公登台而请解，不许；请盟，不许；请自杀于庙，不许。皆曰：“君之臣杼疾病，不能听命。近于公宫[37]。陪臣争趣有淫者，不知二命。[38]”公逾墙，射中公股，公反坠[39]，遂弑之。晏婴立崔杼门外，曰：“君为社稷死则死之，为社稷亡则亡之[40]。若为己死己亡，非其私昵，谁敢任之[41]！”门开而入，枕公尸而哭，三踊[42]而出。人谓崔杼：“必杀之。”崔杼曰：“民之望也，舍之得民[43]。”

丁丑，崔杼立庄公异母弟杵臼，是为景公。景公母，鲁叔孙宣伯女也。景公立，以崔杼为右相，庆封为左相。二相恐乱起，乃与国人盟曰：“不与崔、庆者死[44]！”晏子仰天曰：“婴所不获，唯忠于君、利社稷者是从[45]。”不肯盟[46]。庆封欲杀晏子，崔杼曰：“忠臣也，舍之。”齐太史书曰“崔杼弑庄公”，崔杼杀之。其弟复书，崔杼复杀之。少弟复书，崔杼乃舍之。

景公元年，初，崔杼生子成及彊，其母死，取东郭女[47]，生明。东郭女使其前夫子无咎与其弟偃相崔氏[48]。成有罪，二相急治之，立明为太子。[49]成请老于崔[50]，崔杼许之，二相弗听，曰：“崔，宗邑[51],不可。”成、彊怒,告庆封。庆封与崔杼有郤,欲其败也。成、彊杀无咎、偃于崔杼家,家皆奔亡。崔杼怒,无人,使一宦者御,见庆封。庆封曰:“请为子诛之。”使崔杼仇卢蒲嫳攻崔氏,杀成、彊,尽灭崔氏,崔杼妇自杀。崔杼毋归,亦自杀。庆封为相国,专权。

三年十月,庆封出猎。初,庆封已杀崔杼,益骄,嗜酒好猎,不听政令。庆舍用政,已有内郤。[52]田文子谓桓子曰[53]:“乱将作。”田、鲍、高、栾氏相与谋庆氏。庆舍发甲围庆封宫,四家徒共击破之。庆封还,不得入,奔鲁。齐人让鲁,封奔吴。吴与之朱方[54],聚其族而居之,富于在齐。其秋,齐人徙葬庄公,僇崔杼尸于市以说众。

九年,景公使晏婴之晋,与叔向[55]私语曰:“齐政卒归田氏。田氏虽无大德,以公权私,有德于民,[56]民爱之。”十二年,景公如晋,见平公,欲与伐燕。十八年,公复如晋,见昭公。二十六年,猎鲁郊,因入鲁,与晏婴俱问鲁礼。三十一年,鲁昭公辟季氏难,奔齐。齐欲以千社封之,子家止昭公,昭公乃请齐伐鲁,取郓以居昭公。[57]

三十二年,彗星见。景公坐柏寝[58],叹曰:“堂堂!谁有此乎?[59]”群臣皆泣,晏子笑,公怒。晏子曰:“臣笑群臣谀甚。”景公曰:“彗星出东北,当齐分野,寡人以为忧。”晏子曰:“君高台深池,赋敛如弗得,刑罚恐弗胜[60],茀星将出,彗星何惧乎?”公曰:“可禳[61]否?”晏子曰:“使神可祝而来,亦可禳而去也。百姓苦怨以万数,而君令一人禳之,安能胜众口乎?”是时景公好治宫室,聚狗马,奢侈,厚赋重刑,故晏子以此谏之。

四十二年,吴王阖庐伐楚,入郢。

四十七年,鲁阳虎攻其君,不胜,奔齐,请齐伐鲁。[62]鲍子[63]谏景公,乃囚阳虎。阳虎得亡,奔晋。

四十八年,与鲁定公好会夹谷[64]。犁鉏[65]曰:“孔丘知礼而怯,请令莱人为乐[66]，因执鲁君，可得志。”景公害孔丘相鲁，惧其霸[67]，故从犁鉏之计。方会，进莱乐，孔子历阶上，使有司执莱人斩之，以礼让景公。景公惭，乃归鲁侵地以谢，而罢去。是岁，晏婴卒。

五十五年，范、中行反其君于晋，晋攻之急，来请粟。田乞欲为乱，树党于逆臣，[68]说景公曰：“范、中行数有德于齐，不可不救。”乃使乞救而输之粟。

五十八年夏，景公夫人燕姬適子[69]死。景公宠妾芮姬生子荼，荼少，其母贱，无行，诸大夫恐其为嗣，乃言愿择诸子长贤者为太子。景公老，恶言嗣事，又爱荼母，欲立之，惮发之口，乃谓诸大夫曰：“为乐耳，国何患无君乎？”秋，景公病，命国惠子、高昭子立少子荼为太子，逐群公子，迁之莱[70]。景公卒，太子荼立，是为晏孺子。冬，未葬，而群公子畏诛，皆出亡。荼诸异母兄公子寿、驹、黔奔卫，公子驵、阳生奔鲁。莱人歌之曰：“景公死乎弗与埋，三军事乎弗与谋。师乎师乎，胡党之乎[71]？”

晏孺子元年春，田乞伪事高、国者，每朝，乞骖乘，[72]言曰：“子得君[73]，大夫皆自危，欲谋作乱。”又谓诸大夫曰：“高昭子可畏，及未发，先之。”大夫从之。六月，田乞、鲍牧乃与大夫以兵入公宫，攻高昭子。[74]昭子闻之，与国惠子救公。公师败，田乞之徒追之，国惠子奔莒，遂反杀高昭子，晏圉奔鲁[75]。

八月，齐秉意兹[76]。田乞败二相[77]，乃使人之鲁召公子阳生。阳生至齐，私匿田乞家。十月戊子，田乞请诸大夫曰：“常之母有鱼菽之祭，幸来会饮。[78]”会饮，田乞盛阳生橐中，置坐中央，发橐出阳生，曰：“此乃齐君矣！”大夫皆伏谒。将与大夫盟而立之，鲍牧醉，乞诬大夫曰[79]：“吾与鲍牧谋共立阳生。”鲍牧怒曰：“子忘景公之命乎？”诸大夫相视欲悔，阳生前，顿首曰：“可则立之，否则已。”鲍牧恐祸起，乃复曰：“皆景公子也，何为不可！”乃与盟，立阳生，是为悼公。悼公入宫，使人迁晏孺子于骀，杀之幕下，[80]而逐孺子母芮子。芮子故贱而孺子少，故无权，国人轻之。

悼公元年，齐伐鲁，取讙、阐[81]。初，阳生亡在鲁，季康子[82]以其妹妻之。及归即位，使迎之。季姬与季鲂侯通，[83]言其情，鲁弗敢与，故齐伐鲁，竟迎季姬。季姬嬖，齐复归鲁侵地。

鲍子与悼公有郤，不善。四年，吴、鲁伐齐南方。鲍子弑悼公，赴于吴[84]。吴王夫差哭于军门外三日，将从海入讨齐。齐人败之，吴师乃去。晋赵鞅伐齐，至赖而去。[85]齐人共立悼公子壬，是为简公。

简公四年春，初，简公与父阳生俱在鲁也，监止[86]有宠焉。及即位，使为政。田成子惮之，骤顾于朝。[87]御鞅[88]言简公曰："田、监不可并也，君其择焉。"弗听。子我夕，田逆杀人，逢之，遂捕以入。[89]田氏方睦[90]，使囚病而遗守囚者酒[91]，醉而杀守者，得亡。子我盟诸田于陈宗[92]。初，田豹欲为子我臣，使公孙言豹，[93]豹有丧而止。后卒以为臣，幸于子我。子我谓曰："吾尽逐田氏而立女，可乎[94]？"对曰："我远田氏矣[95]。且其违者不过数人，何尽逐焉！"遂告田氏。子行曰："彼得君，弗先，必祸子。"[96]子行舍于公宫[97]。

夏五月壬申，成子兄弟四乘如公。子我在幄，出迎之，遂入，闭门。[98]宦者御之，子行杀宦者。[99]公与妇人饮酒于檀台，成子迁诸寝。[100]公执戈将击之，太史子余曰："非不利也，将除害也。"成子出舍于库[101]，闻公犹怒，将出[102]，曰："何所无君[103]！"子行拔剑曰："需，事之贼也[104]。谁非田宗[105]？所不杀子者，有如田宗[106]。"乃止。子我归，属徒攻闱与大门[107]，皆弗胜，乃出。田氏追之。丰丘人执子我以告，杀之郭关。[108]成子将杀大陆子方[109]，田逆请而免之。以公命取车于道，出雍门。[110]田豹与之车，弗受，曰："逆为余请，豹与余车，余有私焉[111]。事子我而有私于其仇，何以见鲁、卫之士[112]？"

庚辰，田常执简公于徐州[113]。公曰："余蚤从御鞅言，不及此。"甲午，田常弑简公于徐州。田常乃立简公弟骜，是为平公。平公即位，田常相之，专齐之政，割齐安平以东为田氏封邑[114]。

平公八年，越灭吴。二十五年卒，子宣公积立。

宣公五十一年卒，子康公贷立。田会反廪丘[115]。

康公二年，韩、魏、赵始列为诸侯。十九年，田常曾孙田和始为诸侯[116]，迁康公海滨。

二十六年，康公卒，吕氏遂绝其祀。[117]田氏卒有齐国，为齐威王，强于天下[118]。

（以上是第三段，叙述桓公之后齐国逐渐衰落，终至被陈氏所代的史实。）

①要其后立者五人——要：总计。 ②昭公元年——公元前632年。 晋文公败楚于城濮——城濮：卫地名，在今山东鄄城西南。 会诸侯践土，朝周——践土：郑地名，在今河南原阳西南。晋文公败楚后，在践土召集诸侯会盟，并请周天子也来参加，晋文公在这次盟会上被周天子封为霸主。 天子使晋称伯——伯：通“霸”。 ③附爱——抚爱。附：此处通“抚”。 ④丙戎——梁玉绳曰：“《年表》及《卫世家》作‘邴歜’，与《左传》《楚语》同。” 争获不胜——获：猎得的禽兽。 ⑤断丙戎父足——其时丙戎父已死，懿公掘墓而断尸体之足。 使丙戎仆——让丙戎来为自己赶车。仆：御，驾车。 ⑥庸职——《左传》作“阎职”。 内之宫——将其收进宫里。内：“纳”的古字。 骖乘——又作“参乘”或“陪乘”，立于乘车者之右，以作护卫。 ⑦俱病此言——都以对方称己之言为耻。病：以为羞耻。 乃怨——都怨恨齐懿公。 ⑧惠公二年——公元前607年。 长翟来——意即长翟来攻。长翟：亦作“长狄”，春秋时狄族的一支，传说他们的身材特别高大。 ⑨王子城父——齐大夫。 ⑩崔杼（zhù）——齐国大夫，自惠公时受宠，日益权大。 高、国——齐国两个爵位最高的大家族，世为齐卿。 逼——这里指权位受到威胁。 ⑪郑伯——郑襄公，名子坚，公元前604—前587年在位。 已复国郑伯——很快地便仍让郑襄公在郑国为君。已：随后，旋即。 ⑫使郤（xì）克于齐——郤克：郤缺之子，此时为晋卿，掌晋政。 夫人——齐顷公之母萧同叔子。 ⑬郤克上，夫人笑之——《公羊传》云：“晋郤克与臧孙许同时而聘于齐，则客或跛或眇，于是使跛者迓跛者，眇者迓眇者。”《穀梁传》云：“季孙行父

秃，晋郤克眇，卫孙良夫跛，曹公子手偻，同时而聘于齐。齐使秃者御秃者，使眇者御眇者，使跛者御跛者，使偻者御偻者。萧同侄子处台上而笑之。” ⑭不是报——即“不报是”，不报此仇。 不复涉河——河：指黄河，晋在河西，齐在河东。 ⑮合靡笄（jī）下——交战于靡笄山下。合：交锋，交战。靡笄：山名，一说即今山东济南东南的历山；一说即今济南东北的华不注山；又或以为在今济南长清区境。 ⑯陈于鞌——双方在鞌摆开阵式。陈：“阵”的古字，列阵。鞌（ān）：齐地名，在今山东济南西北。 ⑰逄（páng）丑父——齐国大夫。 右——车右，即前面说过的“骖乘”。 ⑱欲还入壁——想回营盘。壁：营垒。

我始入，再伤——自我们冲入敌阵，我已经两次负伤。再：两处，两次。 恐惧士卒——怕让我军将士看见会军心瓦解。 ⑲齐急——齐军的形势危急。 恐齐侯得——怕齐侯被晋人俘去。得：俘获。 易处——换座位，齐侯原坐中间，现将其换到边上。 絓（guà）——绊住。 ⑳晋小将韩厥——按：时韩厥为晋军司马，非小将。 ㉑寡君使臣救鲁卫，戏之——寡君：对别国人谦称本国之君。戏之：戏弄。按：此处语意不完全，故读者往往不得其解。《左传》于此云：“韩厥执絷马前，再拜稽首，奉觞加璧以进，曰：‘寡君使群臣为鲁、卫请，曰“无令舆师陷入君地”。下臣不幸，属当戎行，无所逃隐；且惧奔辟，而忝两君。臣辱戎士，敢告不敏，摄官承乏。’”所谓“戏之”即指“敢告不敏，摄官承乏”八字。意思是“臣下不才，由于人手缺乏，只好承担这个官职”。 ㉒丑父使顷公下取饮——此时顷公坐在御者的位置，韩厥不认识，一心要俘获坐在中间的“齐侯”，对他人不管不顾，故齐侯因此得脱。 ㉓马陵——《左传》作“马陉”，齐邑名，在今山东淄博南。 ㉔必得笑克者萧桐叔子——必须得到讥笑郤克的萧桐叔子。 令齐东亩——使齐国田间的道路都改成东西向，以便日后晋国的兵车入齐境易于通行。

㉕高厚——齐国之世袭上卿。 钟离——古邑名，治今安徽凤阳东北。 ㉖晋焚郭中而去——焚烧齐都临菑的外城。郭：外城。以上晋率诸侯伐齐并围临菑事，见《左传·襄公十八年》与《晋世家》，春秋时期齐国失败之惨无更甚于此者。 ㉗取鲁女，生子光，以为太子。仲姬、戎姬——梁玉绳曰：“案董份谓‘太子’下即著‘仲姬、戎姬’，有脱

字，是也。考襄十九年《左传》云：'诸子仲子、戎子。'杜注曰：'二子皆宋女，则依上文娶鲁女之例，当脱取宋女三字。而二姬字又子之误。'" ㉘遂东太子光——将太子光调到齐国东部。 使高厚傅牙为太子——又调高厚来辅佐新太子牙。 ㉙句（gōu）窦——古地名，《左传》作"句渎"，春秋宋地。即今河南虞城西南各熟集。 ㉚高唐——齐邑名，即今山东高唐。 ㉛孟门——古隘道名，在今河南辉县市西，齐军西行袭晋之所经。 ㉜齐兵还，取朝歌——朝歌：原为卫邑，后归晋有，现被齐所占，故城在今河南淇县。 ㉝棠公——齐国的棠邑大夫。其妻棠姜，是崔杼家臣东郭偃之姊。 ㉞为崔杼间公——帮着崔杼伺察庄公的漏隙。 ㉟以甲戌飨（xiǎng）之——在甲戌日宴请莒子。 ㊱遮公从官而入——拦住庄公的从人，而自己进了院子。遮：拦截。 ㊲近于公宫——《集解》引服虔曰："崔杼之宫近公宫，淫者或诈称公。" ㊳争趣有淫者——只知将矛头指向淫乱之人。争趣：争相指向。《左传》作"扞趣"，意即捉拿。 不知二命——其他一概不听。 ㊴反坠——又掉回到院子里。 ㊵君为社稷死则死之，为社稷亡则亡之——意谓君若为国事死，那我就跟着死；君若因国事出走，我也就跟着出走。 ㊶若为己死己亡，非其私昵，谁敢任之——私昵：个人亲信。意谓国君如果是为他自己的私事而死、而出走，那么除非他的亲信，其他臣子何必陪着呢？ ㊷三踊——向上跳三次，以表哀痛之情。 ㊸民之望也，舍之得民——吏民所仰望、所关注的人，不杀他可以得民心。舍：释而不杀。 ㊹不与崔、庆者死——不亲附崔氏、庆氏的人就要被处死。 ㊺婴所不获，唯忠于君、利社稷者是从——我晏婴如果不是只跟从那些忠于君主、利于国家的人，那就让上帝惩罚我。张文虎认为："获"字疑衍，《左传》无。按：此处的意思史公表达未明。据《左传》，当时崔、庆二人逼迫群臣跟着他们宣誓，说"所不与崔、庆者……"，意即凡不与崔、庆一条心者，上帝将对之如何如何。晏婴不敢公开反对，只是在宣誓时将誓词的上半截自己改为"婴所不唯忠于君、利社稷者是与"，结尾都是"有如上帝"。 ㊻不肯盟——按：晏子未敢公开声称"不肯盟"，此乃史公代为解释晏子之意。 ㊼东郭女——即棠姜，亦称东郭姜。 ㊽相崔氏——为崔杼管理家族事务。 ㊾成有罪——按:《左传》曰“成有疾而废之”,非有罪。 二相急治之——无咎与东郭偃很快以病为借口废掉了崔成。 立明为太子——梁玉绳曰:“卿之后何得称为太子,史公失辞。”此处意即家族的继承人。 ㊿请老于崔——请求退休终老于崔邑,不再参与家族之政事。崔:崔杼的封邑,在今山东济南章丘区西北。 (51)崔,宗邑——崔邑是崔氏家族宗庙所在的城邑。 (52)庆舍用政——庆舍:庆封之子,代其父行使政权。 已有内郤——谓庆封父子之间渐渐产生嫌隙。 (53)田文子——也作“陈文子”,即陈无须,一个正在暗中发展的阴谋家。 桓子——即陈桓子,名无宇,陈文子之子。 (54)吴与之朱方——将朱方给庆封作食邑。朱方:吴邑名,在今江苏镇江丹徒区。 (55)叔向——晋国公室贵族,羊舌氏,名肸,因食邑在杨(在今山西洪洞东南),又称“杨肸”。 (56)以公权私——犹言“假公济私”。 有德于民——即田氏借贷于民时,以大斗借出,以小斗收入,以此讨好百姓。 (57)欲以千社封之——想分出千社之民使昭公食其赋税。千社:千社之民。社为古代的基层行政单位。《集解》引贾逵曰:“二十五家为一社。千社,二万五千家也。” 子家止昭公——劝昭公不要接受齐国的馈赠,就此在齐国住下来。子家:即公孙归父,鲁庄公之孙,随同昭公出奔。 取郓——郓:鲁邑名,在今山东郓城东。 (58)柏寝——台名,在今山东广饶东北。 (59)堂堂——富丽的样子。 谁有此乎——日后将由谁来占有它呢?自悲命之不长,来日无多。 (60)赋敛如弗得,刑罚恐弗胜——意即赋税唯恐收得少,刑罚唯恐不严厉。 茀(bèi)星——即孛星,类似彗星而光芒四射。古人认为茀星是侵害主星的妖星,比彗星更不祥。 (61)禳(ráng)——祭祀以求消灾。 (62)阳虎——鲁国季孙氏的家臣,字货。

攻其君不胜,奔齐——季平子卒,阳虎专国政,欲攻三桓,被三桓联合击败,阳虎逃奔齐。阳虎之“君”,指季氏。 (63)鲍子——即鲍国,鲍叔牙的曾孙。 (64)好会夹谷——在夹谷举行和平友好相会。夹谷:齐地名,故址有三说:旧说在今江苏连云港赣榆区西;一说在今山东莱芜区南;一说在今山东淄博淄川区西南。 (65)犁鉏(chú)——齐国大夫,《左传》作“犁弥”。 (66)令莱人为乐——让莱人在二君相会时表演歌舞。莱人:齐国境内的少数民族,居住在今山东龙口东南莱子城。

⑥景公害孔丘相鲁,惧其霸——据《左传》,孔子在夹谷之会为鲁定公傧相,史公误以为是鲁国之相;又从而夸大孔子的能量,说齐国担心鲁国成为诸侯霸主,实在是对孔子过于拔高了。害:担心,以之为病。⑥⑧田乞——齐国权臣,田无宇之子。　欲为乱——想在齐国篡夺政权。树党于逆臣——与外国的叛逆之臣拉帮结派。　⑥⑨燕姬適子——燕国诸侯之女所生的嫡子。適:通“嫡”。　⑦⓪逐群公子,迁之莱——将自己的其他儿子一律迁居到莱邑。　⑦①师乎师乎,胡党之乎——师:众人,指群公子之徒。胡党之乎:意谓何处是他们的安身之地呢?党:处所,归宿。　⑦②田乞伪事高、国者——假意向高、国两大族谦恭讨好。每朝,乞骖乘——每逢上朝时,田乞总是为高张、国夏站在车右当保镖。　⑦③子得君——你得到国君的宠信。　⑦④鲍牧——齐国权臣,鲍叔牙之后代。　以兵入公宫,攻高昭子——详上下文,此“攻高昭子”四字似应删,《左传》无此四字。　⑦⑤遂反杀高昭子,晏圉来奔——“遂反杀”三字疑衍。二句应连作“高昭子、晏圉来奔。”晏圉:晏婴之子。⑦⑥八月,齐秉意兹——按:此句欠完整,应依《左传》作“八月,齐邴意兹来奔”。秉意兹:齐国大夫。句中“齐“应削。　⑦⑦田乞败二相——二相:指高昭子、国惠子。　⑦⑧常之母有鱼菽之祭——我家孩子的母亲要有祭祀活动。《集解》引何休曰:“齐俗,妇人首祭事。言鱼豆者,示薄陋无所有也。”常之母:田乞称己妻。田常是田乞的儿子。　幸来会饮——请大家赏光来我家喝酒。　⑦⑨鲍牧醉,乞诬大夫曰——田乞乘鲍牧之醉,遂骗群臣说立阳生是他们二人所欲为。诬:欺骗。　⑧⓪骀(tái)——齐邑名,在今山东临朐。　杀之幕下——《左传·哀公六年》作:“杀诸野幕之下。”幕:帐篷。　⑧①讙(huān)、阐——均鲁邑名,讙在今山东宁阳北,阐在宁阳西。　⑧②季康子——鲁国正卿,名肥,季桓子(名斯)之子。　⑧③季姬——阳生之妻。　季鲂侯——鲁国正卿季康子之叔父。　⑧④赴于吴——向吴国发出讣告。赴:今作“讣”,报丧,讣告。　⑧⑤赵鞅——即赵简子,晋卿,赵武之孙,时掌晋政。　至赖而去——赖:齐邑名,在今山东济南章丘区西北。　⑧⑥监止——字子我,鲁叔孙成子之子。　⑧⑦田成子——即田常,谥“成”。　骤顾于朝——因心中畏惧在朝堂上屡次顾视监止。骤:屡次。　⑧⑧御鞅——御者名

鞅,田氏族人,为简公驾车。 ⑧⑨子我夕——监止晚上上朝。 逢之——正好让监止碰上。 遂捕以入——遂将田逆捉拿,带入宫中。 ⑨⓪田氏方睦——田常的整个家族正团结亲睦。 ⑨①使囚病而遗守囚者酒——让田逆装病,给看守田逆的人送酒喝。囚:指田逆。 ⑨②子我盟诸田于陈宗——监止和田氏族人在田氏宗庙结盟。陈宗:即田氏宗庙。 ⑨③田豹——田氏族人。 使公孙言豹——请公孙给予介绍。公孙:齐大夫,史失其名。 ⑨④吾尽逐田氏而立女,可乎——我把田氏的族人全部赶走,让你当田氏的领袖,你看如何?女:通“汝”。 ⑨⑤我远田氏矣——我是田氏的远房子弟。 ⑨⑥子行——即田逆。 彼得君,弗先,必祸子——得君:受简公信任。弗先:如不及早动手杀监止。 ⑨⑦子行舍于公宫——子行到简公的宫中居住,准备为田氏作内应。舍:住。 ⑨⑧幄——帐幕,宫中之帐幕,听政之所。 闭门——《集解》引服虔曰:“成子兄弟见子我出,遂突入,反闭门,子我不得复入。”将监止一派阻在门外。 ⑨⑨宦者御之——谓不让田氏闭门。 子行杀宦者——时子行舍于公宫,故得杀宦者。 ⑩⓪檀台——宫中的台名。 成子迁诸寝——让简公回到寝宫。 ⑩①成子出舍于库——《集解》引杜预曰:“以公怒故也。”库:武库,储藏军械之所。 ⑩②将出——准备出奔他国,似乎田常此时犹未想弑简公。 ⑩③何所无君——什么地方没有可侍之君? ⑩④需,事之贼也——迟疑是办大事的祸根。需:迟疑。贼:害。 ⑩⑤谁非田宗——姓田的人谁不能做田氏的宗主?意即谁都可以取代你。 ⑩⑥所不杀子者,有如田宗——意谓你若还要出逃,我就立刻杀了你,有历代祖先为我作证。有如某某,是誓词常用语。 ⑩⑦属徒攻闱与大门——属徒:调来手下。属:集合。闱:宫中的门。大门:齐宫正门。孔颖达认为:公宫非止一门,盖从别门入兵,得至闱,故与大门并攻也。 ⑩⑧丰丘人——田氏领地的人。据《左传》,监止被田氏追赶,因迷路而逃到丰丘,故被丰丘人所俘。 郭关——即齐都临菑的东门。 ⑩⑨大陆子方——即东郭贾,齐国公室之后,属监止一派。 ⑪⓪以公命取车于道——向道中行人截了一辆车。 雍门——临菑的城门。 ⑪①余有私焉——像是我和他们有私交。 ⑪②何以见鲁、卫之士——《集解》引服虔曰:“子方将欲奔鲁、卫也。”按:《左传》曰:“东郭贾奔卫。” ⑬田常执简公于徐(shū)州——执:捕获。徐州:齐邑名,又作徐州、舒州,即今山东滕县东南之薛邑故城。 ⑭割齐安平以东为田氏封邑——按:此句的主语像是平公,其实是田氏自己。安平:齐邑名,在当时的临菑城东不远。 ⑮田会反廪丘——田会:田氏之族人,时据廪丘以降赵。廪丘:田氏邑名,在今山东郓城西北。 ⑯田常曾孙田和始为诸侯——田和又称和子,号太公。田常曾孙,初相齐康公,尽有齐政。至十九年(前386)被周安王列为诸侯,齐改称此年为“太公和元年”。 ⑰二十六年——公元前379年。 康公卒,吕氏遂绝其祀——按:姜齐自吕尚西周初受封建国至齐康公二十六年姜氏之齐灭,共传二十九世,享国六百六十余年。 ⑱田氏卒有齐国,为齐威王,强于天下——“为”字当作“及”或“至”。齐威王:名因齐,战国时齐国最有作为的君主,公元前356—前320年在位。

太史公曰:吾适齐,自泰山属之琅邪[①],北被于海[②],膏壤二千里[③]。其民阔达多匿知,其天性也。[④]以太公之圣,建国本[⑤],桓公之盛,修善政,以为诸侯会盟,称伯,不亦宜乎?洋洋哉,固大国之风也!

(以上为第四段,是作者的论赞,司马迁赞美齐国的河山与人民,并对姜太公与齐桓公作了热情洋溢的评价。)

①自泰山属之琅邪——属:连接,一直到。琅邪:也写作“琅琊”,山名,在今山东青岛黄岛区琅邪台西北,濒临东海。 ②北被于海——向北到达北海。被:及,达到。 ③膏壤二千里——极言其土地之肥沃宽广。膏壤:肥沃的土壤。 ④阔达多匿知——胸襟开阔,又深有智慧。匿:隐含,具有。知:“智”的古字。 其天性也——《货殖列传》曰:“其俗宽缓阔达而足智,好议论,地重,难动摇,怯于众斗,勇于持刺,故多劫人者,大国之风也。” ⑤以太公之圣,建国本——冈白驹曰:“谓通商工之业,便渔盐之利。”

[**简评**] 本篇主要以《左传》为依托,记叙了姜齐的兴亡史。

大致而言，姜齐史可以齐桓公之死为界，分兴盛与衰亡两个阶段。在前一阶段，太史公着重写姜太公的建国与齐桓公的称霸。姜太公制定了卓有远见的建国方针，使齐国经济迅速繁荣；齐桓公以春秋首霸的地位左右中原政局，虽时时不免以势凌人，欺侮弱国，但能做到尊王攘夷，故司马迁在论赞中，将他与功高盖世的姜太公相提并论。而对他晚年因宠信小人而导致身死六十七日不得安葬的结局，则寄予无限感慨。至于后一阶段，则着重描述崔、庆之乱与田氏代齐。崔、庆倒行逆施，专权误国，太史公对他们的罪行作了较为详尽的揭露。田氏势力在齐国不断发展壮大，终至篡国夺权，《左传》以成败论人，对田氏多有回护与美化，太史公则比较客观地记录了他们在篡夺君位过程中暴露出的狡诈与冷酷，写作态度较《左传》冷静、公正。

［**集评**］　《太史公自序》："申、吕肖矣，尚父侧微，卒归西伯，文武是师；功冠群公，缪权于幽；番番黄发，爰飨营丘。不背柯盟，桓公以昌，九合诸侯，霸功显彰。田阚争宠，姜姓解亡。嘉父之谋，作《齐太公世家》第二。"

刘咸炘曰："史公兼取杂说，如此篇书阴谋倾商、就国报政，皆未详考，所谓刊落不尽者也。凡诸杂说出于何书，今犹多可考见。古文家圈点以为史公之妙，考据家纠驳以为史公之失，史公皆不任也。整齐百家乃是其志，然力有未逮，见有未周。以今所传古书观之，所采仅十之三四，而十之五六非皆不雅驯也，若以所去取为信否之断，则误矣。此篇景公坐柏寝，混三事为一事。且晏子之谏多矣，何独取此？亦显系钞《左传》而误参杂说。凡世家中叙事讹舛，皆随手排比之误。其排比《左传》显有痕迹，顾氏谓其与《左传》不同者，当以《传》为正，是也。"(《太史公书知意》)

顾栋高曰："齐于春秋号为大国，然以山东全省计之，兖州强半属鲁，泰安与鲁参半，东昌晋、卫错处，他如青州、济南鲁地犬牙其间；齐所全有者武定、登、莱三府及曹、沂所属数县而已。其形势要害不如晋，幅员广远不如吴、楚。徒以东至海，饶鱼盐之利；西至河，凭襟带之固；南至穆陵，有大岘之险；北至无棣，收广莫之地。用管子之计，官山府海，遂成富强，为五伯首。岂惟地利，抑亦人谋之善也。然管子以图伯者，陈氏亦用以窃国，山木如市弗加于山，鱼盐蜃蛤弗加于海，以国为饵，卒成篡夺。器，一也，而操之者则异。岂非得其人则用以兴，失其人则遂以亡者欤？”（《春秋大事表》）

杨向奎曰：“居于齐国的东夷部族，在社会组织上，生产事业上落后于中原地区的居民，他们的农业不发达而长于渔猎及畜牧。这是东夷的传统，自少昊伯益以来，他们即以鱼牧著称。而东夷大部都有制造弓矢的传说，这是和他们的生产事业分不开的。从西周到春秋时代，在齐国社会内，这种特点仍然存在。地不宜农桑，人口少而五谷寡，不要说发展，如何来维持现状也成问题。于是太公‘因地制宜’，结合劳动人民的努力，发展了鱼盐的生产及手工业。这些生产发达了，商业也随之发达起来；手工业、商业发达了，人口多了，国家富了，于是《史记·货殖列传》说：‘则人物归之，繦至而辐凑，故齐冠带衣履天下，海岱之间敛袂而往朝焉。’”“齐国地区本属于东夷，在生产事业上，在社会组织上，它不同于西方的部族，它有较普遍的氏族组织的残余存在，齐太公封国的统治对象大部分是村社农民。”（《中国古代社会与古代思想研究》上册）

周谷城曰：“春秋时代首先称霸的是齐国。齐之首先称霸，我们可举下列诸项为原因。第一，齐之先世，对于周之建国有特殊的功劳，因这功劳，遂被周天子特别看重。直到周室瓦解，天下共主之资格没落，齐便凭这点因缘，首先出来，假尊王攘夷之名，以行霸政。……再其次，齐依山东半岛为根据地，该处因地

位之优越，经济发达，较别处为早；经济状况，较别处为优；据有此土的，事实上宜乎最先称霸。”（《中国通史》上册）

齐国诸侯世系表

齐太公——丁公（太公子）——乙公（丁公子）——癸公（乙公子）——哀公（癸公子）——胡公（哀公弟）——献公（哀公弟）——武公（献公子，前840—前825年）——厉公（武公子，前824—前816年）——文公（厉公子，前815—前804年）——成公（文公子，前803—前795年）——庄公（成公子，前794—前731年）——釐公（庄公子，前730—前698年）——襄公（釐公子，前697—前686年）——公子无知（襄公弟）——桓公（襄公弟，前685—前643年）——公子无诡（桓公子）——孝公（桓公子，前642—前633年）——昭公（桓公子，前632—前613年）——懿公（桓公子，前612—前609年）——惠公（桓公子，前608—前599年）——顷公（惠公子，前598—前582年）——灵公（顷公子，前581—前554年）——庄公（灵公子，前553—前548年）——景公（庄公弟，前547—前490年）——晏孺子（景公子，前489年）——悼公（景公子，前488—前485年）——简公（悼公子，前484—前481年）——平公（悼公子，前480—前456年）——宣公（平公子，前455—前405年）——康公（宣公子，前404—前379年）　被田齐所灭

鲁周公世家第三

周公旦者,周武王弟也。自文王在时,旦为子孝,笃仁,异于群子。及武王即位,旦常辅翼武王,用事居多。武王九年,东伐,至盟津,周公辅行。十一年,伐纣,至牧野,周公佐武王,作《牧誓》。破殷,入商宫。已杀纣,周公把大钺,召公把小钺,以夹武王,衅社,[①]告纣之罪于天,及殷民。释箕子之囚。封纣子武庚禄父,使管叔、蔡叔傅之,以续殷祀。遍封功臣同姓戚者。封周公旦于少昊之虚曲阜,是为鲁公[②]。周公不就封,留佐武王。

武王克殷二年,天下未集,武王有疾,不豫,[③]群臣惧,太公、召公乃缪卜[④]。周公曰:"未可以戚我先王[⑤]。"周公于是乃自以为质,设三坛。[⑥]周公北面立,戴璧秉圭,告于太王、王季、文王。[⑦]史策祝[⑧]曰:"惟尔元孙王发,勤劳阻疾。[⑨]若尔三王是有负子之责[⑩]于天,以旦代王发之身。旦巧能,多材多蓺,能事鬼神。乃王发不如旦多材多蓺,不能事鬼神。乃命于帝庭,敷佑四方[⑪],用能定汝子孙于下地,四方之民罔不敬畏。无坠天之降葆命,我先王亦永有所依归[⑫]。今我其即命于元龟[⑬],尔之许我,我以其璧与圭归,以俟尔命[⑭]。尔不许我,我乃屏璧与圭[⑮]。"周公已令史策告于太王、王季、文王,欲代武王发,于是乃即三王[⑯]而卜。卜人皆曰吉，发书视之，信吉[17]。周公喜，开籥[18]，乃见书遇吉。周公入贺武王曰："王其无害。旦新受命三王，维长终是图[19]。兹道能念予一人[20]。"周公藏其策金縢匮[21]中，诫守者勿敢言。明日，武王有瘳[22]。

其后武王既崩，成王少，在强葆之中[23]。周公恐天下闻武王崩而畔，周公乃践阼代成王摄行政当国。管叔及其群弟流言于国曰："周公将不利于成王。"周公乃告太公望、召公奭曰："我之所以弗辟[24]而摄行政者，恐天下畔周，无以告我先王太王、王季、文王。三王之忧劳天下久矣，于今而后成。武王蚤终，成王少，将以成周[25]，我所以为之若此。"于是卒相成王，而使其子伯禽代就封于鲁。[26]周公戒伯禽曰："我文王之子，武王之弟，成王之叔父，我于天下亦不贱矣。然我一沐三捉发，一饭三吐哺[27]，起以待士，犹恐失天下之贤人。子之鲁，慎无以国骄人。"

管、蔡、武庚等果率淮夷[28]而反。周公乃奉成王命，兴师东伐，作《大诰》[29]。遂诛管叔，杀武庚，放蔡叔。收殷余民，以封康叔于卫，封微子于宋，以奉殷祀。宁淮夷东土，二年而毕定。诸侯咸服宗周。

天降祉福，唐叔得禾，异母同颖，[30]献之成王，成王命唐叔以馈周公于东土，作《馈禾》[31]。周公既受命禾，嘉天子命，作《嘉禾》。[32]东土以集，周公归报成王，乃为诗贻王，命之曰《鸱鸮》[33]。王亦未敢训周公[34]。

成王七年二月乙未，王朝步自周，至丰，使太保召公先之雒相土。[35]其三月，周公往营成周雒邑，卜居焉，曰吉，遂国之[36]。

成王长，能听政。于是周公乃还政于成王，成王临朝。周公之代成王治，南面倍依[37]以朝诸侯。及七年后，还政成王，北面就臣位，匔匔如畏然[38]。

初，成王少时，病，周公乃自揃其蚤[39]沈之河，以祝于神曰："王少未有识，奸神命[40]者乃旦也。"亦藏其策于府。成王病有瘳。

及成王用事，人或谮周公，周公奔楚。成王发府，见周公祷书，乃泣，反周公[41]。

周公归，恐成王壮，治有所淫佚，乃作《多士》，作《毋逸》。[42]《毋逸》称："为人父母，为业至长久，子孙骄奢忘之，以亡其家，为人子可不慎乎[43]！故昔在殷王中宗，严恭敬畏天命，自度治民，震惧不敢荒宁，故中宗飨国七十五年。[44]其在高宗，久劳于外，为与小人[45]，作其即位，乃有亮闇，三年不言，言乃欢，不敢荒宁，密靖殷国，至于小大无怨，[46]故高宗飨国五十五年。其在祖甲[47]，不义惟王，久为小人于外[48]，知小人之依，能保施小民，不侮鳏寡，故祖甲飨国三十三年。"《多士》称曰："自汤至于帝乙，无不率祀明德，帝无不配天者。在今后嗣王纣，诞淫厥佚，不顾天及民之从也。其民皆可诛[49]。"周多士。"文王日中昃不暇食，飨国五十年[50]。"作此以诫成王。

成王在丰，天下已安，周之官政未次序，于是周公作《周官》，官别其宜，[51]作《立政》，以便百姓。[52]百姓说。

周公在丰，病，将没，曰："必葬我成周，以明吾不敢离成王。"周公既卒，成王亦让，葬周公于毕，从文王，以明予小子不敢臣周公也。

周公卒后，秋未获，暴风雷雨，禾尽偃，大木尽拔。周国大恐。成王与大夫朝服以开金縢书，王乃得周公所自以为功代武王之说[53]。二公及王乃问史、百执事[54]，史、百执事曰："信有，昔周公命我勿敢言。"成王执书以泣，曰："自今后其无缪卜乎[55]！昔周公勤劳王家，惟予幼人弗及知。今天动威以彰周公之德，惟朕小子其迎，我国家礼亦宜之。[56]"王出郊，天乃雨，反风，禾尽起[57]。二公命国人，凡大木所偃，尽起而筑之[58]。岁则大孰。于是成王乃命鲁得郊祭文王。鲁有天子礼乐者，以褒周公之德也。

周公卒，子伯禽固已前受封，是为鲁公。鲁公伯禽之初受封之鲁，三年而后报政周公。周公曰："何迟也？"伯禽曰："变其俗，革其礼，丧三年然后除之，故迟。”太公亦封于齐，五月而报政周公。周公曰：“何疾也？”曰：“吾简其君臣礼，从其俗为也。”及后闻伯禽报政迟，乃叹曰：“呜呼，鲁后世其北面事齐矣！夫政不简不易，民不有近；平易近民，民必归之。”

伯禽即位之后，有管、蔡等反也，淮夷、徐戎亦并兴反[59]。于是伯禽率师伐之于肸，作《肸誓》，[60]曰：“陈尔甲胄，无敢不善。[61]无敢伤牿[62]。马牛其风，臣妾逋逃，[63]勿敢越逐，敬复之。[64]无敢寇攘[65]，逾墙垣。鲁人三郊三隧[66]，峙尔刍茭、糗粮、桢干[67]，无敢不逮[68]。我甲戌筑而征徐戎，无敢不及，有大刑。[69]”作此《肸誓》，遂平徐戎，定鲁。

鲁公伯禽卒，子考公酋立。考公四年卒，立弟熙，是谓炀公。炀公筑茅阙门[70]。六年卒，子幽公宰立。幽公十四年，幽公弟沸杀幽公而自立，是为魏公。魏公五十年卒，子厉公擢立。厉公三十七年卒，鲁人立其弟具，是为献公。献公三十二年卒，子真公濞立。

真公十四年，周厉王无道，出奔彘，共和行政。二十九年，周宣王即位。

三十年，真公卒，弟敖立，是为武公。

武公九年春，武公与长子括、少子戏西朝周宣王。宣王爱戏，欲立戏为鲁太子。周之樊仲山父谏宣王曰：“废长立少，不顺；[71]不顺，必犯王命；犯王命，必诛之：故出令不可不顺也。令之不行，政之不立；行而不顺，民将弃上。夫下事上，少事长，所以为顺。今天子建诸侯，立其少，是教民逆也。若鲁从之，诸侯效之，王命将有所壅[72]；若弗从而诛之，是自诛王命[73]也。诛之亦失，不诛亦失，王其图之。”宣王弗听，卒立戏为鲁太子。夏，武公归而卒，戏立，是为懿公。

懿公九年，懿公兄括之子伯御与鲁人攻弑懿公，而立伯御为君。伯御即位十一年，周宣王伐鲁，杀其君伯御，而问鲁公子能道顺诸侯者,以为鲁后[74]。樊穆仲曰:“鲁懿公弟称,肃恭明神,敬事耆老;赋事行刑,必问于遗训而咨于固实;[75]不干所问,不犯所咨[76]。”宣王曰:“然,能训治其民矣。”乃立称于夷宫[77],是为孝公。自是后,诸侯多畔王命。

孝公二十五年,诸侯畔周,犬戎杀幽王,秦始列为诸侯。

二十七年,孝公卒,子弗湟立,是为惠公。

惠公三十年,晋人弑其君昭侯。四十五年,晋人又弑其君孝侯。

(以上为第一段,写西周及春秋初期的鲁国历史,着重描述了鲁国始祖周公辅佐武王、成王时鞠躬尽瘁、死而后已的事迹。)

①把大钺——把:握,持。大钺:一种用于典礼仪式的大斧。 召(shào)公——即召康公姬奭,文王的庶子,因其采邑在召(今陕西岐山西南),故称“召公”。 夹——护卫。 衅社——杀牲取血以祭土神。社,此即后世的社稷坛,帝王祭祀社稷是其据有国家的象征。 ②封周公旦于少昊之虚曲阜,是为鲁公——按:周公因佐武王灭商功大,故令其开国于鲁;但因周公需留在朝廷辅佐天子,故令其子伯禽赴鲁上任,是为鲁公。少昊:一作“少皞”,上古传说中的帝王,名挚,号金天氏。虚:处所,地域。少昊之虚在今山东曲阜及其外围的洙水和泗水之间,有些地方残垣犹存。 ③武王克殷二年——公元前1045年。 集——通“辑”,和睦,安定。 不豫——不舒服,即有病。 ④缪卜——虔诚地占卜。缪:通“穆”,虔诚。 ⑤未可以戚我先王——《集解》引郑玄曰:“戚,忧也,未可忧怖我先王也。” ⑥自以为质——以自己的人身作抵押。 坛——土筑的高台,用于祭祀、朝会、盟誓等活动。 ⑦戴璧秉圭——佩戴着璧,手捧着圭。璧、圭,皆玉制礼器。璧平圆形,正中有孔;圭长条形,上端为三角状。 告于太王、王季、文王——太王:指武王和周公的曾祖古公亶父,周民族的部落首领。王季:名季历,武王和周公的祖父。 ⑧史策祝——史:史官,掌祭祀、记录等事。《集解》引郑玄曰:“策,周公所作,谓简书也。祝者读此简书,以告三王。” ⑨元孙王发——元孙:长孙。王发:武王姬发。 阻疾——久

病。阻:淹滞。　⑩负子之责——《尚书·金縢》作"丕子之责",意即倘若需要子弟前来助祭。曾运乾《尚书正读》认为:"丕子"当读为"布兹"。布兹为弟子助祭以事鬼神之者一役。本文意言三王在帝左右,如需执贱役,奉事鬼神,旦尤能举其职,故请以旦代某之身也。　⑪乃命于帝庭,敷佑四方——《集解》引马融曰:"武王受命于天帝之庭,布其道以佑助四方。"　⑫无坠天之降葆命,我先王亦永有所依归——《集解》引孔安国曰:"言不救,则坠天宝命也;救之,则先王长有所依归矣。"《集解》引郑玄曰:"有所依归,为宗庙之主也。"葆:通"宝"。⑬今我其即命于元龟——现在我就用大龟来进行占卜。元龟:大龟。　⑭尔之许我,我以其璧与圭归,以俟尔命——你若能答应我,我就将璧与圭敬献给你,回去等待你的吩咐。之:助词。用在主语和谓语之间,取消句子的独立性。归:馈,献。俟:等候。　⑮屏璧与圭——将璧与圭收起来,不给你。　⑯即三王——到太王、王季、文王的神主跟前。即:就,凑近。　⑰发书视之,信吉——方苞认为:"发书视之信吉"六字衍。　⑱开籥(yuè)——打开存放占卜文书的箱子。籥:同"钥",锁钥。　⑲旦新受命三王,维长终是图——意谓我刚刚接到三位先王的命令,你就只管考虑如何保持周朝的长久统治就行了。　⑳兹道能念予一人——上天的意思已经关照了你。予一人:古代帝王的自称,这里指最高统治者。《集解》引马融曰:"一人,天子也。"　㉑金縢匮(téng guì)——用金属丝缠绕起来的匣子。縢:缠绕,封缄。匮:"柜"的古字。　㉒瘳(chōu)——病愈。　㉓在强葆之中——以言其年龄幼小。强葆:即"襁褓",包裹、背负婴儿的布带和布兜。　㉔弗辟——不回避。辟:通"避"。　㉕将以成周——目的是保全周朝的统治。　㉖卒相成王——始终留在周都辅佐成王。　伯禽——周公长子。　㉗一沐三捉发,一饭三吐哺——洗一次头被多次打断,拧着头发出来会客;吃一顿饭也被多次打断,吐出正吃的东西出来会客。极言其礼贤下士,不敢怠慢之状。三:泛指多数。吐哺:吐出口中所含的食物。　㉘淮夷——古民族名,居于淮河下游。　㉙《大诰》——《尚书》篇名,是周公率师平定管、蔡叛乱前对各国诸侯及其官员的告谕。　㉚祉(zhǐ)——福。唐叔——成王之弟,名虞,因受封于唐(在今山西翼城西),故称。　异母同颖——《尚书》郑玄注:“禾各生一垄而合为一穗。”母:此处同“亩”。 ㉛《馈禾》——又作《归禾》,《尚书》篇名,原文已佚,仅有其序。“馈”“归”都是“送往”“送给”的意思。 ㉜嘉——喜欢,感谢。

作《嘉禾》——《嘉禾》:《尚书》篇名,原文已佚,仅有其序。 ㉝东土以集,周公归报成王,乃为诗贻王,命之曰《鸱鸮》——以集:通“已辑”,已经安定。贻:赠。《鸱鸮》:《诗经·豳风》中的篇名。梁玉绳曰:“诗作于居东时,与《七月》之诗同作。若贻诗在诛管、蔡后,诗何以云‘未雨绸缪’乎?”郭嵩焘《史记札记》认为:史公引用诸经之文,往往倒乱不达其意旨,《鸱鸮》之诗作于东征之前,不应移置于此。 ㉞王亦未敢训周公——训:《尚书》作“诮”,责备。凌稚隆认为:“乃为诗”至“训周公”十七字,宜在上文“我所以为之若此”句下。 ㉟王朝步自周,至丰——成王为朝见文王庙,由镐京步行至丰京。周:指武王以来的都城镐京。丰:文王时的都城丰京,其地有文王庙。 之雒相土——到雒阳观察地形。 ㊱遂国之——遂将这里作为周朝的国都。按:依此处文意,易使人理解为成王自此遂迁都于成周,其实未必,西周始终在镐京,雒邑顶多是陪都而已。 ㊲倍依——即“背扆”。倍:通“背”。依:又称斧依、斧扆,为古代帝王殿上类似屏风的设施,因上面画有斧形图案,故称。 ㊳匑(qióng)匑如畏然——匑匑:恭谨的样子。 ㊴自揃(jiǎn)其蚤——剪下自己的指甲。揃:修剪。蚤:通“爪”。 ㊵奸神命——冒犯了神的旨意。奸:通“干”,冒犯。 ㊶反周公——反:同“返”,使之返回。 ㊷淫佚——放纵,逸乐。 《多士》——《尚书》篇名,然其内容并非周公训诫成王,而是训告殷商旧臣。梁玉绳曰:“《多士》非诫成王之作,与《周纪》言《无佚》告殷民同谬。” 《毋逸》——又作《无逸》,《尚书》篇名,是周公告诫成王不可逸乐之词。 ㊸为人子可不慎乎——梁玉绳曰:“此与《毋逸》迥殊,必史公约其意以为文,非有异本也,然太不类。” ㊹殷王中宗——太戊,甲骨文作“大戊”,商代国君,名密。任用伊陟、巫咸治国,商国势复兴,诸侯归顺,死后尊为“中宗”。 自度——自觉遵守法度。 不敢荒宁——《集解》引马融曰:“知民之劳苦,不敢荒废自安也。”荒宁:荒废政事,贪图安逸。 飨(xiǎng)国——保有君位。飨:通“享”。 ㊺为与小人——李笠认为:

"为"疑"爰"字之误,《尚书》作"爰暨小人"。爰:于是。与小人:和下层人生活在一起。 ㊻作——等到。 亮闇(àn)——或作"亮阴""谅闇"等。指帝王为父母守丧而不问国事,委政于大臣。 三年不言——三年不问国事,不发号施令。 言乃欢——冈白驹认为:在丧则不言,丧毕发言,则天下乃喜。 密靖——安定。 小大无怨——无论贵贱对其皆无怨言。 ㊼祖甲——据《夏商周年表》,祖甲为殷代第二十五世贤主,武丁之子,武庚之弟。 ㊽不义惟王,久为小人于外——不义:不宜,不合适。祖甲认为自己当君王不合适,故长期逃于民间。 ㊾其民皆可诛——他治下的黎民都有权力起来讨伐他。 ㊿文王日中昃(zè)不暇食,飨国五十年——"中"字疑衍。日中昃不暇食:日已西斜尚顾不上吃饭,极言其辛劳国事之状。昃:日过午。梁玉绳曰:"此疑错简,当在前文'祖甲飨国三十三年'之下。" ⑤1官政未次序——国家的官制尚未井然有序。 于是周公作《周官》——梁玉绳曰:"《周纪》言成王作《周官》,与《书序》同,而此云周公作之,岂周公奉成王命为之欤?"《周官》:一篇讲周初官制的文章。原存于《尚书》,今亡,现存古文《尚书》中之《周官》,学者多认为是东晋人所伪造。 官别其宜——各种官吏都有其各不相同的职责范围。 ⑤2《立政》——《尚书》篇名,是周公晚年对成王的诰词,阐述了设官理政的法则。 以便百姓——使百官都明白居官为政的道理。百姓:这里指百官。 ⑤3自以为功代武王之说——"自以为功"应依前文作"自以为质",即祈祷三王,告言愿替武王死云云。说:应作"简"。《集解》引孔安国曰:"所藏请命策书本也。" ⑤4二公及王乃问史、百执事——二公:史公认为指太公、召公。后世学者认为指召公、毕公。史、百执事:指史官与其他众官员。《集解》引郑玄曰:"问者,问审然否也。" ⑤5自今后其无缪卜乎——今后恐怕再也看不到像周公这样虔敬的占卜、祷祝了。缪:通"穆",虔敬。 ⑤6朕小子其迎——我亲自往祭周公之灵。朕小子:同前"予小子"。 我国家礼亦宜之——国家祭天也应使之配享。 ⑤7王出郊,天乃雨,反风,禾尽起——出郊:到郊外祭天。反风:风向反转。 ⑤8凡大木所偃,尽起而筑之——凡是被大风吹倒的树木、压倒的庄稼,要全部扶起,用土培好根。 ⑤9淮夷、徐戎亦并兴反——徐戎:古部族名，夏至周初活动于淮河中下游一带。兴：举兵。 ⑥⑩肸（bì）——即费，鲁邑名，在今山东费县西北。 《肸誓》——即《费誓》，《尚书》篇名。余永梁据甲骨文、金文、《诗经》等材料，推断本篇作者是春秋时之鲁公。 ⑥①陈尔甲胄——陈：列。引申为准备。甲胄：古代士兵穿戴的铠甲和头盔。 无敢不善——谁也不能不事先准备好。 ⑥②无敢伤牿（gù）——不要伤害牛马。牿：本指牛马圈，此指牛马。 ⑥③马牛其风——谁家的马和牛如果走失了。风：走散。 臣妾逋（bū）逃——谁家的奴隶如果逃跑了。臣：男仆。妾：女奴。逋：逃亡。 ⑥④勿敢越逐——用不着离开队伍去追拿。 敬复之——得到这些牛马与奴隶的人都要将其送还原主。 ⑥⑤寇攘——掠夺，偷取。《集解》引郑玄曰："寇，劫取也。因其失亡曰'攘'。" ⑥⑥三郊三隧——意指大量征兵。郊：城外近处曰郊。隧：通"遂"，城外远处曰遂。《集解》引王肃曰："邑外曰郊，郊外曰隧。不言四者，东郊留守，故言三也。" ⑥⑦峙（zhì）尔刍茭、糗（qiǔ）粮、桢干（gàn）——峙：准备，积储。刍茭：喂牛马的干草。糗粮：干粮。桢干：筑墙用的木桩夹板。立在两头的叫桢，立在两边的叫干。 ⑥⑧无敢不逮——不要到用时措手不及。 ⑥⑨我甲戌筑而征徐戎——《集解》引孔安国曰："甲戌日当筑攻敌垒距堙之属。" 无敢不及——谁敢不按时到。 有大刑——凡违令者将被杀戮。 ⑦⑩炀公筑茅阙门——梁玉绳认为成王以奄益封鲁，奄在鲁城东两里，炀公或"改建宫室，廓开旧制，此茅阙门之所由筑欤？" ⑦①樊仲山父——周宣王的大臣，食邑于樊（在今河南济源西南），亦称"仲山甫""樊仲""樊穆仲"。 不顺——不合嫡长子继位的制度。 ⑦②王命将有所壅——你的命令今后将无法通行。壅：阻塞不通。 ⑦③自诛王命——是您自己违抗先王之命。 ⑦④问鲁公子能道顺诸侯者，以为鲁后——道顺诸侯：教导诸侯。为鲁后：为鲁国的继位之君。 ⑦⑤赋事行刑——泛指一切举措。赋事：分配任务。行刑：使用刑罚。 问于遗训而咨于固实——即一切都按过去的方针办。咨：咨询。遗训：先王的教训。固实：即"故实"，过去的先例。 ⑦⑥不干所问，不犯所咨——意即凡是问询得到的旧规先例，一概遵照实行，绝不与之相抵触。干：冒犯，抵触。 ⑦⑦夷宫——周宣王祖父夷王之庙。《集解》引韦昭曰："古者爵命必于祖庙。”

四十六年，惠公卒，长庶子息摄当国，行君事，是为隐公。初，惠公適夫人无子，公贱妾声子生子息。[1]息长，为娶于宋。宋女至而好，惠公夺而自妻之。生子允。登宋女为夫人，以允为太子。及惠公卒，为允少故，鲁人共令息摄政，不言即位。

隐公五年，观渔于棠。[2]八年，与郑易天子之太山之邑祊及许田[3]，君子讥之。

十一年冬，公子挥谄谓隐公曰："百姓便君，君其遂立。[4]吾请为君杀子允，君以我为相。"隐公曰："有先君命。吾为允少，故摄代。今允长矣，吾方营菟裘之地而老焉[5]，以授子允政。"挥惧子允闻而反诛之，乃反谮隐公于子允曰："隐公欲遂立，去子，子其图之。请为子杀隐公[6]。"子允许诺。十一月，隐公祭钟巫，齐于社圃，馆于蔿氏。[7]挥使人杀隐公于蔿氏，而立子允为君，是为桓公。

桓公元年，郑以璧易天子之许田。二年，以宋之赂鼎入于太庙，君子讥之。

三年，使挥迎妇于齐，为夫人。六年，夫人生子，与桓公同日，故名曰同。同长，为太子。

十六年，会于曹[8]，伐郑，入厉公[9]。

十八年春，公将有行，遂与夫人如齐。申繻谏止[10]，公不听，遂如齐。齐襄公通桓公夫人。公怒夫人，夫人以告齐侯。夏四月丙子，齐襄公飨公，公醉，使公子彭生抱鲁桓公，因命彭生摺其胁[11]，公死于车。鲁人告于齐曰："寡君畏君之威，不敢宁居，来修好礼。礼成而不反，无所归咎，请得彭生以除丑于诸侯。[12]"齐人杀彭生以说鲁。立太子同，是为庄公。庄公母夫人因留齐，不敢归鲁。

庄公五年冬，伐卫，内卫惠公。[13]

八年，齐公子纠来奔。九年，鲁欲内子纠于齐，后桓公[14]，桓公发兵击鲁，鲁急，杀子纠。召忽[15]死。齐告鲁生致管仲[16]。鲁人施伯曰："齐欲得管仲，非杀之也，将用之，用之则为鲁患。不如杀，以其尸与之。"庄公不听，遂囚管仲与齐。齐人相管仲。

十三年，鲁庄公与曹沫会齐桓公于柯。[17]曹沫劫齐桓公，求鲁侵地[18]，已盟而释桓公。桓公欲背约，管仲谏，卒归鲁侵地。十五年，齐桓公始霸。二十三年，庄公如齐观社[19]。

三十二年。初，庄公筑台临黨氏，见孟女，说而爱之，许立为夫人，割臂以盟。[20]孟女生子斑。斑长，说梁氏女，往观。圉人荦自墙外与梁氏女戏[21]。斑怒，鞭荦。庄公闻之，曰："荦有力焉，遂杀之，是未可鞭而置也。"斑未得杀。会庄公有疾。庄公有三弟，长曰庆父，次曰叔牙，次曰季友。庄公取齐女为夫人曰哀姜。哀姜无子。哀姜娣曰叔姜，生子开。庄公无適嗣，爱孟女，欲立其子斑。庄公病，而问嗣于弟叔牙。叔牙曰："一继一及，鲁之常也[22]。庆父在，可为嗣，君何忧？"庄公患叔牙欲立庆父，退而问季友。季友曰："请以死立斑也。"庄公曰："曩者叔牙欲立庆父，奈何？"季友以庄公命命牙待于鍼巫氏，使鍼季劫饮叔牙以鸩，[23]曰："饮此，则有后奉祀；不然，死且无后。"牙遂饮鸩而死，鲁立其子为叔孙氏[24]。八月癸亥，庄公卒，季友竟立子斑为君，如庄公命。侍丧，舍于黨氏[25]。

先时庆父与哀姜私通，欲立哀姜娣子开。及庄公卒而季友立斑，十月己未，庆父使圉人荦杀鲁公子斑于黨氏。季友奔陈[26]。庆父竟立庄公子开，是为湣公。

湣公二年，庆父与哀姜通益甚。哀姜与庆父谋杀湣公而立庆父。庆父使卜齮袭杀湣公于武闱。[27]季友闻之，自陈与湣公弟申如邾，请鲁求内之[28]。鲁人欲诛庆父。庆父恐，奔莒[29]。于是季友奉子申入，立之，是为釐公。釐公亦庄公少子。哀姜恐，奔邾。季友以赂如莒求庆父，庆父归，使人杀庆父，庆父请奔，弗听，乃使大夫奚斯行，哭而往。庆父闻奚斯音，乃自杀。齐桓公闻哀姜与庆父乱以危鲁，及召之邾而杀之，以其尸归，戮之鲁[30]。鲁釐公请而葬之。

季友母陈女，故亡在陈，陈故佐送季友及子申。季友之将生也，父鲁桓公使人卜之，曰："男也，其名曰'友'，间于两社[31]，为公室辅。季友亡，则鲁不昌。"及生，有文在掌曰"友"，遂以名之，号为成季。其后为季氏，庆父后为孟氏也。

釐公元年，以汶阳、鄪封季友。[32]季友为相。

九年，晋里克杀其君奚齐、卓子。齐桓公率釐公讨晋乱，至高梁而还，立晋惠公。十七年，齐桓公卒。二十四年，晋文公即位。

三十三年，釐公卒，子兴立，是为文公。

文公元年，楚太子商臣弑其父成王，代立。三年，文公朝晋襄公。

十一年十月甲午，鲁败翟于咸，获长翟乔如，富父终甥舂其喉以戈，杀之，埋其首于子驹之门，以命宣伯。[33]

初，宋武公之世，鄋瞒伐宋[34]，司徒皇父帅师御之，以败翟于长丘，获长翟缘斯。[35]晋之灭路[36]，获乔如弟棼如。齐惠公二年，鄋瞒伐齐，齐王子城父获其弟荣如，埋其首于北门。卫人获其季弟简如。鄋瞒由是遂亡。

十五年，季文子[37]使于晋。

十八年二月，文公卒。文公有二妃：长妃齐女为哀姜，生子恶及视；次妃敬嬴，嬖爱，生子俀。俀私事襄仲，襄仲欲立之，叔仲曰不可。[38]襄仲请齐惠公，惠公新立，欲亲鲁，许之。冬十月，襄仲杀子恶及视而立俀，是为宣公。哀姜归齐，哭而过市，曰："天乎！襄仲为不道，杀適立庶！"市人皆哭，鲁人谓之"哀姜"。鲁由此公室卑，三桓强[39]。

宣公俀十二年，楚庄王强，围郑。郑伯降，复国之。

十八年，宣公卒，子成公黑肱立，是为成公。季文子曰："使我杀適立庶失大援者，襄仲。"襄仲立宣公，公孙归父[40]有宠。宣公欲去三桓，与晋谋伐三桓。会宣公卒，季文子怨之，归父奔齐。

成公二年春，齐伐取我隆。[41]夏，公与晋郤克败齐顷公于鞌，[42]齐复归我侵地。四年，成公如晋，晋景公不敬鲁。鲁欲背晋合于楚，或谏，乃不[43]。十年，成公如晋。晋景公卒，因留成公送葬，鲁讳之[44]。十五年，始与吴王寿梦会钟离[45]。

十六年，宣伯告晋，欲诛季文子。文子有义，晋人弗许。

十八年，成公卒，子午立，是为襄公，是时襄公三岁也。

襄公元年，晋立悼公。往年冬，晋栾书弑其君厉公。四年，襄公朝晋。

五年，季文子卒，家无衣帛之妾，厩无食粟之马，府无金玉，以相三君。君子曰："季文子廉忠矣。"

九年，与晋伐郑。晋悼公冠襄公于卫[46]。季武子从，相行礼。[47]

十一年，三桓氏分为三军[48]。

十二年，朝晋。十六年，晋平公即位。二十一年，朝晋平公。

二十二年，孔丘生[49]。

二十五年，齐崔杼弑其君庄公，立其弟景公。

二十九年，吴延陵季子使鲁，问周乐，尽知其意，鲁人敬焉。

三十一年六月，襄公卒。其九月，太子卒。鲁人立齐归[50]之子裯为君，是为昭公。

昭公年十九，犹有童心[51]。穆叔不欲立[52]，曰："太子死，有母弟可立，不即立长。年钧择贤，义钧则卜之。[53]今裯非適嗣，且又居丧意不在戚而有喜色，若果立，必为季氏忧。"季武子弗听，卒立之。比及葬，三易衰。[54]君子曰："是不终也[55]。"

昭公三年，朝晋至河，晋平公谢还之，鲁耻焉。[56]四年，楚灵王会诸侯于申[57]，昭公称病不往。七年，季武子卒。八年，楚灵王就章华台[58]，召昭公。昭公往贺，赐昭公宝器；已而悔，复诈取之。[59]十二年，朝晋至河，晋平公谢还之。十三年，楚公子弃疾弑其君灵王，代立。十五年，朝晋，晋留之葬晋昭公，鲁耻之。二十年，齐景公与晏子狩竟，因入鲁问礼。[60]二十一年，朝晋至河，晋谢还之。

二十五年春，鸜鹆来巢[61]。师己[62]曰："文成之世[63]童谣曰：'鸜鹆来巢，公在乾侯。鸜鹆入处，公在外野[64]。'"

季氏与郈氏斗鸡。[65]氏芥鸡羽，郈氏金距。[66]季平子怒而侵郈氏[67]，郈昭伯亦怒平子。臧昭伯之弟会伪谗臧氏，匿季氏，臧昭伯囚季氏人；季平子怒，囚臧氏老。[68]臧、郈氏以难告昭公。昭公九月戊戌伐季氏，遂入。平子登台请曰："君以谗不察臣罪，诛之，请迁沂上[69]。"弗许。请囚于鄪，弗许。请以五乘亡，弗许。子家驹曰："君其许之。政自季氏久矣，为徒者众，众将合谋。"弗听。郈氏曰："必杀之。"叔孙氏之臣戾谓其众曰："无季氏与有，孰利？"[70]皆曰："无季氏是无叔孙氏。"戾曰："然，救季氏！"遂败公师。孟懿子[71]闻叔孙氏胜，亦杀郈昭伯。郈昭伯为公使，故孟氏得之[72]。三家共伐公，公遂奔。己亥，公至于齐。齐景公曰："请致千社待君[73]。"子家曰："弃周公之业而臣于齐，可乎？"乃止。子家曰："齐景公无信，不如早之晋。"弗从。叔孙见公还[74]，见平子，平子顿首。初欲迎昭公，孟孙、季孙后悔，乃止。

二十六年春，齐伐鲁，取郓而居昭公[75]焉。夏，齐景公将内公，令无受鲁赂[76]。申丰、汝贾许齐臣高龁、子将粟五千庾；子将言于齐侯曰："群臣不能事鲁君，有异焉。[77]宋元公为鲁如晋，求内之，道卒，叔孙昭子求内其君，无病而死。[78]不知天弃鲁乎？抑鲁君有罪于鬼神也？愿君且待。"齐景公从之。

二十八年，昭公如晋，求入。[79]季平子私于晋六卿，六卿受季氏赂，谏晋君，晋君乃止，居昭公乾侯。二十九年，昭公如郓。齐景公使人赐昭公书，自谓"主君"[80]。昭公耻之，怒而去乾侯。三十一年,晋欲内昭公,召季平子。平子布衣跣行,因六卿谢罪。[81]六卿为言曰:“晋欲内昭公,众不从。”[82]晋人止。三十二年,昭公卒于乾侯。鲁人共立昭公弟宋为君,是为定公。

定公立,赵简子问史墨曰[83]:“季氏亡乎?”史墨对曰:“不亡。季友有大功于鲁,受鄪为上卿,至于文子、武子,世增其业。鲁文公卒,东门遂杀適立庶,[84]鲁君于是失国政。政在季氏,于今四君矣。民不知君,何以得国!是以为君慎器与名,不可以假人[85]。”

定公五年,季平子卒,阳虎私怒,囚季桓子,与盟,乃舍之。[86]七年,齐伐我,取郓,以为鲁阳虎邑以从政[87]。八年,阳虎欲尽杀三桓適,而更立其所善庶子以代之[88]。载季桓子将杀之,桓子诈而得脱[89]。三桓共攻阳虎,阳虎居阳关[90]。九年,鲁伐阳虎,阳虎奔齐,已而奔晋赵氏。

十年,定公与齐景公会于夹谷,孔子行相事。[91]齐欲袭鲁君,孔子以礼历阶,诛齐淫乐[92],齐侯惧,乃止,归鲁侵地而谢过。十二年,使仲由毁三桓城,收其甲兵。[93]孟氏不肯堕城,伐之,不克而止。季桓子受齐女乐,孔子去。

十五年,定公卒,子将立,是为哀公[94]。

哀公五年,齐景公卒。六年,齐田乞弑其君孺子。

七年,吴王夫差强,伐齐,至缯,征百牢于鲁。[95]季康子使子贡说吴王及太宰嚭,以礼诎之。[96]吴王曰:“我文身,不足责礼[97]。”乃止。

八年,吴为邹伐鲁,至城下,盟而去。齐伐我,取三邑。十年,伐齐南边。十一年,齐伐鲁。季氏用冉有有功[98],思孔子,孔子自卫归鲁。

十四年,齐田常弑其君简公于徐州。[99]孔子请伐之,哀公不听。十五年,使子服景伯,子贡为介,[100]适齐,齐归我侵地。田常初相,欲亲诸侯。

十六年,孔子卒。

二十二年，越王句践灭吴王夫差。

二十七年春，季康子卒。夏，哀公患三桓，将欲因诸侯以劫之，三桓亦患公作难，故君臣多间[101]。公游于陵阪，遇孟武伯于街，[102]曰："请问余及死乎[103]？"对曰："不知也。"公欲以越伐三桓。八月，哀公如陉氏[104]。三桓攻公，公奔于卫，去如邹，遂如越[105]。国人迎哀公复归，卒于有山氏[106]。子宁立，是为悼公。

（以上为第二段，写《春秋》十二公时期的鲁国历史。）

①適夫人——诸侯之正妻。適：通"嫡"。　贱妾——《左传》作"继室以声子"。梁玉绳曰："声子是继室，何云贱妾？"　②隐公五年——公元前718年。　观渔于棠——渔：捕鱼。棠：鲁邑名，在今山东鱼台西北。按：隐公观鱼被认为是不合礼法的。　③与郑易天子之太山之邑祊（bǐng）及许田——易：交换。诸侯私下交换天子所赐土地，是对天子的不恭敬。祊：即"邴"，郑陪祭泰山之邑，在今山东费县东南。周宣王将祊赐给母弟郑桓公，作为郑君陪天子祭泰山时的助祭汤沐邑。许田：在今河南许昌东南，由周成王赐予周公，为鲁君朝见周王时的食宿之邑。　④百姓便君——官僚贵族们都愿意让你当国君。便：觉得好，以为好。　君其遂立——您就正式做国君吧。　⑤吾方营菟（tú）裘之地而老焉——意谓我正在菟裘修建居住之所，以备退休之后使用。菟裘：鲁邑名，在今山东泰安东南楼德镇。老：退休。　⑥请为子杀隐公——梁玉绳曰："生而称谥，非也。当衍两'隐'字。"　⑦钟巫——神名。龟井昱认为：钟巫，盖古之神巫也。　齐于社圃——在社圃斋戒。齐：通"斋"，古人祭祀前为表虔敬所进行的一些活动，如沐浴、焚香、独宿等。社圃：园名。　馆于蔿（wěi）氏——住宿于邻近的蔿氏之家。馆：住宿。蔿氏：鲁大夫。　⑧会于曹——鲁桓公与宋庄公、蔡桓公、卫惠公、陈庄公在曹国集会，谋伐郑。曹：西周初期以来的诸侯国，都于陶丘（在今山东菏泽定陶区西北）。　⑨伐郑，入厉公——梁玉绳曰："'入'上缺'谋'字，盖厉未入也。"按：郑厉公名突。郑厉公四年（前697），因其相祭仲作乱，厉公逃出都城，居于边地之栎邑。郑人遂立公子忽，是为昭公。鲁、宋诸国伐郑，欲复立厉公，不胜而

罢。 ⑩申繻(xū)谏止——申繻劝桓公不要带着夫人一起去。 ⑪摺(lā)其胁——折断了鲁桓公的肋骨。摺:通"擸",折断。 ⑫无所归咎——不知该归罪于谁。 除丑于诸侯——在各国诸侯面前找回一点面子。 ⑬庄公五年——公元前689年。 内卫惠公——以武力将卫惠公送入。内:"纳"的古字。 ⑭后桓公——落在了齐桓公后面。桓公:名小白,襄公之异母弟。 ⑮召忽——齐国大夫,辅佐公子纠,随其奔鲁。 ⑯生致管仲——将管仲活着送回。 ⑰曹沫——也作曹刿(guì),鲁国将领。 柯——齐邑名,在今山东东阿西南。 ⑱求鲁侵地——请求齐国归还所侵鲁国之地。 ⑲庄公如齐观社——《集解》引韦昭曰:"齐因祀社,蒐军实以示军容,公往观之。"社:土神。此处指祭社神。 ⑳党(zhǎng)氏——鲁大夫,任姓。 孟女——党氏的长女,即《左传》之"孟任"。 割臂以盟——割其臂以与公盟。 ㉑圉人荦(luò)——圉人名荦。圉,养马者。 与梁氏女戏——戏:说笑。 ㉒一继一及,鲁之常也——父死子"继",与兄终弟"及",二者都是常情。 ㉓命牙待于鍼(qián)巫氏——命令叔牙在鍼巫氏家听候命令。鍼巫氏:鲁大夫。 使鍼季劫饮叔牙以鸩(zhèn)——鍼季:鍼巫氏的族人。劫饮:逼着叔牙喝。鸩:毒酒。 ㉔鲁立其子为叔孙氏——《集解》引杜预曰:"不以罪诛,故得立后,世继其禄也。"叔孙氏:与季孙氏、孟孙氏同为鲁国三大豪族,即日后之所谓"三桓",世掌鲁政。 ㉕侍丧,舍于党氏——舍:住宿。子斑在为其父守丧期间,仍回其外公家居住。 ㉖季友奔陈——《集解》引服虔曰:"季友内知庆父之情,力不能诛,故避其难出奔。" ㉗卜齮(yǐ)——鲁大夫。泷川资言认为:据《左传》,公傅夺卜齮田,公不禁,故卜齮怨公。 武闱——宫门名。 ㉘季友闻之,自陈与湣公弟申如邾,请鲁求内之——梁玉绳曰:"季子已于前年归鲁,故《春秋》书'季子来归'。此云'自陈与釐公申如邾',下又云'陈送友及申',不但误以友为在陈,并误认釐公亦在陈矣。'请鲁求内之'五字当衍。友与申如邾,避庆父也。庆父奔莒,友即入鲁立申,鲁无人焉,何'请'之有?又何'求内'之有?而申为湣公庶兄,是以夏父弗忌曰'新鬼大,故鬼小'。此云'湣公弟申',亦误。"邾:西周封置国名,后改为邹,在今山东曲阜东南。 ㉙莒(jǔ)——周初封置国名,初都计斤(今山东胶州西南),春秋初迁于莒(今山东莒县)。 ㉚戮之鲁——在鲁都陈尸示众。 ㉛间于两社——《集解》引贾逵曰:"两社,周社、亳社也。两社之间,朝廷执政之臣所在。"中井积德认为:间于两社,谓季子居第。 ㉜釐公元年——公元前659年。 以汶(wèn)阳、鄪封季友——泷川资言认为:此赏靖难之功也,季氏有费始此。汶阳、鄪:鲁之二邑名。汶阳:汶水之北,古汶水西流经东平南,至今梁山南汇入古济水。鄪:也作"费",在今山东费县西北。 ㉝鲁败翟(dí)于咸(xián)——翟:通"狄",古族名。咸:鲁地名,在今山东巨野南。此次鲁国击败翟的将领为鲁国之卿叔孙得臣。 长翟乔如——长翟的首领,名叫乔如,也作"侨如"。长翟:又作"长狄",春秋时狄族的一支,活动于西起今山西临汾、长治,东至山东边境的山谷间。传说他们身材高大,故称长翟。 富父终甥舂其喉——富父终甥:鲁国大夫,叔孙得臣的部下。舂:通"冲",撞击。 子驹之门——鲁国的一个外城之门。 以命宣伯——为纪念此事,遂给鲁卿叔孙得臣之子起名叫"乔如"。宣伯:叔孙得臣之子叔孙乔如后来的谥号。 ㉞鄋(sōu)瞒伐宋——鄋瞒:部族名,长狄的一支。 ㉟司徒皇父——为司徒官者名皇父。司徒:官名。掌管民户、土地、徒役的辅政大臣。皇父:宋戴公之子,字皇父,名充石。 长丘——宋邑名,在今河南封丘西南。 缘斯——《集解》引贾逵曰:"乔如之祖。" ㊱晋之灭路——事在晋景公六年(前594),此下皆叙后事。路:《左传》作"潞",古国名,西周时赤狄所建,在今山西长治潞城区东北。 ㊲季文子——即季孙行父,季友之孙。 ㊳襄仲——鲁国大夫,庄公之子,又称公子遂、仲遂、东门襄仲。 叔仲——叔牙之孙,即叔仲惠伯,又称叔仲彭生。 ㊴鲁由此公室卑,三桓强——三桓:指孟孙氏、季孙氏、叔孙氏,分别为鲁桓公之子庆父、季友、叔牙的后人。三家为世卿,共执鲁政。 ㊵公孙归父——字子家,襄仲之子。 ㊶成公二年——公元前589年。 隆——《左传》作"龙",鲁邑,在今山东泰安东南。 ㊷郤克——晋卿,又称"郤献子",时掌晋政。 败齐顷公于鞌(ān)——鞌:齐邑名,在今山东济南西北。齐顷公因侮辱郤克与诸国之使者,招致晋与鲁、卫等国伐齐,联军败齐于鞌。 ㊸或谏,乃不——有人劝阻,成公才停止了。 ㊹鲁讳之——

因鲁成公为晋景公送葬不合礼法，鲁人以此为耻辱，故《春秋·成公十年》讳而不言葬晋景公，仅书“公如晋”。 ㊺钟离——吴邑名，在今安徽凤阳东北。吴国从此开始与中原诸国通使。 ㊻晋悼公冠襄公于卫——晋悼公在卫国为鲁襄公行加冠礼。鲁襄公当时仅十二岁。 ㊼季武子——即季孙宿，季文子之子。 相行礼——辅助襄公完成加冠仪式。 ㊽三桓氏分为三军——三桓氏将鲁国军队分成三军，各掌一军。 ㊾孔丘生——关于孔子的生年有襄公二十一年（前550）与襄公二十二年（前551）两说，今人多从司马迁取二十二年说。 ㊿齐归——胡国之女，襄公妾敬归之妹。《集解》引服虔曰：“胡，归姓之国也。齐，谥也。” 51昭公年十九，犹有童心——《集解》引服虔曰：“言无成人之志，而有童子之心。” 52穆叔不欲立——穆叔不欲立裯为鲁君。穆叔：鲁大夫叔孙豹，宣伯乔如之弟。 53年钧——年龄一样大。钧：通“均”。 义钧——人品相同。义：道德人品。 54比及葬——从襄公死到下葬的一段时间。 三易衰（cuī）——三次更换丧服。《集解》引杜预曰：“言其嬉戏无度。”衰：同“缞”，丧服。 55是不终也——这个人不会有好结局。 56昭公三年——公元前539年。 朝晋，至河——西朝晋君行至黄河边。 谢还之——谢绝来朝，令其半路而回。 57申——古国名，后为楚成王所灭，在今河南南阳东南。 58楚灵王就章华台——就：建成。章华台：在今湖北潜江西南龙湾古华容县城内。 59赐昭公宝器——据《左传》，宝器即“大屈弓”。 已而悔，复诈取之——后来又反悔，用假话将弓要了回去。 60齐景公与晏子狩竟——晏子：即晏婴，字平仲，时为齐相。狩竟：狩猎于鲁国边境。竟：同“境”。 因入鲁问礼——梁玉绳曰：“《左传》无问礼事。” 61鸜鹆（qú yù）来巢——鸜鹆鸟来鲁都曲阜作巢，因其事怪异，故书于史。鸜鹆：鸟名，也作“鸲鹆”，俗称八哥。 62师己——鲁国大夫。 63文成之世——指鲁文公、宣公、成公之世。 64鸜鹆来巢，公在乾侯。鸜鹆入处，公在外野——该歌谣预言了鲁昭公即将失国流浪的可悲命运。乾侯：晋邑名，在今河北成安东南，鲁昭公后来死于此。 65季氏——指季平子，季武子之孙。 郈氏——指郈昭伯，名恶，鲁孝公之后。 66芥鸡羽——有说是为鸡装上铠甲。芥：应通“介”，披甲。也有说是捣芥子为粉末，播撒于鸡翼，以迷对方鸡之眼睛。后说似非。 金距——在鸡爪上装金属套，可作争斗时的利刃。 ⑥⑦侵郈氏——侵占郈昭伯之地。 ⑥⑧臧昭伯之弟会——臧会，又称“顷伯”，臧孙赐的堂弟。臧昭伯：即臧孙赐，鲁国大夫。 伪谗臧氏，匿季氏，臧昭伯囚季氏人——泷川资言认为：据《左传》，会窃臧氏宝玉以逃，而伪云“有为谗构者，不得居臧氏”。梁玉绳曰：“臧氏逐会，执诸季氏中门之外，非‘囚季氏人’也。” 臧氏老——臧氏的家臣。 ⑥⑨君以谗不察臣罪，诛之，请迁沂上——你听信别人的坏话就不分黑白来讨伐我，请把我流放到沂水边上去。 ⑦⓪叔孙氏之臣戾——鬷（zōng）戾，为叔孙氏之司马。 无季氏与有，孰利——对我们家族而言，是有季氏好，还是没有季氏好？ ⑦①孟懿子——孟僖子之子，又称“仲孙何忌”“孟孙”。 ⑦②郈昭伯为公使，故孟氏得之——为公使：为鲁昭公的使者，到孟孙氏家去。凌稚隆认为：盖时方以昭伯伐季氏之命告孟孙，故在孟孙所也。 ⑦③请致千社待君——我将提供千社之邑让你坐享。千社：两万五千家。二十五家为一社。待君：待君伐季氏之命。 ⑦④叔孙见公还——叔孙昭子到齐国探看鲁昭公后回到鲁国。 ⑦⑤取郓而居昭公——攻取了鲁国的郓邑，令昭公居住。郓：鲁邑名，在今山东郓城东。 ⑦⑥令无受鲁赂——命令齐国诸臣不许接受鲁国三桓的贿赂，意即坚决支持鲁昭公。 ⑦⑦申丰、汝贾——二人皆季氏家臣。 许齐臣高龁（hé）、子将粟五千庾——子将：《左传》作“子犹”，即梁丘据，齐景公的宠臣。高龁是子将的家臣。这里所以将其臣、主并提，是鲁人先买通了高龁，再由高龁劝说子将，事详见《左传》。庾：古代容量单位，一庾等于十六斗。 群臣不能事鲁君，有异焉——我们之所以不肯为鲁国的君主尽力，是因为鲁国的君主有些怪现象，即下文所说凡欲为之尽力者皆得暴死。 ⑦⑧宋元公——宋国国君，名佐，公元前531—前517年在位。 求内之——想求晋国帮鲁昭公打回鲁国，恢复君位。 道卒——结果死在了半道上。据《春秋》，“宋公佐卒于曲棘”。 叔孙昭子——名婼（chuò），叔孙豹之子。 求内其君，无病而死——在鲁国三大家族中，唯有叔孙氏主张迎昭公回国，其他两家都不同意，叔孙昭子不愿与他们合流，祈祷速死，不久遂死。事详见《左传》。 ⑦⑨二十八年——公元前514年。　求入——请晋君帮助自己返回鲁国。　⑧⓪自谓"主君"——"自"系衍文，乃齐景公称鲁昭公为"主君"。《十二诸侯年表》作："齐侯曰'主君'，公耻之，复之乾侯。"《集解》引服虔曰："大夫称'主'，比公于大夫，故称'主君。'"　⑧①布衣跣(xiǎn)行——此为认罪、请罪的样子。跣行：赤脚行走。　因六卿谢罪——通过晋之六卿向鲁昭公请罪。但请罪是假，再次收买六卿是真。　⑧②为言曰——对鲁昭公说。　晋欲内昭公，众不从——我们是想送你回去的，但大家不同意。　⑧③赵简子——即赵鞅，晋国上卿，赵武之孙，"简"是谥号。　史墨——晋国史官蔡墨。　⑧④东门遂——即襄仲，名遂，字仲，鲁庄公之子，因居于东门，故称。　杀适立庶——指杀嫡子视与恶，立宣公。适：通"嫡"。　⑧⑤是以为君慎器与名，不可以假人——《集解》引杜预曰："器，车服；名，爵号。"假人：给予人。　⑧⑥定公五年——公元前505年。

阳虎私怒——冈白驹认为：阳虎欲葬平子以玙璠，季氏臣不可，阳虎怒，是私怒也。阳虎：季孙氏家臣，一称"阳货"。　囚季桓子，与盟，乃舍之——阳虎囚季桓子，逼其与己结盟，遂杀了一批季氏家族的人物。季桓子：平子之子，名斯。　⑧⑦以为鲁阳虎邑以从政——意谓齐取得鲁国郓邑以赠阳虎，并使阳虎掌鲁之政。梁玉绳曰："《春秋传》：'春，齐人归郓、阳关，阳虎居之以为政。秋，齐伐鲁。'两事也，此误。"　⑧⑧阳虎欲尽杀三桓适，而更立其所善庶子以代之——《左传》云："阳虎欲去三桓，以季寤更季氏，以叔孙辄更叔孙氏，己更孟氏。"意即阳虎想让季寤(季桓子弟)代替季桓子，以叔孙辄(叔孙氏庶子)代替叔孙武孙，自己则代替孟懿子。　⑧⑨桓子诈而得脱——据《左传》，阳虎"将享季氏于蒲圃而杀之"，途中，季桓子说服御者林楚，使其突然驰入孟孙氏宅中而得以逃脱。　⑨⓪阳关——鲁邑名，在今山东泰安东南。　⑨①夹谷——齐地名，在今山东济南莱芜区西南。　行相事——司马迁以为是代行宰相职权，《史记》诸篇皆同；但多数学者皆认为孔子是跟随鲁定公当傧相，主持盟会礼赞，犹今之司仪。　⑨②齐欲袭鲁君，孔子以礼历阶，诛齐淫乐——历阶：登阶不聚足，即一步一磴快步登上台阶。诛齐淫乐：杀了一些齐国优伶。以上孔子相鲁定公会齐侯于夹谷事，详见《左传·定公十年》与《孔子世家》。　⑨③仲由——字子路，孔子的弟子，时为季氏家族的总管。 毁三桓城——折毁三桓都邑的城墙，即季氏之费，叔孙氏之郈，孟孙氏之成。 收其甲兵——将“三桓”的甲兵都收归鲁国公室所有。 ⑭哀公——名将，定公之子，公元前494—前468年在位。按：哀公以下鲁史系年历来说法不一，本篇注文依郭克煜等所著《鲁国史》。 ⑮七年——公元前488年。 吴王夫差强，伐齐，至缯，征百牢于鲁——牢：作祭品用的牛、羊、猪，牛、羊、猪三者各一叫太牢；羊、猪各一叫少牢。《集解》引贾逵曰：“周礼，王合诸侯，享礼十有二牢。上公九牢，侯伯七牢，子男五牢。”今吴国要求鲁国以百牢之礼招待吴王夫差，可谓极其无理。 ⑯季康子——季孙肥，季桓子之子。 使子贡说吴王及太宰嚭（pǐ）——子贡：姓端木，名赐，孔子弟子。太宰嚭：伯嚭，原楚人，时为吴国太宰。 以礼诎（qū）之——以礼驳斥吴国的无理要求。 ⑰我文身，不足责礼——我是断发文身之人，你们不必和我谈礼。 ⑱冉有有功——按：此役由冉有、樊迟等率师抗齐，打得齐军惨败。冉有：名求，字子有，孔子弟子。 ⑲田常——齐国权臣，又称“田恒”“陈成子”“陈恒”“陈常”。 弑其君简公于俆（shū）州——俆州：齐邑名，一作“徐州”“舒州”，在今山东滕州南。 ⑩子服景伯——鲁国大夫。 介——助手，陪伴者。 ⑩君臣多间——君臣之间矛盾尖锐。间：隔阂，仇隙。 ⑩陵阪——鲁地名，可能在今山东曲阜东。 孟武伯——又称“孟孺子泄”“武伯彘”，孟懿子之子。⑩请问余及死乎——《集解》引杜预曰：“问己可得以寿死不？” ⑩陉（xíng）氏——鲁国大夫。梁玉绳曰：“《传》作‘有陉氏’，即有山氏也，此脱‘有’字。” ⑩公奔于卫，去如邹，遂如越——古时相传，在苏州西南四十五里横山南有鲁郡村，村内有城。俗云，鲁哀公如越，越居哀公焉。 ⑩卒于有山氏——童书业认为：《左氏》不载“三桓攻公”及哀公复归死于有山氏等事，一若终于越者，此为季氏讳也。公孙有山氏为季氏党（参哀二十四年《传》），受季氏命暗杀哀公，完全可能。哀公谥为“哀”，不谥为“出”，亦可证其被弑。

悼公之时，三桓胜，鲁如小侯，卑于三桓之家。

十三年，三晋灭智伯，分其地有之。[①]

三十七年，悼公卒，子嘉立，是为元公。元公二十一年卒，子显立，是为穆公。穆公三十三年卒，子奋立，是为共公。共公二十二年卒，子屯立，是为康公。康公九年卒，子匽立，是为景公。景公二十九年卒，子叔立，是为平公。是时六国皆称王[②]。

平公十二年，秦惠王卒。二十年，平公卒，子贾立，是为文公。文公七年，楚怀王死于秦。二十三年，文公卒，子雠立，是为顷公。

顷公二年，秦拔楚之郢，楚顷王东徙于陈。十九年，楚伐我，取徐州。二十四年，楚考烈王[③]伐灭鲁。顷公亡，迁于下邑，为家人[④]，鲁绝祀。顷公卒于柯[⑤]。

鲁起周公至顷公，凡三十四世[⑥]。

（以上为第三段，写春秋末及战国时期鲁国的衰亡史。）

①十三年——公元前454年。　三晋灭智伯——梁玉绳曰："智伯之灭，在悼公十五年，此误。"三晋：指晋国的韩、赵、魏三家。智伯：即智襄子，名瑶，又称"荀瑶"，晋国正卿。　②六国皆称王——六国：指魏、赵、韩、楚、燕、齐。春秋时唯周天子称王，楚国以蛮夷自称王。至战国时，魏惠王首先于公元前344年称王；至公元前334年，魏与齐国相互推尊为王；公元前325年，秦国自称王，魏尊韩宣惠王为王；公元前323年，燕、赵、中山与韩、魏相互推尊为王；公元前318年，宋国自称王。③楚考烈王——名元，顷襄王之子，公元前262—前238年在位。④顷公亡，迁于下邑，为家人——"下邑"应作"卞邑"，在今山东泗水东。家人：平民，普通百姓。　⑤顷公卒于柯——柯：齐邑名，在今山东东阿与阳谷之间。　⑥凡三十四世——按：鲁国自西周初鲁公伯禽建国，至鲁顷公二十四年（前256）被楚所灭，共传三十五世，享国八百余年。《史记》不数伯御一代，故云三十四世。

太史公曰：余闻孔子称曰："甚矣鲁道之衰也！洙泗之间断断如也[①]。"观庆父及叔牙闵公之际，何其乱也？隐桓之事[②]；襄仲杀適立庶；三家北面为臣，亲攻昭公，昭公以奔。至其揖让之礼则从矣,而行事何其戾也[③]?

(以上为第四段,是作者的论赞,司马迁感慨自春秋以来,号称礼乐之邦的鲁国早已纲常崩坏,“礼”仅徒具形式而已。)

①洙泗之间龂(yín)龂如也——洙、泗:鲁之二水名,这里代指鲁国。龂龂:顶嘴争辩的样子。也有人说是读如“訚(yín)訚”,温和有礼的样子,意即表面看来彬彬有礼。 ②观庆父及叔牙闵公之际,何其乱也。隐桓之事——朱东润认为:应移“隐桓之事”一句于“观”字下。③何其戾也——戾:乖张,暴戾。赵恒认为:言揖让之礼则是,而行事则戾,正是“龂龂”之意。

[**简评**] 鲁国素称礼乐之邦,孕育出了孔子这样的大思想家、大教育家,司马迁对先贤高山仰止,心向往之,故而对鲁史的研究与撰写格外重视。《鲁世家》的写作有两个重点:其一是褒扬周公美德。太史公以《尚书》为素材,多方面地描述了鲁国始祖周公的事迹,特别是他对周成王的一片至诚,被司马迁以饱蘸感情之笔娓娓写出,目的是为天下臣子树立楷模。其二是叙述三桓专权,慨叹鲁道衰微。长时期把持鲁政的三桓,其内部出现了一批德才兼具的人士,如季友、季文子等,司马迁对他们作了肯定性的介绍;但总的说来,他对三桓是持揭露与批评态度的。在对昭公被逐、悼公之死等鲁国重大事件的记述中,《左传》明显袒护三桓,而司马迁则是较为客观地揭示了历史的真相。被孔子所推崇的“周礼”,事实上仅被鲁国当政者捡得皮毛,而其实际表现则完全是为人所不齿的另一套。这是鲁国历史的悲哀,也是司马迁对儒家文化所感到的困惑。

[**集评**] 《太史公自序》:“依之违之,周公绥之;愤发文德,天下和之;辅翼成王,诸侯宗周。隐桓之际,是独何哉?三桓争强,鲁乃不昌。嘉旦《金縢》,作《周公世家》第三。”

顾栋高曰:“余读《春秋》至隐五年‘公矢鱼于棠’,《传》曰

'非礼也，且言远地也'；哀十四年'西狩获麟'，欧阳子曰'西狩言远也'。呜呼，鲁之东西境尽之矣。余尝往来京师，亲至兖州鱼台县，访隐公观鱼处，询之土人，云距曲阜不二百里。又北至汶上，为齐鲁接界，俱计日可到，其地平衍，无高山大川为之限隔，无鱼盐之利为之饶沃，故终春秋之世，常畏齐而附晋。又其西南则宋、郑、卫及邾、莒、杞、鄫诸国，地犬牙相错，时吞灭弱小以自附益，祊易之郑，防取之宋，须句取之邾，向、鄫取之莒，而邾则空其国都致邾众退保峄山，与莒争郓无宁日。逮晋文分曹地，则有东昌府濮州西南；而越既灭吴，与鲁泗东方百里，地界稍稍扩矣，然终不能抗衡齐、晋。岂特其君臣之孱弱，亦其地当走集，以守则不足以固，以攻则不足以取胜也。徒以周公之后世为望国，为晋、楚所重，故楚灵为章华之台，而薳启疆特致鲁侯以落之。好以大屈，至战国时犹存，于诸姬最为后亡，岂非周公之明德远哉！"（《春秋大事表》）

李景星曰："《鲁世家》所引各事，多有与《诗》《书》抵牾处，如封周公乃成王时事，《诗·鲁颂》可证，此乃以为武王事；'文王日中昃不暇食'，《书·无逸》文也，此乃以为《多士》文；风雷之变，据《书》在周公卒前，此列在周公卒后，皆抵牾之显然者。又如周公入贺成王事，成王少时病事，周公奔楚事，周公遗命欲葬成周事，俱于《诗》《书》无考，又不第抵牾已也。盖《诗》《书》经圣人删定，所载之事皆属雅驯，其余杂说在当时或出传闻，或散见各书引证，太史公好奇，故不免牵引及之，而《鲁世家》为尤甚。然讹误虽多，而叙次自佳。通篇纯用编年简法，于挨次叙述之中有随手收纵之妙。大旨深叹鲁秉周礼，其后世乃多行违礼之事，故于懿、隐、桓、闵诸公之被弑，三桓之专权，陪臣之干政，皆沉痛言之。而一则曰'君子讥之'，再则曰'君子讥之'，又曰'鲁讳之''鲁耻之''鲁耻焉'。赞语之末又曰：'至其揖让之礼则从矣，而行事何其戾也！'合诸处观之，史公之意见矣。"（《四史评

议》)

李启谦曰:“鲁国有血缘宗族制、世卿世禄制、会盟制、朝议制、辅贰制、大夫争谏权等等,这些都约束和限制着君权,使之不能具备君主专制主义政体的基本特点。所以,鲁国的国家政体,绝不是君主专制主义政体。鉴于鲁国宗法色彩浓厚,所以它的政体当是,在设立君主情况下的宗法贵族共和政体,实际上也就是一定范围内的贵族民主政治。”(《试谈鲁国宗法贵族共和政体》,《齐鲁学刊》1987 年第 1 期)

张富祥曰:“儒家文化作为典型的重现实、重人世的文化类型,其孕育、产生和发展……与鲁国重农、重礼的固有传统是息息相关、未曾须臾相分离的;时至今日,研究春秋经济文化与学术文化的相互关系及其影响,鲁国当仍是理想的剖析之地。”(《鲁文化与孔子》,《孔子研究》1988 年第 2 期)

鲁国诸侯世系表

鲁公伯禽(周公子)——考公(伯禽子,前 998—前 995 年)——炀公(考公弟,前 994—前 989 年)——幽公(炀公子,前 988—前 975 年)——魏公(幽公弟,前 974—前 925 年)——厉公(魏公子,前 924—前 888 年)——献公(厉公弟,前 887—前 856 年)——真公(献公子,前 855—前 826 年)——武公(真公弟,前 825—前 816 年)——懿公(武公子,前 815—前 807 年)——伯御(懿公侄,前 806—前 796 年)——孝公(懿公弟,前 795—前 769 年)——惠公(孝公子,前 768—前 723 年)——隐公(惠公子,前 722—前 712 年)——桓公(隐公弟,前 711—前 694 年)——庄公(桓公子,前 693—前 662 年)——公子班(庄公子)——湣公(庄公子,前 661—前 660 年)——釐公(庄公子,前 659—前 627 年)——文公(釐公子,前 626—前 609 年)——宣公(文公子,前 608—前 591 年)——成公(宣公子,前 590—前 573 年)——襄公(成公子,前 572—前 542 年)——昭公(襄公子,前 541—前 510 年)——定公(昭公弟,前 509—前 495 年)——哀公(定公子，前 494—前 467 年，一说为前 468 年）——悼公（哀公子，前 466—前 429 年）——元公（悼公子，前 428—前 408 年）——穆公（元公子，前 407—前 377 年，一说为前 376 年）——共公（穆公子，前 376—前 353 年）——康公（共公子，前 352—前 344 年）——景公（康公子，前 343—前 323 年，一说为前 315 年）——平公（景公子，前 322—前 303 年，一说为前 314—前 296 年）——文公（平公子，前 302—前 278 年，一说为前 295—前 273 年）——顷公（文公子，前 277，一说为前 272—前 249 年）　被楚所灭

按：有些众说不一的地方，主要采用了钱穆、杨宽等人的说法。

燕召公世家第四

召公奭，与周同姓[①]，姓姬氏。周武王之灭纣，封召公于北燕[②]。

其在成王时，召公为三公[③]：自陕以西，召公主之；自陕以东，周公主之[④]。成王既幼，周公摄政，当国践祚，召公疑之，作《君奭》[⑤]。《君奭》不说周公。周公乃称"汤时有伊尹，假于皇天[⑥]；在太戊时，则有若伊陟、臣扈，假于上帝，巫咸治王家；[⑦]在祖乙时，则有若巫贤[⑧]；在武丁时，则有若甘般[⑨]：率维兹有陈，保乂有殷[⑩]"。于是召公乃说。

召公之治西方，甚得兆民和。召公巡行乡邑，有棠树，决狱政事其下，自侯伯至庶人各得其所，无失职者。召公卒，而民人思召公之政，怀棠树不敢伐，歌咏之，作《甘棠》之诗。

（以上为第一段，写召公在周武王时受封于燕，始立燕国。）

①召（shào）公奭（shì）与周同姓——召：召公食邑，一说地在岐山之南故周墟。召公可能是文王庶子。周：指周王室。 ②封召公于北燕——燕国建都蓟（今北京西南隅）。在今河南延津东北有国亦名燕，称南燕。 ③召公为三公——三公：指太师、太傅、太保。周代辅助国君掌握军政大权的最高官员。召公在周成王时任太保。 ④自陕以

东，周公主之——陕：在今河南三门峡陕州区西。一说陕、郏字形相似，或传写者之误。郏即王城郏鄏，在今河南洛阳。 ⑤召公疑之，作《君奭》——《君奭》：《尚书》篇名，相传为周公所作。文中希望召公要胸怀宽广，共同把国家治理好。 ⑥汤时有伊尹，假于皇天——汤：商朝开国君主。伊尹：名挚，原为有莘氏女陪嫁之臣，受到商汤重用，助汤灭夏，为商贤臣。汤死后，传至太甲暴虐乱德，被伊尹流放，国事由伊尹代理，后太甲悔过向善，伊尹又将他接回复位。假(gé)于皇天：意为伊尹对国家的治理合乎天道。假：《尚书·君奭》作"格"，至也。皇天：古人眼中主宰万物之最高神。"皇"是对天的尊称。 ⑦在太戊时——太戊：商朝君主，即中宗，能修德任贤，使商复兴。 则有若伊陟(zhì)、臣扈——伊陟：伊尹之子，太戊时为相。臣扈：太戊之臣。 巫咸——太戊之臣。 ⑧在祖乙时，则有若巫贤——巫贤，巫咸子。祖乙：商朝君主。 ⑨在武丁时，则有若甘般——武丁：商朝君主，即高宗，用傅说为相，使国家得到治理，为殷代中兴之王。甘般：武丁之臣，殷墟卜辞中屡见其率军征战。 ⑩率维兹有陈，保乂(yì)有殷——这些贤臣一般都各得其位，使殷朝得以安定。率：语助词，无义。维：助词。兹：此，指这些贤臣。陈：位列。保乂：治理，安定。有：助词。殷：商朝的别称。

自召公已下九世至惠侯[①]。燕惠侯当周厉王奔彘，共和之时。

惠侯卒，子釐侯立。是岁，周宣王初即位。釐侯二十一年，郑桓公初封于郑。三十六年，釐侯卒，子顷侯立。

顷侯二十年，周幽王淫乱，为犬戎所弑。秦始列为诸侯。

二十四年，顷侯卒，子哀侯立。哀侯二年卒，子郑侯立。郑侯三十六年卒，子缪侯立。

缪侯七年，而鲁隐公元年也。十八年卒，子宣侯立。宣侯十三年卒，子桓侯立。桓侯七年卒，子庄公立。

庄公十二年，齐桓公始霸。十六年，与宋、卫共伐周惠王，惠王出奔温，立惠王弟颓为周王。[②]十七年，郑执燕仲父而内惠王于周[3]。二十七年,山戎来侵我[4],齐桓公救燕,遂北伐山戎而还。燕君送齐桓公出境,桓公因割燕所至地予燕,使燕共贡天子,如成周时职;使燕复修召公之法。三十三年卒,子襄公立。

襄公二十六年,晋文公为践土之会,称伯。[5]三十一年,秦师败于殽。三十七年,秦穆公卒。四十年,襄公卒,桓公立。

桓公十六年卒,宣公立。宣公十五年卒,昭公立。昭公十三年卒,武公立。是岁晋灭三郤大夫[6]。

武公十九年卒,文公立。文公六年卒,懿公立。懿公元年,齐崔杼弑其君庄公。四年卒,子惠公立。

惠公元年,齐高止来奔。[7]六年,惠公多宠姬,公欲去诸大夫而立宠姬宋,大夫共诛姬宋[8],惠公惧,奔齐。四年,齐高偃如晋,请共伐燕,入其君。晋平公许,与齐伐燕,入惠公。[9]惠公至燕而死。燕立悼公。

悼公七年卒,共公立。共公五年卒,平公立。晋公室卑,六卿始强大。平公十八年,吴王阖庐破楚,入郢。十九年卒,简公立。简公十二年卒,献公立。晋赵鞅围范、中行于朝歌。

献公十二年,齐田常弑其君简公。十四年,孔子卒。二十八年,献公卒,孝公立。

孝公十二年,韩、魏、赵灭知伯,分其地,三晋强。

(以上为第二段,记燕国在春秋时的主要史事。)

①自召公已下九世至惠侯——已:同“以”。按:燕国史不存,故此篇所记燕君名、谥多讹误,前人辩之甚多,此不赘引。 ②十六年——当周惠王二年,鲁庄公十九年,宋桓公七年,卫惠公二十五年,公元前675年。 与宋、卫共伐周惠王,惠王出奔温——按:伐周纳颓者究为南燕、北燕终无定说,多数学者倾向于南燕。又宋未参与伐周事。又奔温者是公子颓而非惠王。温:邑名,故城在今河南温县西南。 立惠王弟颓为周王——颓为周庄王嬖姬姚所生,此处“惠王弟颓”当作“釐王弟颓”。 ③郑执燕仲父而内(nà)惠王于周——按:据《左传》,事在庄公二十一年,当燕庄公十八年。燕仲父:南燕伯,姞姓。执:拘捕。内:

“纳”的古字。 ④山戎来侵我——山戎：古北方部族名。我：指燕国。 ⑤襄公二十六年——公元前632年。 晋文公为践土之会，称伯——此年，晋文公会同齐、宋、秦在城濮（今山东鄄城西南临濮镇）大败楚师，是年夏，晋文公于践土与鲁、齐、蔡、郑、卫、莒等诸侯会盟并称霸。践土：郑地，在今河南原阳西南。伯：通“霸”。 ⑥是岁晋灭三郤（xì）大夫——是岁：指昭公十三年，公元前574年。三郤：指郤锜（qí）、郤犨（chōu）、郤至。 ⑦惠公元年——公元前544年。 齐高止来奔——高止：人名，又称子容、高子容。来奔：逃亡到燕国。 ⑧惠公多宠姬，公欲去诸大夫而立宠姬宋，大夫共诛姬宋——此三“姬”字皆当作“臣”。又据《左传》，惠公当作简公。宋：人名，或作“宗”。 ⑨“四年”句——四年：当指奔齐的第四年。按《左传》惠公作简公，入晋者非高偃，乃齐侯；又非请晋出师，而是请晋允许齐自己出师伐燕；且非简公入而死，实未入也。至《左传·昭公十二年》“齐高偃帅师纳北燕伯款于唐”，此北燕伯款即燕简公，则简公于五年后复入。

十五年，孝公卒，成公立。成公十六年卒，湣公立。湣公三十一年卒，釐公立。是岁，三晋列为诸侯[①]。

釐公三十年，伐败齐于林营。[②]釐公卒，桓公立。桓公十一年卒，文公立。是岁，秦献公卒。秦益强。

文公十九年，齐威王卒。二十八年，苏秦始来见，说文公。[③]文公予车马金帛以至赵，赵肃侯用之，因约六国，为从长[④]。秦惠王以其女为燕太子妇[⑤]。

二十九年，文公卒，太子立，是为易王。[⑥]

易王初立，齐宣王因燕丧伐我，取十城；苏秦说齐，使复归燕十城。十年，燕君为王[⑦]。苏秦与燕文公夫人私通，惧诛，乃说王使齐为反间[⑧]，欲以乱齐。易王立十二年卒，子燕哙立。

燕哙既立，齐人杀苏秦[⑨]。苏秦之在燕，与其相子之为婚[⑩]，而苏代与子之交。及苏秦死，而齐宣王复用苏代。燕哙三年，与楚、三晋攻秦，不胜而还。子之相燕，贵重，主断[⑪]。苏代为齐使于燕，燕王问曰："齐王奚如？"对曰："必不霸。"燕王曰："何也？"对曰："不信其臣。"苏代欲以激燕王以尊子之也。于是燕王大信子之。子之因遗苏代百金，而听其所使。

鹿毛寿[12]谓燕王："不如以国让相子之。人之谓尧贤者，以其让天下于许由，许由不受，有让天下之名而实不失天下。今王以国让于子之，子之必不敢受，是王与尧同行也。"燕王因属国于子之，子之大重。或曰："禹荐益，已而以启人为吏[13]。及老，而以启人为不足任乎天下[14]，传之于益。已而启与交党攻益，夺之。天下谓禹名传天下于益，已而实令启自取之。今王言属国于子之，而吏无非太子人者，是名属子之而实太子用事也。"王因收印自三百石吏已上而效之子之[15]。子之南面行王事，而哙老不听政，顾为臣[16]，国事皆决于子之。

三年，国大乱，百姓恫恐[17]。将军市被与太子平谋，将攻子之。诸将谓齐湣王[18]曰："因而赴之，破燕必矣。"齐王因令人谓燕太子平曰："寡人闻太子之义[19]，将废私而立公，饬君臣之义，明父子之位。寡人之国小，不足以为先后[20]。虽然，则唯太子所以令之[21]。"太子因要党聚众，将军市被围公宫，攻子之，不克。将军市被及百姓反攻太子平，将军市被死，以徇，因构难数月[22]，死者数万，众人恫恐，百姓离志。孟轲谓齐王曰："今伐燕，此文、武之时，不可失也[23]。"王因令章子将五都之兵，以因北地之众以伐燕[24]。士卒不战，城门不闭，燕君哙死，齐大胜。燕子之亡二年，而燕人共立太子平，是为燕昭王[25]。

燕昭王于破燕之后即位，卑身厚币以招贤者。谓郭隗曰："齐因孤之国乱而袭破燕，孤极知燕小力少，不足以报。然诚得贤士以共国，以雪先王之耻，孤之愿也。先生视可者，得身事之。"郭隗曰："王必欲致士，先从隗始。况贤于隗者，岂远千里哉！"于是昭王为隗改筑宫而师事之。乐毅自魏往，邹衍自齐往，剧辛自赵往[26]，士争趋燕。燕王吊死问孤，与百姓同甘苦。

二十八年[27]，燕国殷富，士卒乐轶轻战，于是遂以乐毅为上将军，与秦、楚、三晋合谋以伐齐。齐兵败，湣王出亡于外。燕兵独追北，入至临菑[28]，尽取齐宝，烧其宫室宗庙。齐城之不下者，独唯聊、莒、即墨[29]，其余皆属燕，六岁。

昭王三十三年卒，子惠王立。

惠王为太子时，与乐毅有隙；及即位，疑毅，使骑劫代将。乐毅亡走赵。齐田单以即墨击败燕军，骑劫死，燕兵引归，齐悉复得其故城。湣王死于莒，乃立其子为襄王。

惠王七年卒。韩、魏、楚共伐燕。燕武成王立。

（以上为第三段，写燕入战国后，燕王哙的“让国”几乎令燕国灭亡，燕昭王收拾残局，使燕得以中兴。）

①三晋列为诸侯——韩、赵、魏正式被承认为诸侯。《史记·周本纪》载：“（周）威烈王二十三年……命韩、魏、赵为诸侯。”这年为公元前403年。 ②釐公三十年——当周烈王三年，田齐桓公二年，公元前373年。 伐败齐于林营——林营：其地不详。又作林孤、林狐、林孤营。 ③二十八年——公元前334年。 苏秦始来见，说文公——事见《战国策·燕策》。此事据缪文远考证实属虚构。 ④赵肃侯用之，因约六国，为从长——据杨宽考证，此时尚无苏秦游说合纵抗秦之事。赵肃侯：名语，公元前349—前326年在位。六国：指秦以外之东方六国，齐、魏、韩、赵、楚与燕。为从长：做合纵联盟的主持者。从：“纵”的古字。 ⑤秦惠王以其女为燕太子妇——按：时秦惠王只二十二岁，必无成年之女堪为燕太子妇者。此说当为战国人杜撰苏秦故事时所虚构。秦惠王：名驷，又称惠文王，公元前337—前311年在位，公元前325年称王。 ⑥二十九年——公元前333年。 是为易王——易王初即位时并未称王，即位的第十年始称王。 ⑦十年，燕君为王——当周显王四十六年，公元前323年。据《战国策·中山策》，魏将公孙衍（犀首）发起魏、韩、赵、燕、中山“五国相王”，以和秦、齐、楚三大国对抗。 ⑧乃说王使齐为反间——苏秦所事者为燕昭王（见后）。据杨宽《战国史》，苏秦使齐乃苏秦与燕王所定灭齐之计。反间：用计离间

对方内部。 ⑨齐人杀苏秦——苏秦之死盖因其间谍行为被齐发觉。 ⑩与其相子之为婚——与燕相子之结为姻亲。《燕策》下文又云燕相子之与苏代婚,与此异。 ⑪子之相燕,贵重,主断——贵重:位尊权重。断:谓决断国事。 ⑫鹿毛寿——人名,亦作"厝毛寿""潘寿",为隐者。 ⑬禹荐益,已而以启人为吏——禹:即夏禹。益:也称伯益,秦的祖先,相传助禹治水有功,被推为帝位继承人。启人:启的亲信。启为禹之子。 ⑭以启人为不足任乎天下——按:"人"字衍。 ⑮王因收印自三百石吏已上而效之子之——三百石:指俸禄为三百石。效:授予。 ⑯哙老不听政,顾为臣——不听政:不处理政务。顾:反而。 ⑰百姓恫恐——百姓:此指百官。恫恐:恐惧。 ⑱诸将谓齐湣王——此当是齐宣王。 ⑲闻太子之义——知道太子深明事理。 ⑳不足以为先后——不足以供驱使。先后:左右。指追随左右出力。 ㉑唯太子所以令之——愿意照太子的命令去做。 ㉒将军市被死,以徇,因构难数月——徇:示众。此指将市被的尸体示众。构难:造成动乱。 ㉓此文、武之时,不可失也——指周文王、周武王兴周灭商的时机。 ㉔王因令章子将五都之兵,以因北地之众以伐燕——章子:即匡章,齐国将军。五都之兵:按,齐国的"都"相当于他国之"郡",主要是为了巩固边防。齐国共设有五都,包括临菑、平陆、高唐、即墨和莒,均驻有精兵,是军队的主力。北地:北方边境。 ㉕而燕人共立太子平,是为燕昭王——按:今历史学家均依《赵世家》云"王召公子职于韩,立以为燕王,使乐池送之"的记载,认为燕昭王应为公子职。 ㉖乐毅自魏往,邹衍自齐往,剧辛自赵往——乐毅:魏国乐羊之后,战国时著名军事家。邹衍:齐国人,阴阳家代表人物,善于论辩宇宙之事,齐人称为"谈天衍"。剧辛:赵国人,梁玉绳认为他在燕王喜十三年(前242)将兵伐赵,计去昭王即位时已七十年,其来不在此时。 ㉗二十八年——公元前284年。 ㉘燕兵独追北,入至临菑——详见《乐毅列传》。临菑:又作"临淄",春秋战国为齐国都,在今山东淄博东北齐都镇。 ㉙齐城之不下者,独唯聊、莒、即墨——按:聊城已被攻下,此"聊"字是衍文。聊:在今山东聊城西北。莒:在今山东莒县。即墨:在今山东平度东南。

武成王七年，齐田单伐我，拔中阳。[1]十三年，秦败赵于长平四十余万。[2]十四年，武成王卒，子孝王立。

孝王元年，秦围邯郸者解去。[3]三年卒，子今王喜立[4]。

今王喜四年，秦昭王卒。燕王命相栗腹约欢赵，以五百金为赵王酒。还报燕王曰："赵王壮者皆死长平，其孤未壮，可伐也。"王召昌国君乐閒问之。对曰："赵，四战之国[5]，其民习兵，不可伐。"王曰："吾以五而伐一。"对曰："不可。"燕王怒，群臣皆以为可。卒起二军，车二千乘，栗腹将而攻鄗[6]，卿秦攻代[7]。唯独大夫将渠谓燕王曰："与人通关约交，以五百金饮人之王，使者报而反攻之，不祥，兵无成功。"燕王不听，自将偏军随之。将渠引燕王绶[8]止之曰："王必无自往，往无成功。"王蹴之以足。将渠泣曰："臣非以自为，为王也！"燕军至宋子[9]，赵使廉颇将，击破栗腹于鄗。破卿秦乐乘于代[10]。乐閒奔赵。廉颇逐之五百余里，围其国[11]。燕人请和，赵人不许，必令将渠处和。燕相将渠以处和[12]。赵听将渠，解燕围。

六年，秦灭东西周，置三川郡[13]。七年，秦拔赵榆次三十七城，秦置大原郡。九年，秦王政初即位。十年，赵使廉颇将攻繁阳[14]，拔之。赵孝成王卒，悼襄王立。使乐乘代廉颇，廉颇不听，攻乐乘，乐乘走，廉颇奔大梁[15]。十二年，赵使李牧攻燕，拔武遂、方城[16]。剧辛故居赵，与庞煖善[17]，已而亡走燕。燕见赵数困于秦，而廉颇去，令庞煖将也，欲因赵弊攻之。问剧辛，辛曰："庞煖易与耳。"燕使剧辛将击赵，赵使庞煖击之，取燕军二万，杀剧辛[18]。秦拔魏二十城，置东郡。十九年，秦拔赵之邺九城。赵悼襄王卒。二十三年，太子丹质于秦，亡归燕。二十五年，秦虏灭韩王安，置颍川郡。二十七年，秦虏赵王迁，灭赵。赵公子嘉自立为代王。

燕见秦且灭六国，秦兵临易水[19]，祸且至燕。太子丹阴养壮士二十人，使荆轲献督亢[20]地图于秦，因袭刺秦王。秦王觉，杀轲，使将军王翦击燕。二十九年，秦攻拔我蓟，[21]燕王亡，徙居辽东，斩丹以献秦。三十年，秦灭魏。

三十三年，秦拔辽东，虏燕王喜，卒灭燕[22]。是岁，秦将王贲亦虏代王嘉。

（此段写战国后期，燕王喜挑起燕、赵之争，燕国几次大败，国力迅速衰竭。太子丹派荆轲刺秦王而未成，秦加紧攻燕，燕亡。）

①武成王七年——公元前265年。　中阳——地名，今地不详。　②十三年——公元前259年。　秦败赵于长平四十余万——秦将白起在长平大破赵军，坑降卒四十余万。长平：赵邑，故址在今山西高平西北。　③孝王元年——公元前257年。　秦围邯郸者解去——秦围邯郸，魏公子无忌及楚春申君救赵，秦退兵。邯郸：赵国都，在今河北邯郸。　④今王喜立——今王：当今国王。这是司马迁用燕国旧史原文的称呼。　⑤四战之国——四面受敌、四面作战的国家。　⑥栗腹将而攻鄗（hào）——栗腹率领一支军队攻鄗。鄗：赵邑，在今河北柏乡北。　⑦卿秦攻代——卿秦：又作庆秦，燕将。代：古国名，在今河北蔚县东北。　⑧将渠引燕王绶——引：拉着。绶：古时系印的丝带。　⑨宋子——赵邑，在今河北赵县东北。　⑩破卿秦乐乘于代——泷川资言认为："乐乘"疑当作"乐间"。乐乘：乐毅的族人。　⑪围其国——包围了燕的国都。　⑫处和——主持议和的事。　⑬秦灭东西周，置三川郡——秦灭东西周：秦任用吕不韦为相国，灭掉了建都于巩的东周。"西"字衍。三川郡：秦在灭东周后，又出兵攻韩，取韩的成皋、荥阳，连同原先的西周、东周故土，合建成三川郡。因有伊、洛（雒）、河三川，故称。　⑭繁阳——魏邑，在今河南内黄西北。　⑮大梁——魏国都，在今河南开封。　⑯赵使李牧攻燕，拔武遂、方城——李牧：赵国名将。武遂：燕地名。在今河北保定徐水区西遂城。方城：燕地名，在今河北固安西南。　⑰剧辛故居赵，与庞煖（xuān）善——故：旧时，以前。庞煖：赵将。善：友好。　⑱取燕军二万，杀剧辛——俘获燕军两万人。取：俘获。　⑲易水——水名。在河北西部，源出易县境。易县时为燕下都。　⑳督亢——地名。为燕南部富庶地区，在今河北涿州东。　㉑二十九年——当秦王政二十一年，公元前226年。

蓟——燕国都。故地在今北京西南。 ㉒三十三年,秦拔辽东,虏燕王喜,卒灭燕——三十三年:当秦王政二十五年,公元前222年。按:燕自召公公元前11世纪受封立国至此灭亡,共历八百余年。

太史公曰:召公奭可谓仁矣!甘棠且思之①,况其人乎?燕外迫蛮貉,内措齐、晋②,崎岖强国之间③,最为弱小,几灭者数矣。然社稷血食④者八九百岁,于姬姓独后亡,岂非召公之烈邪⑤!

(以上是第五段,是作者的论赞,司马迁再次赞美了召公的德政,强调德治思想。)

①甘棠且思之——对甘棠树人民尚且怀念它。《诗·召南》有《甘棠》篇。朱熹认为:"召伯循行南国,以布文王之政,或舍甘棠之下,其后人思其德,故爱其树而不忍伤也。" ②燕外迫蛮貉,内措齐、晋——迫:逼近。蛮貉:古时泛指居于东北方的少数民族。貉,即"貊"。措:通"错",夹杂。 ③崎岖强国之间——在强国之间艰难生存。崎岖:道路险阻不平。这里比喻处境艰难。 ④社稷血食——指国家存在。社稷:土神和谷神,代指国家。血食:古代杀牲取血以祭祀,故名。 ⑤于姬姓独后亡,岂非召公之烈邪——按:姬姓之国,最后亡者是卫,不是燕。烈:功业,德业。

[**简评**] 《燕召公世家》是司马迁强调"德治"思想的重要篇章。全文主要写了两件事,一是召公治燕,一是燕王哙乱燕与昭王中兴。而这两件事的重心最后都落在"德治(德政)"上。召公在周初与周公齐名,是成王的重要辅臣,也是以德行著称于世、流芳千古的伟人,司马迁在文章开头先写召公政绩,写人民对他的敬仰与感念,不仅作《甘棠》之诗歌颂他,而且连他曾在其下工作的甘棠树都不愿砍伐;在文章最后的"太史公曰"中,司马迁甚至把燕国能够在艰难的条件下生存并"于姬姓独后亡"的原因都归功于召公余烈,再次大力赞美召公德政,可见司马迁对召

公的“德政”是多么推崇，多么心向往之。昭王能够在子之乱国，燕王死，子之亡，齐乘虚而入，“大败燕国，国几亡”之际，艰苦奋斗，重整河山，并经过二十多年的积蓄，一举打败齐国，几乎将偌大一个齐国灭掉，所靠的就是选贤任能，与百姓同甘共苦，而这也是德政的重要内容。在“世家”中，召公与昭王的形象最具光辉，从中我们不难看出司马迁的良苦用心。

燕是召公之国，在各诸侯国中地位非同一般，应该与鲁、卫相当，但因其地处北鄙，与中原交往不多，流传下来的史事很少，甚至连世系都不清楚。在这种情况下，司马迁采取了信则传信，疑则传疑的态度，既粗线条地勾勒了其历史轮廓，又重点描绘了其主要事件。

［**集评**］《太史公自序》：“武王克纣，天下未协而崩。成王既幼，管蔡疑之，淮夷叛之，于是召公率德，安集王室，以宁东土。燕哙之禅，乃成祸乱。嘉《甘棠》之诗，作《燕世家》第四。”

苏辙曰：“燕，召公之后，然国于蛮貊之间，礼乐微矣。春秋之际，未尝出与诸侯会盟，至于战国，亦以耕战自守，安乐无事，未尝被兵。文公二十八年，苏秦入燕，始以纵横之事说之，自是兵交中国，无复宁岁，六世而亡。……至太子丹，不听鞠武而用田光，欲以一匕首毙秦……此又苏秦之所不取也。”（《古史》）

王筠曰：“国家之盛也，岂不重赖贤子孙哉！周之开国，二公分陕，《君奭》一篇，周公推之甚至，可知为圣人之徒矣。而史公不书其子，止浑言之曰‘自召公以下九世至惠侯’，而春秋二百四十年，亦未与会盟之事；且鱼盐之利，与齐共之，而不能富强其国，无亦忝乃祖乎？史公推其后亡之故，本诸召公，良有以也。”（《史记校》）

罗振玉曰：“今燕故都易州所出古兵文字，考之《世家》，可补正数事。燕之古兵书国名皆作‘郾’，不作‘燕’……召公国名作

‘郾’也。”“《世家》于燕侯无一人得其名者,古兵所记则有‘郾侯库’(矛文)、‘郾侯脮’(戟文,脮从日月之月),足补《世家》之缺,然不能知为何侯矣。至燕昭王之名,《集解》《索隐》并以为即太子平,而以《赵世家》立公子职为非。今传世古燕兵固明明有‘郾王职’……为《赵世家》之‘公子职’无疑(均戟文)。而又有一文作‘郾侯职’,知昭王反国初,必自降为侯,后又僭王矣。……《世家》载易王之后曰‘哙’,哙后为‘子之’,子之后为‘昭王’,昭王后为‘惠王’,惠王后为‘武成王’,武成王后为‘今王喜’。书其名者仅‘昭王平’‘今王喜’。而以古兵考之,则昭王实非‘太子平’而为‘公子职’。而古兵所载郾王名尚有曰‘詈’(矛、戟)、曰‘戎人’(矛)、曰‘喜’(剑、戟、矛)者。‘喜’之名与《世家》同,而‘詈’与‘戎人’则《世家》所佚,殆不出易王与惠王、武成王三人。此均可补正《世家》缺误者也。”(《贞松老人遗稿》甲集)

童书业曰:“春秋前期所谓‘燕’,见于《春秋》《左传》者皆为姞姓之燕国,旧称‘南燕’(隐五年《传》,桓十二年、十三年《经》,十八年《传》,庄十九年、二十年《传》,三十年《经》《传》,宣三年《传》等)。初附于宋、卫,及齐强,又附于齐。所谓齐桓伐山戎以救燕之‘燕’,亦即‘南燕’。晚出之《齐语》似以为北燕,非是。旧说以为山戎在东北,故以山戎所病之‘燕’为‘北燕’,其实山戎或在太行山脉中,或在今山东境内。《春秋》《经》《传》称‘北燕’,皆明指为‘北燕’,单称燕者多为南燕,南燕在今河南汲县(今卫辉市)附近。春秋中叶以后,南燕不见而出现北燕,此南北燕是否一国之分支,尚待考索。”“北燕始见于襄二十八年《传》,与齐、杞、白狄等国朝于晋,谓‘宋之盟故也’,或北燕本为齐属,随齐朝于晋乎?襄二十九年《经》:‘齐高止出奔北燕。’昭三年《传》:‘子雅放卢蒲嫳于北燕。’同年《经》:‘北燕伯款出奔齐。’六年《经》:‘齐侯伐北燕。’《传》:‘将纳简公。’十二年《经》:‘齐高偃帅师纳北燕伯于阳。’……濡上,旧说在今河北任丘县(今任丘市),另有南濡水在今河北满城县(今保定满城区),北易水亦称'北濡水'。齐、燕所盟疑为南濡。齐纳北燕君于阳,《传》作'唐',旧谓即今河北唐县,其地固近满城。濡上与唐当与春秋时之北燕国都不甚远,故一为城下之盟于此,一纳燕君于此以逼燕也。春秋时北燕国都当在今河北省西部近易水处……今河北易县南有'燕城',近人谓之'燕下都',当即其地。至北燕姬姓,明见于《传》(昭七年'燕人归燕姬')。何以南、北燕同称'燕'而一为姞姓,一为姬姓?疑未能明。又何以南燕只见于春秋前期,北燕只见于春秋后期,似前后相承接?或北燕为南燕之余支北迁者,故在春秋时均附于齐。然文献无征,惟有存疑。"(《春秋左传研究》)

燕国诸侯世系表

召公奭(文王子)……惠侯(召公九世孙,前864—前827年)——釐侯(惠侯子,前826—前791年)——顷侯(釐侯子,前790—前767年)——哀侯(顷侯子,前766—前765年)——郑侯(哀侯子,前764—前729年)——缪侯(郑侯子,前728—前711年)——宣侯(缪侯子,前710—前698年)——桓侯(宣侯子,前697—前691年)——庄公(桓侯子,前690—前658年)——襄公(庄公子,前657—前618年)——桓公(襄公子,前617—前602年)——宣公(桓公子,前601—前587年)——昭公(宣公子,前586—前574年)——武公(昭公子,前573—前555年)——文公(武公子,前554—前549年)——懿公(文公子,前548—前545年)——惠公(懿公子,前544—前536年)——悼公(惠公子,前535—前529年)——共公(悼公子,前528—前524年)——平公(共公子,前523—前505年)——简公(平公子,前504—前493年)——献公(简公子,前492—前465年)——孝公(献公子,前464—前450年)——成公(孝公子,前449—前434年)——湣公(成公子,前433—前403年)——釐公(湣公子,前402—前373年)——桓公(釐公子,前372—前362年)——文公(桓公子,前361—

前333年)——易王(文公子,前332—前321年)——王哙(易王子,前320—前312年)——昭王(王哙子,前311—前279年)——惠王(昭王子,前278—前272年)——武成王(惠王子,前271—前258年)——孝王(武成王子,前257—前255年)——王喜(孝王子,前254—222年) 被秦所灭

管蔡世家第五

管叔鲜、蔡叔度[①]者,周文王子而武王弟也。武王同母兄弟十人。母曰太姒,文王正妃也。其长子曰伯邑考,次曰武王发,次曰管叔鲜,次曰周公旦,次曰蔡叔度,次曰曹叔振铎[②],次曰成叔武[③],次曰霍叔处[④],次曰康叔封[⑤],次曰冉季载[⑥]。冉季载最少。同母昆弟十人,唯发、旦贤,左右辅文王,故文王舍伯邑考而以发为太子。及文王崩而发立,是为武王。伯邑考既已前卒矣。

武王已克殷纣,平天下,封功臣昆弟。于是封叔鲜于管,封叔度于蔡:二人相纣子武庚禄父,治殷遗民[⑦]。封叔旦于鲁而相周,为周公。封叔振铎于曹,封叔武于成,封叔处于霍。康叔封、冉季载皆少,未得封。

武王既崩,成王少,周公旦专王室[⑧]。管叔、蔡叔疑周公之为不利于成王,乃挟武庚以作乱。周公旦承成王命伐诛武庚,杀管叔,而放蔡叔,迁之,与车十乘,徒七十人从。而分殷余民为二:其一封微子启于宋,以续殷祀[⑨];其一封康叔为卫君,是为卫康叔。封季载于冉。冉季、康叔皆有驯行[⑩],于是周公举康叔为周司寇,冉季为周司空,以佐成王治,皆有令名于天下。[⑪]

(以上为第一段,记述武王同母兄弟十人在灭商后的分封情况,以及管蔡之乱等周初重大事件。)

①管叔鲜、蔡叔度——鲜、度:管叔、蔡叔之名。叔:表示兄弟间的排行,长称伯,次称仲,三称叔,最小的称季。管:鲜的封国名,在今河南郑州。蔡:度的封国名,在今河南上蔡西南。 ②曹叔振铎——曹:振铎的封国名,在今山东菏泽定陶区西北。振铎:曹叔之名。 ③成叔武——成:一作"郕"(chéng),叔武的封国名,在今山东宁阳东北。武:成叔之名。 ④霍叔处——霍:叔处的封国名,在今山西霍州西南。公元前661年为晋所灭。处:霍叔之名。 ⑤康叔封——康:叔封最初的封国名,在今河南禹州西北。后叔封被封为卫君。详见《卫康叔世家》。封:康叔之名。 ⑥冉季载——冉:季载的封国名,在今河南平舆。载:冉季之名。 ⑦二人相纣子武庚禄父,治殷遗民——相:辅助。武庚禄父:殷纣王之子,名禄父。遗民:亡国之民。此指殷的宗族。 ⑧专王室——独掌朝政。 ⑨封微子启于宋,以续殷祀——微子启:殷纣王的庶兄,因数谏纣王不被听从,离开纣王。武王灭殷后,恢复了他的地位。封于宋,成为宋国的始祖。宋:古诸侯国名,在今河南商丘南。 ⑩驯行——善行。 ⑪康叔为周司寇,冉季为周司空——司寇:官名,主管刑狱。司空:官名,主管土木工程。 令名——美名。

蔡叔度既迁而死。其子曰胡,胡乃改行,率德驯善[①]。周公闻之,而举胡以为鲁卿士,鲁国治。于是周公言于成王,复封胡于蔡,以奉蔡叔之祀,是为蔡仲。余五叔皆就国,无为天子吏者。

蔡仲卒,子蔡伯荒立。蔡伯荒卒,子宫侯立。宫侯卒,子厉侯立。厉侯卒,子武侯立。武侯之时,周厉王失国,奔彘,共和行政,诸侯多叛周。

武侯卒,子夷侯立。夷侯十一年,周宣王即位。二十八年,夷侯卒,子釐侯所事立。

釐侯三十九年,周幽王为犬戎所杀,周室卑而东徙。秦始得列为诸侯。

四十八年,釐侯卒,子共侯兴立。共侯二年卒,子戴侯立。

戴侯十年卒，子宣侯措父立。

宣侯二十八年，鲁隐公初立。三十五年，宣侯卒，子桓侯封人立。桓侯三年，鲁弑其君隐公。二十年，桓侯卒，弟哀侯献舞立。

哀侯十一年，初，哀侯娶陈，息侯亦娶陈。[2]息夫人将归，过蔡，蔡侯不敬。[3]息侯怒，请楚文王："来伐我，我求救于蔡，蔡必来，楚因击之，可以有功。"楚文王从之，虏蔡哀侯以归。哀侯留九岁，死于楚[4]。凡立二十年卒。蔡人立其子肸，是为缪侯。

缪侯以其女弟为齐桓公夫人。十八年，齐桓公与蔡女戏船中，夫人荡舟，桓公止之，不止，公怒，归蔡女，而不绝也。蔡侯怒，嫁其弟。齐桓公怒，伐蔡；蔡溃，遂虏缪侯，南至楚邵陵[5]。已而诸侯为蔡谢齐，齐侯归蔡侯。二十九年，缪侯卒，子庄侯甲午立。

庄侯三年，齐桓公卒。十四年，晋文公败楚于城濮。二十年，楚太子商臣弑其父成王代立。二十五年，秦穆公卒。三十三年，楚庄王即位。三十四年，庄侯卒，子文侯申立。

文侯十四年，楚庄王伐陈，杀夏徵舒。十五年，楚围郑，郑降楚，楚复醳之[6]。二十年，文侯卒，子景侯固立。

景侯元年，楚庄王卒。四十九年，景侯为太子般娶妇于楚，而景侯通焉。太子弑景侯而自立，是为灵侯。

灵侯二年，楚公子围弑其王郏敖而自立，为灵王。九年，陈司徒招弑其君哀公。楚使公子弃疾灭陈而有之。十二年，楚灵王以灵侯弑其父，诱蔡灵侯于申，伏甲饮之，醉而杀之，刑其士卒七十人。令公子弃疾围蔡。十一月，灭蔡，使弃疾为蔡公。

楚灭蔡三岁，楚公子弃疾弑其君灵王代立，为平王。平王乃求蔡景侯少子庐，立之，是为平侯。是年，楚亦复立陈。楚平王初立，欲亲诸侯，故复立陈、蔡后。

平侯九年卒，灵侯般之孙东国攻平侯子而自立，是为悼侯。

悼侯父曰隐太子友。隐太子友者,灵侯之太子,平侯立而杀隐太子,故平侯卒而隐太子之子东国攻平侯子而代立[7],是为悼侯。悼侯三年卒,弟昭侯申立。

昭侯十年,朝楚昭王,持美裘二,献其一于昭王而自衣其一。楚相子常欲之,不与。子常谗蔡侯,留之楚三年。蔡侯知之,乃献其裘于子常;子常受之,乃言归蔡侯[8]。蔡侯归而之晋,请与晋伐楚。

十三年春,与卫灵公会邵陵。蔡侯私于周苌弘以求长于卫[9];卫使史鳍言康叔之功德[10],乃长卫。夏,为晋灭沈[11],楚怒,攻蔡。蔡昭侯使其子为质于吴[12],以共伐楚。冬,与吴王阖庐遂破楚入郢。蔡怨子常,子常恐,奔郑。十四年,吴去而楚昭王复国。十六年,楚令尹为其民泣以谋蔡[13],蔡昭侯惧。二十六年,孔子如蔡。楚昭王伐蔡,蔡恐,告急于吴。吴为蔡远,约迁以自近[14],易以相救;昭侯私许,不与大夫计。吴人来救蔡,因迁蔡于州来[15]。二十八年,昭侯将朝于吴,大夫恐其复迁,乃令贼利杀昭侯;已而诛贼利以解过,而立昭侯子朔,是为成侯。

成侯四年,宋灭曹。十年,齐田常弑其君简公。十三年,楚灭陈。十九年,成侯卒,子声侯产立。声侯十五年卒,子元侯立。元侯六年卒,子侯齐立。

侯齐四年,楚惠王灭蔡,蔡侯齐亡,蔡遂绝祀。[16]后陈灭三十三年。

(以上为第二段,记蔡国的历史。蔡侯三次得国,三次失国,终灭于楚。)

①率德驯善——即按正道行事。率:遵循。驯:顺服。 ②哀侯十一年——公元前684年。 息侯亦娶陈——息:古诸侯国名,故城当在今河南息县西南。娶陈:娶了陈侯的女儿。陈:古诸侯国名,开国君主为胡公满,相传为舜的后代,妫(guī)姓,都宛丘,故城在今河南周口淮阳区。 ③息夫人将归,过蔡——归:出嫁。过:经过。 蔡侯不

敌——息妫甚美,蔡侯盖有轻佻之行。 ④哀侯留九岁,死于楚——《楚世家》言文王虏哀侯,已而释之,则哀侯不死于楚。 ⑤邵陵——一作“召陵”,故址在今河南漯河郾城区。 ⑥楚围郑,郑降楚,楚复醳(shì)之——楚以郑贰于晋,故伐之。详见《楚世家》《郑世家》。醳:通“释”,释放。 ⑦平侯立而杀隐太子,故平侯卒而隐太子之子东国攻平侯子而代立——杀隐太子者是楚灵王,立平侯者是楚平王;平侯为东国兄,亦是隐太子之子,平侯之太子朱出奔楚,实缘楚费无极取货东国之故,亦不得言东国攻兄自立。 ⑧言归蔡侯——向有司发话放回蔡侯。 ⑨蔡侯私于周苌(cháng)弘以求长于卫——因蔡的始祖蔡叔度是卫的始祖康叔封之兄,故如是要求。私:私下,暗中活动。苌弘:周敬王大夫。求长于卫:要求位次列于卫国之前。 ⑩卫使史鳍(qiū)言康叔之功德——言康叔功德的是祝佗,非史鳍。史鳍:卫国史官,名鳍,字子鱼。言康叔之功德:说康叔在成王时有功德。 ⑪为晋灭沈——《左传·定公四年》:“沈人不会于召陵,晋人使蔡伐之。”沈:古诸侯国名,故城在今河南平舆北。 ⑫蔡昭侯使其子为质于吴——《左传·定公四年》载:蔡侯以其子乾与其大夫之子为质于吴。吴、楚为敌国,故蔡侯与吴结盟伐楚。 ⑬楚令尹为其民泣以谋蔡——楚令尹:此时的楚令尹是子西。为其民泣:因楚国人民遭吴、蔡的屠杀而哭泣。以谋蔡:计划报复蔡国。 ⑭约迁以自近——约蔡侯迁都以便与吴国靠近。 ⑮因迁蔡于州来——将蔡的都城迁到州来。州来:即下蔡,在今安徽凤台。州来原为楚邑,是时已为吴所有。 ⑯侯齐四年——公元前447年。 亡——逃亡。

伯邑考,其后不知所封。武王发,其后为周,有《本纪》言[1]。管叔鲜作乱,诛死,无后。周公旦,其后为鲁,有《世家》言。蔡叔度,其后为蔡,有《世家》言。曹叔振铎,其后为曹,有《世家》言。成叔武,其后世无所见[2]。霍叔处,其后晋献公时灭霍。康叔封,其后为卫,有《世家》言。冉季载,其后世无所见[3]。

太史公曰:管、蔡作乱,无足载者。然周武王崩,成王少,天下既疑，赖同母之弟成叔、冉季之属十人为辅拂[4]，是以诸侯卒宗周，故附之《世家》言。

（以上为第三段，交代武王同母兄弟十人记入《史记》各部分的情况。）

①有《本纪》言——意谓言在《周本纪》中。此类语又见于《卫康叔世家》。赵生群认为这是因为正文为司马谈所作，而“太史公曰”是司马迁后加的。 ②成叔武，其后世无所见——成：《左传》作“郕”，曾见数次记载，只是不知名谥年世。 ③冉季载，其后世无所见——沈家本曰：“《周语》，富辰言聃之亡由郑姬，而列于郐之后，息、邓之前，郐之亡在平王时，息、邓之亡在釐王时，则聃之亡亦当在桓、庄时乎？” ④赖同母之弟成叔、冉季之属十人为辅拂(bì)——十人：实为六人。时武王已死，伯邑考死于武王之前，管蔡作乱亦不当计入。辅拂：辅助。拂：通“弼”。

曹叔振铎者，周武王弟也。武王已克殷纣，封叔振铎于曹。

叔振铎卒，子太伯脾立。太伯卒，子仲君平立。仲君平卒，子宫伯侯立。宫伯侯卒，子孝伯云立。孝伯云卒，子夷伯喜立。

夷伯二十三年，周厉王奔于彘。

三十年卒，弟幽伯彊立。幽伯九年，弟苏杀幽伯代立，是为戴伯。戴伯元年，周宣王已立三岁。三十年，戴伯卒，子惠伯兕立。

惠伯二十五年，周幽王为犬戎所杀，因东徙，益卑，诸侯畔之。秦始列为诸侯。

三十六年，惠伯卒，子石甫立，其弟武杀之代立，是为缪公。缪公三年卒，子桓公终生立。

桓公三十五年，鲁隐公立。四十五年，鲁弑其君隐公。四十六年，宋华父督弑其君殇公及孔父。[1]五十五年，桓公卒，子庄公夕姑立。

庄公二十三年，齐桓公始霸。

三十一年，庄公卒，子釐公夷立。釐公九年卒，子昭公班立。昭公六年，齐桓公败蔡，遂至楚召陵。九年，昭公卒，子共公襄立。

共公十六年，初，晋公子重耳其亡过曹，曹君无礼，欲观其骈胁[2]。釐负羁谏，不听，私善于重耳[3]。二十一年，晋文公重耳伐曹，虏共公以归，令军毋入釐负羁之宗族闾[4]。或说晋文公曰："昔齐桓公会诸侯，复异姓；今君囚曹君，灭同姓，何以令于诸侯？"晋乃复归共公。

二十五年，晋文公卒。三十五年，共公卒，子文公寿立。文公二十三年卒，子宣公彊立。宣公十七年卒，弟成公负刍立。

成公三年，晋厉公伐曹，虏成公以归，已复释之。五年，晋栾书、中行偃使程滑弑其君厉公。二十三年，成公卒，子武公胜立。武公二十六年，楚公子弃疾弑其君灵王代立。二十七年，武公卒，子平公顷立[5]。平公四年卒，子悼公午立。是岁，宋、卫、陈、郑皆火。[6]

悼公八年，宋景公立。九年，悼公朝于宋，宋囚之；曹立其弟野，是为声公。悼公死于宋，归葬。声公五年，平公弟通弑声公代立，是为隐公。隐公四年，声公弟露弑隐公代立，是为靖公。靖公四年卒，子伯阳立。

伯阳三年，国人有梦众君子立于社宫[7]，谋欲亡曹；曹叔振铎止之，请待公孙彊，许之。旦，求之曹，无此人。梦者戒其子曰："我亡，尔闻公孙彊为政，必去曹，无离曹祸[8]。"及伯阳即位，好田弋之事。六年，曹野人公孙彊亦好田弋，获白雁而献之，且言田弋之说，因访政事。伯阳大说之，有宠，使为司城以听政[9]。梦者之子乃亡去。

公孙彊言霸说于曹伯。十四年，曹伯从之，乃背晋干[10]宋。宋景公伐之，晋人不救。十五年，宋灭曹，执曹伯阳及公孙彊以归而杀之。曹遂绝其祀。

太史公曰：余寻曹共公之不用僖负羁，乃乘轩者三百人⑪，知唯德之不建⑫。及振铎之梦，岂不欲引曹之祀者哉？如公孙彊不修厥政，叔铎之祀忽诸⑬。

（以上为第四段，记述了曹国的历史。）

①四十六年——当周桓王九年，鲁桓公元年，宋殇公九年，公元前711年。按：华父督弑殇公在鲁桓公二年，当曹桓公四十七年。　宋华父督弑其君殇公及孔父——事详见《宋微子世家》。华父督：字华父，名督，任宋太宰，又称太宰督。孔父：即孔父嘉，宋国司马，孔子祖先。②曹君无礼，欲观其骈胁——《左传·僖公二十三年》："及曹，曹共公闻其骈胁，欲观其裸。浴，薄而观之。"此即所谓"曹君无礼"。骈胁：腋下肋骨连成一片。　③釐负羁谏，不听，私善于重耳——《左传》只记釐负羁之妻劝其自结于重耳，釐负羁馈飧及璧事，无负羁谏共公事。釐负羁：即僖负羁，曹国大夫。　④闾——里巷大门。　⑤子平公顷立——梁玉绳曰："平公名须，此讹'顷'。"　⑥平公四年——公元前524年。　宋、卫、陈、郑皆火——是年《春秋》及《左传》均记四国发生大火，这是春秋时期最严重的火灾。　⑦众君子立于社宫——杨伯峻认为：社是曹之国社，宫乃社之围墙。　⑧无离曹祸——《索隐》曰："离，即罹。罹，被也。"　⑨使为司城以听政——竹添光鸿认为：曹国近宋，故仿宋司城之名。其曰听政，盖正卿也。　⑩干——谓犯也。⑪余寻曹共公之不用僖负羁，乃乘轩者三百人——此本《左传·僖公二十八年》晋文公责曹共公"不用僖负羁而乘轩者三百人也"。大夫以上方可乘轩，意谓共公远君子而好近小人。　⑫知唯德之不建——意谓可知治国唯德，而曹却不立德。　⑬如公孙彊不修厥政，叔铎之祀忽诸——厥政：指有缺陷或弊病的政治措施。忽诸：快速，指忽然而亡。诸：语助词，无意义。王叔岷则解"如"尤"奈"，认为此句意为"奈何公孙彊不修德政，致使曹国灭亡"。

［**简评**］　《管蔡世家》主要记叙了蔡国和曹国的历史。这两个国家在春秋时已沦为三等小国，"国际地位"很低，只能依靠大

国,而且,稍有不慎就会遭到侵伐,是受气包和可怜虫的角色。按理说它们应该奋发自强,但在《世家》中却没有这样的记载,相反仍是充满了荒淫和内乱。司马迁通过这篇《世家》揭示了弱国之所以弱,虽有一定的客观原因,但主要在于国君自己不能修德政,不能发奋图强。篇末的"太史公曰"虽是针对曹国,又何尝不是针对春秋所有弱国呢?

周初的封建是国家体制的一次大变革,王国维认为是殷周之际三大变革之一。周武王的同母兄弟在周初皆是重要诸侯,周初统治者希望通过分封兄弟,达到大家勠力同心,共同辅助周王室的目的。除周公旦和他的鲁国,卫康叔和卫国,燕召公和燕国的史事各有《世家》外,其他兄弟和他们封国的事都集中在这篇《管蔡世家》中。这种安排表明司马迁对周初封建的重视,对兄弟同心这一构想的欣赏,同时也流露出他对于兄弟不仅不能同心互助,共同富强,反而各自衰落,最终造成姬姓封国整体衰落的遗憾,并由此再次凸显要团结不要纷争的主题。

《管蔡世家》在结构安排上独具匠心。起笔先叙武王十兄弟,接叙管蔡之乱,管叔死而国除,便专叙蔡事,蔡亡,又以十兄弟结,然后专叙曹事,以劝修德政结束全篇。十兄弟的始末叙述清晰,详略有致,有条不紊,成为记叙世系作品的典范。而且这种结构也体现出司马迁呼吁兄弟同心的意图,而结以修德,则将全文主题再一次提升,引人深思。

[**集评**] 《太史公自序》:"管蔡相武庚,将宁旧商;及旦摄政,二叔不飨;杀鲜放度,周公为盟;大任十子,周以宗强。嘉仲悔过,作《管蔡世家》第五。"

苏辙曰:"世俗之说曰舜囚尧,不得其死;禹逐舜,终于苍梧之野;周公将篡成王,二叔讥之乃免于乱。彼以小人之情度君子之心,亦何所不至哉? 今夫圣人虽与世同处,而其中浩然与天地同量,彼其食粟衣帛盖有不得已耳,而况与人争利哉!诸葛孔明受托昭烈以相孺子,虽使取而代之,蜀人安焉;然君臣之义没身不替,孔明尚然,而况于圣人乎?彼小人何足以知之。"(《古史》)

刘咸炘曰:"此篇虽题'管蔡',实总叙文昭,曹亦文昭,故叙于此。犹《万石张叔列传》实不止石、张二人,《陈丞相世家》中杂王陵,《张丞相世家》后叙周、赵、任、申屠,史公篇题本不取该备也。"(《太史公书知意》)

李景星曰:"《管蔡世家》意在于管蔡事,内总括武王同母弟十人之终始,故篇首以十人起,篇末又以十人结,呼应通灵,打成一片。中间叙完管叔事,余皆单叙蔡事。事有详略,故笔有繁简。赞语将管叔轻轻一点,随手撇去,又说到十人,以表明于《管蔡世家》内附列余人之故,意旨倍觉明显。其间叙世系处,若网在纲,有条不紊,后来碑谱高手多半取法于此。至《曹叔世家》本应自为一篇,缘事简文少,不成册帙,故连《管蔡世家》为一卷,分观合观,各有其妙。《索隐》欲析出之,殊属不必。赞《曹叔世家》而一则曰'德之不建',再则曰'不修厥政',所见独大,此又太史公眼光之高,为后来诸史家所不及处。"(《四史评议》)

赵生群曰:"首先,立《管蔡世家》,是由《史记》的整体构架决定的。赞语云:'管叔作乱,无足载者。然周武王崩,成王少,天下既疑,赖同母之弟成叔、冉季之属十人为辅拂,是以诸侯卒宗周,故附之世家言。'这就是说,孤立地从管叔事迹而言,不必载入世家。但就总体而论,作者认为文王十子对王朝的巩固作用巨大,功不可没。《史记》既为周公旦、卫康叔立世家,对其余诸人也必须作一番交代,故本篇不仅写管、蔡,对伯邑考、武王发、曹叔振铎、成叔武、霍叔处、冉季载等十人一并提及。其次,立《管蔡世家》是合于《史记》体例的。管叔鲜、蔡叔度二人都是周武王弟,武王灭纣后封叔鲜于管,封叔度于蔡,共相纣子武庚禄父,治殷之遗民。武王死后,他们挟武庚作乱,周公杀管叔,而放蔡叔。后来周公言之成王,复立蔡叔之子胡于蔡,以奉蔡叔之祀,禄及后世甚远,符合世家标准,所以载之世家。又因管叔、蔡叔事迹势不可分,所以管叔虽无世可传,也附入世家。文中说'管叔鲜作乱诛死,无后','蔡叔度,其后有蔡,有世家言'。《管蔡世家》不为管叔而立,语意甚明。武王之弟叔振铎封于曹,卜世绵长,因曹国小,不另立世家,亦附于此篇。"(《太史公书研究》)

蔡国诸侯世系表

蔡叔度(文王子)——蔡仲(叔度子)——蔡伯荒(蔡仲子)——宫侯(伯荒子)——厉侯(宫侯子)——武侯(厉侯子,前 841—前 838)——夷侯(武侯子,前 837—前 810 年)——釐侯(夷侯子,前 809—前 762 年)——共侯(釐侯子,前 761—前 760 年)——戴侯(共侯子,前 759—前 750 年)——宣侯(戴侯子,前 749—前 715 年)——桓侯(宣侯子,前 714—前 695 年)——哀侯(桓侯弟,前 694—前 675 年)——缪侯(哀侯子,前 674—前 646 年)——庄侯(缪侯子,前 645—前 612 年)——文侯(庄侯子,前 611—前 592 年)——景侯(文侯子,前 591—前 543 年)——灵侯(景侯子,前 542—前 531 年在位,被楚所灭)——平侯(灵侯孙,楚又重立,前 530—前 522 年)——悼侯(平侯弟,前 521—前 519 年)——昭侯(悼侯弟,前 518—前 491 年)——成侯(昭侯子,前 490—前 472 年)——声侯(成侯子,前 471—前 457 年)——元侯(声侯子,前 456—前 451 年)——侯齐(元侯子,前 450—前 447 年) 被楚所灭

曹国诸侯世系表

曹叔振铎(文王子)——太伯脾(振铎子)——仲君(太伯子)——宫伯(仲君子)——孝伯(宫伯子)——夷伯(孝伯子,前 864—前 835 年)——幽伯(夷伯弟,前 834—前 826 年)——戴伯(幽伯弟,前 825—前

796 年)——惠伯(戴伯子,前 795—前 760 年)——缪公(惠伯子,前 759—前 757 年)——桓公(缪公子,前 756—前 702 年)——庄公(桓公子,前 701—前 671 年)——釐公(庄公子,前 670—前 662 年)——昭公(釐公子,前 661—前 653 年)——共公(昭公子,前 652—前 618 年)——文公(共公子,前 617—前 595 年)——宣公(文公子,前 594—前 578 年)——成公(宣公子,前 577—前 555 年)——武公(成公子,前 554—前 528 年)——平公(武公子,前 527—前 524 年)——悼公(平公子,前 523—前 515 年)——声公(悼公弟,前 514—前 510 年)——隐公(平公弟,前 509—前 506 年)——靖公(声公弟,前 505—前 502 年)——伯阳(靖公子,前 501—前 487 年)被宋所灭

陈杞世家第六

陈胡公满者，虞帝舜之后也。[1]昔舜为庶人时，尧妻之二女，居于妫汭，其后因为氏姓，姓妫氏。[2]舜已崩，传禹天下，而舜子商均为封国。夏后之时，或失或续。[3]至于周武王克殷纣，乃复求舜后，得妫满，封之于陈，以奉帝舜祀，是为胡公。

胡公卒，子申公犀侯立。申公卒，弟相公皋羊立。相公卒，立申公子突，是为孝公。孝公卒，子慎公圉戎立。慎公当周厉王时。慎公卒，子幽公宁立。

幽公十二年，周厉王奔于彘。

二十三年，幽公卒，子釐公孝立。釐公六年，周宣王即位。三十六年，釐公卒，子武公灵立。武公十五年卒，子夷公说立。是岁，周幽王即位。夷公三年卒，弟平公燮立。平公七年，周幽王为犬戎所杀，周东徙。秦始列为诸侯。

二十三年，平公卒，子文公圉立。

文公元年，取蔡女，生子佗。十年，文公卒，长子桓公鲍立。

桓公二十三年，鲁隐公初立。二十六年，卫杀其君州吁。三十三年，鲁弑其君隐公。

三十八年正月甲戌己丑，桓公鲍卒。桓公弟佗，其母蔡女，故蔡人为佗杀五父及桓公太子免而立佗，是为厉公。[4]桓公病而乱作，国人分散，故再赴[5]。

厉公二年，生子敬仲完。[6]周太史过陈，陈厉公使以《周易》筮之，卦得《观》之《否》[7]："是为观国之光，利用宾于王[8]。此其代陈有国乎[9]？不在此，其在异国[10]？非此其身，在其子孙[11]。若在异国，必姜姓[12]。姜姓，太岳之后[13]。物莫能两大，陈衰，此其昌乎[14]？"

厉公取蔡女，蔡女与蔡人乱，厉公数如蔡淫[15]。七年，厉公所杀桓公太子免之三弟，长曰跃，中曰林，少曰杵臼，共令蔡人诱厉公以好女，与蔡人共杀厉公而立跃，是为利公。利公者，桓公子也。利公立五月卒，立中弟林，是为庄公。庄公七年卒，少弟杵臼立，是为宣公。

宣公三年，楚武王卒，楚始强。十七年，周惠王娶陈女为后。

二十一年，宣公后有嬖姬生子款，欲立之，乃杀其太子御寇。御寇素爱厉公子完，完惧祸及己，乃奔齐。齐桓公欲使陈完为卿，完曰："羁旅之臣，幸得免负檐[16]，君之惠也，不敢当高位。"桓公使为工正[17]。齐懿仲欲妻陈敬仲，卜之[18]，占曰："是谓凤皇于飞，和鸣锵锵[19]。有妫之后，将育于姜[20]。五世其昌，并于正卿[21]。八世之后，莫之与京[22]。"

三十七年，齐桓公伐蔡，蔡败；南侵楚，至召陵，还过陈。陈大夫辕涛涂恶其过陈，诈齐令出东道。东道恶[23]，桓公怒，执陈辕涛涂。是岁，晋献公杀其太子申生。

四十五年，宣公卒，子款立，是为穆公。穆公五年，齐桓公卒。十六年，晋文公败楚师于城濮。是岁，穆公卒，子共公朔立。共公六年，楚太子商臣弑其父成王代立，是为穆王。十一年，秦穆公卒。十八年，共公卒，子灵公平国立。

灵公元年，楚庄王即位。六年，楚伐陈。十年，陈及楚平。[24]

十四年，灵公与其大夫孔宁、仪行父皆通于夏姬，衷其衣以戏于朝。[25]泄冶谏曰:“君臣淫乱,民何效焉?”[26]灵公以告二子,二子请杀泄冶,公弗禁,遂杀泄冶。[27]十五年,灵公与二子饮于夏氏。公戏二子曰:“徵舒似汝。”[28]二子曰:“亦似公。”徵舒怒。灵公罢酒出,徵舒伏弩厩门射杀灵公。孔宁、仪行父皆奔楚,灵公太子午奔晋。徵舒自立为陈侯[29]。徵舒,故陈大夫也。夏姬,御叔之妻,舒之母也。

成公元年冬,楚庄王为夏徵舒杀灵公,率诸侯伐陈。谓陈曰:“无惊,吾诛徵舒而已。”已诛徵舒,因县陈而有之[30],群臣毕贺。申叔时[31]使于齐来还,独不贺。庄王问其故,对曰:“鄙语有之,牵牛径人田,[32]田主夺之牛。径则有罪矣,夺之牛,不亦甚乎?今王以徵舒为贼弑君,故征兵诸侯,以义伐之,已而取之,以利其地,则后何以令于天下!是以不贺。”庄王曰:“善。”乃迎陈灵公太子午于晋而立之,复君陈如故[33],是为成公。孔子读史记[34]至楚复陈,曰:“贤哉楚庄王!轻千乘之国而重一言。”

八年,楚庄王卒。二十九年,陈倍楚盟。[35]三十年,楚共王伐陈。是岁,成公卒,子哀公弱立。楚以陈丧,罢兵去。

哀公三年,楚围陈,复释之。二十八年,楚公子围弑其君郏敖自立,为灵王。

三十四年,初,哀公娶郑,长姬生悼太子师,少姬生偃。二嬖妾,长妾生留,少妾生胜。留有宠哀公,哀公属之其弟司徒招。[36]哀公病,三月,招杀悼太子,立留为太子。哀公怒,欲诛招,招发兵围守哀公,哀公自经杀[37]。招卒立留为陈君。四月,陈使使赴楚。楚灵王闻陈乱,乃杀陈使者,使公子弃疾发兵伐陈,陈君留奔郑。九月,楚围陈。十一月,灭陈。使弃疾为陈公。

招之杀悼太子也,太子之子名吴,出奔晋。晋平公问太史赵曰:“陈遂亡乎?”对曰:“陈,颛顼之族[38]。陈氏得政于齐,乃卒亡[39]。自幕至于瞽瞍,无违命[40]。舜重之以明德[41]。至于遂,世世守之。[42]及胡公,周赐之姓,使祀虞帝。且盛德之后,必百世祀。

虞之世未也,其在齐乎[43]?"

楚灵王灭陈五岁,楚公子弃疾弑灵王代立,是为平王。平王初立,欲得和诸侯,乃求故陈悼太子师之子吴,立为陈侯,是为惠公。惠公立,探续哀公卒时年而为元,空籍五岁矣。[44]

十年,陈火。十五年,吴王僚使公子光伐陈,取胡、沈[45]而去。二十八年,吴王阖庐与子胥败楚入郢。是年,惠公卒,子怀公柳立。

怀公元年,吴破楚,在郢,召陈侯。陈侯欲往,大夫曰:"吴新得意;楚王虽亡,与陈有故,[46]不可倍。"怀公乃以疾谢吴。四年,吴复召怀公。怀公恐,如吴。吴怒其前不往,留之,因卒吴。陈乃立怀公之子越,是为湣公。

湣公六年,孔子适陈。吴王夫差伐陈,取三邑而去。十三年,吴复来伐陈,陈告急楚,楚昭王来救,军于城父[47],吴师去。是年,楚昭王卒于城父。时孔子在陈。十五年,宋灭曹。十六年,吴王夫差伐齐,败之艾陵,使人召陈侯。陈侯恐,如吴。楚伐陈。二十一年,齐田常弑其君简公。二十三年,楚之白公胜杀令尹子西、子綦,袭惠王。叶公攻败白公,白公自杀。

二十四年,楚惠王复国[48],以兵北伐,杀陈湣公,遂灭陈而有之[49]。是岁,孔子卒[50]。

(以上为第一段,是陈国的兴亡史。)

①陈——西周初年建立的诸侯国名,国都宛丘(今河南周口淮阳区)。 胡公满——陈国的始封之君,妫姓名满,"胡"字是谥。 虞帝舜——司马迁所认为的"五帝"之一,姚姓,一作妫姓,号有虞氏,名重华,事迹详见《五帝本纪》。 ②妫(guī)汭(ruì)——妫水入黄河之处。妫水源出历山,在今山西永济南流入黄河。 姓妫氏——孔颖达曰:"《世本》:'舜姓姚氏。'……至胡公,周乃赐姓为'妫'耳……《陈世家》言舜居妫汭,其后因姓妫氏,谓胡公之前已姓妫矣,是马迁之妄也。" ③禹——夏朝的开国君主,姒姓,名文命。 舜子商均为封国——舜的儿子商均被禹封为诸侯,为夏朝的诸侯国。《索隐》曰:"商均所封虞,

即今之梁国虞城是也。” 夏后——指夏朝。 或失或续——《索隐》曰:“夏代犹封虞思、虞遂是也。” ④桓公弟佗,其母蔡女——按:“佗”亦作“他”,其母非蔡女。 故蔡人为佗杀五父及桓公太子免而立佗,是为厉公——按:此处关系混乱。据《左传》,陈佗亦名“五父”,为桓公之庶弟。桓公死后,陈佗杀桓公之太子免而自立;蔡人杀陈佗,立太子免之弟陈跃,是为厉公。今史公乃谓陈佗即陈厉公,而将陈佗与“五父”分作两人,遂致关系混乱。 ⑤再赴——两次向各国报丧。赴:即讣告。此句乃解释前文“正月甲戌、己丑,桓公鲍卒”如此措辞之由。但不知为何陈桓公之卒会有两天。 ⑥厉公二年——公元前 705 年。 敬仲完——名完,字敬仲,又称“陈完”“田完”。公元前 672 年奔齐,齐桓公赐邑于田,为田氏之祖。详见《田敬仲完世家》。 ⑦《观》之《否》——由《观》卦变而为《否》卦。 ⑧观国之光,利用宾于王——二句为《周易·观卦》六四之爻辞,意谓使者出聘于他国观光,有利于做君王的上客。 ⑨此其代陈有国乎——此人将替代陈国诸侯享有国家。 ⑩不在此,其在异国——不在本国,在别的国家。 ⑪非此其身,在其子孙——不在他本人,在他的后代子孙。 ⑫若在异国,必姜姓——如果在别的国家,必然是在姜姓之国。 ⑬姜姓,太岳之后——姜姓是帝尧时代四岳的后人。太岳:即四岳,相传为共工后裔,因助禹治水有功,封于吕,赐姓姜。一说四岳为尧臣羲和之四子,分掌四方诸侯。 ⑭陈衰,此其昌乎——陈国衰落之后,他们就会昌盛起来了。按:以上有关陈完的神秘预言详见《左传·庄公二十二年》与《田敬仲完世家》。 ⑮厉公取蔡女,蔡女与蔡人乱,厉公数如蔡淫——厉公是蔡女所生,未闻又娶蔡女,史公误读《左传》。乱:淫乱。如:往,到。 ⑯免负檐——不用自己担柴背米。意即不劳动,有官做。檐:负荷。 ⑰工正——官名,掌百工。 ⑱齐懿仲欲妻陈敬仲,卜之——按:懿仲非齐人,乃陈大夫。杨伯峻认为:《陈世家》及《田敬仲完世家》并以懿氏为齐懿仲,但《传》文明提一“初”字,且后文云:“不在此,其在异国。”则敬仲成婚在陈。恐太史公误解《左传》。 ⑲凤皇于飞,和鸣锵(qiāng)锵——凤皇:即“凤凰”,雄称“凤”,雌称“凰”。于:语助词,无意义。一说是“往”的意思。和鸣:指雌雄鸣声相和。锵锵:凤鸣之声。

二句比喻夫妻关系美好。 ⑳有妫之后，将育于姜——有妫：指陈国。姜：指齐国。 ㉑五世其昌，并于正卿——五世：指田完的四世孙田无宇。正卿：大诸侯国的执政大臣，又称"上卿""政卿"。按：田无宇受宠于齐庄公，但尚未为"正卿"。 ㉒八世之后，莫之与京——八世：田完的六世孙田成子，即田常。莫之与京：没人能比他更强大。以上陈敬仲奔齐事见《左传·庄公二十二年》。 ㉓东道恶(è)——东边的道路险难，不好走。前句"恶其过陈"之"恶"则是厌恶的意思。 ㉔十年——公元前604年。 平——讲和。 ㉕十四年——公元前600年。 灵公与其大夫孔宁、仪行父皆通于夏姬——通：通奸。夏姬：郑穆公之女，嫁陈大夫御叔，生徵舒。 衷其衣——意即贴身穿着夏姬穿过的衣服。衷：原指贴身内衣。此处用作动词，意指穿在里面。 ㉖泄冶——陈大夫。 效——仿效，效法。 ㉗二子——指孔宁与仪行父。 遂杀泄冶——《春秋》曰："陈杀其大夫泄冶。" ㉘戏——开玩笑。 徵舒似汝——徵舒长得像你。徵舒：夏姬之子，字子南，时为陈大夫。 ㉙徵舒自立为陈侯——全祖望曰："问：据《史记》则夏氏弑君自立，成公以太子奔晋，楚人迎而立之也，而不见于《左传》，何也？答：是《史记》之诬也。夏氏未尝自立，成公已豫辰陵之盟，何尝以太子出奔乎？使谓夏氏自立，则辰陵之盟，孔子岂肯书为'陈侯'？可不辨而明也。" ㉚因县陈而有之——趁机遂将陈国变成了楚国的一个县，占领了它。㉛申叔时——楚大夫。 ㉜鄙语——俗语。 径——经过，横过。㉝复君陈如故——仍让其为陈国之君。 ㉞史记——泛指史书。㉟二十九年——公元前570年。 陈倍楚盟——陈国先已归附于楚，后又顺服于晋，是对楚国的背叛。倍：通"背"。 ㊱属——通"嘱"，嘱托。 司徒招——司徒名招。司徒：官名，掌民户、土地、役徒的辅政大臣。 ㊲哀公自经杀——自经杀：上吊自杀。竹添光鸿认为：哀公实无废杀太子之心也，不然，招杀之而何为愤恚自经乎？其属留于招者，恐留素有宠，太子或恚留，不能善保其弟耳。 ㊳陈，颛顼之族——意即陈国是颛顼的后代。陈祖虞舜，舜出颛顼，故为颛顼之族。 ㊴陈氏得政于齐，乃卒亡——陈氏在齐国夺得政权后，陈国才会最终灭亡。㊵自幕至于瞽(gǔ)瞍，无违命——幕：舜的先祖；瞽瞍：传说为舜的父亲。无违命:没有违背天命的行为。 ㊶舜重之以明德——舜又有更崇高的美德。 ㊷遂——舜的后代,殷朝时人。 世世守之——世代恪守其道。 ㊸虞之世未也,其在齐乎——虞舜的世袭爵禄还不到断绝的时候,大概要在齐国再度勃兴吧!按:以上太史赵答晋平公语,见《左传·昭公八年》。 ㊹探续哀公卒时年而为元——向前追溯,以陈哀公的卒年为惠公的元年。 空籍——此指年号空缺失记。 ㊺胡、沈——陈之二邑名,胡邑在今河南漯河东,沈邑在今河南平舆北。 ㊻楚王虽亡——楚王:指楚昭王。亡:逃亡在外。吴王阖庐与唐、蔡破楚入郢后,楚昭王先是逃入云梦泽,后又奔随。 有故——有旧交。惠公之得以复国,乃楚之惠。 ㊼军于城父——军:驻扎。城父:陈邑名,在今安徽亳州东南。 ㊽楚惠王复国——公元前479年,白公胜杀子西、子期,废楚惠王而自立为王,后为叶公所败,楚惠王遂得复位。 ㊾灭陈而有之——陈国自西周初胡公满建国,至湣公二十四年(前478)被楚所灭,共历二十七代,历时五百六十余年。 ㊿是岁,孔子卒——梁玉绳曰:"楚惠复国及孔子之卒皆在湣公二十三年,此误。"沈家本曰:"此五字疑在上文'白公自杀'句下,方与《左传》文合。"

杞东楼公者,[①]夏后禹之后苗裔也。殷时或封或绝。周武王克殷纣,求禹之后,得东楼公,封之于杞[②],以奉夏后氏祀。

东楼公生西楼公,西楼公生题公,题公生谋娶公[③]。谋娶公当周厉王时[④]。谋娶公生武公,武公立四十七年卒[⑤],子靖公立。靖公二十三年卒,子共公立。共公八年卒,子德公[⑥]立。德公十八年卒,弟桓公姑容立。桓公十七年卒,子孝公匄立。[⑦]孝公十七年卒,弟文公益姑立。文公十四年卒,弟平公郁立。平公十八年卒,子悼公成立。悼公十二年卒,子隐公乞立。七月,隐公弟遂弑隐公自立,是为釐公。釐公十九年卒,子湣公维立。湣公十五年,楚惠王灭陈[⑧]。十六年,湣公弟阏路弑湣公代立,是为哀公。哀公立十年卒,湣公子敕立,是为出公。出公十二年卒,子简公春立。立一年,楚惠王之四十四年[⑨],灭杞。杞后陈亡三十四年⑩。

杞小微，其事不足称述。

（以上为第二段，略述杞国的大体世系。）

①杞——古国名，姒姓，都城始在雍丘（今河南杞县）。杞成公迁缘陵（今山东昌乐东南），杞文公迁淳于（今山东安丘东北），前445年被楚所灭。　东楼公——杞国始封君，名失考，谥东楼公，相传为夏禹后裔。　②得东楼公，封之于杞——梁玉绳曰："杞乃汤封之，非周武王始封也。下文言'武王封杞'并非，说在《夏纪》。"　③西楼公生题公，题公生谋娶公——陈子龙认为：东楼、西楼，或所居地名；题、谋娶，或名字，必非谥也。　④谋娶公当周厉王时——梁玉绳曰："周有天下至厉王流彘，二百八十余年；而杞以四世当之，必无此理。"　⑤谋娶公生武公，武公立四十七年卒——梁玉绳曰："《春秋·僖廿三年》书'杞成公卒'，逆而推之，武公卒于鲁桓八年，立于平王廿一年。自厉王流彘后至平王二十年尚有三十四年，则杞之四君必每君在位百余年方能相及，其可信乎？是知杞之代系必有脱误也。"　⑥德公——诸家皆以为应作"惠公"。　⑦桓公十七年卒——梁玉绳曰："《春秋》经传，成公以僖二十三年卒，是桓公以僖二十四年即位，至襄六年桓公卒，则桓公在位七十年。此作'十七'，仍《世本》之误。自古诸侯享国之久，未有如杞桓公者也。"　孝公匄（gài）——杞孝公，名匄。公元前566—前550年在位。　⑧湣公十五年，楚惠王灭陈——梁玉绳云："《春秋》楚惠王十一年灭陈，当陈湣公二十四年，鲁哀公十七年，乃杞湣公之九年也，此作'十五年'，误。"　⑨楚惠王之四十四年——公元前445年。⑩杞后陈亡三十四年——梁玉绳曰："杞灭于楚惠王四十四年，陈灭于楚惠十一年，故云'杞后陈亡三十四年'。但陈灭之岁为杞湣九年，此言湣公十六年，哀公十年，出公十二年，简公一年灭。自湣十年至灭凡三十载。则杞君之年必有误。或谓简公在位四年，非一年也。"

舜之后，周武王封之陈，至楚惠王灭之，有《世家》言。①禹之后，周武王封之杞，楚惠王灭之，有《世家》言。②契之后为殷，殷有

《本纪》言。[3]殷破，周封其后于宋，齐湣王灭之，有《世家》言。[4]后稷之后为周，秦昭王灭之，有《本纪》言。[5]皋陶之后，或封英、六，楚穆王灭之，无谱。[6]伯夷之后，至周武王复封于齐，曰太公望[7]，陈氏灭之，有世家言。[8]伯翳之后，至周平王时封为秦，项羽灭之，有《本纪》言。[9]垂、益、夔、龙[10]，其后不知所封，不见也。右十一人者，皆唐虞之际名有功德臣也。[11]其五人之后皆至帝王，余乃为显诸侯。[12]滕、薛、驺，夏、殷、周之间封也，[13]小，不足齿列，弗论也。

周武王时，侯伯[14]尚千余人。及幽、厉之后[15]，诸侯力攻相并。江、黄、胡、沈之属，不可胜数，[16]故弗采著于传云[17]。

（以上为第三段，带述虞、夏之际诸有功大臣之后裔在周代受封与其最后灭亡的大致情况。）

①舜之后——指本篇前文所说的胡公满。　有《世家》言——有专门的《世家》记述其事，即本篇的第一段文字。　②禹之后——指本篇前文所说的杞东楼公。　有《世家》言——即本篇的第二段文字。　③契（xiè）——传说为上古舜时的大臣，协助舜教化百姓，是商朝的始祖。　有《本纪》言——指《殷本纪》。　④殷破，周封其后于宋——周武王灭殷后，封殷纣王之兄微子启于宋，国都商丘。　齐湣王——名地，宣王之子，公元前300—前284年在位。齐湣王灭宋事，见《田敬仲完世家》。　有《世家》言——指《宋微子世家》。　⑤后稷——传说为上古舜时的大臣，协助舜发展农业，是周朝的始祖。　秦昭王——名稷，一作“则”，公元前306—前251年在位。　有《本纪》言——此指《周本纪》。　⑥皋陶——传说为上古舜时的大臣，佐舜掌管刑法。　或封英、六——英：其地不详。《正义》曰：“英盖蓼也。”蓼：在今河南固始。六：古国名，偃姓，在今安徽六安东北。　楚穆王——名商臣，公元前625—前614年在位。　无谱——没有可参考的谱牒资料。　⑦伯夷之后，至周武王复封于齐，曰太公望——伯夷：舜之大臣。太公望：即吕尚，辅佐周武王推翻殷朝，后被封于齐。　⑧陈氏灭之——指齐国的权臣陈恒（也称田常）与其子孙灭掉姜氏，改建田氏齐国。　有《世家》言——指《齐太公世家》。　⑨伯翳——即大费，嬴姓之先祖，尝辅助

舜、禹平治水土,调驯鸟兽。　至周平王时封为秦——秦襄公于犬戎破杀周幽王时,因救周并佐周平王东迁有功,被周平王赐以岐西之地,封为诸侯。　有《本纪》言——此指《秦本纪》与《秦始皇本纪》。赵生群认为:文中用《本纪》言、《世家》言指称《殷本纪》《秦本纪》《秦始皇本纪》《陈杞世家》《宋微子世家》《齐太公世家》,这些《本纪》言《世家》言未必像《周本纪》《鲁周公世家》《管蔡世家》一样是出于司马谈之手。由于缺乏其他直接的证据,还不能断然作出结论,只能提出问题存疑以备考。　⑩垂、益、夔、龙——皆舜时的大臣。垂:又作“倕”,主管百工之事。益:即前所谓“伯翳”,梁玉绳认为此字当衍。崔適认为此“垂、益、夔、龙”四字当作“垂、夔、龙、彭祖”。夔:主管音乐歌舞。龙:主管接纳进言者。　⑪右十一人——依崔適说尚应有彭祖。　皆唐虞之际名有功德臣也——董份认为:太史公重唐虞之际有功德之臣,故历著其后裔,或为王,或为显诸侯,见有功德者之不泯也。　⑫其五人之后皆至帝王——《索隐》曰:“舜、禹身为帝王,其稷、契及翳,则后代皆为帝王也。”　显诸侯——显耀、著名的大国诸侯。　⑬滕、薛、驺——皆古国名。滕国的都城在今山东滕州西南,薛国的都城在今山东枣庄薛城区。驺国的都城在今山东曲阜东南息陬镇。　夏、殷、周之间封也——《索隐》曰:“滕不知本封,盖轩辕氏之子有滕姓,是其祖也,后周封文王子错叔绣于滕。故宋忠云‘今沛国公丘是滕国也’。薛,奚仲之后,任姓,盖夏、殷所封,故春秋有滕侯、薛侯。邾,曹姓之国,陆终氏之子会人之后,邾国,今鲁国驺县是也。然三国微小,春秋时亦预会盟,盖史缺无可叙列也。”　⑭侯伯——诸侯、方伯。方伯是一方诸侯之长。一说侯、伯皆封爵名,指侯爵、伯爵之诸侯。　⑮幽、厉之后——指春秋、战国时代。幽、厉:周幽王、周厉王。司马迁将从周厉王开始的动乱到周幽王西周灭亡视为一整个的动乱时期,故而对中间曾被人们视为“中兴”的周宣王评价也不高。　⑯江、黄、胡、沈之属——江:古国名,嬴姓,在今河南正阳西南,春秋时期被楚国所灭。黄:古国名,嬴姓,在今河南潢川西北,春秋时期被楚国所灭。胡:古国名,姬姓,在今河南漯河东,春秋初期被郑国所灭。沈:古国名,在今河南平舆北,春秋时期被蔡国所灭。

不可胜数——指被吞并灭亡的小国不计其数。　⑰故弗采著于传云——意即在《史记》中不再为这些国家立传,不再专门叙述这些小国的事情。

太史公曰:舜之德可谓至矣!禅位于夏,而后世血食[①]者历三代。及楚灭陈,而田常得政于齐,卒为建国,百世不绝,苗裔兹兹,有土者不乏焉。[②]至禹,于周则杞[③],微甚,不足数也。楚惠王灭杞,其后越王句践兴[④]。

(以上为第四段,是作者的论赞,作者盛赞舜、禹功德无量,故其子孙后代得以绵延长久。)

①血食——指享受祭祀。古代祭祀要宰杀牲畜,故曰"血食"。②兹兹——众多貌。　有土者不乏焉——意即得到封地的不乏其人。③于周则杞——在周朝有杞国存在。　④楚惠王灭杞,其后越王句践兴——按:楚惠王灭杞在公元前445年,句践灭吴称霸在公元前473年,盖杞未灭时越已兴起数十年。

[**简评**]　陈、杞是周初分封的两个异姓小国,前者是虞舜后裔,后者是夏禹后裔。此篇记陈史较详,而于杞史则仅简单排列世系。太史公对上古帝王倾心赞颂,认为他们的子孙后代绵延长久,便是上天对他们功德的回报。当然,这只是司马迁的善良推想而已,体现了他道德决定论的历史观。实际上,陈氏在齐国崛起并终于代齐,受贪婪的欲望所驱使,与虞舜之德毫无关涉。至于句践之兴,似乎与夏禹更风马牛不相及。

[**集评**]　《太史公自序》:"王后不绝,舜禹是说;维德休明,苗裔蒙烈。百世享祀,爰周陈杞,楚实灭之。齐田既起,舜何人哉!作《陈杞世家》第六。"

叶適曰:"周人崇尚报应,迁所称十一人唐、虞之际有功德臣,舜后为陈,田常建国,皆旧语也。然武王封先代,盖褒有德。臧文仲叹'皋陶不祀',谓德义之后不应绝尔。若陈氏篡盗亦曰舜所致,则是不复论天德,但以利责报也。至孔子始改此论,曰:‘巍巍乎,舜禹之有天下也而不与焉!’夫以天下为不与,则虽势位销歇而道德自存,义理常尊而利欲退听矣,此迁所未知也。”(《习学记言》)

李景星曰:“《管蔡世家》总括周同姓诸侯,《陈杞世家》总括周异姓诸侯,于此见太史公体例之密。而《陈杞世家》并滕、薛、驺及江、黄、胡、沈之属皆提及之,又虚括一笔曰:‘周武王时,侯伯尚千余人。’则照顾为尤密矣。叙陈、杞二国事,皆以点叙世次为章法。然第叙世次而更无波澜,虽曰简净,终嫌枯寂,故于《陈世家》内插入‘周太史过陈’一段,‘孔子读史记’一段,‘晋平公问太史赵’一段,夹叙夹议,使前后骨节皆灵。其陈敬仲事分详于陈、齐两世家者,于彼著齐之所以亡,于此著陈之所以不终灭也。《杞世家》既有后段之总叙各国,已自异常生色,故前路(剹)力为简括,不再用他事点染,仅以‘杞后陈亡’一语钩绾前篇,使不脱节而已。凡此,皆史公经营结构之苦心,不可草草读过,失于玩索。”(《四史评议》)

郭克煜曰:“由甲骨文及文献资料证明,商与西周时代的杞国,均位于今河南杞县一带,但《左传》所载杞国事迹,却发生在今山东省境内。那么,杞何时迁居山东,迁徙的原因和过程又是怎样?……杞之迁居山东,当在谋娶公时。因为杞之迁居山东如果在谋娶公之前,那么,谋娶公所作之铜器,是不会在武汉一带出现的。只有把杞迁山东的时间,定在谋娶公时代,亦即周厉王时代,这个问题才能解释得通。……当杞国未迁山东之前,宋、淮夷与徐均曾对杞进行过侵略,均与杞带来灾难。由于杞不堪上述诸国的侵略,因而才被迫迁到山东来的。……杞暂迁于郱以避外敌之侵,当是杞国迁徙的第一个阶段。……杞国定居新泰,应为杞迁山东的第二个阶段。后来,由于鲁国向杞扩充疆土,侵占杞田,迫使杞不得不继续向东迁徙。从《春秋》隐公四年所载'莒人伐杞,取牟娄'一事来看,这次迁徙的时间,亦当在春秋之前;所迁的地点,亦当距牟娄不远。……杞迁缘陵,应为杞迁居的第四个阶段。至鲁襄公二十九年,由于杞为晋平公母家之故,晋侯又会诸侯城淳于以居杞。至此,杞便在淳于定居下来,所都之淳于城,即今山东安丘县(今为安丘市)东北之杞城。直至公元前445年为楚所灭。"(《杞国迁居山东问题》,载《齐鲁学刊》1989年第4期)

陈国诸侯世系表

陈胡公(舜之后)——申公(胡公子)——相公(申公弟)——孝公(相公子)——慎公(孝公子)——幽公(慎公子,前854—前832年)——釐公(幽公子,前831—前796年)——武公(釐公子,前795—前781)——夷公(武公子,前780—前778年)——平公(夷公弟,前777—前755年)——文公(平公子,前754—前745年)——桓公(文公子,前744—前707年)——厉公(桓公子,前706—前700年)——庄公(厉公弟,前699—前693年)——宣公(庄公弟,前692—前648年)——穆公(宣公子,前647—前632年)——共公(穆公子,前631—前614年)——灵公(共公子,前613—前599年)——成公(灵公子,前598—前569年)——哀公(成公子,前568—前534年)被楚所灭……楚又立惠公(哀公孙,前533—前506年)——怀公(惠公子,前506—前502年)——湣公(怀公子,前501—前479年) 复被楚所灭

卫康叔世家第七

卫康叔，名封[①]，周武王同母少弟也。其次尚有冉季，冉季最少。

武王已克殷纣，复以殷余民封纣子武庚禄父，比诸侯，[②]以奉其先祀勿绝。为武庚未集，恐其有贼心。[③]武王乃令其弟管叔、蔡叔傅相武庚禄父，以和其民。武王既崩，成王少。周公旦代成王治，当国。管叔、蔡叔疑周公，乃与武庚禄父作乱，欲攻成周。[④]周公旦以成王命兴师伐殷，杀武庚禄父、管叔[⑤]，放蔡叔，以武庚殷余民封康叔为卫君，居河、淇间故商墟[⑥]。

周公旦惧康叔齿少，乃申告[⑦]康叔曰："必求殷之贤人君子长者，问其先殷所以兴，所以亡，而务爱民。"告以纣所以亡者以淫于酒，酒之失，妇人是用，故纣之乱自此始。为《梓材》，示君子可法则[⑧]。故谓之《康诰》《酒诰》《梓材》以命之[⑨]。康叔之国，既以此命，能和集其民，民大说。

成王长，用事，举康叔为周司寇，赐卫宝祭器，以章有德。

（以上为第一段，写康叔在管蔡之乱后被封为卫君，得到了卫地人民的拥护。）

①卫康叔，名封——卫康叔：西周初卫国始封者，姬姓，名封。康为

其初封之地，在今河南禹州西北，故称“康叔”。 ②武庚禄父——殷纣王之子，名禄父。比诸侯——其待遇与其他诸侯相同。 ③集——通“辑”，和睦、安定。 贼心——作乱篡国和叛国之心。 ④管叔、蔡叔疑周公——管叔、蔡叔对周公不满，并非仅是怀疑。 欲攻成周——成周：即雒邑，周成王五年由周公主持营建。按：管、蔡欲攻者当是宗周镐京。 ⑤杀武庚禄父、管叔——或曰周公未尝杀管叔，《逸周书·作雒》云管叔是知罪自经而死。 ⑥居河、淇间故商墟——淇：淇水，在今河南北部。墟：故城，遗址。商墟即朝歌，故址在今河南淇县。这一地区可能本来是韦国所在，“卫”即“韦”也。按：康叔封卫，一般认为是成王之时，而梁玉绳认为在武王时，故下文对周公作《康诰》等事亦表示怀疑。 ⑦申告——再三告诫。申：再三，反复。 ⑧为《梓材》，示君子可法则——《梓材》：《尚书》篇名，是周公对康叔的诰词。梓：泛指木材，木工造器当依一定法则。故梓材可引申为君子应依的准则。可：当，应该。 ⑨故谓之《康诰》《酒诰》《梓材》以命之——诰：古代一种训诫、勉励的文告。《康诰》：《尚书》篇名，是康叔上任之前周公对他的训诫之词，其主要内容是要康叔施行德政，慎用刑罚，小心谨慎地治理好国家。《酒诰》：《尚书》篇名，周公怕年幼的康叔尽情饮酒作乐，特作《酒诰》以为告诫。

康叔卒，子康伯代立。康伯卒，子考伯立。考伯卒，子嗣伯立。嗣伯卒，子庢伯立。庢伯卒，子靖伯立。靖伯卒，子贞伯立。贞伯卒，子顷侯立。

顷侯厚赂周夷王，夷王命卫为侯[①]。顷侯立十二年卒，子釐侯立。

釐侯十三年，周厉王出奔于彘，共和行政焉。

二十八年，周宣王立。

四十二年，釐侯卒，太子共伯余立为君。共伯弟和有宠于釐侯，多予之赂；和以其赂赂士[②]，以袭攻共伯于墓上，共伯入釐侯羡[③]自杀。卫人因葬之釐侯旁，谥曰共伯，而立和为卫侯，是为武公[④]。

武公即位，修康叔之政，百姓和集。四十二年，犬戎杀周幽王，武公将兵往佐周平戎，甚有功，周平王命武公为公[⑤]。五十五年，卒，子庄公扬立。

（以上为第二段，写卫国在西周时的主要史事。）

①夷王命卫为侯——夷王：名燮，周懿王之子，公元前885—前878年在位。按：卫初封即为侯爵，无赂夷王封侯事。至于卫君称"伯"，普遍认为并非爵号，一说为"方伯"之"伯"，一说为"伯仲"为"伯"，一说是以字为谥。 ②和以其赂赂士——和把釐侯赐给他的财物分赠给武士们。 ③羡——通"埏"（yán），墓道。 ④是为武公——武公杀兄篡国之事，前人皆以为非，梁玉绳综合前人考证，认为共伯为卫宣公之太子伋，唯孔颖达《毛诗注疏》同意武公篡国之说："武公……杀兄篡国，得为美者，美其逆取顺守，德流于民。" ⑤周平王命武公为公——梁玉绳曰："东迁以后，诸侯于其国皆称公，从未有天子命诸侯为公者。武公盖入为王卿士耳。"

庄公五年，取齐女为夫人，好而无子。又取陈女为夫人，生子，蚤死。陈女女弟亦幸于庄公，而生子完。完母死，庄公令夫人齐女子之，立为太子。庄公有宠妾，生子州吁。十八年，州吁长，好兵，庄公使将。石碏[①]谏庄公曰："庶子好兵，使将，乱自此起。"不听。二十三年，庄公卒，太子完立，是为桓公。

桓公二年，弟州吁骄奢，桓公绌之，州吁出奔。十三年，郑伯弟段攻其兄，不胜，亡，而州吁求与之友。十六年，州吁收聚卫亡人以袭杀桓公，州吁自立为卫君。为郑伯弟段欲伐郑，请宋、陈、蔡与俱，三国皆许州吁。州吁新立，好兵，弑桓公，卫人皆不爱。石碏乃因桓公母家于陈，详[②]为善州吁。至郑郊，石碏与陈侯共谋，使右宰丑进食，因杀州吁于濮[③]，而迎桓公弟晋于邢[④]而立之，是为宣公。

（以上为第三段，写卫国进入春秋后的第一次内部大动乱——州吁之乱。）

①石碏（què）——卫国大夫。 ②详——通“佯”。假装。 ③因杀州吁于濮——按：石碏杀州吁事本《左传·隐公四年》，梁玉绳《史记志疑》曰：“隐四年《传》，州吁如陈，石碏使告于陈而执之，使右宰丑涖杀州吁，非陈桓公至郑，碏与共谋杀之也，而又何进食之有？”濮：《集解》引服虔曰：“濮，陈地。”《索隐》认为在曹、卫之间。中井积德认为是卫地。 ④邢——诸侯国名，姬姓，故城在今河北邢台。

宣公七年，鲁弑其君隐公。九年，宋督弑其君殇公，及孔父。十年，晋曲沃庄伯弑其君哀侯。

十八年，初，宣公爱夫人夷姜，夷姜生子伋，以为太子，而令右公子傅之[①]。右公子为太子取齐女，未入室[②]，而宣公见所欲为太子妇者好，说而自取之，更为太子取他女。宣公得齐女，生子寿、子朔，令左公子傅之。太子伋母死，宣公正夫人与朔共谗恶太子伋。宣公自以其夺太子妻也，心恶太子，欲废之。及闻其恶，大怒，乃使太子伋于齐而令盗遮[③]界上杀之，与太子白旄[④]，而告界盗见持白旄者杀之。且行，子朔之兄寿，太子异母弟也，知朔之恶太子而君欲杀之，乃谓太子曰：“界盗见太子白旄，即杀太子，太子可毋行。”太子曰：“逆父命求生，不可。”遂行。寿见太子不止，乃盗其白旄而先驰至界。界盗见其验[⑤]，即杀之。寿已死，而太子伋又至，谓盗曰：“所当杀乃我也。”盗并杀太子伋，以报宣公。宣公乃以子朔为太子。十九年，宣公卒，太子朔立，是为惠公。

左右公子不平朔之立也，惠公四年，左右公子怨惠公之谗杀前太子伋而代立，乃作乱，攻惠公，立太子伋之弟黔牟为君，惠公奔齐。

卫君黔牟立八年，齐襄公率诸侯奉王命共伐卫，纳卫惠公，诛左右公子。卫君黔牟奔于周，惠公复立。惠公立三年出亡，亡八年复入，与前通年凡十三年矣。

二十五年，惠公怨周之容舍黔牟，与燕伐周。周惠王奔温，卫、燕立惠王弟颓为王。二十九年，郑复纳惠王。三十一年，惠公卒，子懿公赤立。

懿公即位，好鹤，淫乐奢侈。九年，翟伐卫，卫懿公欲发兵，兵或畔。[6]大臣言曰："君好鹤，鹤可令击翟。"翟于是遂入，杀懿公。

懿公之立也，百姓大臣皆不服。自懿公父惠公朔之谗杀太子伋代立至于懿公，常欲败之，卒灭惠公之后而更立黔牟之弟昭伯顽之子申为君，是为戴公。

戴公申元年卒。齐桓公以卫数乱，乃率诸侯伐翟，为卫筑楚丘，立戴公弟燬为卫君，是为文公。文公以乱故奔齐，齐人入之。

初，翟杀懿公也，卫人怜之，思复立宣公前死太子伋之后，伋子又死，而代伋死者子寿又无子。太子伋同母弟二人：其一曰黔牟，黔牟尝代惠公为君，八年复去；其二曰昭伯。昭伯、黔牟皆已前死，故立昭伯子申为戴公。戴公卒，复立其弟燬为文公。

文公初立，轻赋平罪，身自劳，与百姓同苦，以收卫民。[7]

十六年，晋公子重耳过，无礼。[8]十七年，齐桓公卒。二十五年，文公卒，子成公郑立。

（以上为第四段，写卫宣公宣淫，夺太子伋之妇，引起卫国的第二次大乱。卫几乎灭亡，赖齐桓公率诸侯相助才重新建立了政权。）

①而令右公子傅之——右公子：据《左传》，其名曰职。傅之：教导他。按：夷姜之事，古人说法很多，洪迈认为自宣公即位至卒共十九年，不可能发生这么多事，故事不实；陈霆认为其烝夷姜当在桓公嗣位之后，而非其即位之初为始也；而顾栋高《春秋大事表·夷姜辨》则认为夷姜是宣公继位前所娶之夫人，并无烝淫之事。诸说皆似有理，但都属猜测，不若仍从《左传》。烝淫：指和母辈通奸的准行。 ②未入室——未行婚礼。 ③遮——阻拦。 ④白旄（máo）——古代军旗的一种，以牦牛尾置竿首，指挥全军。 ⑤验——应验，这里意为标志。

⑥九年——公元前660年。 翟——通“狄”，古族名。 兵或畔——有些士兵不听命令。畔：通“叛”。 ⑦轻赋平罪——减轻赋役，慎重公平地治罪。 收——笼络，团结。 ⑧十六年——公元前644年。 晋公子重耳过，无礼——晋公子重耳：即后来的晋文公重耳。无礼：没有按相应的礼节招待他。

成公三年，晋欲假道于卫救宋，成公不许。晋更从南河[①]度，救宋。征师于卫，卫大夫欲许，成公不肯。大夫元咺攻成公，成公出奔。晋文公重耳伐卫，分其地予宋，讨前过无礼及不救宋患也。卫成公遂出奔陈。二岁，如周求入，与晋文公会。晋使人鸩卫成公，成公私于周主鸩，令薄，得不死[②]。已而周为请晋文公，卒入之卫，而诛元咺，卫君瑕出奔。

七年，晋文公卒。十二年，成公朝晋襄公。十四年，秦穆公卒。二十六年，齐邴歜弑其君懿公。三十五年，成公卒，子穆公遬立。

穆公二年，楚庄王伐陈，杀夏徵舒。三年，楚庄王围郑，郑降，复释之。十一年，孙良夫救鲁伐齐，复得侵地。穆公卒，子定公臧立。定公十二年卒，子献公衎立。

献公十三年，公令师曹教宫妾鼓琴，妾不善，曹笞之。妾以幸恶曹于公，公亦笞曹三百。十八年，献公戒孙文子、甯惠子[③]食，皆往。日旰[④]不召，而去射鸿于囿。二子从之，公不释射服与之言[⑤]。二子怒，如宿[⑥]。孙文子子数侍公饮，使师曹歌《巧言》之卒章。[⑦]师曹又怒公之尝笞三百，乃歌之，欲以怒孙文子，报[⑧]卫献公。文子语蘧伯玉[⑨]，伯玉曰：“臣不知也。”遂攻，出献公。献公奔齐，齐置卫献公于聚邑[⑩]。孙文子、甯惠子共立定公弟秋为卫君，是为殇公。

殇公秋立，封孙文子林父于宿。十二年，甯喜与孙林父争宠相恶，殇公使甯喜攻孙林父。林父奔晋，复求入故卫献公。献公在齐，齐景公闻之，与卫献公如晋求入。晋为伐卫，诱与盟。卫殇公会晋平公，平公执殇公与甯喜，而复入卫献公。献公亡在外十二年而入。

献公后元年，诛甯喜。

三年，吴延陵季子使过卫，见蘧伯玉、史鳍⑪，曰："卫多君子，其国无故。"过宿，孙林父为击磬，曰："不乐，音大悲，使卫乱乃此矣。"是年，献公卒，子襄公恶立。

（以上为第五段，主要写卫献公因不礼大臣而被孙林父、甯喜逐出国，后借晋国之力回国复位。这是卫国在春秋时期第三次国内动乱。）

①南河——古代称黄河自今潼关以上北南流向河段为西河，潼关以下西东流向河段为南河。此处指今河南卫辉一带之黄河。 ②成公私于周主鸩，令薄，得不死——《左传》："晋侯使医衍鸩卫侯，甯俞货医，使薄其鸩，不死。公为之请，纳玉于王与晋侯，皆十瑴。王许之，秋乃释卫侯。"私：贿赂。 ③孙文子、甯惠子——孙文子：即孙林父，孙良夫之子。甯惠子：即甯殖。 ④旰（gàn）——晚。 ⑤公不释射服与之言——献公不脱下打猎的装束就与孙、甯二人谈话，盖故意辱之。⑥二子怒，如宿——宿：古国名，风姓，在今山东东平东，当时已成为孙文子采邑，《左传》"宿"作"戚"，此应读作"戚"。 ⑦孙文子子数侍公饮——孙文子子，即孙蒯。 使师曹歌《巧言》之卒章——据《左传》，并非直接让师曹歌之，而是师曹主动要求的。卒章：最后一章。献公命人唱这首诗，意在说孙文子将作乱，故意让陪饮的孙蒯知道，以作警告。 ⑧报——报复。 ⑨蘧（qú）伯玉——卫大夫。姬姓，蘧氏，名瑗，字伯玉，谥成子。 ⑩齐置卫献公于聚邑——聚邑：在今山西绛县东南，春秋晋邑。齐不可能置卫献公于晋邑，当是"郲"，在今山东龙口南。 ⑪史鳍——字子鱼，也称史鱼，以正直著称。

襄公六年，楚灵王会诸侯，襄公称病不往。

九年，襄公卒。初，襄公有贱妾，幸之，有身，梦有人谓曰："我康叔也，令若子必有卫，名而子曰'元'。"妾怪之，问孔成子。

成子曰："康叔者，卫祖也。"及生子，男也，以告襄公。襄公曰："天所置也。"名之曰元。襄公夫人无子，于是乃立元为嗣，是为灵公。

灵公五年，朝晋昭公。六年，楚公子弃疾弑灵王自立，为平王。十一年，火。

三十八年，孔子来，禄之如鲁。[①]后有隙，孔子去[②]。后复来。

三十九年，太子蒯聩与灵公夫人南子有恶[③]，欲杀南子。蒯聩与其徒戏阳遬谋，朝，使杀夫人[④]。戏阳后悔，不果。蒯聩数目之，夫人觉之，惧，呼曰："太子欲杀我！"灵公怒，太子蒯聩奔宋，已而之晋赵氏[⑤]。

四十二年春，灵公游于郊，令子郢仆[⑥]。郢，灵公少子也，字子南。灵公怨太子出奔，谓郢曰："我将立若为后。"郢对曰："郢不足以辱社稷，君更图之[⑦]。"夏，灵公卒，夫人命子郢为太子，曰："此灵公命也[⑧]。"郢曰："亡人太子蒯聩之子辄在也，不敢当。"于是卫乃以辄为君，是为出公。

六月乙酉，赵简子欲入蒯聩，乃令阳虎诈命卫十余人衰绖归[⑨]。简子送蒯聩。卫人闻之，发兵击蒯聩。蒯聩不得入，入宿而保，卫人亦罢兵。

出公辄四年，齐田乞弑其君孺子。八年，齐鲍子弑其君悼公。

孔子自陈入卫。九年，孔文子问兵于仲尼，仲尼不对。[⑩]其后鲁迎仲尼，仲尼反鲁。

十二年，初，孔圉文子取太子蒯聩之姊，生悝。孔氏之竖浑良夫美好[⑪]，孔文子卒，良夫通于悝母。太子在宿，悝母使良夫于太子。太子与良夫言曰："苟能入我国，报子以乘轩，免子三死，毋所与[⑫]。"与之盟，许以悝母为妻。闰月，良夫与太子入，舍孔氏之外圃[⑬]。昏，二人蒙衣而乘[⑭]，宦者罗御，如孔氏。孔氏之老栾甯问之，称姻妾以告。[⑮]遂入，适伯姬氏。既食，悝母杖戈而先，太子与五人介，舆猳从之[16]。伯姬劫悝于厕，强盟之，遂劫以登台。[17]栾甯将饮酒，炙未熟，闻乱，使告仲由[18]。召护驾乘车，行爵食炙，[19]奉出公辄奔鲁。

仲由将入，遇子羔将出[20]，曰："门已闭矣。"子路曰："吾姑至矣[21]。"子羔曰："不及，莫践其难[22]。"子路曰："食焉不辟其难[23]。"子羔遂出。子路入，及门，公孙敢阖门，曰："毋入为也[24]！"子路曰："是公孙也？求利而逃其难。由不然，利其禄，必救其患。"有使者出，子路乃得入。曰："太子焉用孔悝[25]？虽杀之，必或继之[26]。"且曰："太子无勇。若燔台，必舍孔叔[27]。"太子闻之，惧，下石乞、盂黡敌子路，以戈击之，割缨。子路曰："君子死，冠不免。"结缨而死。孔子闻卫乱，曰："嗟乎！柴也其来乎？由也其死矣[28]。"孔悝竟立太子蒯聩，是为庄公。

庄公蒯聩者，出公父也，居外，怨大夫莫迎立。元年即位，欲尽诛大臣，曰："寡人居外久矣，子亦尝闻之乎？"群臣欲作乱，乃止。

二年，鲁孔丘卒。

三年，庄公上城，见戎州。[29]曰："戎虏何为是？"戎州病之[30]。十月，戎州告赵简子，简子围卫。十一月，庄公出奔，卫人立公子斑师为卫君。齐伐卫，虏斑师，更立公子起为卫君。

卫君起元年，卫石曼尃逐其君起，起奔齐。卫出公辄自齐复归立。初，出公立十二年亡，亡在外四年复入。出公后元年，赏从亡者。立二十一年卒，出公季父黔攻出公子而自立，是为悼公。

（以上为第六段，写卫庄公、出公父子争位而导致的第四次国内动乱。）

①三十八年——公元前 497 年。　孔子来，禄之如鲁——卫灵公按照孔子在鲁国的俸禄标准也给他"粟六万"的俸禄。详见《孔子世家》。　②后有隙，孔子去——据《孔子世家》，有人对卫灵公进孔子的

谗言,“灵公使公孙余假一出一入,孔子恐获罪焉,居十月,去卫”。③太子蒯聩与灵公夫人南子有恶——据《左传》,南子与子朝私通,蒯聩因此受到宋人嘲笑,于是怨恨南子。南子:宋国贵族之女。有恶:有矛盾,发生了冲突。 ④朝,使杀夫人——在朝见夫人的时候杀掉她。 ⑤赵氏——指赵简子。 ⑥令子郢仆——让子郢驾车。子郢:灵公庶子,字南,故又叫子南。 ⑦郢不足以辱社稷,君更图之——我不能担负社稷重任,国君另外想办法吧。辱:谦辞。 ⑧此灵公命也——灵公刚卒,尚未有谥号,此不当称“灵公”。 ⑨“六月乙酉”三句——赵简子命令阳虎让十多个卫国人穿上丧服,假装是从卫国迎接蒯聩回去参加丧礼的。赵简子:名鞅,谥简子。阳虎:一作阳货。本为鲁国人。初为季孙氏家臣,平子死后,专鲁国之政,后逃到晋为赵简子家臣。衰绖(cuī dié):衰:丧服胸前的麻布。绖:丧服中的麻带。衰绖是丧服的主要部分,故代指丧服。 ⑩九年——公元前484年。 孔文子问兵于仲尼,仲尼不对——孔文子:卫大夫,名圉。孔子称他“敏而好学,不耻下问”。 ⑪孔氏之竖浑良夫美好——竖:仆人。浑良夫:仆人的姓名。 ⑫报子以乘轩,免子三死,毋所与——《左传·哀公十五年》作:“服冕乘轩,三死无与。”轩:古代一种前顶较高而有帷幕的车子,供大夫以上乘坐。三死:三次死罪。 ⑬外圃——家外之菜圃。 ⑭二人蒙衣而乘——二人:谓良夫和太子。蒙衣:穿着妇人的服装,用巾蒙头共乘。 ⑮老——家臣。 称姻妾以告——称:假称。姻妾:《集解》引贾逵曰:“婚姻家妾也。” ⑯太子与五人介,舆猳(jiā)从之——介:穿着甲胄。猳:同“豭”,公猪。 ⑰伯姬劫悝于厕——伯姬将孔悝逼到房屋边侧一角。厕:通“侧”。 强盟之,遂劫以登台——强迫他盟誓,黜出公而立蒯聩。又挟持他登上高台,召集卫国群臣宣布。 ⑱仲由——孔子弟子,字子路,又字季路,时为卫国大夫孔悝之邑宰。⑲召护——人名。《左传》作召获。 行爵食炙——行爵:即饮酒。食炙:吃烤肉。行爵食炙,尤见仓皇之状。 ⑳子羔将出——子羔将出奔。子羔,卫国大夫高柴,孔子弟子。 ㉑吾姑至矣——我权且到(那里看看)。 ㉒不及,莫践其难——不及,事势不可挽回。郑众认为:是时辄已出,不及事,不当践其难。子羔言不及,以为季路欲死国也。

㉓食焉不辟其难——享用了孔氏的俸禄,就不该逃避危难。辟:通“避”。 ㉔毋入为也——不要进来做什么了。 ㉕焉用孔悝(kuī)——何必劫持孔悝呢? ㉖虽杀之,必或继之——即使杀了他,也会有别人接替他。 ㉗若燔台,必舍孔叔——这是子路对孔悝众臣所言,是子路救孔悝的方案,即焚烧高台,迫使蒯聩释放孔悝。孔叔:即孔悝。 ㉘柴也其来乎?由也其死矣——高柴会回来的吧(他事出于公,必然不肯改颜去侍奉蒯聩)?仲由可能要死了(他食孔悝俸禄,必然为之战死)。 ㉙三年——公元前478年。 戎州——卫都附近土著部落戎人之城,在今河南濮阳西南。 ㉚戎州病之——戎州人为此而忧虑。病:忧虑。

悼公五年卒,子敬公弗立。敬公十九年卒,子昭公纠立。是时三晋强,卫如小侯,属之。[①]

昭公六年,公子亹弑之代立,是为怀公。怀公十一年,公子颓弑怀公而代立,是为慎公。慎公父,公子適;適父,敬公也。慎公四十二年卒,子声公训立。声公十一年卒,子成侯遬立。

成侯十一年,公孙鞅入秦。十六年,卫更贬号曰侯[②]。

二十九年,成侯卒,子平侯立。平侯八年卒,子嗣君立。

嗣君五年,更贬号曰君,独有濮阳[③]。

四十二年卒,子怀君立。怀君三十一年,朝魏,魏囚杀怀君。魏更立嗣君弟,是为元君。元君为魏婿,故魏立之。元君十四年,秦拔魏东地,秦初置东郡,更徙卫野王县,[④]而并濮阳为东郡。二十五年,元君卒,子君角立。

君角九年,秦并天下,立为始皇帝[⑤]。二十一年,二世废君角为庶人,卫绝祀。[⑥]

(以上为第七段,写卫国在春秋战国之际,终于沦为魏的属国。秦二世时彻底灭亡。)

①三晋——春秋末年,晋国大夫韩、赵、魏三家瓜分晋国,成为战国时的韩、赵、魏三国,史称“三晋”。 卫如小侯,属之——《正义》曰:

"属赵也。" ②卫更贬号曰侯——卫君再度贬爵位而称侯。卫国祖上曾由"侯"而"公",故如此说。 ③濮阳——在今河南濮阳县西南。 ④秦拔魏东地——东地:谓濮阳、黎阳等地。 秦初置东郡——《索隐》曰:"魏都大梁,濮阳、黎阳,并是魏之东地,故立郡名东郡也。" 更徙卫野王县——野王县:在今河南沁阳。按:《秦始皇本纪》,秦王政五年"初置东郡",在公元前242年;据《年表》,卫徙野王在秦王政六年,公元前241年;这是卫元君二十四、二十五年的事,《魏世家》《刺客列传》均言及此事,都与《秦始皇本纪》相同。《卫康叔世家》因卫出公以下年数均错,故误记在元君十四年。 ⑤君角九年,秦并天下,立为始皇帝——君角九年,当秦王政十五年,公元前232年。此年秦未并六国,统一天下是在秦王政二十六年,公元前221年,当在君角二十年。 ⑥二十一年,二世废君角为庶人——二十一年:当秦始皇二年,公元前220年,不当秦二世。废君角在秦二世元年,公元前209年,当君角三十二年。 卫绝祀——卫断绝祭祀,即国家灭亡。

太史公曰:余读世家言,至于宣公之太子以妇见诛,弟寿争死以相让,此与晋太子申生不敢明骊姬之过[①]同,俱恶伤父之志。然卒死亡,何其悲也!或父子相杀,兄弟相灭,亦独何哉?

(以上为第八段,是作者的论赞。司马迁谴责卫国父子相杀,兄弟相灭,指出这是使卫亡国的根本原因。)

①晋太子申生不敢明骊姬之过——晋献公宠爱骊姬,骊姬想让其子奚齐当太子,遂诬陷太子申生欲弑献公。申生怕使父亲老年无欢,又不愿负恶名逃亡,遂自杀。

[**简评**] 《卫康叔世家》记叙了卫国的兴衰,其中最引人注目的是关于卫国内乱的记载。在《史记》所有《世家》中,卫国的国君是最荒淫无道的,卫国的内乱也是最严重的。通观全文,卫国的历史几乎就是由内乱构成的,而且几乎所有形式的内乱在卫国都可以找到。卫国作为周初重要诸侯国,康叔作为武王的

同母弟,被寄予了深切希望,所以周公在他被封之时便谆谆教诲。司马迁不厌其烦地记录下周公三《诰》,不仅针对康叔,也是针对所有的君主,是司马迁理想中一位合格的君主应该具备的素养,而卫国后来的情况可以说完全违背了周公的教诲和康叔的遗范。司马迁在记叙这些“父子相杀、兄弟相灭”的内乱时,内心是十分沉痛的,对卫国后世君主给予了无情的批判。

在写法上,《卫康叔世家》有其独到之处。文章抓住卫国内乱这一中心,有条不紊地安排材料,将每一次内乱的前因后果交代得脉络清晰,而写法笔意又各不相同,使人印象深刻。文章开端写周公三《诰》与康叔善政,统罩全篇,并使卫国前后情形形成了鲜明对比,使康叔的形象更加辉煌,也使后世君主更显卑鄙猥琐,增强了批判力度。

［**集评**］《太史公自序》:“收殷余民,叔封始邑,申以商乱,《酒》《材》是告,及朔之生,卫顷不宁;南子恶蒯聩,子父易名。周德卑微,战国既强;卫以小弱,角独后亡。嘉彼《康诰》,作《卫世家》第七。”

苏辙曰:“卫之大乱者再,皆起于父子夫妇之际。宣公、灵公专欲以兴祸,固无足言者;急(伋)子、寿子争相为死,而庄公、出公父子相攻,出入二十余年不以为耻,贤愚之不同至此哉!然急(伋)、寿勇于义,惜其不为吴太伯而蹈申生之祸,以重父之过,可以为廉矣,未得为仁也。昔者,孔子之门人季路、高柴皆事出公,孔子至陈反于卫,子路问曰:‘卫君待子而为政,子将奚先?’孔子曰:‘必也正名乎。’”“呜呼,卫之名于是可谓不正矣。灵公黜其子而子其孙,出公不父其父而祢其祖,人道绝矣。孔子于是焉而欲正之,何为而可?灵公之死也,卫人立公子郢,郢不可则卫人立辄。使辄而知礼必辞,辞而不获必逃。辄逃而郢立,则名正矣,虽以拒蒯聩可也。虽然,孔子为政,岂将废辄而立郢耶?其亦将教辄避位而纳蒯聩耳。蒯聩得罪于父,生不养,死不丧,然于其入也,《春秋》书曰:‘晋赵鞅帅师纳卫世子蒯聩于戚’,非世子而以世子名之,以其子得立于卫,成其为世子也。若辄避位而纳其父,是世子为君也,而名有不正乎?名正而卫定矣。”(《古史》)

李景星曰:“《卫世家》于卫国诸君忽伯忽侯,忽公忽君,其称谓不同,亦无确解,在诸世家中实为罕见。而宣姜之祸乱者数世,在列国中亦为最甚。至其国祚则独后亡,又为各国之所不及。太史公于此等处,皆特别注意,故下笔时低徊不已。开端叙周公申告康叔三诰大旨,质实古雅,可参《尚书小序》。以后曰‘武公即位,修康叔之政,百姓和集’。曰‘我康叔也,令若子必有卫’。曰‘康叔者,卫祖也’。皆与篇首照应,回环有法。中间叙公子伋、寿事,声情俱激,笔有余痛。叙伋、寿以来世系事,详密如画,悱恻入情。叙献公令师曹教宫妾鼓琴事,安闲之中寄慨独深。惟‘武公弑兄’一节不见于经传,而史公率意书之,遂不免后人攻击。然当时必有所据,遂附诸传疑之列。谓其未免好奇则可,谓其故为诬蔑则过矣。赞语再提伋、寿之死,字字凄婉。‘或父子相杀’三句,以宕作收,尤有远神。”(《四史评议》)

白寿彝曰:“鲁、齐、卫、宋,地理上紧密相邻。但是卫在社会文化上更接近鲁宋,而与齐较远。孔子曾数次到过卫国。鲁卫的文化以春秋时的情形来看,无疑是以姬周文化为主流。但是它的地理环境,本是殷商以及虞夏、东夷等族的后人杂居的,因此,卫文化不能不融合着姬周以外的其他族的因素。根据《诗经》里的邶、鄘、卫三风看来,它们与郑、曹、陈等风很近似。从大范围说,它们反映了东方诸国文化的共同性、一致性。”(《中国通史》)

黄朴民曰:“卫处中原腹心之北部,齐、鲁在其东,宋、曹居其南,晋、郑处其西。概括而言,卫在春秋争霸战略格局中的地位不如郑、宋诸国重要。晋、楚等大国只要控制了郑、宋等国，也就同时控制了卫国的归属。而卫国本身由于国微力弱，也很难对当时战略形势的演变施加大的影响。就春秋整个历史考察，卫国在较长的时期内和齐、宋诸国关系较为密切，并多依从晋国同楚国北进势力相抗衡，可谓是中原诸侯集团抵御强楚北上争霸的第二道防线。它的战略地位之重要，在于防止楚国深入中原，分割东西，以至使晋与齐、鲁的战略联系被切断。”（《中国军事通史·春秋军事史》）

卫国诸侯世系表

卫康叔（文王子）——康伯（康叔子）——孝伯（康伯子）——嗣伯（孝伯子）——疌伯（嗣伯子）——靖伯（疌伯子）——贞伯（靖伯子）——顷侯（贞伯子）——釐侯（顷侯子，前854—前813年）——共伯（釐侯子，前813年）——武公（釐侯子，前812—前758年）——庄公（武公子，前757—前735年）——桓公（庄公子，前734—前719年）——宣公（桓公弟，前718—前700年）——惠公（宣公子，前699—前697年）——［黔牟（惠公弟，前696—前687年）］——惠公复辟（前686—前669年）——懿公（惠公子，前668—前660年）——戴公（宣公孙，前660年）——文公（戴公弟，前659—前635年）——成公（文公子，前634—前632年）——卫君瑕（前632—前630年）——成公复辟（前630—前600年）——穆公（成公子，前599—前589年）——定公（穆公子，前588—前577年）——献公（定公子，前576—前559年）——殇公（定公侄，前558—前547年）——献公复辟（前546—前544年）——襄公（献公子，前543—前535年）——灵公（襄公子，前534—前493年）——出公（灵公孙，前492—前481年）——庄公（出公父，前480—前478年）——公子斑师（襄公孙，前477年）——卫君起（灵公子，前477年）——出公复辟（前476—前470年）——悼公（庄公弟，前455—前451年）——敬公（悼公子，前450—前432年）——昭公（敬公子）——怀公（昭公子）——慎公（怀公弟）——

声公(慎公子)——成侯(声公子)——平侯(成侯子)——嗣君(平侯子)——怀君(嗣君子)——元君(嗣君弟)——君角(元君子)　被秦所灭

按:《卫康叔世家》以平侯为成侯子,杨宽已考定其非。又,自昭公以下诸人的年代,众说纷纭,难以考索,故从略。

宋微子世家第八

微子开者,殷帝乙之首子而帝纣之庶兄也。[1]纣既立,不明,淫乱于政,微子数谏,纣不听。及祖伊以周西伯昌之修德,灭阢国,[2]惧祸至,以告纣。纣曰:“我生不有命在天乎?是何能为[3]!”于是微子度纣终不可谏,欲死之,及去,未能自决,乃问于太师、少师[4]曰:“殷不有治政,不治四方[5]。我祖遂陈于上,纣沈湎于酒,妇人是用,乱败汤德于下。[6]殷既小大好草窃奸宄,卿士师师非度,皆有罪辜,乃无维获,小民乃并兴,相为敌仇。[7]今殷其典丧[8]!若涉水无津涯[9]。殷遂丧,越至于今。[10]”曰:“太师,少师[11],我其发出往?吾家保于丧[12]?今女无故告予[13],颠跻,如之何其[14]?”太师若曰:“王子,天笃下灾亡殷国,乃毋畏畏,不用老长。[15]今殷民乃陋淫神祇之祀[16]。今诚得治国,国治身死不恨;为死,终不得治,不如去。[17]”遂亡。

箕子者,纣亲戚也[18]。纣始为象箸[19],箕子叹曰:“彼为象箸,必为玉杯;为杯,则必思远方珍怪之物而御[20]之矣。舆马宫室之渐自此始,不可振也[21]。”纣为淫泆[22],箕子谏,不听。人或曰:“可以去矣。”箕子曰:“为人臣谏不听而去,是彰君之恶而自说于民[23],吾不忍为也。”乃被发详狂而为奴[24]。遂隐而鼓琴以自悲,故传之曰《箕子操》[25]。

王子比干者，亦纣之亲戚也。见箕子谏不听而为奴，则曰：“君有过而不以死争，则百姓何辜！[26]”乃直言谏纣。纣怒曰：“吾闻圣人之心有七窍，信有诸乎[27]？”乃遂杀王子比干，刳[28]视其心。

微子曰：“父子有骨肉，而臣主以义属。[29]故父有过，子三谏不听，则随而号之[30]；人臣三谏不听，则其义可以去矣。”于是太师、少师乃劝微子去，遂行[31]。

周武王伐纣克殷，微子乃持其祭器造于军门，肉袒面缚，左牵羊，右把茅，[32]膝行而前以告。于是武王乃释微子，复其位如故[33]。

武王封纣子武庚禄父以续殷祀，使管叔、蔡叔傅相之。[34]

（以上是第一段，记述殷末“三仁”微子、箕子、比干的事迹。）

①微子开——原名启，因避汉景帝刘启之讳，汉人改称“开”。《集解》引孔安国曰：“微，畿内国名。子，爵也，为纣卿士。” 帝乙——商朝国君，名羡，公元前1101—前1076年在位。 纣——商朝亡国之君，帝乙之子，名辛，公元前1075—前1046年在位。 庶兄——其父姬妾所生之兄。 ②祖伊——殷纣王的大臣。 周西伯昌——即日后之周文王，名昌，商纣时为西伯。 阢（qí）——殷时方国，又作“黎”“饥”“耆”，在今山西长治西南。 ③是何能为——按：“祖伊”以下，见《尚书·西伯戡黎》。 ④太师、少师——太师指箕子，少师指比干。 ⑤殷不有治政，不治四方——殷朝没有清明的政治，不能治理四方百姓。 ⑥我祖遂陈于上——我们的祖先成汤过去成就了许多伟大的事业。 沈湎——沉溺，沉醉。沈：同“沉”。 乱败汤德于下——汤德：汤的德政。下：下世。 ⑦殷既小大好草窃奸宄（guǐ）——殷朝的大小臣民无不抢夺偷盗，犯法作乱。草窃：抄掠，掠夺。奸宄：亦作“奸轨”。犯法作乱的人或事。 卿士师师非度——王室的卿士相互效仿，不遵守法度。师师：转相仿效。度：法度。 皆有罪辜——每个人都有罪恶。辜：罪。 乃无维获——谁都觉得没有得到自己应得的东西。小民乃并兴，相为敌仇——《集解》引孔安国曰：“卿士既乱，而小民各

起,共为敌仇,言不和同。" ⑧今殷其典丧——殷朝丧失了国家的典章制度。典:国典。又,钱大昕认为:"典"读如"殄",典丧者,殄丧也。其说亦通。 ⑨若涉水无津涯——津:渡口。涯:岸。 ⑩遂——竟,终。 越至于今——以致弄成了今天这种样子。越:句首发语词。 ⑪太师,少师——《集解》引马融曰:"重呼告之。" ⑫我其发出往?吾家保于丧——我是出走逃亡呢,还是留下来以死殉国呢? ⑬今女无故告予——现在你们不指点我。女:通"汝"。无故:无意。 ⑭颠跻,如之何其——颠跻:坠落。指陷入不义。其:语助词。 ⑮若曰——"若"字语词,《尚书》常在"曰"字前加用。 王子,天笃下灾亡殷国——《集解》引孔安国曰:"微子,帝乙子,故曰'王子'。天生纣为乱,是下灾也。"笃:厚,严重。 乃毋畏畏,不用老长——纣王既不畏惧天威,又不听从年长者的劝告。畏畏:畏惧天威。第二个"畏"字通"威"。 ⑯今殷民乃陋淫神祇之祀——今殷朝百姓竟敢亵渎神祇的祭祀。陋淫:即今所谓"亵渎"。神祇:天神与地神。 ⑰今诚得治国,国治身死不恨——崔適认为:各本中有"国治"二字,与上句意复,必是衍文。 为死,终不得治,不如去——为:犹"如"。言如身死而国终不治,则不如去。按:以上微子与太师、少师问答事,本《尚书·微子》。 ⑱箕(jī)子者,纣亲戚也——《索隐》曰:"马融、王肃以箕子为纣之诸父,服虔、杜预以为纣之庶兄。"按:所谓"箕子",当是在商时受封于箕。常征《古燕国史探微》认为即今山西祁县之箕城镇,亦即《左传》"晋人败狄于箕"之"箕"。 ⑲象箸——象牙筷子。 ⑳御——使用,占有。 ㉑不可振也——振:挽救。按:"纣始为象箸"以下,本《韩非子》之《喻老篇》《说林篇》。 ㉒淫泆——恣纵逸乐。 ㉓自说于民——自己向百姓讨好。说:"悦"的古字。 ㉔乃被发详狂而为奴——被:通"披"。详:通"佯",假装。意即假装疯癫,混迹于奴隶之中。 ㉕《箕子操》——琴曲名。"操"犹言"曲"。 ㉖争——通"诤",诤谏。 百姓何辜——百姓何罪而遭其荼毒?百姓:原意为百官,这里似指黎民、众民。 ㉗信有诸乎——果真是这样吗?诸:犹"之",指"七窍"。 ㉘刳(kū)——剖开。 ㉙有骨肉——有骨肉之情。 臣主以义属——君臣之间以道义相连,意思是要讲究一个"义"字。属:连接,结合。 ㉚随而号之——继之以痛哭。号:号哭。 ㉛于是太师、少师乃劝微子去,遂行——张文虎认为:“微子曰”至“遂行”五十二字,疑当在上文“不如去”下。“遂行”二字,即“遂亡”之衍。 ㉜祭器——祭祀天地与宗庙之器。 造——前往。 肉袒面缚——去衣露体,缚手于背,以示降服顺从。 右把茅——把:持,握。茅:此处通“旄”,竿顶用旄牛尾装饰的旗。 ㉝于是武王乃释微子,复其位如故——梁玉绳曰:“武王非讨微子,微子非亡国之子,何为其然?《前编》据王柏之说,云‘面缚衔璧,必武庚也,后世失其传也。’斯论真不可易……然则《传》云‘使复其所’,《史》云‘复其位如故’,是仍其太子之故,将封为殷后也。使以为微子,则所复者为何位?将复其卿士之位欤?而君亡国破,何忍立人之朝;将复其微国之位欤?而登即封宋,不得言如故。” ㉞武庚禄父——纣子,名禄父。 以续殷祀——武庚受封商王畿部分土地,继续其对殷国祖先的祭祀。 使管叔、蔡叔傅相之——管叔名鲜,蔡叔名度,皆武王之弟,武王令二人驻于武庚附近以监督看管之。傅相:辅佐,这里即监督。

武王既克殷,访问箕子。[①]

武王曰:“於乎!维天阴定下民[②],相和其居,我不知其常伦所序。[③]”

箕子对曰:“在昔鲧堙鸿水,汩陈其五行[④],帝乃震怒,不从鸿范九等,常伦所斁[⑤]。鲧则殛死,禹乃嗣兴[⑥]。天乃锡禹鸿范九等,常伦所序[⑦]。

“初一曰五行[⑧];二曰五事;三曰八政[⑨];四曰五纪[⑩];五曰皇极[⑪];六曰三德[⑫];七曰稽疑[⑬];八曰庶征[⑭];九曰向用五福,畏用六极。[⑮]

“五行:一曰水,二曰火,三曰木,四曰金,五曰土。水曰润下,火曰炎上[⑯],木曰曲直[⑰],金曰从革[⑱],土曰稼穑[⑲]。润下作咸[⑳],炎上作苦[㉑],曲直作酸[㉒],从革作辛[㉓],稼穑作甘[㉔]。

“五事:一曰貌,二曰言,三曰视,四曰听,五曰思。貌曰恭,言曰从，视曰明，听曰聪，思曰睿。[25]恭作肃[26]，从作治[27]，明作智[28]，聪作谋[29]，睿作圣[30]。

"八政：一曰食，二曰货，三曰祀，四曰司空，五曰司徒，六曰司寇，七曰宾，八曰师。[31]

"五纪：一曰岁，二曰月，三曰日，四曰星辰，五曰历数[32]。

"皇极：皇建其有极，[33]敛时五福，用傅锡其庶民[34]，维时其庶民于女极，锡女保极[35]。凡厥庶民，毋有淫朋，人毋有比德，维皇作极[36]。凡厥庶民，有猷有为有守，女则念之[37]。不协于极，不离于咎，皇则受之[38]。而安而色，曰予所好德，女则锡之福[39]。时人斯其维皇之极[40]。毋侮鳏寡而畏高明。人之有能有为，使羞其行，而国其昌[41]。凡厥正人，既富方谷[42]。女不能使有好于而家，时人斯其辜[43]。于其毋好，女虽锡之福，其作女用咎[44]。毋偏毋颇，遵王之义。毋有作好[45]，遵王之道。毋有作恶[46]，遵王之路。毋偏毋党，王道荡荡[47]。毋党毋偏，王道平平。毋反毋侧[48]，王道正直。会其有极，归其有极。[49]曰王极之傅言，是夷是训，于帝其顺。[50]凡厥庶民，极之傅言，是顺是行，以近天子之光。[51]曰天子作民父母，以为天下王[52]。

"三德：一曰正直，二曰刚克[53]，三曰柔克[54]。平康正直[55]，强不友刚克[56]，内友柔克[57]，沈渐刚克[58]，高明柔克[59]。维辟作福，维辟作威，维辟玉食[60]。臣无有作福作威玉食。臣有作福作威玉食，其害于而家，凶于而国。人用侧颇辟，民用僭忒。[61]

"稽疑：择建立卜筮人[62]。乃命卜筮，曰雨，曰济，曰涕，曰雾，曰克，曰贞，曰悔[63]，凡七。卜五，占之用二，衍貣[64]。立时人为卜筮[65]，三人占则从二人之言。女则有大疑，谋及女心，谋及卿士，谋及庶人，谋及卜筮[66]。女则从，龟从，筮从，卿士从，庶民从，是之谓大同；[67]而身其康强，而子孙其逢，吉。女则从，龟从，筮从，卿士逆，庶民逆，吉[68]。卿士从，龟从，筮从，女则逆，庶民逆，吉。庶民从，龟从，筮从，女则逆，卿士逆，吉。女则从，龟从，筮逆，卿士逆,庶民逆,作内吉,作外凶。[69]龟筮共违于人,用静吉,用作凶[70]。

“庶征:曰雨,曰阳,曰奥,曰寒,曰风[71],曰时。五者来备,各以其序,庶草繁庑[72]。一极备,凶[73]。一极亡,凶[74]。曰休征[75]:曰肃,时雨若[76];曰治,时旸若[77];曰知,时奥若[78];曰谋,时寒若[79];曰圣,时风若[80]。曰咎征[81]:曰狂,常雨若[82];曰僭,常旸若[83];曰舒,常奥若[84];曰急,常寒若[85];曰雾,常风若[86]。王眚维岁,卿士维月,师尹维日。[87]岁月日时毋易,百谷用成,治用明[88],畯民用章,家用平康[89]。日月岁时既易,百谷用不成,治用昏不明。畯民用微,家用不宁。[90]庶民维星[91],星有好风,星有好雨[92]。日月之行,有冬有夏[93]。月之从星,则以风雨[94]。

“五福:一曰寿,二曰富,三曰康宁,四曰攸好德,五曰考终命。[95]六极:一曰凶短折,二曰疾,三曰忧,四曰贫,五曰恶,六曰弱。[96]”

于是武王乃封箕子于朝鲜而不臣也。

其后箕子朝周,过故殷虚,感宫室毁坏,生禾黍,箕子伤之,欲哭则不可,欲泣为其近妇人,乃作《麦秀》之诗以歌咏之。其诗曰:“麦秀渐渐兮,禾黍油油[97]。彼狡僮[98]兮,不与我好兮!”所谓狡童者,纣也。殷民闻之,皆为流涕。

(以上为第二段,记箕子向武王阐述治国方略,以及与箕子在周初的一些事迹。)

①武王既克殷——按:自该句始以下至“六曰弱”,录自《尚书·洪范》,文字稍有改易。　访问箕子——泷川资言认为:史公不为箕子立传,故载之《宋世家》。　②维天阴定下民——维:句首语气词。阴定:暗中稳定。　③相和其居——使大家和睦地住在一起。　我不知其常伦所序——常伦:常理。序:秩序,条理。　④鲧堙(yīn)鸿水,汩陈其五行——鲧:禹的父亲。堙:堵塞。鸿:通“洪”,大。汩:乱。陈:列,安排。五行:指金、木、水、火、土五种供人利用的物质。《集解》引孔安国曰:“治水失道,是乱陈五行。”　⑤帝乃震怒,不从鸿范九等,常伦所斁

(dù)——帝:上帝,即所谓“天帝”。不从:不给。洪范九等:大法九类,即下文所述。常伦所斁:章程乱套。斁:败坏,乱套。 ⑥鲧则殛(jí)死,禹乃嗣兴——殛:诛杀。嗣:继承,指继承鲧的事业。兴:振兴,兴起。 ⑦天乃锡禹鸿范九等,常伦所序——锡:赐,给予。鸿范九等:《尚书》作“洪范九畴”。《集解》引孔安国曰:“天与禹,洛出书也。神龟负文而出,列于背,有数至于九,禹遂因而第之,以成九类。” ⑧初一曰五行——首先要懂得五行。初一:犹言“第一”。 ⑨八政——八项政务。 ⑩五纪——五种记时方法。 ⑪皇极——帝王的法则。皇:帝王。极:法则。 ⑫三德——帝王的三种德性,亦即治理百姓的三种方式。 ⑬稽疑——指考察疑难的方法。稽:考察。 ⑭庶征——各种征兆。庶:众。 ⑮向用五福——使人享受五种幸福。向:此处通“飨”或“享”。 畏用六极——运用六种灾难以示威严。六极:六种灾难。极:通“殛”。惩罚。按:以上概述《洪范九畴》的纲目,《尚书》共六十五字。 ⑯水曰润下,火曰炎上——润下:向下润湿。炎上:向上燃烧。 ⑰木曰曲直——木的特性可曲可直。 ⑱金曰从革——金属的特性可以顺从人的意愿改变形状。 ⑲土曰稼穑(sè)——土可使人播种与收获。 ⑳润下作咸——向下润湿的水产生咸味。作:造,形成。 ㉑炎上作苦——向上燃烧的火产生苦味。《集解》引孔安国曰:“焦气之味。” ㉒曲直作酸——可曲可直的木头产生酸味。《集解》引孔安国曰:“木实之性。” ㉓从革作辛——可改变形状的金属产生辣味。《集解》引孔安国曰:“金气之味。” ㉔稼穑作甘——种植收获的庄稼产生甜味。《集解》引孔安国曰:“甘味生于百谷。” ㉕貌曰恭——态度要恭敬。 言曰从——言语要合乎道理。从:顺。 视曰明——观察事物要清醒明晰。 听曰聪——听取意见要聪敏。 思曰睿——思考问题要通达于事理。睿:通达。 ㉖恭作肃——态度恭敬就能严肃。作:则,就。 ㉗从作治——帝王的言语合乎道理,国家就能得到治理。《集解》引马融曰:“出令而从,所以为治也。” ㉘明作智——观察问题清醒明晰就能辨别善恶。智:有智慧,此处指不受蒙蔽,能辨别善恶。 ㉙聪作谋——听取意见聪敏就能善于谋断。 ㉚睿作圣——思考问题通达就能成为无事不通的圣人。 ㉛食——指农业生产。 货——指手工业生产和商业贸易。 祀——指宗庙祭祀。 司空——掌内务民政。 司徒——掌文化教育。 司寇——掌公安司法。 宾——掌礼宾、外务。 师——指军事活动。 ㉜历数——历法，推算四时节候的方法。 ㉝皇极——帝王的最高法则。皇建其有极——帝王要建立政权需有法则。 ㉞敛时五福，用傅锡其庶民——聚集五种幸福，以遍赐庶民。敛：聚集，集中。时：通“是”，此。傅：《尚书》作“敷”，普遍。锡：施与。 ㉟维时其庶民于女极，锡女保极——民众对帝王建立的准则就会拥护，君王也可以要求民众遵守准则。女：通“汝”。保：遵守。 ㊱凡厥庶民，毋有淫朋，人毋有比德，维皇作极——淫朋：邪党。比德：私相比附，朋比为奸。维皇作极：一心遵守帝王建立的准则。《集解》引孔安国曰：“民有善则无淫过朋党之恶、比周之德，惟天下皆大为中正也。” ㊲凡厥庶民，有猷有为有守，女则念之——猷（yóu）：谋略。为：作为。守：操守。念：思，想到。《集解》引马融曰：“凡其庶民有谋有为，有所执守，当思念其行有所趣舍也。” ㊳不协于极，不离于咎，皇则受之——协：合，符合。离：通“罹”，遭受，陷入。咎：罪恶。受：容纳，此处意为容忍。三句意为凡吏民之行为虽不合于中正，但也尚未陷于罪恶，那么做帝王的就要宽容他们。 ㊴而安而色，曰予所好德，女则锡之福——前“而”字虚词，无义。安：和悦。《尚书》作“康”。色：和颜悦色。后“而”字，当“你”讲。所：《尚书》作“攸”。女：你，指君主。《集解》引孔安国曰：“女当安女颜色，以谦下人。人曰我所好者德也，女则与之爵禄。” ㊵时人斯其维皇之极——时：通“是”，此，这。斯：就。意谓这样一来人们就会唯你的法则是遵了。 ㊶人之有能有为，使羞其行，而国其昌——羞：进，贡献。三句意谓让那些有才能的人都把才能贡献出来，那你的国家就昌盛了。 ㊷凡厥正人，既富方榖——正人：正直之人，也有说指官员。方：并。榖：善，也有说指禄位。《集解》引孔安国曰：“正直之人，既当爵禄富之，又当以善道接之。” ㊸女不能使有好于而家，时人斯其辜——而：你。家：此处指王室。辜：罪。两句意谓如果你不能使百官为你的王室作出贡献，那么这些人就是有罪的。 ㊹于其毋好，女虽锡之福，其作女用咎——作：使。用：施行。咎：恶。三句意谓对于那些没有好德行的人，你即使赐给他们爵禄，他们也会作恶，使你取怨于民。
㊺毋有作好——不要有私心偏好。好：偏好。 ㊻毋有作恶（wù）——不要片面讨厌什么。恶：讨厌，厌恶。 ㊼毋偏毋党，王道荡荡——不要有偏私，不要结朋党，帝王的道路就会宽广起来。党：朋党，不是出于公心的拉帮结派。王道：帝王之道。这里即指国家政事，下同。荡荡：宽广的样子。 ㊽毋反毋侧——不要逆王道而行，也不要偏离王道。《集解》引马融曰："反，反道也。侧，倾侧也。" ㊾会其有极——大家都会合在掌握准则的帝王之下。《集解》引郑玄曰："谓君也当会聚有中之人以为臣也。"会：会合。 归其有极——这样，整个国家的事情也就能归于法则化了。 ㊿曰王极之傅言——帝王依据法则发布的言论。傅：通"敷"。陈述。 是夷是训，于帝其顺——这些就是常法，是对人们的训导，它们是符合上帝意旨的。夷：常，常法。帝：上帝。顺：顺从，符合。 51凡厥庶民，极之傅言，是顺是行——所有臣民，对帝王依据法则发布的言论，都要服从，遵照执行。 以近天子之光——以接近天子的光辉。 52曰天子作民父母，以为天下王——天子是臣民百姓的父母，是普天下人们的帝王。 53刚克——以强硬的手段取得效果。克：胜。 54柔克——以柔和的方式取得效果。 55平康正直——在太平康乐的时期就以正常的态度来对待。《集解》引孔安国曰："世平康，用正直治之。" 56强不友刚克——对倔强不服从的人就要以严厉的手段来对待。《集解》引孔安国曰："友，顺也。世强御不顺，以刚能治之。" 57内友柔克——对和顺可亲的人就要用柔和的方式来对待。《集解》引孔安国曰："世和顺，以柔能治之也。"内：《尚书》作"燮"，和。 58沈渐刚克——对那些阴谋作乱的隐藏分子要采取严厉措施。沈渐：《尚书》作"沈潜"。 59高明柔克——对高尚者、明智者要温和地以礼相待。《集解》引马融曰："高明君子，亦以德怀也。"按：以上数句也有其他理解，如朱熹曰："言人资质沉潜者，当以刚治之；资质高明者，当以柔治之。" 60维辟作福，维辟作威，维辟玉食——只有帝王才有赐人以福的权柄，只有帝王才有治人以罪的威严，只有帝王才有权享用美食。维：即"唯"，只有。辟：指帝王。
61人用侧颇辟——否则，百官将从此邪恶不走正道。用：因。侧、颇、

辟:都是偏颇、邪恶的意思。　民用僭(jiàn)忒(tè)——百姓也会因此不守本分,犯上作乱。僭忒:谓越礼逾制,心怀疑贰。　⑫择建立卜筮(shì)人——要选用善于卜筮的人。古人为预测吉凶,用火灼烧龟甲,根据裂纹判断吉凶,称“卜”;排列蓍草,根据所呈状况判断吉凶,称“筮”。　⑬曰雨,曰济,曰涕,曰雾,曰克,曰贞,曰悔——雨:指兆形像雨。济:《尚书》作“霁”,指兆形像雨后的云气。涕:《说文》:“《尚书》曰圛。圛,升云半有半无,读若驿,羊益切。”《索隐》曰:“孔安国云‘气骆驿下连续’。今此文作‘涕’,是涕泣亦相连之状。”雾:指兆形像雾气蒙蒙。克:指兆形像阴阳之气相侵犯。贞:内卦。悔:外卦。　⑭卜五,占之用二,衍貣(tè)——用龟甲卜卦五项,用蓍草占卦两项,对兆卦的变化,都要加以推演研究。衍貣:《尚书》作“衍忒”。衍:推演,研究。貣:同“忒”,差误,此处指变化。　⑮立时人为卜筮——任用这些人为帝王进行卜筮。　⑯女则有大疑,谋及女心,谋及卿士,谋及庶人,谋及卜筮——你倘若遇到重大疑难问题,先要自己考虑,再与大臣商量,与庶民商量,最后看卜筮的结果。则:如果,倘若。卿士:王室执政官。⑰女则从——如果你自己本想这么办。从:赞同,同意。　龟从,筮从,卿士从,庶民从——龟甲、蓍草、卿士、庶民也都赞同这样办。　大同——完全一致。这样的结果是最吉利的。　⑱卿士逆,庶民逆,吉——逆:反对,不同意。按:卿士、庶民反对而仍曰“吉”者,因前面三者一致,仍占多数。　⑲作内吉——处理国内的事情吉利。　作外凶——《集解》引郑玄曰:“此逆者多,以故举事于境内则吉,境外则凶。”　⑳龟筮共违于人,用静吉,用作凶——如果龟卜、蓍筮都不吉利,而你自己、大臣及庶民都赞同,那就是安静不动吉利,有所举动不吉利。　㉑曰雨,曰阳,曰奥,曰寒,曰风——《集解》引孔安国曰:“雨以润物,阳以干物,暖以长物,寒以成物,风以动物,五者各以时,所以为众验。”阳:《尚书》作“旸”,日出。此处指晴天。奥:通“燠”(yù),暖,炎热。意谓五种自然现象按时发生。　㉒五者来备,各以其序,庶草繁庑——《集解》引孔安国曰:“言五者备至,各以次序,则众草木繁庑滋丰也。”庶:众。庑:通“芜”,草木茂盛。　㉓一极备,凶——其中一项过多,就会年成不好。一:指雨、阳、奥、寒、风五种之一。极备:过多。

凶:年景不好。 ⑭一极亡,凶——其中一项过少,年成也会不好。极亡:过少。亡:通"无"。 ⑮曰休征——说到好的征象。休:美好。⑯曰肃,时雨若——帝王表现肃敬,雨水就会按时降下。《集解》引孔安国曰:"君行敬,则时雨顺之。"若:顺。 ⑰曰治,时旸若——帝王能管好政事,太阳就按时普照大地。 ⑱曰知,时奥若——帝王办事明智,气候就按时温暖。知:"智"的古字,明智。 ⑲曰谋,时寒若——帝王能深谋远虑,天气就按时转寒。 ⑳曰圣,时风若——帝王圣明,风就按时而至。圣:英明至极。 ㉑曰咎征——说到坏的征兆。咎:坏,凶。 ㉒曰狂,常雨若——帝王表现狂妄,雨就下个不停。《集解》引孔安国曰:"君行狂妄,则常雨顺之。" ㉓曰僭(jiàn),常旸若——帝王办事有差错,日光照射就过长过强。僭:差错。 ㉔曰舒,常奥若——帝王贪图逸乐,气候就过暖。舒:《尚书》作"豫",安逸。奥:《尚书》作"燠",暖气过盛。 ㉕曰急,常寒若——帝王执法峻急,气候就要偏寒。急:严峻,急切。 ㉖曰雾,常风若——帝王的见识昏暗,自然界就连日刮风。雾:昏暗,愚昧。 ㉗王眚(shěng)维岁——帝王的过失,要影响五者的变化一年。眚:过失。 卿士维月——执政大臣的过失,要影响五者的变化一个月。 师尹维日——普通官吏的过失,要影响五者变化一天。师尹:指卿士下面的官吏。 ㉘岁月日时毋易,百谷用成,治用明——年、月、日、四时倘若都能按照正常不变,那么五谷就会丰收,政治也会清明。毋易:按照正常不变。成:丰收。 ㉙畯(jùn)民用章,家用平康——有才能的人被重用,国家就会太平安康。畯民:有才能的人。畯:通"俊",才智出众的人。用:因。章:显。此处指被提拔重用。 ㉚治用昏不明——国家的政治因此昏暗不清明。微——隐匿,不显。此指不被重用。 家用不宁——国家也将因此不安宁。 ㉛庶民维星——百姓好比众星。 ㉜星有好风,星有好雨——有的星喜爱风,有的星喜爱雨。《集解》引马融曰:"箕星好风,毕星好雨。" ㉝日月之行,有冬有夏——《集解》引孔安国曰:"日月之行,冬夏各有常度。" ㉞月之从星,则以风雨——《集解》引孔安国曰:"月经于箕则多风,离于毕则多雨。政教失常,以从民欲,亦所以乱。"
㉟攸好德——遵行美德。 考终命——长寿善终。考:老,长寿。终

命:善终。 ⑯六极——六种灾难。 凶短折——皆指早死。《集解》引郑玄曰:“未龀曰凶,未冠曰短,未婚曰折。”意谓没到换牙的时候就死叫凶,没到二十岁就死叫短,没有结婚就死叫折。 恶——相貌丑陋。《集解》引孔安国曰:“恶,丑陋也。” 弱——愚懦软弱。 ⑰麦秀渐渐兮,禾黍油油——渐渐:麦子吐穗貌。油油:庄稼茂密而润泽貌。 ⑱狡僮——即“娇童”,娇美的少年。狡:年少而美好。箕子用以指称殷纣。

武王崩,成王少,周公旦代行政当国。管、蔡疑之,乃与武庚作乱,欲袭成王、周公。周公既承成王命诛武庚,杀管叔,放蔡叔,乃命微子开代殷后,奉其先祀,作《微子之命》以申之,国于宋。[①]微子故能仁贤,乃代武庚,故殷之余民甚戴爱之。

微子开卒,立其弟衍,是为微仲。微仲卒,子宋公稽立。宋公稽卒,子丁公申立。丁公申卒,子湣公共立。湣公共卒,弟炀公熙立。炀公即位,湣公子鲋祀弑炀公而自立,曰“我当立”,是为厉公。厉公卒,子釐公举立。

釐公十七年,周厉王出奔彘。

二十八年,釐公卒,子惠公覸立。惠公四年,周宣王即位。三十年,惠公卒,子哀公立。哀公元年卒,子戴公立。

戴公二十九年,周幽王为犬戎所杀,秦始列为诸侯。

三十四年,戴公卒,子武公司空立。武公生女为鲁惠公夫人,生鲁桓公。十八年,武公卒,子宣公力立。

宣公有太子与夷。十九年,宣公病,让其弟和,曰:“父死子继,兄死弟及,天下通义也。我其立和。”和亦三让而受之。宣公卒,弟和立,是为穆公。

穆公九年,病,召大司马孔父谓曰[②]:“先君宣公舍太子与夷而立我,我不敢忘。我死,必立与夷也。”孔父曰:“群臣皆愿立公子冯。”穆公曰:“毋立冯,吾不可以负宣公。”于是穆公使冯出居于郑。八月庚辰，穆公卒，兄宣公子与夷立，是为殇公。君子闻之，曰："宋宣公可谓知人矣，立其弟以成义，然卒其子复享之。

殇公元年，卫公子州吁弑其君完自立，欲得诸侯，使告于宋曰："冯在郑，必为乱，可与我伐之。"宋许之，与伐郑，至东门而还。二年，郑伐宋，以报东门之役。其后诸侯数来侵伐。

九年，大司马孔父嘉妻好，出，道遇太宰华督，督说，目而观之。督利孔父妻，乃使人宣言国中曰："殇公即位十年耳，而十一战，民苦不堪，皆孔父为之，我且杀孔父以宁民。"是岁，鲁弑其君隐公。十年，华督攻杀孔父，取其妻。殇公怒，遂弑殇公，而迎穆公子冯于郑而立之，是为庄公。

庄公元年，华督为相。九年，执郑之祭仲，要以立突为郑君。[③]祭仲许，竟立突。十九年，庄公卒，子湣公捷立。

湣公七年，齐桓公即位。九年，宋水，鲁使臧文仲往吊水。[④]湣公自罪曰："寡人以不能事鬼神，政不修，故水。"臧文仲善此言。此言乃公子子鱼教湣公也。

十年夏，宋伐鲁，战于乘丘，鲁生虏宋南宫万。[⑤]宋人请万，万归宋。十一年秋，湣公与南宫万猎，因博争行[⑥]，湣公怒，辱之，曰："始吾敬若；今若，鲁虏也。"万有力，病此言，遂以局杀湣公于蒙泽。[⑦]大夫仇牧闻之，以兵造公门[⑧]。万搏牧，牧齿著门阖死。[⑨]因杀太宰华督，乃更立公子游为君。诸公子奔萧，公子御说奔亳。[⑩]万弟南宫牛将兵围亳。冬，萧及宋之诸公子共击杀南宫牛，弑宋新君游而立湣公弟御说，是为桓公。宋万奔陈。宋人请以赂陈[⑪]。陈人使妇人饮之醇酒，以革裹之，[⑫]归宋。宋人醢[⑬]万也。

桓公二年，诸侯伐宋，至郊而去。三年，齐桓公始霸。二十三年，迎卫公子燬于齐，立之，是为卫文公。文公女弟为桓公夫人。秦穆公即位。三十年，桓公病，太子兹甫让其庶兄目夷为嗣。桓公义太子意，竟不听。三十一年春，桓公卒，太子兹甫立，是为襄公。以其庶兄目夷为相。未葬,而齐桓公会诸侯于葵丘[14],襄公往会。

襄公七年,宋地霣星如雨,与雨偕下;六鹢退蜚,风疾也。[15]

八年,齐桓公卒,宋欲为盟会。十二年春,宋襄公为鹿上之盟,以求诸侯于楚,[16]楚人许之。公子目夷谏曰:"小国争盟,祸也。"不听。秋,诸侯会宋公盟于盂[17]。目夷曰:"祸其在此乎?君欲已甚,何以堪之!"于是楚执宋襄公以伐宋。冬,会于亳,以释宋公。子鱼[18]曰:"祸犹未也。"十三年夏,宋伐郑。子鱼曰:"祸在此矣。"秋,楚伐宋以救郑。襄公将战,子鱼谏曰:"天之弃商久矣[19],不可。"冬,十一月,襄公与楚成王战于泓[20]。楚人未济[21],目夷曰:"彼众我寡,及其未济击之。"公不听。已济未陈[22],又曰:"可击。"公曰:"待其已陈。"陈成,宋人击之。宋师大败,襄公伤股。国人皆怨公。公曰:"君子不困人于厄,不鼓不成列。[23]"子鱼曰:"兵以胜为功,何常言与[24]!必如公言,即奴事之耳,又何战为?[25]"

楚成王已救郑,郑享[26]之;去而取郑二姬以归[27]。叔瞻[28]曰:"成王无礼,其不没[29]乎?为礼卒于无别,有以知其不遂霸也。[30]"

是年,晋公子重耳过宋,襄公以伤于楚,欲得晋援,厚礼重耳以马二十乘。

十四年夏,襄公病伤于泓而竟卒,子成公王臣立。

成公元年,晋文公即位。三年,倍楚盟,亲晋,以有德于文公也。四年,楚成王伐宋,宋告急于晋。五年,晋文公救宋,楚兵去。九年,晋文公卒。十一年,楚太子商臣弑其父成王代立。十六年,秦穆公卒。

十七年,成公卒。成公弟御杀太子及大司马公孙固而自立为君。宋人共杀君御而立成公少子杵臼,是为昭公。

昭公四年,宋败长翟缘斯于长丘。[31]七年,楚庄王即位。

九年,昭公无道,国人不附。昭公弟鲍革[32]贤而下士。先,襄公夫人欲通于公子鲍，不可，乃助之施于国，因大夫华元为右师。[33]昭公出猎，夫人王姬使卫伯攻杀昭公杵臼[34]。弟鲍革立，是为文公。

文公元年，晋率诸侯伐宋，责以弑君。闻文公定立，乃去。二年，昭公子因文公母弟须与武、缪、戴、庄、桓之族为乱，文公尽诛之，出[35]武、缪之族。

四年春，郑命楚伐宋。宋使华元将，郑败宋，囚华元。华元之将战，杀羊以食士，其御羊羹不及，[36]故怨。驰入郑军，故宋师败，得囚华元。宋以兵车百乘文马四百匹[37]赎华元。未尽入，华元亡归宋。

十四年，楚庄王围郑。郑伯降楚，楚复释之。

十六年，楚使过宋，宋有前仇，执楚使。[38]九月，楚庄王围宋。十七年，楚以围宋五月，不解。[39]宋城中急，无食，华元乃夜私见楚将子反。子反告庄王。王问："城中何如？"曰："析骨而炊，易子而食[40]。"庄王曰："诚哉言！我军亦有二日粮。"以信故，遂罢兵去。

二十二年，文公卒，子共公瑕立。始厚葬。君子讥华元不臣[41]矣。

共公十年，华元善楚将子重，又善晋将栾书，两盟晋楚。[42]十三年，共公卒。华元为右师，鱼石为左师。[43]司马唐山攻杀太子肥，欲杀华元，华元奔晋，鱼石止之，至河乃还，诛唐山。乃立共公少子成，是为平公。

平公三年，楚共王拔宋之彭城，以封宋左师鱼石。四年，诸侯共诛鱼石，而归彭城于宋。三十五年，楚公子围弑其君自立，为灵王。四十四年，平公卒，子元公佐立。

元公三年，楚公子弃疾弑灵王，自立为平王。八年，宋火。十年，元公毋信，诈杀诸公子，大夫华、向氏作乱。楚平王太子建来奔，见诸华氏相攻乱，建去如郑。十五年，元公为鲁昭公避季氏居外,为之求入鲁,行道卒,[44]子景公头曼立。

景公十六年,鲁阳虎来奔,已复去。二十五年,孔子过宋,宋司马桓魋恶之,欲杀孔子,孔子微服去。三十年,曹倍宋,又倍晋,宋伐曹,晋不救,遂灭曹有之。三十六年,齐田常弑简公。

三十七年,楚惠王灭陈。荧惑守心,心,宋之分野也。[45]景公忧之。司星[46]子韦曰:"可移于相[47]。"景公曰:"相,吾之股肱。"曰:"可移于民。"景公曰:"君者待民[48]。"曰:"可移于岁[49]。"景公曰:"岁饥民困,吾谁为君!"子韦曰:"天高听卑[50]。君有君人之言三[51],荧惑宜有动。"于是候之,果徙三度。[52]

六十四年,景公卒。宋公子特攻杀太子而自立,是为昭公。昭公者,元公之曾庶孙也。昭公父公孙纠,纠父公子褍秦,褍秦即元公少子也。景公杀昭公父纠,故昭公怨杀太子而自立。

昭公四十七年卒,子悼公购由立。悼公八年卒,子休公田立。休公田二十三年卒,子辟公辟兵立。辟公三年卒,子剔成立。剔成四十一年,剔成弟偃攻袭剔成,剔成败,奔齐,偃自立为宋君。

君偃十一年,自立为王。[53]东败齐,取五城;南败楚,取地三百里;西败魏军,乃与齐、魏为敌国。盛血以韦囊,县而射之,命曰"射天"。[54]淫于酒、妇人。群臣谏者辄射之。于是诸侯皆曰"桀宋"[55]。"宋其复为纣所为[56],不可不诛。"告齐伐宋。王偃立四十七年,齐湣王与魏、楚伐宋,杀王偃,遂灭宋而三分其地[57]。

(以上为第三段,记述宋国自建国至亡国的史实。)

①放——流放。　作《微子之命》以申之,国于宋——《微子之命》:是周成王分封微子的命令。古文《尚书》有此篇,文中申告微子必须恪尽职守,管束臣民,拥戴周王室。宋:国都商丘(今河南商丘南)。

②穆公九年——公元前720年。　大司马孔父——大司马:宋国官名,掌管全国军政。孔父:名嘉,字孔父,宋国公室贵族,时任大司马。

③九年——公元前702年。祭(zhài)仲:郑国大夫。　要以立

突——要:要挟。突:公子突,郑庄公之子,即日后的郑厉公。 ④九年——公元前683年。 水——发大水。 臧文仲——鲁国大夫。 吊水——慰问水灾。 ⑤乘丘——鲁邑名,在今山东济宁兖州区西北。 南宫万——姓南宫,名万,时为宋卿。 ⑥因博争行——因下棋该谁走发生争执。博:古代的一种棋戏。 ⑦病此言——讨厌听这种话。病:痛恨,以此为病。 遂以局杀湣公于蒙泽——局:棋盘。蒙泽:宋邑名,在今河南商丘东北。 ⑧以兵造公门——以兵:率兵。造:往,到达。 ⑨搏——抽,以掌击人之脸。 阖——门扇。 ⑩诸公子——诸侯太子以外的其他儿子。 萧——宋国的附庸国名,子姓,在今安徽萧县西北。 亳——宋邑名,又作"薄",在今河南商丘北。 ⑪宋人请以赂陈——"请以赂"应作"以赂请",即花钱求其引渡南宫万回宋。 ⑫陈人使妇人饮之醇酒——因宋万多力,勇不可执,故先使妇人诱而饮之酒,醉而缚之。醇酒:味道醇厚的美酒。 以革裹之——《左传》作"以犀革裹之,比及宋,手足皆见",以言其"多力"之状。 ⑬醢(hǎi)——把人剁成肉酱。 ⑭齐桓公会诸侯于葵丘——这是春秋时期的一次重大事件,周天子派使者在此会上策命齐桓公为方伯。葵丘:宋邑名,在今河南民权东北。 ⑮六鹢(yì)退蜚——鹢:一种像鸬鹚的能高飞的水鸟。蜚:通"飞"。 风疾也——由于风大,鸟飞不进,反而随风后退。 ⑯十二年——公元前639年。 为鹿上之盟——在鹿上召集诸侯会盟。鹿上:宋邑名,在今安徽阜阳南。一说在今山东曹县东北。 求诸侯于楚——请求楚国让诸侯来与会。 ⑰盂——宋邑名,在今河南睢县西北。 ⑱子鱼——即目夷,字子鱼,时为大司马。 ⑲天之弃商久矣——上天早已不保佑我们商朝人啦。按:宋为殷商后裔,故云。 ⑳战于泓——泓:水名,故道约在今河南柘城西北。 ㉑济——渡河。 ㉒陈——"阵"的古字。排列战斗队形。 ㉓不困人于厄——不在艰难的环境下对人发动攻击。 不鼓不成列——不向尚未排好战斗队形的敌人发动攻击。不鼓:不擂鼓进兵,即不攻击。 ㉔何常言与——哪能讲这种迂腐的话。常言:常谈,迂腐、庸俗之言。 ㉕奴事——像奴隶一样侍奉对方。 又何战为——还打什么仗呢? ㉖享——通"飨"。用酒食款待。 ㉗去而取郑二姬以归——二姬:

两个姬姓女子,即郑文公夫人芈(mǐ)氏和姜氏所生的两个女儿。㉘叔瞻——郑国大夫。 ㉙不没——犹今所谓“不得好死”。没:没世,死。 ㉚为礼卒于无别——两国诸侯相见而最后以无礼收场。无别:男女无别。指楚成王败宋于泓后,接受郑国的女人前来慰问,还让她们观看战俘。事见《左传·僖公二十二年》。 有以知其不遂霸也——从这件事情上可以知道楚成王是成不了霸主的。遂:成功,完成。 ㉛昭公四年——公元前616年。 宋败长翟缘斯于长丘——长翟:又作“长狄”,古族名,春秋时狄族的一支,活动于西起今山西临汾、长治,东至山东边境的山谷间。据说他们身材高大,故称。缘斯:长翟的首领。长丘:宋邑名,在今河南封丘西南。 ㉜昭公弟鲍革——昭公弟名“鲍”,“革”字系衍文。 ㉝襄公夫人欲通于公子鲍,不可——通:私通。《集解》引服虔曰:“襄公夫人,周襄王之姊王姬也。不可,鲍不肯也。”泷川资言认为:宋襄卒而二十七年矣,襄夫人年盖近六十矣。 乃助之施于国——襄夫人助公子鲍施恩惠于国人。 因大夫华元为右师——华元:戴公五代孙,华督之曾孙。右师:春秋时官名,职掌教导国君。 ㉞夫人王姬使卫伯攻杀昭公杵臼——《左传》作“夫人王姬使帅甸攻而杀之”。中井积德认为:卫伯,或是宫卫之长。 ㉟出——逐出国外。 ㊱食(sì)士——犒赏士兵。食:后作“饲”。 其御羊羹不及——华元的车夫羊羹没有受到犒赏。御:仆,车夫。羊羹:《左传》作“羊斟”,车夫的名字。按:此处之“羊羹”若解作羊肉汤亦可。意谓车夫没有受到羊肉汤的犒赏。 ㊲文马四百匹——《集解》引贾逵曰:“文,狸文也。”《集解》引王肃曰:“文马,画马也。”《正义》曰:“文马者,装饰其马。四百匹,用牵车百乘,遗郑赎华元也。又云‘文马赤鬣缟身,目如黄金’。” ㊳十六年——公元前595年。 楚使过宋——楚派大夫申舟出使齐国,中间要经过宋国,楚王故意不让申舟事先向宋国打招呼。 宋有前仇——楚大夫申舟前为侮辱宋昭公,曾笞打宋昭公的御者,并将其在全军示众。 执楚使——应依《左传》作“杀楚使”,即申舟。 ㊴十七年——公元前594年。 楚以围宋五月,不解——以:通“已”。梁玉绳曰:“‘五月’乃‘九月’之误。” ㊵析骨而炊,易子而食——把骨头劈开当柴烧,相互交换着杀孩子吃肉。析:分,劈开。

㊶不臣——失为臣之道。指葬君奢侈。 ㊷共公十年——公元前579年。 两盟晋楚——意即说合晋、楚两国结盟罢兵。据《左传·成公十二年》,在华元撮合下,晋、楚盟于宋西门之外。 ㊸鱼石——公子目夷的曾孙。 左师——春秋、战国官名,掌教导国君。 ㊹十五年——公元前517年。 求入鲁——求大国诸侯援助鲁昭公归位于鲁。 行道卒——谓宋元公死于为助鲁昭公而奔走的途中。 ㊺荧惑守心——火星运行到心宿的位置。守:挨近。心:二十八宿之一,又名商星。 心,宋之分野——古代星占学将地面上的各国、各州郡与星空的二十八宿相互比对,称作"分野",与宋国对应的即心宿。古代星占家又根据自然界的奇异现象预言人世间的吉凶祸福,现在他们看到心宿出现异常,故预言宋国将有灾难。 ㊻司星——掌管占测天文星象的官员,汉代的太史令亦管此事。 ㊼可移于相——可通过祭祀、祷告将国君应受的灾祸转移到宰相身上。 ㊽君者待民——君主要靠百姓来养活。待:依靠。 ㊾可移于岁——可以转变为年景不好。岁:年成,收成。 ㊿天高听卑——上天虽然高远,但能周知下界人世间的事情。 (51)君有君人之言三——你说了可以称得上是好统治者的三句话。 (52)候——观察。 果徙三度——火星移动了三度,不到心宿的位置去了。按:以上故事详见《吕氏春秋·制乐篇》《淮南子·道应训》。 (53)君偃十一年——公元前318年。 自立为王——时各国诸侯皆已先后称王,故宋虽弱,亦自称王。 (54)韦囊——皮口袋。韦:经过加工的熟牛皮。 县——同"悬"。 命曰"射天"——郭嵩焘认为:《殷本纪》,武乙亦有射天事,此当为传闻附会之误。 (55)桀宋——同夏桀一样残暴的宋君。 (56)宋其复为纣所为——泷川资言认为:桀、纣同恶,宋,殷后,故曰"复为纣所为"也。 (57)遂灭宋而三分其地——梁玉绳曰:"湣王灭宋,未尝与楚、魏共伐而三分其地。《六国表》及各《世家》皆不书,惟此有之。"

太史公曰:孔子称:"微子去之,箕子为之奴,比干谏而死,殷有三仁焉。"《春秋》讥宋之乱自宣公废太子而立弟,国以不宁者十世。襄公之时,修行仁义,欲为盟主。其大夫正考父美之,故追道契、汤、高宗，殷所以兴，作《商颂》。[①]襄公既败于泓，而君子或以为多，伤中国阙礼义，褒之也，宋襄之有礼让也。[②]

（以上为第四段，是司马迁的论赞，表现了他对"三仁"及宋襄公的赞赏之情。）

①正考父——孔子的祖先，西周末东周初人，仕于宋戴公、武公、宣公朝，以恭谨著称，详见《孔子世家》。此处史公说正考父是襄公之大夫，并说他为赞美襄公而作《商颂》，皆非。　追道契、汤、高宗，殷所以兴，作《商颂》——按：《韩诗·商颂章句》也说《商颂》是赞美宋襄公的作品；但《毛诗》则说是"有正考甫者，校商之名颂十二篇于周之太师，以《那》为首"。则《商颂》非正考父所作，尤与宋襄公无关。　②君子或以为多——多：赞美，称道。《公羊传·僖公二十二年》曰："君子大其不鼓不成列，临大事而不忘大礼，有君而无臣，以为虽文王之战亦不过此也。"　伤中国阙礼义，褒之也，宋襄之有礼让也——阙：空缺，亏损。褒：夸奖。梁玉绳曰："此本《公羊》说，即上文所云'襄公修行仁义'也。泓之役以迂致败，得死为幸，又多乎哉？执滕子、戕鄫子，行仁义不忘大礼者如是耶？何褒乎耳！史公采摭极博，于《尚书》兼今古文，于《诗》兼齐、鲁、韩，于《春秋》兼三《传》，然未免择而不精之诮。"按：此史公借《公羊》之说以发挥自己愤世嫉俗之情。盖春秋已礼崩乐坏，汉代更人心险恶，故与其赞乖巧不如赞迂拙，鲁之二儒生（见《刘敬叔孙通列传》）受史公同情，可与此仿佛。

［简评］　此篇主要据《诗》《书》《左传》等典籍编排而成，其中有三点值得注意：一、不惜篇幅转录《尚书·洪范》全文，可知司马迁对该文所述治国方略的赞同与重视。二、称扬宋襄公的仁义礼让。宋襄公不自量力，企图用仁义手段博取霸主地位，可谓迂腐至极。盂之会的被俘及泓之战的惨败，使他永远成为历史的笑柄。太史公却欣赏这样一个人物，似与慨叹春秋以来，尤其是汉代建国以来的道德沦丧、世风险恶有关。三、未记向戌弥兵。向戌说合晋楚结约停战，此春秋时代之大事，《史记》缺而未

载，不能不说是一大疏漏。

［**集评**］《太史公自序》："嗟箕子乎！嗟箕子乎！正言不用，乃反为奴。武庚既死，周封微子。襄公伤于泓，君子孰称。景公谦德，荧惑退行。剔成暴虐，宋乃灭亡。嘉微子问太师，作《宋世家》第八。"

顾栋高曰："余尝适汴梁，取道凤阳，由归德以西，历春秋吴、楚战争地及杞、宋、卫之郊，慨然思曰：周室棋布列侯，各有分地，岂无意哉！盖自三监作孽，武庚反叛，周公诛武庚而封微子于宋，岂非惩创当日武庚国于纣都，有孟门、太行之险，其民易煽，其地易震；而商邱（丘）为四望平坦之地，又近东都，日后虽子孙自作不靖，无能据险为患哉。故殷之遗民属之懿亲康叔，而杞、宋接壤，俱在开、归，匪特制驭，亦善全先代之后宜尔也。入春秋时，宋乃有彭城。彭城俗劲悍，又当南北之冲，故终春秋之世，宋最喜事。齐兴则首附齐，晋兴则首附晋；悼公之再伯也，用吴以犄楚，先用宋以通吴，实于彭城取道；楚之拔彭城以封鱼石也，非以助乱，实欲塞夷庚，使吴、晋隔不得通也。晋之灭偪阳以畀宋也，非以德宋，欲宋为地主，通吴、晋往来之道也。盖彭城为宋有，而柤为楚地，偪阳为楚与国，皆在今沛县境，如喉噎中之有物；宋有偪阳，而吴、晋相援如左右手矣。故当日楚最仇宋，常合郑以齮宋亦最力。迨悼公已服郑，不复恃吴；吴阖庐之世，力足以制楚，不复专赖晋，而宋于是晏然无事。是彭城之系于南北之故者非小，而宋常为天下轻重者，以其有彭城也。自后吴日强横，齐、鲁俱被其毒害，而宋始终不受兵，亦以前日为东道主之故；而黄池之役，吴归，道自商、鲁，王欲伐宋，太宰嚭曰：'可胜也，而弗能居。'盖杞、宋旧封，其非险阨之地久矣。"（《春秋大事表》）

徐中舒曰："宋是殷商王室后裔，周公东征平定武庚叛乱时，微子启降周被封于宋,代替武庚统领殷商遗民。宋国'于周为客',受到一定的礼遇;它周围是鲁、卫、蔡、陈等周室亲信诸侯,大约也带有防范意味。宋国在当时并不算小,作为王朝之后,基础还是好的,尤其在文化方面,'诸侯宋、鲁于是观礼'(《左传·襄公十年》),是领先的典范国家。春秋之初,周王室衰微,宋国也曾活跃。'宋殇公立,十年十一战,民不堪命。'(《左传·桓公二年》)可能也是不甘寂寞。但结果引起内乱,事与愿违,数十年后宋襄公又寻旧梦了。""宋襄公在泓之战强调道德,结果军破身伤,《左传》批评他不懂战争,《公羊传》却大加表扬说:'君子大其不鼓不成列,临大事而不忘大礼,有君而无臣,以为虽文王之战,亦不过此也。'(《公羊传·僖公二十二年》)这反映了两种时代观念的不同。《礼记·檀弓下》称:'古之侵伐者,不斩祀,不杀厉,不获二毛。'《淮南子·汜论训》称:'古之伐国,不杀黄口,不获二毛。于古为义,于今为笑。'大约这些是古代原始村社之间战争的公共规则,宋国保留古代礼制较多,江淮流域也是古代发展缓慢的地区。……但春秋时代国际形势已经剧烈变化,战争性质根本不同了,宋襄公还在坚持古代习俗,当然是自取败亡。在春秋时代宋只是一个二流国家,又不懂得随时代变化,争夺霸权遂以失败告终。不过宋国文化传统悠久,地理位置重要,在春秋时代始终很活跃,进入战国也还有其地位。《孟子·梁惠王上》称:'海内之地,方千里者九',即指战国七雄和宋及中山,当时宋与中山也是称王的。"(《先秦史论稿》)

晁福林曰:"宋襄公重然诺、重信誉,虽有仁义观念,但却迂腐到了极点。'宁折不屈'固然是一种美德,但宁可碰得头破血流,也不肯改变一些自己的陈旧观念以避免损失的行为,就只能是蠢举,而非美德的表现。……宋襄公的迂腐与蠢举在强权与诈谋面前惨败的事实,反映了传统观念在霸权迭兴时代的窘况。"(《霸权迭兴:春秋霸主论》)

宋国诸侯世系表

宋微子——微仲(微子弟)——宋公(微仲子)——丁公(宋公子)——湣公(丁公子)——炀公(湣公弟)——厉公(湣公子)——釐公(厉公子,前858—前831年)——惠公(釐公子,前830—前800年)——哀公(惠公子,前800年)——戴公(哀公子,前799—前766年)——武公(戴公子,前765—前748年)——宣公(武公子,前747—前729年)——穆公(宣公弟,前728—前720年)——殇公(穆公侄,前719—前711年)——庄公(穆公子,前710—前692年)——湣公(庄公子,前691—前682年)——公子游(庄公子)——桓公(湣公弟,前681—前651年)——襄公(桓公子,前650—前637年)——成公(襄公子,前636—前620年)——昭公(成公子,前619—前611年)——文公(昭公弟,前610—前589年)——共公(文公子,前588—前576年)——平公(共公子,前575—前532年)——元公(平公子,前531—前517年)——景公(元公子,前516—前451年)——昭公(景公子,前450—前404年)——悼公(昭公子,前403—前396年)——休公(悼公子,前395—前373年)——辟公(休公子,前372—前370年)——剔成(辟公子,前369—前329年)——宋君偃(剔成弟,前328—前286年) 被齐国所灭

晋世家第九

晋唐叔虞[①]者，周武王子而成王弟。初，武王与叔虞母会时，梦天谓武王曰："余命女生子，名虞，余与之唐。"及生子，文在其手曰"虞"，故遂因命之曰虞。

武王崩，成王立，唐有乱，周公诛灭唐。成王与叔虞戏，削桐叶为珪以与叔虞，曰："以此封若。"[②]史佚因请择日立叔虞。成王曰："吾与之戏耳。"史佚曰："天子无戏言。言则史书之，礼成之，乐歌之。"于是遂封叔虞于唐[③]。唐在河、汾之东[④]，方百里，故曰唐叔虞。姓姬氏，字子于[⑤]。

唐叔子燮，是为晋侯[⑥]。晋侯子宁族，是为武侯。武侯之子服人，是为成侯。成侯子福，是为厉侯。厉侯之子宜臼，是为靖侯。靖侯已来，年纪可推[⑦]。自唐叔至靖侯五世，无其年数。

靖侯十七年，周厉王迷惑暴虐，国人作乱，厉王出奔于彘，大臣行政，故曰"共和"。

十八年，靖侯卒，子釐侯司徒立。釐侯十四年，周宣王初立。十八年，釐侯卒，子献侯籍立。献侯十一年卒，子穆侯费王立。

穆侯四年，取齐女姜氏为夫人。七年，伐条。[⑧]生太子仇。十年，伐千亩[⑨]，有功。生少子，名曰成师[⑩]。晋人师服[⑪]曰："异哉，君之命子也！太子曰仇，仇者雠也。少子曰成师，成师大号，成之者也。名，自命也；物，自定也。今適[12]庶名反逆，此后晋其能毋乱乎？”

二十七年，穆侯卒，弟殇叔自立，太子仇出奔。殇叔三年，周宣王崩。四年，穆侯太子仇率其徒袭殇叔而立，是为文侯。

文侯十年，周幽王无道，犬戎杀幽王，周东徙。而秦襄公始列为诸侯。

三十五年，文侯仇卒，子昭侯伯立。

昭侯元年，封文侯弟成师于曲沃。[13]曲沃邑大于翼。翼，晋君都邑也[14]。成师封曲沃，号为桓叔。靖侯庶孙栾宾相桓叔。桓叔是时年五十八矣，好德，晋国之众皆附焉。君子曰：“晋之乱其在曲沃矣。末大于本，而得民心，不乱何待！”

七年，晋大臣潘父弑其君昭侯而迎曲沃桓叔。桓叔欲入晋，晋人发兵攻桓叔。桓叔败，还归曲沃。晋人共立昭侯子平为君，是为孝侯。诛潘父。

孝侯八年，曲沃桓叔卒，子鱓代桓叔，是为曲沃庄伯。孝侯十五年，曲沃庄伯弑其君晋孝侯于翼。晋人攻曲沃庄伯，庄伯复入曲沃。晋人复立孝侯子郄为君，是为鄂侯。

鄂侯二年，鲁隐公初立。

鄂侯六年卒。曲沃庄伯闻晋鄂侯卒，乃兴兵伐晋。周平王使虢公将兵伐曲沃庄伯，庄伯走保曲沃。晋人共立鄂侯子光，是为哀侯。

哀侯二年，曲沃庄伯卒，子称代庄伯立，是为曲沃武公。哀侯六年，鲁弑其君隐公。哀侯八年，晋侵陉廷。[15]陉廷与曲沃武公谋，九年，伐晋于汾旁[16]，虏哀侯。晋人乃立哀侯子小子为君，是为小子侯[17]。

小子元年，曲沃武公使韩万杀所虏晋哀侯。[18]曲沃益强，晋无如之何。

晋小子之四年，曲沃武公诱召晋小子杀之。周桓王使虢仲[19]伐曲沃武公，武公入于曲沃，乃立晋哀侯弟缗为晋侯。

晋侯缗四年，宋执郑祭仲而立突为郑君。晋侯十九年，齐人管至父弑其君襄公。

晋侯二十八年，齐桓公始霸。曲沃武公伐晋侯缗，灭之，尽以其宝器赂献于周釐王。釐王命曲沃武公为晋君，列为诸侯，于是尽并晋地而有之。

曲沃武公已即位三十七年矣，更号曰晋武公。晋武公始都晋国[20]，前即位曲沃，通年三十八年。

武公称者，先晋穆侯[21]曾孙也，曲沃桓叔孙也。桓叔者，始封曲沃。武公，庄伯子也。自桓叔初封曲沃以至武公灭晋也，凡六十七岁，而卒代晋为诸侯。武公代晋二岁，卒。与曲沃通年，即位凡三十九年而卒。子献公诡诸立。

（以上为第一段，写晋国自建国至曲沃武公篡晋的经过，着重描述了曲沃代翼期间晋国从分裂走向统一的过程。）

①晋唐叔虞——即周成王之弟姬虞，晋国的始祖。唐：古国名，在今山西翼城西，相传为尧的后裔。后被周成王所灭，以之为叔虞的封国，至燮（xiè）父时改为晋国。 ②桐——即梧桐。 珪——玉制礼器，形状如笏，上尖下方。 若——你。 ③于是遂封叔虞于唐——此事荒诞不可信，柳宗元曾著《桐叶封弟辨》以辨其妄。 ④河、汾之东——河：黄河。汾：汾水。“河汾之东”即指今山西侯马、曲沃、翼城一带。 ⑤姓姬氏，字子于——王引之认为：古人名、字相应，“于”同“迂”，广也；“虞”同“吴”，大也。 ⑥唐叔子燮，是为晋侯——叔虞的儿子名“燮”，又称“燮父”，从燮父始改“唐”称“晋”，因其当地有“晋水”，亦即古“平水”是也。 ⑦靖侯已来，年纪可推——按：中国历史自公元前 841 年始有确切纪年，该年即靖侯十八年，因此晋国从靖侯开始，年代可以推算。 ⑧七年——公元前 805 年。 伐条——条：即“条戎”，古部族名，活动于今山西运城中条山的鸣条岗一带。关于晋伐条的年代，说法不同。 ⑨伐千亩——千亩：晋地名，在今山西安泽

北。一说在今山西介休南。中井履轩认为此役盖讨伐或御寇而战于条、千亩,非伐条、伐千亩。 ⑩成师——中井履轩认为:师有成功,故命以“成师”也。 ⑪师服——晋大夫。 ⑫适——通“嫡”。 ⑬昭侯元年——公元前745年。 曲沃——晋邑名,又称“下国”“新城”,在今山西闻喜东北。 ⑭翼,晋君都邑也——翼:即“绛”,当时晋君的都城,在今山西翼城东南。 ⑮哀侯八年——公元前710年。 陉(xíng)廷——晋邑名,在今山西曲沃东北。 ⑯汾旁——汾水之侧。 ⑰小子侯——中井积德认为:幼弱而无谥,遂称“小子侯”。 ⑱小子元年——公元前709年。 韩万——曲沃桓叔之子,受封于韩(在今山西河津东北),为战国韩国之祖。 ⑲虢仲——即上文“虢公”之后,时为周桓王卿士。 ⑳晋武公始都晋国——开始以晋国的都城翼为自己的都城。 ㉑先晋穆侯——即桓叔之父名“费王”者。《索隐》曰:“晋有两穆侯,言先,以别后。”

献公元年,周惠王弟颓攻惠王,惠王出奔,居郑之栎邑。

五年,伐骊戎,得骊姬、骊姬弟,俱爱幸之。[1]

八年,士蒍[2]说公曰:“故晋之群公子多,不诛,乱且起。”乃使尽杀诸公子,而城聚都之,命曰绛,始都绛[3]。九年,晋群公子既亡奔虢,虢以其故再伐晋,弗克。十年,晋欲伐虢,士蒍曰:“且待其乱。”

十二年,骊姬生奚齐。献公有意废太子,乃曰:“曲沃吾先祖宗庙所在,而蒲边秦,屈边翟,[4]不使诸子居之,我惧焉。”于是使太子申生居曲沃,公子重耳居蒲,公子夷吾居屈。献公与骊姬子奚齐居绛。晋国以此知太子不立也。太子申生,其母齐桓公女也,曰齐姜,早死。申生同母女弟为秦穆公夫人。重耳母,翟之狐氏女也。夷吾母,重耳母女弟也。献公子八人,而太子申生、重耳、夷吾皆有贤行。及得骊姬,乃远此三子。

十六年,晋献公作二军。公将上军,太子申生将下军,赵夙御戎,毕万为右,伐灭霍,灭魏,灭耿。[5]还,为太子城曲沃,赐赵夙耿，赐毕万魏，以为大夫。士蔿曰："太子不得立矣。分之都城，而位以卿，先为之极，又安得立！[6]不如逃之，无使罪至。为吴太伯，不亦可乎，犹有令名。[7]"太子不从。卜偃[8]曰："毕万之后必大。万，盈数也；魏，大名也[9]。以是始赏，天开之矣[10]。天子曰兆民，诸侯曰万民，今命之大，以从盈数，其必有众。"初，毕万卜仕于晋国，遇《屯》之《比》[11]。辛廖占之曰："吉。《屯》固，《比》入[12]，吉孰大焉。其后必蕃昌。"

十七年，晋侯使太子申生伐东山[13]。里克[14]谏献公曰："太子奉冢祀社稷之粢盛，[15]以朝夕视君膳者也，故曰冢子。君行则守，有守则从，从曰抚军，[16]守曰监国，古之制也。夫率师，专行谋[17]也；誓军旅，君与国政之所图也，[18]非太子之事也。师在制命而已，禀命则不威，专命则不孝，故君之嗣適不可以帅师。[19]君失其官，率师不威，[20]将安用之？"公曰："寡人有子，未知其太子谁立[21]。"里克不对而退，见太子。太子曰："吾其废乎？"里克曰："太子勉之！教以军旅，不共是惧，[22]何故废乎？且子惧不孝，毋惧不得立。修己而不责人，则免于难。"太子帅师，公衣之偏衣，佩之金玦。[23]里克谢病，不从太子。太子遂伐东山。

十九年，献公曰："始吾先君庄伯、武公之诛晋乱，而虢常助晋伐我，又匿晋亡公子，果为乱。弗诛，后遗子孙忧。"乃使荀息以屈产之乘假道于虞。[24]虞假道，遂伐虢，取其下阳[25]以归。

献公私谓骊姬曰："吾欲废太子，以奚齐代之。"骊姬泣曰："太子之立，诸侯皆已知之，而数将兵，百姓附之，奈何以贱妾之故废適立庶？君必行之，妾自杀也。"骊姬详誉太子，而阴令人谮恶太子，而欲立其子。

二十一年，骊姬谓太子曰："君梦见齐姜，太子速祭曲沃，归釐[26]于君。"太子于是祭其母齐姜于曲沃，上其荐胙[27]于献公。献公时出猎，置胙于宫中。骊姬使人置毒药胙中。居二日，献公从猎来还，宰人上胙献公，献公欲飨之。[28]骊姬从旁止之，曰："胙所从来远，宜试之。”祭地，地坟[29]；与犬，犬死；与小臣[30]，小臣死。骊姬泣曰：“太子何忍也！其父而欲弑代之，况他人乎？且君老矣，旦暮之人，曾不能待而欲弑之！”谓献公曰：“太子所以然者，不过以妾及奚齐之故。妾愿子母辟之他国，若早自杀，毋徒使母子为太子所鱼肉也。[31]始君欲废之，妾犹恨之；至于今，妾殊自失于此[32]。”太子闻之，奔新城[33]。献公怒，乃诛其傅杜原款。或谓太子曰：“为此药者乃骊姬也，太子何不自辞明之？”太子曰：“吾君老矣，非骊姬，寝不安，食不甘。即辞之，君且怒之。[34]不可。”或谓太子曰：“可奔他国。”太子曰：“被此恶名以出，人谁内我？我自杀耳。”十二月戊申，申生自杀于新城。

此时重耳、夷吾来朝。人或告骊姬曰：“二公子怨骊姬谮杀太子。”骊姬恐，因谮二公子：“申生之药胙，二公子知之。”二子闻之，恐，重耳走蒲，夷吾走屈，保其城，自备守。初，献公使士蒍为二公子筑蒲、屈，城弗就。夷吾以告公，公怒士蒍。士蒍谢曰：“边城少寇，安用之？”退而歌曰：“狐裘蒙茸，一国三公，吾谁适从[35]！”卒就城。及申生死，二子亦归保其城。

二十二年，献公怒二子不辞而去，果有谋矣，乃使兵伐蒲。蒲人之宦者勃鞮命重耳促自杀。[36]重耳逾垣，宦者追斩其衣祛[37]。重耳遂奔翟。使人伐屈，屈城守，不可下。

是岁也，晋复假道于虞以伐虢。虞之大夫宫之奇谏虞君曰：“晋不可假道也，是且灭虞。”虞君曰：“晋我同姓[38]，不宜伐我。”宫之奇曰：“太伯、虞仲，太王之子也，太伯亡去，是以不嗣。[39]虢仲、虢叔，王季之子也，为文王卿士，其记勋在王室，藏于盟府。[40]将虢是灭，何爱于虞？且虞之亲能亲于桓、庄之族[41]乎？桓、庄之族何罪，尽灭之。虞之与虢，唇之与齿，唇亡则齿寒。”虞公不听，遂许晋。宫之奇以其族去虞。其冬，晋灭虢，虢公丑奔周。还，袭灭虞，虏虞公及其大夫井伯百里奚以媵秦穆姬，而修虞祀。[42]荀息牵曩所遗虞屈产之乘马奉之献公，献公笑曰：“马则吾马，齿亦老矣!”

二十三年,献公遂发贾华[43]等伐屈,屈溃。夷吾将奔翟。冀芮[44]曰:“不可。重耳已在矣,今往,晋必移兵伐翟,翟畏晋,祸且及。不如走梁,梁近于秦,秦强,吾君百岁后可以求入焉。”遂奔梁。二十五年,晋伐翟,翟以重耳故,亦击晋于齧桑[45],晋兵解而去。

当此时,晋强,西有河西,与秦接境,北边翟,东至河内。[46]

骊姬弟生悼子。

二十六年夏,齐桓公大会诸侯于葵丘。晋献公病,行后,未至,逢周之宰孔[47]。宰孔曰:“齐桓公益骄,不务德而务远略,诸侯弗平。君弟毋会[48],毋如晋何。”献公亦病,复还归。病甚,乃谓荀息曰:“吾以奚齐为后,年少,诸大臣不服,恐乱起,子能立之乎?”荀息曰:“能。”献公曰:“何以为验?”对曰:“使死者复生,生者不惭[49],为之验。”于是遂属奚齐于荀息。荀息为相,主国政。秋九月,献公卒。里克、邳郑欲内重耳,以三公子[50]之徒作乱,谓荀息曰:“三怨[51]将起,秦、晋辅之,子将何如?”荀息曰:“吾不可负先君言。”十月,里克杀奚齐于丧次,献公未葬也。荀息将死之,或曰不如立奚齐弟悼子而傅之,荀息立悼子而葬献公。十一月,里克弑悼子于朝,荀息死之。君子曰:“《诗》所谓‘白珪之玷,犹可磨也,斯言之玷,不可为也[52]’,其荀息之谓乎!不负其言。”初,献公将伐骊戎,卜曰“齿牙为祸[53]”。及破骊戎,获骊姬,爱之,竟以乱晋。

里克等已杀奚齐、悼子,使人迎公子重耳于翟,欲立之。重耳谢曰:“负父之命出奔,父死不得修人子之礼侍丧,重耳何敢入!大夫其更立他子。”还报里克,里克使迎夷吾于梁。夷吾欲往,吕省、郤芮曰[54]:“内犹有公子可立者而外求,难信。计非之秦,辅强国之威以入,恐危。”乃使郤芮厚赂秦,约曰:“即得入,请以晋河西之地与秦。”及遗里克书曰:“诚得立,请遂封子于汾阳之邑。"秦缪公乃发兵送夷吾于晋。齐桓公闻晋内乱,亦率诸侯如晋。秦兵与夷吾亦至晋,齐乃使隰朋[55]会秦俱入夷吾,立为晋君,是为惠公。齐桓公至晋之高梁[56]而还归。

惠公夷吾元年,使邳郑谢秦曰:"始夷吾以河西地许君,今幸得入立。大臣曰:'地者先君之地,君亡在外,何以得擅许秦者?'寡人争之弗能得,故谢秦。"亦不与里克汾阳邑,而夺之权。四月,周襄王使周公忌父会齐、秦大夫共礼晋惠公。[57]惠公以重耳在外,畏里克为变,赐里克死。谓曰:"微里子,寡人不得立。虽然,子亦杀二君一大夫,为子君者不亦难乎?"里克对曰:"不有所废,君何以兴?欲诛之,其无辞乎?乃言为此!臣闻命矣。"遂伏剑而死。于是邳郑使谢秦未还,故不及难。

晋君改葬恭太子申生[58]。秋,狐突之下国,[59]遇申生,申生与载而告之曰[60]:"夷吾无礼[61],余得请于帝,将以晋与秦,秦将祀余。"狐突对曰:"臣闻神不食非其宗,君其祀毋乃绝乎?君其图之。"申生曰:"诺,吾将复请帝。后十日,新城西偏将有巫者见我焉[62]。"许之,遂不见。及期而往,复见,申生告之曰:"帝许罚有罪矣,弊于韩[63]。"儿乃谣曰:"恭太子更葬矣,后十四年,晋亦不昌,昌乃在兄。[64]"

邳郑使秦,闻里克诛,乃说秦缪公曰:"吕省、郤称、冀芮实为不从。[65]若重赂与谋,出晋君,入重耳,事必就。"秦缪公许之,使人与归报晋,厚赂三子。三子曰:"币厚言甘,此必邳郑卖我于秦。"遂杀邳郑及里克、邳郑之党七舆大夫[66]。邳郑子豹奔秦,言伐晋,缪公弗听。

惠公之立,倍秦地[67]及里克,诛七舆大夫,国人不附。二年,周使召公过礼晋惠公,惠公礼倨,召公讥之。[68]

四年,晋饥,乞籴于秦。缪公问百里奚[69],百里奚曰:"天灾流行,国家代有,救灾恤邻,国之道也。与之。"邳郑子豹曰:"伐之。"缪公曰:"其君是恶,其民何罪!"卒与粟,自雍属绛[70]。

五年，秦饥，请籴于晋。晋君谋之，庆郑[71]曰："以秦得立，已而倍其地约。晋饥而秦贷我，今秦饥请籴，与之何疑？而谋之！"虢射[72]曰："往年天以晋赐秦，秦弗知取而贷我。今天以秦赐晋，晋其可以逆天乎？遂伐之。"惠公用虢射谋，不与秦粟，而发兵且伐秦。秦大怒，亦发兵伐晋。

六年春，秦缪公将兵伐晋。晋惠公谓庆郑曰："秦师深矣，奈何？"郑曰："秦内君，君倍其赂；晋饥秦输粟，秦饥而晋倍之，乃欲因其饥伐之：其深，不亦宜乎！"晋卜御右，庆郑皆吉。公曰："郑不孙[73]。"乃更令步阳御戎，家仆徒为右，[74]进兵。九月壬戌，秦缪公、晋惠公合战韩原。惠公马鷙不行[75]，秦兵至，公窘，召庆郑为御。郑曰："不用卜，败，不亦当乎！"遂去。更令梁繇靡御，虢射为右，辂秦缪公。[76]缪公壮士冒败晋军，[77]晋军败，遂失秦缪公，反获晋公以归。秦将以祀上帝。晋君姊为缪公夫人，衰绖涕泣。公曰："得晋侯将以为乐，今乃如此。且吾闻箕子见唐叔之初封，曰'其后必当大矣'，晋庸可灭乎！"乃与晋侯盟王城而许之归。晋侯亦使吕省等报国人曰："孤虽得归，毋面目见社稷，卜日立子圉。"晋人闻之，皆哭。秦缪公问吕省："晋国和乎？"对曰："不和。小人惧失君亡亲，不惮立子圉，[78]曰'必报仇，宁事戎狄'。其君子则爱君而知罪，以待秦命[79]，曰'必报德'。有此二，故不和。"于是秦缪公更舍晋惠公，馈之七牢。[80]十一月，归晋侯。晋侯至国，诛庆郑，修政教。谋曰："重耳在外，诸侯多利内之[81]。"欲使人杀重耳于狄。重耳闻之，如齐。

八年，使太子圉质秦。初，惠公亡在梁，梁伯以其女妻之，生一男一女。梁伯卜之，男为人臣，女为人妾，故名男为圉，女为妾[82]。

十年，秦灭梁。梁伯好土功，治城沟，民力罢，怨，其众数相惊，曰"秦寇至"，民恐惑，秦竟灭之。

十三年，晋惠公病，内有数子。太子圉曰："吾母家在梁，梁今秦灭之,我外轻于秦而内无援于国。君即不起病,大夫轻,更立他公子。[83]"乃谋与其妻俱亡归。秦女曰:"子一国太子,辱在此。秦使婢子[84]侍,以固子之心。子亡矣,我不从子,亦不敢言。"子圉遂亡归晋。十四年九月,惠公卒,太子圉立,是为怀公。

子圉之亡,秦怨之,乃求公子重耳,欲内之。子圉之立,畏秦之伐也。乃令国中诸从重耳亡者与期[85],期尽不到者尽灭其家。狐突之子毛及偃从重耳在秦,弗肯召。怀公怒,囚狐突。突曰:"臣子事重耳有年数矣,今召之,是教之反君也。何以教之?"怀公卒杀狐突。秦缪公乃发兵送内重耳,使人告栾、郤之党[86]为内应,杀怀公于高梁,入重耳。重耳立,是为文公。

晋文公重耳,晋献公之子也。自少好士,年十七,有贤士五人:曰赵衰;狐偃咎犯,文公舅也;贾佗;先轸;魏武子。[87]自献公为太子时,重耳固已成人矣。献公即位,重耳年二十一。献公十三年,以骊姬故,重耳备蒲城守秦。献公二十一年,献公杀太子申生,骊姬谗之,恐,不辞献公而守蒲城。献公二十二年,献公使宦者履鞮趣杀重耳。[88]重耳逾垣,宦者逐斩其衣袪。重耳遂奔狄。狄,其母国也。是时重耳年四十三。从此五士,其余不名者数十人,至狄。

狄伐咎如[89],得二女:以长女妻重耳,生伯儵、叔刘;以少女妻赵衰,生盾。居狄五岁而晋献公卒,里克已杀奚齐、悼子,乃使人迎,欲立重耳。重耳畏杀,因固谢,不敢入。已而晋更迎其弟夷吾立之,是为惠公。惠公七年,畏重耳,乃使宦者履鞮与壮士欲杀重耳。重耳闻之,乃谋赵衰等曰:"始吾奔狄,非以为可用与,以近易通,故且休足。[90]休足久矣,固愿徙之大国。夫齐桓公好善,志在霸王,收恤诸侯。今闻管仲、隰朋死,此亦欲得贤佐,盍往乎?"于是遂行。重耳谓其妻曰:"待我二十五年,不来,乃嫁。"其妻笑曰:"犁二十五年,吾冢上柏大矣。[91]虽然,妾待子。"重耳居狄凡十二年而去。

过卫，卫文公不礼。去，过五鹿，饥而从野人乞食。[92]野人盛土器中进之，重耳怒。赵衰曰："土者，有土也，君其拜受之。"

至齐，齐桓公厚礼，而以宗女妻之，有马二十乘，重耳安之。重耳至齐二岁而桓公卒，会竖刀等为内乱，齐孝公之立，诸侯兵数至。留齐凡五岁。重耳爱齐女，毋去心。赵衰、咎犯乃于桑下谋行。齐女侍者在桑上闻之，以告其主。其主乃杀侍者，劝重耳趣行。重耳曰："人生安乐，孰知其他！必死于此，不能去。"齐女曰："子一国公子，穷而来此，数士者以子为命。子不疾反国，报劳臣，而怀女德[93]，窃为子羞之。且不求，何时得功？"乃与赵衰等谋，醉重耳，载以行。行远而觉，重耳大怒，引戈欲杀咎犯。咎犯曰："杀臣成子，偃之愿也。"重耳曰："事不成，我食舅氏之肉。"咎犯曰："事不成，犯肉腥臊，何足食！"乃止，遂行。

过曹，曹共公不礼，欲观重耳骈胁[94]。曹大夫釐负羁曰："晋公子贤，又同姓，穷来过我，奈何不礼！"共公不从其谋。负羁乃私遗重耳食，置璧其下。重耳受其食，还其璧。

去，过宋。宋襄公新困兵于楚，伤于泓，闻重耳贤，乃以国礼礼于重耳。宋司马公孙固善于咎犯，曰："宋小国新困，不足以求入，更之大国。"乃去。

过郑，郑文公弗礼。郑叔瞻[95]谏其君曰："晋公子贤，而其从者皆国相[96]，且又同姓。郑之出自厉王，而晋之出自武王。[97]"郑君曰："诸侯亡公子过此者众，安可尽礼！"叔瞻曰："君不礼，不如杀之，且后为国患。"郑君不听。

重耳去，之楚。楚成王以適诸侯[98]礼待之，重耳谢不敢当。赵衰曰："子亡在外十余年，小国轻子，况大国乎？今楚大国而固遇子[99]，子其毋让，此天开子也。"遂以客礼见之。成王厚遇重耳，重耳甚卑[100]。成王曰："子即反国，何以报寡人？"重耳曰："羽毛齿角玉帛，君王所余，未知所以报。"王曰："虽然，何以报不穀[101]？"重耳曰："即不得已，与君王以兵车会平原广泽，请辟王三舍。”楚将子玉怒曰:“王遇晋公子至厚,今重耳言不孙,请杀之。”成王曰:“晋公子贤而困于外久,从者皆国器,此天所置,庸可杀乎?且言何以易之[102]!”居楚数月,而晋太子圉亡秦,秦怨之;闻重耳在楚,乃召之。成王曰:“楚远,更数国乃至晋。秦晋接境,秦君贤,子其勉行!”厚送重耳。

重耳至秦,缪公以宗女五人妻重耳,故子圉妻与往。重耳不欲受,司空季子[103]曰:“其国且伐[104],况其故妻乎!且受以结秦亲而求入,子乃拘小礼,忘大丑乎!”遂受。缪公大欢,与重耳饮。赵衰歌《黍苗》诗[105]。缪公曰:“知子欲急反国矣。”赵衰与重耳下,再拜曰:“孤臣之仰君,如百谷之望时雨[106]。”是时晋惠公十四年秋。惠公以九月卒,子圉立。十一月,葬惠公。十二月,晋国大夫栾、郤等闻重耳在秦,皆阴来劝重耳、赵衰等反国,为内应甚众。于是秦缪公乃发兵与重耳归晋。晋闻秦兵来,亦发兵拒之。然皆阴知公子重耳入也。唯惠公之故贵臣吕、郤之属[107]不欲立重耳。重耳出亡凡十九岁而得入,时年六十二矣,晋人多附焉。

文公元年春,秦送重耳至河。咎犯曰:“臣从君周旋天下,过亦多矣。臣犹知之,况于君乎?请从此去矣。”重耳曰:“若反国,所不与子犯共者,河伯视之[108]!”乃投璧河中,以与子犯盟。是时介子推从,在船中,乃笑曰:“天实开公子,而子犯以为己功而要市[109]于君,固足羞也。吾不忍与同位。”乃自隐,渡河。秦兵围令狐,晋军于庐柳。[110]二月辛丑,咎犯与秦晋大夫盟于郇[111]。壬寅,重耳入于晋师。丙午,入于曲沃。丁未,朝于武宫[112],即位为晋君,是为文公。群臣皆往。怀公圉奔高梁。戊申,使人杀怀公。

怀公故大臣吕省、郤芮本不附文公,文公立,恐诛,乃欲与其徒谋烧公宫,杀文公。文公不知。始尝欲杀文公宦者履鞮知其谋,欲以告文公,解前罪,求见文公。文公不见,使人让曰:“蒲城之事,女斩予祛。其后我从狄君猎,女为惠公来求杀我。惠公与女期三日至,而女一日至,何速也?女其念之。”宦者曰:“臣刀锯之余[113],不敢以二心事君倍主,故得罪于君。君已反国,其毋蒲、翟乎[114]? 且管仲射钩,桓公以霸。今刑余之人以事告而君不见,祸又且及矣。”于是见之,遂以吕、郤等告文公。文公欲召吕、郤,吕、郤等党多,文公恐初入国,国人卖己,乃为微行,会秦缪公于王城,国人莫知。三月己丑,吕、郤等果反,焚公宫,不得文公。文公之卫徒与战,吕、郤等引兵欲奔,秦缪公诱吕、郤等,杀之河上,晋国复而文公得归。夏,迎夫人于秦,秦所与文公妻者卒为夫人。秦送三千人为卫,以备晋乱。

文公修政,施惠百姓。赏从亡者及功臣,大者封邑,小者尊爵。未尽行赏,周襄王以弟带难出居郑地[115],来告急晋。晋初定,欲发兵,恐他乱起,是以赏从亡。未至隐者介子推。推亦不言禄,禄亦不及。推曰:“献公子九人,唯君在矣。惠、怀无亲,外内弃之;天未绝晋,必将有主,主晋祀者,非君而谁? 天实开之,二三子以为己力,不亦诬乎? 窃人之财,犹曰是盗,况贪天之功以为己力乎? 下冒其罪,上赏其奸,上下相蒙,难与处矣!”其母曰:“盍亦求之,以死,谁怼[116]?”推曰:“尤而效之,罪有甚焉[117]。且出怨言,不食其禄。”母曰:“亦使知之,若何?”对曰:“言,身之文也;身欲隐,安用文之? 文之,是求显也。”其母曰:“能如此乎? 与女偕隐。”至死不复见。

介子推从者怜之,乃悬书宫门曰:“龙欲上天,五蛇为辅[118]。龙已升云,四蛇各入其宇,一蛇独怨,终不见处所。”文公出,见其书,曰:“此介子推也。吾方忧王室,未图其功。”使人召之,则亡。遂求所在,闻其入绵上[119]山中,于是文公环绵上山中而封之,以为介推田,号曰介山,“以记吾过,且旌善人。”

从亡贱臣壶叔曰:“君三行赏,赏不及臣,敢请罪。”文公报曰:“夫导我以仁义,防我以德惠[120],此受上赏。辅我以行,卒以成立[121],此受次赏。矢石之难,汗马之劳,此复受次赏。若以力事我而无补吾缺者,此复受次赏。三赏之后,故且及子。”晋人闻之,皆说。

二年春，秦军河上，将入王。[122]赵衰曰："求霸莫如入王尊周。周晋同姓，晋不先入王，后秦入之，毋以令于天下。方今尊王，晋之资也[123]。"三月甲辰，晋乃发兵至阳樊，围温，[124]入襄王于周。四月，杀王弟带。周襄王赐晋河内阳樊之地。

四年，楚成王及诸侯围宋，宋公孙固如晋告急。先轸曰："报施定霸[125]，于今在矣。"狐偃曰："楚新得曹而初婚于卫，若伐曹、卫，楚必救之，则宋免矣。"于是晋作三军[126]。赵衰举郤縠将中军，郤臻佐之；[127]使狐偃将上军，狐毛佐之，命赵衰为卿[128]；栾枝[129]将下军，先轸佐之；荀林父[130]御戎，魏犨为右，往伐。冬十二月，晋兵先下山东，而以原封赵衰。[131]

五年春，晋文公欲伐曹，假道于卫，卫人弗许。还自河南度[132]，侵曹，伐卫。正月，取五鹿。二月，晋侯、齐侯盟于敛盂[133]。卫侯请盟晋，晋人不许。卫侯欲与楚，国人不欲，故出其君以说晋。卫侯居襄牛，公子买守卫。[134]楚救卫，不卒[135]。晋侯围曹。三月丙午，晋师入曹，数之以其不用釐负羁言，而用美女乘轩者三百人也。[136]令军毋入釐负羁宗家以报德。楚围宋，宋复告急晋。文公欲救，则攻楚，为楚尝有德，不欲伐也；欲释宋，宋又尝有德于晋：患之。先轸曰："执曹伯，分曹、卫地以与宋，楚急曹、卫，其势宜释宋。"于是文公从之，而楚成王乃引兵归。

楚将子玉曰："王遇晋至厚，今知楚急曹、卫而故伐之，是轻王。"王曰："晋侯亡在外十九年，困日久矣，果得反国，险阨尽知之，能用其民，天之所开，不可当。"子玉请曰："非敢必有功，愿以间执谗慝之口[137]也。"楚王怒，少与之兵。于是子玉使宛春[138]告晋："请复卫侯而封曹，臣亦释宋。"咎犯曰："子玉无礼矣，君取一，臣取二[139]，勿许。"先轸曰："定人之谓礼[140]。楚一言定三国，子一言而亡之，我则毋礼。不许楚，是弃宋也。不如私许曹、卫以诱之，执宛春以怒楚，既战而后图之。"晋侯乃囚宛春于卫，且私许复曹、卫。曹、卫告绝于楚。楚得臣[141]怒，击晋师，晋师退。军吏曰："为何退？"文公曰："昔在楚，约退三舍，可倍乎！"楚师欲去，得臣不肯。四月戊辰，宋公、齐将、秦将与晋侯次城濮。[142]己巳，与楚兵合战，楚兵败，得臣收余兵去。甲午，晋师还至衡雍，作王宫于践土。[143]

初，郑助楚，楚败，惧，使人请盟晋侯。晋侯与郑伯盟。

五月丁未，献楚俘于周，驷介百乘，徒兵千。[144]天子使王子虎命晋侯为伯[145]，赐大辂，彤弓矢百，玈弓矢千，秬鬯一卣，珪瓒，虎贲三百人。[146]晋侯三辞，然后稽首受之。周作《晋文侯命》[147]："王若曰：父义和，[148]丕显文、武，能慎明德[149]，昭登于上，布闻在下[150]，维时上帝集厥命于文、武[151]。恤朕身，继予一人永其在位。[152]"于是晋文公称伯。癸亥，王子虎盟诸侯于王庭[153]。

晋焚楚军，火数日不息，文公叹。左右曰："胜楚而君犹忧，何？"文公曰："吾闻能战胜安者唯圣人，是以惧。且子玉犹在，庸可喜乎！"子玉之败而归，楚成王怒其不用其言，贪与晋战，让责子玉，子玉自杀。晋文公曰："我击其外，楚诛其内，内外相应。"于是乃喜[154]。

六月，晋人复入卫侯。壬午，晋侯度河北归国。行赏，狐偃为首。或曰："城濮之事，先轸之谋。"文公曰："城濮之事，偃说我毋失信。先轸曰'军事胜为右[155]'，吾用之以胜。然此一时之说，偃言万世之功，奈何以一时之利而加万世功乎？是以先之。"

冬，晋侯会诸侯于温，欲率之朝周。力未能，恐其有畔者，乃使人言周襄王狩于河阳[156]。壬申，遂率诸侯朝王于践土。孔子读史记至文公，曰"诸侯无召王"；"王狩河阳"者，《春秋》讳之也。[157]

丁丑，诸侯围许。曹伯臣或说晋侯曰："齐桓公合诸侯而国异姓，今君为会而灭同姓。[158]曹，叔振铎[159]之后；晋，唐叔之后。合诸侯而灭兄弟，非礼。"晋侯说，复曹伯[160]。

于是晋始作三行[161]。荀林父将中行，先縠将右行，先蔑将左行。[162]

七年，晋文公、秦缪公共围郑，以其无礼于文公亡过时，及城濮时郑助楚也。围郑，欲得叔瞻。叔瞻闻之，自杀。郑持叔瞻告晋。晋曰："必得郑君而甘心焉。"郑恐，乃间令使谓秦缪公曰："亡郑厚晋，于晋得矣，而秦未为利。君何不解郑，得为东道交？[163]"秦伯说，罢兵。晋亦罢兵。

九年冬，晋文公卒，子襄公欢立。是岁郑伯亦卒。

（以上为第二段，写自献公始至文公终之间晋国的史事，着重记述了晋文公从一个流亡公子成为一代春秋霸主的历程。）

①五年——公元前672年。　骊戎——古戎族的一支，当时活动于今陕西西安临潼区一带。　骊姬弟——骊姬之妹。　②士蒍（wěi）——晋国大夫，字子舆，又称"士舆"。　③而城聚都之，命曰绛，始都绛——聚：晋邑名，在今山西绛县东南。梁玉绳曰："《庄》廿五年《传》，'士蒍使群公子尽杀游氏之族，乃城聚而处之。晋侯围聚，尽杀群公子'。则聚以处公子，非晋都聚也。聚与绛是二地，非命'聚'为'绛'也。城绛在九年，此合为一科，并书于八年，《诗·唐风疏》已言其误。而都绛亦非始献公。"　④蒲边秦——蒲：晋邑名，在今山西隰县西北。边秦：靠近秦国。　屈边翟——屈：晋邑名，在今山西吉县北。边翟：靠近翟族。　⑤赵夙——时为晋国大夫。　御戎——指为晋献公驾驭战车。　毕万——晋国大夫。　右——即车右，又称骖乘，掌护卫。古制，君王或主帅的车乘，御者在左，君王或主帅在中，骖乘在右。　霍——古国名，国都在今山西霍州西南。　魏——古国名，国都在今山西芮城北。　耿——古国名，国都在今山西河津东南汾水南岸。　⑥位以卿——《集解》引贾逵曰："谓将下军。"卿：官名，西周、春秋时期诸侯国的执政官。　先为之极，又安得立——意谓身为储君而今位极人臣，则难以嗣君位矣。　⑦为吴太伯——仿效吴太伯让位之事。吴太伯：周太王之长子，周文王的大伯父，为了让位给幼弟季历而与二弟仲雍而奔荆蛮，详见《吴太伯世家》。　令名——美名。　⑧卜偃——晋国掌管占卜的大夫，姓郭，名偃，为辅助晋文公成就霸业的功臣。

⑨万，盈数也；魏，大名也——盈数：满数。魏：高大的意思。 ⑩以是始赏，天开之矣——《集解》引服虔曰："以魏赏毕万，是为天开其福。" ⑪遇《屯》之《比》——遇到由《屯》卦变为《比》卦。 ⑫辛廖——周国大夫。 《屯》固《比》入——《屯》卦象征坚固，《比》卦象征进入。 ⑬东山——即东山皋落氏，为赤狄之一支，约在今山西垣曲东南之皋落镇。 ⑭里克——晋国大夫。 ⑮冢祀——指宗庙之祭祀。冢：大。 粢(zī)盛——祭祀用的谷物。 ⑯有守则从——有代太子守国者，则太子从君出征。 从曰抚军——《集解》引服虔曰："助君抚循军士。" ⑰专行谋——主管谋略决断。 ⑱誓军旅——号令军队。 国政——国之正卿，首辅大臣。 ⑲制命——掌管发号施令。 禀命——指遇事就向国君请示。 专命——擅自发令，专制命之权。 嗣適——嫡长子，即太子。 ⑳君失其官——国君违背了任命授官的原则。龟井昱认为：非太子之事而命之，是失官也。 率师不威——《集解》引杜预曰："专命则不孝，是为师必不威也。" ㉑未知其太子谁立——是时申生已为太子，而献公乃曰"未知谁立"，其欲废申生之意可知。 ㉒教以军旅——命令你统率军队。 不共是惧——害怕的是不能完成任务。共：同"供"，供职，尽职。一说通"恭"。 ㉓偏衣——《集解》引杜预曰："偏衣左右异色，其半似公服。" 金玦(jué)——以青铜为材料制成的玦。玦：古代佩身之物，环形，有缺口。 ㉔荀息——晋国执政大臣。 屈产之乘——屈地所产的良马。屈：晋邑名，在今山西乡宁北。乘：古称一车四马曰乘，这里指马。 假道——借路。 虞——古国名，姬姓，在今山西平陆北。 ㉕下阳——也作"夏阳"，虢邑名，在今山西平陆北，为虞、虢间之塞邑。 ㉖釐(xī)——通"禧"。胙肉，祭鬼神后的福食。 ㉗荐胙(zuò)——祭祀用过的肉。荐：进献，进献鬼神。 ㉘宰人——掌管膳食之官。 飨——通"享"，享用，食用。 ㉙祭地，地坟——《集解》引韦昭曰："将饮先祭，示有先也。坟，起也。"地坟：地面隆起。 ㉚小臣——宫中侍御之阉人。 ㉛若——或者。 毋徒——不要白白地。 ㉜妾殊自失于此——后悔当时有那样的想法。自失：后悔。 ㉝新城——即"曲沃"，晋献公于公元前661年为太子申生建曲沃城，故名"新城"。 ㉞即辞之——如果

我去辨明情况。即:若。　君且怒之——国君就会生她的气。　㉟狐裘蒙茸,一国三公,吾谁适(dí)从——《集解》引服虔曰:"'蒙茸'以言乱貌。'三公'言君与二公子。将敌,故不知所从。"狐裘:狐皮袍,大夫的冬装。蒙茸:蓬乱貌。一国三公:犹言"政出多门"。吾谁适从:意谓我该听从哪一个呢?　㊱勃鞮(dī)——晋献公的宦官,即《左传》之所谓"寺人披"。　促——赶快。　㊲衣袪(qū)——袖口。　㊳晋我同姓——晋与虞都是姬姓诸侯国。　㊴虞仲——即仲雍,周太王次子,虞国远祖。　太伯亡去,是以不嗣——意谓吴太伯逃亡荆蛮,所以没能在周国继承王位。　㊵虢仲、虢叔——分别为周季历的次子、三子,周文王之弟,东虢、西虢的始封君。　王季——指季历,周文王之父。　卿士——周国的执政大臣。　盟府——保存盟书的府库。　㊶桓、庄之族——指曲沃桓叔与曲沃庄伯的枝庶子孙,即晋献公的从祖兄弟。㊷井伯百里奚——或称"井伯"与"百里奚"为两人,或说井伯、百里奚为一人。　以媵(yìng)秦穆姬——为秦穆姬作陪嫁的臣仆。媵:陪嫁。秦穆姬:晋献公女,出嫁为秦穆公夫人。　修虞祀——接替虞君对虞国境内的山川之神进行祭祀。　㊸贾华——晋国大夫。　㊹冀芮——即郤芮,字子公,后为晋惠公夷吾的重臣。　㊺齧(niè)桑——即"采桑"。在今山西吉县西。　㊻河西——指今山西、陕西两省间黄河南段以西地区。　东至河内——河内:指今河南省境内的古黄河以北地区。　㊼宰孔——即"太宰孔",周国太宰,因食邑于"周",故又称"周公"。　㊽君弟毋会——你尽管不必前去与他会盟。弟:通"第",但,尽管。　㊾使死者复生,生者不惭——《国语·晋语》作"死人复生不悔,生人不愧"。意谓晋献公过世后即使死而复活,也不会为托付荀息以大任而感到后悔;而活着的荀息也绝不会为自己的实际作为感到惭愧。　㊿三公子——指申生、重耳、夷吾。　51三怨——指三公子的党羽,三股势力都怨恨骊姬、荀息等人。　52白珪之玷,犹可磨也,斯言之玷,不可为也——四句见《诗经·大雅·抑》。意谓白玉上面的污点,还可以把它磨去;话要一旦说出,可就不好更改了。　53齿牙为祸——意即祸害源自小人的谗言。　54吕省——晋国大夫,为晋惠公及晋怀公的重臣,盖为晋侯之外甥,故又称吕甥。食采邑于瑕、阴二地,故又称

“瑕甥”“阴饴甥”。 郤芮——即冀芮。 ㊺隰(xí)朋——齐国大夫，为辅佐齐桓公称霸的重臣。 ㊻高梁——晋邑名，在今山西临汾东北。 ㊼周公忌父——周国卿士，疑即宰孔。 共礼晋惠公——共同为晋惠公即位举行正式的典礼。 ㊽晋君改葬恭太子申生——《集解》引韦昭曰：“献公时申生葬不如礼，故改葬之。”恭：申生的谥号。 ㊾狐突——晋文公的外祖父，狐氏，姬姓，名突，字伯行。 下国——即曲沃。曲沃为晋国旧都，先君宗庙所在，故称“下国”，犹言“下都”“陪都”。 ㊿申生与载而告之曰——《集解》引杜预曰：“忽如梦而相见。狐突本为申生御，故复使登车。” (61)夷吾无礼——指晋惠公与贾君通奸事。贾君为申生之妃，一说为晋献公之次妃。 (62)新城西偏将有巫者见我焉——意谓新城西侧将有一个巫显现我的灵魂。见：显现。(63)弊于韩——指晋惠公会在韩原战败。弊：败。韩：晋地名，即韩原，一说在今陕西韩城西南，一说在今山西芮城。 (64)更葬——改葬。 后十四年，晋亦不昌——指晋惠公死，怀公被杀之事。 昌乃在兄——指重耳入为晋君，使晋称霸。 (65)郤称——晋国大夫，拥立晋惠公的重臣。 不从——不顺从秦国，背弃与秦国的盟约。《秦本纪》曰：“今背秦约而杀里克，皆吕甥、郤芮之计也。” (66)七舆大夫——《集解》引韦昭曰：“申生下军之众大夫也。” (67)倍秦地——背约不与秦地。倍：通“背”。 (68)二年——公元前649年。 召公过——周王室卿士，召公奭之后，名过。 礼晋惠公——指周襄王依照礼制赐命晋惠公以示荣宠。 倨(jù)——倨傲，傲慢。 (69)百里奚——原虞国之臣，此时已为秦大夫。 (70)自雍属(zhǔ)绛——运送粟米的船队从秦国都城雍到晋国都城绛接连不断。雍：当时的秦国都城，在今陕西宝鸡凤翔区南。属：连接。 (71)庆郑——晋大夫。 (72)虢射——晋大夫。 (73)不孙——无礼。孙：通“逊”，恭顺。 (74)步阳——晋大夫，郤氏之后，食邑于步，因以为氏。 家仆徒——晋大夫。 (75)马鷙(zhì)不行——谓马车陷之于泥。鷙：原指马腿被绊。此处指陷入泥塘，马难起步貌。(76)梁繇靡——晋大夫。按：《左传·僖公十五年》云：“梁由靡御韩简，虢射为右。”与此处记载有异。 辂(yà)秦缪公——驱车向秦穆公冲了过去。辂：通“迓”。迎上前去。 (77)缪公壮士——指当初偷吃了秦穆公好马的岐下野人。其事详见《秦本纪》。 冒败——迎头冲击，使敌溃败。 ⑱小人惧失君亡亲——“惧”字当从《左传》《晋语》作“悼”。 不惮立子圉（yǔ）——不惜一切要立惠公的太子圉为君。不惮：不惜，不顾。 ⑲其君子则爱君而知罪，以待秦命——君子之人爱惠公，知是惠公过去对不起秦国，于是愿意听凭秦国的吩咐。 ⑳更舍——更换馆舍。据《左传》，晋惠公原被拘留于秦都郊外的灵台。 馈之七牢——以诸侯之礼对待晋侯。牛羊豕各一头曰一牢。古礼，天子九牢，诸侯七牢。 ㉑诸侯多利内之——很多国家都认为让重耳回国为君对大家有利。 ㉒故名男为圉，女为妾——圉：养马者。妾：婢女。 ㉓君即不起病——国君如果病情好不了。即：如果。 大夫轻，更立他公子——担心国内的大夫们会轻视我，改立其他公子为君。更立：废弃我而改立他人。 ㉔婢子——怀嬴谦称自己。 ㉕与期——与之定下期限，令其按规定时间返回晋国。 ㉖栾、郤之党——指栾枝、郤縠等晋国国内亲重耳的一派势力。 ㉗赵衰（cuī）——字子余，谥成，排行季，故称“赵成季”。 狐偃咎犯，文公舅也——梁玉绳曰：“疑‘咎犯文公舅也’六字，是后人之注，错入本文。” 贾佗——晋国公族。 先轸——晋国大夫，食邑于原，故又称“原轸”。 魏武子——晋国大夫，名犨（chōu），魏氏，谥武。 ㉘履鞮——即《左传》之所谓“寺人披”。 趣杀重耳——前文作“命重耳促自杀”。趣：急促。 ㉙咎如——赤狄别种，又作“廧咎如”，隗姓，活动于今河南安阳西，或说在今山西太原东北。 ㉚非以为可用与——“与”，诸本或为“兴”。《索隐》曰：“兴，起也。非狄可用兴起，故奔之也。” 通——达，至。 休足——停下休息。 ㉛犁——通“黎”。比及。 吾冢上柏大矣——意即久死。 ㉜五鹿——卫邑名，在今河南濮阳东北，一说在今河北大名东。 从野人乞食——野人：与“国人”相对，居住在郊外之人。 ㉝怀女德——留恋女色。 ㉞骈胁——腋下肋骨相连。 ㉟叔瞻——郑国大夫，有贤名。 ㊱国相——犹言“国佐”，国君的辅佐。

㊲郑之出自厉王——郑国的始封君郑桓公是周厉王的小儿子。 晋之出自武王——晋国始封君唐叔虞是周武王的小儿子。 ㊳适诸侯——相对等的诸侯。适：通“敌”，相当，对等。 ㊴固遇子——非要

用诸侯之礼接待你。固:坚决,一定。遇:接待,款待。 ⑩卑——谦恭。 ⑩不榖——不善,犹如"寡人"之为"寡德之人"。古代诸侯的谦称。 ⑩且言何以易之——中井积德认为:重耳之言确当,莫可易也,非不孙。崔適认为:易,乃变易之易,谓晋公子不为此言,更当作何言也? ⑩司空季子——晋国大夫,即"臼季",名胥臣,排行季,重耳即位后,曾任司空。 ⑩其国且伐——泷川资言曰:"枫山、三条本,'伐'作'代',义长。" ⑩赵衰歌《黍苗》诗——《晋语》曰:"子餘使公子赋《黍苗》。"《黍苗》:《诗经·小雅》篇名,其诗中有所谓"芃芃黍苗,阴雨膏之"。而《左传》则曰:"公子赋《河水》,公赋《六月》。" ⑩孤臣之仰君,如百谷之望时雨——皆用《黍苗》诗意。 ⑩吕、郤之属——指拥立晋惠公的吕甥、郤芮等一派势力。 ⑩所不与子犯共者,河伯视之——我如果不与你荣辱与共,河神可以作证。河伯:黄河水神。 ⑩要市——要胁,做交易。市:交易。 ⑩令狐——晋邑名,在今山西临猗西。 庐柳——晋邑名,在今山西临猗西北。 ⑪郇——晋邑名,在今山西临猗西南。 ⑫武宫——曲沃之武公庙。 ⑬臣刀锯之余——意谓我是刑余之人。履鞮是宦官,故如此云。 ⑭其毋蒲、翟乎——难道就不会再发生您在蒲城、狄族时遭遇的事了吗?言有蒲、翟之事,当为文公尽力也。 ⑮周襄王以弟带难出居郑地——指公元前636年太叔带勾结狄人攻周,周襄王出奔郑国,求救于诸侯事。带:又称"太叔""叔带""王子带",惠王之子,襄王之弟。 ⑯盍亦求之,以死,谁怼(duì)——你何不也去向晋侯请求封赏呢?如果你就这样死去,又能埋怨谁呢?怼:怨恨。 ⑰尤而效之,罪有甚焉——明明知道那些人的罪恶,还要去效法他们,那我的罪过就更大了。尤:罪。效:仿效。有:通"又",更加。 ⑱龙欲上天,五蛇为辅——龙喻重耳,五蛇即狐偃、赵衰、魏武子、司空季子及介子推。 ⑲绵上——晋地名,在今山西介休东南。 ⑳夫导我以仁义,防我以德惠——意谓用仁义来引导我,用德惠来防范我的过失。防:防范。 ㉑辅我以行,卒以成立——用善行辅佐我,终于使我成就功业。 ㉒二年——公元前635年。 河上——此指今山西、陕西交界的黄河边上。 将入王——准备送被逐出的周天子回周都。 ㉓晋之资也——这是晋国应该捞取的政治资本。 ⑫④阳樊——周邑名,在今河南济源西南。 温——周邑名,在今河南温县西南,时太叔带占领此地。 ⑫⑤报施定霸——报答宋襄公赠马之恩,并使晋国的霸业确立起来。 ⑫⑥于是晋作三军——晋国扩大军队,将原来的上、下二军扩展为上、中、下三军。泷川资言曰:"献公置二军,及文公启南阳,疆域新广,所以增一军。" ⑫⑦郤縠(hú)——晋国大夫。 将中军——统领中军,中军的主将为最高统帅。 郤臻——晋国大夫,或作"郤溱"。 ⑫⑧赵衰为卿——泷川资言曰:"《左传》云:'命赵衰为卿,让于栾枝、先轸。使栾枝将下军,先轸佐之。'愚按:左氏所谓为卿,将使将下军也。赵衰不受,以让于栾枝、先轸。衰是时未为卿也。" ⑫⑨栾枝——晋国大夫,又称"栾贞子",为晋公族栾宾之孙,栾成之子。 ⑬⓪荀林父——晋国大夫,名林父,荀氏,谥桓。 ⑬①山东——此指太行山之东。 而以原封赵衰——《十二诸侯年表》系此事于晋文公元年,本篇系于晋文公四年,均误。当依《左传》《国语》,系于晋文公二年,公元前635年。原:西周初所封诸侯国名,姬姓,初在今山西沁水,后迁于今河南济源西北。 ⑬②还自河南度——河南:《卫康叔世家》及《左传》作"南河",津名,又称"棘津""济津""石济津",在今河南淇县南之黄河故道。 ⑬③敛盂——卫邑名,在今河南濮阳东南。 ⑬④襄牛——卫国东部边邑名,即今河南睢县。 公子买守卫——"公子"上当补"鲁使"二字。公子买:鲁国大夫,字子丛,因当时鲁国追随楚国,而楚、卫关系亲睦,所以鲁国派公子买戍守卫地。 ⑬⑤不卒——没有成功。"卒",《左传》作"克"。 ⑬⑥数——责,列举罪过以谴责之。 而用美女乘轩者三百人也——"用美女"三字衍文。

⑬⑦愿以间执谗慝(tè)之口——我想以此堵住那个进谗人的嘴。按:进谗者指楚大夫蒍(wěi)贾。蒍贾曾对子文说:"子玉刚而无礼,不可以治民,过三百乘,其不能以入矣。"间执:堵塞。谗慝:说人坏话。 ⑬⑧宛春——楚国大夫。 ⑬⑨君取一,臣取二——指子玉要求晋文公答应"复卫侯""封曹"两事,而他自己仅许诺"释宋"一事。 ⑭⓪定人之谓礼——安定别的国家叫作有礼。 ⑭①得臣——即子玉。 ⑭②宋公——宋成公,公元前636—前620年在位。 齐将——齐军将领国归父和崔夭。 秦将——秦军将领小子慭(yìn)。 城濮——卫邑名,在今山东

郪城西南。 ⑭衡雍——郑邑名,在今河南原阳西南。 作王宫于践土——《集解》引服虔曰:"既败楚师,襄王自往临践土赐命晋侯,晋侯闻而为之作宫。"王宫:此指天子出巡在外接见诸侯朝拜的行宫。践土:郑邑名,在今河南原阳西南。 ⑭驷介——由四匹披甲的马所拉的战车。 徒兵——步兵。 ⑭天子使王子虎命晋侯为伯——泷川资言曰:"《左传》云:'王命尹氏及王子虎、内史叔兴父命晋侯为侯伯。'注云:'三官命之,宠晋也。'"王子虎:周王卿士。命:策命,书面任命。伯:方伯,诸侯之长。 ⑭赐大辂(lù),彤弓矢百,玈(lú)弓矢千——《集解》引贾逵曰:"大辂,金辂。彤弓,赤;玈弓,黑也。诸侯赐弓矢,然后征伐。"大辂:又作"大路",天子的车乘。 秬(jù)鬯(chàng)——黑黍和香草酿成的香酒,用以降神。 卣(yǒu)——酒器名。 珪瓒——玉柄的酒器。 虎贲(bēn)——勇士,指天子的侍卫。 ⑭《晋文侯命》——《尚书》文章篇名。本篇及《周本纪》都认为作于周襄王时,文侯即晋文公,实乃大误。《索隐》曰:"《尚书·文侯之命》是平王命晋文侯仇之语,今此乃是襄王命文公重耳之事,代数悬隔,勋策全乖。" ⑭王若曰——《尚书》用语多如此。王:指周平王。若:如此,这般。 父义和——你老人家能以仁义团聚诸侯。父:周天子对同姓诸侯中长者的称呼。义和:《集解》引马融曰:"王顺曰:'父能以义和我诸侯。'"或谓"义和"是晋文侯之字。 ⑭丕显文、武,能慎明德——伟大光明的文王和武王,能够谨慎地修养美德。丕:大。 ⑮昭登于上,布闻在下——明德升于上天,名声传播于下土。 ⑮维时上帝集厥命于文、武——于是上帝降下福命给文王、武王。维时:为此。 ⑮恤朕身——关怀着我这个后代子孙。恤:忧虑,关怀。 继予一人永其在位——使我继承祖业永居王位。予一人:天子自称。其:语助词。 ⑮王庭——指践土行宫。 ⑮于是乃喜——黄朴民《春秋军事史》认为:自此之后,在晋国的领导下,中原诸侯与楚国抗衡达一百年左右,春秋历史进入了晋、楚长期争霸中原、互有攻守、相持不下的阶段。从这一点上说,城濮之战的意义远远超出了一次重大战役的本身。 ⑮军事胜为右——战争以打胜仗为目的。泷川资言曰:"枫山、三条本'事'下'胜'上有'以'字。" ⑮乃使人言周襄王狩于河阳——中井积德曰:

"文公口中元无'狩'字,只是召王至河阳也已,'狩'是《春秋》书法之权衡矣,《史记》失点检。"狩:冬季打猎。河阳:晋邑名,在今河南孟州西。 ⑮⑦曰"诸侯无召王","王狩河阳"者,《春秋》讳之也——《春秋》为什么改变事实,把晋文公呼唤周襄王前来参加会议写成"王狩河阳"呢?这是因为诸侯没有呼唤天子的道理,是写《春秋》的人故意为周天子作回护。《左传·僖公二十八年》载孔子言曰:"以臣召君,不可以训。故书曰'天王狩于河阳'。" ⑮⑧曹伯臣——曹伯的小臣侯獳(nòu)。 国异姓——救助异姓之国,使之存活。 ⑮⑨叔振铎——曹国的始封之君,为周武王之弟,详见《管蔡世家》。 ⑯⓪复曹伯——按:《左传·僖公二十八年》云:"晋侯有疾,曹伯之竖侯獳货筮史,使曰以曹为解。"结果筮史一番话说得晋侯高兴,遂恢复了曹国。 ⑯①晋始作三行——三行:指在上、中、下"三军"以外创设三支步兵,称为"三行",即中行、右行、左行。杨伯峻认为:据昭元年传"彼徒我车……请皆卒……乃毁车以为行"之文,则行为步卒。又据僖十年传"左行共华,右行贾华"之文,则文公前,晋早有两行,此作三行,特增一行而已。 ⑯②先縠——晋国大夫,先轸之后,又称"彘子"。 先蔑——晋国大夫,又称"士伯"。 ⑯③解郑——解除对郑国的围困。 东道交——东方道路上的朋友。《左传》作"东道主"。

郑人或卖其国于秦[①],秦缪公发兵往袭郑。十二月,秦兵过我郊。襄公元年春,秦师过周,无礼,王孙满讥之。[②]兵至滑[③],郑贾人弦高将市于周,[④]遇之,以十二牛劳秦师。秦师惊而还,灭滑而去。

晋先轸曰:"秦伯不用蹇叔[⑤],反其众心,此可击。"栾枝曰:"未报先君施于秦,击之,不可。"先轸曰:"秦侮吾孤[⑥],伐吾同姓,何德之报?"遂击之。襄公墨衰绖[⑦]。四月,败秦师于殽[⑧],虏秦三将孟明视、西乞秫、白乙丙以归。遂墨[⑨]以葬文公。文公夫人秦女,谓襄公曰:"秦欲得其三将戮之。"公许,遣之。先轸闻之,谓襄公曰:"患生矣。"轸乃追秦将。秦将渡河,已在船中,顿首谢，卒不反。

后三年，秦果使孟明伐晋，报殽之败，取晋汪以归[10]。四年，秦缪公大兴兵伐我，度河，取王官，封殽尸而去。[11]晋恐，不敢出，遂城守。五年，晋伐秦，取新城[12]，报王官役也。

六年，赵衰成子、栾贞子、咎季子犯、霍伯[13]皆卒。赵盾代赵衰执政。

七年八月，襄公卒。太子夷皋少。晋人以难故，欲立长君[14]。赵盾曰："立襄公弟雍。好善而长，先君爱之；且近于秦[15]，秦故好也。立善则固，事长则顺，奉爱则孝，结旧好则安。"贾季[16]曰："不如其弟乐。辰嬴嬖于二君[17]，立其子，民必安之。"赵盾曰："辰嬴贱，班在九人下，其子何震之有！[18]且为二君嬖，淫也。为先君子，不能求大而出在小国[19]，僻也。母淫子僻，无威；陈小而远，无援：将何可乎！"使士会[20]如秦迎公子雍。贾季亦使人召公子乐于陈。赵盾废贾季，以其杀阳处父[21]。十月，葬襄公。十一月，贾季奔翟。是岁，秦缪公亦卒。

灵公元年四月，秦康公曰："昔文公之入也无卫，故有吕、郤之患。"乃多与公子雍卫。太子母缪嬴日夜抱太子以号泣于朝，曰："先君何罪？其嗣亦何罪？舍適而外求君，将安置此？[22]"出朝，则抱以适赵盾所，顿首曰："先君奉此子而属之子，曰'此子材，吾受其赐；不材，吾怨子'[23]。今君卒，言犹在耳，而弃之，若何？"赵盾与诸大夫皆患缪嬴，且畏诛，乃背所迎而立太子夷皋，是为灵公。发兵以距秦送公子雍者。赵盾为将，往击秦，败之令狐。先蔑、随会亡奔秦。秋，齐、宋、卫、郑、曹、许君皆会赵盾，盟于扈[24]，以灵公初立故也。

四年，伐秦，取少梁。[25]秦亦取晋之郩[26]。六年，秦康公伐晋，取羁马[27]。晋侯怒，使赵盾、赵穿、郤缺击秦，大战河曲，赵穿最有功。[28]七年，晋六卿[29]患随会之在秦，常为晋乱，乃详令魏寿余反晋降秦。[30]秦使随会之魏，因执会以归晋。

八年，周顷王崩，公卿争权，故不赴[31]。晋使赵盾以车八百乘平周乱而立匡王。是年，楚庄王初即位。十二年，齐人弑其君懿公。

十四年，灵公壮，侈，厚敛以雕墙。[32]从台上弹人，观其避丸也。宰夫胹熊蹯不熟[33]，灵公怒，杀宰夫，使妇人持其尸出弃之，过朝。赵盾、随会前数谏，不听；已又见死人手，二人前谏。随会先谏，不听。灵公患之，使鉏麑[34]刺赵盾。盾闺门开，居处节[35]，鉏麑退，叹曰："杀忠臣，弃君命，罪一也。"遂触树而死。

初，盾常田首山[36]，见桑下有饿人。饿人，示眯明也[37]。盾与之食，食其半。问其故，曰："宦[38]三年，未知母之存不，愿遗母。"盾义之，益与之饭肉。已而为晋宰夫，赵盾弗复知也。九月，晋灵公饮赵盾酒，伏甲将攻盾。公宰示眯明[39]知之，恐盾醉不能起，而进曰："君赐臣，觞三行[40]可以罢。"欲以去赵盾，令先，毋及难。盾既去，灵公伏士未会，先纵啮狗名敖[41]。明为盾搏杀狗。盾曰："弃人用狗，虽猛何为。"然不知明之为阴德也。已而灵公纵伏士出逐赵盾，示眯明反击灵公之伏士，伏士不能进，而竟脱盾。盾问其故，曰："我桑下饿人。"问其名，弗告。明亦因亡去。

盾遂奔，未出晋境。乙丑，盾昆弟将军赵穿袭杀灵公于桃园而迎赵盾。赵盾素贵，得民和；灵公少，侈，民不附，故为弑易。盾复位。晋太史董狐书曰："赵盾弑其君。"以视于朝。盾曰："弑者赵穿，我无罪。"太史曰："子为正卿，而亡不出境，反不诛国乱，非子而谁？"孔子闻之，曰："董狐，古之良史也，书法不隐。宣子，良大夫也，为法受恶[42]。惜也，出疆乃免[43]。"

赵盾使赵穿迎襄公弟黑臀于周而立之，是为成公。

成公者，文公少子，其母周女也。壬申，朝于武宫。

成公元年，赐赵氏为公族[44]。伐郑，郑倍晋故也。三年，郑伯初立，附晋而弃楚。楚怒，伐郑，晋往救之。

六年，伐秦，虏秦将赤。

七年，成公与楚庄王争强，会诸侯于扈。陈畏楚，不会。晋使中行桓子伐陈，因救郑，与楚战，败楚师。是年，成公卒，子景公据立。

景公元年春，陈大夫夏徵舒弑其君灵公。二年，楚庄王伐陈，诛徵舒。

三年，楚庄王围郑，郑告急晋。晋使荀林父将中军，随会将上军，赵朔将下军，郤克、栾书、先縠、韩厥、巩朔佐之。[45]六月，至河。闻楚已服郑，郑伯肉袒与盟而去，荀林父欲还。先縠曰："凡来救郑，不至不可，将率离心。"卒度河。楚已服郑，欲饮马于河为名而去。楚与晋军大战。郑新附楚，畏之，反助楚攻晋。晋军败，走河，争度，船中人指甚众[46]。楚虏我将智䓨。归而林父曰："臣为督将，军败当诛，请死。"景公欲许之。随会曰："昔文公之与楚战城濮，成王归杀子玉，而文公乃喜。今楚已败我师，又诛其将，是助楚杀仇也。"乃止。

四年，先縠以首计[47]而败晋军河上，恐诛，乃奔翟，与翟谋伐晋。晋觉，乃族縠[48]。縠，先轸子也。

五年，伐郑，为助楚故也。是时楚庄王强，以挫晋兵河上也。

六年，楚伐宋，宋来告急晋，晋欲救之，伯宗[49]谋曰："楚，天方开之，不可当。"乃使解扬[50]绐为救宋。郑人执与楚，楚厚赐，使反其言，令宋急下。解扬绐许之，卒致晋君言。楚欲杀之，或谏，乃归解扬。

七年，晋使随会灭赤狄。

八年，使郤克于齐。齐顷公母从楼上观而笑之。所以然者，郤克偻，而鲁使蹇，卫使眇，故齐亦令人如之以导客。[51]郤克怒，归至河上，曰："不报齐者，河伯视之！"至国，请君，欲伐齐。景公问知其故，曰："子之怨，安足以烦国！"弗听。魏文子请老休，辟郤克[52]，克执政。

九年，楚庄王卒。晋伐齐，齐使太子彊为质于晋，晋兵罢。

十一年春，齐伐鲁，取隆[53]。鲁告急卫，卫与鲁皆因郤克告急于晋[54]。晋乃使郤克、栾书、韩厥以兵车八百乘与鲁、卫共伐齐。夏，与顷公战于鞍，伤困顷公。[55]顷公乃与其右[56]易位，下取饮，以得脱去。齐师败走，晋追北至齐。顷公献宝器以求平，不听。郤克曰："必得萧桐侄子为质[57]。"齐使曰："萧桐侄子，顷公母；顷公母犹晋君母，奈何必得之？不义，请复战。"晋乃许与平而去。

楚申公巫臣盗夏姬以奔晋，晋以巫臣为邢大夫。

十二年冬，齐顷公如晋，欲上尊晋景公为王，景公让不敢。晋始作六卿，韩厥、巩朔、赵穿、荀骓、赵括、赵旃皆为卿。[58]智罃自楚归。

十三年，鲁成公朝晋，晋弗敬，鲁怒去，倍晋。晋伐郑，取汜[59]。

十四年，梁山[60]崩。问伯宗，伯宗以为不足怪也。

十六年，楚将子反怨巫臣，灭其族。巫臣怒，遗子反书曰："必令子罢于奔命！"乃请使吴，令其子为吴行人[61]，教吴乘车用兵。吴晋始通，约伐楚。

十七年，诛赵同、赵括，族灭之。[62]韩厥曰："赵衰、赵盾之功岂可忘乎？奈何绝祀！"乃复令赵庶子武为赵后，复与之邑。

十九年夏，景公病，立其太子寿曼为君，是为厉公。后月余，景公卒。

厉公元年，初立，欲和诸侯，与秦桓公夹河而盟[63]。归而秦倍盟，与翟谋伐晋。三年，使吕相让秦，[64]因与诸侯伐秦。至泾，败秦于麻隧，[65]虏其将成差。

五年，三郤[66]谗伯宗，杀之。伯宗以好直谏得此祸，国人以是不附厉公。

六年春，郑倍晋与楚盟，晋怒。栾书曰："不可以当吾世而失诸侯。"乃发兵。厉公自将，五月，渡河。闻楚兵来救，范文子请公欲还。郤至曰："发兵诛逆，见强辟之，无以令诸侯。"遂与战。

癸巳，射中楚共王目，楚兵败于鄢陵[67]。子反收余兵，拊循[68]欲复战，晋患之。共王召子反，其侍者竖阳穀[69]进酒，子反醉，不能见。王怒，让子反，子反死。王遂引兵归。晋由此威诸侯，欲以令天下求霸。

厉公多外嬖姬[70]，归，欲尽去群大夫而立诸姬兄弟。宠姬兄曰胥童，尝与郤至有怨；[71]及栾书又怨郤至不用其计而遂败楚，乃使人间谢楚。[72]楚来诈厉公曰："鄢陵之战，实至召楚，欲作乱，内子周立之；会与国不具，是以事不成。"[73]厉公告栾书。栾书曰："其殆有矣！愿公试使人之周微考之。[74]"果使郤至于周。栾书又使公子周见郤至，郤至不知见卖也。厉公验之，信然，遂怨郤至，欲杀之。八年，厉公猎，与姬饮，郤至杀豕奉进，宦者夺之。郤至射杀宦者。公怒，曰："季子欺予！"将诛三郤，未发也。郤锜欲攻公，曰："我虽死，公亦病矣[75]。"郤至曰："信不反君，智不害民，勇不作乱。失此三者，谁与我[76]？我死耳！"十二月壬午，公令胥童以兵八百人袭攻杀三郤。胥童因以劫栾书、中行偃于朝，曰："不杀二子，患必及公。"公曰："一旦杀三卿，寡人不忍益[77]也。"对曰："人将忍君[78]。"公弗听，谢栾书等以诛郤氏罪："大夫复位。"二子顿首曰："幸甚幸甚！"公使胥童为卿。闰月乙卯，厉公游匠骊氏[79]，栾书、中行偃以其党袭捕厉公，囚之，杀胥童，而使人迎公子周于周而立之，是为悼公。

悼公元年正月庚申，栾书、中行偃弑厉公，葬之以一乘车。[80]厉公囚六日死，死十日庚午，智罃迎公子周来，至绛，刑鸡与大夫盟而立之，是为悼公[81]。辛巳，朝武宫。二月乙酉，即位。

悼公周者，其大父[82]捷，晋襄公少子也，不得立，号为桓叔，桓叔最爱[83]。桓叔生惠伯谈，谈生悼公周。周之立，年十四矣。悼公曰："大父、父皆不得立而辟难于周，客死焉。寡人自以疏远，毋幾为君[84]。今大夫不忘文、襄之意而惠立桓叔之后，赖宗庙大夫之灵，得奉晋祀，岂敢不战战乎？[85]大夫其亦佐寡人！"于是逐不臣者七人，修旧功，施德惠，收文公入时功臣后。秋，伐郑。郑师败，遂至陈。

三年，晋会诸侯。悼公问群臣可用者，祁傒举解狐[86]。解狐，傒之仇。复问，举其子祁午。君子曰："祁傒可谓不党矣！外举不隐仇，内举不隐子。"方会诸侯，悼公弟杨干乱行，魏绛戮其仆。[87]悼公怒，或谏公，公卒贤绛，任之政，使和戎[88]，戎大亲附。十一年，悼公曰："自吾用魏绛，九合诸侯，和戎、翟，魏子之力也。"赐之乐[89]，三让乃受之。冬，秦取我栎[90]。

十四年，晋使六卿率诸侯伐秦，渡泾，大败秦军，至棫林[91]而去。

十五年，悼公问治国于师旷[92]。师旷曰："惟仁义为本。"冬，悼公卒，子平公彪立。

平公元年，伐齐，齐灵公与战靡下，齐师败走。[93]晏婴曰："君亦毋勇，何不止战？"遂去。晋追，遂围临菑[94]，尽烧屠其郭中。东至胶，南至沂，[95]齐皆城守，晋乃引兵归。

六年，鲁襄公朝晋。晋栾逞有罪，奔齐。八年，齐庄公微遣栾逞于曲沃[96]，以兵随之。齐兵上太行，栾逞从曲沃中反，袭入绛。绛不戒，平公欲自杀，范献子止公[97]，以其徒击逞，逞败走曲沃。曲沃攻逞，逞死，遂灭栾氏宗。逞者，栾书孙也。其入绛，与魏氏[98]谋。齐庄公闻逞败，乃还，取晋之朝歌去，以报临菑之役也。

十年，齐崔杼弑其君庄公。晋因齐乱，伐败齐于高唐去，报太行之役也。

十四年，吴延陵季子来使，与赵文子、韩宣子、魏献子语，曰："晋国之政，卒归此三家矣。"

十九年，齐使晏婴如晋，与叔向语。[99]叔向曰："晋，季世也。公厚赋为台池而不恤政，政在私门[100]，其可久乎！"晏子然之。

二十二年，伐燕。二十六年，平公卒，子昭公夷立。

（以上为第三段，写文公后的晋国霸业及其逐渐衰落的情形。）

①郑人或卖其国于秦——按：《郑世家》云："郑司城缯贺以郑情卖之，秦兵故来。"《秦本纪》云："郑人有卖郑于秦。"皆与《左传》异。据《左传》，前年，秦、晋伐郑，烛之武说秦，秦师罢，令杞子、逢孙、杨孙戍郑。此年，杞子由郑使告于秦曰："郑人使我掌其北门之管，若潜师以来，国可得也。" ②秦师过周，无礼——据《左传·僖公三十三年》，"秦师过周北门，左右免胄而下，超乘者三百乘"。 王孙满讥之——《左传》记王孙满之言曰："秦师轻而无礼，必败。轻则寡谋，无礼则脱。入险而脱，又不能谋，能无败乎？"王孙满：周王宗室，后为周大夫，素有胆识。 ③滑——姬姓小国名，始建都于滑（今河南睢县西北），后迁都于费（今河南洛阳偃师区西南），故又称"费滑"。 ④贾人——商人。 市于周——到周国的都城去做生意。市：交易，做生意。 ⑤秦伯不用蹇叔——秦穆公不听蹇叔的劝阻。蹇叔：秦国大夫。秦伐郑前，蹇叔竭力劝谏，秦穆公不听，事情详见《左传·僖公三十二年》及《秦本纪》。 ⑥秦侮吾孤——当时晋文公去世不久，晋襄公尚在守孝，而"秦不哀吾丧"，故云。孤：失父者曰孤。 ⑦墨衰绖（cuī dié）——因出兵征讨穿丧服不吉利，故将丧服染黑。衰：丧服，有齐衰、斩衰之别；绖：孝布带，有系于头者与系于腰者之别。 ⑧败秦师于殽——殽：山名，在今河南洛宁北，西北接三门峡陕州区，东接渑池。 ⑨墨——穿着黑色丧服。 ⑩取晋汪以归——按：此说误。《左传》云："冬，晋先且居、宋公子成、陈辕选、郑公子归生伐秦，取汪及彭衙而还。"《十二诸侯年表》《郑世家》均载晋败秦于汪。汪：秦邑名，在今陕西澄城西南；一说在今陕西白水境。 ⑪四年——公元前624年。 王官——晋邑名，在今山西闻喜南。 封殽尸——到殽山为死亡的将士掩埋尸骨。 ⑫新城——秦邑名，在今陕西澄城东北。 ⑬霍伯——即"先且居"，又称"蒲城伯"，先轸之子。 ⑭欲立长君——欲立一个年龄较大的人为君。 ⑮近于秦——当时公子雍仕于秦，故云。 ⑯贾季——即狐射姑，狐偃之子。 ⑰辰嬴嬖（bì）于二君——辰嬴，公子乐之母，先嫁晋怀公，后嫁晋文公。嬖：宠幸，宠爱。 ⑱班在九人下——辰嬴的位次在晋文公的九位妃妾中排最末。 震——威，权威。 ⑲小

国——指陈国,当时公子乐出居于陈。陈为妫姓小国,国都在今河南周口淮阳区。 ⑳士会——晋国大夫,士蒍之孙,又称"士季""随会""随武子""范武子"等。 ㉑阳处父——晋国大夫,时为太傅。 ㉒適——通"嫡"。 将安置此——如何安置我这个孩子? ㉓属——通"嘱",嘱托。 此子材,吾受其赐;不材,吾怨子——意谓这个孩子如果能成材,那我将感谢你的恩德;如果不成材,那就是你没有尽到责任,我就要怨恨你。 ㉔扈——郑邑名,在今河南原阳西。 ㉕四年——公元前617年。 少梁——即古梁国,公元前641年被秦所灭,成为秦邑,在今陕西韩城南。 ㉖取晋之鄀——按:"鄀"误,应依《十二诸侯年表》及《左传·文公十年》作"北徵"。北徵:晋邑名,在今陕西澄城西南。 ㉗羁马——晋邑名,在今山西永济西南。 ㉘赵穿——晋卿,赵盾之从父昆弟,晋襄公之婿。 郤缺——晋国大夫,谥成,又称"郤成子""冀缺"。 河曲——晋地名,在今山西永济南,黄河至此由北南流向转为向东,故名。 ㉙六卿——指当时晋国三军的六位将佐,即:赵盾、荀林父、郤缺、臾骈、栾盾、胥甲。 ㉚详——通"佯",假装。 魏寿余——晋国大夫,毕万之后。 ㉛不赴——不向别国报丧。赴:讣告,报丧。 ㉜厚敛——重敛。 雕墙——指装潢宫室。雕:绘饰。 ㉝宰夫胹(ér)熊蹯(fán)不熟——宰夫:厨师。胹:煮,炖。熊蹯:熊掌。 ㉞鉏麑(chú ní)——晋国力士。 ㉟盾闺门开,居处节——闺:内室,寝室。节:礼仪。 ㊱常田首山——常:通"尝",曾。田:后作"畋"。打猎。首山:即"首阳山",亦称"雷首山",在今山西永济南。 ㊲饿人,示(qí)眯明也——按:此说有误。王若虚认为:《左传》称晋灵公欲攻赵盾,其右提弥明死之。又谓初盾田于首山,舍于翳桑,见灵辄饿而食之。后辄为公介,御公徒而免盾,问其名居,不告而亡。夫言其职,则明为右而辄为介;言其所终,则明死辄亡,其为二人明矣。而《史记》云桑下饿人即提弥明,且又以为宰夫,何耶? ㊳宦——谓为人奴仆。 ㊴公宰示眯明——"宰"下应有"夫"字。 ㊵觞三行——酒过三巡。觞:酒杯。这里用作动词,即举杯饮酒。 ㊶纵啮狗名敖——纵:放出。啮狗:咬人的恶狗。 ㊷为法受恶——为了尊重史官的职责而蒙受弑君罪名。 ㊸出疆乃免——《集解》引杜预曰："越境则君臣之义绝，可以不讨贼也。"吕祖谦认为此非仲尼之言。 ㊹赐赵氏为公族——公族：国君的家族，与后世皇帝家族称"皇族"意思相同，其首领即公族大夫。 ㊺赵朔——晋卿，赵盾之子。郤克、栾书、先縠、韩厥、巩朔佐之——郤克：晋卿，谥"献"，又称"郤献子"，郤缺之子。栾书：晋卿，谥"武"，又称"栾武子"，栾枝之孙。韩厥：晋国大夫，谥"献"，又称"韩献子"。巩朔：晋国大夫，又称"巩伯""士庄伯"。 ㊻船中人指甚众——因船只不足，先上船的士兵恐船过重下沉，就用刀乱砍那些攀附船舷以求登船的士兵的手，致使船上积有很多手指。《左传》于此作"中军、下军争舟，舟中之指可掬也"。 ㊼首计——首先建议。 ㊽乃族縠（hú）——灭了先縠的宗族。 ㊾伯宗——晋国大夫，字尊，又称"伯尊"。 ㊿解扬——晋国大夫，字子虎，名扬。 (51)偻（lóu）——驼背。 蹇（jiǎn）——跛足，瘸子。 眇（miǎo）——瞎一只眼。 (52)辟郤克——为郤克让位。辟：通"避"。(53)隆——《左传》作"龙"，鲁邑名，在今山东泰安西南。 (54)皆因郤克告急于晋——《左传》曰："卫侯使孙良夫、石稷、宁相、向禽将侵齐，与齐师遇……孙桓子还于新筑，不入，遂如晋乞师。臧宣叔亦如晋乞师。皆主郤献子。"因郤克掌晋政，且又同在齐国受过辱，故而都找他。(55)鞍（ān）——齐地名，在今山东济南西北。 伤困顷公——中井积德曰："据《左传》，顷公无伤事。"泷川资言曰："公右乘逢丑父伤肱，此误合为一。" (56)右——车右，为逢丑父。 (57)必得萧桐侄子为质——按：《公羊》《穀梁》并作"萧同侄子"；《左传》作"萧同叔子"；《齐世家》作"萧桐叔子"。何休曰："萧同，国名。侄子者，萧同君侄娣之子，嫁于齐，生顷公。" (58)晋始作六卿——"卿"当作"军"。晋国原有上、中、下三军，现又增设新上、中、下三军，共六军。《集解》引贾逵曰："初作元军，僭王也。" 荀骓（zhuī）——谥文子。 赵括——赵衰之子，赵盾之异母弟，又称"屏括""屏季"。 赵旃——赵括之子。 (59)晋伐郑，取氾——氾：郑邑名，在今河南襄城南。 (60)梁山——原属古梁国，后入秦，今又入晋，为晋国所祭之名山，在今陕西韩城西北。 (61)为吴行人——给吴国去当外交官。行人：官名，执掌外交事务。 (62)十七年——公元前583年。 诛赵同、赵括，族灭之——按：此即晋国公室讨赵氏前弑灵公之罪，向晋国大族发动的反夺权。赵同：赵衰之子，赵盾的同父异母弟，赵括之兄，又称“原同”“原叔”。 ㊸与秦桓公夹河而盟——泷川资言曰：“《左传》云：‘秦晋为成，将会于令狐，晋侯先至，秦伯不肯涉河，使史颗盟晋侯于河东，晋郤犨盟秦伯于河西。’《史》所谓‘夹河而盟’者，即此。” ㊹吕相——晋国大夫，魏犨之孙，魏锜之子，又称“魏相”“吕宣子”。 让秦——谴责秦国。《左传》载有其强词夺理的大段言论，即通常所说的“吕相绝秦”。 ㊺泾——河水名，源于今宁夏之六盘山，在西安高陵区汇入渭水。 麻隧——秦邑名，在今陕西泾阳北。 ㊻三郤——指晋卿郤锜、郤犨、郤至。郤至是郤克的族侄，又称“温季”“季子”。 ㊼楚兵败于鄢陵——此即有名的鄢陵之战。鄢陵：郑邑名，或作“傿陵”，在今河南鄢陵西北。 ㊽拊循——慰问、鼓励。 ㊾竖阳穀——或作“竖穀阳”，“穀阳竖”，“竖”字是对男佣的贱称。 ㊿外嬖姬——按：《左传》云：“晋厉公侈，多外嬖。”据此，“姬”字似衍文。外嬖：指男宠，如胥童、阳夷五等。 (71)宠姬兄曰胥童——按：此处言胥童为宠姬兄，不详所本，疑有误。胥童：晋厉公的宠臣，胥甲之孙，胥克之子。 尝与郤至有怨——据《左传》，郤至之父郤缺当政后撤去胥童之父胥克的下军佐一职，胥童之怨即源于此。 (72)及栾书又怨郤至不用其计而遂败楚——据《左传》及《晋语六》，在鄢陵之战中，栾书建议晋军坚守三日以避楚军锐气，郤至则主张速战速决。晋厉公用郤至之谋获胜，栾书因此怨郤至。 间谢楚——暗中与楚国通谋。谢：告。 (73)诈——欺骗。 内子周立之——立子周以取代晋厉公。子周：公子周，即日后之晋悼公，当时在周国。 与国不具——盟国未到齐。与国：盟国。具：齐备。 (74)其殆有矣——看来真有其事。殆：几乎，大概。 之周微考之——到周都去暗中调查一下。 (75)公亦病矣——意谓厉公也将会遭受损失。竹添光鸿曰：“怨君之甚，欲一泄己愤以自快，不遑顾事之必济也。” (76)谁与我——谁会亲附我们？与：亲附，亲近。 (77)不忍益——不忍心再多杀。 (78)人将忍君——人家将对你不客气。忍：忍心，狠心。《集解》引杜预曰：“人，谓书、偃。” (79)匠骊氏——指晋厉公宠臣匠骊氏之家，位于翼，在今山西翼城东南。 (80)悼公元年——公元前572年。 葬之以一乘车——

《集解》引杜预曰:"言不以君礼葬也,诸侯葬车七乘。" ⑧1是为悼公——四字前后重复。张文虎曰:"四字衍。" ⑧2大父——祖父。⑧3桓叔最爱——最受其父晋襄公的喜爱。 ⑧4毋幾为君——并未希望当这个国君。幾:通"冀",期望。 ⑧5赖宗庙大夫之灵——泷川资言曰:"'宗庙'下'大夫'二字疑衍。" 战战——恐惧颤抖,谨慎小心的样子。 ⑧6祁傒举解狐——祁傒:晋国公族,字黄羊,为晋献公之后裔。祁,或作"祈";傒,或作"奚"。解狐:晋国大夫。 ⑧7乱行——驰车扰乱军阵。 魏绛戮其仆——魏绛:魏犨之孙,或说魏犨之子,谥"庄子"。仆:车夫。 ⑧8和戎——与山戎建立友好关系。戎:山戎,又称"无终"。杨伯峻认为:无终,山戎国名。疑本在今山西太原市东,后为晋所并,迁至今河北涞源县一带,又奔于蓟县治,最后被逼至张家口市北长城之外。此时则犹在山西。 ⑧9赐之乐——《国语·晋语七》作:"公赐魏绛女乐一八,歌钟一肆。"《左传》略同。 ⑨0冬,秦取我栎——按:《年表》"取"作"败"。栎:晋邑名,在今河南禹州。 ⑨1棫(yù)林——秦邑名,在今陕西泾阳泾水西南。 ⑨2师旷——晋国乐师,名旷,字子野。 ⑨3平公元年——公元前557年。 齐灵公与战靡下——靡下:即历下,齐邑名,在今山东济南东南。 ⑨4临菑——齐国都城,或作"临淄""临甾",在今山东淄博临淄区。 ⑨5胶——古水名,东源出胶州西南胶山,西源出诸城,合而东北流,至今莱州入海。《左传》"胶"作"潍"。 南至沂——沂:即今山东南部之沂河。按:以上所说即齐晋平阴之战。 ⑨6微遣栾逞于曲沃——暗中派其入晋为内应。 ⑨7范献子止公——范献子:晋卿,名鞅,谥献,又称"范鞅""士鞅"。 ⑨8魏氏——指魏献子,即魏舒,魏绛之子。《左传》云:"四月,栾盈帅曲沃之甲,因魏献子,以昼入绛。初,栾盈佐魏庄子于下军,献子私焉,故因之。" ⑨9十九年——公元前539年。 叔向——晋国公族,即羊舌肸(xī),羊舌职之子,晋靖侯(或说晋武公)之后,因封邑在杨,又称"杨肸"。 ⑩0政在私门——诸侯国政被卿大夫所控制。

昭公六年卒,六卿强,公室卑。[1]子顷公去疾立。

顷公六年,周景王崩,王子争立。晋六卿平王室乱,立敬王。

九年，鲁季氏逐其君昭公，昭公居乾侯。[②]十一年，卫、宋使使请晋纳鲁君。季平子私赂范献子，献子受之，乃谓晋君曰："季氏无罪。"不果入鲁君。

十二年，晋之宗家祁傒孙、叔向子相恶于君。六卿欲弱公室，乃遂以法尽灭其族。而分其邑为十县，各令其子为大夫。晋益弱，六卿皆大。

十四年，顷公卒，子定公午立。

定公十一年，鲁阳虎奔晋，赵鞅简子舍之。[③]十二年，孔子相鲁。

十五年，赵鞅使邯郸大夫午，不信，欲杀午，午与中行寅、范吉射亲，攻赵鞅，鞅走保晋阳。定公围晋阳。荀栎、韩不信、魏侈与范、中行为仇，乃移兵伐范、中行。范、中行反，晋君击之，败范、中行。范、中行走朝歌，保之。韩、魏为赵鞅谢晋君，乃赦赵鞅，复位。二十二年，晋败范、中行氏，二子奔齐。

三十年，定公与吴王夫差会黄池，争长，赵鞅时从，卒长吴。

三十一年，齐田常弑其君简公，而立简公弟骜为平公。三十三年，孔子卒。

三十七年，定公卒，子出公凿立。

出公十七年，知伯与赵、韩、魏共分范、中行地以为邑。出公怒，告齐、鲁，欲以伐四卿。四卿恐，遂反攻出公。出公奔齐，道死。故知伯乃立昭公曾孙骄为晋君，是为哀公。

哀公大父雍，晋昭公少子也，号为戴子。戴子生忌。忌善知伯，蚤死，故知伯欲尽并晋，未敢，乃立忌子骄为君。当是时，晋国政皆决知伯，晋哀公不得有所制。知伯遂有范、中行地，最强。

哀公四年，赵襄子、韩康子、魏桓子共杀知伯，尽并其地。

十八年，哀公卒，子幽公柳立。

幽公之时，晋畏，反朝韩、赵、魏之君[④]。独有绛、曲沃，余皆入三晋。

十五年,魏文侯初立。十八年,幽公淫妇人,夜窃出邑中,盗杀幽公。魏文侯以兵诛晋乱,立幽公子止,是为烈公。

烈公十九年,周威烈王赐赵、韩、魏皆命为诸侯。

二十七年,烈公卒,子孝公颀立。孝公九年,魏武侯初立,袭邯郸,不胜而去。十七年,孝公卒,子静公俱酒立。是岁,齐威王元年也。

静公二年,魏武侯、韩哀侯、赵敬侯灭晋后而三分其地。静公迁为家人,晋绝不祀⑤。

(以上为第四段,写晋国公室逐渐衰落,最后被三家瓜分的情景。)

①昭公六年——公元前526年。 六卿——指韩氏、赵氏、魏氏、范氏、中行氏、智氏六个家族。 公室卑——诸侯本族的势力微弱。②九年——公元前517年。 昭公居乾侯——乾侯:晋邑名,在今河北成安东南。 ③定公十一年——公元前501年。 阳虎——又称“阳货”,鲁国季孙氏的家臣。 赵鞅简子——晋卿,赵武之孙,名鞅,谥简,又称“赵孟”。 舍之——招待阳虎住下来。 ④晋畏,反朝韩、赵、魏之君——《索隐》曰:“畏,惧也。为衰弱故,反朝韩、赵、魏也。”“畏”字或应作“衰”。 ⑤静公迁为家人,晋绝不祀——迁为家人:降为平民。家人:平民。按:晋国自唐叔虞于西周初受封建国,至静公二年被灭,享国六百八十余年。

太史公曰:晋文公,古所谓明君也,亡居外十九年,至困约①,及即位而行赏,尚忘介子推,况骄主乎?灵公既弑,其后成、景致严②,至厉大刻③,大夫惧诛,祸作。悼公以后日衰④,六卿专权。故君道之御其臣下,固不易哉!

(以上为第五段,是作者的论赞,作者以晋国君臣关系为例,说明君主如何对待臣下,将在很大程度上决定国家的前途命运。)

①至困约——极其艰难困苦。 ②致严——指对待臣下严厉。③大刻——过于苛刻。 ④悼公以后日衰——黄震认为:悼公十四岁得国,一旦转危为安,功业赫然,汉昭帝流亚也。太史公例言“悼公以

后日衰”,语焉不详,悼公称屈九原矣。

［**简评**］《晋世家》是《史记》中最长的篇章,《秦始皇本纪》虽比这篇还长几百字,那是因为它的后面附了贾谊的《过秦论》三篇与一篇《秦记》的结果。单就文章叙事而言,《史记》中没有比《晋世家》更长的了。《晋世家》之所以叙晋事如此详尽,是因为司马迁写春秋时代的各国历史主要是依据《左传》,而《左传》叙述春秋史事,唯晋国最详细,所占篇幅最大。所以后人怀疑《左传》的作者是晋国人或由晋国分出的魏国人或者赵国人。《左传》共约十八万字,写晋国的篇幅约占一半以上,司马迁是作了大幅度删繁就简的。因此熟悉《左传》的人读《晋世家》总是不会满意,因为它不可能像《左传》那样曲折委婉,清晰具体。但《晋世家》中也有司马迁的许多发挥创造,如骊姬谗害申生一段,《史记》就比《左传》写得细致生动。《晋世家》叙晋国史事分两条线:一是写它的外向活动,诸如外交、兼并、抗楚、争霸等等;二是写它的内部矛盾。首先是公室骨肉间的篡夺仇杀,这在文公重耳以前占主要地位;其次是公室与卿族之间的反复夺权,这在平公以前占主要地位,灵公与厉公都是因打击卿族、强化公室不成而丢了性命;其三是公室已成傀儡,卿族之间的争权占据主要地位,这就是平公以后由“六卿”到“四卿”,再到“三家分晋”的最后结局。《左传》也算是儒家的“经典”之一,但《左传》的思想与孔子颇不统一。孔子主张存灭国,继绝世,反对弑君作乱;《左传》却站在卿族强权的立场,支持晋国的弑君作乱者。司马迁使用《左传》的材料,也采取《左传》的观点,故而对卿族持同情赞许态度。晋文公被孔子称作“谲而不正”,是个曹操一类的人物。他有心机,有手段,善于把握时机,也善于驾驭人才,但不是道德崇高的贤君。就是这样一个人,他掌权的时间虽然不长,却使晋国的地位达到了登峰造极的地步,并给晋国留下了日后八十年

的霸主余劲。司马迁赞美晋文公,其叙述晋文公事迹的篇幅占到了《晋世家》的约五分之三。司马迁不墨守孔子的教条,敢于冲破儒家的牢笼,表现了其崭新的讲民主、讲实效的思想境界。

［**集评**］《太史公自序》:"武王既崩,叔虞邑唐。君子讥名,卒灭武公。骊姬之爱,乱者五世;重耳不得意,乃能成霸。六卿专权,晋国以耗。嘉文公锡珪鬯,作《晋世家》第九。"

茅坤曰:"晋本大国,而史迁次晋武公以及献公之立,世系甚明。而献公惑于嬖姬,五公子相继争立,而晋不绝者如带矣。文公末年得复国,而以伯天下,灵、景、厉,中材之主,然因遗业,又多强辅,故得与秦、楚并雄中原。悼公再伯,未几而死,国遂分于六卿以亡,悲夫!"(《史记钞》)

顾栋高曰:"晋当春秋之初,翼侯中衰,曲沃内乱,不与东诸侯之会盟,疑于荒远之地。然其地实近王畿,是时周新东迁,列侯未甚兼并,沈、姒、蓐、黄,处在太原;虞、虢、焦、滑,霍、杨、韩、魏,列于四境。晋于其中,特弹丸黑子之地,势微甚。而桓、庄之时,尤能命诸侯以讨有罪。曲沃之叛也,王命虢公伐曲沃;至翼侯灭矣,而虢仲、芮伯、荀侯、贾伯同日兴师,庶几方伯连帅之义,安在《江汉》《常武》不可再睹哉!而釐王纯贪其宝赂,列为诸侯,肆其狂猘,吞灭小国。自武、献之世,兼国多矣,以不赴告,故《经》不书,不复可考见。盖天下之无王自晋始。及势既强大,乃复勤王以求诸侯,周室之不亡复于晋重有赖焉。自灭虢据崤、函之固,启南阳扼孟门、太行之险;南据虎牢,北据邯郸,擅河内之殷墟,连肥、鼓之劲地;西入秦域,东轶齐境,天下扼塞巩固之区,无不为晋有。然后以守则固,以攻则胜,拥卫天子,鞭笞列国,周室借以绵延者二百年。是犹倒持太阿之柄以与人,而复假之以自卫也。然使晋不兼并诸国,周亦无能联络形势以自强。何则?周行封建,其势散;而晋并列国为郡邑,其势聚。封建之不如郡

县,自春秋之世不已较然哉!”(《春秋大事表》)

徐中舒曰:“晋国的兴起,一方面是贵族政治破坏得早,君主集权制首先发展,人才辈出。一方面是地处边陲,周围多是后进民族,‘狄之广漠,于晋为都’(《国语·晋语一》),都是人所聚居的地方,即下邑,边疆的自由城市。邑是贵族庄园城堡,传统的政治据点,都近似后世的马市、茶市,新兴的贸易中心。这是旧贵族统治不到的地方,晋国发展民族交往,大量吸收异族,人力物力增长迅速,很快变为大国,长期掌握霸权,成了春秋时代首要强国。”(《先秦史论稿》)

范文澜曰:“晋国境内戎狄国先后被消灭,凡灭同姓异姓国二十余,与楚同为东周时期最大的国家。齐常助晋,秦常助楚,因此晋楚势力仍大致相等。为要借与国兵力,攻击对方,晋助吴攻楚,楚助越攻吴。吴越两国的兴起,增加了争霸战争,但也扩大了华夏文化的灌溉面,从黄河流域直达长江下游地区。”(《中国通史简编》)

晋国诸侯世系表

晋唐叔虞(成王弟)——晋侯燮(唐叔子)——武侯(晋侯子)——成侯(武侯子)——厉侯(成侯子)——靖侯(厉侯子,前858—前841年)——釐侯(靖侯子,前840—前823年)——献侯(釐侯子,前822—前812年)——穆侯(献侯子,前811—前785年)——殇叔(穆侯弟,前784—前781年)——文侯(穆侯子,前780—前746年)——昭侯(文侯子,前745—前740年)——孝侯(昭侯子,前739—前724年)——鄂侯(孝侯子,前723—前718年)——哀侯(鄂侯子,前717—前710年)——小子(哀侯子,前709—前705年)——晋侯缗(哀侯弟,前706—前679年) 被曲沃武公所灭

曲沃桓叔(文侯弟,前745—731年)——曲沃庄伯(桓叔子,前731—716年)——曲沃武公(庄伯子,前716—前677年)——献公(曲沃

武公子,前676—前651年)——奚齐(献公子)——悼子(献公子)——惠公(献公子,前650—前637年)——怀公(惠公子)——文公(献公子,前636—前628年)——襄公(文公子,前627—前621年)——灵公(襄公子,前620—前607年)——成公(襄公弟,前606—前600年)——景公(成公子,前599—前581年)——厉公(景公子,前580—前573年)——悼公(襄公曾孙,前572—前558年)——平公(悼公子,前557—前532年)——昭公(平公子,前531—前526年)——顷公(昭公子,前525—前512年)——定公(顷公子,前511—前475年)——出公(定公子,前474—前452年)——敬公(昭公曾孙,前451—前434年)——幽公(哀公子,前433—前416年)——烈公(幽公子,前415—前389年)——桓公(前388—前369) 被韩、魏所灭

按:晋国诸侯世系自“出公”以后众说纷纭,今大致依从《竹书纪年》与钱穆、陈梦家、杨宽等人的说法,其次序为出公、敬公、幽公、烈公、桓公。杨宽的《战国史表》以及《战国史料编年辑证》中的《列国纪年订正表》有较详细的说法。《史记·晋世家》与此不同,有“哀公”而无“敬公”,而且《六国年表》在“哀公”之下还有一个“懿公”。杨宽认为“敬公”“哀公”“懿公”是一个人,有三个谥号。《六国年表》错把“哀公”“懿公”分成了两代,实际就是《纪年》所说的“敬公”。另一个问题是,《纪年》与钱穆、杨宽等人认为烈公以下是桓公,晋国世系就结束于桓公。而《晋世家》与《六国年表》则在烈公之下还有孝公、静公两代,而且《六国年表》与《郑世家》中都还有“韩姬弑其君悼公”(前349)云云,而孝公、静公、悼公、桓公四人的关系,也还众说不一。有人说“孝公”就是桓公,“悼公”就是静公。

楚世家第十

楚之先祖出自帝颛顼高阳①。高阳者，黄帝之孙，昌意之子也。高阳生称，称生卷章，卷章生重黎②。重黎为帝喾高辛居火正，甚有功，能光融天下，帝喾命曰祝融。③共工氏④作乱，帝喾使重黎诛之而不尽。帝乃以庚寅日诛重黎，而以其弟吴回为重黎后，复居火正，为祝融。

吴回生陆终。陆终生子六人，坼剖而产⑤焉。其长一曰昆吾；二曰参胡；三曰彭祖；四曰会人；五曰曹姓；六曰季连⑥，芈姓，楚其后也。昆吾氏，夏之时尝为侯伯，桀之时汤灭之。彭祖氏，殷之时尝为侯伯，殷之末世灭彭祖氏。季连生附沮，附沮生穴熊。其后中微，或在中国，或在蛮夷，弗能纪其世。

（以上为第一段，写楚先世来历，以及在西周前的发展状况。）

①楚之先祖出自帝颛顼（zhuān xū）高阳——颛顼高阳：五帝之一，名颛顼，号高阳氏，居于帝丘，故城在今河南濮阳县东南。　②卷章生重黎——传说中重、黎有分为两人与合为一人两种说法，我们赞同重和黎是两个人的意见。　③帝喾（kù）高辛——五帝之一，名喾，号高辛氏，居于亳，故城在今河南洛阳偃师区。　火正——古官名，职掌祭祀和观察火星，行火政。　祝融——火官的封号。祝：大。融：明。

④共工氏——神话传说中的人物,炎帝后裔,亦名康回,颛顼世衰,共工欲霸九州,因而作乱,怒触不周之山,天柱折,地维绝。一说为古代水官名,因以为氏。 ⑤坼(chè)剖而产——剖开腹部而生。坼:裂开,分裂。 ⑥季连——芈(mǐ)姓,楚之始祖。陆终六子之说本自《帝系》,其实皆古族传说。

周文王之时,季连之苗裔曰鬻熊。鬻熊子事文王,蚤卒。其子曰熊丽。熊丽生熊狂,熊狂生熊绎。

熊绎当周成王之时,举文、武勤劳之后嗣,而封熊绎于楚蛮,封以子男之田,姓芈氏,居丹阳。[1]楚子熊绎与鲁公伯禽、卫康叔子牟、晋侯燮、齐太公子吕伋俱事成王。

熊绎生熊艾,熊艾生熊䵣,熊䵣生熊胜。熊胜以弟熊杨为后。熊杨生熊渠。

熊渠生子三人。当周夷王之时,王室微,诸侯或不朝,相伐。熊渠甚得江汉间民和,乃兴兵伐庸、杨粤,至于鄂。[2]熊渠曰:“我蛮夷也,不与[3]中国之号谥。”乃立其长子康为句亶王,中子红为鄂王,少子执疵为越章王,皆在江上楚蛮之地。及周厉王之时,暴虐,熊渠畏其伐楚,亦去其王。

后为熊毋康,毋康蚤死。熊渠卒,子熊挚红立。挚红卒,其弟弑而代立,曰熊延。熊延生熊勇。

熊勇六年,而周人作乱,攻厉王,厉王出奔彘。熊勇十年,卒,弟熊严为后。

熊严十年,卒。有子四人,长子伯霜,中子仲雪,次子叔堪,少子季徇。熊严卒,长子伯霜代立,是为熊霜。

熊霜元年,周宣王初立。熊霜六年卒,三弟争立。仲雪死;叔堪亡,避难于濮[4];而少弟季徇立,是为熊徇。熊徇十六年,郑桓公初封于郑。二十二年,熊徇卒,子熊咢立。熊咢九年,卒,子熊仪立,是为若敖。

若敖二十年,周幽王为犬戎所弑,周东徙,而秦襄公始列为诸侯。

二十七年,若敖卒,子熊坎立,是为霄敖。霄敖六年卒,子熊眴立,是为蚡冒。蚡冒十三年,晋始乱,以曲沃之故。蚡冒十七年卒。蚡冒弟熊通弑蚡冒子而代立,是为楚武王。

(以上为第二段,写楚在西周时期的发展情况。)

①文、武勤劳之后嗣——即帮助周文王、周武王伐灭商朝功臣的后代。 楚蛮——泛指南方蛮荒之地。 居丹阳——丹阳:古都邑甸。故城在今湖北秭归(茅坪镇)西北。 ②江汉——长江、汉水。 兴兵伐庸、杨粤,至于鄂——庸:在今湖北竹山西南。杨粤:同"扬越",指当时荆州境内的越族人。浙江一带古时亦称"扬粤"。一说此鄂当是楚西鄂,在今河南邓州,非今湖北鄂州之东鄂。杨粤:即西越,在今陕南、豫西南一带。 ③与——以,用。 ④濮——古代部族名,又称百濮,居住在今湖北西南部和湖南西北部。

武王十七年,晋之曲沃庄伯弑主国晋孝侯。十九年,郑伯弟段作乱。二十一年,郑侵天子之田。二十三年,卫弑其君桓公。二十九年,鲁弑其君隐公。三十一年,宋太宰华督弑其君殇公。

三十五年,楚伐随。随曰:"我无罪。"楚曰:"我蛮夷也。今诸侯皆为叛相侵,或相杀。我有敝甲,欲以观中国之政,请王室尊吾号。"随人为之周,请尊楚,王室不听,还报楚。三十七年,楚熊通怒曰:"吾先鬻熊,文王之师也,蚤终。成王举我先公,乃以子男田令居楚,蛮夷皆率服,而王不加位,我自尊耳。"乃自立,为武王,与随人盟而去。于是始开濮地而有之。

五十一年,周召随侯,数以立楚为王。楚怒,以随背己,伐随。武王卒师中而兵罢。子文王熊赀立,始都郢[①]。

文王二年,伐申,过邓,邓人曰"楚王易取",邓侯不许也。六年,伐蔡,虏蔡哀侯以归,已而释之。楚强,陵江汉间小国,[②]小国皆畏之。十一年,齐桓公始霸,楚亦始大。

十二年，伐邓，灭之。十三年，卒，子熊囏立，是为庄敖。庄敖五年，欲杀其弟熊恽，恽奔随，与随袭弑庄敖代立，是为成王。

（以上为第四段，写楚武王至成王间的史事。至成王初立时楚已是南方大国了。）

①文王熊赀（zī）立，始都郢——梁玉绳认为，居郢并不始于武王，疑是楚数世经营，至武、文始定。郢：故城在今湖北荆州市荆州区西北。

②陵——即"凌"义，欺侮，侵犯。江汉间小国——指长江、汉水流域的随、绞、州、蓼、陨、罗等国。

成王恽元年，初即位，布德施惠，结旧好于诸侯，使人献天子，天子赐胙，[①]曰："镇尔南方夷越之乱，无侵中国。"于是楚地千里。

十六年，齐桓公以兵侵楚，至陉山[②]。楚成王使将军屈完以兵御之，与桓公盟。桓公数以周之赋不入王室，楚许之，乃去。

十八年，成王以兵北伐许，许君肉袒谢，乃释之。二十二年，伐黄[③]。二十六年，灭英[④]。

三十三年，宋襄公欲为盟会，召楚。楚王怒曰："召我，我将好往袭辱之。"遂行，至盂，遂执辱宋公，已而归之。三十四年，郑文公南朝楚。楚成王北伐宋，败之泓，射伤宋襄公，襄公遂病创死。

三十五年，晋公子重耳过，成王以诸侯客礼飨，而厚送之于秦。

三十九年，鲁僖公来请兵以伐齐，楚使申侯将兵伐齐，取穀，置齐桓公子雍焉[⑤]。齐桓公七子皆奔楚，楚尽以为上大夫。灭夔，夔不祀祝融、鬻熊故也[⑥]。

夏，伐宋，宋告急于晋，晋救宋，成王罢归。将军子玉请战，成王曰："重耳亡居外久，卒得反国，天之所开，不可当。"子玉固请，乃与之少师[⑦]而去。晋果败子玉于城濮。成王怒，诛子玉。

四十六年。初，成王将以商臣为太子，语令尹子上。子上曰："君之齿未也，而又多内宠，绌乃乱也。[8]楚国之举，常在少者，且商臣蜂目而豺声，忍人也，不可立也。[9]"王不听，立之。后又欲立子职而绌太子商臣。商臣闻而未审也，告其傅潘崇曰："何以得其实？"崇曰："飨王之宠姬江芈而勿敬也。"商臣从之。江芈怒曰："宜乎王之欲杀若而立职也。"商臣告潘崇曰："信矣。"崇曰："能事之乎[10]？"曰："不能。""能亡去乎？"曰："不能。""能行大事乎[11]？"曰："能。"冬十月，商臣以宫卫兵围成王。成王请食熊蹯而死[12]，不听。丁未，成王自绞杀。商臣代立，是为穆王。

穆王立，以其太子宫予潘崇，使为太师，掌国事。穆王三年，灭江。[13]四年，灭六、蓼。六、蓼，皋陶之后。[14]八年，伐陈。十二年，卒。子庄王侣立。

（以上为第五段，写楚国在成王时期的争霸活动。）

①成王恽元年——公元前671年。　献天子——向周天子进贡。　赐胙（zuò）——周天子向楚赐文武胙，即祭祀文王、武王的胙肉。这是一种对霸者的殊礼。　②齐桓公以兵侵楚，至陉山——齐桓公伐蔡，遂伐楚。陉山：古邑名，楚地，在今河南漯河郾城区东。齐伐楚事详见《齐太公世家》。　③黄——古国名，嬴姓，在今河南潢川西北，伐黄之役，《左传》《年表》均在二十三年，二十四年灭之。　④英——古国名，在今安徽金寨东南。灭英：此是灭黄之误，原属二十四年事，错书于二十六年。　⑤取穀，置齐桓公子雍焉——穀：在今山东东阿东南。置：放置。指把公子雍送回国并立他为君。雍：齐桓公之子，与其兄争位被赶出。　⑥灭夔，夔不祀祝融、鬻熊故也——夔：古国名，楚熊挚之后，在湖北秭归。　⑦与之少师——只给他少量军队，即西广、东宫及若敖之六卒。　⑧君之齿未也——君王您年岁还未老。　绌乃乱也——废黜太子将会惹出乱子。绌：通"黜"，废弃，贬退。　⑨举——指立太子。　蜂目而豺声——像蜜蜂一样突出的眼睛，豺狼一样的声音。　忍人——残忍的人。　⑩能事之乎——能做职的臣子侍奉他吗？　⑪能行大事乎——能发动大事吗？暗示弑成王夺位。　⑫成王请食熊

蹯而死——《集解》引杜预曰:“熊掌难熟,冀久将有外救之援也。” ⑬穆王三年——公元前623年。 江——古诸侯国名,嬴姓。在今河南正阳西南。 ⑭六——古诸侯国名,故城在今安徽六安北。 蓼——古诸侯国名,故城在今河南固始东。 皋陶(yáo)——传说中东夷的首领,曾被舜任命为掌刑法之官,后被禹选为继承人,因早死,未继位。

庄王即位三年,不出号令[①],日夜为乐,令国中曰:“有敢谏者死,无赦!”伍举入谏。庄王左抱郑姬,右抱越女,坐钟鼓之间。伍举曰:“愿有进。”隐曰[②]:“有鸟在于阜,三年不蜚不鸣,是何鸟也?[③]”庄王曰:“三年不蜚,蜚将冲天;三年不鸣,鸣将惊人。举退矣,吾知之矣。”居数月,淫益甚。大夫苏从乃入谏,王曰:“若不闻令乎?”对曰:“杀身以明君,臣之愿也。”[④]于是乃罢淫乐,听政,所诛者数百人,所进者数百人,任伍举、苏从以政,国人大说。是岁灭庸[⑤]。六年,伐宋,获五百乘。

八年,伐陆浑戎,遂至洛,观兵于周郊。周定王使王孙满劳楚王。楚王问鼎小大轻重,对曰:“在德不在鼎。”庄王曰:“子无阻九鼎!楚国折钩之喙,足以为九鼎。[⑥]”王孙满曰:“呜呼!君王其忘之乎?昔虞夏之盛,远方皆至,贡金九牧,铸鼎象物,百物而为之备,使民知神奸。[⑦]桀有乱德,鼎迁于殷,载祀六百[⑧]。殷纣暴虐,鼎迁于周。德之休明,虽小必重;其奸回昏乱,虽大必轻。昔成王定鼎于郏鄏,卜世三十,卜年七百,天所命也。[⑨]周德虽衰,天命未改。鼎之轻重,未可问也。”楚王乃归。

九年,相若敖氏[⑩]。人或谗之王,恐诛,反攻王,王击灭若敖氏之族。十三年,灭舒[⑪]。

十六年,伐陈,杀夏徵舒。徵舒弑其君,故诛之也。已破陈,即县之。群臣皆贺,申叔时使齐来,不贺。王问,对曰:“鄙语曰:‘牵牛径人田,田主取其牛。’径者则不直矣,取之牛,不亦甚乎?且王以陈之乱而率诸侯伐之,以义伐之而贪其县,亦何以复令于天下!”庄王乃复国陈后。[12]

十七年春,楚庄王围郑,三月克之。入自皇门,郑伯肉袒牵羊以逆,曰:“孤不天[13],不能事君,君用怀怒,以及敝邑,孤之罪也。敢不惟命是听! 宾之南海,若以臣妾赐诸侯,亦惟命是听。[14]若君不忘厉、宣、桓、武,[15]不绝其社稷,使改事君,孤之愿也,非所敢望也。敢布腹心。”楚群臣曰:“王勿许。”庄王曰:“其君能下人,必能信用其民,庸可绝乎!”庄王自手旗,左右麾军,引兵去三十里而舍,遂许之平。[16]潘尪入盟,子良出质[17]。夏六月,晋救郑,与楚战,大败晋师河上,遂至衡雍而归。[18]

二十年,围宋,以杀楚使也。围宋五月,城中食尽,易子而食,析骨而炊。宋华元出告以情。庄王曰:“君子哉!”遂罢兵去。

二十三年,庄王卒,子共王审立。

共王十六年,晋伐郑。郑告急,共王救郑。与晋兵战鄢陵,晋败楚,射中共王目。共王召将军子反。子反嗜酒,从者竖阳穀进酒,醉[19]。王怒,射杀子反,遂罢兵归。

三十一年,共王卒,子康王招立。康王立十五年卒,子员立,是为郏敖。

(以上为第六段,写楚庄王称霸的过程与其霸业。其霸业在共王时由于鄢陵之战失败而丧失。)

①三年,不出号令——这是史公传奇的说法。庄王二年(前612),曾乘驲(rì)会师而灭庸。 ②伍举曰:“愿有进。”隐曰——伍举:封在椒邑,又名椒举。隐:隐辞,谜语。 ③阜(fù)——土山。 三年不蜚——蜚:通“飞”。按:此事又见于《滑稽列传》,谓淳于髡说齐威王。司马迁盖取自传说,传说又有异文。 ④杀身以明君——自己死了而能使国君醒悟。明:使动用法。《韩非子》等先秦文献无苏从进谏事。苏从:楚大夫,周司寇苏忿生之后。 ⑤是岁灭庸——是岁,楚庄王三年,当周匡王二年,鲁文公十六年(前611)。 ⑥子无阻九鼎——你不要依恃九鼎。阻:依仗,凭恃。 折钩之喙,足以为九鼎——钩之喙:指戟的尖端。九鼎:相传为禹所铸,为三代传国之宝。 ⑦贡金九牧——

九州的首领皆贡献铜。牧:统治一方的最高首领。 铸鼎象物——铸成宝鼎,画上物形。 神奸——能害人的鬼神怪异之物。 ⑧载祀六百——可以享国六百年。载:发语词。祀:年。 ⑨郏鄏(jiá rǔ)——地名,在今河南洛阳王城公园一带。周公旦为周成王所筑之都城。卜世三十,卜年七百——王孙满乃周大夫,不可能自云国家灭亡的时间,类似的话显然是后人编造的。此事见《左传·宣公三年》。 ⑩若敖氏——楚王族旁枝,常为执政大臣。 ⑪舒——古国名,故城在今安徽庐江西南。 ⑫申叔时——申公之后,世居于申(今河南南阳东南),庄王、共王的大臣。 鄙语曰,牵牛径人田——鄙语:俗语。径人田:为走捷径通过别人的农田。径:走捷径。 复国陈后——重新立陈太子为国君。国:用作动词。 ⑬孤不天——我不被上天所佑。⑭宾——通"摈",摈弃、流放。 若以臣妾赐诸侯——或者作为奴仆赏赐给其他诸侯。意即灭亡郑国。若:或者。 ⑮若君不忘厉、宣、桓、武——意即看在郑国祖先及贤君面上。厉:周厉王。宣:周宣王。桓:郑桓公。武:郑武公。郑始祖桓公友,乃周厉王少子,周宣王庶弟,为宣王所封。桓公之子为郑武公。 ⑯庄王自手旗,左右麾军——手:用作动词,手举。麾:通"挥",指挥。 引兵去三十里而舍——退兵三十里驻扎下来。这是尊重郑国的表现,表示不与郑结城下之盟。舍:驻扎。平——讲和。 ⑰潘尪(wāng)入盟,子良出质——潘尪:楚大夫。子良:郑伯之弟。 ⑱大败晋师河上——此即为春秋时著名的邲之战。邲故城在今河南荥阳北。 衡庸——在今河南原阳西。 ⑲从者竖阳毂进酒醉——竖阳毂是出于阿谀巴结,投其所好,还是被晋人收买,故意将其灌醉,其中大有文章。

康王宠弟公子围、子比、子皙、弃疾。郏敖三年,以其季父康王弟公子围为令尹,主兵事。四年,围使郑,道闻王疾而还。十二月己酉,围入问王疾,绞而弑之①,遂杀其子莫及平夏。使使赴于郑。伍举问曰:"谁为后②?"对曰:"寡大夫围。"伍举更曰:"共王之子围为长。"③子比奔晋,而围立,是为灵王。

灵王三年六月，楚使使告晋，欲会诸侯。诸侯皆会楚于申[4]。伍举曰："昔夏启有钧台之飨[5]，商汤有景亳之命[6]，周武王有盟津之誓[7]，成王有岐阳之蒐[8]，康王有丰宫之朝[9]，穆王有涂山之会[10]，齐桓有召陵之师[11]，晋文有践土之盟[12]，君其何用？"灵王曰："用桓公[13]。"时郑子产在焉[14]。于是晋、宋、鲁、卫不往。灵王已盟，有骄色。伍举曰："桀为有仍之会，有缗叛之[15]。纣为黎山之会，东夷叛之[16]。幽王为太室之盟，戎、翟叛之[17]。君其慎终[18]！"

七月，楚以诸侯兵伐吴，围朱方[19]。八月，克之，囚庆封，灭其族。以封徇，曰："无效齐庆封弑其君而弱其孤，以盟诸大夫[20]！"封反曰："莫如楚共王庶子围弑其君兄之子员而代之立[21]！"于是灵王使疾杀之[22]。

七年，就章华台，下令内亡人实之。[23]

八年，使公子弃疾将兵灭陈。十年，召蔡侯，醉而杀之。使弃疾定蔡，因为陈蔡公[24]。

十一年，伐徐以恐吴[25]。灵王次于乾谿以待之[26]。王曰："齐、晋、鲁、卫，其封皆受宝器，我独不。今吾使使周求鼎以为分，其予我乎[27]？"析父[28]对曰："其予君王哉！昔我先王熊绎辟在荆山，荜露蓝蒌以处草莽，跋涉山林以事天子，[29]唯是桃弧棘矢以共王事[30]。齐，王舅也；晋及鲁、卫，王母弟也；[31]楚是以无分而彼皆有。周今与四国服事君王，将惟命是从，岂敢爱鼎？"灵王曰："昔我皇祖伯父昆吾旧许是宅[32]，今郑人贪其田，不我予，今我求之，其予我乎？"对曰："周不爱鼎，郑安敢爱田？"灵王曰："昔诸侯远我而畏晋，今吾大城陈、蔡、不羹，赋皆千乘，诸侯畏我乎？[33]"对曰："畏哉！"灵王喜曰："析父善言古事焉[34]。"

十二年春，楚灵王乐乾谿，不能去也。国人苦役。初，灵王会兵于申，僇越大夫常寿过，杀蔡大夫观起。起子从亡在吴，乃劝吴王伐楚，为间越大夫常寿过而作乱，为吴间[35]。使矫公子弃疾命召公子比于晋，至蔡，与吴、越兵欲袭蔡。令公子比见弃疾，与盟于邓。遂入杀灵王太子禄，立子比为王，公子子晳为令尹，弃疾为司马。先除王宫[36]，观从从师于乾谿，令楚众曰："国有王矣。先归，复爵邑田室。后者迁之。"楚众皆溃，去灵王而归。

灵王闻太子禄之死也，自投车下[37]，而曰："人之爱子亦如是乎？"侍者曰："甚是。"王曰："余杀人之子多矣，能无及此乎？"右尹曰："请待于郊以听国人。"王曰："众怒不可犯。"曰："且入大县而乞师于诸侯。"王曰："皆叛矣。"又曰："且奔诸侯以听大国之虑。"王曰："大福不再，只取辱耳。"于是王乘舟将欲入鄢[38]。右尹度王不用其计，惧俱死，亦去王亡。

灵王于是独傍偟山中，野人莫敢入王。王行遇其故铜人[39]，谓曰："为我求食，我已不食三日矣。"铜人曰："新王下法，有敢饷王从王者，罪及三族，且又无所得食。"王因枕其股而卧。铜人又以土自代，逃去。王觉而弗见，遂饥弗能起。芋尹申无宇之子申亥曰："吾父再犯王命[40]，王弗诛，恩孰大焉！"乃求王，遇王饥于釐泽，奉之以归。夏五月癸丑，王死申亥家[41]，申亥以二女从死，并葬之。

是时楚国虽已立比为王，畏灵王复来，又不闻灵王死，故观从谓初王比[42]曰："不杀弃疾，虽得国，犹受祸。"王曰："余不忍。"从曰："人将忍王。"王不听，乃去。弃疾归[43]。国人每夜惊，曰："灵王入矣！"乙卯夜，弃疾使船人从江上走呼曰："灵王至矣！"国人愈惊。又使曼成然告初王比及令尹子晳曰："王至矣！国人将杀君，司马将至矣！君蚤自图，无取辱焉。众怒如水火，不可救也。"初王及子晳遂自杀。丙辰，弃疾即位为王，改名熊居，是为平王。

（以上为第七段，写楚灵王篡位，以及他所进行的争霸活动。由于他的暴政，公子弃疾作乱夺取了政权。）

①绞而弑之——据《左传》，公子围用冠缨将楚王绞杀，并葬于郏，谓之郏敖。 ②谁为后——谁为继位者？ ③伍举更曰："共王之子

围为长。”——意谓伍举改讣词“寡大夫围”为“共王之子围为长”，使围之继位合乎宗法，而非篡弑。 ④诸侯皆会楚于申——杜预注曰：“楚灵王合诸侯于申。”梁玉绳曰：“此即申之会也，申为楚地，非宋地。” ⑤夏启有钧台之飨——夏启：禹的儿子。钧台：即夏台，在今河南禹州南。飨：以隆重的礼仪宴请宾客。 ⑥商汤有景亳之命——商汤：商朝的开国君主。景亳：汤会盟诸侯处，在今河南商丘北。 ⑦周武王有盟津之誓——盟津：即孟津。黄河古渡口，故址在今河南洛阳孟津区东、孟州西南。誓：誓师典礼。 ⑧成王有岐阳之蒐（sōu）——岐阳：陕西岐山之南，在今陕西岐山县东北。蒐：检阅军队。 ⑨康王有丰宫之朝——康王：周康王，名钊，在位时继承父亲成王的政策，加强了统治，史称“成康之治”，见《周本纪》。丰：文王所建邑。在今陕西西安长安区沣河以西，与镐隔水相望。 ⑩穆王有涂山之会——穆王：周穆王，名满，曾西击犬戎，东伐徐戎。涂山：在今安徽怀远东南。 ⑪齐桓有召（shào）陵之师——召陵：楚邑名，故城在今河南漯河城区东南。齐桓公率领诸侯军队打败蔡国后，在召陵胁迫楚国接受盟约。 ⑫晋文有践土之盟——践土：郑地名，在今河南原阳西南。晋文公城濮之战后与诸侯在这里会盟，确立霸权，成为霸主。 ⑬用桓公——用齐桓公召陵之盟的礼仪会诸侯于申。 ⑭郑子产在焉——据《左传》，灵王会诸侯的礼仪是子产帮助制定的。子产：即郑大夫公孙侨，春秋后期著名的政治家。 ⑮桀为有仍之会，有缗叛之——有仍：古国名，在今山东济宁。有缗：古国名，在今山东金乡县东北。有仍、有缗之“有”字均为词头。 ⑯纣为黎山之会，东夷叛之——黎山：东夷国名，在今山东郓城西。东夷：泛指东方各部族。 ⑰幽王为太室之盟，戎、翟叛之——太室：即中岳嵩山。戎、翟：泛指西北地区各部族。 ⑱慎终——事情一开始就要考虑后果，表示谨慎从事。 ⑲朱方——在今江苏镇江丹徒区东南。 ⑳无效齐庆封弑其君而弱其孤，以盟诸大夫——庆封：字子家，齐大夫，齐庄公六年（前548）党同崔杼弑齐君，立景公。景公二年（前546），庆封趁崔氏内乱，攻灭崔氏，于是当国。次年，庆封以好猎嗜酒，令其子庆舍为政。庆氏内乱，鲍、陈、栾、高四族合谋攻庆氏，庆封遂奔鲁，后奔吴，吴与之朱方，他在此聚族而居。弱：欺压，挟制。孤：指幼年继位的齐景公。盟诸大夫:指庆封、崔杼强迫齐大夫订盟,支持他们控制齐国政权。 ㉑莫如楚共王庶子围弑其君兄之子员而代之立——楚共王以弑君责庆丰,庆丰则揭楚共王弑君篡位的老底,故《穀梁传》曰:"军人粲然皆笑。" ㉒使疾杀之——《左传》作"使速杀之"。㉓七年——当周景王十一年,鲁昭公八年(前534)。 就章华台,下令内亡人实之——章华台:楚行宫,在今湖北潜江西南龙湾古华容县城内。内:"纳"的古字。亡人:逃亡在外的人。 ㉔因为陈蔡公——按:弃疾只是蔡公,没做过陈公,当时陈公是穿封戌。 ㉕伐徐以恐吴——徐是吴的与国,故伐之。徐:古国名,在今江苏泗洪南。 ㉖灵王次于乾谿以待之——《左传》曰:"楚子次于乾谿,以为之援。"乾谿:在今安徽亳州东南。 ㉗今吾使使周求鼎以为分,其予我乎——意即欲求周鼎以为分器。以为分:作为分器。分器指古代帝王分赐诸侯世代保存的宗庙宝器。 ㉘析父——楚大夫。 ㉙荜露蓝蒌——坐着柴车,穿着破衣。 跋涉山林——《集解》引服虔曰:"草行曰跋,水行曰涉。"㉚唯是桃弧棘矢以共王事——桃弧:桃木做的弓。棘矢:棘木做的箭。共:同"供"。 ㉛齐,王舅也——齐丁公吕伋为成王之舅。齐与周通婚,为甥舅之国。 晋及鲁、卫,王母弟也——晋唐叔虞是成王之弟,鲁周公、卫康叔都是武王之弟。 ㉜昔我皇祖伯父昆吾旧许是宅——昆吾是陆终氏之长子,楚始祖季连之兄,故灵王称伯父。旧许是宅:昆吾始居许地。 ㉝昔诸侯远我而畏晋——龟井昱曰:"远我,以我为僻远也。" 大城陈、蔡、不羹——大城:扩建加固城池。陈:指陈故都宛丘,故城在今河南周口淮阳区。不羹(láng):东不羹故城在今河南舞阳西北。西不羹故城在今河南襄城东南。 赋——军队。古代按田赋出士兵,所以称军队为赋。 ㉞析父善言古事焉——《正义》曰:"此对王言是子革之辞,太史公云析父,误也。析父时为王仆,见子革对,故叹也。"泷川资言曰:"以上本昭十二年《左传》,而误以子革为析父,又删去析父规子革语,谓王喜析父善言古事,讹谬亦甚。" ㉟为间越大夫常寿过而作乱,为吴间——前"间":挑拨。泷川资言曰:"'为'字疑衍。《左传》'间'作'启'。启,开也,导也。'间'疑'开'之讹。" 后"间"——间谍。 ㊱先除王宫——先清除王宫。即逐杀王宫旧人。 ㊲自投车下——龟井昱曰:“自投于车下,颠坠而不自觉也。”投:跌倒。㊳鄀——楚别都,在今湖北宜城东南。㊴铜人——秦汉时称“中涓”,古代官中担任洒扫清洁的人。据《国语》,灵王所遇故铜人名畴。铜:通“涓”。㊵再犯王命——两次犯王法。即《左传》昭公七年所记,楚灵王为令尹时为王旌以田,芋尹断其旌;灵王继位后为章华之台,芋尹闯入抓捕逃犯之事。㊶王死申亥家——据《左传》载,灵王自缢于申亥家。㊷初王比——此时公子比自立为王,因后来弃疾又设计趁乱夺位,终为楚王,故此处称公子比为“初王”。中井积德曰:“比无谥,故以初王称之。”㊸弃疾归——中井积德曰:“‘弃疾归’三字无所属,疑衍文。”

平王以诈弑两王而自立,恐国人及诸侯叛之,乃施惠百姓。复陈蔡之地而立其后如故,归郑之侵地。存恤国中,修政教。吴以楚乱故,获五率以归①。平王谓观从:“恣尔所欲。”欲为卜尹②,王许之。

初,共王有宠子五人,无適立,乃望祭群神,请神决之,使主社稷,而阴与巴姬埋璧于室内,③召五公子斋而入。康王跨之,灵王肘加之,④子比、子皙皆远之。平王幼,抱而入再拜,压纽⑤。故康王以长立,至其子失之;围为灵王,及身而弑;子比为王十余日,子皙不得立,又俱诛。四子皆绝无后。唯独弃疾后立,为平王,竟续楚祀,如其神符。

初,子比自晋归,韩宣子问叔向曰⑥:“子比其济乎?”对曰:“不就。”宣子曰:“同恶相求,如市贾焉⑦,何为不就?”对曰:“无与同好,谁与同恶⑧?取国有五难:有宠无人,一也;有人无主,二也;有主无谋,三也;有谋而无民,四也;有民而无德,五也。子比在晋十三年矣,晋、楚之从不闻通者⑨,可谓无人矣;族尽亲叛,可谓无主矣;无衅而动⑩,可谓无谋矣;为羁终世⑪,可谓无民矣;亡无爱征⑫,可谓无德矣。王虐而不忌⑬,子比涉五难以弑君,谁能济之!有楚国者,其弃疾乎?君陈、蔡,方城外属焉⑭。苛慝不作，盗贼伏隐，私欲不违，[15]民无怨心。先神命之[16]，国民信之。芈姓有乱，必季实立，楚之常也[17]。子比之官，则右尹也[18]；数其贵宠，则庶子也；以神所命，则又远之；民无怀焉，将何以立？”宣子曰：“齐桓、晋文不亦是乎[19]？”对曰：“齐桓，卫姬之子也，有宠于釐公。有鲍叔牙、宾须无、隰朋以为辅，有莒、卫以为外主，有高、国以为内主。从善如流，施惠不倦。有国，不亦宜乎？昔我文公，狐季姬之子也，有宠于献公。好学不倦。生十七年，有士五人，有先大夫子余、子犯以为腹心，有魏犨、贾佗以为股肱，有齐、宋、秦、楚以为外主，有栾、郤、狐、先以为内主。亡十九年，守志弥笃。惠、怀弃民，民从而与之。故文公有国，不亦宜乎？子比无施于民，无援于外，去晋，晋不送；归楚，楚不迎。何以有国！”子比果不终焉，卒立者弃疾，如叔向言也。

平王二年，使费无忌如秦为太子建取妇。妇好，来，未至，无忌先归，说平王曰：“秦女好，可自娶，为太子更求。”平王听之，卒自娶秦女，生熊珍。更为太子娶。是时伍奢为太子太傅，无忌为少傅。无忌无宠于太子，常谗恶太子建。建时年十五矣，其母蔡女也，无宠于王，王稍益疏外建也。

六年，使太子建居城父，[20]守边。无忌又日夜谗太子建于王曰：“自无忌入秦女，太子怨，亦不能无望于王，王少自备焉。且太子居城父，擅兵，外交诸侯，且欲入矣。”平王召其傅伍奢责之。伍奢知无忌谗，乃曰：“王奈何以小臣疏骨肉？”无忌曰：“今不制，后悔也。”于是王遂囚伍奢。乃令司马奋扬召太子建，欲诛之。太子闻之，亡奔宋。

无忌曰：“伍奢有二子，不杀者，为楚国患。盍以免其父召之，必至。”于是王使使谓奢：“能致二子则生，不能将死。”奢曰：“尚至，胥不至[21]。”王曰：“何也？”奢曰：“尚之为人，廉，死节，慈孝而仁，闻召而免父，必至，不顾其死。胥之为人，智而好谋，勇而矜功，知来必死，必不来。然为楚国忧者必此子。”于是王使人召之，曰："来，吾免尔父。"伍尚谓伍胥曰："闻父免而莫奔，不孝也；父戮莫报，无谋也；度能任事[22]，知也。子其行矣，我其归死。"伍尚遂归。伍胥弯弓属矢，出见使者，曰："父有罪，何以召其子为？"将射，使者还走，遂出奔吴。伍奢闻之，曰："胥亡，楚国危哉。"楚人遂杀伍奢及尚。

十年，楚太子建母在居巢，开吴[23]。吴使公子光伐楚，遂败陈、蔡，取太子建母而去。楚恐，城郢[24]。初，吴之边邑卑梁与楚边邑钟离小童争桑，两家交怒相攻，灭卑梁人。[25]卑梁大夫怒，发邑兵攻钟离。楚王闻之，怒，发国兵灭卑梁。吴王闻之，大怒，亦发兵，使公子光因建母家攻楚，遂灭钟离、居巢。楚乃恐而城郢。

十三年，平王卒。将军子常曰："太子珍少，且其母乃前太子建所当娶也。"欲立令尹子西。子西，平王之庶弟也，有义。子西曰："国有常法，更立则乱，言之则致诛。"乃立太子珍，是为昭王。

昭王元年，楚众不说费无忌，以其谗亡太子建，杀伍奢子父与郤宛。[26]宛之宗姓伯氏子嚭及子胥皆奔吴，吴兵数侵楚，楚人怨无忌甚。楚令尹子常诛无忌以说众，众乃喜。

四年，吴三公子奔楚[27]，楚封之以捍吴。五年，吴伐取楚之六、潜[28]。七年，楚使子常伐吴，吴大败楚于豫章[29]。

十年冬，吴王阖庐、伍子胥、伯嚭与唐、蔡俱伐楚，楚大败，吴兵遂入郢，辱平王之墓，以伍子胥故也。吴兵之来，楚使子常以兵迎之，夹汉水阵。吴伐败子常，子常亡奔郑。楚兵走，吴乘胜逐之，五战及郢。己卯，昭王出奔。庚辰，吴人入郢。

昭王亡也，至云梦。云梦不知其王也，射伤王。王走郧[30]。郧公之弟怀曰："平王杀吾父，今我杀其子，不亦可乎？"郧公止之，然恐其弑昭王，乃与王出奔随。吴王闻昭王往，即进击随，谓随人曰："周之子孙封于江汉之间者，楚尽灭之[31]。"欲杀昭王。王从臣子綦乃深匿王，自以为王，谓随人曰："以我予吴。"随人卜予吴，不吉，乃谢吴王曰："昭王亡，不在随。"吴请入自索之，随不听，吴亦罢去。

昭王之出郢也，使申包胥请救于秦。秦以车五百乘救楚，楚亦收余散兵，与秦击吴。十一年六月，败吴于稷[32]。会吴王弟夫概见吴王兵伤败，乃亡归，自立为王。阖庐闻之，引兵去楚，归击夫概。夫概败，奔楚，楚封之堂谿[33]，号为堂谿氏。

楚昭王灭唐。九月，归入郢。十二年，吴复伐楚，取番[34]。楚恐，去郢，北徙都鄀[35]。

十六年，孔子相鲁。二十年，楚灭顿，灭胡[36]。二十一年，吴王阖庐伐越。越王句践射伤吴王，遂死。吴由此怨越而不西伐楚。

二十七年春，吴伐陈，楚昭王救之，军城父。十月，昭王病于军中，有赤云如鸟，夹日而蜚。昭王问周太史，太史曰："是害于楚王，然可移于将相。"将相闻是言，乃请自以身祷于神[37]。昭王曰："将相，孤之股肱也，今移祸，庸[38]去是身乎！"弗听。卜而河为祟，大夫请祷河[39]。昭王曰："自吾先王受封，望不过江、汉，而河非所获罪也。"止不许。孔子在陈，闻是言，曰："楚昭王通大道矣。其不失国，宜哉！"

昭王病甚，乃召诸公子大夫曰："孤不佞，再辱楚国之师[40]，今乃得以天寿终，孤之幸也。"让其弟公子申为王，不可。又让次弟公子结，亦不可。乃又让次弟公子闾，五让，乃后许为王。将战，庚寅，昭王卒于军中。子闾曰："王病甚，舍其子让群臣，臣所以许王，以广王意也[41]。今君王卒，臣岂敢忘君王之意乎！"乃与子西、子綦谋，伏师闭涂，迎越女之子章立之，[42]是为惠王。然后罢兵归，葬昭王。

惠王二年，子西召故平王太子建之子胜于吴，以为巢大夫，号曰白公。[43]白公好兵而下士，欲报仇。六年，白公请兵令尹子西伐郑。初，白公父建亡在郑，郑杀之，白公亡走吴，子西复召之，故以此怨郑，欲伐之。子西许而未为发兵。八年，晋伐郑，郑告急楚，楚使子西救郑，受赂而去。白公胜怒，乃遂与勇力死士石乞等袭杀令尹子西、子綦于朝，因劫惠王，置之高府[44]，欲弑之。惠王从者屈固负王亡走昭王夫人宫。白公自立为王。月余，会叶公[45]来救楚，楚惠王之徒与共攻白公，杀之。惠王乃复位。是岁也，灭陈而县之。

十三年，吴王夫差强，陵齐、晋，来伐楚。十六年，越灭吴。四十二年，楚灭蔡。四十四年，楚灭杞。与秦平。是时越已灭吴，而不能正[46]江、淮北；楚东侵，广地至泗上[47]。

五十七年，惠王卒，子简王中立。

（以上为第八段，叙述楚与吴在南方的争夺。）

①获五率以归——前年，灵王命五帅围徐以恐吴，适值国内大乱，吴遂败楚。五率：即荡侯、潘子、司马督、嚣尹午、陵尹喜。率：同“帅”。 ②卜尹——掌握卜筮的官，相当于大夫的职位。 ③无适立——没有嫡子可立为太子。适：通“嫡”。 望祭——也单称望，遥望而祭祀。 使主社稷——《左传》云：“而祈曰：‘请神择于五人者，使主社稷。’乃遍以璧见于群望曰：‘当璧而拜者，神所立也，谁敢违之？’” 阴与巴姬埋璧于室内——巴姬：共王宠妾。室内：指祖庙内。 ④康王跨之——谓两足各在璧一边。 灵王肘加之——跪拜时手臂压在玉璧上。 ⑤压纽——压在璧纽上。 ⑥韩宣子——韩起，晋国的执政大臣。 叔向——羊舌肸，晋国大夫，博学多识，是春秋时期著名政治家。 ⑦同恶相求，如市贾焉——《集解》引服虔曰：“谓国人共恶灵王者，如市贾之人求利也。” ⑧无与同好，谁与同恶——意即国内没有同党，一旦有难，也没有人与他同患难。 ⑨晋、楚之从不闻通者——从：指那些与子比交往的人。通者：通达之人。 ⑩无衅而动——《集解》引服虔曰：“言灵王尚在，而妄动取国，故谓无谋。”衅：间隙，破绽，可乘之机。 ⑪为羁终世——《集解》引杜预曰：“终身羁客在于晋，是无民。” ⑫亡无爱征——《集解》引杜预曰：“楚人无爱念者。” ⑬王虐而不忌——中井积德曰：“以灵王之虐，而无所忌恶于子干，则其人不足畏也可知矣，非语灵王将亡。” ⑭君陈、蔡，方城外属焉——弃疾时为蔡

公,控制陈蔡,方城以外都是他的势力范围。方城:春秋时楚北的长城。由今之河南方城,循伏牛山,北至今邓州。为古九塞之一。 ⑮苛慝不作——苛刻邪恶的事没有发生。 私欲不违——《集解》引服虔曰:"不以私欲违民心。" ⑯先神命之——祖先之神早已有命在先。指弃疾压纽事。 ⑰芈(mǐ)姓有乱,必季实立,楚之常也——从楚国内乱的历史看,登上王位的总是最小的儿子。季:少子。 ⑱子比之官,则右尹也——右尹不如陈蔡公有势力。 ⑲齐桓、晋文不亦是乎——《集解》引服虔曰:"皆庶子而出奔。" ⑳六年——公元前523年。城父——楚北境边邑,在今河南襄城西南。 ㉑尚至,胥不至——尚:伍尚,时为棠君,楚大夫。胥:伍子胥,名员。伍奢次子,事迹详见《伍子胥列传》。 ㉒度能任事——估计能力承担责任。 ㉓太子建母在居巢,开吴——居巢:在今安徽巢湖市东北,一说在今安徽六安东北。开吴:引导吴国伐楚。 ㉔楚恐,城郢——加固郢都的城墙。郢:在今湖北荆州市荆州区。 ㉕钟离——楚边邑。在今安徽凤阳东北。 小童争桑——《左传》《吴世家》《伍子胥列传》均记为两国女子争桑。 卑梁——吴边邑,在今安徽天长西北。 ㉖昭王元年——公元前515年。郤宛——即子恶,楚国左尹。 ㉗吴三公子奔楚——《吴太伯世家》载吴王僚之弟烛庸、盖余二公子伐楚,闻吴王僚被公子光所弑而降楚。《左传·昭公三十年》亦载二公子奔楚,此云三公子,"三"字当误。 ㉘吴伐取楚之六、潜——六:在今安徽六安北。潜:在今安徽霍山县东北。潜:亦作"灊"。 ㉙豫章——汉水以东,长江以北地区名,今地不能确指。 ㉚郧——在今湖北安陆,一说在湖北十堰郧阳区。 ㉛周之子孙封于江汉之间者,楚尽灭之——泷川资言曰:"吴、随皆与周同姓,故云。" ㉜稷——楚邑,在今河南桐柏境。 ㉝堂谿——在今河南西平西。 ㉞番——当时楚东境边邑,在今江西鄱阳。一说吴楚当时不可能在此交兵,其地当在今安徽凤台西北。 ㉟鄀——在今湖北宜城东南。 ㊱楚灭顿,灭胡——顿:古诸侯国名,姬姓,故城在今河南项城西南之南顿故城。胡:古诸侯国名,故城在今安徽阜阳西北。 ㊲乃请自以身祷于神——谓以身相代。按:《左传》无是言。 ㊳庸——岂,难道。 ㊴祷河——祭祀黄河神。 ㊵再辱楚国之师——指昭王七年(前509)吴军大败楚军于豫章,十年(前506)吴军入郢两件事。 ㊶以广王意也——用此安慰大王。广:宽慰。 ㊷伏师闭途——秘密派遣军队,阻断道路。主要防备吴兵趁丧伐楚,以及邻国诸公子之变。 越女——昭王之妾。 ㊸惠王二年——公元前487年。 以为巢大夫,号曰白公——巢:故城在今安徽巢湖东北。白:邑名。 ㊹高府——府库之名。 ㊺叶公——即子高,名沈诸梁,封于叶(今河南叶县南)。 ㊻正:——通"征"。 ㊼泗上——泗水之滨。指今山东泗水县至江苏徐州一带。

简王元年,北伐灭莒。八年,魏文侯、韩武子、赵桓子始列为诸侯。

二十四年,简王卒,子声王当立。声王六年,盗杀声王,子悼王熊疑立。悼王二年,三晋来伐楚,至乘丘而还。[①]四年,楚伐周。郑杀子阳[②]。九年,伐韩,取负黍[③]。十一年,三晋伐楚,败我大梁、榆关[④]。楚厚赂秦,与之平[⑤]。二十一年,悼王卒,子肃王臧立。

肃王四年,蜀伐楚,取兹方。于是楚为扞关[⑥]以距之。十年,魏取我鲁阳。[⑦]十一年,肃王卒,无子,立其弟熊良夫,是为宣王。

宣王六年,周天子贺秦献公。秦始复强,而三晋益大,魏惠王、齐威王尤强。三十年,秦封卫鞅于商,南侵楚。是年,宣王卒,子威王熊商立。

威王六年,周显王致文武胙于秦惠王。

七年,齐孟尝君父田婴欺楚,楚威王伐齐,败之于徐州,而令齐必逐田婴。田婴恐,张丑伪谓楚王曰:"王所以战胜于徐州者,田盼子不用也。[⑧]盼子者,有功于国[⑨],而百姓为之用。婴子弗善而用申纪[⑩]。申纪者,大臣不附,百姓不为用,故王胜之也。今王逐婴子,婴子逐,盼子必用矣。复搏其士卒以与王遇[⑪],必不便于王矣。"楚王因弗逐也。

十一年，威王卒，子怀王熊槐立。魏闻楚丧，伐楚，取我陉山⑫。

（以上为第九段，写楚在战国初期的史事。）

①悼王二年——公元前400年。　乘丘——故城在今山东济宁兖州区西北。　②子阳——郑国相。　③负黍——故城在今河南登封西南。　④败我大梁、榆关——《集解》引徐广曰："《年表》三年，归榆关于郑。"按：榆关，当郑之南，大梁之西也。榆关在大梁之境，此时属楚，故云"败我大梁、榆关"也。大梁：即今河南开封。　⑤楚厚赂秦，与之平——梁玉绳曰："不言秦伐楚，但言楚赂秦，与上文书'与秦平'同为疏也。"　⑥扞关——在今重庆奉节东长江北岸赤甲山上。　⑦十年——公元前371年。　鲁阳——古邑、县名，在今河南鲁山。　⑧张丑——田婴门客。　田肦子不用也——《索隐》曰："肦子，婴之同族。"田肦子：亦称田肦，齐将。齐威王晚年田婴为相，田肦与田婴不和而受排挤。　⑨肦子者，有功于国——指公元前341年，田肦在马陵之战中大败魏军。　⑩申纪——齐将名。　⑪复搏其士卒以与王遇——搏：当作"抟"，同"专"，专一，集中。此处指统率。按：此段记事据《战国策·齐策》。　⑫取我陉山——梁玉绳曰："'取'当作'败'，《六国表》《魏世家》可证。"陉山：在今河南漯河郾城区。

怀王元年，张仪始相秦惠王。四年，秦惠王初称王。

六年，楚使柱国昭阳将兵而攻魏，破之于襄陵，得八邑。又移兵而攻齐，齐王患之。陈轸适为秦使齐，齐王曰："为之奈何？"陈轸曰："王勿忧，请令罢之。"即往见昭阳军中，曰："愿闻楚国之法，破军杀将者何以贵之？"昭阳曰："其官为上柱国，封上爵执珪①。"陈轸曰："其有贵于此者乎？"昭阳曰："令尹。"陈轸曰："今君已为令尹矣，此国冠之上。②臣请得譬之。人有遗其舍人一卮酒者，舍人相谓曰：'数人饮此，不足以遍，请遂画地为蛇，蛇先成者独饮之。'一人曰：'吾蛇先成。'举酒而起，曰：'吾能为之足。'及其为之足，而后成人夺之酒而饮之，曰：'蛇固无足，今为之足，是非蛇也。'今君相楚而攻魏,破军杀将,功莫大焉,冠之上不可以加矣。今又移兵而攻齐,攻齐胜之,官爵不加于此;攻之不胜,身死爵夺,有毁于楚:此为蛇为足之说也。不若引兵而去以德齐,此持满之术[③]也。"昭阳曰:"善。"引兵而去。

燕、韩君初称王。秦使张仪与楚、齐、魏相会,盟齧桑[④]。

十一年,苏秦约从山东六国共攻秦,楚怀王为从长。[⑤]至函谷关,秦出兵击六国,六国兵皆引而归,齐独后。十二年,齐湣王伐败赵、魏军,秦亦伐败韩,与齐争长。

十六年,秦欲伐齐,而楚与齐从亲,秦惠王患之,乃宣言张仪免相,使张仪南见楚王,谓楚王曰:"敝邑之王所甚说者无先大王,虽仪之所甚愿为门阑之厮者亦无先大王。[⑥]敝邑之王所甚憎者无先齐王,虽仪之所甚憎者亦无先齐王。而大王和之[⑦],是以敝邑之王不得事王,而令仪亦不得为门阑之厮也。王为仪闭关而绝齐,今使使者从仪西取故秦所分楚商於[⑧]之地方六百里,如是则齐弱矣。是北弱齐,西德于秦,私商於以为富,此一计而三利俱至也。"怀王大悦,乃置相玺于张仪,日与置酒,宣言"吾复得吾商於之地"。群臣皆贺,而陈轸独吊。怀王曰:"何故?"陈轸对曰:"秦之所为重王者,以王之有齐也。今地未可得而齐交先绝,是楚孤也。夫秦又何重孤国哉,必轻楚矣。且先出地而后绝齐,则秦计不为。先绝齐而后责地,则必见欺于张仪。见欺于张仪,则王必怨之。怨之,是西起秦患,北绝齐交。西起秦患,北绝齐交,则两国之兵必至[⑨]。臣故吊。"楚王弗听,因使一将军西受封地。

张仪至秦,详醉坠车,称病不出三月,地不可得。楚王曰:"仪以吾绝齐为尚薄邪?"乃使勇士宋遗北辱齐王。齐王大怒,折楚符而合于秦。秦齐交合,张仪乃起朝,谓楚将军曰:"子何不受地?从某至某,广袤六里。"楚将军曰:"臣之所以见命者六百里,不闻六里。"即以归报怀王。怀王大怒,兴师将伐秦。陈轸又曰:

“伐秦非计也。不如因赂之一名都，与之伐齐，是我亡于秦，取偿于齐也，吾国尚可全。今王已绝于齐而责欺于秦，是吾合秦齐之交而来天下之兵也，国必大伤矣。”楚王不听，遂绝和于秦，发兵西攻秦。秦亦发兵击之。

十七年春，与秦战丹阳，秦大败我军，斩甲士八万，虏我大将军屈匄、裨将军逢侯丑等七十余人，遂取汉中之郡。楚怀王大怒，乃悉国兵复袭秦，战于蓝田，大败楚军。韩、魏闻楚之困，乃南袭楚，至于邓[⑩]。楚闻，乃引兵归。

十八年，秦使使约复与楚亲，分汉中之半以和楚。楚王曰：“愿得张仪，不愿得地。”张仪闻之，请之楚。秦王曰：“楚且甘心[⑪]于子，奈何？”张仪曰：“臣善其左右靳尚，靳尚又能得事于楚王幸姬郑袖[⑫]，袖所言无不从者。且仪以前使负楚以商於之约，今秦楚大战，有恶，臣非面自谢楚不解。且大王在，楚不宜敢取仪。诚杀仪以便国，臣之愿也。”仪遂使楚。

至，怀王不见，因而囚张仪，欲杀之。仪私于靳尚，靳尚为请怀王曰：“拘张仪，秦王必怒。天下见楚无秦，必轻王矣。”又谓夫人郑袖曰：“秦王甚爱张仪，而王欲杀之，今将以上庸之地六县赂楚，以美人聘楚王，以宫中善歌者为之媵。楚王重地，秦女必贵，而夫人必斥矣。夫人不若言而出之。”郑袖卒言张仪于王而出之。仪出，怀王因善遇仪，仪因说楚王以叛从约而与秦合亲，约婚姻。张仪已去，屈原使从齐来，谏王曰：“何不诛张仪？”怀王悔，使人追仪，弗及。是岁，秦惠王卒。

二十年，齐湣王欲为从长，恶楚之与秦合，乃使使遗楚王书曰：“寡人患楚之不察于尊名也[⑬]。今秦惠王死，武王立，张仪走魏[⑭]，樗里疾、公孙衍用，而楚事秦。夫樗里疾善乎韩，而公孙衍善乎魏；[⑮]楚必事秦，韩、魏恐，必因二人求合于秦，则燕、赵亦宜事秦。四国争事秦，则楚为郡县矣。王何不与寡人并力收韩、魏、燕、赵，与为从而尊周室，以案兵息民？令于天下，莫敢不乐听,则王名成矣。王率诸侯并伐,破秦必矣。王取武关、蜀、汉之地,私吴、越之富而擅江海之利,韩、魏割上党,西薄函谷,则楚之强百万也。且王欺于张仪,亡地汉中,兵锉蓝田,天下莫不代王怀怒。今乃欲先事秦!愿大王孰计之。"

楚王业已欲和于秦,见齐王书,犹豫不决,下其议群臣。群臣或言和秦,或曰听齐。昭雎曰:"王虽东取地于越,不足以刷耻;必且取地于秦,而后足以刷耻于诸侯。王不如深善齐、韩以重樗里疾,如是则王得韩、齐之重以求地矣。秦破韩宜阳,而韩犹复事秦者,以先王墓在平阳,而秦之武遂去之七十里[16],以故尤畏秦。不然,秦攻三川,赵攻上党,楚攻河外[17],韩必亡。楚之救韩,不能使韩不亡,然存韩者楚也。韩已得武遂于秦,以河山为塞[18],所报德莫如楚厚,臣以为其事王必疾。齐之所信于韩者,以韩公子眛为齐相也。韩已得武遂于秦,王甚善之,使之以齐、韩重樗里疾,疾得齐、韩之重,其主弗敢弃疾也。今又益之以楚之重,樗里子必言秦,复与楚之侵地矣。"于是怀王许之,竟不合秦,而合齐以善韩。

二十四年,倍齐而合秦。秦昭王初立,乃厚赂于楚。楚往迎妇[19]。二十五年,怀王入与秦昭王盟,约于黄棘[20]。秦复与楚上庸[21]。二十六年,齐、韩、魏为楚负其从亲而合于秦,三国共伐楚。楚使太子入质于秦而请救。秦乃遣客卿通将兵救楚,三国引兵去。

二十七年,秦大夫有私与楚太子斗,楚太子杀之而亡归。二十八年,秦乃与齐、韩、魏共攻楚,杀楚将唐眛,取我重丘[22]而去。二十九年,秦复攻楚,大破楚,楚军死者二万,杀我将军景缺。怀王恐,乃使太子为质于齐以求平。三十年,秦复伐楚,取八城。秦昭王遗楚王书曰:"始寡人与王约为弟兄,盟于黄棘,太子为质,至欢也。太子陵杀寡人之重臣,不谢而亡去,寡人诚不胜怒,使兵侵君王之边。今闻君王乃令太子质于齐以求平。寡人与楚接境壤界，故为婚姻，所从相亲久矣。而今秦楚不欢，则无以令诸侯。寡人愿与君王会武关，面相约，结盟而去，寡人之愿也。敢以闻下执事[23]。”楚怀王见秦王书，患之。欲往，恐见欺；无往，恐秦怒。昭雎曰：“王毋行，而发兵自守耳。秦虎狼，不可信，有并诸侯之心。”怀王子子兰劝王行，曰：“奈何绝秦之欢心！”于是往会秦昭王。昭王诈令一将军伏兵武关，号为秦王。楚王至，则闭武关，遂与西至咸阳，朝章台，如蕃臣，不与亢礼。楚怀王大怒，悔不用昭子言。秦因留楚王，要以割巫、黔中之郡。楚王欲盟，秦欲先得地。楚王怒曰：“秦诈我，而又强要我以地！”不复许秦。秦因留之。

楚大臣患之，乃相与谋曰：“吾王在秦不得还，要以割地，而太子为质于齐，齐、秦合谋，则楚无国矣。”乃欲立怀王子在国者。昭雎曰：“王与太子俱困于诸侯，而今又倍王命而立其庶子，不宜。”乃诈赴于齐[24]，齐湣王谓其相曰：“不若留太子以求楚之淮北。”相曰：“不可，郢中立王，是吾抱空质而行不义于天下也。”或曰：“不然。郢中立王，因与其新王市[25]曰‘予我下东国[26]，吾为王杀太子，不然，将与三国[27]共立之’，然则东国必可得矣。”齐王卒用其相计而归楚太子。太子横至，立为王，是为顷襄王。乃告于秦曰：“赖社稷神灵，国有王矣。”

（以上为第十段，写楚在怀王时期一再被秦所骗，几次大败，楚从此一蹶不振。）

①封上爵执珪——封上等爵位，执玉珪。 ②陈轸——战国时游说之士，与张仪俱事秦惠王，张仪为相后奔楚。 此国冠之上——即国家的最高官阶。 ③持满之术——保持最高爵禄的方法。 ④齧(niè)桑——在今江苏沛县西南。 ⑤十一年——公元前318年。苏秦约从山东六国共攻秦，楚怀王为从长——据《战国策》约六国攻秦的是李兑，时苏秦已死。从长：合纵国的首领。从：“纵”的古字。⑥说——“悦”的古字，尊崇，钦服。 门阑之厮——看门的差役。⑦而大王和之——《索隐》曰：“‘和’，谓楚与齐相和亲也。” ⑧商

於——亦称“於中”。古地区名。在今河南淅川西南。或以为商於系指商(今陕西丹凤西北商镇)、於(今河南西峡县境)两邑及两邑间的地区,即今丹江中、下游一带。 ⑨两国之兵必至——《索隐》曰:“两国,谓韩、魏。” ⑩邓——古邑名,在今河南漯河郾城区东南。 ⑪甘心——解恨。 ⑫靳(jìn)尚又能得事于楚王幸姬郑袖——靳尚:楚怀王之侍臣。郑袖:楚怀王夫人,有说即南后。 ⑬寡人患楚之不察于尊名也——我对于楚不注意名位的尊贵而感到忧虑。 ⑭秦惠王死,武王立,张仪走魏——张仪于秦惠王死后,在秦受排挤,故自请去魏。事见《张仪列传》。 ⑮樗(chū)里疾善乎韩——樗里疾母,韩女。 公孙衍善乎魏——公孙衍,魏人。 ⑯秦破韩宜阳,而韩犹复事秦者,以先王墓在平阳,而秦之武遂去之七十里——宜阳:韩抵御秦的军事重镇,在今河南宜阳西。平阳:在今山西临汾西南。武遂:在今山西临汾西南,一说当在今山西垣曲东南。 ⑰秦攻三川,赵攻上党,楚攻河外——三川:雒水、伊水、黄河交汇之地。秦庄襄王元年(前249)置三川郡,治雒阳(今洛阳东)。上党:韩郡名,辖境约在山西沁河以东地区,北与赵国上党郡相接,后属赵。河外:韩黄河以南之地。 ⑱以河山为塞——《正义》曰:“河,蒲河西黄河也。山,韩西境也。” ⑲楚往迎妇——当是秦往楚迎妇。 ⑳黄棘——在今河南新野东北。 ㉑上庸——在今湖北竹山县西南。 ㉒重丘——在今河南泌阳东北。 ㉓下执事——您手下的办事人员。 ㉔乃诈赴于齐——胡三省曰:“诈言楚王薨,而请太子还王楚。” ㉕郢中立王,因与其新王市——郢中:即楚都。市:做生意,讲条件。 ㉖予我下东国——下东国:战国楚地。又作“东国”“东地”。指今淮河以北之安徽东部和江苏西部地区。鲍彪曰:“盖楚国之东,其地近齐、楚地高而此下。” ㉗三国——谓齐、韩、魏。

顷襄王横元年,秦要怀王不可得地,楚立王以应秦,秦昭王怒,发兵出武关攻楚,大败楚军,斩首五万,取析十五城而去。[①]二年,楚怀王亡逃归,秦觉之,遮楚道[②],怀王恐,乃从间道走赵以求归。赵主父在代[③]，其子惠王初立，行王事，恐，不敢入楚王。楚王欲走魏，秦追至，遂与秦使复之秦。怀王遂发病。顷襄王三年，怀王卒于秦，秦归其丧于楚。楚人皆怜之，如悲亲戚。诸侯由是不直秦。秦楚绝。

六年，秦使白起伐韩于伊阙[④]，大胜，斩首二十四万。秦乃遗楚王书曰："楚倍秦，秦且率诸侯伐楚，争一旦之命。愿王之饬士卒，得一乐战[⑤]。"楚顷襄王患之，乃谋复与秦平。七年，楚迎妇于秦，秦楚复平。

十一年，齐秦各自称为帝；月余，复归帝为王。

十四年，楚顷襄王与秦昭王好会于宛[⑥]，结和亲。十五年，楚王与秦、三晋、燕共伐齐，取淮北。十六年，与秦昭王好会于鄢[⑦]。其秋，复与秦王会穰[⑧]。

十八年，楚人有好以弱弓微缴加归雁之上[⑨]者，顷襄王闻，召而问之。对曰："小臣之好射鶀雁、罗鸗[⑩]，小矢之发也，何足为大王道也。且称楚之大，因大王之贤，所弋非直此也[⑪]。昔者三王以弋道德，五霸以弋战国。故秦、魏、燕、赵者，鶀雁也；齐、鲁、韩、卫者，青首也；驺、费、郯、邳者，罗鸗也。[⑫]外其余则不足射者。见鸟六双[⑬]，以王何取？王何不以圣人为弓，以勇士为缴，时张而射之？此六双者，可得而囊载也。其乐非特朝昔之乐也，其获非特凫雁之实也。王朝张弓而射魏之大梁之南，加其右臂而径属之于韩，则中国之路绝而上蔡之郡坏矣。[⑭]还射圉之东，解魏左肘而外击定陶，则魏之东外弃而大宋、方与二郡者举矣。[⑮]且魏断二臂，颠越矣；膺击郯国，大梁可得而有也。王绩缴兰台[⑯]，饮马西河，定魏大梁，此一发之乐也。若王之于弋诚好而不厌，则出宝弓，碆新缴，射噣鸟于东海，还盖长城以为防，[⑰]朝射东莒，夕发浿丘，夜加即墨，顾据午道[⑱]，则长城之东收而太山之北举矣。西结境于赵而北达于燕，三国布䎐，[⑲]则从不待约而可成也。北游目于燕之辽东而南登望于越之会稽，此再发之乐也。若夫泗上十二诸侯,左萦而右拂之,可一旦而尽也。今秦破韩以为长忧[20],得列城而不敢守也;伐魏而无功,击赵而顾病,则秦魏之勇力屈矣,楚之故地汉中、析、郦[21]可得而复有也。王出宝弓,碆新缴,涉鄳塞[22],而待秦之倦也,山东、河内可得而一也。劳民休众,南面称王矣。故曰秦为大鸟,负海内而处,东面而立,左臂据赵之西南,右臂傅楚鄢郢,膺击韩魏,垂头中国,[23]处既形便,势有地利,奋翼鼓翅,方三千里,则秦未可得独招[24]而夜射也。"欲以激怒襄王,故对以此言。襄王因召与语,遂言曰:"夫先王为秦所欺而客死于外,怨莫大焉。今以匹夫有怨,尚有报万乘,白公、子胥是也。今楚之地方五千里,带甲百万,犹足以踊跃中野也,而坐受困,臣窃为大王弗取也。"于是顷襄王遣使于诸侯,复为从,欲以伐秦。秦闻之,发兵来伐楚。

楚欲与齐韩连和伐秦[25],因欲图周。周王赧使武公谓楚相昭子曰:"三国以兵割周郊地以便输,而南器以尊楚,[26]臣以为不然。夫弑共主,臣世君[27],大国不亲;以众胁寡,小国不附。大国不亲,小国不附,不可以致名实。名实不得,不足以伤民[28]。夫有图周之声,非所以为号也。"昭子曰:"乃图周则无之。虽然,周何故不可图也?"对曰:"军不五不攻,城不十不围,夫一周为二十晋[29],公之所知也。韩尝以二十万之众辱于晋之城下,锐士死,中士伤,而晋不拔。公之无百韩以图周,此天下之所知也。夫怨结于两周以塞驺鲁之心[30],交绝于齐,声[31]失天下,其为事危矣。夫危两周以厚三川,方城之外必为韩弱矣[32]。何以知其然也?西周之地,绝长补短,不过百里。名为天下共主,裂其地不足以肥国,得其众不足以劲兵。虽无攻之,名为弑君[33]。然而好事之君,喜攻之臣,发号用兵,未尝不以周为终始。是何也?见祭器在焉,欲器之至而忘弑君之乱。今韩以器之在楚,臣恐天下以器仇楚也。臣请譬之。夫虎肉臊,其兵利身[34],人犹攻之也。若使泽中之麋蒙虎之皮,人之攻之必万于虎矣。裂楚之地,足以肥国;诎楚之名，足以尊主。今子将以欲诛残天下之共主，居三代之传器，吞三翮六翼[35]，以高世主，非贪而何？《周书》曰‘欲起无先[36]’，故器南则兵至矣。”于是楚计辍不行。

十九年，秦伐楚，楚军败，割上庸、汉北地予秦。二十年，秦将白起拔我西陵[37]。二十一年，秦将白起遂拔我郢，烧先王墓夷陵[38]。楚襄王兵散，遂不复战，东北保于陈城[39]。二十二年，秦复拔我巫、黔中郡。

二十三年，襄王乃收东地兵，得十余万，复西取秦所拔我江旁十五邑以为郡，距秦。二十七年，使三万人助三晋伐燕。复与秦平，而入太子为质于秦。楚使左徒[40]侍太子于秦。

三十六年，顷襄王病，太子亡归。秋，顷襄王卒，太子熊元代立，是为考烈王。考烈王以左徒为令尹，封以吴，号春申君。

（以上为第十一段，写顷襄王听射雁者之言，攻秦复败，自此楚益弱。）

①顷襄王横元年——公元前298年。 析——在今河南西峡县。 ②遮楚道——胡三省曰：“遮其归楚之路也。”遮：封锁。 ③赵主父在代——赵主父：即赵武灵王，名雍，公元前325—前299年在位。代：在今河北蔚县东北。 ④秦使白起伐韩于伊阙——白起：秦国名将。伊阙：山名，在今河南洛阳南，是当时韩国重要关隘。 ⑤乐战——痛快地打一仗。 ⑥宛——在今河南南阳。 ⑦鄢——在今河南鄢陵西北。 ⑧穰——在今河南邓州。 ⑨以弱弓微缴加归雁之上——弱：小。微：细。加归雁之上：射中北归之雁的背部。 ⑩小臣之好射鶀(qí)雁、罗鸗(lóng)——鶀雁：小雁。罗鸗：野鸟。 ⑪且称楚之大——方苞认为：称，去声，衡量楚之强大也。 所弋非直此也——泷川资言曰：“直，特也。” ⑫青首——鸟名，小于雁。 驺、费、郯、邳者，罗鸗也——驺：古诸侯国名，故城在今山东邹城东南。费：古诸侯国名，故城在今山东费县西北。郯：古诸侯国名，故城在今山东郯城北。邳：古诸侯国名，故城在今山东微山县北。 ⑬见鸟六双——指上文秦、赵等十二国。 ⑭大梁——魏国都，即今河南开封。 上蔡——在

今河南上蔡西南。 ⑮还射圉之东——还：绕。圉：在今河南杞县西南。 定陶——在今山东菏泽定陶区西北。 大宋、方与二郡者举矣——宋：今河南商丘南。方与：今山东鱼台北。 ⑯王绻(qiàn)缴兰台——绻缴：收起箭上的生丝绳。绻：屈曲。缴：系在箭上的生丝绳，射鸟用。兰台：桓山之别名。 ⑰磻(bō)新缴——磻：射鸟用的石制箭头。 射噣(zhòu)鸟于东海，还盖长城以为防——《索隐》曰："噣音昼，谓大鸟之有钩喙者，以比齐也。还音患，谓绕也。盖者，覆也。言射者环绕盖覆，使无飞走之路，因以长城为防也。"噣：同"咮"，鸟嘴。⑱朝射东莒，夕发浿(pèi)丘，夜加即墨，顾据午道——东莒：在今山东莒县。浿丘：亦作"贝丘""沛丘"，在今山东博兴东南。即墨：在今山东平度东南。午道：《索隐》曰："午道当在齐西界。一从一横为午道。"⑲结境——犹接境。 三国布䎛(chì)——《集解》引徐广曰："(䎛)一作'属'。"《索隐》曰："三国，齐、赵、燕也。" ⑳秦破韩以为长忧——秦虽破韩而不能有之，徒顿兵罢士，故曰为长忧。 ㉑郦——在今河南南阳西北。 ㉒鄳塞——一作冥阨，在今河南信阳西南平靖关。㉓膺击韩魏——《索隐》曰："韩魏当秦之前，故云'膺击'。"膺：胸前。 垂头中国——《索隐》曰："垂头，犹申头也。言欲吞山东。"㉔招——举，攻克、占领之意。 ㉕楚欲与齐韩连和伐秦——此时齐只余两城，为燕所困，无暇与楚伐秦，记载有误。 ㉖武公——周定王曾孙，西周惠公之子。 南器——将宝器南运。器：宗器，九鼎之类。㉗弑共主，臣世君——共主、世君都指周。共主：言周为天下共所宗主。世君：言周室世代君于天下。 ㉘伤民——指出兵。 ㉙军不五不攻，城不十不围，夫一周为二十晋——五、十：五倍、十倍。二十晋：《正义》曰："言周王之国，其地虽小，诸侯尊之，故敌二十晋。"晋即魏。 ㉚塞驺鲁之心——阻塞了驺国、鲁国人向往楚国的心。 ㉛声——名誉。 ㉜危两周以厚三川，方城之外必为韩弱矣——三川：即两周之地。方城之外：指楚国北方地区。 ㉝虽无攻之，名为弑君——王叔岷认为："虽"犹"惟"也，"虽无攻之，名为弑君。"言"惟无攻之，攻之则名为弑君"也。 ㉞虎肉臊，其兵利身——《索隐》曰："谓虎以爪牙为兵，而自利于防身也。"冯永轩认为：肉臊，喻不足肥国劲兵。兵利，喻名为天下共主。 ㉟三翮六翼——即九鼎。翮:即"鬲(lì)",空足鼎。翼:指鼎耳。 ㊱欲起无先——泷川资言认为此是《周书》佚文。朱右曾认为此乃不为物先之意。 ㊲西陵——楚西陵,在今湖北宜昌西北。 ㊳夷陵——在今湖北宜昌东南。 ㊴陈城——在今河南周口淮阳区。 ㊵左徒——官名,参与议论国事,发布号令。此时黄歇为左徒。

考烈王元年,纳州于秦以平。[①]是时楚益弱。

六年,秦围邯郸,赵告急楚,楚遣将军景阳救赵。七年,至新中[②]。秦兵去。十二年,秦昭王卒,楚王使春申君吊祠于秦。十六年,秦庄襄王卒,秦王赵政[③]立。二十二年,与诸侯共伐秦,不利而去。楚东徙都寿春[④],命曰郢。

二十五年,考烈王卒,子幽王悍立。李园杀春申君。幽王三年,秦、魏伐楚。秦相吕不韦卒。九年,秦灭韩。十年,幽王卒,同母弟犹代立,是为哀王。哀王立二月余,哀王庶兄负刍之徒袭杀哀王而立负刍为王。是岁,秦虏赵王迁。

王负刍元年,燕太子丹使荆轲刺秦王。二年,秦使将军伐楚,大破楚军,亡十余城。三年,秦灭魏。四年,秦将王翦破我军于蕲,而杀将军项燕。

五年,秦将王翦、蒙武遂破楚国,虏楚王负刍,灭楚名,为楚郡云。[⑤]

(以上为第十二段,写楚考烈王之后,楚迁都寿春,最终被秦所灭。)

①考烈王元年——公元前262年。 州——在今湖北洪湖市东北。 ②新中——当为宁新中。在今河南安阳西南。 ③秦王赵政——即嬴政。 ④寿春——即今安徽寿县。 ⑤五年——公元前223年。 为楚郡云——有本作"为秦郡云"。

太史公曰:楚灵王方会诸侯于申,诛齐庆封,作章华台,求周九鼎之时,志小天下;及饿死于申亥之家,为天下笑。操行之不得，悲夫！势之于人也，可不慎与？弃疾以乱立，嬖淫秦女，甚乎哉，几再亡国！

（以上为第十三段，是作者的论赞。司马迁深刻地批判楚灵王、楚平王的暴虐荒淫，认为这是导致楚国灭亡的直接原因。）

［**简评**］　本文记楚国史事，上始于颛顼高阳氏，下迄战国之末，较之其他诸侯《世家》，时间跨度非常大。文章从正反两方面总结楚国的兴衰，其中把德政作为评价楚国政治的基础。首先，文章记叙了楚国君臣由于实行德政，把楚国从一个偏僻小邦发展成煊赫大国的历程。其次，文章记述了春秋末期和战国时期，由于统治者德衰，楚国发生种种内忧外患，以致任人宰割，备受屈辱，终于灭亡的历史变迁。论赞以灵、平二王为例，讲恃势而亡的道理，再次把楚国的兴衰纳入道德操行的范畴。但是作者由于个人经历、思想观念等方面的原因，尚未充分注意到楚国衰亡的根本原因是由于楚国贵族势力的干扰而未能彻底地实行变法，而这恰恰是不讲德治却日益强大的秦国崛起的根本原因。所以读本文当参阅《秦本纪》《吴太伯世家》《孙子吴起列传》《商君列传》《伍子胥列传》《春申君列传》《屈原列传》等篇。

本文参综《国语》《左传》《战国策》等书而为之，在艺术上颇有特点。李景星曰："太史公作此篇，前半力求简约，自'灵王'以下始放笔为之，遂如万里黄河，导源星宿，脉络分明，入中国后声势愈大，真能尽长篇文字之妙。篇幅既长，恐其脱节，故前路多用提顿之笔，如'当周夷王之时，王室微'云云，正著楚所以强盛之故；'蚡冒十三年，晋始乱'云云，正著楚之侵中国，由中国自乱之故；'齐桓公始霸，楚亦始大'云云，正著楚所以抗衡中国之故；'镇尔南方彝、越之乱'云云，正著楚所以兼并蛮夷之故。后路叙楚入战国事多录《国策》全文，笔意跌宕，极疏爽，极俊快，合之前路之质古简峭，正以变化见长。"

[**集评**] 《太史公自序》:"重黎业之,吴回接之;殷之季世,粥子牒之。周用熊绎,熊渠是续。庄王之贤,乃复国陈;既赦郑伯,班师华元。怀王客死,兰咎屈原;好谀信谗,楚并于秦。嘉庄王之义,作《楚世家》第十。"

吴见思曰:"诸世家止序周一代之事,或不及周一代之事,赵、魏等是也。越始于禹,而楚则始于高辛,益远矣。数尺之书,欲载二千年之事,不得不用简法。然一用简法,未免太羹玄酒,不成文章,故前后只略序点完,而于灵王以后,襄王以前,数段出色,正是善用巧者也。"(《史记论文》)

司马光曰:"楚自祝融、鬻熊以来,其有国几何年矣。方其盛也,奄有南国,凭陵诸夏;及怀王放废忠良,亲近谗慝,惑张仪之口,而耳目不能自守,见欺而不悟,亡师而不悔,以失济失,客死于秦,使其子孙衔涕忍耻以事仇雠,强之女而不敢辞,陵庙焚而不敢怨,兔逃鼠伏,自屏于陈,束兵不战,而攻之不解;割地请和,而侵之不止,卒不见赦而国以沦亡,不亦悲乎?"(《稽古录》)

张大可曰:"楚国地方千里,带甲百万,不能统一天下而亡于秦,这是楚国历史的遗憾。论赞着重抨击楚灵王、楚平王两人操行不立所造成的'几再亡国'的悲剧。灵王、平王都曾有一番建树,但得志即骄,昏乱残民,终不免悲剧结局。"(《史记新注》)

范文澜曰:"楚自西周以来,吞并小国最多。战国时期,楚农业落后,兵力不强,但常开拓国土。……在广大国境内,有苗族华族和许多其他小族。居民相互间交流文化,产生以巫文化融合华夏文化为基本的楚文化。各族也就在同一文化中大体融合了。楚国八百余年扩张经营,为秦汉创立伟大封建帝国准备了重要条件,七国中秦楚应是对历史贡献最大的两个国家。"(《中国通史简编》)

黄朴民曰:"楚国的兵要地理环境也相对优越,加上其以蛮夷之国自居,不受周礼传统的束缚,故始终以兼并小国、争霸中原为立国发展的基本宗旨……在春秋的大部分时间内，楚国一直建都于郢（今湖北江陵），此地雄踞南北中枢，北据汉、沔，接襄汉之上游，襟带江湖，东连吴会，西通巴蜀，远接陕秦。且内阻山险，易守难攻。故顾祖禹引胡安国语：‘荆渚，江右上流也。故楚子自秭归徙都，日以富强。近并榖郑，次及汉东，下收江黄，横行淮泗，遂兼吴、越，传六七百年而后止。此虽人谋，亦地势使然也。’可见，楚国就是凭借着这一优越有利的兵要地理条件，致力于对外扩张，兼并小国，兵进中原，与晋国为首的中原列国同盟一争高低的。在近300年中，它先后翦灭……60余个小国，使自己的疆域扩大到今湖北省的大部，河南省的南部，江西、安徽的一部，以及江苏的西端，陕西的南端，横跨七八个省，一跃而成为春秋第一大国。”（《中国军事通史·春秋军事史》）

楚国诸侯世系表

鬻熊——熊丽（鬻熊子）——熊狂（熊丽子）——熊绎（熊狂子）——熊艾（熊绎子）——熊黮（熊艾子）——熊胜（熊黮子）——熊杨（熊胜弟）——熊渠（熊杨子）——熊挚红（熊渠子）——熊延（挚红弟）——熊勇（熊延子，前847—前838年）——熊严（熊勇弟，前837—前828年）——熊霜（熊延弟，前827—前822年）——熊徇（熊霜弟，前821—前800年）——熊咢（鄂）（熊徇子，前799—前791年）——若敖（熊咢子，前790—前764年）——霄敖（若敖子，前763—前758年）——蚡冒（霄敖子，前757—前741年）——楚武王（蚡冒弟，前740—前690年）——文王（武王子，前689—前677年）——杜敖（文王子，前676—前672年）——成王（杜敖弟，前671—前626年）——穆王（成王子，前625—前614年）——庄王（穆王弟，前613—前591年）——共王（庄王子，前590—前560年）——康王（共王子，前559—前545年）——郏敖（康王子，前544—前541年）——灵王（康王弟，前540—前529年）——平王（灵王弟，前528—前516年）——昭王（平王子，前515—前489年）——惠王（昭王子，前

488—前 432 年)——简王(惠王子,前 431—前 408 年)——声王(简王子,前 407—前 402 年)——悼王(声王子,前 401—前 381 年)——肃王(悼王子,前 380—前 370 年)——宣王(肃王弟,前 369—前 340 年)——威王(宣王子,前 339—前 329 年)——怀王(威王子,前 328—前 299 年)——顷襄王(怀王子,前 298—前 263 年)——考烈王(顷襄王子,前 262—前 238 年)——幽王(考烈王子,前 237—前 228 年)——哀王(幽王弟)——负刍(哀王庶兄,前 227—前 223 年) 被秦所灭

越王句践世家第十一

越王句践，其先禹之苗裔，而夏后帝少康之庶子也[①]。封于会稽[②]，以奉守禹之祀。文身断发，披[③]草莱而邑焉。后二十余世，至于允常[④]。允常之时，与吴王阖庐战而相怨伐。允常卒，子句践立，是为越王。

元年[⑤]，吴王阖庐闻允常死，乃兴师伐越。越王句践使死士挑战，三行，至吴陈，呼而自刭。吴师观之，越因袭击吴师，吴师败于槜李[⑥]，射伤吴王阖庐。阖庐且死，告其子夫差曰："必毋忘越。"

三年，句践闻吴王夫差日夜勒兵[⑦]，且以报越，越欲先吴未发往伐之。范蠡谏曰："不可。臣闻兵者凶器也，战者逆德也，争者事之末也。阴谋逆德，好用凶器，试身于所末，上帝禁之，行者不利。"越王曰："吾已决之矣。"遂兴师。吴王闻之，悉发精兵击越，败之夫椒[⑧]。越王乃以余兵五千人保栖于会稽[⑨]。吴王追而围之。

越王谓范蠡曰："以不听子，故至于此，为之奈何？"蠡对曰："持满者与天，定倾者与人，节事者以地。[⑩]卑辞厚礼以遗之，不许，而身与之市[⑪]。"句践曰："诺。"乃令大夫种行成[⑫]于吴，膝行顿首曰:“君王亡臣句践使陪臣种敢告下执事[13]:句践请为臣,妻为妾[14]。”吴王将许之,子胥言于吴王曰:“天以越赐吴,勿许也。”种还,以报句践。句践欲杀妻子,燔宝器,触战[15]以死。种止句践曰:“夫吴太宰嚭贪,可诱以利,请间行[16]言之。”于是句践乃以美女宝器令种间献吴太宰嚭。嚭受,乃见大夫种于吴王。种顿首言曰:“愿大王赦句践之罪,尽入其宝器。不幸不赦,句践将尽杀其妻子,燔其宝器,悉五千人触战,必有当也[17]。”嚭因说吴王曰:“越以服为臣,若将赦之,此国之利也。”吴王将许之。子胥进谏曰:“今不灭越,后必悔之。句践贤君,种、蠡良臣,若反国,将为乱。”吴王弗听,卒赦越,罢兵而归。

句践之困会稽也,喟然叹曰:“吾终于此乎?”种曰:“汤系夏台[18],文王囚羑里,晋重耳奔翟[19],齐小白奔莒[20],其卒王霸[21]。由是观之,何遽不为福乎[22]?”

吴既赦越,越王句践反国[23],乃苦身焦思,置胆于坐,坐卧即仰胆,饮食亦尝胆也,曰:“女忘会稽之耻邪?”身自耕作,夫人自织,食不加肉,衣不重采[24],折节下贤人,厚遇宾客,振贫吊死,与百姓同其劳。欲使范蠡治国政,蠡对曰:“兵甲之事,种不如蠡;填抚[25]国家,亲附百姓,蠡不如种。”于是举国政属大夫种,而使范蠡与大夫柘稽行成,为质于吴。二岁而吴归蠡。

句践自会稽归七年[26],拊循其士民,欲用以报吴。大夫逢同谏曰:“国新流亡,今乃复殷给,缮饰备利,吴必惧,惧则难必至[27]。且鸷鸟之击也,必匿其形。今夫吴兵加齐、晋,怨深于楚、越,名高天下,实害周室,德少而功多,必淫自矜。为越计,莫若结齐,亲楚,附晋,以厚吴。吴之志广,必轻战。是我连其权[28],三国伐之,越承其弊,可克也。”句践曰:“善。”

居二年,吴王将伐齐。子胥谏曰:“未可。臣闻句践食不重味,与百姓同苦乐。此人不死,必为国患。吴有越,腹心之疾,齐与吴[29],疥瘲也。愿王释齐先越。”吴王弗听,遂伐齐,败之艾陵[30],

虏齐高、国[31]以归。让[32]子胥。子胥曰："王毋喜！"王怒，子胥欲自杀，王闻而止之。越大夫种曰："臣观吴王政骄矣，请试尝之贷粟，以卜其事。"请贷，吴王欲与，子胥谏勿与，王遂与之，越乃私喜。子胥言曰："王不听谏，后三年吴其墟[33]乎！"太宰嚭闻之，乃数与子胥争越议[34]，因谗子胥曰："伍员貌忠而实忍[35]人，其父兄不顾，安能顾王？王前欲伐齐，员强谏，已而有功，用是反怨王。王不备伍员，员必为乱。"与逢同共谋[36]，谗之王。王始不从，乃使子胥于齐，闻其托子于鲍氏[37]，王乃大怒，曰："伍员果欺寡人，欲反！"使人赐子胥属镂剑以自杀。子胥大笑曰："我令而父霸，我又立若，若初欲分吴国半予我，我不受，已，今若反以谗诛我。嗟乎，嗟乎，一人固不能独立[38]！"报使者曰："必取吾眼置吴东门，以观越兵入也！"于是吴任嚭政。

居三年，句践召范蠡曰："吴已杀子胥，导谀[39]者众，可乎？"对曰："未可。"

至明年春，吴王北会诸侯于黄池，[40]吴王精兵从王，惟独老弱与太子留守。句践复问范蠡，蠡曰"可矣"。乃发习流[41]二千人，教士四万人，君子六千人，诸御[42]千人，伐吴。吴师败，遂杀吴太子。吴告急于王，王方会诸侯于黄池，惧天下闻之，乃秘之。吴王已盟黄池，乃使人厚礼以请成越。越自度亦未能灭吴，乃与吴平。

其后四年，越复伐吴。吴士民罢弊，轻锐尽死于齐、晋。而越大破吴，因而留围之三年，吴师败，越遂复栖吴王于姑苏之山[43]。吴王使公孙雄肉袒膝行而前，请成越王曰："孤臣夫差敢布腹心，异日尝得罪于会稽，夫差不敢逆命，得与君王成以归。今君王举玉趾而诛孤臣，孤臣惟命是听，意者亦欲如会稽之赦孤臣之罪乎？"句践不忍，欲许之。范蠡曰："会稽之事，天以越赐吴，吴不取。今天以吴赐越，越其可逆天乎？且夫君王蚤朝晏罢，非为吴邪？谋之二十二年，一旦而弃之，可乎？且夫天与弗取，反受其咎。‘伐柯者其则不远’,君忘会稽之厄乎?”句践曰:“吾欲听子言,吾不忍其使者。”范蠡乃鼓进兵,曰:“王已属政于执事[44],使者去,不者且得罪。”吴使者泣而去。句践怜之,乃使人谓吴王曰:“吾置王甬东[45],君[46]百家。”吴王谢曰:“吾老矣,不能事君王!”遂自杀。乃蔽其面,曰:“吾无面以见子胥也!”越王乃葬吴王而诛太宰嚭。

句践已平吴,乃以兵北渡淮,与齐、晋诸侯会于徐州,致贡于周。周元王使人赐句践胙,命为伯[47]。句践已去,渡淮南,以淮上地与楚,归吴所侵宋地于宋,与鲁泗东方百里。[48]当是时,越兵横行于江、淮东,诸侯毕贺,号称霸王。

范蠡遂去[49],自齐遗大夫种书曰:“蜚鸟尽,良弓藏;狡兔死,走狗烹。越王为人长颈鸟喙,可与共患难,不可与共乐。子何不去?”种见书,称病不朝。人或谗种且作乱,越王乃赐种剑曰:“子教寡人伐吴七术,寡人用其三而败吴,其四在子,子为我从先王试之。”种遂自杀。

(以上为第一段,写越王句践的盲动取败,忍辱发愤,灭吴称霸,以及事成杀功臣诸事。)

①夏后帝少康之庶子也——《正义》引《吴越春秋》云:“禹周行天下,还归大越,登茅山以朝四方群臣,封有功,爵有德,崩而葬焉。至少康,恐禹迹宗庙祭祀之绝,乃封其庶子于越,号曰无余。”又引贺循《会稽记》云:“少康,其少子号曰於越,越国之称始此。” ②会稽——古邑名,即今浙江绍兴。 ③披——开辟,开拓。 ④允常——《正义》引《舆地志》云:“越侯传国三十余叶,历殷至周敬王时,有越侯夫谭,子曰允常,拓土始大,称王,《春秋》贬为子,号为於越。” ⑤元年——越王句践元年,公元前 496 年。一说为公元前 497 年。 ⑥槜(zuì)李——在今浙江嘉兴西南。 ⑦勒兵——练兵。 ⑧夫椒——山名,一说即今江苏苏州西南太湖中洞庭西山;一说即今江苏无锡西南太湖中马迹山;一说即夫山,在今浙江绍兴西北。 ⑨保栖于会稽——保:据守。栖:如猿鸟之栖止于高险之处。会稽:此指会稽山,在今浙江绍兴南。

⑩“持满者”后三句——按:《越绝书》云:“天贵持盈,持盈者,言不失阴阳、日月、星辰之纲纪;地贵定倾,定倾者,言地之长生,丘陵平均,无不得宜,故曰地贵定倾;人贵节事,节事者,言王者已下,公卿大夫,当调阳阴,和顺天下,事来应之,物来知之,天下莫不尽其忠信,从其政教,谓之节事。”文义晓畅。此处“与天”“与人”之“与”,似应解释为助。言能持满者天助之,能定倾者人助之,能节俭者地助之。盖范蠡之引用发挥如此,与《越绝书》原意不同。 ⑪身与之市——拿自身去和他做交易。意即暂做奴仆亦在所不惜。市:交易,周旋。 ⑫行成——求和。成:平定,讲和。 ⑬亡臣——向战胜国称臣的亡国之君。 陪臣——附庸之国的臣子对其宗主国的国君自称“陪臣”。 下执事——敬称对方。意谓不敢直接对你讲,只能对着你手下的工作人员说。 ⑭妾——婢女。 ⑮触战——拼死一战。 ⑯间行——化装秘密而行。下文“间献”的“间”字与此同义。 ⑰必有当也——中井积德曰:“当,斩获过当之当。”意即必定会让你付出相当的代价。 ⑱汤系夏台——《史记·夏本纪》:“桀不务德而武伤百姓,百姓弗堪。乃召汤而囚之夏台,已而释之。”夏台:一名钧台,在今河南禹州南。 ⑲重耳奔翟——重耳即晋文公,即位前晋国内乱,重耳为逃避迫害,曾奔匿于狄。事情详见《左传·僖公四年》与《史记·晋世家》。翟:通“狄”。 ⑳小白奔莒(jǔ)——小白即齐桓公,即位前齐国混乱,小白曾避居于莒。莒:小国名,在今山东莒县。 ㉑卒王霸——最后都成了帝王或霸主。商汤与周文王后来都是人们盛称的“三王”之一,齐桓公与晋文公都是后人所说的“五霸”之一。 ㉒何遽不为福乎——又怎么能断定这不是一件大好事呢? ㉓反国——指由会稽山回到越国都城。 ㉔重采——亦作“重彩”。有多种色彩的华丽衣服。衣不重采,意即不穿任何带花纹的衣服。 ㉕填抚——即镇抚,主持、管理。填:通“镇”。 ㉖句践自会稽归七年——按:此会稽指会稽山,前句践所保栖之处也。此句为追述语。 ㉗惧则难必至——吴国警惧则将攻我,祸难至也。

㉘连其权——言如集数国之权于己也。 ㉙齐与吴——与:读作“于”,对于。 ㉚艾陵——春秋时齐地名,在今山东济南莱芜区东北。一说在今山东泰安东南。 ㉛高、国——齐国的两家大贵族。

㉜让——指责。 ㉝墟——成为废墟。指国家灭亡。 ㉞争越议——争论对越政策孰得孰失。 ㉟忍——残忍。 ㊱与逢同共谋——梁玉绳曰:“事详《越绝》,然逢乃越臣,何以在吴与伯嚭为友而谮伍胥耶?《越绝》亦云句践杀太宰嚭、逢同与其妻子,徐孚远疑范蠡既归,而遣逢事吴,或当然也。” ㊲托子于鲍氏——《伍子胥列传》云:“子胥临行,谓其子曰:‘吾数谏王,王不用,吾今见吴之亡矣。汝与吴俱亡,无益也。’乃属其子于齐鲍牧,而还报吴。” ㊳一人固不能独立——泷川资言曰:“一人,谓夫差也。” ㊴导谀——王念孙认为:“导谀”即“谄谀”也,或作“道谀”。 ㊵明年——越王句践十五年。 黄池——在今河南封丘西南。 ㊶习流——徐天佑认为:笠泽之战,越以三军潜涉,盖以舟师胜。此所谓习流,是即习水战之兵。 ㊷诸御——中井积德认为:此为掌侍从门御者,如周之虎贲、汉之郎官也。御士之类非一,故曰诸御。 ㊸姑苏之山——即今苏州吴中区灵岩山。 ㊹属政于执事——意谓已将处置此事之权交给了我。 ㊺甬东——在今浙江舟山。 ㊻君——君临,管理,拥有。 ㊼赐句践胙,命为伯——胙:祭肉。天子将其祭肉分赐诸侯,是对霸主的一种礼遇。伯:通“霸”,即霸主。 ㊽渡淮南——渡过淮水南归。 淮上地——今安徽淮北一带。 宋地——今河南商丘一带。 泗东——泗水以东,今山东滕州、枣庄薛城区一带。 ㊾遂去——指辞官离句践而去。

句践卒,子王鼫与立。[①]王鼫与卒,子王不寿立。王不寿卒,子王翁立。王翁卒,子王翳立。王翳卒,子王之侯立。王之侯卒,子王无彊立。

王无彊时,越兴师北伐齐,西伐楚,与中国争强。当楚威王[②]之时,越北伐齐,齐威王[③]使人说越王曰:“越不伐楚,大不王,小不伯。图[④]越之所为不伐楚者,为不得晋[⑤]也。韩、魏固不攻楚。韩之攻楚,覆其军,杀其将[⑥],则叶、阳翟危;[⑦]魏亦覆其军,杀其将,则陈、上蔡不安。[⑧]故二晋之事越也,不至于覆军杀将,马汗之力不效[⑨]。所重于得晋者何也?”越王曰:“所求于晋者,不至顿刃接兵[10]，而况于攻城围邑乎？愿魏以聚大梁之下，[11]愿齐之试兵南阳、莒地[12]，以聚常、郯[13]之境，则方城之外不南，[14]淮、泗之间不东[15]，商、於、析、郦、宗胡之地，[16]夏路以左[17]，不足以备秦，江南、泗上不足以待[18]越矣。则齐、秦、韩、魏得志于楚也，是二晋不战而分地，不耕而获之。不此之为，而顿刃于河山之间[19]以为齐秦用，所待者如此其失计[20]，奈何其以此王也！”齐使者曰：“幸也越之不亡也！吾不贵其用智之如目，见豪毛而不见其睫也。今王知晋之失计，而不自知越之过，是目论[21]也。王所待于晋者，非其马汗之力也，又非可与合军连和也，将待之以分楚众也。今楚众已分，何待于晋？”越王曰：“奈何？”曰：“楚三大夫张九军，北围曲沃、於中，[22]以至无假之关[23]者三千七百里，景翠[24]之军北聚鲁、齐、南阳，分有大此者乎？且王之所求者，斗晋楚[25]也；晋楚不斗，越兵不起，是知二五而不知十也。此时不攻楚，臣以是知越大不王，小不伯。复雠、庞、长沙，[26]楚之粟[27]也；竟泽陵[28]，楚之材也。越窥兵通无假之关，此四邑者不上贡事于郢矣。臣闻之，图王不王，其敝可以伯。然而不伯者，王道失也[29]。故愿大王之转攻楚也。”

于是越遂释齐而伐楚。楚威王兴兵而伐之，大败越，杀王无彊，尽取故吴地至浙江，北破齐于徐州。而越以此散，诸族子争立，或为王，或为君，滨于江南海上，服朝于楚。

后七世，至闽君摇[30]，佐诸侯平秦。汉高帝复以摇为越王，以奉越后。东越、闽君，皆其后也[31]。

（以上为第二段，写越国中齐之计，兴兵伐楚，以至被楚所灭的过程。）

①句践卒——时为公元前465年。王鼫（shí）——句践之子。②楚威王——公元前339—前329年在位。③齐威王——公元前356—前320年在位。④图——考虑，猜想。⑤不得晋——谓未能与晋联盟，晋指韩、魏。⑥覆其军，杀其将——意谓假如自己被楚国

打败,军覆将死。 ⑦叶——韩县名,在今河南叶县南。 阳翟——在今河南禹州,当时韩国的都城。 ⑧陈——魏县名,在今河南周口淮阳区。 上蔡——魏县名,在今河南上蔡西南。 ⑨“故二晋之事越也”三句——意谓韩魏邻近楚国,畏楚之攻,今越欲交之,则二国必不肯为越效大力也,而越必欲结之者何也。重:重视、看重。 ⑩顿刃接兵——指交战。顿:通“钝”。 ⑪聚——集结兵力。 大梁——在今河南开封,当时为魏国都城。 ⑫愿齐之试兵南阳、莒地——试兵:用兵。南阳:《索隐》曰:“此南阳在齐之南界,莒(今山东莒县)之西。”⑬常、郯——齐国南境二邑,郯邑在今山东郯城北。《索隐》曰:“常,邑名,盖田文所封邑。” ⑭方城——楚邑名,在今河南方城东北。 不南——谓不敢再调往南方侵越。 ⑮淮、泗之间不东——谓驻守于淮、泗之间的楚军,不敢再向东侵扰。 ⑯商、於、析、郦——楚国西北部靠近秦国的几个县名。商在今陕西丹凤西北商镇;於在今河南西峡,一说在内乡东;析在今河南西峡;郦在今河南南阳西北。 宗胡——楚县名,在今安徽阜阳。 ⑰夏路以左——《索隐》引刘氏云:“楚适诸夏,路出方城,人向北行,以西为左,故云夏路以左。”其地在今河南西南部临近陕西的一带地区,包括上述商、於、析、郦诸县。 ⑱待——对付,应付。 ⑲河山之间——指泰山、黄河间。顿刃河山之间,指与中原各国交战。 ⑳所待者如此其失计——越为韩、魏设想如此也,欲以此言说之。 ㉑目论——谓其智能如目,能见毫毛而不能自见其睫。㉒曲沃——在今河南灵宝东北,当时属魏。 於中——古地区名,在今陕西与河南交界的商洛商州区以东,内乡以西。战国时期时属楚、时属秦。 ㉓无假之关——《正义》曰:“无假之关当在江南长沙之西北。言从曲沃、於中西至汉中、巴、巫、黔中千余里,皆备秦、晋也。”钱穆认为:当与陉塞、鄳阨相近,《正义》云在江南必误。按:鄳阨即今平靖关,在河南信阳西南。 ㉔景翠——楚将名。 ㉕斗晋楚——挑动晋楚使之互斗。 ㉖复——况且。 雠——梁玉绳《史记志疑》曰:“‘雠’当作‘犨’。”楚邑名。在今河南鲁山东南。 庞——钱穆认为:疑乃“不羹(音郎)”之合音。西不羹在今河南襄城东南;东不羹在今河南舞阳西北。 长沙——今河南漯河郾城区南有大濈河,亦名大沙河,“长沙”疑即称此(用钱穆说)。 ㉗楚之粟——楚国的粮食产地。 ㉘竟泽陵——《索隐》曰:“当为‘竟陵泽’,言竟陵之山泽出材木,故楚有七泽,盖其一也。”竟陵在今湖北潜江西北。 ㉙王道失也——谓越王图王霸之方略悖谬。 ㉚闽君摇——事迹详见《史记·东越列传》。 ㉛东越、闽君,皆其后也——黄以周认为:司马氏撰《史记》,不能详越事,所作《越世家》,世次残缺,事迹疏略,自句践灭吴、范蠡富家外,寥寥数语以毕其事。

范蠡事越王句践,既苦身戮力,与句践深谋二十余年,竟灭吴,报会稽之耻,北渡兵于淮以临齐、晋,号令中国,以尊周室,句践以霸,而范蠡称上将军。还反国,范蠡以为大名之下,难以久居,且句践为人可与同患,难与处安,为书辞句践曰:“臣闻主忧臣劳,主辱臣死。昔者君王辱于会稽,所以不死,为此事也。今既以雪耻,臣请从会稽之诛。”句践曰:“孤将与子分国而有之。不然,将加诛于子。”范蠡曰:“君行令,臣行意[①]。”乃装其轻宝珠玉,自与其私徒属乘舟浮海以行,终不反。于是句践表会稽山以为范蠡奉邑。

范蠡浮海出齐,变姓名,自谓鸱夷子皮[②],耕于海畔,苦身戮力,父子治产。居无几何,致产数十万。齐人闻其贤,以为相。范蠡喟然叹曰:“居家则致千金,居官则至卿相,此布衣之极也。久受尊名,不祥。”乃归相印,尽散其财,以分与知友乡党,而怀其重宝,间行以去,止于陶[③]。以为此天下之中,交易有无之路通,为生[④]可以致富矣。于是自谓陶朱公。复约要父子耕畜,废居,候时转物[⑤],逐什一之利。居无何,则致资累巨万。天下称陶朱公。

朱公居陶,生少子。少子及壮,而朱公中男杀人,囚于楚。朱公曰:“杀人而死,职也[⑥]。然吾闻千金之子不死于市。”告其少子往视之。乃装黄金千溢,置褐器[⑦]中,载以一牛车。且遣其少子，朱公长男固请欲行，朱公不听。长男曰："家有长子曰家督[8]，今弟有罪，大人不遣，乃遣少弟，是吾不肖。"欲自杀。其母为言曰："今遣少子，未必能生中子也，而先空亡长男，奈何？"朱公不得已而遣长子，为一封书遗故所善庄生。曰："至则进千金于庄生所，听其所为，慎无与争事。"长男既行，亦自私赍数百金。

至楚，庄生家负郭，披藜藿到门，居甚贫。然长男发书进千金，如其父言。庄生曰："可疾去矣，慎毋留！即弟出，勿问所以然。"长男既去，不过庄生而私留，以其私赍献遗楚国贵人用事者[9]。

庄生虽居穷阎，然以廉直闻于国，自楚王以下皆师尊之。及朱公进金，非有意受也，欲以成事后复归之以为信耳。故金至，谓其妇曰："此朱公之金。有如病不宿诫[10]，后复归，勿动。"而朱公长男不知其意，以为殊无短长[11]也。

庄生间时入见楚王，言"某星宿某[12]，此则害于楚。"楚王素信庄生，曰："今为奈何？"庄生曰："独以德为可以除之。"楚王曰："生休矣，[13]寡人将行之。"王乃使使者封三钱之府[14]。楚贵人惊告朱公长男曰："王且赦。"曰："何以也？"曰："每王且赦，常封三钱之府[15]。昨暮王使使封之。"朱公长男以为赦，弟固当出也，重千金虚弃庄生，无所为也，乃复见庄生。庄生惊曰："若不去邪？"长男曰："固未也。初为事弟，弟今议自赦[16]，故辞生去。"庄生知其意欲复得其金，曰："若自入室取金。"长男即自入室取金持去，独自欢幸。

庄生羞为儿子所卖，[17]乃入见楚王曰："臣前言某星事，王言欲以修德报之。今臣出，道路皆言陶之富人朱公之子杀人囚楚，其家多持金钱赂王左右，故王非能恤楚国而赦，乃以朱公子故也。"楚王大怒曰："寡人虽不德耳，奈何以朱公之子故而施惠乎！"令论杀[18]朱公子，明日遂下赦令。朱公长男竟持其弟丧归。

至，其母及邑人尽哀之，唯朱公独笑，曰："吾固知必杀其弟也！彼非不爱其弟，顾有所不能忍[19]者也。是少与我俱，见苦，为生难，故重弃财[20]。至如少弟者，生而见我富，乘坚驱良[21]逐狡兔，岂知财所从来，故轻弃之，非所惜吝。前日吾所为欲遣少子，固为其能弃财故也。而长者不能，故卒以杀其弟，事之理也，无足悲者。吾日夜固以望其丧之来也。"

故范蠡三徙，成名于天下，非苟去而已，所止必成名。卒老死于陶，故世传曰陶朱公。

（以上为第三段，写范蠡功成身退后的经商活动及其他逸事。）

①行意——按照自己的意志行事。 ②鸱（chī）夷子皮——《索隐》曰："范蠡自谓也，盖以吴王杀子胥而盛以鸱夷，今蠡自以有罪，故为号也。"《正义》说略同。按：范蠡自号鸱夷子皮，似与子胥被杀事无关。韦昭曰："鸱夷，革囊也。"范蠡盖取其能张能卷、能屈能伸之义。③陶——齐邑名，在今山东菏泽定陶区西北。 ④为生——亦即经商。 ⑤父子耕畜，废居，候时转物——废：停也。居：贮也，停贱物，贵而卖之也。茅坤曰："予疑三易名，候时逐利者妄也，殆功成而身退，大约子房者流托赤松以自逃耳。" ⑥杀人而死，职也——王念孙曰："《尔雅》：'职，常也。'言杀人而死，固其常也。《伍子胥传》曰：'事成为卿，不成而亨，固其职也。'《季布传》曰'季布为项籍用，职耳。'定元年《左传》曰：'为宋役，亦其职也。'义并与此同。" ⑦褐器——粗麻袋。 ⑧家督——代替父母管家的人。 ⑨以其私赍献遗楚国贵人用事者——冈白驹曰："长男见庄生贫，以为有能者不当至此，故改图救弟，此富商俗眼也。" ⑩有如病不宿诫——宿：犹"豫"。豫：后作"预"，事先有所准备。泷川资言曰："言急死不能预告之也。" ⑪殊无短长——泷川资言曰："言庄生无所损益于弟生死也。"无短长：无办法，无伎俩。 ⑫某星宿某——某星运行到了某个地方。宿：止，行至。⑬生——犹言"先生"，对人的尊称。 休矣——犹言"行了""回去休息吧"。 ⑭三钱之府——即今所谓银行、国库之类。三钱：《集解》引贾逵说云："虞、夏、商、周金币三等，或赤，或白，或黄，黄为上币，铜铁为下币。" ⑮每王且赦，常封三钱之府——《集解》曰："钱币至重，虑

人或逆知有赦,盗窃之,所以封钱府,备盗窃也。汉灵帝时,河内张成能候风角,知将有赦,教子杀人。捕得,七日赦出。此其类也。” ⑯弟今议自赦——冈白驹曰:“‘赦’字上加一‘自’字,以表庄生无预。” ⑰儿子——犹言“小孩子”。 卖——欺骗,作弄。 ⑱论杀——判死罪并立即执行。 ⑲忍——愿意,舍得。 ⑳重弃财——不肯轻易花费钱财。 ㉑乘坚驱良——乘坚车,策良马。

太史公曰:禹之功大矣,渐[①]九川,定九州,至于今诸夏艾安。[②]及苗裔句践,苦身焦思,终灭强吴,北观兵[③]中国,以尊周室,号称霸王。句践可不谓贤哉!盖有禹之遗烈[④]焉。范蠡三迁,皆有荣名,名垂后世。臣主若此,欲毋显,得乎!

(以上为第四段,是作者的论赞,对句践、范蠡其人的事迹、才干表现了极大的敬佩与感慨。)

①渐——疏导。 ②诸夏——盖指中国所处的“九州”。 艾(yì)安——平安。 ③观兵——犹言“耀武”,向他国炫耀武力。 ④遗烈——前人遗留的业迹。

[**简评**] 作品记述了越王句践在范蠡、文种等人辅助下复国灭吴的历史过程,赞扬了他们忍辱负重,发愤图强的精神;而对于句践那种只能与人共患难,不能与人共富贵,在胜利之后就滥杀功臣的恶劣行径,则给予了尖锐批判。作者在描写这桩历史公案时,心中肯定是横着汉高祖大杀功臣那一幕的。在这篇作品中,还突出地写了范蠡其人。范蠡在协助句践复国灭吴的活动中,的确有大功。他对句践的为人,对封建社会中的君臣利害关系也看得非常清楚,所以范蠡一到功成名就时就立即隐退了。他的为人处世,以黄老思想为根基,和后来的张良完全相同。至于作品最后所写的其中子被杀的故事,情节固然生动,但逻辑上经不住推敲,当以小说家言视之。

［**集评**］《太史公自序》:“少康之子,实宾南海,文身断发,鼋鳣与处,既守封禺,奉禹之祀。句践困彼,乃用种蠡。嘉句践夷蛮能修其德,灭强吴以尊周室,作《越王句践世家》第十一。”

方苞曰:“句践先世无所考,子孙事亦甚略,实传体也。范蠡谋吴霸越,具见《句践》语中;其浮海以后事不足别立传,而史公惜其奇,故用合传体附载于后,非常法也。”(《归方评点史记合笔》)

顾栋高曰:“越自少康初封,历商至周初千有余岁,武王因其旧而不改。延及春秋之季又五六百年,至允常,始与吴相战伐,见于经传。然封域极隘,《国语》与《越绝书》所载不同,其北向所至曰‘御儿’、曰‘平原’,皆在今嘉兴一府之地;其西南至于姑蔑,则在今衢州府龙游县。然昔人称‘余汗’为越地,淮南王安谓‘越人欲为变,必先田余汗界中’,《通典》亦谓为‘越之余’,则自江西广信至饶州,皆越之西界,《国语》所云‘姑蔑’盖未尽矣。……其地全有浙之绍兴、宁波、金华、衢、温、台、处七府之地,其嘉、杭、湖三府则与吴分界;由衢历江西广信府至饶之余干县,与楚分界。”(《春秋大事表》)

李景星曰:“越之上世,世系事迹皆荒略无稽,惟句践之事最详,故太史公于此篇不曰《越世家》,而曰《越王句践世家》。通篇极写句践之霸越;而佐句践以成霸业者,厥惟范蠡,故以《范蠡传》附之。其君臣得力处,只是一个‘忍’字,故一路叙事,即以此作骨。前幅俱用暗写,直至末后,乃从范蠡口中点明,而曰‘顾有所不能忍者也。’虽曰家事,已该国事;虽曰反说,实同正言矣。‘王无彊’一段,笔笔转折,快利如风。末言无彊之不忍,释齐伐楚,以致败亡,正为句践君臣之能忍作反面对照。赞语从禹说起,极有要领本原,笔意亦古厚。其曰‘句践苦身焦思,终灭强吴’,与前‘越王句践反国,乃苦身焦思’及‘范蠡事越王句践,既苦身戮力’等语遥遥相应。‘臣主若此,欲毋显,得乎!’双收得

法，意趣亦深远。”（《四史评议》）

蒙文通曰：“吴阖庐、越句践，《荀子·王霸》并列为五霸之二。然其突然兴起于春秋之末，忽焉微弱于战国之初，语言风俗皆与华夏不同，实当时后进民族之建国也。其情状与蒙古之勃兴而骤亡颇相似。”“然《史记》说吴为太伯之国，谓越为少康庶子之封，似皆华夏之裔，未必然也。此与魏、晋、隋、唐间少数民族之首领，多自谓黄帝、高辛之裔者同，不足信也。……《史记》以越为姒姓，《世本》又以越为芈姓，皆不足据。《史记·东越列传》明言越为驺姓，且有将军驺力。……以《墨子》为证，驺姓之说当较可信。”“《吴越春秋·无餘外传》言：‘少康……封其庶子于越，号曰无餘。……无餘传世十余，末君微劣，不能自立，转从众庶为编户之民，禹祀断绝。十有余岁，有人生而言语，其语曰鸟禽呼嗡喋嗡喋，指天向禹墓曰：“我是无餘君之苗末，我方修前君祭祀，复我禹墓之祀，为民请福于天，以通鬼神之道。”众民悦喜，皆助奉禹祭，四时致贡，因共封立以承越君之后。……自后稍有君臣之义，号曰无壬，壬生无皞，……无皞卒，或为夫谭，夫谭生元常。’‘元常’即‘允常’，句践父也。少康封庶子无餘以奉禹祀之说，本即可疑；由《无餘外传》观之，无壬为无餘君‘苗末’之说更觉可疑。此显为后进民族酋豪之惯技，越为禹后之说实未可据也。”“《越世家》言：‘夏后帝少康之庶子封于会稽，以奉守禹祀，后二十余世至允常。’据夏、殷、周本纪，三代至春秋计五十余代，而越之世系经夏、殷至春秋末止二十余代，其误固不待细论矣。”（《古族甄微》）

又曰：“《越世家》自句践以下仅略序越王世系，惟记楚威王杀无彊事，后即专记范蠡事，且讹误甚多。贾谊《新书·耳痹》言：‘范蠡负石而蹈五湖，大夫种絜领谢室，渠如处车裂回泉，自此之后，句践不乐，忧悲荐至，内崩而死。’与《越世家》所记范蠡事绝不同。《吕氏春秋·悔过》谓：‘箕子穷于商，范蠡流乎江。’

《离谓》又言:‘周公、召公以此疑,范蠡、子胥以此流。’皆与贾谊言合。《越世家》之说源出《越语》下,虽亦有所本,然《吕氏春秋》之说似较近理。至《越世家》所说范蠡浮海出齐,‘变姓名自谓鸱夷子皮’,又言‘间行以去,止于陶,自谓陶朱公’,全皆妄诞,小说家言也。”(《古族甄微》)

越国诸侯世系表

允常(?—前497年)——句践(允常子,前497—前465年)——鼫与(有作鹿郢,前463—前458年)——不寿(前457—前448年)——王翁(有作朱句,前447—前411年)——王翳(前410—前375年)——王之侯(有作咎、孚错枝,前374年)——无余之(有作初无余之,前373—前361年)——无颛(前360—前343年)——无彊(前342—前306年) 被楚所败,越自此散

按:《史记》对句践以后之越国世系语焉不详,现参照钱穆、范祥雍、杨宽、平势隆郎等诸家之说大致谱列如此,供参考。

郑世家第十二

郑桓公友者，周厉王少子而宣王庶弟也[①]。宣王立二十二年，友初封于郑。[②]封三十三岁，百姓皆便爱之。幽王以为司徒[③]。和集周民，周民皆说，河雒之间，人便思之。[④]为司徒一岁，幽王以褒后故，王室治多邪，诸侯或畔之。[⑤]于是桓公问太史伯曰："王室多故，予安逃死乎？"太史伯对曰："独雒之东土，河济之南可居[⑥]。"公曰："何以？"对曰："地近虢、郐，虢、郐之君贪而好利，百姓不附。今公为司徒，民皆爱公，公诚请居之，虢、郐之君见公方用事，轻分公地。公诚居之，虢、郐之民皆公之民也。"公曰："吾欲南之江上，何如？"对曰："昔祝融为高辛氏火正[⑦]，其功大矣，而其于周未有兴者，楚其后也。周衰，楚必兴。兴，非郑之利也。"公曰："吾欲居西方，何如？"对曰："其民贪而好利，难久居。"公曰："周衰，何国兴者？"对曰："齐、秦、晋、楚乎？夫齐，姜姓，伯夷之后也，伯夷佐尧典[⑧]礼。秦，嬴姓，伯翳之后也，伯翳佐舜怀柔百物[⑨]。及楚之先，皆尝有功于天下。而周武王克纣后，成王封叔虞于唐，其地阻险，以此有德，与周衰并，亦必兴矣[⑩]。"桓公曰："善。"于是卒言王，东徙其民雒东，而虢、郐果献十邑，竟国之。

二岁，犬戎杀幽王于骊山下，[⑪]并杀桓公。郑人共立其子掘突，是为武公。

武公十年，娶申侯女为夫人，曰武姜。生太子寤生[12]，生之难，及生，夫人弗爱。后生少子叔段，段生易，夫人爱之。二十七年，武公疾。夫人请公，欲立段为太子，公弗听。是岁，武公卒，寤生立，是为庄公。

（以上为第一段，写郑桓公在周末初封于郑，幽王时为谋求发展，东迁于新郑的情形。）

①宣王庶弟也——桓公是周宣王母弟，《郑世家》误作“庶弟”。②宣王立二十二年——公元前806年。　友初封于郑——郑：在今陕西渭南华州区东。　③司徒——周王朝内服官，掌管人口土地，农业生产、征发徭役。　④和集周民——和集：团结安抚。集：通“辑”，和谐、安定。周：此指宗周，即镐京，王畿之地，在今陕西西安长安区沣河以东。　河雒之间，人便思之——河、雒之间泛指宗周与成周之地。便：适宜，安适。　⑤褒后——即褒姒，褒国之女，受宠于周幽王，幽王废申后而立为王后。公元前771年与幽王同罹犬戎之难。　畔——通“叛”。　⑥雒之东土，河济之南可居——雒：雒邑，时为西周东都，在今河南洛阳东北汉魏故城内。或谓雒指雒水。　⑦昔祝融为高辛氏火正——祝融：传说中楚人的祖先，名重黎，帝颛顼高阳之后，为帝喾高辛火正，因光明四海而名祝融。火正：官名，掌祭火星，行火政。⑧典——主管，执掌。　⑨伯翳佐舜怀柔百物——伯翳：或作伯益，相传为尧舜之臣，职掌山林沼泽，是嬴姓的祖先。怀柔：安抚，调理。⑩以此有德，与周衰并，亦必兴矣——这些有德者的后代，与周季衰德者共世，其势必定兴起。　⑪二岁——指郑桓公为司徒的第二年，当周幽王十一年（前771）。　犬戎杀幽王于骊山下——犬戎：古部族名，殷、周时，游牧于泾渭流域，为殷、周西边劲敌。骊山：在今陕西西安临潼区东南。　⑫生太子寤生——寤生，即难产，因命名太子曰“寤生”。

庄公元年，封弟段于京，号太叔。[1]祭仲曰：“京大于国，非所以封庶也。”[2]庄公曰：“武姜欲之，我弗敢夺也。”段至京，缮治甲兵,与其母武姜谋袭郑。二十二年,段果袭郑,武姜为内应。庄公发兵伐段,段走。伐京,京人畔段,段出走鄢。鄢溃,段出奔共。[③]于是庄公迁其母武姜于城颍[④],誓言曰:“不至黄泉,毋相见也。”居岁余,已悔思母。颍谷之考叔[⑤]有献于公,公赐食。考叔曰:“臣有母,请君食赐臣母。”庄公曰:“我甚思母,恶负盟,奈何?”考叔曰:“穿地至黄泉,则相见矣。”于是遂从之,见母。

二十四年,宋缪公卒,公子冯奔郑。郑侵周地,取禾。二十五年,卫州吁弑其君桓公自立,与宋伐郑,以冯故也[⑥]。二十七年,始朝周桓王。桓王怒其取禾,弗礼也。二十九年,庄公怒周弗礼,与鲁易祊、许田[⑦]。三十三年,宋杀孔父。三十七年,庄公不朝周,周桓王率陈、蔡、虢、卫伐郑。庄公与祭仲、高渠弥发兵自救,王师大败。祝聸射中王臂。祝聸请从之,郑伯止之,曰:“犯长且难之[⑧],况敢陵天子乎?”乃止。夜令祭仲问王疾。

三十八年,北戎伐齐,齐使求救,郑遣太子忽将兵救齐。齐釐公欲妻之,忽谢曰:“我小国,非齐敌也。”时祭仲与俱,劝使取之,曰:“君多内宠,太子无大援将不立,三公子皆君也。”所谓三公子者,太子忽,其弟突,次弟子亹也。

四十三年,郑庄公卒。初,祭仲甚有宠于庄公,庄公使为卿;公使娶邓[⑨]女,生太子忽,故祭仲立之,是为昭公。

庄公又娶宋雍氏[⑩]女,生厉公突。雍氏有宠于宋。宋庄公闻祭仲之立忽,乃使人诱召祭仲而执之,曰:“不立突,将死。”亦执突以求赂焉。祭仲许宋,与宋盟。以突归,立之。昭公忽闻祭仲以宋要立其弟突,九月丁亥,忽出奔卫。己亥,突至郑,立,是为厉公。

厉公四年,祭仲专国政。厉公患之,阴使其婿雍纠欲杀祭仲。纠妻,祭仲女也,知之,谓其母曰:“父与夫孰亲?”母曰:“父一而已,人尽夫也。”女乃告祭仲,祭仲反杀雍纠,戮之于市。厉公无奈祭仲何,怒纠曰:“谋及妇人,死固宜哉!”夏,厉公出居边邑栎。祭仲迎昭公忽，六月乙亥，复入郑，即位。

秋，郑厉公突因栎人杀其大夫单伯[11]，遂居之。诸侯闻厉公出奔，伐郑，弗克而去。宋颇予厉公兵，自守于栎，郑以故亦不伐栎。

昭公二年，自昭公为太子时，父庄公欲以高渠弥为卿，太子忽恶之，庄公弗听，卒用渠弥为卿。及昭公即位，惧其杀己，冬十月辛卯，渠弥与昭公出猎，射杀昭公于野。祭仲与渠弥不敢入厉公，乃更立昭公弟子亹为君，是为子亹也，无谥号。

子亹元年七月，齐襄公会诸侯于首止。[12]郑子亹往会，高渠弥相，从，祭仲称疾不行。所以然者，子亹自齐襄公为公子之时，尝会斗，相仇[13]，及会诸侯，祭仲请子亹无行。子亹曰："齐强，而厉公居栎，即不往，是率诸侯伐我，内厉公。我不如往，往何遽必辱，且又何至是！"卒行。于是祭仲恐齐并杀之，故称疾。子亹至，不谢齐侯，齐侯怒，遂伏甲而杀子亹。高渠弥亡归，归与祭仲谋，召子亹弟公子婴于陈而立之，是为郑子。是岁，齐襄公使彭生醉拉杀鲁桓公。

郑子八年，齐人管至父等作乱，弑其君襄公。十二年，宋人长万弑其君湣公[14]。郑祭仲死。

十四年，故郑亡厉公突在栎者使人诱劫郑大夫甫假，要以求入。假曰："舍我，我为君杀郑子而入君。"厉公与盟，乃舍之。六月甲子，假杀郑子及其二子而迎厉公突，突自栎复入即位。初，内蛇与外蛇斗于郑南门中，内蛇死。居六年，厉公果复入。入而让其伯父原曰："我亡国外居，伯父无意入我，亦甚矣。"原曰："事君无二心，人臣之职也。原知罪矣。"遂自杀。厉公于是谓甫假曰："子之事君有二心矣。"遂诛之。假曰："重德不报，诚然哉！"

厉公突后元年[15]，齐桓公始霸。

五年，燕、卫与周惠王弟颓伐王，王出奔温，立弟颓为王。六年，惠王告急郑，厉公发兵击周王子颓，弗胜，于是与周惠王归，王居于栎。七年春,郑厉公与虢叔袭杀王子颓而入惠王于周。

秋,厉公卒,子文公踕立。厉公初立四岁,亡居栎,居栎十七岁,复入,立七岁,与亡凡二十八年。

(以上为第二段,写春秋初期的“郑庄小霸”与庄公死后,昭公、厉公的兄弟争国。)

①庄公元年——公元前743年。 封弟段于京——京:郑国都邑名,故城在今河南荥阳东南。 ②祭(zhài)仲曰:“京大于国,非所以封庶也。”——祭(zhài)仲:名足,亦称祭足,祭仲足,郑卿,以祭为食邑,在今河南中牟。国:国都,此指郑国国都。庶:指嫡长子之外的子孙,此指段。 ③鄢——郑国邑名。在今河南鄢陵西北。原为妘姓之国,被郑武公所灭。 共——国名。即西周共伯和之封国,故城在今河南辉县市。 ④城颍——在今河南临颍西北。 ⑤颍谷之考叔——颍谷:在今河南登封西南。考叔:亦称颍考叔,时为颍谷封人。 ⑥与宋伐郑,以冯故也——据《左传·隐公四年》:“公子冯出奔郑,郑人欲纳之,及卫州吁立,将修先君之怨于郑,而求宠于诸侯,以和其民。” ⑦与鲁易祊(bēng)、许田——梁玉绳曰:“易田取其便,非因怒王弗礼而易之也。是年郑归鲁祊,尚未易许田。”祊:即“邴”,郑国祭祀泰山的汤沐邑,在今山东费县东南。许:在今河南许昌东南。 ⑧犯长且难之——侵犯尊长尚且要感到恐惧。 ⑨邓——国名,曼姓,故城在今湖北襄阳樊城区北,后来为楚所灭。 ⑩雍氏——姞姓,时为宋国有权势的大夫。 ⑪郑厉公突因栎人杀其大夫单伯——因:凭借,利用。单伯:即檀伯,郑守栎大夫。 ⑫子亹(wěi)元年——公元前694年。一说为公元前695年。 首止——一作首戴,卫国邑名,在今河南睢县东南。 ⑬子亹自齐襄公为公子之时,尝会斗,相仇——子亹在齐襄公为公子时曾与他争斗,故有私仇。 ⑭宋人长万弑其君滑公——长万:亦称南宫长万,氏南宫,名万,字长,又称宋万,宋国大夫,强壮有力。乘丘之役,长万被鲁俘获,后被宋赎回。宋滑公嘲笑他,他遂杀滑公,出奔陈国。陈国应宋之请设计将长万遣返,最终被宋人所杀。 ⑮厉公突后元年——即郑厉公复辟后的纪元元年,公元前680年。

文公十七年，齐桓公以兵破蔡，遂伐楚，至召陵。

二十四年，文公之贱妾曰燕姞，梦天与之兰，曰：“余为伯儵[①]。余，尔祖也。以是为而子[②]，兰有国香。”以梦告文公，文公幸之，而予之草兰为符。遂生子，名曰兰。

三十六年，晋公子重耳过，文公弗礼。文公弟叔詹[③]曰：“重耳贤，且又同姓，穷而过君，不可无礼。”文公曰：“诸侯亡公子过者多矣，安能尽礼之！”詹曰：“君如弗礼，遂杀之；弗杀，使即反国，为郑忧矣。”文公弗听。

三十七年春，晋公子重耳反国，立，是为文公。秋，郑入滑[④]，滑听命，已而反与卫，于是郑伐滑。周襄王使伯犕请滑。郑文公怨惠王之亡在栎，而文公父厉公入之，而惠王不赐厉公爵禄，又怨襄王之与卫滑，故不听襄王请而囚伯犕。王怒，与翟人伐郑，弗克。冬，翟攻伐襄王[⑤]，襄王出奔郑，郑文公居王于氾[⑥]。三十八年，晋文公入襄王成周。

四十一年，助楚击晋。自晋文公之过无礼，故背晋助楚。四十三年，晋文公与秦穆公共围郑，讨其助楚攻晋者，及文公过时之无礼也。初，郑文公有三夫人，宠子五人，皆以罪蚤死。公怒，溉[⑦]逐群公子。子兰奔晋，从晋文公围郑。时兰事晋文公甚谨，爱幸之，乃私于晋，以求入郑为太子。晋于是欲得叔詹为僇[⑧]。郑文公恐，不敢谓叔詹言。詹闻，言于郑君曰：“臣谓君，君不听臣，晋卒为患。然晋所以围郑，以詹，詹死而赦郑国，詹之愿也。”乃自杀。郑人以詹尸与晋。晋文公曰：“必欲一见郑君，辱之而去。”郑人患之，乃使人私于秦曰：“破郑益晋，非秦之利也。”秦兵罢。晋文公欲入兰为太子，以告郑。郑大夫石癸曰：“吾闻姞姓乃后稷之元妃，其后当有兴者。子兰母，其后也。且夫人子尽已死，余庶子无如兰贤。今围急，晋以为请，利孰大焉！”遂许晋，与盟，而卒立子兰为太子，晋兵乃罢去。

四十五年，文公卒，子兰立，是为缪公。

缪公元年春，秦缪公使三将将兵欲袭郑，至滑，逢郑贾人弦高诈以十二牛劳军，故秦兵不至而还，晋败之于崤。初，往年郑文公之卒也，郑司城缯贺以郑情卖之[9]，秦兵故来。三年，郑发兵从晋伐秦，败秦兵于汪。[10]

往年楚太子商臣弑其父成王代立。二十一年，与宋华元伐郑。华元杀羊食士，不与其御羊斟，怒以驰郑，[11]郑囚华元。宋赎华元，元亦亡去。晋使赵穿以兵伐郑。二十二年，郑缪公卒。子夷立，是为灵公。

灵公元年春，楚献鼋于灵公。子家、子公将朝灵公[12]，子公之食指动，谓子家曰："佗日指动，必食异物。"及入，见灵公进鼋羹。子公笑曰："果然！"灵公问其笑故，具告灵公。灵公召之，独弗予羹。子公怒，染其指[13]，尝之而出。公怒，欲杀子公。子公与子家谋先[14]。夏，弑灵公。郑人欲立灵公弟去疾，去疾让曰："必以贤，则去疾不肖；必以顺，则公子坚长。"坚者，灵公庶弟，去疾之兄也。于是乃立子坚，是为襄公。

襄公立，将尽去缪氏。缪氏者，杀灵公子公之族家也。去疾曰："必去缪氏，我将去之。"乃止。皆以为大夫。

襄公元年，楚怒郑受宋赂纵华元，伐郑。郑背楚，与晋亲。五年，楚复伐郑，晋来救之。六年，子家卒，国人复逐其族，以其弑灵公也。

七年，郑与晋盟鄢陵。八年，楚庄王以郑与晋盟，来伐，围郑三月，郑以城降楚。楚王入自皇门[15]，郑襄公肉袒掔羊以迎，曰："孤不能事边邑[16]，使君王怀怒以及弊邑，孤之罪也。敢不惟命是听。君王迁之江南，及以赐诸侯，亦惟命是听。若君王不忘厉、宣王，桓、武公，哀不忍绝其社稷，锡不毛之地，使复得改事君王，孤之愿也，然非所敢望也。敢布腹心，惟命是听。"庄王为却三十里而后舍[17]。楚群臣曰："自郢至此，士大夫亦久劳矣。今得国舍之，何如？"庄王曰："所为伐，伐不服也。今已服，尚何求乎？"卒去。晋闻楚之伐郑，发兵救郑。其来持两端[18]，故迟，比至河，楚兵已去。晋将率或欲渡，或欲还，卒渡河。庄王闻，还击晋。郑反助楚，大破晋军于河上[19]。十年，晋来伐郑，以其反晋而亲楚也。

十一年，楚庄王伐宋，宋告急于晋。晋景公欲发兵救宋，伯宗[20]谏晋君曰："天方开楚，未可伐也。"乃求壮士，得霍人解扬，字子虎，诓楚，令宋毋降。过郑，郑与楚亲，乃执解扬而献楚。楚王厚赐与约，使反其言，令宋趣降，三要乃许。于是楚登解扬楼车[21]，令呼宋。遂负楚约而致其晋君命曰："晋方悉国兵以救宋，宋虽急，慎毋降楚，晋兵今至矣！"楚庄王大怒，将杀之。解扬曰："君能制命为义，臣能承命为信。受吾君命以出，有死无陨[22]。"庄王曰："若之许我，已而背之，其信安在？"解扬曰："所以许王，欲以成吾君命也。"将死，顾谓楚军曰："为人臣无忘尽忠得死者！"楚王诸弟皆谏王赦之，于是赦解扬使归。晋爵之为上卿。

十八年，襄公卒，子悼公濆立。

悼公元年，鄦公恶郑于楚，[23]悼公使弟睔于楚自讼。讼不直，楚囚睔。于是郑悼公来与晋平，遂亲。睔私于楚子反，子反言归睔于郑。

二年，楚伐郑，晋兵来救。是岁，悼公卒，立其弟睔，是为成公。

成公三年，楚共王曰"郑成公孤有德焉"，使人来与盟。成公私与盟。秋，成公朝晋，晋曰"郑私平于楚"，执之。使栾书伐郑。四年春，郑患晋围，公子如乃立成公庶兄繻为君。其四月，晋闻郑立君，乃归成公。郑人闻成公归，亦杀君繻。迎成公。晋兵去。

十年，背晋盟，盟于楚。晋厉公怒，发兵伐郑。楚共王救郑。晋楚战鄢陵，楚兵败，晋射伤楚共王目，俱罢而去。十三年，晋悼公伐郑，兵于洧上。[24]郑城守，晋亦去。

十四年，成公卒，子恽立。是为釐公。

釐公五年，郑相子驷朝釐公，釐公不礼。子驷怒，使厨人药杀釐公，赴诸侯曰釐公暴病卒。立釐公子嘉，嘉时年五岁，是为简公。

（以上为第三段，写郑国在春秋时期处在晋、楚两大国的交攻之下，日益衰弱。）

①伯儵（tiáo）——南燕的先祖。 ②以是为而子——将兰作你的儿子。 ③叔詹——郑国大夫。非文公弟。 ④秋，郑入滑——据《左传》，"秋"字乃"初"之误，是追叙四年前的事。滑：国名，姬姓，原都滑，在今河南睢县西北；后迁都于费，在今河南洛阳偃师区东南，被秦所灭。 ⑤翟攻伐襄王——太叔带与翟后私通，襄王废翟后。颓叔害怕被杀，是年秋奉太叔以翟师伐周，大败周师。 ⑥汜——郑国邑名，在今河南襄城南。 ⑦溉——尽。 ⑧僇——通"戮"，杀戮。 ⑨郑司城缯贺以郑情卖之——司城：官名，亦称司空，掌管土木工程、器物制作等，是郑六卿之一。据《左传》，卖郑者杞子，乃秦人之戍郑者。 ⑩三年——公元前625年。 汪——秦邑，在今陕西澄城西南。一说在白水县。 ⑪羊斟——亦作叔牂。 驰郑——驱车奔入郑师。 ⑫子家、子公将朝灵公——子家：郑公室大夫，即公子归生，字子家。子公：郑公室大夫，即公子宋，字子公。 ⑬染其指——《左传》作"染指于鼎"。染：沾染，沾上。 ⑭子公与子家谋先——即先于灵公动手。 ⑮皇门——楚师来自西南，当为郑外郭城西垣城门。 ⑯孤不能事边邑——《左传》记郑伯云"孤不天，不能事君，使君怀怒以及敝邑"，即"不能事边邑"之意。 ⑰庄王为却三十里而后舍——泷川资言曰："礼郑，不为城下之盟。" ⑱其来持两端——此指晋军将领在进退问题上意见分歧。持两端：持不同意见。 ⑲大破晋军于河上——此即邲之战。详见《楚世家》《晋世家》。河上：黄河河边。此指邲，在今河南荥阳北，黄河南岸。 ⑳伯宗——晋大夫，孙伯纠之子。 ㉑楼车——设有望楼，可以眺望的战车。 ㉒陨——陨落，坠毁。 ㉓悼公元年——公元前586年。 鄦（xǔ）公——即许灵公，许国国君。 ㉔十三年——公元前572年。 洧（wěi）——水名，即今河南双洎河。

简公元年，诸公子谋欲诛相子驷，子驷觉之，反尽诛诸公子。二年，晋伐郑，郑与盟，晋去。冬，又与楚盟。子驷畏诛，故两亲晋、楚。三年，相子驷欲自立为君，公子子孔使尉止杀相子驷而代之。[①]子孔又欲自立。子产[②]曰："子驷为不可，诛之，今又效之，是乱无时息也。"于是子孔从之而相郑简公。

四年，晋怒郑与楚盟，伐郑，郑与盟。楚共王救郑，败晋兵。简公欲与晋平，楚又囚郑使者。

十二年，简公怒相子孔专国权，诛之，而以子产为卿。十九年，简公如晋请卫君还[③]，而封子产以六邑。子产让，受其三邑。二十二年，吴使延陵季子于郑，见子产如旧交，谓子产曰："郑之执政者[④]侈，难将至，政将及子。子为政，必以礼；不然，郑将败。"子产厚遇季子。二十三年，诸公子争宠相杀，又欲杀子产。公子[⑤]或谏曰："子产仁人，郑所以存者子产也，勿杀！"乃止。

二十五年，郑使子产于晋，问平公疾。平公曰："卜而曰实沈、台骀为祟，史官莫知，敢问？"对曰："高辛氏有二子，长曰阏伯，季曰实沈，居旷林，不相能也，[⑥]日操干戈以相征伐。后帝弗臧，迁阏伯于商丘，主辰，商人是因，故辰为商星[⑦]。迁实沈于大夏，主参[⑧]，唐人是因，服事夏、商[⑨]，其季世曰唐叔虞[⑩]。当武王邑姜方娠大叔[⑪]，梦帝谓己：'余命而子曰虞，乃与之唐，属之参而蕃育其子孙。'及生有文在其掌曰'虞'，遂以命之。及成王灭唐而国大叔焉。故参为晋星。由是观之，则实沈，参神也。昔金天氏有裔子曰昧，为玄冥师，生允格、台骀[⑫]。台骀能业其官[⑬]，宣汾、洮，障大泽，以处太原[⑭]。帝用嘉之，国之汾川[⑮]。沈、姒、蓐、黄实守其祀[⑯]。今晋主汾川而灭之。由是观之，则台骀，汾、洮神也。然是二者不害君身。山川之神，则水旱之灾禜之[⑰]；日月星辰之神，则雪霜风雨不时禜之[⑱]；若君疾，饮食哀乐女色所生也。"平公及叔向[⑲]曰："善，博物君子也！"厚为之礼于子产。

二十七年夏，郑简公朝晋。冬，畏楚灵王之强，又朝楚，子产从。二十八年，郑君病，使子产会诸侯，与楚灵王盟于申，诛齐庆封。

三十六年，简公卒，子定公宁立。秋，定公朝晋昭公。

定公元年，楚公子弃疾弑其君灵王而自立，为平王。欲行德诸侯，归灵王所侵郑地于郑。

四年，晋昭公卒，其六卿强，公室卑。子产谓韩宣子曰："为政必以德，毋忘所以立。"六年，郑火，公欲禳之。子产曰："不如修德。"

八年，楚太子建来奔。十年，太子建与晋谋袭郑。郑杀建，建子胜奔吴。

十一年，定公如晋。晋与郑谋，诛周乱臣，入敬王于周。

十三年，定公卒，子献公虿立。献公十三年卒，子声公胜立。当是时，晋六卿强，侵夺郑，郑遂弱。

声公五年，郑相子产卒，郑人皆哭泣，悲之如亡亲戚。子产者，郑成公少子也[20]。为人仁爱人，事君忠厚。孔子尝过郑，与子产如兄弟云[21]。及闻子产死，孔子为泣曰："古之遗爱也[22]！"

（以上为第四段，写子产当政时郑国的情形。）

①三年——公元前563年。　公子子孔使尉止杀相子驷而代之——子孔：名嘉，郑缪公之子，公室大夫。尉止：郑国大夫。　②子产——名侨，谥成子，郑缪公之孙，亦称公孙侨、公孙成子。　③简公如晋请卫君还——据《左传》，宁喜弑殇公，纳献公。晋侯执宁喜与卫献公，齐侯、郑伯如晋为卫献公求情。　④执政者——指郑国当时的执政大臣良宵，字伯有。　⑤公子——指子皮。　⑥高辛氏——即帝喾，其子孙亦沿用其氏号。　旷林——即大林。　不相能也——兄弟不和睦。　⑦"后帝弗臧"五句——后帝：指尧。臧：善。　商丘：在今河南商丘南。主：祀，祭祀。辰：即心宿，又称大火，二十八宿之一。主祀心宿，即以心宿来定时令节气。故辰为商星：辰为商人主祀之星。　⑧迁实沈于大夏，主参——大夏：地名，在今山西太原西南。参：参宿，二十

八宿之一。 ⑨唐人是因,服事夏、商——《集解》《正义》都以唐人为陶唐氏刘累之后。 ⑩其季世曰唐叔虞——唐人之季世,其君曰叔虞,非下文邑姜所生。 ⑪当武王邑姜方娠大叔——邑姜:周武王之妻,姜太公之女。大叔:名虞,字子于,为晋国始封君。 ⑫“昔金天氏有裔子”三句——金天氏:传说中古帝少皞的称号。裔子:即季子。玄冥:水官。师:长。昧:水官之长。允格、台骀是兄弟。 ⑬台骀能业其官——即能继承昧的职责。业:嗣承,继承。官:职务,职责。 ⑭宣汾、洮(táo),障大泽,以处太原——宣:通,疏通。汾:即今山西境内汾河。洮:即今山西境内涑水河。障:阻塞。太原:泷川资言认为指汾河流域的高平之地,即今山西太原西南。 ⑮帝用嘉之,国之汾川——帝:指颛顼,号高阳氏。汾川:汾河流域。 ⑯沈、姒、蓐、黄实守其祀——沈、姒、蓐、黄,皆诸侯国名。 ⑰山川之神,则水旱之灾禜(yíng)之——台骀乃山川之神。禜:即聚草木而束之,设为祭处,以祭品求鬼神,去祸祈福。 ⑱日月星辰之神,则雪霜风雨不时禜之——杨伯峻曰:“祭日月星辰与山川之神俱为水旱疠疫,俱为禜。子产分别言之者,盖台骀为山川之神,实沈为星辰之神耳。” ⑲叔向——名肸,氏羊舌,字叔向。晋国大夫,食邑于杨,故又称杨肸。 ⑳子产者,郑成公少子也——子产与郑成公应为同祖兄弟。 ㉑与子产如兄弟云——据《左传》,子产卒于昭公二十年(前522),时年六十余岁,而此时孔子才三十岁。《孔子世家》载孔子适郑是在鲁定公卒后,其时子产早已去世。故此事极可疑。 ㉒古之遗爱也——言子产仁爱,有古人之遗风。

八年,晋范、中行氏反晋,告急于郑,郑救之。晋伐郑,败郑军于铁①。

十四年,宋景公灭曹。二十年,齐田常弑其君简公,而常相于齐。二十二年,楚惠王灭陈。孔子卒。

三十六年,晋知伯伐郑,取九邑。

三十七年,声公卒,子哀公易立。哀公八年,郑人弑哀公而立声公弟丑,是为共公。

共公二年，三晋灭知伯。三十一年，共公卒，子幽公已立。幽公元年，韩武子伐郑，杀幽公。郑人立幽公弟骀，是为繻公。

繻公十五年，韩景侯伐郑，取雍丘，郑城京。[②]

十六年，郑伐韩，败韩兵于负黍[③]。二十年，韩、赵、魏列为诸侯。二十三年，郑围韩之阳翟。

二十五年，郑君杀其相子阳。二十七年，子阳之党共弑繻公骀而立幽公弟乙为君，是为郑君。

郑君乙立二年，郑负黍反，复归韩。十一年，韩伐郑，取阳城。

二十一年[④]，韩哀侯灭郑，并其国。

（以上为第五段，写子产死后郑国迅速衰落，最终为韩所并。）

①晋伐郑，败郑军于铁——据《左传·哀公二年》，齐、郑送粟给范氏、中行氏，赵鞅御之，故有铁之役，晋实未主动伐郑。铁：卫地名。在今河南濮阳西北。　②繻公十五年——公元前409年。　取雍丘，郑城京——雍丘：在今河南杞县。城京：修筑京邑的城池。　③负黍——故城在今河南登封西南。　④二十一年——公元前375年。

太史公曰：语有之，“以权利合者，权利尽而交疏”，甫瑕是也。甫瑕虽以劫杀郑子内厉公，厉公终背而杀之，此与晋之里克何异[①]？守节如荀息，身死而不能存奚齐[②]。变所从来，亦多故矣！

（以上为第六段，司马迁批评甫瑕见利忘义，实际上也对昭公、厉公争国给予了批判，将其视为郑国衰落的关键。）

①此与晋之里克何异——里克：晋国大夫。晋献公去世后，他先后杀死继位的奚齐和悼子，欲迎重耳，未果，改迎夷吾，即晋惠公。惠公入，杀里克。详见《晋世家》。　②守节如荀息，身死而不能存奚齐——荀息：名黯，晋国大夫。奚齐：晋献公宠妃骊姬所生之子。晋献公临终嘱咐荀息立奚齐，里克杀死奚齐，荀息准备自杀，经人劝说，又辅佐奚齐之弟悼子继位，里克又杀悼子，荀息自杀以殉。

［简评］ 郑国的存在基本与春秋历史相始终，所以《郑世家》一开始就通过桓公和太史伯的对话概括了西周末的局势，预言了未来周弱而齐、秦、晋、楚争强的春秋大局。由于郑处于晋、楚两大国之间，所以在郑庄公小霸后不久，随着晋、楚的迅速崛起，郑便成了它们的必争对象，《郑世家》从被征服方的角度反映了这一过程。

《郑世家》在记叙郑国历史时，主要记述了桓公建国、庄公小霸、昭厉争国、子产执政几件大事，反映了郑国的兴衰，也揭示了其中原因。春秋初期，郑国在诸国中实力较强，甚至连齐、鲁这样的大国在抵御蛮族入侵时也得请郑国帮忙。庄公行事作风更是不拘一格，不仅囚母逐弟，违背人伦，在周天子面前也是飞扬跋扈。繻葛之役竟公然与天子对阵，还射王中肩，撕掉了天子与诸侯间的礼教帷幕，开春秋诸侯争霸之先声。而郑国在庄公死后很快就衰落了，主要是因为昭、厉争国。与此相反，齐、楚、晋等国则蒸蒸日上，郑国最终失去了发展的机会和空间，降为二三流的国家。在春秋诸国中，郑国的内乱虽不多，但其造成的后果却最令人触目惊心，使一个原本强大的国家沦落成任人鱼肉的小国，只能凭子产等人的言辞勉强支撑。司马迁在《郑世家》中寄托了深重的感慨，这是他反对争国争利的又一突出表现。

子产是司马迁喜欢的人物之一，不仅将他写入《循吏列传》，在《郑世家》中也占有重要位置。但在这两处，司马迁都只赞美子产的仁爱，却没提他的铸刑书一事。从历史贡献上说，铸刑书才是子产最大的功绩。他第一次把贵族掌握的法律公开给民众，是一次空前大胆的改革，因此，很多人认为子产是法家的先驱。而司马迁故意隐匿了此事，应该说是因对法家的偏见造成的。

《郑世家》中的一些事件与《左传》记载不同，也不见于先秦其他书籍，可能是司马迁取自民间传说。文中重点人物如庄公、子产等虽不像人物传记那样精细刻画，但通过选择列举其生平大事，也能准确地表现出了他们的性格、人品，堪称典型人物。

［**集评**］《太史公自序》：“桓公之东，太史是庸。及侵周禾，王人是议。祭仲要盟，郑久不昌。子产之仁，绍世称贤。三晋侵伐，郑纳于韩。嘉厉公纳惠王，作《郑世家》第十二。”

顾栋高曰：“郑当幽王之世，王室未迁，遽兴寄帑之谋，攘取虢、桧之国而有其地，首乱天朝之疆索，郑诚周室之罪人矣。入春秋后，庄公以狙诈之资，倔强东诸侯间，是时楚僻处南服，而晋方内乱，庄公与齐、鲁共执牛耳。其子昭公、厉公，俱枭雄绝人，使其兄弟辑睦，三世相继，郑之图伯未可知也。乃三公子争立，卒归厉公，与虢弭定王室，庶几桓文勤王之义，然自是而楚患兴矣。齐、晋迭伯，与楚争郑者二百余年，是时郑西有虎牢之险，北有延津之固，南据汝、颍之地，恃其险阻，左支右吾，盖荥阳、成皋，自古战争地，南北有事，郑先被兵，地势然也。至子产之世，而虎牢已先属晋，犨、栎、郏已先属楚，郑之地险尽失，徒善其区区之辞命，以大义折服晋、楚，虽以楚灵王之暴横，莫敢凌侮，盖亦人谋之臧，匪关地势矣。然自后三家分晋，而韩得成皋，卒以灭郑，则郑之虎牢，岂非得之以兴，失之以亡者哉。”（《春秋大事表》）

童书业曰：“当子产为政时，郑卿族间多内乱，而郑又以小国介于晋、楚两大国之间，国内外形势俱属不利。子产为大贵族中之比较开明贤能者，故执政子皮使之为政。子产针对当时本国形势，以容忍及执法之两种手段对付贵族，以靖内乱。又善利用晋、楚之间及晋、楚国内之矛盾以应付外交。子产本人亦长于文辞，外交无失，屡获胜利，以靖外患，是其能也。子产又针对当时社会政治形势，整顿旧制及创立新法以“救世”，不顾保守者之反对，又有早期法家之风。然彼虽以猛治民，而接受舆论；以法绳贵，而以宽济之，故能于交错之矛盾中推行渐进性之改革。至于其改革内容与成效之有限，则时代使之然也。”(《春秋左传研究》)

范文澜曰：“郑地处晋楚两大霸国间，为两国所必争。郑国狭小，力不能自立，要避免灭亡，不得不讲求内政外交的善策。……郑是一个机智的国家。在这个国家里，产生法、纵横两家，子产是这两家的创始人。”(《中国通史简编》)

黄朴民曰：“郑国地处河南腹心一带，虽有‘河山控戴，形胜甲于天下’之誉，但‘河南者，四通五达之郊，兵法所称衢地者也’，‘盖四方必争之地也’。这种位于中原咽喉之地的地理条件，决定郑国势必成为南北必争的焦点，兵连祸结，庶几无可避免。同时由于它周围都是文化发达的地区，宋、卫、曹、陈诸国实力并不逊色于郑国，故郑国的任何军事行动，都必将受到强烈的反弹。而这种内线作战的态势，也给它本身的发展造成极大的限制。加上郑庄公父子在外交、军事方针上的一系列失误，更加速了郑国丧失暂时的优势，而成为晋楚争霸大战略环境夹缝中的苟且幸存者。‘处大国之间，缮贡赋以共从者，犹惧有讨’。这虽是指当时一般中小国家的共同处境，但用来说明郑国在春秋战略格局中的情况，尤为妥帖确切。”(《中国军事通史·春秋军事史》)

郑国诸侯世系表

桓公(宣王弟，前806—前771年)——武公(桓公子，前770—前744年)——庄公(武公子，前743—前701年)——昭公(庄公子)——厉公(昭公弟，前700—前697年)——昭公复辟(前696—前695年)——子亹(昭公弟，前694年)——郑子(子亹弟，前693—前680年)——厉公复辟(前679—前673年)——文公(厉公子，前672—前628年)——缪公(文公子，前627—前606年）——灵公（缪公子，前605年）——襄公（灵公弟，前604—前587年）——悼公（襄公子，前586—前585年）——成公（悼公弟，前584—前571年）——釐公（成公子，前570—前566年）——简公（釐公子，前565—前530年）——定公（简公子，前529—前514年）——献公（定公子，前513—前501年）——声公（献公子，前500—前463年）——哀公（声公子，前462—前455年）——共公（声公弟，前454—前424年）——幽公（共公子，前423年）——繻公（幽公弟，前422—前396年）——康公（繻公弟，前395—前375年） 被韩所灭

赵世家第十三

赵氏之先，与秦共祖[①]。至中衍，为帝大戊御。[②]其后世蜚廉[③]有子二人，而命其一子曰恶来，事纣，为周所杀，其后为秦[④]。恶来弟曰季胜，其后为赵[⑤]。

季胜生孟增。孟增幸于周成王，是为宅皋狼[⑥]。皋狼生衡父，衡父生造父。造父[⑦]幸于周缪王。造父取骥之乘匹，与桃林盗骊、骅骝、绿耳，献之缪王。[⑧]缪王使造父御，西巡狩，见西王母，[⑨]乐之忘归。而徐偃王反[⑩]，缪王日驰千里马[⑪]，攻徐偃王，大破之。乃赐造父以赵城，由此为赵氏。[⑫]

自造父已下六世至奄父，曰公仲，周宣王时伐戎，为御。及千亩战，奄父脱宣王。[⑬]奄父生叔带。叔带之时，周幽王无道，去周如晋，事晋文侯，始建赵氏于晋国。

自叔带以下，赵宗益兴，五世而至赵夙。

赵夙[⑭]：晋献公之十六年伐霍、魏、耿[⑮]，而赵夙为将伐霍。霍公求奔齐。晋大旱，卜之，曰"霍太山为祟[⑯]"。使赵夙召霍君于齐，复之[⑰]，以奉霍太山之祀，晋复穰[⑱]。晋献公赐赵夙耿。

夙生共孟，当鲁闵公之元年[⑲]也。共孟生赵衰，字子余。

赵衰卜事[⑳]晋献公及诸公子，莫吉；卜事公子重耳，吉，即事重耳。重耳以骊姬之乱亡奔翟，赵衰从。翟伐廧咎如[21]，得二女，翟以其少女妻重耳，长女妻赵衰而生盾。初，重耳在晋时，赵衰妻亦生赵同、赵括、赵婴齐。赵衰从重耳出亡，凡十九年，得反国。重耳为晋文公，赵衰为原大夫，居原，任国政。[22]文公所以反国及霸，多赵衰计策，语在晋事中[23]。

赵衰既反晋，晋之妻固要迎翟妻，而以其子盾为適嗣，晋妻三子皆下事之。[24]晋襄公之六年，而赵衰卒，谥为成季。

(以上为第一段，写赵氏始重于晋。)

①与秦共祖——大业、大费，既是秦之始祖，也是赵氏的始祖。②中(zhòng)衍——大费生子曰大廉，大廉有玄孙二人，长曰孟戏，次曰中衍，二人皆"鸟身人言"。　为帝大戊御——为殷朝的帝王大戊赶车。帝大戊：殷朝中期的帝王。　③蜚廉——中衍的玄孙曰中潏，中潏之子曰蜚廉，蜚廉生子二人，长曰恶来，次曰季胜。　④其后为秦——据《秦本纪》，恶来生女防，女防生旁皋，旁皋生太几，太几生大骆，大骆生非子，非子以善养马，被周孝王"邑之秦，使复续嬴氏祀，号曰秦嬴"。从此秦氏有了封土。　⑤其后为赵——其后代遂为"赵氏"。此言"秦之先"与"赵之先"本同祖，至恶来与季胜时始分开，恶来之后为"秦氏"，季胜之后为"赵氏"。　⑥宅皋狼——居住在皋狼，在今山西吕梁离石区西北。　⑦造父——古之善相马者，也是最善于赶车的驭手。⑧乘匹——八匹。　与桃林盗骊、骅骝、绿耳，献之缪王——桃林：也称桃林塞，在今华山东侧的河南与陕西交界处。周武王灭商后，"纵马于华山之阳，放牛于桃林之虚"，所以这里多有良马的遗种。盗骊、骅骝、绿耳：都是周穆王"八骏"的名字。　⑨巡狩——巡视诸侯之所守，即到所属的各地去视察。　西王母——神话中的西方神仙。《穆天子传》有所谓"穆王与西王母觞于瑶池之上"云云。　⑩徐偃王反——指淮河流域的夷族作乱反周。徐：也称"徐方"，夷族小国名，在今江苏泗洪南。　⑪日驰千里马——"马"字疑衍。　⑫赵城——古邑名，在今山西洪洞北。　由此为赵氏——从此这个家族开始姓赵。　⑬千亩战——宣王三十九年(前789)，与姜氏之戎战于千亩，王师败绩。千

亩：古邑名，在今山西安泽北，一说在今山西介休南。 脱宣王——救助宣王脱险。 ⑭赵夙——按：段首以“赵夙”二字领起，下文全述赵夙事，此例除见于本篇外，还见于《殷本纪》之叙“成汤”、《韩世家》之叙“韩厥”。 ⑮霍、魏、耿——都是当时的小国名，霍在今山西霍州西南；魏在今山西芮城北；耿在今山西河津东南。 ⑯霍太山为祟——霍国的太山之神为祟，因为霍君被赶走，没有人给它上供了。霍太山在当时的霍邑城东。 ⑰复之——又将霍国重建起来。 ⑱穰(ráng)——丰收。 ⑲鲁闵公之元年——公元前661年。 ⑳卜事——占卜服务于某人。 ㉑廧咎(qiáng gāo)如——少数民族名，居住在今山西长治东、河南安阳西的太行山地区。 ㉒原大夫——原邑的行政长官。原：在今河南济源西北。 居原，任国政——管理原邑，同时也在朝廷管理整个晋国的事情。这里的“任国政”义同后来的“为宰相”。 ㉓语在晋事中——意即详情见《晋世家》。 ㉔晋之妻——原先在晋国国内所娶的妻子，此人是重耳之女。 翟妻——赵衰在翟时所娶的妻子，即廧咎如之叔隗。 以其子盾为適嗣——让翟女生的儿子赵盾作为赵衰的法定继承人。適：通“嫡”。 晋妻三子皆下事之——让赵同、赵括、赵婴齐三人都处于赵盾之下。

赵盾代成季任国政[①]二年而晋襄公卒，太子夷皋年少。盾为国多难，欲立襄公弟雍。[②]雍时在秦，使使迎之。太子母日夜啼泣，顿首谓赵盾曰：“先君何罪，释其適子而更求君？”赵盾患之，恐其宗与大夫袭诛之，[③]乃遂立太子，是为灵公，发兵距所迎襄公弟于秦者[④]。灵公既立，赵盾益专国政。

灵公立十四年，益骄。赵盾骤谏[⑤]，灵公弗听。及食熊蹯，胹不熟，杀宰人，[⑥]持其尸出，赵盾见之。灵公由此惧，欲杀盾。盾素仁爱人，尝所食桑下饿人反捍救盾，盾以得亡。[⑦]未出境，而赵穿弑灵公[⑧]而立襄公弟黑臀，是为成公。赵盾复反，任国政。君子讥盾“为正卿，亡不出境，反不讨贼”，故太史书曰“赵盾弑其君”。晋景公时而赵盾卒，谥为宣孟，子朔嗣。

赵朔，晋景公之三年，朔为晋将下军救郑，与楚庄王战河上。朔娶晋成公姊为夫人。

晋景公之三年，大夫屠岸贾欲诛赵氏[9]。初，赵盾在时，梦见叔带持要而哭，甚悲；已而笑，拊手且歌。[10]盾卜之，兆[11]绝而后好。赵史援[12]占之，曰："此梦甚恶，非君之身，乃君之子，然亦君之咎[13]。至孙，赵将世益衰[14]。"屠岸贾者，始有宠于灵公，及至于景公而贾为司寇，将作难，乃治灵公之贼以致赵盾，[15]遍告诸将曰："盾虽不知，犹为贼首。以臣弑君，子孙在朝，何以惩罪[16]？请诛之。"韩厥[17]曰："灵公遇贼，赵盾在外，吾先君以为无罪，[18]故不诛。今诸君将诛其后，是非先君之意而今妄诛。妄诛谓之乱。臣有大事而君不闻[19]，是无君也。"屠岸贾不听。韩厥告赵朔趣亡。朔不肯，曰："子必不绝赵祀，朔死不恨。[20]"韩厥许诺，称疾不出。贾不请而擅与诸将攻赵氏于下宫，[21]杀赵朔、赵同、赵括、赵婴齐，皆灭其族。

赵朔妻成公姊，有遗腹，走公宫匿[22]。赵朔客[23]曰公孙杵臼，杵臼谓朔友人程婴曰："胡不死？"程婴曰："朔之妇有遗腹，若幸而男，吾奉之；即女也，吾徐死耳。[24]"居无何，而朔妇免身[25]，生男。屠岸贾闻之，索于宫中。夫人置儿绔[26]中，祝曰："赵宗灭乎，若号；即不灭，若无声。"及索，儿竟无声。已脱，程婴谓公孙杵臼曰："今一索不得，后必且复索之，奈何？"公孙杵臼曰："立孤与死孰难？"程婴曰："死易，立孤难耳。"公孙杵臼曰："赵氏先君遇子厚，子强为其难者；吾为其易者，请先死。"乃二人谋取他人婴儿负之，衣以文葆，[27]匿山中。程婴出，谬谓诸将军曰："婴不肖，不能立赵孤。谁能与我千金，吾告赵氏孤处。"诸将皆喜，许之，发师随程婴攻公孙杵臼。杵臼谬曰："小人哉程婴！昔下宫之难不能死，与我谋匿赵氏孤儿，今又卖我。纵不能立，而忍卖之乎！"抱儿呼曰："天乎天乎！赵氏孤儿何罪？请活之，独杀杵臼可也。"诸将不许，遂杀杵臼与孤儿。诸将以为赵氏孤儿良已死[28]，皆喜。然赵氏真孤乃反在,程婴卒与俱匿山中。

居十五年,晋景公疾。卜之,大业之后不遂者为祟。[29]景公问韩厥,厥知赵孤在,乃曰:"大业之后在晋绝祀者,其赵氏乎?夫自中衍者皆嬴姓也[30]。中衍人面鸟噣,降佐殷帝大戊,[31]及周天子,皆有明德[32]。下及幽厉无道,而叔带去周适晋,事先君文侯,至于成公,世有立功,未尝绝祀。今吾君独灭赵宗,国人哀之,故见龟策。唯君图之。"景公问:"赵尚有后子孙乎?"韩厥具以实告。于是景公乃与韩厥谋立赵孤儿,召而匿之宫中。诸将入问疾,景公因韩厥之众以胁诸将而见赵孤。[33]赵孤名曰武。诸将不得已,乃曰:"昔下宫之难,屠岸贾为之,矫以君命,并命群臣。非然,孰敢作难!微君之疾,群臣固且请立赵后。[34]今君有命,群臣之愿也。"于是召赵武、程婴遍拜诸将,遂反与程婴、赵武攻屠岸贾,灭其族。复与赵武田邑如故。

及赵武冠,为成人,程婴乃辞诸大夫,谓赵武曰:"昔下宫之难,皆能死。我非不能死,我思立赵氏之后。今赵武既立,为成人,复故位,我将下报赵宣孟与公孙杵臼。"赵武啼泣顿首固请,曰:"武愿苦筋骨以报子至死,而子忍去我死乎!"程婴曰:"不可。彼[35]以我为能成事,故先我死;今我不报,是以我事为不成。"遂自杀。赵武服齐衰三年,为之祭邑,[36]春秋祠之,世世勿绝。

赵氏复位十一年,而晋厉公杀其大夫三郤。[37]栾书畏及,乃遂弑其君厉公,[38]更立襄公曾孙周,是为悼公。晋由此大夫稍强[39]。

赵武续赵宗二十七年,晋平公立。平公十二年,而赵武为正卿。十三年,吴延陵季子使于晋,曰:"晋国之政卒归于赵武子、韩宣子、魏献子之后矣。"赵武死,谥为文子。

文子生景叔。景叔之时,齐景公使晏婴于晋,晏婴与晋叔向语。婴曰:"齐之政后卒归田氏。"叔向亦曰:"晋国之政将归六卿[40]。六卿侈矣,而吾君不能恤也。[41]"

赵景叔卒,生赵鞅,是为简子[42]。

（以上为第二段，写赵氏在晋国长期把持政权。）

①赵盾代成季任国政——按《史》文颇似父终子继。然据《左传·文公六年》，知赵盾的“为国政”乃是靠阳处父的武装政变，这是赵盾在晋国执政的开始，也是晋国公室与赵氏家族矛盾的开端。事在晋襄公六年（前622）。 ②为国多难——主要是与秦国的矛盾尖锐，连年战争。 襄公弟雍——襄公之弟名雍。赵盾想立公子雍，一方面是为了立“长君”，同时也是为了与秦国改善关系。 ③其宗——指夷皋与其母穆嬴一派的人。古称同是一母所生者为一宗。 大夫——指晋国的诸大臣，当时诸侯国的大臣皆称“大夫”。 ④发兵距所迎襄公弟于秦者——晋国派去的使者为先蔑、士会。因有秦兵护送，故当晋国又翻脸与之开战，败之于令狐（在今山西临猗西）后，晋国与秦国的关系更坏了。 ⑤骤谏——屡次进谏。骤：屡。 ⑥熊蹯（fán）——熊掌。 胹（ér）——煮，炖。 宰人——主管君主膳食之臣。 ⑦所食桑下饿人——即《左传》所载之提弥明，饿于桑下将死，赵盾出猎遇之，与之食物，将其救活。食：读如“饲”。 反捍救盾——提弥明后来当了晋灵公的卫士，当晋灵公埋伏甲士欲杀赵盾时，提弥明乃倒戟以卫赵盾得脱。反捍：反而护卫。 盾以得亡——赵盾由此才得以脱身逃去。 ⑧赵穿弑灵公——赵盾的族人赵穿于灵公十四年（前607）弑灵公于桃园。 ⑨屠岸贾欲诛赵氏——按：《左传》无屠岸贾其人，更无后述程婴、公孙杵臼其事，唯此《赵世家》与《韩世家》言之，盖小说家言。 ⑩梦见叔带持要而哭——意谓赵氏家族将被拦腰斩断。要：古“腰”字。 拊手且歌——意指灾难过后，赵氏更将大兴。拊手：拍手。 ⑪兆——龟甲灼文所显示的征兆。 ⑫赵史援——赵氏的史官名援。古代的史官亦掌卜祝之事。泷川资言曰：“‘史’上‘赵’字疑衍，赵氏不宜别有史官。” ⑬亦君之咎——也是因为你造的孽。此指弑灵公。 ⑭至孙，赵将世益衰——按：此预言不合事实，其孙赵武重建赵氏家族后，执掌晋政，往后直至三家分晋，安在其“世益衰”乎？ ⑮将作难——将要诛灭赵氏满门。 乃治灵公之贼——以追究杀害灵公的凶手为名。 以致赵盾——从而罪及赵盾。致：及，加罪。 ⑯何以惩罪——何以再惩治别的罪犯？ ⑰韩厥——景公时的名臣，于晋齐鞌

之战中差点捉了齐顷公。其援救赵族事，详见《韩世家》。 ⑱遇贼——遇害。贼：残害，杀害。 先君——指晋成公。 ⑲君不闻——做君主的不知道。意指屠岸贾想灭赵氏而不向景公报告。 ⑳子必不绝赵祀——如果你能让赵氏不绝后。必：若能。 不恨——无憾。恨：遗憾。 ㉑不请——不向景公禀告。 下宫——赵氏家族的宫室名。 ㉒走公宫匿——逃到晋景公的宫室里躲藏起来。 ㉓赵朔客——当年赵朔的门客。 ㉔即——若，如果。 徐死耳——意即再死不迟。徐：慢。 ㉕免身——意即分娩。免：通“娩”。 ㉖绔——套裤。 ㉗负之——背在背上。 衣以文葆——给孩子穿上花衣裳。葆：小儿衣。 ㉘良已死——真的是已经死了。良：诚，真的。 ㉙大业之后不遂者——依史文指赵朔、赵同、赵括等。大业：嬴、赵两族的远祖，尧、舜时人。不遂：不顺，不显达。这里指被灭。 为祟——指鬼怪害人。 ㉚夫自中衍者皆嬴姓也——中衍以来的后代子孙，多立功于世，以嬴为姓。 ㉛人面鸟噣(zhòu)——面目像人，嘴长得像鸟。《秦本纪》称中衍“鸟身人言”，与此歧异。 降佐殷帝大戊——降临人世辅佐殷朝的帝大戊。 ㉜及周天子，皆有明德——一直到周王朝，中衍的后代都有美好的道德。 ㉝因韩厥之众——借助韩厥的部众。 而见赵孤——使孤儿赵武与诸将相见。 ㉞微君之疾——倘若不是因为您有病。微：没有，不是。 固且——本来也要。 ㉟彼——他，他们，指公孙杵臼与赵朔等。 ㊱齐衰(zī cuī)——丧服的一种，仅次于斩衰。斩衰是指丧服的衣边不加缘缉，是子女为父母所服；齐衰是将衣边加以缘缉，是为祖父母与叔、伯所服。 为之祭邑——划出一块领地，专门为祭祀程婴、公孙杵臼之用。 ㊲赵氏复位十一年——晋厉公八年，公元前573年。 三郤(xì)——郤锜、郤犨(chōu)、郤至，皆晋国大夫。晋厉公于鄢陵之役打败楚国后，楚国行反间计以害郤氏，栾书又趁机诬陷、挑动，于是厉公遂攻杀三郤。 ㊳栾书——晋国的权臣。 畏及——害怕晋厉公杀到自己头上。 遂弑其君厉公——厉公杀害三郤后，晋卿胥童要求晋厉公也一起除掉栾书与中行偃，厉公未忍动手。栾书见此情景，遂作乱杀了厉公与胥童。 ㊴晋由此大夫稍强——意谓晋国大夫的势力从此日趋强大，而晋国国君则逐步成为傀儡。稍：渐。

㊵六卿——晋国的六大权臣，即范氏、中行氏、知氏、韩氏、赵氏、魏氏。 ㊶侈——指占有的土地财富多，也指权势专横。 不能恤也——不能忧虑晋国公室的前途。恤：忧虑。 ㊷简子——赵鞅的谥。赵鞅也名志父。

赵简子在位，晋顷公之九年，简子将合诸侯戍于周。[1]其明年，入周敬王于周，辟弟子朝之故也。[2]

晋顷公之十二年，六卿以法诛公族[3]祁氏、羊舌氏，分其邑为十县，六卿各令其族为之大夫[4]。晋公室由此益弱。

后十三年，鲁贼臣阳虎来奔，赵简子受赂，厚遇之。

赵简子疾，五日不知人，大夫皆惧。医扁鹊视之，出，董安于问。[5]扁鹊曰："血脉治也，而何怪！[6]在昔秦缪公尝如此，七日而寤。寤之日，告公孙支与子舆[7]曰：'我之帝所，甚乐。吾所以久者，适有学也。帝告我晋国将大乱，五世不安；其后将霸，未老而死；[8]霸者之子且令而国男女无别[9]。'公孙支书而藏之，秦谶[10]于是出矣。献公之乱，文公之霸，而襄公败秦师于殽而归纵淫[11]，此子之所闻。今主君之疾与之同，不出三日疾必间，[12]间必有言也。"

居二日半，简子寤。语大夫曰："我之帝所甚乐，与百神游于钧天[13]，广乐九奏万舞，不类三代之乐，其声动人心。有一熊欲来援[14]我，帝命我射之，中熊，熊死。又有一罴来，我又射之，中罴，罴死[15]。帝甚喜，赐我二笥，皆有副。[16]吾见儿在帝侧，帝属我一翟犬，[17]曰：'及而子之壮也，以赐之。'帝告我：'晋国且世衰，七世而亡，嬴姓将大败周人于范魁之西，而亦不能有也。[18]今余思虞舜之勋，适余将以其胄女孟姚配而七世之孙。[19]'"董安于受言而书藏之。以扁鹊言告简子，简子赐扁鹊田四万亩。

他日，简子出，有人当道，辟之不去[20]。从者怒，将刃之。当道者曰："吾欲有谒于主君。"从者以闻。简子召之，曰："嘻，吾有所见子晰也[21]。”当道者曰:“屏左右,愿有谒。”简子屏人。当道者曰:“主君之疾,臣在帝侧。”简子曰:“然,有之。子之见我,我何为[22]?”当道者曰:“帝令主君射熊与罴,皆死。”简子曰:“是,且何也?”当道者曰:“晋国且有大难,主君首之[23]。帝令主君灭二卿[24],夫熊与罴皆其祖也。”简子曰:“帝赐我二笥皆有副,何也?”当道者曰:“主君之子将克二国于翟,皆子姓也。[25]”简子曰:“吾见儿在帝侧,帝属我一翟犬,曰‘及而子之长以赐之’。夫儿何谓以赐翟犬?”当道者曰:“儿,主君之子也。翟犬者,代之先也。主君之子且必有代。及主君之后嗣,且有革政而胡服,并二国于翟。[26]”简子问其姓而延之以官[27]。当道者曰:“臣野人,致帝命耳。”遂不见。简子书藏之府。

异日,姑布子卿见简子,简子遍召诸子相之。[28]子卿曰:“无为将军者。”简子曰:“赵氏其灭乎!”子卿曰:“吾尝见一子于路,殆君之子也。”简子召子毋恤。毋恤至,则子卿起曰:“此真将军矣!”简子曰:“此其母贱,翟婢也,奚道贵哉?”子卿曰:“天所授,虽贱必贵。”自是之后,简子尽召诸子与语,毋恤最贤。简子乃告诸子曰:“吾藏宝符于常山上,[29]先得者赏。”诸子驰之常山上,求,无所得。毋恤还,曰:“已得符矣。”简子曰:“奏之。”毋恤曰:“从常山上临代[30],代可取也。”简子于是知毋恤果贤,乃废太子伯鲁,而以毋恤为太子。

后二年,晋定公之十四年,范、中行作乱。明年春,简子谓邯郸大夫午曰[31]:“归我卫士五百家,吾将置之晋阳。[32]”午许诺,归而其父兄不听,倍言。[33]赵鞅捕午,囚之晋阳。乃告邯郸人曰:“我私有诛午也,诸君欲谁立?”遂杀午。赵稷、涉宾以邯郸反。[34]晋君使籍秦围邯郸[35]。荀寅、范吉射与午善,不肯助秦而谋作乱,[36]董安于知之。十月,范、中行氏伐赵鞅,鞅奔晋阳,晋人围之。范吉射、荀寅仇人魏襄等谋逐荀寅,以梁婴父代之;逐吉射,以范皋绎代之。[37]荀栎言于晋侯曰:“君命大臣,始乱者死。[38]今三臣始乱而独逐鞅，用刑不均，请皆逐之。[39]”十一月，荀栎、韩不佞、魏哆奉公命以伐范、中行氏，[40]不克。范、中行氏反伐公，公击之，范、中行败走。丁未，二子奔朝歌。韩、魏以赵氏为请[41]。十二月辛未，赵鞅入绛，盟于公宫。[42]其明年，知伯文子谓赵鞅曰：“范、中行虽信为乱，安于发之，是安于与谋也。[43]晋国有法，始乱者死。夫二子已伏罪而安于独在。”赵鞅患之。安于曰：“臣死，赵氏定，晋国宁，吾死晚矣[44]。”遂自杀。赵氏以告知伯，然后赵氏宁。

孔子闻赵简子不请晋君而执邯郸午，保晋阳，故书《春秋》曰“赵鞅以晋阳畔”。

赵简子有臣曰周舍，好直谏。周舍死，简子每听朝，常不悦，大夫请罪[45]。简子曰：“大夫无罪。吾闻千羊之皮不如一狐之腋。诸大夫朝，徒闻唯唯，不闻周舍之鄂鄂，[46]是以忧也。”简子由此能附赵邑而怀晋人。[47]

晋定公十八年，赵简子围范、中行于朝歌，中行文子奔邯郸。明年，卫灵公卒。简子与阳虎送卫太子蒯聩于卫，卫不内，居戚。

晋定公二十一年，简子拔邯郸，中行文子奔柏人。[48]简子又围柏人，中行文子、范昭子遂奔齐。赵竟有邯郸、柏人，范、中行余邑入于晋。赵名晋卿，实专晋权，奉邑侔于诸侯[49]。

晋定公三十年，定公与吴王夫差争长于黄池，赵简子从晋定公，卒长吴[50]。定公三十七年卒，而简子除三年之丧，期而已[51]。是岁，越王句践灭吴。

晋出公十一年，知伯伐郑。赵简子疾，使太子毋邺将而围郑[52]。知伯醉，以酒灌击毋邺。毋邺群臣请死之[53]。毋邺曰：“君所以置毋邺，为能忍訽。”然亦愠知伯。知伯归，因谓简子，使废毋邺，简子不听。毋邺由此怨知伯。

晋出公十七年，简子卒，太子毋邺代立，是为襄子。

赵襄子元年，越围吴。襄子降丧食，使楚隆问吴王。[54]

襄子姊前为代王夫人。简子既葬，未除服，北登夏屋，[55]请代王。使厨人操铜枓以食代王及从者，行斟，[56]阴令宰人各以枓击杀代王及从官[57]，遂兴兵平代地。其姊闻之，泣而呼天，摩笄自杀。代人怜之，所死地名之为摩笄之山。遂以代封伯鲁子周为代成君。伯鲁者，襄子兄，故太子。太子蚤死，故封其子。

襄子立四年，知伯与赵、韩、魏尽分其范、中行故地。晋出公怒，告齐、鲁，欲以伐四卿。四卿恐，遂共攻出公。出公奔齐，道死。知伯乃立昭公曾孙骄，是为晋懿公。知伯益骄，请地韩、魏，韩、魏与之。请地赵，赵不与，以其围郑之辱[58]。知伯怒，遂率韩、魏攻赵。赵襄子惧，乃奔保晋阳。

原过从，后，至于王泽，[59]见三人，自带以上可见，自带以下不可见。与原过竹二节，莫通[60]。曰："为我以是遗赵毋卹。"原过既至，以告襄子。襄子齐三日，亲自剖竹，有朱书曰[61]："赵毋卹，余霍泰山山阳侯天使也。三月丙戌，余将使女反灭知氏。女亦立我百邑，余将赐女林胡之地。[62]至于后世，且有伉王，赤黑，龙面而鸟噣，鬓麋髭髯，大膺大胸，修下而冯，左衽界乘，[63]奄有河宗，至于休溷诸貉，南伐晋别，北灭黑姑。[64]"襄子再拜，受三神[65]之令。

三国攻晋阳，岁余，引汾水灌其城，城不浸者三版。[66]城中悬釜而炊，易子而食。[67]群臣皆有外心，礼益慢[68]，唯高共不敢失礼。襄子惧，乃夜使相张孟同私于韩、魏。[69]韩、魏与合谋，以三月丙戌，三国反灭知氏，共分其地。于是襄子行赏，高共为上。张孟同曰："晋阳之难，唯共无功。"襄子曰："方晋阳急，群臣皆懈，惟共不敢失人臣礼，是以先之。"于是赵北有代，南并知氏，强于韩、魏。遂祠三神于百邑，使原过主霍泰山祠祀。

其后娶空同氏，[70]生五子。襄子为伯鲁之不立也，不肯立子，且必欲传位与伯鲁子代成君。成君先死，乃取代成君子浣立为太子。襄子立三十三年卒，浣立，是为献侯。

（以上为第三段，写简子之壮大赵氏与襄子时赵国的形成。）

①晋顷公之九年——公元前517年。　合诸侯戍于周——召集诸

侯会盟,出兵驻扎于周都雒阳。据《周本纪》,周景王死(前520),子朝攻杀其长兄(名猛)而自立为王,“晋人攻子朝而立丐,是为敬王”。②入周敬王于周——指诸侯们以武力将周敬王送入周都雒阳。辟弟子朝——驱逐其弟子朝。辟:驱逐。据《周本纪》,早在周敬王元年(前519),赵简子等就已将周敬王送入周国,因其弟子朝当时占据着都城雒阳,故周敬王只好暂居于泽邑。至敬王四年(前516),晋人始驱逐子朝而送敬王入雒阳。③公族——该国国君的宗室。④六卿各令其族为之大夫——按:此“大夫”犹如后世之县令。⑤扁鹊——姓秦,名越人,因其医道精通,故时人遂以古之神医“扁鹊”称之。董安于——赵氏的家臣。⑥血脉治也——血脉正常。治:平安,正常。而何怪——你有什么可惊慌的。而:尔,你。⑦公孙支与子舆——公孙支、子舆皆为秦国大夫。⑧其后将霸——指晋文公。未老而死——按:“老”字难通,据上下文疑当作“久”。盖文公即位时年六十二,在位九年即去世。牛鸿恩认为:文公返国年六十二,此《史记》说也。《国语·晋语四》:“晋公子生十七年而亡”,出亡十九年,则即位之年为三十六;在位九年方四十五,正是“未老而死”。⑨霸者之子且令而国男女无别——不知所云何事,历史亦无此记载。⑩秦谶(chèn)——秦国的谶语。谶语是一种迷信性质的预言,起自战国末期,至西汉末、东汉初风行一时。⑪襄公败秦师于殽而归纵淫——梁玉绳曰:“《左传》不见晋襄‘纵淫’‘无别’事,盖与《扁鹊传》同妄。”⑫主君——称赵简子。此时的赵简子已俨然是一国诸侯,只是尚未“正名”而已。疾必间(jiàn)——病必痊愈。间:痊愈。⑬钧天——高天之中央。⑭援——拉,扯。⑮“中熊,熊死”至“中罴,罴死”句——按:此处被射死的熊、罴,即暗指日后被其所灭的范氏、中行氏。⑯笥——盛食物或衣物的方形竹器。副——随带的小竹器。⑰属我——交给我。翟犬——少数民族牧人的猎狗。⑱嬴姓——指秦国。大败周人于范魁之西——史实、地理皆不详。梁玉绳以为“妄言”。按:既想编“预言”骗人,自然应将谎话编圆,不可能是“妄言”。不能有——不能享有周人的疆土。⑲思虞舜之勋——思赵之先祖大费在虞舜时代所立的功勋。其胄女——舜的女后代。

胄：裔，通常指贵族的后裔。　孟姚——姚氏的长女，即娃嬴，事迹见后文。　七世之孙——即赵武灵王，事迹见后文。“七世”二字应作“十世”。　⑳辟之不去——赶他走，他不走。　㉑吾有所见子晰也——意即我曾清楚地见过你。　㉒子之见我，我何为——下“我”字衍，意即你找我做什么。　㉓主君首之——事情是由你开头。指杀邯郸午事，详见后。　㉔二卿——指范氏、中行氏。　㉕主君之子——谓赵襄子。　克二国于翟——指灭代与知氏。代：在今山西东北部与相邻之河北西北部，当时为翟族所居。　皆子姓也——代国君主与知氏的祖先都姓子，是商朝的后代。　㉖革政而胡服——指赵武灵王改革政治、胡服骑射事。详见后文。　并二国于翟——吞并翟族的两个国家，指中山与匈奴。　㉗延之以官——请他留下做官。延：引，请。　㉘姑布子卿——姓姑布，名子卿，当时的相面者。　遍召诸子相之——“子”下应增“使”字读。　㉙宝符——贵重的符节，可赐人以为信物者。　常山——原称恒山，在今河北曲阳西北。汉人避文帝刘恒讳，改称“常山”。　㉚从常山上临代——意即翻越常山以取代国。当时的代国在恒山北，国都在今河北蔚县东北，登恒山可以俯眺。临：登高视下。　㉛明年——晋定公十五年，公元前497年。　邯郸大夫午——邯郸县的行政长官，姓赵名午。沈长云等《赵国史稿》曰：“邯郸午本亦赵姓，是赵夙子共孟的嫡传后嗣。共孟生赵穿，赵穿生赵旃，赵旃生赵胜，赵胜生赵午，即邯郸午。”邯郸：晋县名，在今河北邯郸。　㉜归我卫士五百家——《集解》引服虔曰：“往年赵鞅围卫，卫人恐惧，故贡五百家，鞅置之邯郸，又欲更徙于晋阳。”　晋阳——赵氏家族的都城，在今山西太原西南。　㉝许诺——答应将五百家迁至晋阳。　倍言——违背诺言。倍：通“背”。　㉞赵稷——赵午之子。　涉宾——赵午的家臣。　㉟晋君使籍秦围邯郸——籍秦：晋大夫，籍谈之子。按：邯郸人反赵氏，原与晋定公无关，晋定公所以派兵讨伐，乃受赵氏之操纵。　㊱荀寅——也称“中行文子”，当时中行氏家族的首领，晋国的“六卿”之一。　范吉射——也称“士吉射”“范昭子”，当时范氏家族的首领，晋国的“六卿”之一。　与午善——赵午是荀寅之甥；荀寅是范吉射之姻。　谋作乱——意即欲谋攻赵氏。　㊲魏襄——即“魏襄子”，名曼多，魏舒之孙，魏氏家族的首领，“六卿”之一。　梁婴父——晋大夫，中行氏家族的人。　范皋绎——范氏之支属。　㊳荀栎——也作“荀跞”，即“荀文子”“知伯文子”。当时知氏家族的首领，“六卿”之一。　始乱者死——谁带头作乱就将谁杀死。　㊴三臣始乱——指赵鞅、荀寅、范吉射三人挑起战乱，即赵鞅杀赵午，荀寅、范吉射围攻赵鞅。　而独逐鞅——如果只驱逐赵鞅。而：如，若。　㊵韩不佞——也作“韩不信”，即“韩简子”，韩氏家族首领，“六卿”之一。　魏哆(duō)——即“魏曼多”“魏襄子”。　㊶韩、魏以赵氏为请——请晋定公宽赦赵氏。　㊷入绛——来到晋国京城绛邑。绛：此为“新绛”，亦称“新田”，在今山西侯马西。　盟于公宫——沈长云等《赵国史稿》曰：“为了联合众卿族对驱逐在外的邯郸赵氏、范氏、中行氏及其国外的支持者继续展开斗争，赵鞅同国内有关政治力量进行了一系列的盟誓活动……这些盟誓，为近年我国考古工作者在山西侯马(即晋都新田)遗址发现的大批盟书所证实。”晋之“六卿”，至此仅存其四。　㊸信为乱——的确为乱。发之——告发，揭发。　与谋——参与了谋划。按：此知氏向赵氏寻衅之始。　㊹吾死晚矣——意即死而无怨、死而无悔。　㊺大夫请罪——请问群臣有何过错，以致使君主如此不高兴。　㊻唯唯——服从、赞同的声音。　鄂鄂——也作“谔谔”，坚持、争辩的声音。　㊼附赵邑——使自己封邑的人心归附。　怀晋人——使整个晋国的人心怀念。　㊽晋定公二十一年——公元前491年。　柏人——古邑名，在今河北隆尧西。　㊾奉邑侔于诸侯——赵氏所有的领地与一个诸侯国的国君相当。奉邑：采邑，领地。侔：相当。　㊿卒长吴——最后以吴为长。　51简子除三年之丧，期(jī)而已——据史公文意，谓简子改变晋国的礼制，不为其君服丧三年，只服一年就完了。　52使太子毋邮将而围郑——盖随知伯前往。　53请死之——请求与之以死相拼。　54降丧食——杨伯峻曰：“赵鞅当死于此年，毋邮继承卿位，在父丧中，古礼食品必须减杀；今因吴被围，有灭亡之势，而己不能救助，又降等于丧父之食。”　楚隆——赵氏的家臣。　问——慰恤。　55未除服——指襄子还穿着丧服。　夏屋——山名，在今山西代县东北。　56铜枓(zhǔ)——大铜勺。　食——后作“饲”，进食。　行斟——以铜勺进热汤。 ⑰宰人各以枓击杀代王及从官——《集解》引徐广曰:“‘各’一作‘雒’。”盖谓宰人名“各”。张照曰:“盖以枓击杀代王者,犹置剑鱼中之类。代王既死,其从官之被杀,固不必问其用何器。”王叔岷引《列女传》以为应按原字读。 ㉘围郑之辱——即前述知伯以酒“灌击”赵襄子事。 ㉙原过——赵襄子的家臣。 后——落在了后面。 王泽——水泽名,在今山西新绛东南。 ⑳莫通——竹筒的两端都有隔断。 ㉑齐——通“斋”,斋戒,以示恭敬。 朱书——红色的字。 ㉒立我百邑——在百邑给我立庙。百邑:县名,在今山西霍州东南,当时的霍泰山之东。 林胡——北方民族名,当时游牧于今内蒙古及山西朔州一带。 ㉓伉(kàng)王,赤黑——强硬的君主,面色赤黑。伉:高大。 鬓麋髭髯(rán)——有人以鬓角、眉毛、短髭、长须四者分释。冈白驹曰:“麋,与‘眉’同;髯,颊须也。”如此则此句无谓语,须加“粗”“黑”等字样补足。 大膺大胸——即胸脯宽阔。膺:胸。修下而冯——李笠认为:当作“修下而冯上”,即下身修长,上身魁梧。冯:冯隆,高貌。王叔岷曰:“‘修下’与‘冯上’相对成义……则‘冯’当训‘迫’(犹短),不当训高。” 左衽界乘——衣襟左开,披甲骑马。界:一作“介”。方苞曰:“‘介’,甲也。此指武灵王变服习骑射事。” ㉔奄有河宗——广阔地占有龙门以北的黄河两岸地区。 休溷(hùn)——北方的少数民族名,大约活动在今内蒙古河套一带。 诸貉(mò)——泛称北方的各少数民族。貉:即“貊”,北方民族名。 晋别——晋国的其他城邑。《正义》曰:“谓韩、魏之邑也。” 黑姑——北方民族名,方位不详。 ㉕三神——即原过所见的三个半截人。㉖汾水——源于今山西西北部之宁武西南,南流经太原、临汾、侯马,西折入黄河,赵襄子的晋阳正在其侧。 城不浸者三版——不浸:不被水泡。“浸”字或当作“没”。版:古代筑墙所用的夹板,一块的高度为二尺。古代尺小,一尺约当现在之六寸。 ㉗悬釜而炊——因为地上到处是水,所以只好把锅吊起来。 易子而食——不忍心吃自己家的孩子,只好和别家换着吃。 ㉘礼益慢——谓群臣对待赵襄子的礼节越来越简慢。 ㉙张孟同——《战国策》作“张孟谈”,史公为避父讳,例改为“同”。 私于韩、魏——私下与韩、魏商谈、串通。 ⑳其——指赵襄子。　空同氏——西部地区的少数民族，当时居住在今宁夏固原南，因其地近空同山，故名。

献侯少即位，治中牟[①]。

襄子弟桓子逐献侯，自立于代，一年卒。国人曰桓子立非襄子意，乃共杀其子而复迎立献侯。

十年，中山武公初立。[②]十三年，城平邑[③]。十五年，献侯卒，子烈侯籍立。

烈侯元年，魏文侯伐中山，使太子击守之。六年，魏、韩、赵皆相立为诸侯，追尊献子为献侯。[④]

烈侯好音，谓相国公仲连曰："寡人有爱，可以贵之乎？[⑤]"公仲曰："富之可，贵之则否。"烈侯曰："然。夫郑歌者枪、石[⑥]二人，吾赐之田，人万亩。"公仲曰："诺。"不与。居一月，烈侯从代来，问歌者田。公仲曰："求，未有可者。[⑦]"有顷，烈侯复问。公仲终不与，乃称疾不朝。番吾君[⑧]自代来，谓公仲曰："君实好善，而未知所持[⑨]。今公仲相赵，于今四年，亦有进士乎？[⑩]"公仲曰："未也。"番吾君曰："牛畜、荀欣、徐越皆可。"公仲乃进三人。及朝，烈侯复问："歌者田何如？"公仲曰："方使择其善者[⑪]。"牛畜侍烈侯以仁义，约以王道，[⑫]烈侯逌然[⑬]。明日，荀欣侍以选练举贤[⑭]，任官使能；明日，徐越侍以节财俭用，察度功德[⑮]。所与无不充，君说。[⑯]烈侯使使谓相国曰："歌者之田且止。"官牛畜为师，荀欣为中尉，徐越为内史，赐相国衣二袭。[⑰]

九年，烈侯卒，弟武公立[⑱]。武公十三年卒[⑲]，赵复立烈侯太子章，是为敬侯。是岁，魏文侯卒。

敬侯元年，武公子朝作乱，[⑳]不克，出奔魏。赵始都邯郸[㉑]。

二年，败齐于灵丘[㉒]。三年，救魏于廪丘，大败齐人[㉓]。四年，魏败我兔台[㉔]。筑刚平[㉕]以侵卫。五年，齐、魏为卫攻赵，取我刚平。六年，借兵于楚伐魏，取棘蒲[㉖]。八年，拔魏黄城[㉗]。九年，伐齐。齐伐燕，赵救燕。十年，与中山战于房子[28]。

十一年，魏、韩、赵共灭晋，分其地。伐中山，又战于中人[29]。十二年，敬侯卒，子成侯种立。

成侯元年，公子胜与成侯争立，为乱。二年六月，雨雪。三年，大戊午为相。[30]伐卫，取乡邑七十三，魏败我蔺。[31]四年，与秦战高安[32]，败之。五年，伐齐于鄄，魏败我怀。[33]攻郑，败之，以与韩，韩与我长子[34]。六年，中山筑长城。伐魏，败涿泽[35]，围魏惠王。七年，侵齐，至长城[36]。与韩攻周。八年，与韩分周以为两。九年，与齐战阿下[37]。十年，攻卫，取甄。十一年，秦攻魏，赵救之石阿[38]。十二年，秦攻魏少梁，赵救之。十三年，秦献公使庶长国伐魏少梁，虏其太子、痤。[39]魏败我浍，取皮牢。[40]成侯与韩昭侯遇上党。[41]十四年，与韩攻秦。十五年，助魏攻齐。

十六年，与韩、魏分晋，封晋君以端氏[42]。

十七年，成侯与魏惠王遇葛孽[43]。十九年，与齐、宋会平陆，与燕会阿。[44]二十年，魏献荣椽，因以为檀台。[45]二十一年，魏围我邯郸。二十二年，魏惠王拔我邯郸，齐亦败魏于桂陵[46]。二十四年，魏归我邯郸，与魏盟漳水[47]上。秦攻我蔺。二十五年，成侯卒，公子緤与太子肃侯争立，緤败，亡奔韩。

肃侯元年，夺晋君端氏，徙处屯留。二年，与魏惠王遇于阴晋。[48]三年，公子范[49]袭邯郸，不胜而死。四年，朝天子[50]。六年，攻齐，拔高唐[51]。七年，公子刻攻魏首垣。[52]十一年，秦孝公使商君伐魏，虏其将公子卬。赵伐魏。十二年，秦孝公卒，商君死。十五年，起寿陵[53]。魏惠王卒。

十六年，肃侯游大陵，出于鹿门，[54]大戊午扣马曰："耕事方急，一日不作，百日不食。"肃侯下车谢。

十七年，围魏黄[55]，不克。筑长城[56]。

十八年，齐、魏伐我，我决河水灌之，兵去。二十二年，张仪相秦。赵疵与秦战，败，秦杀疵河西，取我蔺、离石。[57]二十三年，韩举与齐、魏战,死于桑丘。[58]

二十四年,肃侯卒,秦、楚、燕、齐、魏出锐师各万人来会葬。子武灵王立。

(以上为第四段,写战国前期赵国的发展形势。)

①治中牟——以中牟(在今河南鹤壁西)为都城。 ②十年——献侯十年,公元前414年。 中山——鲜虞人在春秋时期建立的国家名,国都顾,在今河北定州。 ③平邑——县名,在今山西大同东南。 ④六年——公元前403年。 皆相立为诸侯——在此以前,韩、赵、魏三家虽都已俨然为诸侯,而究其性质仍属自立。此年周威烈王乃正式策命三家为诸侯,使之与燕、秦、齐、楚诸国并列。 ⑤寡人有爱——我所喜爱的人。 贵之——指提高其爵位、官品。 ⑥郑歌者枪、石——来自郑国的歌手,一个名枪,一个名石。 ⑦求——物色,寻找。 未有可者——尚未寻找到合适的地方。 ⑧番(pō)吾君——番吾县的封君。番吾:赵县名,在今河北平山县东南。 ⑨君实好善,而未知所持——你的确是想做好事,但你却不懂得如何做。持:把握,运用。 ⑩公仲相赵——李笠曰:"番吾君对公仲言,不当指斥其名,'仲'字疑涉上下文误衍。" 亦有进士乎——曾向朝廷举荐过人才吗?进士:荐举人才。 ⑪方使择其善者——正在让人给他们物色好地方。 ⑫侍烈侯以仁义——即以仁义之道引导烈侯。侍:这里即引导、约束的意思。 约以王道——以王道约束之、教导之。 ⑬逌(yóu)然——宽舒和悦的样子。 ⑭侍以选练举贤——以选拔贤才的道理开导之。 ⑮察度功德——谓引导国君观察忖度群臣的功劳品德,以决定升降。 ⑯所与无不充——所肯定的人、事,没有一样不妥当。与:肯定,赞成。充:允当。 说——"悦"的古字。 ⑰师——略同于"太师",帝王的辅导官。 中尉——主管首都治安的长官。 内史——首都及其郊区的行政长官,后代也称"京兆尹"。 ⑱烈侯卒,弟武公立——据现代战国史家钱穆、杨宽等考证,赵国无"武公"其人,此年"烈侯"亦未死,并一直在位至"敬侯"元年。《六国年表》亦同误。 ⑲武公十三年卒——应作"烈侯二十二年卒",时当公元前387年。 ⑳敬侯元年——公元前386年。 武公子朝——"武公"既无其人,则此"子朝"

疑是敬侯之弟。 ㉑赵始都邯郸——在此以前，赵先后都于赵城、耿、原、晋阳、中牟，至此乃迁于邯郸，即今河北邯郸。 ㉒灵丘——齐县名，在今山东高唐南。 ㉓救魏于廪丘，大败齐人——当时齐人攻魏廪丘（在今山东郓城西北），赵救之，遂大破齐。 ㉔兔台——赵县名。应在今河北南部，方位不详。 ㉕刚平——赵县名，在今河南清丰西南，当时卫都濮阳之正北。 ㉖棘蒲——魏县名，在今河北魏县南。㉗黄城——魏县名，在今河南安阳东南。 ㉘与中山战于房子——中山国原都于顾（在今河北定州），三十年前被魏文侯所灭，后又复国，改都于灵寿（在今河北平山县北）。房子：赵县名，在今河北高邑西南。 ㉙中人——县名，在今河北唐县西南。 ㉚三年——公元前372年。 大戊午——梁玉绳曰："《人表》作'大成午'……《韩策》'大成午从赵来'是也。" ㉛乡邑——乡一级的小镇。乡是县以下的行政区划名，县下有乡，乡下有亭。 蔺——赵县名，在今山西吕梁离石区西。 ㉜高安——赵县名，具体方位不详，大约在山西西部的邻近黄河处；也有说在今山西临猗西南。 ㉝鄄（juàn）——卫县名，在今山东鄄城北。 怀——魏县名，在今河南武陟西南。 ㉞攻郑，败之，以与韩，韩与我长子——《大事记解题》云："郑灭六年矣，安得复有郑？意者韩灭郑之时，赵与有劳焉，至是韩始以地酬其功与。"按：此说法勉强可通，然梁玉绳深以其为非。长子：县名，在今山西长子西南，离赵国较近。 ㉟涿泽——应作"浊泽"，沼泽名。在今山西运城西南，离魏都安邑不远。 ㊱侵齐，至长城——齐长城西起今山东济南长清区孝里镇广里村北原的岭头，东行经泰山北麓，再东行，抵青岛黄岛区，至小珠山之阴的东于家河庄东北的海边。 ㊲阿下——阿县城下。阿县在今山东阳谷东北，当时属齐。 ㊳石阿——魏县名，在今山西隰县北。 ㊴庶长国——庶长名国，史失其姓。庶长：秦官名，依次有左庶长、右庶长、大庶长三等。 虏其太子、痤——虏魏国太子与魏将公孙痤。㊵浍——水名，源出今山西翼城东，西流至侯马入汾水。 皮牢——赵县名，在今山西翼城东北。 ㊶遇——会晤。 上党——韩、赵两国当时都有上党郡，韩之上党郡约当今山西长治地区的南部；赵之上党郡约当今山西长治地区的北部与晋中地区的东南部。 ㊷与韩、魏分晋，封晋君以端氏——按:前敬侯十一年(前376)三国已分晋地,此处乃二次瓜分。钱穆以为晋国二次被瓜分后,晋桓公被迁之于屯留(在今山西长治屯留区);后来韩取屯留,又迁晋君于端氏(在今山西沁水县东北);再后来赵取端氏而复逐晋侯于屯留,遂被韩人所杀。 ㊸遇葛孽——在葛孽举行会谈。葛孽:赵县名,在今河北邯郸肥乡区西南。 ㊹与齐、宋会平陆——赵成侯与齐威王、宋桓侯会于平陆。平陆:齐县名,在今山东汶上北。 与燕会阿——与燕文公会于阿(在今山东阳谷东北)。 ㊺荣椽(chuán)——《索隐》以为是经过修饰的木头椽子。《正义》以为"荣""椽"分别是两种木料,"荣"用于飞檐,"椽"用于檩上。郑玄云:"荣,屋翼也。" 檀台——赵台名,《集解》以为在襄国(在今河北邢台),《正义》以为在今河北邯郸永年区。有说即后来有名的信宫,是一处大型宫殿建筑。 ㊻魏惠王拔我邯郸,齐亦败魏于桂陵——此即有名的桂陵之役,自上年起,魏将庞涓率军包围邯郸,中间也曾将邯郸攻陷,但战事一直未停。赵向齐求救,齐将田忌、孙膑率军攻魏都大梁,庞涓等回军救大梁,中途被齐军大破于桂陵。桂陵:魏县名,在今河南长垣西北。 ㊼漳水——源于今山西昔阳西南,东南流经今河北磁县南,复东北流,汇入黄河,当时为赵国南境。 ㊽二年——公元前348年。 阴晋——魏县名,在今陕西华阴东。 ㊾公子范——亦肃侯之弟,图谋夺位者。 ㊿朝天子——此时的傀儡"天子"为周显王(前368—前321年在位)。 ㉛高唐——齐县名,在今山东禹城西南。 ㉜公子刻——肃侯之弟。 首垣——魏县名,在今河南长垣东北。 ㉝起寿陵——指赵肃侯开始为自己预建陵墓。寿陵:为生者预修的坟墓。据《正义》说赵肃侯的"寿陵"在今河北石家庄东北。 ㉞大陵——赵县名,在今山西文水县东北,其地当为游观场所。 出于鹿门——经由鹿门。鹿门:《正义》以为在盂县(在今山西阳曲东北)西北。 ㉟围魏黄——围攻魏国的黄县,时当魏惠王后元二年(前333)。黄:也称"小黄",在当时的大梁(在今河南开封)城东。 ㊱筑长城——此指赵国在南部边境修筑长城。赵国南部的长城东起今河北邯郸肥乡区南,西南行,经磁县南折向西北,止于今武安西南。 ㊲赵疵——赵国的将领,事迹仅此一见。 河西——今山西、陕西交界的黄河以西。　离石——赵县名，在今山西吕梁离石区，在当时的蔺县之东。　58二十三年——公元前327年。　韩举——赵将名。当时韩国亦有“韩举”，与此非一人。　桑丘——齐县名，在今山东济宁兖州区西南，一说在今河北保定徐水区西北。

武灵王元年，阳文君赵豹相。[1]梁襄王与太子嗣，韩宣王与太子仓来朝信宫。[2]武灵王少，未能听政，博闻师三人，左右司过三人。[3]及听政，先问先王贵臣肥义，加其秩；[4]国三老年八十，月致其礼。[5]

三年，城鄗[6]。四年，与韩会于区鼠[7]。五年，娶韩女为夫人。

八年，韩击秦，不胜而去。五国相王，赵独否，曰：“无其实，敢处其名乎！”令国人谓己曰“君”[8]。

九年，与韩、魏共击秦，秦败我，斩首八万级。齐败我观泽[9]。十年，秦取我中都及西阳[10]。齐破燕。燕相子之为君，君反为臣[11]。十一年，王召公子职于韩，立以为燕王，[12]使乐池送之[13]。十三年，秦拔我蔺，虏将军赵庄。楚、魏王来过邯郸[14]。十四年，赵何[15]攻魏。

十六年，秦惠王卒。王游大陵。他日，王梦见处女鼓琴而歌诗曰：“美人荧荧兮，颜若苕之荣。[16]命乎命乎，曾无我嬴[17]！”异日，王饮酒乐，数言所梦，想见其状。吴广闻之，因夫人而内其女娃嬴，孟姚也。[18]孟姚甚有宠于王，是为惠后[19]。

十七年，王出九门[20]，为野台，以望齐、中山之境。[21]

十八年，秦武王与孟说举龙文赤鼎，绝膑而死。[22]赵王使代相赵固迎公子稷于燕，[23]送归，立为秦王，是为昭王。

十九年春正月，大朝信宫。召肥义与议天下，五日而毕。王北略中山之地，至于房子，[24]遂之代，北至无穷[25]，西至河，登黄华[26]之上。召楼缓[27]谋曰：“我先王因世之变，以长南藩之地，属阻漳、滏之险，立长城，[28]又取蔺、郭狼，败林人于荏，[29]而功未遂。今中山在我腹心[30]，北有燕，东有胡，西有林胡、楼烦、秦、韩之边，而无强兵之救，是亡社稷，[31]奈何？夫有高世之名，必有遗俗之累，[32]吾欲胡服[33]。”楼缓曰：“善。”群臣皆不欲。

于是肥义侍，王曰：“简、襄主之烈，计胡、翟之利[34]。为人臣者，宠有孝弟长幼顺明之节，通有补民益主之业，[35]此两者臣之分也[36]。今吾欲继襄主之迹，开于胡、翟之乡，而卒世不见也。[37]为敌弱，用力少而功多，可以毋尽百姓之劳，而序往古之勋[38]。夫有高世之功者，负遗俗之累；有独智之虑者，任骜民之怨。[39]今吾将胡服骑射以教百姓，而世必议寡人，奈何？”肥义曰：“臣闻疑事无功，疑行无名。王既定负遗俗之虑，殆无顾天下之议矣。夫论至德者不和于俗，成大功者不谋于众。昔者舜舞有苗，禹袒裸国[40]，非以养欲而乐志也，务以论德而约功也。[41]愚者暗成事，智者睹未形，[42]则王何疑焉。”王曰：“吾不疑胡服也，吾恐天下笑我也。狂夫之乐，智者哀焉；愚者所笑，贤者察焉。世有顺我者，胡服之功未可知也。虽驱世以笑我，胡地中山吾必有之。”于是遂胡服矣。

使王緤告公子成曰[43]：“寡人胡服，将以朝也，亦欲叔服之。家听于亲而国听于君，古今之公行也；子不反亲，臣不逆君，兄弟[44]之通义也。今寡人作教易服而叔不服，吾恐天下议之也。制国有常，利民为本；从政有经，令行为上。明德先论于贱，而行政先信于贵。[45]今胡服之意，非以养欲而乐志也；事有所止而功有所出[46]，事成功立，然后善也。今寡人恐叔之逆从政之经，以辅叔之议[47]。且寡人闻之，事利国者行无邪，因贵戚者名不累[48]，故愿慕公叔之义[49]，以成胡服之功。使緤谒之叔，请服焉。”公子成再拜稽首曰：“臣固闻王之胡服也。臣不佞，寝疾，未能趋走以滋进也。[50]王命之，臣敢对，因竭其愚忠。曰：臣闻中国者，盖聪明徇智之所居也，[51]万物财用之所聚也，贤圣之所教也，仁义之所施也，《诗》《书》《礼》《乐》之所用也，异敏技能之所试也，远方之所观赴也，蛮夷之所义行也[52]。今王舍此而袭远方之服，变古之教，易古之道,逆人之心,而佛学者,离中国,[53]故臣愿王图之也。”使者以报。王曰:“吾固闻叔之疾也,我将自往请之。”

王遂往之公子成家,因自请之曰:“夫服者,所以便用也;礼者,所以便事也。圣人观乡而顺宜[54],因事而制礼,所以利其民而厚其国也。夫翦发文身,错臂左衽,瓯越之民也。[55]黑齿雕题,却冠秫绌,大吴之国也。[56]故礼服莫同[57],其便一也。乡异而用变,事异而礼易。[58]是以圣人果可以利其国,不一其用;果可以便其事,不同其礼[59]。儒者一师而俗异,中国同礼而教离,况于山谷之便乎?[60]故去就之变,智者不能一;[61]远近之服,贤圣不能同。穷乡多异,曲学多辩。[62]不知而不疑,异于己而不非者,公焉而众求尽善也[63]。今叔之所言者俗也,吾所言者所以制俗也。吾国东有河、薄洛之水,与齐、中山同之,无舟楫之用。[64]自常山以至代、上党,东有燕、东胡之境,而西有楼烦、秦、韩之边,今无骑射之备。故寡人无舟楫之用,夹水居之民,将何以守河、薄洛之水;变服骑射,以备燕、三胡、秦、韩之边。且昔者简主不塞晋阳以及上党,而襄主并戎取代以攘诸胡,此愚智所明也。[65]先时中山负齐之强兵,侵暴吾地,系累吾民,引水围鄗,微社稷之神灵,则鄗几于不守也。先王丑之,而怨未能报也。今骑射之备,近可以便上党之形,而远可以报中山之怨。而叔顺中国之俗以逆简、襄之意,恶变服之名以忘鄗事之丑,非寡人之所望也。”公子成再拜稽首曰:“臣愚,不达于王之义,敢道世俗之闻,臣之罪也。今王将继简、襄之意以顺先王之志,臣敢不听命乎!”再拜稽首。乃赐胡服。明日,服而朝。于是始出胡服令也。

赵文、赵造、周袑[66]、赵俊皆谏止王毋胡服,如故法便。王曰:“先王不同俗,何古之法?帝王不相袭,何礼之循?虙戏、神农教而不诛,[67]黄帝、尧、舜诛而不怒[68]。及至三王[69],随时制法,因事制礼。法度制令各顺其宜,衣服器械各便其用。故礼也不必一道,而便国不必古。[70]圣人之兴也不相袭而王,夏、殷之衰也不易礼而灭。然则反古未可非，而循礼未足多也。且服奇者志淫，则是邹、鲁无奇行也[71]；俗辟者民易，则是吴、越无秀士也[72]。且圣人利身谓之服，便事谓之礼。夫进退之节，衣服之制者，所以齐常民也，非所以论贤者也。[73]故齐民与俗流，贤者与变俱。[74]故谚曰'以书御者不尽马之情，以古制今者不达事之变'。循法之功，不足以高世[75]；法古之学，不足以制今。子不及也[76]。"遂胡服，招骑射[77]。

二十年，王略中山地，至宁葭；[78]西略胡地，至榆中，林胡王献马。[79]归，使楼缓之秦，仇液之韩，王贲之楚，富丁之魏，赵爵之齐。代相赵固主胡，致其兵。[80]

二十一年，攻中山。赵袑为右军，许钧为左军，公子章为中军，王并将之。牛翦将车骑，赵希并将胡、代。[81]赵与之陉，合军曲阳，攻取丹丘、华阳、鸱之塞。[82]王军取鄗、石邑、封龙、东垣。[83]中山献四邑和，王许之，罢兵。二十三年，攻中山。二十五年，惠后卒，使周袑胡服傅王子何。二十六年，复攻中山，攘地北至燕、代，西至云中、九原。[84]

二十七年五月戊申，大朝于东宫，传国，立王子何以为王。王庙见礼毕，出临朝。大夫悉为臣，肥义为相国，并傅王，是为惠文王。惠文王，惠后吴娃子也。武灵王自号为主父[85]。

主父欲令子主治国，而身胡服将士大夫西北略胡地，而欲从云中、九原直南袭秦，于是诈自为使者入秦。秦昭王不知，已而怪其状甚伟，非人臣之度，使人逐之，而主父驰已脱关矣。[86]审问[87]之，乃主父也。秦人大惊。主父所以入秦者，欲自略地形，因观秦王之为人也。

惠文王二年，主父行新地，[88]遂出代，西遇楼烦王于西河而致其兵。[89]

三年，灭中山，迁其王于肤施[90]。起灵寿，北地方从，代道大通。[91]还归，行赏，大赦，置酒酺五日，封长子章为代安阳君[92]。章素侈,心不服其弟所立,主父又使田不礼相章也。

李兑[93]谓肥义曰:"公子章强壮而志骄,党众而欲大,殆有私乎?田不礼之为人也,忍杀而骄。二人相得,必有谋阴贼起,一出身徼幸[94]。夫小人有欲,轻虑浅谋,徒见其利而不顾其害,同类相推,俱入祸门。以吾观之,必不久矣。子任重而势大,乱之所始,祸之所集也,子必先患。仁者爱万物而智者备祸于未形,不仁不智,何以为国?子奚不称疾毋出,传政于公子成?毋为怨府,毋为祸梯。"肥义曰:"不可,昔者主父以王属义也,曰:'毋变而度,毋异而虑,坚守一心,以殁而世。'义再拜受命而籍之[95]。今畏不礼之难而忘吾籍,变孰大焉;进受严命,退而不全,负孰甚焉。变负之臣,不容于刑。谚曰:'死者复生,生者不愧[96]。'吾言已在前矣,吾欲全吾言,安得全吾身!且夫贞臣也难至而节见,忠臣也累至而行明。[97]子则有赐而忠我[98]矣,虽然,吾有语在前者也,终不敢失。"李兑曰:"诺,子勉之矣!吾见子已今年耳[99]。"涕泣而出。李兑数见公子成,以备田不礼之事。

异日肥义谓信期[100]曰:"公子与田不礼甚可忧也。其于义也声善而实恶,此为人也不子不臣。吾闻之也,奸臣在朝,国之残也[101];谗臣在中,主之蠹也。此人贪而欲大,内得主[102]而外为暴。矫令为慢,以擅一旦之命,不难为也,祸且逮国。[103]今吾忧之,夜而忘寐,饥而忘食,盗贼出入不可不备。自今以来,若有召王者必见吾面,我将先以身当之,无故而王乃入。"信期曰:"善哉,吾得闻此也!"

四年,朝群臣,安阳君亦来朝。主父令王听朝,而自从旁观窥群臣宗室之礼。见其长子章傫然也,反北面为臣,诎于其弟,[104]心怜之,于是乃欲分赵而王章于代,计未决而辍。

主父及王游沙丘,异宫,公子章即以其徒与田不礼作乱,诈以主父令召王。肥义先入,杀之。高信即与王战[105]。公子成与李兑自国至,乃起四邑之兵入距难,[106]杀公子章及田不礼,灭其党贼而定王室。公子成为相,号安平君,李兑为司寇。公子章之败,往走主父,主父开之[107],成、兑因围主父宫。公子章死,公子成、李兑谋曰:“以章故围主父,即解兵,吾属夷矣。[108]”乃遂围主父。令宫中人“后出者夷”,宫中人悉出。主父欲出不得,又不得食,探爵鷇[109]而食之,三月余而饿死沙丘宫。主父定死,乃发丧赴诸侯。[110]

是时王少,成、兑专政,畏诛,故围主父。主父初以长子章为太子,后得吴娃,爱之,为不出者数岁。生子何,乃废太子章而立何为王。吴娃死,爱弛,怜故太子,欲两王之,犹豫未决,故乱起,以至父子俱死,为天下笑,岂不痛乎!

(以上为第五段,写赵武灵王时期的赵国鼎盛与武灵王的个人悲剧。)

①武灵王元年——公元前325年。　赵豹——赵国有两个赵豹,一个即为武灵王之相者,封“阳文君”;另一个是武灵王之子,惠文王与平原君之同母弟,封“平阳君”。　②梁襄王与太子嗣——应作“梁惠王与太子嗣”。梁惠王即魏惠王,因魏国于惠王九年(前361)迁都到大梁,故人们也称魏国为“梁国”。“太子嗣”即日后的梁襄王,名嗣。　韩宣王——韩昭侯之子,公元前332—前312年在位。　太子仓——即日后的韩襄王,名仓。　来朝信宫——来祝贺赵武灵王即位。信宫:赵宫名,在今河北邯郸永年区。　③博闻师——帮帝王增加知识的官员。　左右司过——如后世之左拾遗、右补阙,随时提醒帝王,使其少犯错误。　④问——慰问。　肥义——姓肥,名义。　加其秩——提高他的官级。秩:等级。　⑤国三老——受国家敬奉以供参加某种仪式的老者。古代有所谓“三老”“五更”,就是这种人。这里特别标出“国”字,是因为郡、县、乡也有这种性质的人。　月致其礼——每月赵王都要向“国三老”致礼慰问。　⑥城鄗(hào)——给鄗县筑城墙。鄗:赵县名,在今河北柏乡县北。　⑦区(ōu)鼠——赵地名,方位不详。有说在今河南武陟南。　⑧令国人谓己曰“君”——诸侯国内的小领主曰“君”,如孟尝君、商君等。　⑨齐败我观泽——事在赵武灵王九年

(前317)。观泽:赵县名,在今河南清丰南。 ⑩秦取我中都及西阳——按:此中华本文字,与《秦本纪》和《六国年表》相合。而黄本于此作“秦取我西都及中阳”。梁玉绳曰:“《赵世家》作‘西都’‘中阳’是也。考《汉志》,地属西河郡。若中都,属太原;西阳,属山阳,名异地殊,未可相混。”依情势而论,秦在当时不可能取魏之中都,或应依梁说。 ⑪齐破燕。燕相子之为君,君反为臣——据《燕世家》,燕王哙三年(前318),燕王听信其相子之党羽的蛊惑,将君位“禅让”与子之,自己为臣。子之在位三年(前315),燕国大乱,于是齐宣王乘乱大举伐燕,占领并大肆掠夺燕国。 ⑫公子职——燕王哙之子,当时在韩国为质。 立以为燕王——即日后的燕昭王。按:《燕召公世家》谓“燕子之亡二年,而燕人共立太子平,是为燕昭王”。《集解》《索隐》皆谓《燕召公世家》为是,而以《赵世家》所云为非。今人钱穆、唐兰、杨宽等皆据《赵世家》以公子职为燕昭王,钱氏诸人之考辨信而有征。 ⑬使乐池送之——使乐池以武力送公子职入燕为王。乐池:赵将。 ⑭楚、魏王来过邯郸——“来过”二字连读,即“来访”。 ⑮赵何——赵将名,与日后之赵惠文王名“何”者非一人。 ⑯荧荧——光彩照人的样子。

苕之荣——紫云英开的花。苕:紫葳,也叫紫云英。荣:花朵。⑰命乎命乎,曾无我嬴——这不是命吗,那些让人们欣赏的花朵根本没有我好看。意思是慨叹自己无人欣赏。嬴:此处同“盈”,体态轻盈窈窕之貌。 ⑱吴广——赵人。 因夫人——通过武灵王的夫人韩氏。

内其女娃嬴,孟姚也——将其女改名娃嬴送进赵宫,其实他这个女儿原叫“孟姚”。 ⑲是为惠后——因此女后来生了惠文王,故而后来的人们遂称之曰“惠后”。 ⑳出九门——出:行经,到达。九门:赵县名,在今河北石家庄藁城区西北九门。 ㉑野台——台名,在今河北新乐西南,在当时的九门西北。 以望齐、中山之境——齐在野台的东南方,中山在野台的西南方。窥测其地,欲以胜之、灭之。 ㉒孟说——武王身边的大力士,与任鄙、乌获齐名。 绝膑而死——因举鼎被压断腿而死。据《秦本纪》与《六国年表》,秦武王之绝膑死在秦武王四年,赵武灵王十九年(前307)。 ㉓代相——代国之相,代是赵国的附属国,国都在今河北蔚县东北,代王为赵王的宗族。 公子稷——也名

"则",惠文王之子,原在燕国做人质。 ㉔北略中山之地——这里指沿着赵国与中山国的边境巡视。略:巡行。 房子——县名,在今河北高邑西南,当时属中山。 ㉕无穷——门名,赵襄子所建,确切所在不详,据文义大体在今山西东北部或河北西北部,有人说在今河北张家口一带。 ㉖黄华——山名,约在今山西西北部之近黄河处,具体方位不详。 ㉗楼缓——当时有名的策士,原赵人,后归秦。 ㉘长南藩之地——在南部边境向外扩展地盘。 属阻漳、滏之险,立长城——沿着漳、滏二水的险要地势修筑长城。属:连,依靠。阻:凭,仗恃。二字连用,意即倚仗。漳、滏:二水名,漳水在南,滏水在北,都流经今河北磁县南,而赵之长城正好修在漳、滏二水的中间。 ㉙郭狼——也称"皋狼",在今山西吕梁离石区西北。 林人——林胡之人,林胡是当时居住在今陕西东北部和与之临近的内蒙古一带的少数民族。 荏——具体方位不详,大约在今山西、陕西、内蒙古三省交界地区。 ㉚中山在我腹心——当时二次重建的中山国在今河北石家庄以西,国都灵寿,离赵都邯郸不远,整个中山国在赵国的环抱之中。 ㉛而无强兵之救——谓这些遥远的边境地区如遇紧急情况,国家无强兵救援。而:若,如果。 是——则。 ㉜高世之名——高出于同时代一般君主的声名。 必有遗俗之累——必被世俗所指责。遗俗:违背世俗。遗:违。累:牵累,罪过。 ㉝胡服——改用胡人(北方少数民族)的服饰。

㉞简、襄主之烈,计胡、翟之利——语略不顺,大意谓当年简、襄两位先君的重大功业之一,就是攻讨胡翟,并取得了胜利(如灭代)。计:意谓谋划、算计。 ㉟宠有孝弟长幼顺明之节——"宠"当依《战国策》作"穷",与下句"通"字对举,"长幼"二字疑衍。意谓当一个人官运不亨通时,在家庭中仍能表现出极高的伦理道德水平。 通有补民益主之业——如果在官运亨通时,就能做出许多对君主、黎民有利的事业。

㊱此两者臣之分也——《战国策》此两句前原有"贤君"应如何如何,下乃接此二句谓此乃"君臣之分也"。现史公削去"为君"者应如何之数语,直让武灵王说此二句,且谓"此两者臣之分也",则此处"臣"字乃武灵王自指,以对其父祖而言。 ㊲开于胡、翟之乡——意即向着胡翟的方向开疆拓土。"于"字疑衍。 卒世不见——卒世:吴师道曰:"犹言

‘没世’。”按:依吴说,则“卒世”前应增“恐”字读,盖谓恐终己一生亦难得见到完成。 ㊳“为敌弱”四句——意谓倘若我们胡服骑射,就能使敌人变得削弱,就可以不费太大的力气,不用太多的烦劳百姓,而取得前所未有的功勋。为敌弱:为了使敌人削弱。序:列,取。 ㊴独智之虑——只有自己能明白的谋虑。智:通“知”。 任——随其便。骜民——狂傲之民。按:以上四句见《商君书·更法》,亦见于《商君列传》。 ㊵舜舞有苗,禹袒裸国——舜到了有苗,见苗人舞于是也随之舞;禹到了裸人国,见人家都裸于是也脱光了自己的衣服。 ㊶非以养欲而乐志也——并不是为了自己的舒服、顺心。 务以论德而约功也——为的是追求一种更高的道德,获取一种更大的成功。约:求取。 ㊷暗成事——人家的事业都已经成功了,他还看不明白。 睹未形——新的事物尚未成形,有人就已经预见到了。按:以上两句亦见《商君书·更法》与《商君列传》。 ㊸王緤——《战国策》作“王孙緤”,或即前文与肃侯争立之公子緤,武灵王之叔,前曾逃于韩者。公子成——肃侯之弟,武灵王之叔。 ㊹兄弟——当依《战国策》作“先王”。 ㊺明德——提倡伦理道德。 先论于贱——先从平民做起。 行政先信于贵——遵守政令要先从贵人做起。信:必,不打折扣地执行。 ㊻事有所止而功有所出——这样做是为了完成某种任务,创建某种功业。止:终,成。出:由,建立。 ㊼逆从政之经——指不带头遵守法令。逆:违背。 以辅叔之议——大意谓我之所以事先和你打招呼,就是为了想让您能采取一种合适的做法。辅:助。议:通“义”,二字古常通用。义者,宜也。 ㊽因贵戚者名不累——能得到贵戚们的支持就不会使名誉受损。因:借助。累:损害。 ㊾愿慕公叔之义——希望仰仗叔父的威望。愿:希望。慕:仰仗。按:称“公叔”,表示郑重、严肃;称“叔”,表示亲切。 ㊿不佞——犹言“不肖”“不才”。 未能趋走以滋进也——语略不顺,大意谓没有能经常地到你面前给你请安。进:指入朝。 (51)中国——中原地区,与四裔之少数民族相对而言。 聪明徇智——《战国策》作“聪明睿知”。睿:智力非凡、见识深远。徇:思虑敏捷。 (52)蛮夷之所义行也——中原地区的文化是四野八荒的少数民族所奉以为楷模的。义行:同“仪行”,作为榜样模仿之。义："仪"的古字。 ㊾佛(bèi)学者——与有识之士对着干。佛：通"悖"，逆。 离中国——背离中原旧有的习俗。 ㊿观乡而顺宜——观察人们的倾向而顺其所宜。乡：通"向"。 ⑤⑤错臂——《索隐》曰："以丹青错画其臂。" 瓯越——东南沿海地区的少数民族名，也称"东瓯"，居住在今浙江温州一带，因其地有瓯江，故称"瓯越"。 ⑤⑥黑齿雕题——把牙齿涂黑，在脑门上画文采。题：前额。 却冠秫绌——词语不顺，《战国策》作"鳀冠秫缝"，有人解释为"鱼皮作冠，长针缝衣"。"鳀"：鲇鱼。"秫"：通"鉥"，长针。 ⑤⑦礼服莫同——礼节与服饰各不相同。 ⑤⑧乡异而用变——人们的思想倾向变了，国家采用的政策就得变。 事异而礼易——客观事物改变了，国家的礼仪就也得改。 ⑤⑨"是以圣人果可以利其国"四句——语出《商君书·更法》。不一其用：不是一成不变地总用一种方式。 ⑥⓪儒者——此处义同"学者"，非单指孔丘一派，当时称庄周等人也叫"儒"。 一师而俗异——同是一个老师教出来的而各自习尚不同。 同礼而教离——在同一个讲究礼乐的国家里，各地的风教也不相同。 便——《战国策》有本作"士"。 ⑥①去就之变——到底向什么方向变化。 不能一——不能强求其统一。 ⑥②穷乡多异——越是偏僻闭塞的地方，稀奇古怪的东西就越多。 曲学多辩——越是歪门邪道的书生，越会强词夺理夸夸其谈。 ⑥③不知而不疑，异于己而不非者，公焉而众求尽善也——大意谓尽管对人家的做法不理解，但也能不怀疑人家；尽管和自己的习惯不同，但也能不否定人家，这是公正兼容追求尽善的做法。 ⑥④河、薄洛水——黄河与薄洛水。薄洛水：这里指漳水。薄洛津是漳水上的渡口名，在今河北广宗西北，巨鹿东南。 无舟楫之用——没有足够的舟船以备紧急的时刻使用。 ⑥⑤不塞晋阳以及上党——不在晋阳和上党这些赵国旧有的土地上筑塞固守。鲍彪曰："志在远略。"徐孚远曰："盖为攻计，非为守计者。" 并戎取代——指赵襄子灭代并向西北开拓而言。 攘诸胡——指出击东胡、林胡等部族。攘：击逐。 愚智所明——无论什么人都认为简主、襄主这种勇于开拓的行动是正确的。 ⑥⑥周袑(shào)——赵大夫。 ⑥⑦虙戏——同"伏羲"，远古传说中的帝王。据说八卦就是他画出来的。 神农——远古传说中的帝王。据说我国的农业就是从他开始。　教而不诛——光用教育就能管好天下，用不着杀人。　⑱诛而不怒——只杀其本人，不株连其家族。高亨认为："怒"当读为"孥"，一人有罪，妻子连坐为"孥"。　⑲三王——指夏禹、商汤、周文王；一说夏禹、商汤和周代文王、武王。⑳礼也不必一道——"礼也"应作"理世"，即"治世"，唐人为避高宗李治之讳改"治"为"理"。　不必古——不必法古。《商君书·更法》有所谓"治世不一道，便国不必法古"，即此所本。　㉑服奇者志淫，则是邹、鲁无奇行也——如果说服装奇特人的思想就一定坏，那么像邹、鲁这些遵礼守法的国家就不应该再出坏人。服奇：服装奇特。志淫：思想放荡。奇行：邪恶的行为。　㉒俗辟者民易，则是吴、越无秀士也——如果说风俗邪恶地区的人就一定放纵，那么吴国、越国就不应该再出好人。辟：邪。易：放纵，不严肃。　㉓进退之节——指拜见君长的种种礼数，诸如走路、叩拜等。　衣服之制——各服饰的等级规定。　所以齐常民也——是为了管教平民百姓。　非所以论贤者也——对于一个英才就不能用这些东西来衡量。　㉔齐民与俗流——一般的百姓总是依照风俗而行动。　贤者与变俱——真正的英才却是与变革同步而行的。　㉕循法之功，不足以高世——靠着因循守旧所取得的成绩，不可能超越其他国君。　㉖子不及也——你无法理解这些。不及：智商达不到。　㉗遂胡服，招骑射——改袭胡服，招募骑马射箭之士。按：以上赵武灵王胡服骑射事，见《战国策·赵策二》，其语言多与《商君书·更法》相同，当是此《策》作者取《更法》旧文以增饰其事，未必武灵王君臣果用语如此；史公作《商君列传》与此武灵王胡服事，则又是依据《商君书·更法》与《战国策·赵策二》以成文，故遂雷同尔。　㉘略——开拓，攻取。　宁葭——中山县名，在今河北石家庄鹿泉区北。　㉙榆中——地区名，其地所在说法不一，有说在今陕西东北角，有说在今内蒙古河套一带，有说在今甘肃地区，当时属于林胡。　献马——谓献马以求和。　㉚主胡——主管林胡的事务，因林胡当时已归附于赵。致其兵——控制、支配其军队。致：招致，收编。　㉛牛翦将车骑——由此句可知前述中军、上军、下军皆骑兵。车骑：战车组成的军团，仍与春秋时代的军队略似。　并将胡、代——统领代国与林胡的两支兵马。

㉜赵与之陉（xíng）——赵与率军前往陉县（在今河北井陉一带）。　合军曲阳——谓与牛翦、赵希之军相会于曲阳。曲阳：中山县名，在今河北曲阳西。　丹丘——中山之邑，在今河北曲阳西北。　华阳——也称"恒山"，在今河北曲阳西北。　鸱之塞——"鸱"也作"鸿"。鸿之塞：即鸿上塞，在华阳东北，相隔不远。　㉝石邑——中山县名，在今河北石家庄鹿泉区东南。　封龙——中山县名，在今河北石家庄鹿泉区东南，当时石邑的南面，相距不远。　东垣——中山县名，后称真定，在今河北石家庄东。　㉞云中——地区名，约当今之内蒙古托克托一带。　九原——在今内蒙古包头西。按：在今内蒙古包头西北的大青山与乌拉山之间已经发现赵武灵王当年所修筑的长城遗址，现存一百多公里。　㉟自号为主父——顾炎武曰："《左传》齐景公有疾，立太子州蒲为君。……《史记》赵武灵王传国于子惠文王，自称主父，此内禅之始。"　㊱使人逐之——谓待至赵国使者离秦都回国，始令人追之。逐：追赶。　脱关——出了秦国东境的函谷关。　㊲审问——仔细察问。审：仔细。　㊳惠文王二年——公元前297年。　行新地——巡视其在北方新开拓的地区。行：巡视。　㊴西河——此指今山西西北部与内蒙古鄂尔多斯交界处的那段黄河。　致其兵——夺取了他的军队。　㊵肤施——赵县名，在今陕西榆林东南。　㊶灵寿——《集解》曰："在常山。"泷川资言曰："灵寿未详，或云主父生圹因灵丘得名。"圹：墓穴。灵丘在今山西灵丘。时中山国都亦名灵寿，在今河北灵寿。　北地方从——指今山西、陕西北部和与之邻近的内蒙古一带刚刚归入赵国。　代道——赵都邯郸和代国间的往来通道。　㊷代安阳君——代国安阳县的封君。安阳：在今河北阳原东南，当时代国都城的西北。　㊸李兑——封地在奉阳，故也称"奉阳君"，《战国纵横家书》中作"李税"或"李脱"。其主要活动在武灵王末年与惠文王初年。　㊹必有谋阴贼起，一出身徼（jiǎo）幸——二句词语不顺，崔適以为"谋阴贼起"应作"阴贼谋起"。下句"一"字，似应作"以"。大意是说他们为了实现其非分之想定将不顾一切地豁出去干。出身：豁出命去。徼幸：谋求意外的幸运。　㊺受命而籍之——《索隐》曰："籍，录也。谓当时即记录，书之于籍。"　㊻死者复生，生者不愧——此春秋

时代晋献公之臣荀息之对献公语。中井积德曰:“赐命之君既死而复生,受命之臣无所愧,以其不违命也。是谚于献公、荀息为切,以献公死而难作也;于主父、肥义有未切者,以主父未死难作也。” ⑰难至而节见——灾难临头时人的气节才能表现出来。见:同“现”。 累至而行明——罪累临头时人的操行才能让人看清。累:罪累,祸患。 ⑱有赐而忠我——给我指教并且忠于我,对我有恩。赐:赐言。 ⑲吾见子已今年耳——胡三省曰:“已,止也,言肥义命止今年也。” ⑳信(shēn)期——即下文之高信。 ㉑国之残也——国家的蠹贼。残:贼。 ㉒内得主——在内得到君主(指主父)的信任。 ㉓矫令为慢,以擅一旦之命——词语不顺,《资治通鉴》于此作“矫令以擅一旦之命”,仍是不顺。大意谓假传主父的命令,突然发难夺权。矫令:假传命令。慢:同“漫”,说谎。 不难为——干起来不难。 祸且逮国——大祸将殃及国家。逮:及,牵连。 ㉔傫然——泷川资言集《正义》之“佚文”曰:“低垂貌。傫,失意也。《孔子世家》‘傫然若丧家之狗’。”按:此处文意,似不宜解作“低垂”“失意”,似应解作“身材高大”为宜,留待知者。 诎——屈服。 ㉕高信即与王战——高信:即前文之所谓“信期”。胡三省曰:“高信以王与公子章之徒战也。”也可解之为以赵王的名义,率军与公子章之徒开战。 ㉖自国至——自首都邯郸率兵前来。 四邑之兵——四周诸县之兵。距难——抵抗叛乱。此处即消灭叛乱。距:通“拒”。 ㉗主父开之——《索隐》曰:“开,谓开门而纳之。”按:此句之“开”字有本作“闭”,《正义》曰:“谓不责其反叛之罪,容其入宫闭藏也。”作“开”、作“闭”皆通。 ㉘即解兵——如果我们就此撤兵。即:若,倘若。 吾属夷矣——我们这些人就都将被满门抄斩。夷:平,诛灭。 ㉙爵觳(kòu)——鸟窝里的乳雏。爵:通“雀”。 ㉚定死——确定已死。 赴——讣告。以丧事告人。

五年,与燕鄚、易。[①]八年,城南行唐[②]。九年,赵梁将,与齐合军攻韩,至鲁关下,反。[③]十年,秦自置为西帝。十一年,董叔与魏氏伐宋,得河阳于魏。[④]秦取梗阳[⑤]。十二年,赵梁将攻齐。十三年，韩徐为将，攻齐，公主死。[6]十四年，相国乐毅将赵、秦、韩、魏、燕攻齐，取灵丘。[7]与秦会中阳[8]。十五年，燕昭王来见。赵与韩、魏、秦共击齐[9]，齐王败走，燕独深入，取临菑[10]。

十六年，秦复与赵数击齐，齐人患之。苏厉为齐遗赵王书曰：

臣闻古之贤君，其德行非布于海内也，教顺非洽于民人也，祭祀时享非数常于鬼神也，[11]甘露降，时雨至，年谷丰孰，民不疾疫，众人善之，然而贤主图之。[12]

今足下之贤行功力，非数加于秦[13]也；怨毒积怒，非素深于齐也。秦赵与国，以强征兵于韩，[14]秦诚爱赵乎？其实憎齐乎？物之甚者，贤主察之[15]。秦非爱赵而憎齐也，欲亡韩而吞二周，故以齐餤天下[16]。恐事之不合，故出兵以劫魏、赵；[17]恐天下畏己也，故出质以为信；[18]恐天下亟反也，故征兵于韩以威之。声以德与国，实而伐空韩，[19]臣以秦计为必出于此。夫物固有势异而患同者，楚久伐而中山亡，今齐久伐而韩必亡。[20]破齐，王与六国分其利也；亡韩，秦独擅之；收二周，西取祭器，秦独私之。赋田计功[21]，王之获利孰与秦多？

说士之计曰："韩亡三川，魏亡晋国，[22]市朝未变而祸已及矣。[23]"燕尽齐之北地，去沙丘、巨鹿敛三百里；[24]韩之上党去邯郸百里，[25]燕、秦谋王之河山，间三百里而通矣[26]。秦之上郡近挺关，至于榆中者千五百里，[27]秦以三郡攻王之上党，羊肠之西，句注之南，[28]非王有已。逾句注，斩常山而守之，三百里而通于燕，[29]代马胡犬不东下，昆山之玉不出，[30]此三宝者亦非王有已。王久伐齐，从强秦攻韩，其祸必至于此。愿王孰虑之。

且齐之所以伐者，以事王也；[31]天下属行，以谋王也[32]。燕秦之约成而兵出有日矣。五国三分王之地[33]，齐倍五国之约而殉王之患，[34]西兵以禁强秦，秦废帝请服，[35]反高平、根柔于魏,反巠分、先俞于赵。[36]齐之事王,宜为上佼[37],而今乃抵罪,臣恐天下后事王者之不敢自必也。[38]愿王孰计之也。

今王毋与天下攻齐,天下必以王为义。齐抱社稷而厚事王,天下必尽重王。秦义,王以天下善秦;秦暴,王以天下禁之,是一世之名宠制于王也。[39]

于是赵乃辍,谢秦不击齐。王与燕王遇。廉颇将,攻齐昔阳,取之。

十七年,乐毅将赵师攻魏伯阳[40]。而秦怨赵不与己击齐,伐赵,拔我两城。十八年,秦拔我石城[41]。王再之卫东阳,决河水,伐魏氏。[42]大潦,漳水出。魏冉来相赵[43]。十九年,秦取我二城。赵与魏伯阳。赵奢将,攻齐麦丘,取之。[44]

二十年,廉颇将,攻齐。王与秦昭王遇西河外。

二十一年,赵徙漳水武平西。[45]二十二年,大疫。置公子丹为太子。

二十三年,楼昌将,攻魏幾,[46]不能取。十二月,廉颇将,攻幾,取之。二十四年,廉颇将,攻魏房子,拔之,因城而还。[47]又攻安阳[48],取之。二十五年,燕周将,攻昌城、高唐,[49]取之。与魏共击秦。秦将白起破我华阳,得一将军。二十六年,取东胡欧代地[50]。

二十七年,徙漳水武平南。封赵豹为平阳君。[51]河水出,大潦。

二十八年,蔺相如伐齐,至平邑。[52]罢城北九门大城[53]。燕将成安君公孙操弑其王。二十九年,秦、韩相攻,而围阏与[54]。赵使赵奢将,击秦,大破秦军阏与下,赐号为马服君[55]。

三十三年,惠文王卒,太子丹立,是为孝成王。

孝成王元年,秦伐我,拔三城。赵王新立,太后用事,秦急攻之。赵氏求救于齐,齐曰:“必以长安君为质,[56]兵乃出。”太后不肯,大臣强谏。太后明谓左右曰:“复言长安君为质者,老妇必唾其面。”左师触龙言愿见太后，太后盛气而胥之。[57]入，徐趋而坐，自谢曰[58]：“老臣病足，曾[59]不能疾走，不得见久矣。窃自恕，而恐太后体之有所苦也，[60]故愿望见太后。”太后曰：“老妇恃辇而行耳。”曰：“食得毋衰乎？”曰：“恃粥耳。”曰：“老臣间者殊不欲食，乃强步，日三四里，少益[61]嗜食，和于身也。”太后曰：“老妇不能。”太后不和之色少解。左师公曰：“老臣贱息舒祺最少，不肖，而臣衰，窃怜爱之，愿得补黑衣之缺以卫王宫，昧死以闻。”太后曰：“敬诺。年几何矣？”对曰：“十五岁矣。虽少，愿及未填沟壑[62]而托之。”太后曰：“丈夫亦爱怜少子乎？”对曰：“甚于妇人。”太后笑曰：“妇人异甚。”对曰：“老臣窃以为媪之爱燕后贤于长安君。”太后曰：“君过矣，不若长安君之甚。”左师公曰：“父母爱子，则为之计深远。媪之送燕后也，持其踵，[63]为之泣，念其远也，亦哀之矣。已行，非不思也，祭祀则祝之曰‘必勿使反’，岂非计长久，为子孙相继为王也哉？[64]”太后曰：“然。”左师公曰：“今三世以前，至于赵主之子孙为侯者，其继有在者乎[65]？”曰：“无有。”曰：“微独赵，诸侯有在者乎？”曰：“老妇不闻也。”曰：“此其近者祸及其身，远者及其子孙。岂人主之子侯则不善哉？位尊而无功，奉厚而无劳，而挟重器多也。今媪尊长安君之位，而封之以膏腴之地，多与之重器，而不及今令有功于国，一旦山陵崩，长安君何以自托于赵？[66]老臣以媪为长安君之计短也，故以为爱之不若燕后。”太后曰：“诺，恣君之所使之[67]。”于是为长安君约车百乘，质于齐，齐兵乃出。

子义[68]闻之，曰：“人主之子，骨肉之亲也，犹不能持无功之尊，无劳之奉，而守金玉之重也，而况于予乎？”

齐安平君田单将赵师而攻燕中阳，[69]拔之。又攻韩注人[70]，拔之。二年，惠文后卒，田单为相。

四年，王梦衣偏裻之衣，[71]乘飞龙上天，不至而坠，见金玉之积如山。明日，王召筮史敢[72]占之，曰：“梦衣偏裻之衣者，残也[73]；

乘飞龙上天不至而坠者，有气而无实[74]也；见金玉之积如山者，忧也。”

后三日，韩氏上党守冯亭[75]使者至，曰：“韩不能守上党，入之于秦。其吏民皆安为赵，不欲为秦。有城市邑十七，愿再拜入之赵，财王所以赐吏民。[76]”王大喜，召平阳君豹告之曰：“冯亭入城市邑十七，受之何如？”对曰：“圣人甚祸无故之利。”王曰：“人怀吾德，何谓无故乎？”对曰：“夫秦蚕食韩氏地，中绝不令相通[77]，固自以为坐而受上党之地也。韩氏所以不入于秦者，欲嫁其祸于赵也。秦服其劳而赵受其利，虽强大不能得之于小弱，小弱顾能得之于强大乎？岂可谓非无故之利哉！且夫秦以牛田之水通粮[78]，蚕食上乘，倍战者裂上国之地[79]，其政行，不可与为难，[80]必勿受也。”王曰：“今发百万之军而攻，逾年历岁未得一城也。今以城市邑十七币[81]吾国，此大利也。”

赵豹出，王召平原君与赵禹而告之。[82]对曰：“发百万之军而攻，逾岁未得一城，今坐受城市邑十七，此大利，不可失也。”王曰：“善。”乃令赵胜受地，告冯亭曰：“敝国使者臣胜，敝国君使胜致命，以万户都三封太守，千户都三封县令，皆世世为侯，吏民皆益爵三级，吏民能相安，皆赐之六金。[83]”冯亭垂涕不见使者，曰：“吾不处三不义也：为主守地，不能死固[84]，不义一矣；入之秦，不听主令[85]，不义二矣；卖主地而食之[86]，不义三矣。”赵遂发兵取上党，廉颇将军军长平[87]。

七月（应作“六年”），廉颇免而赵括代将[88]。秦人围赵括，赵括以军降，卒四十余万皆坑之。王悔不听赵豹之计，故有长平之祸焉。

王还，不听秦，秦围邯郸。武垣令傅豹、王容、苏射率燕众反燕地[89]。赵以灵丘封楚相春申君[90]。

八年，平原君如楚请救。还，楚来救，及魏公子无忌亦来救，秦围邯郸乃解。

十年，燕攻昌壮，[91]五月拔之。赵将乐乘、庆舍攻秦信梁军，[92]破之。太子死[93]。而秦攻西周，拔之。徒父祺出[94]。十一年，城元氏，县上原。[95]武阳君郑安平死，收其地。十二年，邯郸廥烧。[96]十四年，平原君赵胜死。

十五年，以尉文封相国廉颇为信平君。[97]燕王令丞相栗腹约欢，以五百金为赵王酒，[98]还归，报燕王曰："赵氏壮者皆死长平，其孤未壮，可伐也。"王召昌国君乐閒[99]而问之。对曰："赵，四战之国[100]也，其民习兵，伐之不可。"王曰："吾以众伐寡，二而伐一，可乎？"对曰："不可。"王曰："吾即以五而伐一，可乎？"对曰："不可。"燕王大怒，群臣皆以为可。燕卒起二军，车二千乘，栗腹将而攻鄗，卿秦将而攻代。廉颇为赵将，破杀栗腹，虏卿秦、乐閒。

十六年，廉颇围燕。以乐乘为武襄君。十七年，假相大将武襄君攻燕，围其国。[101]十八年，延陵钧[102]率师从相国信平君助魏攻燕。秦拔我榆次三十七城。十九年，赵与燕易土：以龙兑、汾门、临乐与燕；[103]燕以葛、武阳、平舒与赵。[104]

二十年，秦王政初立。秦拔我晋阳。

二十一年，孝成王卒，廉颇将，攻繁阳[105]，取之。使乐乘代之，廉颇攻乐乘，乐乘走，廉颇亡入魏。子偃立，是为悼襄王。

（以上为第六段，写战国后期赵国的日益衰落。）

①五年——公元前294年。　与燕鄚（mào）、易——将鄚、易二县划归燕国。时为燕昭王十八年。鄚：即日后之鄚州，在今河北任丘北。易：易县，在今河北雄县西北。　②南行唐——赵县名，在今河北行唐东北。　③赵梁——赵将名。　至鲁关下，反——进兵至鲁关下，退了回来。鲁关：韩国关塞名，在今河南鲁山县西南。反：各本原文皆作"及"。梁玉绳曰："'及'乃'反'之讹，各本以'及'字属下文，误。"今据改。　④董叔——赵将名。　与魏氏伐宋——时当魏昭王八年（前288）。　得河阳于魏——河阳：魏县名，在今河南孟州西。因为赵国帮着魏国伐宋，故魏国将离赵国较近的河阳割给了赵国。　⑤梗阳——赵县名，在今山西清徐。　⑥韩徐为——赵将名，屡见于《战国纵横家

书》。　公主死——盖吴娃之女，惠文王之姊。　⑦相国乐毅将赵、秦、韩、魏、燕攻齐——据《乐毅列传》，乐毅时为联军统帅，赵惠文王曾“以相国印授乐毅”，故此称“相国乐毅”。　灵丘——齐县名，在今山东高唐南。　⑧与秦会中阳——“秦”下似应增“王”字，即秦昭王。中阳：赵县名，在今山西中阳。　⑨赵与韩、魏、秦共击齐——即乐毅率五国联军大破齐军于济西事。此役燕国为主谋，不宜失书“燕”字。　⑩燕独深入，取临菑——济西大捷以后，诸国撤回了各自的兵力，继续长驱攻齐者便只剩了燕国。临菑：齐国都城，在今山东淄博临淄区。　⑪教顺——同“教训”，“训”“顺”二字古常通用。　洽——普遍润泽，普遍深入到。　时享——按四季进行的祭祀。　数常于鬼神——“常”字《战国策》作“当”，“当于鬼神”即合乎鬼神的心意。　⑫众人善之——一般人都认为这是好事。众人：普通人，一般人。　然而贤主图之——图：思虑，思考。以上数句的意思是，国君本没有做好事，而一连串的“好结果”却频繁降临，这难道不令人深思、警惕吗？　⑬数加于秦——犹言“数施于秦”，对秦一贯有好处。数：频繁。　⑭素深于齐——谓与齐一贯有怨仇。　与国——盟国。与：交往。　以强——靠着武力强大。　征兵于韩——逼着韩国随之出兵击齐。　⑮物之甚者，贤主察之——对那些过于反常的事情，聪明人是要提高警惕的。⑯欲亡韩而吞二周，故以齐餤天下——秦国是为了吞并韩国与二周，所以才鼓动着你们这些国家打齐国。二周：指都于巩的东周君和都于王城的西周君。餤：同“啖”，吃或给人吃。　⑰恐事之不合——怕各国不上他的当。不合：不成。　以劫魏、赵——指联合魏、赵以进攻齐国。⑱畏己——怀疑秦国。《战国策》直作“疑己”。　出质以为信——给各国派遣人质以表现其守信。　⑲声以德与国——表面上说是为了盟国好，指帮着赵国伐齐。德：施恩德。与国：盟国。这里指赵。　实而伐空韩——其本意是为了趁机吞并内部空虚的韩国。　⑳势异而患同——形势不同而灾难相同。　楚久伐而中山亡——楚国正连年被伐的时候，中山国却灭亡了。鲍彪曰：“楚受秦伐，赵无秦患，故破中山灭之。”　齐久伐——齐国连年被伐。　㉑赋田计功——算一算取得了多少土地，建立了多大功业。　㉒韩亡三川——韩国丢掉了三川。三川指今河南西部的宜阳、新城等地，因其地有黄河、伊水、雒水，故称“三川”。 魏亡晋国——魏国丢掉了原来晋国的心腹地带，指今山西西南部。 ㉓市朝——市场。这里代指赵都邯郸的街面秩序。《战国纵横家书》作“市朝未罢”，则应解释作一场集市还没有赶完，极言其时间之短。 祸已及矣——指秦国对赵国的军事威胁而言，因韩失“三川”，魏失“晋国”后，赵国就和秦国挨得很近了。 ㉔尽齐之北地——完全占领齐国的北部领土。 去沙丘、巨鹿——离赵国的沙丘宫与巨鹿县（在今河北平乡西南）。 敛三百里——不足三百里。 ㉕韩之上党——韩国的上党郡，约当今山西长治地区的中部与南部。 去邯郸百里——意谓如果让秦兵占领三川，则将邻近韩国之上党，那时秦距赵都邯郸也就只有百里之遥了。 ㉖燕、秦谋王之河山，间三百里而通矣——大意谓燕秦东西夹击赵国，他们两方相隔的距离，最远也就是三百里了。间：隔。通：会师。 ㉗上郡——秦郡名，郡治肤施，在今陕西榆林东南。 挺关——赵国的关塞名，在今陕西榆林西北。 至于榆中者千五百里——榆中：古地区名，其地所在说法不一，有说在今陕西东北角，有说在今内蒙古河套一带，有说在今甘肃地区，当时这一带属于赵国。按：上郡之北境距榆中绝无“千五百里”，此句不知所谓。 ㉘秦以三郡——指秦国准备先后占领的三川郡、河东郡与韩之上党郡。 王之上党——赵国的上党郡，在今山西和顺、左权一带，南与韩国的上党郡相邻。 羊肠——羊肠坂，太行山的山路名，在今山西平顺东南，一说在今山西晋城南，当时属赵。 句注——山名，在今山西代县西北，当时属赵。按：所谓“羊肠之西，句注之南”，指赵国辖有的今山西地区。 ㉙逾句注，斩常山——翻越句注山南下，占据常山天险。常山：本名“恒山”，在今河北涞源西南。 三百里而通于燕——意谓到那时秦国距离燕国将只有三百里。 ㉚代马胡犬不东下——指这些北方的出产不再送给赵国，因为中间已被秦国隔断了。 昆山之玉——昆仑山产的宝玉，本来是通过河西、代北传到赵国。 不出——不再给赵国进献。 ㉛所以伐——被秦所伐的原因。 以事王也——是由于齐对赵国唯命是听。事王：中井积德曰：“与赵王亲交。” ㉜天下属行（háng），以谋王也——现在各国正想联合起来，共同对付赵国。属行：

排成行列。即指起兵。 ㉝五国三分王之地——《战国策》句首有“昔者”二字。此指秦昭王十九年、齐湣王十三年(前288)之旧事,时秦国与齐国约定同时称“帝”,并联合韩、魏、燕以瓜分赵国。五国:指秦、齐、燕、韩、魏。三分王之地:《战国纵横家书》作“疏分”,意即“瓜分”。 ㉞齐倍五国之约——倍:通“背”,背叛。时齐湣王用苏秦之谋,自己废去“帝”号,并联合赵国共同反秦,过程参见《田敬仲完世家》。 殉王之患——为了和您共患难。殉:顺,以死相从。 ㉟西兵——向西方出兵。 以禁强秦——禁止秦国称帝与瓜分赵国的阴谋。 秦废帝请服——指秦亦只好停止称“西帝”,仍恢复称王。 ㊱反高平、根柔于魏——将高平、根柔二县归还魏国。反:归还。高平:也称“向”,县名,在今河南济源南。根柔:县名,也称“枳”,在今河南济源附近。二县原属魏,后来被秦国占领。 巠(xíng)分——依《正义》说当作“陉山”,即“西陉山”,也称“句注山”,在今山西代县西北。巠:《集韵·平青》曰:“巠,地名。在赵。通作陉。” 先俞——据《集解》《正义》说应作“西俞”,即雁门山。以上二地原属赵,后来被秦国占领。 ㊲上佼——“佼”:通“交”。《战国策》与《战国纵横家书》皆作“上交”,即上等之交。 ㊳抵罪——犯罪。抵:触犯。 后事王者——今后想归附于你的人。 自必——自信。 ㊴名宠——威名,荣耀。按:以上苏厉为齐致书赵王事,见《战国策·赵策一》,致书者原作“苏秦”,此作“苏厉”乃史公误改。 ㊵乐毅将赵师攻魏伯阳——说“乐毅”恐误,或是另一乐姓某人。伯阳:魏县名,在今河南安阳西北。 ㊶石城——在今河南林州南。 ㊷东阳——县名,原属卫,今属赵,相当于今河北太行山以东地区。 决河水,伐魏氏——谓决黄河以灌魏。 ㊸魏冉来相赵——魏冉为秦昭王之舅,任秦国宰相多年。今云“来相赵”,其事未闻。 ㊹赵奢——赵国名将。 攻齐麦丘,取之——麦丘:在今山东商河县。牛鸿恩认为:由这些记载可知齐只剩二城之不实,济西尚有未亡之城,故赵屡攻之。 ㊺徙漳水——开新河使漳水改道。 武平——疑乃“武安”之变称,武安在今河北武安西南。 ㊻楼昌——赵将名。 幾——魏县名,在今河北大名东南。 ㊼房子——在今河北高邑西南。原为赵邑,后为魏国所占。 城——筑城。 ㊽安阳——魏县名,在今河北临城南。 ㊾燕周——赵将名。 昌城——齐邑名，在今山东淄博东南。 高唐——齐县名，在今山东禹城西南。 ㊿取东胡欧代地——《索隐》曰："东胡叛赵，驱略代地人众以叛，故取之也。"欧代地：大约指今辽宁西部地区。杨宽以为"欧代"即"瓯脱"，指东胡与匈奴交界处的弃地。 ⑤①赵豹——惠文王之弟。 平阳君——封地平阳，在今山西临汾西南。 ⑤②蔺相如——赵国名臣。 平邑——齐县名，在今河南南乐东北。 ⑤③罢城北九门大城——城：筑城。北九门：即前文武灵王所过之"九门"，赵县名，在今河北石家庄藁城区西北。因其地处邯郸之北，故也称"北九门"。 ⑤④阏（yù）与——赵县名，在今山西和顺。 ⑤⑤马服君 《正义》曰："因马服山为号也。"按：马服山在今河北邯郸西北。 ⑤⑥长安君——赵太后的少子，孝成王之弟。"长安君"是封号名。 为质——到齐国当人质。 ⑤⑦左师——帝王的辅导官，与"太师"略同。 胥——等待。 ⑤⑧徐趋而坐——徐趋：缓慢地小步疾走，这是臣子在君父面前使用的一种礼节性的走路姿势。坐：应依《战国策》作"至"。 谢——表示歉意。 ⑤⑨曾——犹如今之所谓"根本""实在是"。 ⑥⓪自恕——自忖，自己思量。中井积德曰："自推其衰，恐太后之衰也。"按：此句"自恕"多有解作"自我宽恕"，不如前解之表示对人关心更好。 有所苦——有什么不舒服。《战国策》作"有所郄"。 ⑥①少益——稍稍增加。 ⑥②及未填沟壑——趁着自己还没死。古人谦言自己的死曰"填沟壑"。 ⑥③送燕后——送燕后出嫁。 持其踵——拉着她的脚。盖其女坐在车上，其车欲行，故母亲得"持其踵"。 ⑥④必勿使反——千万别让她回来。因为凡是嫁与帝王的女子，除被休弃以外，通常是不能回家的。 为子孙相继为王——让她生的子孙们世世代代地在燕国为王。 ⑥⑤"三世以前"三句——语略不顺，《战国策》于此作"今三世以前，至于赵之为赵，赵主之子孙侯者，其继有在者乎"，较清楚。大意谓三辈以前上推到赵国建立，历代赵主的那些受封为侯的诸子，他们的封地、封号还有保留到今天的吗？意思为都是隔不了多久就被取消了。 ⑥⑥山陵崩——婉称赵太后死。 何以自托——何以自立。 ⑥⑦恣君之所使之——任凭你安排他的去向。 ⑥⑧子义——赵之贤人。 ⑥⑨将赵师——田单重建齐国后,如何离齐赴赵事,《田单列传》只字未及。《战国策·赵策四》载有燕军攻赵,平原君向赵太后建议用济东三城换取齐国安平君田单为赵将事。　中阳——《集解》《正义》皆以为应作“中人”。中人:燕县名,在今河北唐县西南。　⑳注人——韩县名,在今河南汝州西。　㉑四年——公元前262年。　偏裻(dū)之衣——也简称“偏衣”。杨伯峻注:“裻,背缝也,在背之中,当脊梁所在。自此中分,左右异色,故云‘偏裻之衣’。”　㉒筮史敢——主管占卜和记述史实的官员名敢,史失其姓。　㉓残也——残缺,残破,指惨败于秦。　㉔有气而无实——光有名声而无实利,指得韩之上党。　㉕韩氏上党守冯亭——韩国上党郡的郡守,名叫冯亭。　㉖城市邑——有城、有市的大邑。　财王所以赐吏民——殿本、泷川本皆作“听王所以赐吏民”,较此为顺。财:《战国策》作“才”,皆通“裁”。意谓王可以度量赏赐的多少。　㉗中绝不令相通——指秦兵首先攻占野王(在今河南沁阳),斩断上党与韩国都城新郑的联络而言。　㉘秦以牛田之水通粮——词语不顺,诸家之断句、解释皆不一。大意谓秦国不惜牺牲国内的一切,运送粮食以供应上党前线。　㉙蚕食上乘,倍战者裂上国之地——《战国策》作“其死士皆列之于上地”。泷川资言曰:“此言秦裂所取之国以为功臣死士食邑也。”王叔岷曰:“‘上乘’,谓兵车强盛之国也。‘倍战者’,即《赵策》所谓‘死士’也。”　㉚其政行——谓秦国国内能令行禁止,各种政策能顺利贯彻。　不可与为难——不能与它相抗。　㉛币——可读作“畀”,赠送。　㉜平原君——赵胜,赵惠文王之弟,孝成王之叔。　赵禹——赵国贵族,《史记》中仅此一见。　㉝吏民皆益爵三级——陈直曰:“赵国有爵若干级,亦与秦制相同。”秦爵二十级之名称见《商君列传》《白起王翦列传》注。　皆赐之六金——谓每人赐六金。秦时称黄金一镒(二十两)为一金。　㉞不能死固——“固”字应作“国”。　㉟入之秦,不听主令——王念孙曰:“‘入之秦’当作‘主入之秦’,谓韩王入上党于秦,而冯亭不听也。脱去‘主’字则文意不明。”　㊱卖主地而食之——指将上党卖给了赵国,而赵国又将上党的某些地区封给冯亭做食邑。

㊲廉颇将军军长平——将军:率领军队。长平:上党地区的县名,县治在今山西高平西北。　㊳廉颇免而赵括代将——关于赵括其人,与

秦施反间计使赵国罢掉廉颇、任用赵括的过程,详见《廉颇蔺相如列传》。 ⑧⑨武垣令傅豹、王容、苏射率燕众反燕地——按:一县岂能有三人为县令?“傅豹”下应增“及”字读。武垣:燕县名,在今河北肃宁东南,傅豹等率其县民反燕以归赵。 ⑨⓪以灵丘封楚相春申君——按:此句似应移至下文“秦围邯郸乃解”句下。灵丘:赵县名,县治在今山西灵丘东。 ⑨①十年——公元前256年。 昌壮——应作“昌城”,齐邑名,在今山东淄博东南。 ⑨②乐乘——乐毅的族人,原为燕将,被廉颇所俘,遂降赵,为赵将。 庆舍——赵将名,原齐人。 信梁——《正义》以为是秦将王龁之号,梁玉绳以为是秦将摎(jiū)之号。 ⑨③太子死——赵之太子,史失其名。 ⑨④徒父祺出——故意做出一种想要救周的样子。徒父祺:赵将名。 ⑨⑤十一年——公元前255年。 元氏——赵县名,在今河北元氏西北,西汉时为常山郡郡治。 县上原——设置上原县。上原县在今河北元氏西。 ⑨⑥十二年——公元前254年。 邯郸廥(kuài)烧——积刍藁之处,为火所烧。 ⑨⑦十五年——公元前251年。 尉文——赵县名,在今河北邯郸永年区一带,一说在今河北蔚县。 信平君——封地在尉文,封号曰“信平君”。 ⑨⑧燕王——指燕王喜,公元前254—前222年在位。 栗腹——此时为燕相。 约欢:约为友好之国。此处指为“约欢”而出使。 以五百金为赵王酒——“酒”字应作“寿”。意即为祝赵王健康长寿而献上一份礼金。 ⑨⑨昌国君乐閒——乐閒是燕国名将乐毅之子,被燕国封为昌国君,以继其父乐毅之号。 ⑩⓪四战之国——言其四面皆邻于强敌,要四面应战。 ⑩①假相——代理宰相,这里只是“加官”,空有其位号而已,当时赵国的宰相是廉颇。 围其国——包围了燕国首都。国:这里指国都。 ⑩②延陵钧——赵将名,姓延陵,名钧。 ⑩③易土——交换地盘,各取其便。 龙兑——赵县名,在今河北保定满城区东北。 汾门——赵县名,在今河北保定徐水区西易水之北。 临乐——赵县名,在今河北固安南。 ⑩④葛——燕县名,在今河北安新西南安州。 武阳——燕县名,在今河北易县东南。 平舒——燕县名,在今山西广灵,一说在今河北大城。 ⑩⑤繁阳——魏县名,在今河南内黄西北。

悼襄王元年,大备魏。[①]欲通平邑、中牟之道[②],不成。

二年,李牧将,攻燕,拔武遂、方城。[③]秦召春平君[④],因而留之。泄钧为之谓文信侯曰[⑤]:“春平君者,赵王甚爱之而郎中[⑥]妒之,故相与谋曰:‘春平君入秦,秦必留之。’故相与谋而内之秦[⑦]也。今君留之,是绝赵而郎中之计中也。君不如遣春平君而留平都。[⑧]春平君者言行信于王[⑨],王必厚割赵而赎平都。”文信侯曰:“善。”因遣之。城韩皋[⑩]。

三年,庞煖将,攻燕,禽其将剧辛。四年,庞煖将赵、楚、魏、燕之锐师,攻秦蕞,[⑪]不拔;移攻齐,取饶安[⑫]。五年,傅抵将,居平邑;[⑬]庆舍将东阳河外师,守河梁。[⑭]六年,封长安君以饶。[⑮]魏与赵邺[⑯]。

九年,赵攻燕,取狸、阳城。[⑰]兵未罢,秦攻邺,拔之。悼襄王卒,子幽缪王迁立。

幽缪王迁元年,城柏人。二年,秦攻武城,[⑱]扈辄率师救之,军败,死焉。[⑲]

三年,秦攻赤丽、宜安,[⑳]李牧率师与战肥下[㉑],却之。封牧为武安君。四年,秦攻番吾,[㉒]李牧与之战,却之。

五年,代地大动,自乐徐以西,北至平阴,台屋墙垣太半坏,[㉓]地坼东西百三十步。[㉔]六年,大饥,民讹言曰:“赵为号,秦为笑。以为不信,视地之生毛。”[㉕]

七年,秦人攻赵,赵大将李牧、将军司马尚将,击之。李牧诛,司马尚免,赵怱、颜聚代之。[㉖]赵怱军破,颜聚亡去,以王迁降。

八年十月,邯郸为秦。

(以上为第七段,写赵国为秦所灭。)

①悼襄王元年——公元前244年。　大备魏——紧急防备魏国进攻,因廉颇刚逃入魏国。　②通平邑、中牟之道——通此道为加强赵国南部地区之防卫。平邑:赵县名,在今河南南乐东北。中牟:赵之旧都,在今河南鹤壁西。　③二年——公元前243年。　李牧——赵国名

将，详见《廉颇蔺相如列传》。 武遂——燕县名，在今河北保定徐水区。 方城——燕县名，在今河北固安西南。 ④春平君——《战国策》作“春平侯”，赵王之宠臣。 ⑤泄钧——当时之说客。 文信侯——即吕不韦，时为秦之相国。 ⑥郎中——帝王身边的侍从人员，上属郎中令。 ⑦内之秦——将其打发到秦国来。 ⑧遣春平君——打发春平君回赵。 平都——《战国策》作“平都侯”，有人以为是春平君的副使。 ⑨言行信于王——说话与办事都受赵王信任。 ⑩韩皋——赵县名，方位不详。 ⑪四年——公元前241年。 将赵、楚、魏、燕之锐师，攻秦蕞——梁玉绳曰：“此失书韩。”盖五国联军共攻秦。蕞：秦县名，在今陕西西安临潼区东北。 ⑫饶安——齐县名，在今河北盐山县西南。按：五国既西攻秦，又转而东攻齐者，因秦国施行“远交近攻”政策，齐国亲秦故。 ⑬五年——公元前240年。 傅抵——赵将名。 居平邑——驻军于平邑，平邑在今河南南乐东北。 ⑭东阳——赵地名，相当今河北太行山以东地区。 河外师——即驻扎在东阳一带的赵国军队，因东阳地处当时的黄河东面，对赵都邯郸而言是在“河外”。 河梁——黄河上的桥梁、渡口。 ⑮六年——公元前239年。 饶——赵县名，在今河北饶阳东北。 ⑯邺——魏县名，在今河北临漳。 ⑰九年——公元前236年。 狸——燕县名，县治在今河北任丘北。 阳城——燕县名，在今河北保定清苑区西南。 ⑱二年——公元前234年。 武城——赵县名，在今河北磁县西南。 ⑲扈辄——赵将名。 军败，死焉——杨宽《战国大事年表》作“秦将桓齮攻赵的平阳、武城，杀赵将扈辄”。 ⑳三年——公元前233年。 赤丽——赵邑名，大约在今河北石家庄藁城区西南。 宜安——赵县名，在今河北石家庄藁城区西南。 ㉑肥下——肥县城下。肥县在今河北石家庄藁城区西南。 ㉒四年——公元前232年。 番(pó)吾——也作“鄱吾”，赵县名，在今河北磁县。 ㉓五年——公元前231年。 代地大动——代郡发生大地震。 乐徐——赵县名，在今河北易县西南。平阴——赵县名，在今山西阳高东南。 太半——大半数，谓四分之三。 ㉔地坼(chè)东西——地面裂为东西两块。 百三十步——指地裂的宽度为一百三十步。《史》文记此，盖以是为赵国灭亡之先兆。 ㉕讹言——谣言,童谣、民谣之类。 号——号哭。 以为不信——假如认为不可信。 地之生毛——遍地长满野草。泷川资言曰:“言不生五谷。” ㉖李牧诛,司马尚免——《廉颇蔺相如列传》云:“秦使王翦攻赵,赵使李牧、司马尚御之。秦多与赵宠臣郭开金,为反间,言李牧、司马尚欲反,赵王乃使赵忽及齐将颜聚代李牧。李牧不受命,赵使人微捕得李牧,斩之,废司马尚。” 赵忽——赵王之族人,时为赵将。 颜聚——曾为齐将,后乃归赵。

太史公曰:吾闻冯王孙曰①:“赵王迁,其母倡也,嬖于悼襄王。②悼襄王废適子嘉③而立迁。迁素无行,信谗,故诛其良将李牧,用郭开④。”岂不缪⑤哉!秦既虏迁,赵之亡大夫共立嘉为王,王代六岁,⑥秦进兵破嘉,遂灭赵以为郡。

(以上为第八段,是作者的论赞,对赵王迁自毁长城导致亡国的行为,表达了深深的感慨。)

①吾闻冯王孙曰——冯王孙:冯唐之子,名遂,字王孙,其人亦见提于《张释之冯唐列传》。按:此“吾闻冯王孙曰”之“吾”,顾颉刚、赵生群以为是司马谈,不是司马迁,因为司马迁的生年要比冯王孙晚五六十年,可参看《张释之冯唐列传》注。 ②倡——歌女。 嬖——受宠爱。 ③適子嘉——原来的太子名嘉。適:通“嫡”。 ④郭开——赵国末期的宦者,前曾谗害过廉颇,见《廉颇蔺相如列传》。 ⑤缪——通“谬”,荒谬。 ⑥亡大夫——亡国之后的诸大夫。 立嘉为王——立故太子嘉为代王,都于代县(在今河北蔚县东北)。 王代六岁——公元前227—前222年。

[**简评**] 《赵世家》是战国时期东方六国“世家”中记事最详尽,也最具体、生动的篇章。其记载赵氏家主,对赵盾、赵简子、赵襄子、赵武灵王着墨较多,而性格最突出、作者也最充满感情的则在赵襄子与赵武灵王。赵武灵王是中国古代史上的一位杰出人物,在战国时期,其功业可与魏文侯、齐威王、秦孝公、秦

昭王并驾齐驱,其生平事迹之传奇性、浪漫性,更远超其他四人。

《赵世家》的写法富于小说性,它以四个君主的四个梦境为线索,贯穿了整个赵国的发展史,从而使赵国历史的发展进程变得前有伏笔,后有照应,一切都像是命运宿定,颇似后代的传奇小说。其中“赵氏孤儿”一节显然与历史不符,充分表现了司马迁的“好奇”,展现了他为突出某种人生观、价值观而不惜舍弃事实、采用传说的大胆做法。关于本篇的作者,顾颉刚、赵生群认为不是司马迁,而应该是司马谈,其说可供参考。

［**集评**］《太史公自序》:“维骥、騄耳,乃章造父。赵夙事献,衰续厥绪。佐文尊王,卒为晋辅。襄子困辱,乃禽智伯。主父生缚,饿死探爵。王迁辟淫,良将是斥。嘉鞅讨周乱,作《赵世家》第十三。”

苏辙曰:“赵于战国,强国也,非大失计,未遽亡也。孝成王贪上党之利,不听赵豹而听赵胜,以致秦怒,一失矣;使廉颇拒秦长平,听秦之间而使赵括代颇,再失矣;赵括既败,邯郸被围,虞卿请以重宝附楚魏,以援国示秦,则秦媾可合,王不能用,而听赵豹使郑朱入秦求媾,诸侯由此莫肯救赵,三失矣。积此三失,以致大败,仅能自存。由此观之,非秦独能败赵,而赵之所以自败者多矣。”(《古史》)

方苞曰:“秦烧天下诗书,诸侯传记尤甚,为所有刺讥也,故五国之事迹,《春秋传》《国语》《国策》外,见者甚稀。独赵先世事迹特详,岂与秦为同祖,简襄以前之史记无所刺讥者皆存而不废欤?”(《归方评点史记合笔》)

梁玉绳曰:“《史》于秦、赵,多纪不经之梦。然秦缪上天本纪不书,而旁见于《封禅书》《扁鹊传》中,政(正)以其妄耳。乃《赵世家》载宣子、简子、主父、孝成之梦,不一而足,何梦之多乎?若是,则《左传·昭三十一年》言简子梦童子裸而歌又何以不及也。

《法言·重黎篇》曰‘赵世多神，圣人曼云’；《经史问答》曰‘世家莫如赵之诬谬庞怪’，谓‘非纬候之先驱不可矣’。或曰，《赵世家》多述诡异，屠岸贾诛赵氏，一；宣孟梦叔带，二；简子游钧天，三；有人当道，四；天神遗毋邮竹书，五；武灵梦处女，六；孝成梦乘龙，七。此子长钓奇，以成其虚诞飘忽之文，而非为实录，盖学《南华经》也。”(《史记志疑》)

李景星曰：“《赵世家》是一篇极奇肆文字，在诸世家中特为出色。通篇如长江大河，一波未平，一波复起，令览之者应接不暇，故不觉其长。用笔节节变化，有移步换形之妙。如叙程婴、公孙杵臼存赵孤事，以淋漓激昂胜；叙武灵王议胡服事，以纵横跌宕胜；叙公子章等作乱，公子成、李兑等兴兵围主父事，以历落缠绵胜。尤其妙者，在以四梦为点缀，使前后骨节通灵：赵盾之梦，为赵氏中衰、赵武复兴伏案也；赵简子之梦，为灭中行氏、灭智伯等事伏案也；赵武灵王之梦，为废嫡立幼，以致祸乱伏案也；赵孝成王之梦，为贪地受降，丧卒长平伏案也。以天造地设之事为埋针伏线之笔，而演成神出鬼没之文，那不令人拍案叫绝！赞语痛诋赵王迁，为千古泄愤，傲岸权奇，雅与前称。”(《四史评议》)

张大可曰：“秦兵东出，三晋首当其冲，战国中期，赵是合从的中坚，赵国人才辈出，武灵王胡服骑射，富国强兵，这都是时势使然和地理环境的造就。由于晋国的分裂，三晋互相内耗，又处四战之地，所以为秦各个击破。赵武灵王志在吞秦，曾有一番作为，而晚年却昏聩，造成赵国内乱，几乎丧国，自己陷于悲剧。赵国君主一代不如一代，而东方六国均未产生杰出的英主，因而大批人才不是流入秦国，便是抑郁不尽其用，甚至悲剧结局，如屈原被逐，李牧被杀。司马迁写战国历史，悲壮而抑郁，《赵世家》是一篇比较典型的传记。结语曰：‘赵王迁，其母倡也’，怒而哀婉，令人深思。”(《史记题评与咏史记人物诗》)

赵国诸侯世系表

赵襄子(前475—前425年)——桓子(襄子弟,前424年)——献侯(襄子兄伯鲁孙,前423—前409年)——烈侯(献侯子,前408—前387年)——敬侯(烈侯子,前386—前375年)——成侯(敬侯子,前374—前350年)——肃侯(成侯子,前349—前326年)——武灵王(肃侯子,前325—前299年)——惠文王(武灵王子,前298—前266年)——孝成王(惠文王子,前265—前245年)——悼襄王(孝成王子,前244—前236年)——王迁(悼襄王子,前235—前228年)——代王嘉(悼襄王子,前227—前222年) 被秦所灭

魏世家第十四

魏之先,毕公高之后也,毕公高与周同姓。[①]武王之伐纣,而高封于毕,于是为毕姓。其后绝封,为庶人,或在中国,或在夷狄。其苗裔曰毕万,事晋献公。

献公之十六年,赵夙为御,毕万为右,[②]以伐霍、耿、魏,灭之。以耿封赵夙,以魏封毕万,为大夫。卜偃[③]曰:"毕万之后必大矣。万,满数也;魏,大名也。[④]以是始赏,天开之矣。[⑤]天子曰兆民,诸侯曰万民。今命之大,以从满数,其必有众。"初,毕万卜事晋,遇《屯》之《比》。[⑥]辛廖[⑦]占之,曰:"吉。《屯》固《比》入,吉孰大焉,其必蕃昌。[⑧]"

毕万封十一年,晋献公卒,四子争更立,晋乱。而毕万之世弥大,从其国名为魏氏。生武子。魏武子以魏诸子事晋公子重耳。晋献公之二十一年,武子从重耳出亡。十九年反,重耳立为晋文公,而令魏武子袭魏氏之后,封列为大夫,治于魏。[⑨]生悼子。

魏悼子徙治霍,生魏绛。[⑩]

魏绛事晋悼公。悼公三年,会诸侯。[⑪]悼公弟杨干乱行,魏绛僇辱杨干。[⑫]悼公怒曰:"合诸侯以为荣,今辱吾弟!"将诛魏绛。或说悼公,悼公止。[⑬]卒任魏绛政,使和戎、翟,戎、翟亲附。悼公之十一年,曰:“自吾用魏绛,八年之中,九合诸侯,戎、翟和,子之力也。”赐之乐,三让,然后受之。徙治安邑⑭。魏绛卒,谥为昭子。生魏嬴。嬴生魏献子。

献子事晋昭公。昭公卒而六卿强,公室卑。

晋顷公之十二年,韩宣子老,魏献子为国政。晋宗室祁氏、羊舌氏相恶,六卿诛之,尽取其邑为十县,六卿各令其子为之大夫。献子与赵简子、中行文子、范献子并为晋卿。

其后十四岁而孔子相鲁。后四岁,赵简子以晋阳之乱也,而与韩、魏共攻范、中行氏。魏献子生魏侈。魏侈与赵鞅共攻范、中行氏。

魏侈之孙曰魏桓子,与韩康子、赵襄子共伐灭知伯,分其地。

(以上为第一段,写魏氏在晋国的发展壮大,最终与韩、赵分掌晋权。)

①毕公高——名高,封地在毕(在今陕西咸阳北)。 与周同姓——毕公为文王之子。 ②献公之十六年——公元前661年。 赵夙(sù)——晋文公臣赵衰的祖父。 御——赶车。 右——后来也叫“参乘”,与帝王或主帅同车,站在车右,充当警卫。 ③卜偃——晋国诸侯身边的卜者,姓郭名偃,是《左传》中的重要“智者”与“预言家”之一。 ④万,满数也——《集解》引服虔曰:“数从一至万为满。” 魏——喻“巍”,高大的样子。 ⑤以是始赏——以此作为奖赏的开头。 天开之矣——“开”,《左传》原文作“启”,“天启之”犹言老天爷为其家族的兴旺作了引导。 ⑥卜事晋——占卜往仕晋国是否吉利。 遇《屯》之《比》——先得到《屯》卦,后变化成《比》卦。 ⑦辛廖——周大夫。 ⑧《屯》固《比》入——《集解》引杜预曰:“《屯》,险难,所以为坚固;《比》,亲密,所以得入。” 蕃昌——人物众多,事业发达。 ⑨袭魏氏之后——继承了魏氏家族的封爵与领地。袭:继承。魏犨不是嫡长子,按惯例无此继承权,但因他随文公出亡有功,故文公遂令其取代了嫡子的地位。 封列为大夫——似应作“封为列大夫”,意即使其成为了晋国的执政大臣之一。 治于魏——设都城于魏邑

（在今山西芮城北）。 ⑩魏悼子徙治霍——将魏氏家族的都城由魏邑迁至今山西霍州西南。 魏绛——《左传》中的重要人物，对于晋悼公的称霸有重大贡献。 ⑪悼公三年——公元前570年。 会诸侯——召集诸侯会盟。春秋时期自文公称霸后，晋国曾长期把持霸主地位，时晋悼公为霸主，故有权召集诸侯会盟。 ⑫乱行——扰乱了军阵秩序。 僇辱杨干——是时悼公会诸侯于鸡泽，魏绛为司马，悼公弟杨干不守秩序，扰乱军阵，于是魏绛戮其仆（车夫）。僇：通“戮”，诛。 ⑬或说悼公——悼公听说魏绛戮辱杨干，要派人去杀魏绛。羊舌赤说：“不用你麻烦，魏绛自己会来的。” 悼公止——魏绛戮杨干之仆后，自行至悼公门外请罪，悼公明白了事情原委，亲自出来向魏绛道歉赔礼。 ⑭徙治安邑——谓魏氏家族的都城在魏绛时代又由霍邑（在今山西霍州西南）迁到了安邑（在今山西夏县西北）。

桓子之孙曰文侯都。魏文侯元年，秦灵公之元年也。[①]与韩武子、赵桓子、周威王同时。

六年，城少梁[②]。十三年，使子击围繁庞，出其民。[③]十六年，伐秦，筑临晋、元里。[④]

十七年，伐中山，使子击守之，赵仓唐傅之。[⑤]子击逢文侯之师田子方于朝歌，[⑥]引车避，下谒。田子方不为礼。子击因问曰：“富贵者骄人乎？且贫贱者骄人乎？”子方曰：“亦贫贱者骄人耳。夫诸侯而骄人则失其国，大夫而骄人则失其家。贫贱者，行不合，言不用，则去之楚、越，若脱躧然，[⑦]奈何其同之哉！”子击不怿而去。西攻秦，至郑而还，筑雒阴、合阳[⑧]。

二十二年，魏、赵、韩列为诸侯。

二十四年，秦伐我，至阳狐[⑨]。

二十五年，子击生子罃。

文侯受子夏经艺[⑩]，客段干木，过其闾，未尝不轼也。[⑪]秦尝欲伐魏，或曰：“魏君贤人是礼，国人称仁，上下和合，未可图也。”文侯由此得誉于诸侯。

任西门豹守邺，而河内称治。[12]

魏文侯谓李克[13]曰："先生尝教寡人曰'家贫则思良妻，国乱则思良相'。今所置非成则璜[14]，二子何如？"李克对曰："臣闻之，卑不谋尊，疏不谋戚[15]。臣在阙门之外，不敢当命。[16]"文侯曰："先生临事勿让。"李克曰："君不察故也。居视其所亲，富视其所与，达视其所举，穷视其所不为，贫视其所不取。五者足以定之矣，何待克哉！"文侯曰："先生就舍，寡人之相定矣。"

李克趋而出，过翟璜之家[17]。翟璜曰："今者闻君召先生而卜相，果谁为之？"李克曰："魏成子为相矣。"翟璜忿然作色曰："以耳目之所睹记，臣何负于魏成子？西河之守[18]，臣之所进也。君内以邺为忧，臣进西门豹。君谋欲伐中山，臣进乐羊。中山以拔，无使守之，臣进先生[19]。君之子无傅，臣进屈侯鲋[20]。臣何以负于魏成子！"李克曰："且子之言克于子之君者，岂将比周[21]以求大官哉？君问而置相'非成则璜，二子何如'？克对曰：'君不察故也。居视其所亲，富视其所与，达视其所举，穷视其所不为，贫视其所不取，五者足以定之矣，何待克哉！'是以知魏成子之为相也。且子安得与魏成子比乎？魏成子以食禄千钟，什九在外，什一在内，[22]是以东得卜子夏、田子方、段干木。此三人者，君皆师之。子之所进五人者，君皆臣之。子恶得与魏成子比也？"翟璜逡巡再拜曰："璜，鄙人也，失对，愿卒为弟子。"

二十六年，虢山崩，壅河。[23]三十二年，伐郑。城酸枣[24]。败秦于注[25]。三十五年，齐伐取我襄陵[26]。三十六年，秦侵我阴晋[27]。

三十八年，伐秦，败我武下，得其将识。[28]是岁文侯卒[29]，子击立，是为武侯。

（以上为第二段，写魏国贤君魏文侯的为人与其政绩。）

①文侯都——文侯名都。按：《世本》曰文侯名斯，今人多从《世本》。　魏文侯元年——据《六国年表》，为公元前445年。近代学者陈梦家、杨宽等据《竹书纪年》推算，魏文侯元年应是周贞定王二十四

年，即公元前445年，前424年已是魏文侯之二十二年。　②少梁——后也称“夏阳”，在今陕西韩城南。　③子击——文侯的太子，名击，即日后的魏武侯。　繁庞——秦邑名，有观点认为应作“繁、庞”两地，据王子今考释，实为一地，在今陕西韩城东南。　出其民——将其居民逐出，而独取其地。　④十六年——应作三十七年，公元前409年。　筑临晋、元里——在新攻取的临晋、元里筑城而守。临晋：在今陕西大荔东。元里：在今陕西澄城南。　⑤使子击守之——乐羊攻灭中山后，文侯乃改派太子击前往镇守。　傅——官名，即“太傅”“少傅”之类，是帝王或太子的辅导官员。此处“傅”字用作动词，意即辅导，协助。⑥田子方——当时著名的学者、隐士，名无择，字子方，曾被魏文侯尊为师。　朝歌——魏县名，在今河南淇县。　⑦去之楚、越——离开中原某国而南往楚、越。两国当时被认为是蛮夷之地。　脱躧（xǐ）——甩掉破鞋子，极言其不吝惜。躧：草鞋。　⑧筑雒阴、合阳——在新夺取的雒阴、合阳二县筑城。雒阴：县名，在今陕西大荔西南，原属秦。合阳：县名，在今陕西合阳东南，原属秦。　⑨阳狐——魏县名，有人认为在今山西垣曲东南，其说可疑。　⑩受子夏经艺——向子夏学习过儒家经典。受：受教，学习。子夏：姓卜名商，字子夏，孔子弟子，以学术优良见称。　⑪客——视之为客。即尊敬的意思。　段干木——姓段干，名木，当时有名的高士。　闾——里巷。这里指里巷的门。轼——车前横木。古者立乘，凡言“轼车”者，谓俯首抚轼，以礼致人。　⑫西门豹——姓西门，名豹，当时有名的地方官。　邺——魏县名，在今河北临漳。　河内——地区名，即今河北临漳、磁县和与之邻近的河南安阳等地，因其处于当时的黄河西北，故称“河内”。　⑬李克——也称“李悝”，当时著名的法家人物（与儒家之“李克”非一人），曾在魏国推行过发展农业的政策。由此处文侯称李克曰“先生”，与李克对翟璜称文侯为“子之君”看，李克此时似尚未为魏臣。　⑭非成则璜——不是公子成就是翟璜。成：公子成，文侯之弟，即下文所称的“魏成子”。璜：翟璜，魏国大臣。　⑮卑不谋尊，疏不谋戚——地位低的人不议论地位高的人，关系远的人不议论关系近的人。戚：亲近。⑯阙门之外——王宫大门以外的路人，极言自己的卑贱和与帝王关系之疏远。阙门:宫门,因宫门前往往有双阙,故称“阙门”。 当命——应命。 ⑰过翟璜之家——来到翟璜家。过:到。 ⑱西河之守——西河郡的郡守。此指吴起。西河郡辖今陕西东部邻近黄河的大荔、澄城、韩城等地,当时属魏。 ⑲中山以拔,无使守之,臣进先生——以:通“已”。按:上文明言“使子击守之”,此曰“臣进先生”,前后失联络。 ⑳君之子无傅,臣进屈侯鲋——按:前文明作“赵仓唐傅之”,今乃曰“臣进屈侯鲋”,前后失联络。 ㉑比周——不正当、不讲原则地相互依附、相互援助,即今之所谓“狼狈为奸”。 ㉒以食禄千钟——极言其所食俸禄之多。以:通“已”。钟:古称六斛(石)四斗为一钟。 什九在外,什一在内——十分之九用于家庭以外,十分之一用于家庭之内。 ㉓虢山——《正义》引《括地志》曰:“虢山在陕州陕县(在今河南三门峡市陕州区)西二里,临黄河。今临河有冈阜,似是颓山之余也。” 壅河——堵塞了黄河。 ㉔酸枣——魏县名,在今河南延津西南。 ㉕败秦于注——杨宽《战国史料编年辑证》认为“注”乃“汪”之讹。汪:秦县名,在今陕西澄城西南,一说在今陕西白水县东。 ㉖襄陵——魏县名,在今河南睢县。 ㉗阴晋——魏县名,在今陕西华阴东。 ㉘武下——武城县城下。武城:秦县名,在今陕西渭南华州区东。 将识——秦将名识,史失其姓。 ㉙是岁文侯卒——按:文侯卒于公元前396年,此言“是岁文侯卒”,误。

魏武侯元年,赵敬侯初立,公子朔为乱,不胜,奔魏,与魏袭邯郸,魏败而去①。二年,城安邑、王垣。②七年,伐齐,至桑丘③。九年,翟败我于浍④。使吴起伐齐,至灵丘⑤。齐威王初立。

十一年,与韩、赵三分晋地,灭其后。

十三年,秦献公县栎阳⑥。十五年,败赵北蔺⑦。

十六年,伐楚,取鲁阳⑧。武侯卒⑨,子罃立,是为惠王。

惠王元年,初,武侯卒也,子罃与公中缓⑩争为太子。公孙颀自宋入赵,⑪自赵入韩,谓韩懿侯曰:“魏罃与公中缓争为太子,君亦闻之乎?今魏罃得王错,挟上党,固半国也。⑫因而除之,破魏必矣,不可失也。”懿侯说,乃与赵成侯合军并兵以伐魏,战于浊泽[13],魏氏大败,魏君围[14]。赵谓韩曰:“除魏君,立公中缓,割地而退,我且利。”韩曰:“不可。杀魏君,人必曰暴;割地而退,人必曰贪。不如两分之。魏分为两,不强于宋、卫,则我终无魏之患矣。”赵不听。韩不说,以其少卒夜去[15]。惠王之所以身不死,国不分者,二家谋不和也。若从一家之谋,则魏必分矣。故曰“君终无適子,其国可破也”。

二年,魏败韩于马陵,败赵于怀。[16]三年,齐败我观[17]。五年,与韩会宅阳[18]。城武堵[19]。为秦所败。六年,伐取宋仪台[20]。九年,伐败韩于浍[21]。与秦战少梁,虏我将公孙痤,取庞[22]。秦献公卒,子孝公立。

十年,伐取赵皮牢[23]。彗星见。十二年,星昼坠,有声。

十四年,与赵会鄗[24]。十五年,鲁、卫、宋、郑君来朝。十六年,与秦孝公会杜平[25]。侵宋黄池[26],宋复取之。

十七年,与秦战元里,秦取我少梁[27]。围赵邯郸。十八年,拔邯郸。赵请救于齐,齐使田忌、孙膑救赵,败魏桂陵。[28]

十九年,诸侯围我襄陵。筑长城,塞固阳。[29]

二十年,归赵邯郸,与盟漳水上。二十一年,与秦会彤[30]。赵成侯卒。二十八年,齐威王卒。中山君[31]相魏。

三十年,魏伐赵,赵告急齐。齐宣王用孙子计,救赵击魏。魏遂大兴师,使庞涓将,而令太子申为上将军。过外黄,外黄徐子谓太子曰[32]:“臣有百战百胜之术。”太子曰:“可得闻乎?”客曰:“固愿效之。”曰:“太子自将攻齐,大胜并莒,则富不过有魏,贵不益为王。[33]若战不胜齐,则万世无魏[34]矣。此臣之百战百胜之术也[35]。”太子曰:“诺,请必从公之言而还矣。”客曰:“太子虽欲还,不得矣。彼劝太子战攻,欲啜汁者众。[36]太子虽欲还,恐不得矣。”太子因欲还,其御曰:“将出而还,与北同。”[37]太子果与齐人战,败于马陵[38]。齐虏魏太子申,杀将军涓,军遂大破。

三十一年，秦、赵、齐共伐我，秦将商君诈我将军公子卬而袭夺其军，破之。秦用商君，东地至河，而齐、赵数破我，安邑近秦，于是徙治大梁[39]。以公子赫[40]为太子。

三十三年，秦孝公卒，商君亡秦归魏，魏怒，不入。[41]三十五年，与齐宣王会平阿南[42]。

惠王数被于军旅，卑礼厚币以招贤者。[43]邹衍、淳于髡、孟轲皆至梁[44]。梁惠王曰："寡人不佞，[45]兵三折于外，太子虏，上将死，国以空虚，以羞先君宗庙社稷，寡人甚丑之。叟不远千里，辱幸至弊邑之廷，将何以利吾国？"孟轲曰："君不可以言利若是。夫君欲利则大夫欲利，大夫欲利则庶人欲利，上下争利，国则危矣。为人君，仁义而已矣，何以利为！"

三十六年，复与齐王会甄[46]。是岁，惠王卒，子襄王立。[47]

襄王元年，与诸侯会徐州，相王也。[48]追尊父惠王为王[49]。

五年，秦败我龙贾军四万五千于雕阴，[50]围我焦、曲沃。[51]予秦河西之地。

六年，与秦会应。[52]秦取我汾阴、皮氏、焦。[53]魏伐楚，败之陉山[54]。七年，魏尽入上郡于秦，秦降我蒲阳[55]。八年，秦归我焦、曲沃。

十二年，楚败我襄陵。诸侯执政与秦相张仪会齧桑[56]。十三年，张仪相魏[57]。魏有女子化为丈夫[58]。秦取我曲沃、平周。[59]

十六年，襄王卒，子哀王立。[60]张仪复归秦。

哀王元年，五国共攻秦，[61]不胜而去。二年，齐败我观津[62]。五年，秦使樗里子伐取我曲沃，走犀首岸门。[63]六年，秦来立公子政为太子[64]。与秦会临晋[65]。七年，攻齐。与秦伐燕。

八年，伐卫，拔列城二。卫君患之。如耳[66]见卫君曰："请罢魏兵，免成陵君[67]可乎？"卫君曰："先生果能，孤请世世以卫事先生。"如耳见成陵君曰："昔者魏伐赵，断羊肠，拔阏与，约斩赵，[68]赵分而为二，所以不亡者，魏为从主也。[69]今卫已迫亡，将西请事于秦。与其以秦醳卫,不如以魏醳卫,卫之德魏,必终无穷。[70]”成陵君曰:“诺。”如耳见魏王曰:“臣有谒于卫[71]。卫故周室之别也,其称小国,多宝器。[72]今国迫于难而宝器不出者,其心以为攻卫醳卫不以王为主[73],故宝器虽出必不入于王也。臣窃料之,先言醳卫者必受卫者也。[74]”如耳出,成陵君入,以其言见魏王[75]。魏王听其说,罢其兵,免成陵君,终身不见。

九年,与秦王会临晋。张仪、魏章皆归于魏[76]。魏相田需死,楚害张仪、犀首、薛公[77]。楚相昭鱼谓苏代曰:“田需死,吾恐张仪、犀首、薛公有一人相魏者也。”代曰:“然相者欲谁而君便之?”昭鱼曰:“吾欲太子之自相也。”代曰:“请为君北,必相之。[78]”昭鱼曰:“奈何?”对曰:“君其为梁王,代请说君[79]。”昭鱼曰:“奈何?”对曰:“代也从楚来,昭鱼甚忧,曰:‘田需死,吾恐张仪、犀首、薛公有一人相魏者也。’代曰:‘梁王,长主[80]也,必不相张仪。张仪相,必右秦而左魏[81]。犀首相,必右韩[82]而左魏。薛公相,必右齐[83]而左魏。梁王,长主也,必不便也。’王曰:‘然则寡人孰相?’代曰:‘莫若太子之自相。太子之自相,是三人者皆以太子为非常相也,皆将务以其国事魏,欲得丞相玺也。[84]以魏之强,而三万乘之国辅之,魏必安矣。故曰莫若太子之自相也。’”遂北见梁王,以此告之。太子果相魏。

十年,张仪死。十一年,与秦武王会应。十二年,太子朝于秦。秦来伐我皮氏,未拔而解。十四年,秦来归武王后。[85]十六年,秦拔我蒲反、阳晋、封陵。[86]十七年,与秦会临晋。秦予我蒲反。十八年,与秦伐楚。二十一年,与齐、韩共败秦军函谷。

二十三年,秦复予我河外及封陵为和。哀王卒[87],子昭王立。

昭王元年,秦拔我襄城。[88]二年,与秦战,我不利。三年,佐韩攻秦,秦将白起败我军伊阙二十四万。六年,予秦河东地方四百里。芒卯以诈重。[89]七年,秦拔我城大小六十一。八年,秦昭王为西帝,齐湣王为东帝,月余,皆复称王归帝。九年,秦拔我新垣、曲阳之城。[90]

十年，齐灭宋，宋王死我温。[91]十二年，与秦、赵、韩、燕共伐齐，败之济西，湣王出亡。燕独入临菑。与秦王会西周。

十三年，秦拔我安城，兵到大梁，去。[92]十八年，秦拔郢，楚王徙陈。

十九年，昭王卒，子安釐王立。

（以上为第三段，写魏国在战国中期的由强转弱。）

①与魏袭邯郸，魏败而去——泷川资言曰："此赵、魏开衅之始。" ②二年——应作十一年，公元前385年。 安邑——魏国都城，在今山西夏县西北。 王垣——也称"武垣"，在今山西垣曲东南。 ③桑丘——齐县名，在今河北保定徐水区，一说在今山东济宁兖州区西南。 ④浍——浍水，源出今山西翼城东，西经曲沃，汇入汾水。 ⑤使吴起伐齐，至灵丘——按：吴起已于武侯十五年（楚悼王二十一年，前381），因在楚变法而被杀害，《六国年表》但言"伐齐，至灵丘"，而不言"吴起"。王叔岷曰："'使吴起'三字衍。"灵丘：齐县名，在今山东高唐南。 ⑥县栎阳——在栎阳设县。栎阳：在今陕西西安阎良区。梁玉绳曰："献公徙都栎阳，不应以为县，疑'县'字乃'徙'之误。盖二年城之，至是始徙居耳。" ⑦北蔺——赵县名，在今山西吕梁离石区西。 ⑧鲁阳——楚县名，在今河南鲁山县。 ⑨武侯卒——《索隐》曰："《纪年》云，武侯二十六年卒。"现代战国史家多从此说。 ⑩公中缓——武侯之子，惠王之弟。 ⑪公孙颀（qí）——宋国的辩士。宋：西周以来的诸侯国名，春秋时为大国，此时已行将灭亡，国都睢阳（在今河南商丘南）。据钱穆、杨宽等考据，此时的宋国已迁都彭城。 ⑫王错——魏国大臣。 固半国也——等于控制了半个魏国。 ⑬浊泽——郑县名，在今河南长葛西北，一说在今山西解州西。 ⑭魏君围——魏惠王遭到围困。 ⑮以其少卒夜去——意谓此次韩、赵联军，韩国来的人数本来不多，现遂全部撤回。 ⑯马陵——韩县名，据《正义》，在魏州元城县（在今河北大名）东南。 怀——魏县名，在今河南武陟西南。 ⑰观——魏县名，在今河南清丰西南。 ⑱与韩会宅

阳——与韩懿侯会晤于宅阳(在今河南荥阳东)。 ⑲武堵——方位不详,据文意应属秦地,或魏地之近秦者。牛鸿恩以为或即上文之"武下",即武城,在今陕西渭南华州区,当时属魏,后属秦。 ⑳仪台——也写作"义台",宋县名,在今河南虞城西南。 ㉑伐败韩于浍——谓伐韩败之浍水。伐败:动词连用。 ㉒庞——梁玉绳以为即上文所说之"繁庞"(在今陕西韩城东南),离少梁不远。 ㉓皮牢——赵县名,在今山西翼城东北。 ㉔与赵会鄗(hào)——与赵成侯会晤于鄗(在今河北柏乡县北)。 ㉕杜平——秦县名,在今陕西澄城。 ㉖黄池——宋县名,在今河南封丘西南。 ㉗秦取我少梁——少梁当时为秦、魏双方的拉锯地区,曾多次易主。 ㉘田忌、孙膑——都是齐国的名将。 败魏桂陵——详见《孙子吴起列传》。桂陵:魏县名,在今河南长垣西北。 ㉙襄陵——在今河南睢县。 筑长城,塞固阳——即在固阳一带修筑长城。固阳:仓修良怀疑应作"合阳"(在今陕西合阳东南),此距当时的魏长城不远。魏长城南起华山,北行经大荔、澄城、洛川,至今陕西甘泉县西南。 ㉚与秦会彤——与秦孝公在彤县会晤。彤:秦县名,在今陕西渭南华州区西南。 ㉛中山君——中山国的国君,史失其名,中山国于公元前408年被魏文侯所灭。黄式三曰:"魏灭中山守之,封其后以数邑,服于魏。至安王末年与赵战,则中山必渐强矣。至是为魏相,如靖郭君相齐之例,其国必益强矣,然犹臣于魏也。" ㉜外黄——县名,在今河南民权西北,当时属宋。 徐子——徐先生,史失其名。 ㉝大胜并莒——大胜齐国,吞并莒县。莒:当时齐国最有名的大县之一。 不过有魏——不会超过占有魏国。 不益为王——不会比当魏王更多什么。 ㉞万世无魏——意即永远失去接替做魏王的资格。 ㉟此臣之百战百胜之术也——意即让其收兵回去。 ㊱彼——谓太子部下的诸将。 啜汁——以喻跟着沾光。 ㊲御——仆,车夫。 将出而还——统兵出征,不战而撤回。 与北同——与战败而回相同。北:败。 ㊳败于马陵——过程详见《孙子吴起列传》。关于马陵的位置,众说不一。有说在今河南濮阳附近;有说在今范县西南。至于有说在今河北大名东南,甚至有说在今山东郯城者,都无须考虑,因与史公所谓"进兵减灶"意思不合。 ㊴徙治大梁——将魏国的国都由安邑(在今山西夏县西北)东迁到了大梁(在今河南开封)。 ㊵公子赫——即日后之魏襄王,前太子申有马陵之败,故改立公子赫为太子。 ㊶商君亡秦归魏——秦孝公死后,秦国贵族作乱欲杀商鞅,商鞅欲逃亡魏国。 魏怒,不入——魏人以商鞅前曾袭捕公子卬,故愤不接纳,商君回秦后被杀,过程详见《商君列传》。 ㊷与齐宣王会平阿南——按:魏惠王三十四年相当于齐威王二十一年(前336),此与会者应是"威王","宣王"上台尚在此十六年之后。平阿:齐县名,在今安徽怀远西南。或曰指"东阿",在今山东阳谷东北。 ㊸数被于军旅——屡遭外国军队的进攻。 厚币——厚礼。币:礼品。通常指珪、璧、帛、马等。 ㊹邹衍、淳于髡、孟轲皆至梁——邹衍:战国时期的阴阳五行家。淳于髡:以滑稽闻名。孟轲:即孟子。梁:此指魏国的首都大梁。 ㊺梁惠王——即魏惠王,因此时魏国都于大梁,故亦称魏国、魏王曰"梁国""梁王"。 不佞——此处同"不肖""不才"。 ㊻甄——即"鄄"(juàn),齐县名,在今山东鄄城北旧城镇。 ㊼是岁,惠王卒——此年为惠王改元,惠王之后元尚有十六年。 子襄王立——按:襄王之立尚在此十六年后。 ㊽襄王元年——应作惠王后元元年(前334)。 徐州——也称"薛县",在今山东枣庄薛城区,与后来之称"彭城"者不是一地。徐:即"俆"(shū)。 相王——魏国与齐国彼此相互承认对方为"王"。 ㊾追尊父惠王为王——按:此因史公误以惠王改元为惠王死,以为魏之首先称王者为襄王,而《孟子》书中又分明载孟轲呼惠王为"王",故于此加"追谥"以自圆。 ㊿五年——惠王后元五年(前330)。 龙贾——魏将。 雕阴——魏县名,在今陕西甘泉县南。 (51)焦——魏县名,在今河南三门峡市陕州区。 曲沃——魏县名,在今河南三门峡市西南,有以山西闻喜东北之曲沃当之者,非。 (52)六年——惠王后元六年(前329)。 与秦会应——与秦惠文王会晤于应。应:魏县名,在今河南鲁山县东。时为秦惠文王九年(前329)。 (53)汾阴——魏县名,在今山西万荣。 皮氏——魏县名,在今山西河津西。 (54)陉山——楚山名,在今河南漯河郾城区东,一说在今河南新郑西南。 (55)魏尽入上郡于秦,秦降我蒲阳——梁玉绳曰:"案《张仪传》,秦既取蒲阳而复归之,故魏以上郡为谢也。乃此及世家皆不书归蒲阳，世家又倒其文曰‘魏尽入上郡于秦，秦降蒲阳’，则所书之事不全，且似秦既得上郡，又降蒲阳也。夫魏岂无故而献地哉?”上郡：魏郡名，约当今陕西甘泉、延安、延长、绥德等地。蒲阳：魏县名，在今山西隰县。 ㊱罯桑——魏县名，在今江苏沛县西南。 ㊲张仪相魏——到魏国来为秦国做奸细。 ㊳有女子化为丈夫——即变性。古人往往把这种事情视为妖异、灾变，故书之于史。 ㊴曲沃——魏县名，在今河南三门峡市西南。 平周——魏县名，在今山西介休西。 ㊵十六年——惠王后元十六年(前319)。 襄王卒，子哀王立——按：是年梁惠王死，其子赫立，是为“襄王”。 ㊶哀王元年——应作襄王元年(前318)。魏国无“哀王”其人。 五国共攻秦——五国指韩、魏、楚、赵、燕。按：此时公孙衍为魏相，联合其他四国共攻秦。公孙衍也叫“犀首”，张仪在魏之所以不能得逞，与犀首很有关系。张仪走后，犀首继任为魏相。 ㊷观津——应作“观泽”，魏县名，在今河南清丰南。 ㊸樗(chū)里子——名疾，秦国的谋臣，秦惠文王之弟。 伐取我曲沃——此指河南三门峡市西南之曲沃。 走犀首岸门——将犀首打败，犀首逃到岸门。犀首：即公孙衍。岸门：魏县名，在今山西河津南。 ㊹秦来立公子政为太子——意谓秦国来人强制魏国立公子政为太子。 ㊺与秦会临晋——与秦惠文王会晤于临晋。临晋：秦县名，在今陕西大荔东。 ㊻如耳——卫大夫。 ㊼免成陵君——使魏国免成陵君之职。黄式三认为：谋伐卫者，盖成陵君。 ㊽羊肠——羊肠坂，太行山路名，南端在今山西晋城，北端在今山西壶关。 阏(yù)与——赵县名，在今山西和顺。 约斩赵——预定计划是将赵国分割开。 ㊾赵分而为二——赵国被分割成了东西两块。 魏为从主也——意即魏国当时主事，不想把赵国逼得太急。从主：结盟诸国的首脑。从：“纵”的古字。 ㊿以秦醳(shì)卫——在秦国的干涉下魏国不得已放弃吞卫计划。醳：通“释”。 以魏醳卫——魏国见好就收，自己撤兵。 德魏——感谢魏国的恩德。 ⑺有谒于卫——意即我曾到过卫国，见过卫君。谒：求见，进见。 ⑻周室之别——周王朝宗室的别支。卫国的始封之君为武王之弟康叔姬封，故曰今之卫君是“周室之别”。 其称小国，多宝器——虽然至今已被人们称为小国，但其国君手里宝器不少。 ⑦③不以王为主——不是由魏王做主，是下面的执政大臣说了算。 ⑦④先言醳卫——首先向魏王建言释卫。受卫——接受卫国的贿赂。 ⑦⑤以其言见魏王——将如耳向他建议的“以魏醳卫”报告魏王。 ⑦⑥张仪、魏章皆归于魏——是时秦惠文王死，秦武王即位，诸臣谗害张仪，张仪遂再次离秦入魏。魏章：原魏人，后为秦将，有大功，惠文王死后，与张仪一同被逐，遂归魏。 ⑦⑦楚害张仪、犀首、薛公——意谓担心此三人中任何一个继田需为魏相。薛公：即孟尝君田文。今战国史家多认为田文第一次入魏为相在公元前317年或前316年。 ⑦⑧北——谓北至魏国。 必相之——使其一定为相。 ⑦⑨君其为梁王，代请说君——请你装作梁王，我来向你进说。⑧⓪长主——年长、有阅历的君主。 ⑧①右秦而左魏——把秦国利益放在前头，把魏国利益放在后头，因为张仪一生为秦。 ⑧②右韩——把韩国利益放在前头，因为犀首是亲韩派。 ⑧③右齐——把齐国利益放在前头，因为田文是齐国的宗室重臣。 ⑧④非常相——不能长期为相，因其日后要做魏王。 务以其国事魏——努力让他所亲的国家讨好魏国。 欲得丞相玺——希望自己不久能继任为相。 ⑧⑤十四年——襄王十四年（前305）。 秦来归武王后——是时为秦昭王二年（前305），秦武王于前年死，其异母弟公子则依靠其母宣大后与其舅穰侯的力量夺得王位，为排除反对势力，故将其嫂“武王后”逐出秦国。武王后原是魏女，故曰“来归”。 ⑧⑥十六年——襄王十六年（前303）。蒲反——即“蒲坂”，魏县名，在今山西永济西南。 阳晋——魏邑名，在当时的蒲坂南。 封陵——即今山西黄河拐角之风陵渡。以上三地均相隔不远。 ⑧⑦哀王卒——应作“襄王卒”。 ⑧⑧昭王元年——公元前295年。 襄城——在今河南襄城，当时属魏。 ⑧⑨河东——魏郡名，约当今山西之临汾、侯马、运城等地。 芒卯——也作“孟卯”，魏将。 以诈重——因其狡诈被魏王所重。 ⑨⓪新垣——也称“王垣”，在今山西垣曲东南。 曲阳——魏县名，在今河南济源西。⑨①十年——公元前286年。 温——魏县名，在今河南温县西南。⑨②安城——魏县名，在今河南原阳西南。 兵到大梁，去——秦军已打到了魏都大梁，但又退兵而去。

安釐王元年[①]，秦拔我两城。二年，又拔我二城，军大梁下，韩来救，予秦温以和。三年，秦拔我四城，斩首四万。四年，秦破我及韩、赵，杀十五万人，走我将芒卯。魏将段干子请予秦南阳以和。苏代谓魏王曰："欲玺者段干子也，欲地者秦也。[②]今王使欲地者制玺，使欲玺者制地，[③]魏氏地不尽则不知已。且夫以地事秦，譬犹抱薪救火，薪不尽，火不灭。"王曰："是则然也，虽然，事始已行，不可更矣。"对曰："王独不见夫博之所以贵枭[④]者，便则食，不便则止矣。今王曰'事始已行，不可更'，是何王之用智不如用枭[⑤]也？"

九年，秦拔我怀[⑥]。十年，秦太子外质于魏死[⑦]。十一年，秦拔我郪丘[⑧]。

秦昭王谓左右曰："今时韩、魏与始孰强？"对曰："不如始强。"王曰："今时如耳、魏齐与孟尝、芒卯孰贤？"对曰："不如。"王曰："以孟尝、芒卯之贤，率强韩、魏以攻秦，犹无奈寡人何也。今以无能之如耳、魏齐而率弱韩、魏以伐秦，其无奈寡人何亦明矣。"左右皆曰："甚然。"中旗冯琴而对曰[⑨]："王之料天下过矣。当晋六卿之时，知氏最强，灭范、中行，又率韩、魏之兵以围赵襄子于晋阳，决晋水以灌晋阳之城，不湛者三版[⑩]。知伯行水[⑪]，魏桓子御，韩康子为参乘。知伯曰：'吾始不知水之可以亡人之国也，乃今知之。汾水可以灌安邑，绛水可以灌平阳[⑫]。'魏桓子肘韩康子，韩康子履魏桓子，肘足接于车上，而知氏地分[⑬]，身死国亡，为天下笑。今秦兵虽强，不能过知氏；韩、魏虽弱，尚贤其在晋阳之下也。此方其用肘足之时也，愿王之勿易也！"于是秦王恐。

齐、楚相约而攻魏，魏使人求救于秦，冠盖相望也，而秦救不至。魏人有唐雎者，年九十余矣，谓魏王曰："老臣请西说秦王，令兵先臣出[⑭]。"魏王再拜，遂约车而遣之。唐雎到，入见秦王。

秦王曰："丈人芒然乃远至此，[15]甚苦矣！夫魏之来求救数矣，寡人知魏之急已。"唐雎对曰："大王已知魏之急而救不发者，臣窃以为用策之臣无任矣。[16]夫魏，一万乘之国也，然所以西面而事秦，称东藩，受冠带，祠春秋者，[17]以秦之强足以为与也。今齐、楚之兵已合于魏郊矣，而秦救不发，亦将赖其未急也。使之大急，彼且割地而约从[18]，王尚何救焉？必待其急而救之，是失一东藩之魏而强二敌之齐、楚[19]，则王何利焉？"于是秦昭王遽为发兵救魏，魏氏复定。

赵使人谓魏王曰："为我杀范痤，吾请献七十里之地。[20]"魏王曰："诺。"使吏捕之，围而未杀。痤因上屋骑危[21]，谓使者曰："与其以死痤市[22]，不如以生痤市。有如痤死，赵不予王地，则王将奈何？故不若与先定割地，然后杀痤。"魏王曰："善。"痤因上书信陵君曰："痤，故魏之免相也，赵以地杀痤而魏王听之，有如强秦亦将袭赵之欲[23]，则君且奈何？"信陵君言于王而出之。

魏王以秦救之故，欲亲秦而伐韩，以求故地。无忌谓魏王曰：

秦与戎翟同俗，有虎狼之心，贪戾好利无信，不识礼义德行。苟有利焉，不顾亲戚兄弟，若禽兽耳，此天下之所识也，非有所施厚积德也。故太后母也，而以忧死；穰侯舅也，功莫大焉，而竟逐之；两弟无罪，而再夺之国。此于亲戚若此，而况于仇雠之国乎？今王与秦共伐韩而益近秦患，臣甚惑之。而王不识则不明，群臣莫以闻则不忠。

今韩氏以一女子奉一弱主，内有大乱，外交强秦魏之兵，王以为不亡乎？韩亡，秦有郑地，与大梁邻，[24]王以为安乎？王欲得故地，今负强秦之亲[25]，王以为利乎？

秦非无事之国也，韩亡之后必将更事，[26]更事必就易与利，就易与利必不伐楚与赵矣。[27]是何也？夫越山逾河，绝韩上党而攻强赵，[28]是复阏与之事[29]，秦必不为也。若道河内，倍邺、朝歌,绝漳滏水,与赵兵决于邯郸之郊,是知伯之祸也[30],秦又不敢。伐楚,道涉谷,行三千里,而攻冥阸之塞,[31]所行甚远,所攻甚难,秦又不为也。若道河外,倍大梁,右上蔡、召陵,与楚兵决于陈郊,秦又不敢。故曰秦必不伐楚与赵矣,又不攻卫与齐矣。

夫韩亡之后,兵出之日,非魏无攻已[32]。秦固有怀、茅、邢丘,城垝津以临河内,河内共、汲必危;[33]有郑地,得垣雍,决荧泽水灌大梁,[34]大梁必亡。王之使者出过而恶安陵氏于秦,秦之欲诛之久矣。[35]秦叶阳、昆阳与舞阳邻,听使者之恶之,随安陵氏而亡之,[36]绕舞阳之北,以东临许,南国必危,国无害乎?[37]

夫憎韩不爱安陵氏可也,夫不患秦之不爱南国[38]非也。异日者,秦在河西,晋国去梁千里,[39]有河山以阑之,有周、韩以间之。[40]从林乡军以至于今[41],秦七攻魏,五入囿中[42],边城尽拔,文台堕,垂都焚,林木伐,麋鹿尽,而国继以围。[43]又长驱梁北,东至陶卫之郊,北至平监。[44]所亡于秦者,山南山北,河外河内,[45]大县数十,名都数百。[46]秦乃在河西,晋去梁千里,而祸若是矣;又况于使秦无韩,有郑地[47],无河山而阑之,无周、韩而间之,去大梁百里,祸必由此[48]矣。

异日者,从之不成也,楚、魏疑而韩不可得也。[49]今韩受兵三年,秦桡之以讲[50],识亡不听,投质于赵,请为天下雁行顿刃,[51]楚、赵必集兵[52],皆识秦之欲无穷也,非尽亡天下之国而臣海内,必不休矣。是故臣愿以从事王[53],王速受楚赵之约,而挟韩之质以存韩,[54]而求故地,韩必效之。[55]此士民不劳而故地得,其功多于与秦共伐韩,而又与强秦邻之祸也[56]。

夫存韩安魏而利天下,此亦王之天时[57]已。通韩上党于共、宁,使道安成,出入赋之,[58]是魏重质韩以其上党也[59]。今有其赋,足以富国;韩必德魏爱魏重魏畏魏,韩必不敢反魏,是韩则魏之县也。魏得韩以为县,卫、大梁、河外必安矣。今不存韩,二周、安陵必危,楚、赵大破,卫、齐甚畏,天下西乡而驰秦入朝而为臣不久矣。

二十年,秦围邯郸,信陵君无忌矫夺将军晋鄙兵以救赵,赵得全,无忌因留赵[60]。二十六年,秦昭王卒。

三十年,无忌归魏,率五国兵攻秦,败之河外,走蒙骜。[61]魏太子增质于秦,秦怒,欲囚魏太子增。或为增谓秦王曰:"公孙喜固谓魏相曰[62]:'请以魏疾击秦,秦王怒,必囚增。魏王又怒,击秦,秦必伤[63]。'今王囚增,是喜之计中也。故不若贵增而合魏,以疑之于齐、韩。[64]"秦乃止增[65]。

三十一年,秦王政初立。

三十四年,安釐王卒,太子增立,是为景湣王。信陵君无忌卒。

景湣王元年,秦拔我二十城,以为秦东郡。二年,秦拔我朝歌。卫徙野王[66]。三年,秦拔我汲。[67]五年,秦拔我垣、蒲阳、衍。[68]十五年,景湣王卒,子王假立。

王假元年,燕太子丹使荆轲刺秦王,秦王觉之。

三年,秦灌大梁,虏王假,遂灭魏以为郡县。

(以上为第四段,写魏国在战国后期的合纵、连横中几经反复,终至灭亡。)

①安釐王元年——公元前276年。 ②欲玺者——指段干子。欲玺:想要得到秦国的爵赏。 欲地——想得到魏国的地盘。 ③欲地者制玺——想得魏土地者掌管着给魏国奸细的授玺之权。 欲玺者制地——让想获秦国爵赏的奸细掌管着支配魏国土地之权。 ④贵枭——喜欢得到枭。按:"枭"相当于如今扑克牌中的"大王""小王",可以当大牌吃人,也可以不吃。 ⑤何王之用智不如用枭——为什么决定国家大事还不如玩牌灵活。 ⑥怀——魏县名,在今河南武陟西南。 ⑦秦太子外质于魏死——外质:在国外当人质。《秦本纪》曰:"悼太子死魏,归葬芷阳。" ⑧秦拔我郪丘——"郪丘"当作"邢丘",魏

县名,在今河南温县东。 ⑨中旗——《战国策》作“中期”,秦国辩士,初仕秦武王,后事昭王。 冯琴——停止抚琴,双手搭在琴上。“冯”:通“凭”。 ⑩不湛者三版——只差三版就把晋阳淹没了。古代筑墙用的版高度为二尺,三版即六尺高。按:古时尺小,一尺相当今之六寸多。湛:通“沉”。 ⑪行水——视察大水灌城的情景。行:巡视。 ⑫汾水可以灌安邑,绛水可以灌平阳——因平阳靠近汾水,安邑靠近绛水下游的涑水,而平阳距绛水远,安邑距汾水远,故梁玉绳等都怀疑应作“汾水可以灌平阳,绛水可以灌安邑”。安邑:魏氏都城,在今山西夏县西北。平阳:韩氏都城,在今山西临汾西南。 ⑬肘足接于车上,而知氏地分——极生动形象之文学语,以言其串通、倒戈之快,与三家联合打败知氏之易。 ⑭令兵先臣出——意即我还没有回到魏国,秦国的援兵就已经到了,极言其办事之灵,把握之大。 ⑮丈人——对老人的敬称。 芒然——疲倦的样子。 ⑯用策——犹言“用事”,主管决策。 无任——不事事。即今之所谓“不管事”“不负责任”。 ⑰称东藩——自称是秦国东部的屏藩,亦即自认是秦国属下的一个侯国。 受冠带——接受秦国的冠带,奉行秦国的礼俗。 祠春秋——春秋贡奉,以助秦祭祀。按:此数句乃后人假托苏秦之合纵六国语,非此时已有之事。公元前254年《秦本纪》始有魏对秦“委国听命”“韩王入朝”事。 足以为与——能作为可依赖的盟国。与:党与。这里指盟国,结好之国。 ⑱约从——谓转而与东方诸国结盟合纵,共同对付秦国。 ⑲强二敌之齐、楚——使敌对的齐、楚两个国家增强。 ⑳范痤——魏人,曾为魏相,后退任家居。 请献七十里之地——据《战国策》,虞卿对赵王说,魏国能成为东方诸侯盟主的原因在于任用范痤;如能让魏国杀掉范痤,赵国就能成为诸侯盟主,于是赵王向魏国献地以求魏国杀范痤。 ㉑骑危——骑着屋脊。 ㉒以死痤市——拿被杀死的范痤与赵人做交易。市:交易,交换。 ㉓袭赵之欲——也提出类似赵国的要求。暗指要求杀信陵君。袭:因袭,模仿。 ㉔郑地——即韩国的地盘。因郑被韩灭,韩又都于新郑,故当时常称韩为“郑”。 与大梁邻——与魏国壤地相接。按:中华本于此作“与大梁邺”。《索隐》曰:“《战国策》亦作‘邻’,俗本或作‘邺’,非。”王叔岷曰:“景祐本南宋补版、黄善夫本、殿本'邺'并作'邻'。"今依黄本。按:当时韩都新郑,魏都大梁,两地相隔不远,故曰秦灭韩后即与魏相"邻"。 ㉕负强秦之亲——靠着与强大的秦国亲近以攻伐韩国。负:仗恃。 ㉖无事——不想生事。 更事——再挑起别的事端。 ㉗就易与利——从容易、有利的地方下手。 必不伐楚与赵——因为楚、赵两国都较魏国强大,地理形势也比魏国险要。 ㉘越山逾河——翻越太行山,渡过漳河。 绝韩上党——穿过韩国的上党地区,即今晋东南一带,经此路须翻越太行山。绝:横渡,翻越。 ㉙复阏与之事——重复当年在阏与的失败。秦昭王三十八年(前269),秦将胡阳率军围赵军于阏与,赵派赵奢率军往救,大破秦军于阏与。详见《廉颇蔺相如列传》。 ㉚是知伯之祸也——和当年知伯伐赵结果自己被人消灭是一样的下场。 ㉛道涉谷——经由涉谷。涉谷:险路名,具体方位不详,大体是指从武关或汉中一带出兵,经由今河南西南部杀向楚都陈县(在今河南周口淮阳区)。 冥阸之塞——在今河南信阳东南。 ㉜非魏无攻已——除了魏国,秦国不会再攻别国。已:此处通"矣"。 ㉝固有怀、茅、邢丘——早已占据了怀、茅、邢丘。怀:县名,在今河南武陟西南。茅:县名,在今河南辉县市西南。邢丘:县名,在今河南温县东。以上三地原皆属魏,现已属秦。 城垝(guǐ)津——在垝津筑城。垝津:也称"白马津",黄河渡口名,在今河南滑县的古黄河旁。 共、汲必危——共:魏县名,在今河南辉县市。汲:魏县名,在今河南卫辉西南。 ㉞有郑地——《国策》"有"上有"秦"字,意即秦国消灭韩国后。 垣雍——县名,在今河南原阳西南,原属韩。 荧泽——古湖泊名,在当时的垣雍西南,魏国的首都大梁以西。 ㉟王之使者出——谓出使秦国。 过而恶安陵氏于秦——错误地向秦国说安陵氏的坏话。过:错误。谢孝苹将"出过"二字连读,以为是"大过"之讹,《战国策》于此正作"大过"。恶:说人坏话。安陵氏:安陵县(在今河南鄢陵西北)的封君,是魏国的附属小国,但也有其相对的独立性。 欲诛之——《魏策》作"欲许之",《战国纵横家书》作"欲许",意即想得到许县(在今河南许昌东)。 ㊱叶阳——也称"叶县",在今河南叶县南,当时已属秦。昆阳——县名,在今河南叶县,当时已属秦。 舞阳——魏县名,在今河南叶县东南。 听使者之恶之——听:放任不管。恶之:又说叶县与舞阳的坏话。 随安陵氏而亡之——意谓听任安陵为秦所灭。随:任,与上文“听”字同义。《战国纵横家书》“随”作“堕”,通“隳”。毁坏。 ㊲绕舞阳之北——谓秦兵行经舞阳以北东出。 南国——指魏国的南部地区。 国无害乎——这岂不对国家造成危害吗? ㊳不患秦之不爱南国——“之”字似应作“与”,《战国纵横家书》作“不患秦,不爱南国”。 ㊴异日——犹言“前者”“当初”。 秦在河西——秦国的疆域只局限于黄河以西。 晋国去梁千里——当初魏国的国都安邑距离后来的国都大梁有千里之遥。晋国:指魏国国都。 ㊵河山——通常以为即黄河、崤山(或华山),泷川资言以为应指黄河与太行、王屋山。 阑——阻隔。 间——隔绝。 ㊶从林乡军以至于今——意谓自林乡战役以来。林乡:地名,也称“林”“林中”,在今河南尉氏西。关于林乡战役,《战国纵横家书》注以为在魏昭王十三年(前283)。 ㊷圃中——即“圃田”,薮泽名,在今河南中牟西。 ㊸文台堕,垂都焚——《战国纵横家书》注与《战国策新校注》都以为“文台”“垂都”都是“圃中”的台名,就上下文看,“文台”“垂都”似不应解释为在“圃中”。 国继以围——国都接着被秦兵包围。 ㊹陶——魏县名,在今山东菏泽定陶区西北。 卫——国名,国都在今河南濮阳东南。 北至平监——《战国策》作“北至乎阚”,“平”盖“乎”字之讹。“监”“阚”二字古通用。阚:县名,在今山东汶上西南。 ㊺山南山北——有谓山指“华山”,有谓指“太行”“王屋”之山。疑后者是。 河外河内——即今河南省之河南、河北。 ㊻大县数十——“十”字一作“百”。 名都数百——“百”字一作“十”。按:《战国策》正作“大县数百,名都数十”。 ㊼无韩,有郑地——灭掉了韩国,占据了韩国的全部土地。 ㊽祸必由此——《战国策》《战国纵横家书》皆作“祸必百此”,谓百倍于此,较《史》文义长。 ㊾从之不成——合纵抗秦的联盟之所以形不成。从:“纵”的古字,东方六国间的联盟。 楚、魏疑而韩不可得也——意谓楚、魏两国对合纵持怀疑态度,而韩国则不敢与东方诸国合纵。韩国是因为弱小又与秦国相邻,故不敢跟着东方诸国一起反秦。而楚、魏虽亦与秦国接壤,但国力较强,地域辽阔,故能时而连横、时而合纵。 ㊿秦桡之以讲——秦国胁迫韩国与其订立屈辱之盟。桡:压之使屈服。讲:讲和,和解。或曰"讲"同"媾"义,即媾和。 ⑤①识亡不听——意谓现在韩国意识到再这样下去国家就要灭亡,因而不再答应秦国的条件。 投质于赵——派人质到赵国,与赵国联合抗秦。 请为天下雁行顿刃——意即愿意跟着东方诸国一道抗秦。雁行:以喻序列。此指加入序列。顿刃:磨损兵器。这里指作战。 ⑤②楚、赵必集兵——意谓楚、赵见韩国如此,必集聚兵力与之联合。 ⑤③臣愿以从事王——意即愿协助你开展合纵抗秦的事业。按:此句特别不像信陵君的口吻。 ⑤④受楚赵之约——答应楚、赵联合抗秦的约定。 而挟韩之质以存韩——泷川资言曰:"挟韩之质,以上党为质也,事见下文。" ⑤⑤而求故地——如果要求韩国归还以往占去的土地。而:若,如果。 效——呈,交出。 ⑤⑥又与强秦邻之祸也——王念孙、梁玉绳等皆引《战国策》以为应作"无与强秦邻之祸"。按:《战国纵横家书》"又"字亦作"无"。 ⑤⑦天时——《战国策》与《战国纵横家书》皆作"大时",即大好时机。 ⑤⑧通韩上党于共、宁——把魏国的共、宁二县与韩国的上党地区相互沟通。共:在今河南辉县市。宁:在今河南获嘉。 使道安成,出入赋之——派人经由安成到上党地区征收赋税。安成:也作"安城",魏县名,在今河南原阳西南。 ⑤⑨是魏重质韩以其上党也——这就等于让韩国把上党郡给我们做了抵押。 ⑥⓪无忌因留赵——信陵君救赵后,因得罪了魏王,自己遂暂时留在了赵国。 ⑥①三十年——公元前247年。 蒙骜——秦将名,蒙恬的祖父。 ⑥②公孙喜——其人不详,疑有误。 魏相——不知何人,据文意乃与太子增为敌者。 ⑥③秦必伤——谓秦必加害于太子增。 ⑥④合魏——与魏国联合。 疑之于齐、韩——使齐、韩两国疑魏,以离间其联盟关系。 ⑥⑤秦乃止增——"增"字疑衍。 ⑥⑥卫徙野王——《秦始皇本纪》云:"拔卫,迫东郡,其君角率其支属徙居野王,阻其山以保魏之河内。"野王:魏县名,在今河南沁阳。 ⑥⑦三年——公元前240年。 汲——魏县名,在今河南卫辉西南。 ⑥⑧秦拔我垣、蒲阳、衍——垣:在今山西垣曲东南。蒲阳:在今山西隰县。衍:在今河南郑州北。以上三者皆魏县名。

太史公曰：吾适故大梁之墟，墟中人曰："秦之破梁，引河沟[①]而灌大梁，三月城坏，王请降，遂灭魏。"说者皆曰魏以不用信陵君故，国削弱至于亡，余以为不然。天方令秦平海内，其业未成，魏虽得阿衡之佐，曷益乎[②]？

（以上为第五段，是作者的论赞，作者对魏国不用信陵君致使国家灭亡表达了深深感慨。）

①河沟——即鸿沟，魏国所修的运河名，西自荥阳城北的黄河中引水东下，经开封折向南流，至淮阳东南入颍水。　②"天方令秦平海内"四句——翁元圻曰："《史记·信陵君传》曰：'秦闻公子死，日夜出兵东伐魏，十八年而虏魏王，屠大梁。'盖深惜信陵君之以毁废，而咎魏之自坏其长城也。合观此赞，则史公之意自见。"钟惺曰："此正悲魏不用信陵以亡其国，而为此诞语也，读本传自知之。古人文字反说处，今人多不解。"

［简评］　本篇作品记述了魏氏家族在春秋时代于晋国内部逐渐发展壮大，至战国初期与韩、赵两家共同瓜分晋国建立魏国，以及魏国从兴盛到衰败直到灭之的全过程。在春秋时期，作品着重写了魏绛在晋国严格执法，和辑诸戎，辅佐晋悼公建立霸业的事迹。魏绛是具备司马迁理想光辉的杰出政治家。作品突出记述了魏国的开国君主文侯魏斯的一系列政治活动，他好学善问，尊贤下士，使当时各国的许多贤才都汇集到魏国，使魏国成为战国初期最开明、最强大的国家。魏文侯是司马迁笔下不多见的富有理想色彩的明君之一。魏惠王在位时期是魏国由强到弱的重要转折点，在他即位第九年，他将魏国的都城由山西安邑东迁到大梁，这对于壮大魏国，提高魏国在当时诸国间的地位有一定作用。但由于他过于好战，使国家受到削弱，尤其严重的是在桂陵、马陵两次战役中惨败于齐，加速了魏国的衰败。作品的最后部分满怀感情地批判了魏安釐王的昏庸无能，由于他不用信陵君，不采纳信陵君的政治方略，遂使东方诸国失去最后的

联合抗秦以维持自己独立的机会,表达了作者对信陵君一生悲剧的深深惋惜之情。作品中全文录入了信陵君给魏王的上书,这封书信在《战国策》中并未确定是何人所作,司马迁为了突出信陵君的政治远见,遂将这封书信归到了信陵君头上,这是司马迁喜爱信陵君的结果。作品最后的论赞仍是围绕着信陵君的问题发议论,只是说话的口气、韵味做了一些变换,其对信陵君的惋惜之情,仍是溢于言表的。信陵君是魏国历史中让司马迁最动感情的人物。

［**集评**］　《太史公自序》:“毕万爵魏,卜人知之。及绛戮干,戎翟和之。文侯慕义,子夏师之。惠王自矜,齐秦攻之。既疑信陵,诸侯罢之。卒亡大梁,王假厮之。嘉武佐晋文申霸道,作《魏世家》第十四。”

苏辙曰:“魏文侯非战国之君也,内师事卜子夏,友田子方、段干木,被服儒者,身无失德。用吴起、西门豹、李悝,尽力耕战,民赖以富,而敌不敢犯。外以礼与信交接诸侯,与韩、赵无怨,终其身魏人不知战国之患。虽非盛德之主,使当平世得行其志,虽西汉文帝不能远过也,一时诸侯无足言者矣。至子武侯,稍已侵暴邻国;至孙惠王,借父祖之业,结怨韩、赵,齐乘其弊,杀庞涓,虏太子申,秦人因之,遂取西河地,魏由此衰。不然以全魏之力,据山河之利,秦岂能动之哉?”(《古史》)

吕祖谦曰:“信陵君之言,深切综练,识天下之大势,使魏王能用其计,纠率楚、赵竭力助韩,则韩不至于失上党,赵不至于败长平,六国亦不至为秦所吞矣。谋既不用,又以矫杀晋鄙流落于外,秦已灭周,六国垂亡,魏始再用之,犹能收合诸侯,折强秦之锋;若用之于上党、长平未败之前,天下雌雄之势殆未可量也。”(《大事记解题》)

茅坤曰:“佐晋文公之霸者,魏武;佐晋悼公之霸者,魏绛也;

及文侯,则骎骎乎贤君矣。……而末造得一公子无忌,然卒为谗言所间,不得任国政,而魏随以亡,悲夫。”(《史记钞》)

魏国诸侯世系表

文侯(前445—前396年)——武侯(文侯子,前395—前370年)——惠王(武侯子,前369—前319年)——襄王(惠王子,前318—前296年)——昭王(襄王子,前295—前277年)——安釐王(昭王子,前276—前243年)——景湣王(安釐王子,前242—前228年)——王假(景湣王子,前227—前225年) 被秦所灭

按:《魏世家》与《六国年表》中谱列魏国诸侯世系错误甚多,今依杨宽《战国大事年表》重新谱列。

韩世家第十五

韩之先与周同姓，姓姬氏。其后苗裔事晋，得封于韩原，曰韩武子。武子后三世有韩厥，从封姓为韩氏。

韩厥，晋景公之三年，晋司寇屠岸贾将作乱，诛灵公之贼赵盾[①]。赵盾已死矣，欲诛其子赵朔。韩厥止贾，贾不听。厥告赵朔令亡。朔曰："子必能不绝赵祀，死不恨矣。"韩厥许之。及贾诛赵氏，厥称疾不出。程婴、公孙杵臼之藏赵孤赵武也，厥知之。

景公十一年，厥与郤克将兵八百乘伐齐，败齐顷公于鞍，获逢丑父[②]。于是晋作六卿，而韩厥在一卿之位，号为献子。[③]

晋景公十七年，病，卜，大业之不遂者为祟。[④]韩厥称赵成季之功，今后无祀，以感景公。[⑤]景公问曰："尚有世[⑥]乎？"厥于是言赵武，而复与故赵氏田邑，续赵氏祀。

晋悼公之七年，韩献子老。[⑦]献子卒，子宣子代。宣子徙居州[⑧]。

晋平公十四年，吴季札使晋，曰："晋国之政卒归于韩、魏、赵矣。"

晋顷公十二年，韩宣子与赵、魏共分祁氏、羊舌氏十县。晋定公十五年，宣子与赵简子侵伐范、中行氏。宣子卒，子贞子代立。贞子徙居平阳[9]。

贞子卒,子简子代。简子卒,子庄子代。庄子卒,子康子代。康子与赵襄子、魏桓子共败知伯,分其地,地益大,大于诸侯[10]。

康子卒,子武子代。武子二年,伐郑,杀其君幽公。十六年,武子卒,子景侯立。

景侯虔元年,伐郑,取雍丘。[11]二年,郑败我负黍。[12]

六年,与赵、魏俱得列为诸侯。

(以上为第一段,写韩氏由一个晋国权贵家族逐步发展成一个独立诸侯国的过程。)

①诛灵公之贼赵盾——清算赵盾当年杀害晋灵公的罪行。诛:讨,清算。灵公:名夷皋,襄公之子,公元前620—前607年在位。据《左传》,晋灵公年幼,行事多荒唐,被赵盾的族人赵穿所杀。此事实则是赵盾为主谋,故此处称其为"灵公之贼"。 ②获逢丑父——逢丑父是齐顷公的车夫。韩厥随郤克败齐师于鞍时,韩厥在战场上撞到了齐顷公的车子。由于逢丑父化装成齐顷公掩护其主子逃跑,韩厥误将逢丑父当作齐顷公俘获。 ③晋作六卿——《左传·成公三年》:"晋作六军,韩厥、赵括、巩朔、韩穿、荀骓、赵旃皆为卿。"春秋初期,周天子有六军,诸侯大国最多只能有三军,而晋国此时首建"六军",以见其强而不守旧礼。有六军则有六帅,帅在当时为卿职,有战事则出兵为帅,无战事则在朝为卿。 号为献子——"献子"为韩厥之谥,非生前之号,史公语误。 ④晋景公十七年——公元前583年。 卜,大业之不遂者为祟——卜辞告知的意思是"大业之不遂者为祟"。大业之不遂者:指被"屠岸贾"所谗杀的"赵朔"诸人。大业:夏禹时人,赵氏的祖先,曾佐禹平水土有功。不遂:不顺心,有冤不能伸。 ⑤赵成季——赵衰,赵朔的祖父,"成季"是谥。 今后无祀——意即他的后代现在断绝了。无祀:无人祭祀。 感——打动。 ⑥世——嗣,后代。 ⑦晋悼公之七年——公元前566年。晋悼公名周,晋襄公的曾孙。晋景公的儿子晋厉公于公元前573年被栾书所弑,朝臣乃迎公子周而立之,是为悼公。 老——致仕,退休。 ⑧州——晋邑名,在今河南温县东北。

⑨平阳——晋邑名，在今山西临汾西南。 ⑩大于诸侯——意谓当时韩、赵、魏三家大夫的领地，比起晋国诸侯的领地还要多。 ⑪景侯虔元年——公元前408年。 雍丘——郑县名，在今河南杞县。 ⑫二年——公元前407年。 负黍——韩县名，在今河南登封西南。

九年，郑围我阳翟。[1]景侯卒，子列侯取立。

列侯三年，聂政杀韩相侠累。九年，秦伐我宜阳，[2]取六邑。十三年，列侯卒，子文侯立。是岁魏文侯卒。

文侯二年，伐郑，取阳城。[3]伐宋，到彭城[4]，执宋君。七年，伐齐，至桑丘[5]。郑反晋[6]。九年，伐齐，至灵丘[7]。十年，文侯卒，子哀侯立。

哀侯元年，与赵、魏分晋国。二年，灭郑，因徙都郑。[8]

六年，韩严弑其君哀侯，而子懿侯立。[9]

懿侯二年，魏败我马陵[10]。五年，与魏惠王会宅阳[11]。九年，魏败我浍。[12]十二年，懿侯卒，子昭侯立。

昭侯元年，秦败我西山。[13]二年，宋取我黄池，魏取朱。[14]六年，伐东周，取陵观、邢丘。[15]

八年，申不害[16]相韩，修术行道[17]，国内以治，诸侯不来侵伐。

十年，韩姬弑其君悼公[18]。十一年，昭侯如秦。二十二年，申不害死。二十四年，秦来拔我宜阳。

二十五年，旱，作高门[19]。屈宜臼曰："昭侯不出此门。[20]何也？不时[21]。吾所谓时者，非时日也，人固有利不利时。[22]昭侯尝利矣，不作高门。往年秦拔宜阳，今年旱，昭侯不以此时恤民之急，而顾益奢，此谓'时绌举赢'。[23]"二十六年，高门成，昭侯卒，果不出此门。子宣惠王立。

宣惠王五年，张仪相秦。八年，魏败我将韩举。十一年，君号为王。与赵会区鼠[24]。十四年，秦伐败我鄢。[25]

十六年，秦败我修鱼，虏得韩将鳗、申差于浊泽。[26]韩氏急，公仲谓韩王曰:“与国非可恃也。[27]今秦之欲伐楚久矣,王不如因张仪为和于秦,赂以一名都,具甲,与之南伐楚,此以一易二之计也。[28]”韩王曰:“善。”乃警公仲之行,将西购于秦。[29]楚王闻之大恐,召陈轸[30]告之。陈轸曰:“秦之欲伐楚久矣,今又得韩之名都一而具甲,秦韩并兵而伐楚,此秦所祷祀而求也。今已得之矣,楚国必伐矣。王听臣为之警四境之内,起师言救韩,命战车满道路,发信臣,多其车,重其币,[31]使信王之救己也。纵韩不能听我,韩必德王也,必不为雁行以来,是秦韩不和也,[32]兵虽至,楚不大病也。为能听我绝和于秦,秦必大怒,以厚怨韩。[33]韩之南交楚,必轻秦;轻秦,其应秦必不敬:是因秦、韩之兵[34]而免楚国之患也。”楚王曰:“善。”乃警四境之内,兴师言救韩。命战车满道路,发信臣,多其车,重其币。谓韩王曰:“不穀国虽小,已悉发之矣。愿大国遂肆志于秦,不穀将以楚殉韩。[35]”韩王闻之大说,乃止公仲之行。公仲曰:“不可。夫以实伐我者秦也,以虚名救我者楚也。王恃楚之虚名,而轻绝强秦之敌,王必为天下大笑。且楚韩非兄弟之国也,又非素约而谋伐秦也。已有伐形,因发兵言救韩[36],此必陈轸之谋也。且王已使人报于秦[37]矣,今不行,是欺秦也。夫轻欺强秦而信楚之谋臣,恐王必悔之。”韩王不听,遂绝于秦。秦因大怒,益甲伐韩。大战,楚救不至韩。十九年,大破我岸门[38],太子仓质于秦以和。

二十一年,与秦共攻楚,败楚将屈丐,斩首八万于丹阳[39]。是岁,宣惠王卒,太子仓立,是为襄王。

(以上为第二段,写韩国在战国中期曾一度通过变法变得强大,其后也尚能自立的情景。)

①九年——公元前400年。 阳翟——在今河南禹州,当时韩国的都城。 ②九年——公元前391年。 宜阳——韩国早期的都城,故城遗址在今河南宜阳西之韩城镇宜水东。 ③文侯二年——公元前385年。 阳城——郑县名,在今河南登封东南。 ④彭城——宋县

名，在今江苏徐州。 ⑤伐齐，至桑丘——桑丘：燕县名，在今河北保定徐水区西南。当时齐军攻燕之桑丘，韩、赵、魏三国救燕，击齐军于桑丘。 ⑥郑反晋——按：所谓"晋"，此处指韩。当时常以"晋"称韩，或称魏，晋国的诸侯早已名存实亡。 ⑦灵丘——齐县名，在今山东高唐南。 ⑧二年——公元前375年。 灭郑——《郑世家》谓郑君乙"二十一年，韩哀侯灭郑，并其国"。 徙都郑——韩国在此以前都阳翟，在今河南禹州；灭郑后遂迁都于郑，在今河南新郑。 ⑨六年——战国史家考据应作"三年"，公元前374年，韩哀侯在位只有三年。而且这"三年"二字也无从表示，因为新即位者当年就改称"懿侯元年"了。 韩严弑其君哀侯——即前文所说过的聂政刺侠累而兼中哀侯事，史公误以为二，一系于前之"列侯三年"，一系于后之"哀侯六年"，其实哀侯三年遇刺即死，无所谓"六年"。 子懿侯立——《六国年表》作"庄侯"，无"懿侯"，"庄侯"即"懿侯"。《史记》中有关韩国诸侯的系年也从此混乱。 ⑩马陵——韩县名，一说在今河北大名东南。 ⑪宅阳——也称"北宅"，韩县名，在今河南荥阳东。 ⑫九年——公元前366年。 魏败我浍(kuài)——浍：水名，源出今山西翼城，西流入汾水。据杨宽《战国大事年表》，魏败韩、赵联军在韩昭侯元年、魏惠王八年(前362)。 ⑬昭侯元年——公元前362年。 秦败我西山——胡三省曰："自宜阳熊耳东连嵩高，南至鲁阳，皆韩之'西山'。" ⑭黄池——韩县名，在今河南封丘西南。 朱——韩县名，钱穆以为当在今河南沁阳。一说在今河南尉氏西南。 ⑮东周——周室小国，都于巩(在今河南巩义西南)。关于战国中期之"东周""西周"的由来，见《周本纪》。 陵观、邢丘——二邑名，应距河南巩义不远。 ⑯申不害——当时著名的法家学派人物。 ⑰修术行道——即以法家的学说治理国家。术：法术，法家学说。道：法家的治国之道。 ⑱韩姬弑其君悼公——此"悼公"是晋国的末代国君，晋国被韩、赵、魏瓜分后，开始被迁到屯留，十年后又由屯留被迁到端氏，又十年后，由端氏再次被迁到屯留，至此乃被韩人所杀，晋国彻底灭亡。此用钱穆说，参看《赵世家》注。 ⑲高门——视前后文，此当是宫殿之门。 ⑳屈宜臼——楚大夫，时在魏。 昭侯不出此门——陈仁锡曰："昭侯俱当作

‘君侯’。”盖谓昭侯尚在,无谥可称。 ㉑不时——不合时宜。 ㉒时日——阴阳家所讲的“吉时良辰”。 利不利时——指迷信说法的宜不宜于干此事。 ㉓顾——反。 时绌举赢——时艰难而兴奢侈。时绌:时机不好。绌:犹屈,艰危。 ㉔与赵会区(ōu)鼠——区鼠:赵县名,方位不详。有说在今河南武陟南。与会的赵王是赵武灵王。 ㉕十四年——公元前319年。 秦伐败我鄢——秦伐我,败我于鄢,“伐”“败”两动词连用。鄢:韩县名,在今河南鄢陵西北。 ㉖修鱼——韩县名,在今河南原阳西南。 浊泽——韩县名,在今河南新郑西南。 ㉗公仲——韩相国,名侈。《战国策》叙此作“公仲朋”,与《韩非子·十过》同。 与国——同盟国。此指东方诸国。与:交,交好。 ㉘因张仪——通过张仪的搭桥,张仪当时为秦相。 和于秦——向秦国求和。 具甲,与之南伐楚——意谓派出全副武装的军队跟着秦国去打楚国。具甲:把军队武装起来。 以一易二——《索隐》曰:“‘一’,谓名都也;‘二’,谓使不伐韩,而又与之伐楚也。” ㉙警公仲之行——为公仲出行做警备。警:戒备,警备。 购——求和,讲和。 ㉚陈轸——当时著名的纵横家。事迹详见《张仪列传》。 ㉛发信臣——派可以令其信任的大臣出使韩国。 币——礼品,常以璧、帛、马等为之。 ㉜必不为雁行以来——必定不会再如雁行一样地跟着秦国来打我们。 秦韩不和——韩对秦不唯命是听,故两国不和。 ㉝为能听我绝和于秦——如果韩国听信了我们所虚张的救韩的空话。李笠曰:“为,犹‘如’也。《孟子》书恒以‘苟为’连用,‘为’即‘苟’也。说在《经传释词》。” 以厚怨韩——深恨韩国。 ㉞因秦、韩之兵——李笠曰:“《韩策》‘因’作‘困’,谓困顿秦韩之兵,是也。”《战国纵横家书》亦作“困”。 ㉟肆志——随心所欲,想怎么对付他就怎么对付他。 以楚殉韩——意即要和你们韩国同生死、共存亡。殉:从死。 ㊱已有伐形,因发兵言救韩——楚国已经看到了自己即将受到秦韩联军的讨伐,这才放出话来说要救韩。 ㊲报于秦——说好要向秦国求和。 ㊳岸门——韩县名,在今河南许昌西北。按:以上韩王不用公仲之言,被陈轸愚弄招致丧败事,见《战国策·韩策一》,亦见于《战国纵横家书》与《韩非子·十过》。 ㊴丹阳——丹水之阳,即丹水以北的今河南内乡、西峡一带。

襄王四年，与秦武王会临晋。[①]其秋，秦使甘茂[②]攻我宜阳。五年，秦拔我宜阳，斩首六万。秦武王卒。六年，秦复与我武遂[③]。九年，秦复取我武遂。十年，太子婴朝秦而归。十一年，秦伐我，取穰[④]。与秦伐楚，败楚将唐眛。

十二年，太子婴死，公子咎、公子虮虱争为太子。时虮虱质于楚[⑤]。苏代谓韩咎曰："虮虱亡在楚，楚王欲内之甚。[⑥]今楚兵十余万在方城之外[⑦]，公何不令楚王筑万室之都雍氏之旁，韩必起兵以救之，公必将矣。[⑧]公因以韩楚之兵奉虮虱而内之，其听公必矣，必以楚韩封公也。[⑨]"韩咎从其计。

楚围雍氏[⑩]，韩求救于秦。秦未为发[⑪]，使公孙昧入韩。公仲曰："子以秦为且救韩乎？"对曰："秦王之言曰'请道南郑、蓝田，出兵于楚以待公'。殆不合矣。[⑫]"公仲曰："子以为果乎[⑬]？"对曰："秦王必祖张仪之故智[⑭]。楚威王攻梁[⑮]也，张仪谓秦王曰：'与楚攻魏，魏折而入于楚，韩固其与国也，是秦孤也。[⑯]不如出兵以到之[⑰]，魏楚大战，秦取西河之外以归[⑱]。'今其状阳言与韩，其实阴善楚。公待秦而到，必轻与楚战。楚阴得秦之不用也，必易与公相支也。[⑲]公战而胜楚，遂与公乘楚，施三川而归。[⑳]公战不胜楚，楚塞三川守之[㉑]，公不能救也。窃为公患之。司马庚三反于郢，甘茂与昭鱼遇于商於，[㉒]其言收玺，实类有约也。[㉓]"公仲恐，曰："然则奈何？"曰："公必先韩而后秦，先身而后张仪[㉔]。公不如亟以国合于齐楚，齐楚必委国于公。公之所恶者张仪也，其实犹不无秦也[㉕]。"于是楚解雍氏围[㉖]。

苏代又谓秦太后弟芈戎曰："公叔伯婴恐秦楚之内虮虱也，公何不为韩求质子于楚？[㉗]楚王听入质子于韩，则公叔伯婴知秦楚之不以虮虱为事，必以韩合于秦楚。[㉘]秦楚挟韩以窘魏，魏氏不敢合于齐，是齐孤也。公又为秦求质子于楚，楚不听，怨结于韩[29]。韩挟齐魏以围楚,楚必重公[30]。公挟秦楚之重以积德于韩,公叔伯婴必以国待公[31]。”于是虮虱竟不得归韩。韩立咎为太子。齐、魏王来。

十四年,与齐、魏王共击秦,至函谷而军焉。十六年,秦与我河外及武遂。襄王卒,太子咎立,是为釐王。

釐王三年,使公孙喜率周、魏攻秦。[32]秦败我二十四万,虏喜伊阙。[33]五年,秦拔我宛[34]。六年,与秦武遂地二百里。十年,秦败我师于夏山[35]。十二年,与秦昭王会西周而佐秦攻齐。[36]齐败,湣王出亡。十四年,与秦会两周间。二十一年,使暴鸢救魏,为秦所败,鸢走开封。[37]

二十三年,赵、魏攻我华阳[38]。韩告急于秦,秦不救。韩相国谓陈筮曰[39]:“事急,愿公虽病,为一宿之行。”陈筮见穰侯[40]。穰侯曰:“事急乎?故使公来。”陈筮曰:“未急也。”穰侯怒曰:“是可以为公之主使乎[41]?夫冠盖相望,告敝邑甚急,公来言未急,何也?”陈筮曰:“彼韩急则将变而佗从,以未急,故复来耳。[42]”穰侯曰:“公无见王,请今发兵救韩。”八日而至,败赵、魏于华阳之下。是岁,釐王卒,子桓惠王立。

桓惠王元年,伐燕。九年,秦拔我陉,城汾旁。[43]十年,秦击我于太行,我上党郡守以上党郡降赵。十四年,秦拔赵上党,杀马服子[44]卒四十余万于长平。十七年,秦拔我阳城、负黍。[45]二十二年,秦昭王卒。二十四年,秦拔我城皋、荥阳。[46]二十六年,秦悉拔我上党[47]。二十九年,秦拔我十三城。三十四年,桓惠王卒,子王安立。

王安五年,秦攻韩,韩急,使韩非使秦,秦留非,因杀之。

九年,秦虏王安,尽入其地,为颍川郡。韩遂亡。

(以上为第三段,写韩国在战国后期日益衰落,直至灭亡的情形。)

①襄王四年——公元前308年。 临晋——县名,在今陕西大荔。原来属韩,此时已属秦。 ②甘茂——原楚人,后为秦相,对秦国发展

甚有贡献。 ③复与我武遂——又将武遂县还给了韩国。武遂:县名,在今山西垣曲东南,原属韩,后被秦占。 ④穰——韩县名,在今河南邓州。 ⑤虮虱质于楚——泷川资言曰:"虮虱亡在楚,非质于楚也,下文及《策》可证。" ⑥亡在楚——逃亡在楚国,时楚国的国都在郢(在今湖北荆州纪南城)。 楚王欲内之——指欲以武力送其回国为太子。内:"纳"的古字。 ⑦方城之外——方城山以北。方城:山名,在今河南方城北,当时是楚国的北境,并有楚之长城。 ⑧筑万室之都雍氏之旁——意将立虮虱于此为韩君。雍氏:韩县名,在今河南禹州东北,韩都新郑之西南。 起兵以救之——谓救雍氏,不使楚人于此筑城。按:《战国策》于此作"起兵以禁之",较此显豁。 将——为将统兵。 ⑨其听公必矣——其:指韩王与韩之执政诸臣。按:《战国策》于此作"德公",主语则变为"虮虱"。 必以楚韩封公——意谓虮虱将因此次韩楚联合的结果而大大封赏于你。 ⑩楚围雍氏——按:楚国此举与上文"苏代"为韩咎设谋事不相连贯,或以为中有舛误,其说见后。 ⑪秦未为发——秦未发兵助韩。 ⑫道南郑、蓝田,出兵于楚——谓由南郑、蓝田两路出兵伐楚。道:经由。南郑:在今陕西汉中,其兵可顺汉水而下。蓝田:秦县名,在今陕西蓝田西,其兵可出武关。

殆不合矣——看来不是直接出兵雍氏与韩合力抗楚。或谓指秦王的"言行不合",即空言救韩,实际不想出兵。 ⑬子以为果乎——你看秦王真是要两路出兵袭楚吗? ⑭必祖张仪之故智——必然是采用当年张仪用过的老办法,即下文所述。祖:祖述,沿用。 ⑮梁——即魏国,因其后来迁都大梁(在今河南开封),故也称梁国。 ⑯与楚攻魏,魏折而入于楚——如果我们再帮着楚国打魏国,那就必然促使魏国迅速倒向楚国。 韩固其与国——韩国本来就是楚国的同盟国。与国:同盟国。 是秦孤也——这样就把我们秦国孤立起来了。 ⑰出兵以到之——意指表面出兵,实际并不援魏。梁玉绳认为,"到"当作古"倒"字。又曰:"当是颠倒意,谓惑之也。"并引陈太仆云:"'到'者,但至其处,而从壁上观耳。"王骏图曰:"当以陈太仆'但到其处'之说为优。" ⑱魏楚大战,秦取西河之外以归——以上即所谓"张仪故智"。西河之外:今陕西东部的黄河以西地区,如大荔、宜川等县,当初属魏,此次遂被秦所占。 ⑲楚阴得秦之不用——楚国暗中知道秦国不会助韩。不用:不为韩用。 必易与公相支——也就不怕与韩国对抗了。支:拒,对抗。 ⑳乘楚——乘楚之败而攻之。 施三川——即施惠于韩,因当时黄河、伊水、雒水流域的今河南西部地区主要属于韩国。或曰"施"意即扬威。 ㉑楚塞三川守之——按:此"楚"字或为"秦"字之讹。而所谓"守之"者,即将三川地区据为秦有,故下文有所谓"公不能救也"。 ㉒司马庚——《战国策》作"司马康",秦国使者。 三反于郢——多次地往来于秦楚两国之间。 昭鱼——楚相国。 遇于商於(wū)——在商於地区举行会谈。遇:会晤。商於:在今河南淅川西南。 ㉓收玺——鲍彪注:"玺,军符。收之者,言欲止楚之攻韩。"《索隐》曰:"诈言昭鱼来秦,欲得秦官之印玺。" 实类有约——鲍彪曰:"疑秦楚约攻韩。" ㉔先韩而后秦,先身而后张仪——吴师道曰:"先韩者,急图其国;后秦者,不望其救;先身者,善己之谋;后仪者,不堕人之诈。" ㉕公之所恶者张仪也,其实犹不无秦也——中井积德曰:"所恶在张仪之计……其实非敢疏秦也。"按:"犹不无秦",《战国策》作"犹不失秦",最后以此解除韩国害怕开罪于秦的恐惧心理,可谓滴水不漏。 ㉖于是楚解雍氏围——按:以上楚围雍氏,公孙昧设谋使韩得以解围事,见《战国策·韩策二》。沈家本曰:"此一段乃错简也,上文书'公子咎、公子虮虱争为太子,苏代谓韩咎'云云,下文苏代'又谓'云云,其文势相接,不应中间插入楚围雍氏之事,其为错简甚明,第不知当何属耳。" ㉗公叔伯婴恐秦楚之内虮虱也——公叔伯婴:应作"公叔公子咎"。伯婴:即"太子婴",已死,故与虮虱争位者乃公子咎。中井积德曰:"改'伯婴'为'公子咎',则前后文相应。讹文耳,下文仿此。" 求质子于楚——请求让在楚为质的虮虱回韩,无使其在外招摇生事。 ㉘听入质子于韩——即令虮虱回韩国。中井积德曰:"'入质子'与前文'内虮虱'意不同,'入'者只是放还矣,'内'者以兵护送,必立为太子也。" 不以虮虱为事——泷川资言曰:"无意于立虮虱也。" 以韩合于秦楚——意即以国听命于秦、楚。 ㉙公又为秦求质子于楚,楚不听,怨结于韩——王叔岷曰:"'为'犹'使'也……《韩策》'为秦'作'令秦','令'亦'使'也。"金正炜曰:"此《策》文多淆误,故致义不可通……疑当作‘公又令魏求质子于楚，楚不听，则怨结于魏，秦挟韩、魏以眄楚，楚王必重公矣’。若如原文，秦求质而楚不听，何为怨结于韩？且韩亦恶能挟齐魏以眄楚哉？” ㉚楚必重公——《正义》曰：“楚必尊重芈戎以求秦救矣。” ㉛必以国待公——待：犹言“事”，侍奉。按：以上苏代说芈戎事，见《战国策·韩策二》，《策》文未云说者为谁，而史公冠之以“苏代”。前段为韩咎（即公仲）设谋者，乃虮虱一党；此段劝芈戎行事者，乃公子咎一党。史公皆冠以“苏代”之名，则“苏代”前后自相违戾。陈仁锡曰：“太子婴死，公子咎、公子虮虱争为太子。大略二公子各有所主，公叔挟齐、魏以主咎，公仲挟秦、楚以主虮虱也。” ㉜釐王三年——公元前293年。 公孙喜——魏将名，见《穰侯列传》《秦本纪》。但有的地方也写得像是韩国之将，故《资治通鉴》于《周纪四》书作“韩公孙喜、魏人伐秦”。 率周、魏攻秦——梁玉绳曰：“此时之周岂能从伐秦乎？可疑也。” ㉝秦败我二十四万——似应作“秦败我，斩首二十四万”。 伊阙——山口名，在今河南洛阳南。 ㉞宛——韩县名，在今河南南阳。 ㉟夏山——仓修良以为当在今山西夏县附近。 ㊱西周——此指西周君的国都王城，在今河南洛阳西。 佐秦攻齐——此即燕昭王二十八年（前284），乐毅率五国军队大破齐军于济西事。 ㊲二十一年——公元前275年。 暴鸢（yuān）——韩将名。 开封——魏县名，在今河南开封西南。此次破韩、魏之秦将为穰侯。 ㊳华阳——韩县名，在韩国都城新郑北。 ㊴韩相国——不知何人。 陈筮——也作陈筮，齐人而仕于韩者。 ㊵穰侯——魏冉，秦昭王之舅，时为秦相。 ㊶是可以为公之主使乎——像你这样难道还能够为你的主子当使臣吗？公之主：你的主子。指韩王。 ㊷变而佗从——改换门庭，投靠别的国家。 复来——还来求你们秦国。 ㊸九年——公元前264年。 陉（xíng）——韩县名，在今山西曲沃北。 城汾旁——在汾水旁边另筑陉县新城。 ㊹马服子——赵将赵括的称号。 ㊺阳城——韩县名，在今河南登封东南。 负黍——韩县名，在今河南登封西南。 ㊻城皋——通常作“成皋”，在今河南荥阳西北之大伾山上。 荥阳——韩县名，在今河南荥阳东北。 ㊼悉拔我上党——全部占领了上党地区。盖十三年前的长平之战只是消灭了赵国与韩国投降赵国的军队,而尚未全部占领上党地区。

太史公曰:韩厥之感晋景公,绍赵孤之子武,以成程婴、公孙杵臼之义,此天下之阴德也。韩氏之功,于晋未睹其大者也。然与赵、魏终为诸侯十余世,宜乎哉!

(以上为第四段,司马迁对韩氏之所以能受封建国并维持统治一百七十多年,作了抒情性的解释。)

［**简评**］ 史公写战国时事,材料缺乏,而年代又多混乱,许多篇章都表现出过这方面的问题,而《韩世家》则是问题突出的一篇。好在诸侯系年尚错讹不多,使人能大致看出近二百年的发展变化线索。《苏秦列传》《张仪列传》等篇中都有游说韩国的说辞,此传竟只字未及,似全无其事者,殊欠呼应。太子咎与虮虱争夺太子位事,《战国策》中材料颇多,史公录入两段。前段乃助虮虱者,后段乃助太子咎者。两段文字于《战国策》中皆未言说者为谁。而史公录入时皆冠以"苏代"之名,遂使"苏代"一人之说,前后立场不一,思想矛盾。史公既已弄错,后人又欲为其弥缝,于是遂在理解这两段文字上各执一词。《正义》云:"苏代数计皆不成,故韩竟立咎为太子也。"此认为苏代乃一贯助虮虱者。郭嵩焘曰:"苏代始终为韩咎谋,其云'奉虮虱内之',所以诳楚也;其后之告新城君者,乃其本谋也。"其强为调和之迹,不亦过为显露乎?

［**集评**］ 《太史公自序》:"韩厥阴德,赵武攸兴。绍绝立废,晋人宗之。昭侯显列,申子庸之。疑非不信,秦人袭之。嘉厥辅晋匡周天子之赋,作《韩世家》第十五。"

司马光曰:"韩以微弱之国,居天下之冲,首尾腹背莫不受敌,然犹社稷血食几二百年,岂非昭侯奉法之谨,赏不加无功,罚

不失有罪，后世虽不肖，犹得蒙遗烈以自存乎?”(《史记评林》引)

吴见思曰:“此篇亦平平序(叙)事耳，中间止与秦伐楚及韩咎争太子两段是出色处，俱用《国策》，姿致如游丝从风，嫋嫋云外，另成一种色泽。”(《史记论文》)

李景星曰:“后人于《韩世家》多有异议，有谓其‘撰次本末无可览’者，茅氏坤是也;有谓其‘记载省略，多不明处’，又多‘阙略失书法’处，又录用《国策》文有‘事复而语倒’处，牛氏运震等是也;惟见思吴氏谓是篇‘虽平平叙事，而姿致甚佳，如游丝从风，嫋嫋云外，另成一种色泽’，是说也，于诸家之中所见独高。盖韩在六国中地最小，势最弱，无多事迹可述，太史公作《韩世家》，自首至尾多以简约之笔出之。惟中间‘与秦伐楚’一段，‘公子咎、虮虱争为太子’一段，点窜《国策》，尽情摹绘，遂如枯木逢春，饶有生意，此化淡为浓法也。得此两处，而前后皆活矣。”(《四史评议》)

钱锺书曰:“马迁持阴德阴祸之说，如《韩世家》‘太史公曰:韩厥之感晋景公，绍赵孤之子武，以成程婴、公孙杵臼之义，此天下之阴德也。韩氏之功，于晋未睹其大者也。然与赵、魏终为诸侯十余世，宜乎哉!’《白起王翦列传》‘客曰:不然!夫为将者三世必败，必败者何也?必其所杀伐多矣，其后受其不祥。’此不及身之后报，所谓‘果报’也。《李将军列传》‘王朔曰:祸莫大于杀已降，此乃将军之所以不得侯者也。’又及身之现报，所谓‘花报’也。虽或记陈平自言，或述望气者语，然《韩世家》论赞乃马迁自抒胸臆，指归正尔一揆。勿信‘天道’却又主张‘阴德’，说理固自难圆;而触事感怀，乍彼乍此，亦彼亦此，浑置矛盾于不顾，又人之常情恒态耳。”(《管锥编》)

韩国诸侯世系表

武子（前424—前409年）——景侯（武子子，前408—前400年）——烈侯（景侯子，前399—前387年）——文侯（烈侯子，前386—前377年）——哀侯（文侯子，前376—前375年）——懿侯（哀侯子，前374—前363年）——昭侯（懿侯子，前362—前333年）——宣惠王（昭侯子，前332—前312年）——襄王（宣惠王子，前311—前296年）——釐王（襄王子，前295—前273年）——桓惠王（釐王子，前272—前239年）——王安（桓惠王子，前238—前230年） 被秦所灭

按：《韩世家》与《六国年表》谱列韩国诸侯世系有部分错误，今依杨宽《战国大事年表》更正。

田敬仲完世家第十六

陈完者，陈厉公他[①]之子也。完生，周太史过陈，陈厉公使卜完，[②]卦得《观》之《否》[③]："是为'观国之光，利用宾于王'[④]。此其代陈有国乎？不在此，而在异国乎？非此其身也，在其子孙。若在异国，必姜姓[⑤]。姜姓，四岳之后[⑥]。物莫能两大，陈衰，此其昌乎[⑦]？"

厉公者，陈文公少子也，其母蔡女。文公卒，厉公兄鲍立，是为桓公。桓公与他异母。及桓公病，蔡人为他杀桓公鲍及太子免而立他，为厉公[⑧]。厉公既立，娶蔡女。蔡女淫于蔡人，数归，厉公亦数如蔡。[⑨]桓公之少子林怨厉公杀其父与兄，乃令蔡人诱厉公而杀之[⑩]。林自立，是为庄公。故陈完不得立，为陈大夫。厉公之杀，以淫出国，故《春秋》曰"蔡人杀陈他"[⑪]，罪之也。

庄公卒，立弟杵臼，是为宣公。宣公二十一年，杀其太子御寇。[⑫]御寇与完相爱，恐祸及己，完故奔齐。齐桓公欲使为卿，辞曰："羁旅之臣，幸得免负檐[⑬]，君之惠也，不敢当高位。"桓公使为工正[⑭]。齐懿仲欲妻完，[⑮]卜之，占曰[⑯]："是谓凤皇于蜚，和鸣锵锵。[⑰]有妫之后，将育于姜。[⑱]五世其昌，并于正卿[⑲]。八世之后，莫之与京[⑳]。"卒妻完[㉑]。完之奔齐，齐桓公立十四年矣。

完卒，谥为敬仲。仲生稚孟夷。敬仲之如齐，以陈字为田氏[22]。

田稚孟夷生湣孟庄，田湣孟庄生文子须无。田文子事齐庄公。

晋之大夫栾逞作乱于晋，来奔齐，齐庄公厚客之。晏婴与田文子谏，庄公弗听。

文子卒，生桓子无宇。田桓子无宇有力，事齐庄公，甚有宠。

无宇卒，生武子开与釐子乞。田釐子乞事齐景公为大夫，其收赋税于民以小斗受之，其禀予民[23]以大斗，行阴德于民，而景公弗禁。由此田氏得齐众心，宗族益强，民思田氏。晏子数谏景公，景公弗听。已而使于晋，与叔向[24]私语曰："齐国之政其卒归于田氏矣。"

晏婴卒后，范、中行氏反晋。晋攻之急，范、中行请粟于齐。田乞欲为乱，树党于诸侯，乃说景公曰："范、中行数有德于齐，齐不可不救。"齐使田乞救之而输之粟。

景公太子死，后有宠姬曰芮子，生子荼。景公病，命其相国惠子与高昭子以子荼为太子。景公卒，两相高、国立荼，是为晏孺子。而田乞不说，欲立景公他子阳生。阳生素与乞欢。晏孺子之立也，阳生奔鲁。田乞伪事高昭子、国惠子者，每朝代参乘，[25]言曰："始诸大夫不欲立孺子。孺子既立，君相之，大夫皆自危，谋作乱。"又给大夫曰："高昭子可畏也，及未发先之[26]。"诸大夫从之。田乞、鲍牧与大夫以兵入公室，攻高昭子。[27]昭子闻之，与国惠子救公。公师败。田乞之众追国惠子，惠子奔莒[28]，遂反杀高昭子。晏圉[29]奔鲁。

田乞使人之鲁，迎阳生。阳生至齐，匿田乞家。请诸大夫曰："常之母有鱼菽之祭，幸而来会饮。[30]"会饮田氏。田乞盛阳生橐中，置坐中央。发橐，出阳生，曰："此乃齐君矣。"大夫皆伏谒。将盟立之，田乞诬曰："吾与鲍牧谋共立阳生也。"鲍牧怒曰："大夫忘景公之命乎？[31]”诸大夫欲悔，阳生乃顿首曰：“可则立之，不可则已。”鲍牧恐祸及己[32]，乃复曰：“皆景公之子，何为不可！”遂立阳生于田乞之家，是为悼公。乃使人迁晏孺子于骀，而杀孺子荼[33]。悼公既立，田乞为相，专齐政。

四年，田乞卒，子常代立，是为田成子。

鲍牧与齐悼公有郄，弑悼公[34]。齐人共立其子壬，是为简公。田常成子与监止[35]俱为左右相，相简公。田常心害监止，监止幸于简公，权弗能去。[36]于是田常复修釐子之政，以大斗出贷，以小斗收。齐人歌之曰：“妪乎采芑，归乎田成子[37]！”齐大夫朝，御鞅谏简公曰：“田、监，不可并也，君其择焉。”君弗听。

子我者，监止之宗人也，常与田氏有郤。田氏疏族田豹事子我有宠。子我曰：“吾欲尽灭田氏適，以豹代田氏宗。[38]”豹曰：“臣于田氏疏矣。”不听。已而豹谓田氏曰：“子我将诛田氏，田氏弗先，祸及矣。”子我舍公宫，田常兄弟四人乘如公宫[39]，欲杀子我。子我闭门。简公与妇人饮檀台[40]，将欲击田常。太史子余[41]曰：“田常非敢为乱，将除害。”简公乃止。田常出，闻简公怒，恐诛，将出亡。田子行曰：“需，事之贼也。”[42]田常于是击子我。子我率其徒攻田氏，不胜，出亡。田氏之徒追杀子我及监止。

简公出奔，田氏之徒追执简公于徐州[43]。简公曰：“蚤从御鞅之言，不及此难。”田氏之徒恐简公复立而诛己，遂杀简公。简公立四年而杀。于是田常立简公弟骜，是为平公。平公即位，田常为相。

田常既杀简公，惧诸侯共诛己，乃尽归鲁、卫侵地，西约晋韩、魏、赵氏，南通吴、越之使，修功行赏，亲于百姓，以故齐复定。

田常言于齐平公曰：“德施人之所欲，君其行之；刑罚人之所恶，臣请行之。”行之五年，齐国之政皆归田常。田常于是尽诛鲍、晏、监止及公族之强者，而割齐自安平以东至琅邪，自为封邑。封邑大于平公之所食。

田常乃选齐国中女子长七尺以上为后宫,[44]后宫以百数,而使宾客舍人出入后宫者不禁。[45]及田常卒,有七十余男。

田常卒,子襄子盘代立,相齐。常谥为成子。

田襄子既相齐宣公,三晋杀知伯,分其地。襄子使其兄弟宗人尽为齐都邑大夫,与三晋通使,且以有齐国[46]。

襄子卒,子庄子白立。田庄子相齐宣公。宣公四十三年,伐晋,毁黄城,围阳狐。[47]明年,伐鲁、葛及安陵[48]。明年,取鲁之一城。

庄子卒,子太公和立。田太公相齐宣公。宣公四十八年,取鲁之郕[49]。明年,宣公与郑人会西城。伐卫,取毌丘[50]。宣公五十一年卒,田会自廪丘反。[51]

宣公卒,子康公贷立。贷立十四年,淫于酒、妇人,不听政。太公乃迁康公于海上,食一城,以奉其先祀。[52]明年,鲁败齐平陆。[53]

三年,太公与魏文侯会浊泽,求为诸侯。[54]魏文侯乃使使言周天子及诸侯,请立齐相田和为诸侯。周天子许之。康公之十九年,田和立为齐侯,列于周室,纪元年。[55]

(以上为第一段,写田完由陈逃到齐国后,其后代逐渐把持齐国政权,终至篡夺姜氏,建立田氏齐国的过程。)

①陈厉公他——据《左传》,陈厉公名“跃”,是春秋初期的陈国国君,公元前706—前700年在位。当时陈国的都城宛丘,在今河南周口淮阳区。 ②周太史——周天子手下的史官。太史:官名,在帝王身边记述历史、掌管图籍,也管天文、历法与占卜、祭祀诸事。 卜完——为陈完占卜未来的吉凶。 ③《观》之《否》——由《观》卦变为《否》卦。 ④观国之光,利用宾于王——二句为《观》卦《六四》的爻辞。大意谓使者聘于他国,欲请观其国之光,亦利于为君主之上客。 ⑤姜姓——指齐国。齐国是西周初年太公姜尚因佐助周武王灭殷而受封建立的国家,国都营丘,在今山东淄博临淄区北。 ⑥姜姓,四岳之后——吕尚是东海上人,其先祖尝为“四岳”,亦即四方的诸侯首领,也称“方伯”,

因其主管祭祀四方的名山大川，故称“四岳”。 ⑦陈衰，此其昌乎——意即陈国衰落下去，这个人的后代就将在齐国兴盛起来。按：以上陈完出生的神话，见于《左传·庄公二十二年》，被史公采入本文与《陈杞世家》。 ⑧蔡人为他杀桓公鲍及太子免而立他，为厉公——按：此处史公误读《左传》，将人物关系弄得很混乱。实际情况是：陈他是桓公之弟，桓公死后，陈他杀桓公之太子免而自立。蔡人杀陈他而立太子免之弟陈跃，是为厉公，公元前706—前700年在位。厉公是蔡女所生，故蔡人热心立之。 ⑨厉公既立，娶蔡女——厉公之母是蔡女，非厉公又娶蔡女。 数归——多次地返回蔡国。数：屡屡。按：已婚的女子回娘家叫“归”。 厉公亦数如蔡——如：往。按：厉公陈跃无以上事。 ⑩令蔡人诱厉公而杀之——蔡人所杀者为陈他，史公误以陈他即厉公，故曰蔡人杀厉公，此乃大错。 ⑪《春秋》曰“蔡人杀陈他”——按：厉公名“跃”，不名“他”，前注已及。《左传·桓公十二年》之“经文”但云“陈侯跃卒”，则厉公非被蔡人所杀。而《左传·桓公六年》之“经文”确有“蔡人杀陈他”语，乃因陈他杀桓公太子免而自立，故蔡人杀陈他而立太子免之弟厉公陈跃。 ⑫宣公二十一年——公元前672年。 杀其太子御寇——因宣公又有宠姬生子，故杀其太子御寇。 ⑬免负檐——指享受特权，不必从事体力劳动。负：背东西。檐：通“担”，肩挑。 ⑭工正——管理各种工匠的官员。 ⑮齐懿仲——懿氏乃陈大夫，史公误为齐人。后文亦同误。 妻完——以其女为陈完妻。 ⑯卜之，占曰——“占”字应作“吉”。其断句应作：“齐懿仲欲妻完，卜之吉，曰：‘……’” ⑰于蜚——指飞翔。于：虚词。蜚：通“飞”。 锵锵——鸣声美好貌。 ⑱有妫（guī）——指“妫姓”，舜的后代。周武王灭殷后，封舜的后代于陈国，陈完是陈国贵族之后，故此称陈完与其后代亦曰“妫姓”。 将育于姜——将在齐国这片姜姓的国土上发展起来。 ⑲五世其昌，并于正卿——指日后的陈桓子在齐国掌握政权。陈桓子名无宇，是陈完的五世孙。 ⑳八世之后，莫之与京——指自陈常开始，田氏在齐国独揽政权，无人能与之相比。京：大，强大。“莫之与京”即无人比他强大。 ㉑卒妻完——最终让他的女儿嫁给了陈完。按：据《左传》，此嫁女与陈完之“懿仲”乃陈国人；其嫁女与陈完乃陈完尚未逃离陈国时事,今史公乃将其移到陈完入齐后,且称“懿仲”是齐人,殆误。 ㉒以陈字为田氏——《索隐》曰:“以‘陈’‘田’二字声相近,遂为‘田氏’。”《集解》曰:“始食采地,由是改姓‘田氏’。” ㉓禀予民——发放粮食给齐国之民。禀予:犹给予。 ㉔叔向——姓羊舌,名肸(xī),晋国大夫,以博闻深识著称。 ㉕伪事——假意地虚心侍候。 每朝代参乘——即每次上朝时田乞总为高昭子、国惠子做保镖。参乘:站在车上的右侧,为该车的主子充当警卫。 ㉖及未发先之——趁他尚未动手我们先动手。 ㉗鲍牧——齐国大贵族,鲍叔牙的后代。 公室——齐国国君(即晏孺子)的宫室。 攻高昭子——四字疑衍,不然与下文抵忤。 ㉘莒——当时的小国名,国都在今山东莒县。 ㉙晏圉(yǔ)——晏婴之子。 ㉚常之母——田乞之子田常的母亲,田乞以此称其妻。 鱼菽之祭——泷川资言引何休曰:“齐俗妇人首祭事,言鱼豆者,示薄陋无所有也。”菽:豆。家有祭祀而告人者,以祭祀后必有宴会,故请人出席。 幸而来会饮——希望前来参加祭祀,祭罢一同饮酒。幸:意即“希望”。 ㉛大夫——此称田乞。 景公之命——即嘱高、国二相立晏孺子为君事。 ㉜恐祸及己——恐阳生被田乞立为君后,自己以不拥立获罪。 ㉝迁晏孺子于骀(tái),而杀孺子荼——按:以上田乞玩弄阴谋杀晏孺子改立阳生事,见《左传·哀公六年》与《齐太公世家》。骀:齐邑名,顾栋高以为即今山东临朐。 ㉞鲍牧与齐悼公有郄,弑悼公——按:据《左传·哀公八年》,为悼公杀鲍牧;据《左传·哀公十年》,为“齐人弑悼公”。所谓“齐人”实即田常一党,而史公于此竟作鲍牧弑悼公,大误。 ㉟监止——也作“阚止”,齐国贵族。 ㊱心害——内心忌恨。 权弗能去——因为监止有权,所以田常无法将其排挤走。 ㊲妪(yù)乎采芑(qǐ),归乎田成子——《索隐》曰:“言妪之采芑菜,皆归入于田成子,以刺齐国之政将归陈。”史珥曰:“时田常尚在,何遽有‘成子’之号?要是后人追述耳,此盖力摹莱人一歌。” ㊳田氏適——田氏家族的合法继承人。適:通“嫡”。 代田氏宗——代之为田氏家族的宗主。 ㊴四人乘如公宫——泷川资言曰:“《左传》与《齐世家》无‘人’字。”四乘:四辆兵车。也有说四人共乘一辆车。 ㊵檀台——齐宫内的亭台。 ㊶太史子余——齐国太史名子余，史失其姓，盖亦田氏之党。 ㊷田子行——田常的党羽，事先潜伏于简公之身边者。 需，事之贼也——犹今所谓“迟疑不断是办事的大敌”。需：迟疑不决，优柔寡断。 ㊸徐州——也作“俆州”“舒州”，即战国时期的薛县，在今山东枣庄薛城区。 ㊹七尺——约当今之1.62米。当时的一尺约等于今之23.1厘米。 为后宫——指入为田氏的姬妾。后宫：指姬妾。 ㊺宾客——依附于权贵之门的清客、食客等。 舍人——权贵门下的亲信用人。 出入后宫者不禁——以此增加田氏私家的人口。 ㊻且以有齐国——将通过他们来全部占有齐国。且：将。以：以之。有：占有。 ㊼宣公四十三年——公元前413年。 黄城——赵邑名，在今山东冠县南。 阳狐——魏邑名，在今河北大名东北。 ㊽伐鲁、葛及安陵——梁玉绳以为“葛”字应作“莒”。安陵：在今河南鄢陵西北，当时为附属魏国的一个小封君的所在地。 ㊾郕(chéng)——鲁邑名，在今山东宁阳东北。 ㊿毌(guàn)丘——卫邑名，在今山东曹县西南。 ⑤①田会——田和的族人。 自廪丘反——在廪丘叛变，归附赵国。廪丘：齐邑名，在今山东郓城西北。 ⑤②迁康公于海上，食一城——按：此海边一城不知究竟在何处，而齐国从此遂完全归入田和之手。又《齐太公世家》曰“十九年，田常曾孙田和始为诸侯，迁康公海滨”，此云“十四年”，误。 奉其先祀——继续对其祖先的祭祀。按：姜氏祖先还可享受祭祀，意即其“国号”尚未被彻底废除。 ⑤③明年——康公十五年，公元前390年。 平陆——齐邑名，在今山东汶上北。 ⑤④三年——语意不明，疑有脱误。《集解》以为意指“第三年”，乃针对上文之“明年”而言，实指康公十六年(前389)。 浊泽——魏邑名，有说在今山西运城西南；有说在今河南长葛西北。 求为诸侯——请求周天子与当时各国承认田和为诸侯。按：浊泽之会在康公十六年(前389)，相当于魏武侯七年，其时魏文侯已死多年，《魏世家》与《六国年表》亦皆误。 ⑤⑤康公之十九年——公元前386年。 列于周室——列于周天子的谱籍。 纪元年——历史上称此年为田和称诸侯的元年。

齐侯太公和立二年，和卒，子桓公午立。[1]桓公午五年，秦、魏攻韩,韩求救于齐。齐桓公召大臣而谋曰:“蚤救之孰与晚救之?”驺忌[2]曰:“不若勿救。”段干朋曰:“不救,则韩且折而入于魏,[3]不若救之。”田臣思[4]曰:“过矣君之谋也!秦、魏攻韩,楚、赵必救之,是天以燕予齐[5]也。”桓公曰:“善。”乃阴告韩使者[6]而遣之。韩自以为得齐之救,因与秦、魏战。楚、赵闻之,果起兵而救之。齐因起兵袭燕国,取桑丘[7]。

六年,救卫。桓公卒,子威王因齐立。是岁,故齐康公卒,绝无后,奉邑皆入田氏。

齐威王元年,三晋因齐丧来伐我灵丘。[8]三年,三晋灭晋后而分其地。六年,鲁伐我,入阳关[9]。晋伐我,至博陵。[10]七年,卫伐我,取薛陵。[11]九年,赵伐我,取甄。[12]

威王初即位以来,不治,委政卿大夫,九年之间,诸侯并伐,国人不治[13]。于是威王召即墨大夫[14]而语之曰:“自子之居即墨也,毁言日至。然吾使人视即墨,田野辟,民人给,官无留事,东方以宁。是子不事吾左右以求誉也。”封之万家。召阿大夫语曰:“自子之守阿,誉言日闻。然使使视阿,田野不辟,民贫苦。昔日赵攻甄,子弗能救。卫取薛陵,子弗知。是子以币厚吾左右以求誉也。”是日,烹阿大夫,及左右尝誉者皆并烹之。遂起兵西击赵、卫,败魏于浊泽而围惠王。惠王请献观以和解,赵人归我长城。于是齐国震惧,人人不敢饰非,务尽其诚。齐国大治。诸侯闻之,莫敢致兵于齐二十余年。

驺忌子以鼓琴见威王,威王说而舍之右室须臾,王鼓琴,驺忌子推户入曰:“善哉鼓琴!”王勃然不说,去琴按剑曰:“夫子见容未察[15],何以知其善也?”驺忌子曰:“夫大弦浊以春温者,君也;[16]小弦廉折以清者,相也;[17]攫之深,醳之愉者,政令也;[18]钧谐以鸣,大小相益,回邪而不相害者,四时也:吾是以知其善也。[19]”王曰:“善语音[20]。”驺忌子曰:“何独语音,夫治国家而弭人民[21]皆在其中。”王又勃然不说曰:“若夫语五音之纪,信未有如夫子者也。[22]若夫治国家而弭人民，又何为乎丝桐之间[23]？”驺忌子曰：“夫大弦浊以春温者，君也；小弦廉折以清者，相也；攫之深而舍之愉者，政令也；钧谐以鸣，大小相益，回邪而不相害者，四时也。夫复而不乱者，所以治昌也；[24]连而径者，所以存亡也[25]：故曰琴音调而天下治[26]。夫治国家而弭人民者，无若乎五音者[27]。”王曰：“善。”

驺忌子见三月而受相印。淳于髡[28]见之曰：“善说哉！髡有愚志，愿陈诸前。”驺忌子曰：“谨受教。”淳于髡曰：“得全全昌[29]，失全全亡。”驺忌子曰：“谨受令，请谨毋离前。[30]”淳于髡曰：“狶膏棘轴，所以为滑也，然而不能运方穿。[31]”驺忌子曰：“谨受令，请谨事左右[32]。”淳于髡曰：“弓胶昔干，所以为合也，然而不能傅合疏罅。[33]”驺忌子曰：“谨受令，请谨自附于万民。”淳于髡曰：“狐裘虽敝，不可补以黄狗之皮[34]。”驺忌子曰：“谨受令，请谨择君子，毋杂小人其间。”淳于髡曰：“大车不较，不能载其常任；[35]琴瑟不较，不能成其五音。”驺忌子曰：“谨受令，请谨修法律而督奸吏。”淳于髡说毕，趋出，至门，而面其仆曰[36]：“是人者，吾语之微言五，其应我若响之应声，是人必封不久矣。[37]”居期年，封以下邳，号曰成侯。[38]

威王二十三年，与赵王会平陆。二十四年，与魏王会田[39]于郊。魏王问曰：“王亦有宝乎？”威王曰：“无有。”梁王曰：“若寡人国小也，尚有径寸之珠照车前后各十二乘者十枚，奈何以万乘之国而无宝乎？”威王曰：“寡人之所以为宝与王异。吾臣有檀子者，使守南城，则楚人不敢为寇东取，泗上十二诸侯皆来朝。吾臣有盼子者，使守高唐，则赵人不敢东渔于河。吾吏有黔夫者，使守徐州，则燕人祭北门，赵人祭西门，徙而从者七千余家。[40]吾臣有种首者，使备盗贼，则道不拾遗。将以照千里，岂特十二乘哉！”梁惠王惭，不怿而去。

二十六年，魏惠王围邯郸，赵求救于齐。齐威王召大臣而谋曰:“救赵孰与勿救?”驺忌子曰:“不如勿救。”段干朋曰:“不救则不义,且不利。”威王曰:“何也?”对曰:“夫魏氏并邯郸,其于齐何利哉?且夫救赵而军其郊,是赵不伐而魏全也。[41]故不如南攻襄陵以弊魏,邯郸拔而乘魏之弊。[42]”威王从其计。

其后成侯驺忌与田忌不善[43],公孙阅谓成侯忌曰:“公何不谋伐魏,田忌必将。战胜有功,则公之谋中也;战不胜,非前死则后北,而命在公矣。”于是成侯言威王,使田忌南攻襄陵。十月,邯郸拔,齐因起兵击魏,大败之桂陵。于是齐最强于诸侯,自称为王,以令天下。

三十三年,杀其大夫牟辛[44]。

三十五年,公孙阅又谓成侯忌曰:“公何不令人操十金卜于市,曰:‘我田忌之人也。吾三战而三胜,声威天下。欲为大事[45],亦吉乎不吉乎?’”卜者出,因令人捕为之卜者,验其辞于王之所。田忌闻之,因率其徒袭攻临菑,求成侯,不胜而奔。

三十六年,威王卒,子宣王辟疆立。

宣王元年,秦用商鞅。周致伯[46]于秦孝公。

二年,魏伐赵。赵与韩亲,共击魏。赵不利,战于南梁。宣王召田忌复故位。韩氏请救于齐。宣王召大臣而谋曰:“蚤救孰与晚救?”驺忌子曰:“不如勿救。”田忌曰:“弗救,则韩且折而入于魏,不如蚤救之。”孙子曰:“夫韩、魏之兵未弊而救之,是吾代韩受魏之兵,顾反听命于韩也。且魏有破国之志,韩见亡,必东面而诉于齐矣。吾因深结韩之亲而晚承魏之弊,则可重利而得尊名也。[47]”宣王曰:“善。”乃阴告韩之使者而遣之。韩因恃齐,五战不胜,而东委国于齐。齐因起兵,使田忌、田婴将,孙子为师,[48]救韩、赵以击魏,大败之马陵,杀其将庞涓,虏魏太子申。其后三晋之王皆因田婴朝齐王于博望[49],盟而去。

七年,与魏王会平阿[50]南。明年,复会甄。魏惠王卒。明年,与魏襄王会徐州,诸侯相王也。十年,楚围我徐州。十一年,与魏伐赵，赵决河水灌齐、魏，兵罢。十八年，秦惠王称王。

宣王喜文学游说之士，自如驺衍、淳于髡、田骈、接予、慎到、环渊之徒七十六人，[51]皆赐列第，为上大夫，不治而议论[52]。是以齐稷下学士复盛[53]，且数百千人。

十九年，宣王卒，子湣王地立。

（以上为第二段，写田氏齐国历桓公、侯剡至威王、宣王，齐国达到鼎盛的情景。）

①太公和立二年——公元前385年。　和卒，子桓公午立——按：《竹书纪年》作"齐田午弑其君剡及孺子喜而自立"，侯剡之后始为桓公午。视文意，桓公田午盖侯剡之弟，乃弑其兄而即位者。　②驺忌——也写作"邹忌"，齐国大臣。　③段干朋——姓段干，名朋，齐国大臣。　折而入于魏——转过来投向魏国，成为魏国的仆从。　④田臣思——田忌，字臣思，齐国名将。　⑤天以燕予齐——谓齐国正好趁机伐燕。　⑥阴告韩使者——告韩曰必救之。　⑦取桑丘——桑丘：燕县名，在今河北保定徐水区西南。按：以上齐乘秦、魏伐韩，楚、赵救韩而趁机伐燕事，见《战国策·齐策二》，史公系之于桓公五年（前681），考据家皆以为非。　⑧三晋——指韩、赵、魏三国。　因齐丧——按：齐国是年无丧事，史公误书。　灵丘——齐县名，在今山东高唐南。　⑨阳关——齐国关塞名，在今山东泰安东南。　⑩晋伐我——此"晋"指魏，当时魏国的国君为魏武侯。　博陵——齐邑名，在今山东聊城茌平区西南。　⑪七年——应作桓公三年，公元前372年。　薛陵——齐邑名，在今山东阳谷东北。　⑫九年——应作桓公五年，公元前370年。　赵伐我——时为赵成侯五年（前370）。　甄——即"鄄"，齐邑名，在今山东鄄城北。　⑬诸侯并伐，国人不治——按：为了让淳于髡讲故事，行诛赏，故作如此铺垫，实则无稽之谈，威王时无此等事。参见《滑稽列传》。　⑭即墨大夫——即墨的行政长官。即墨：齐国的"五都"之一，在今山东平度东南。齐国的"都"相当于其他国家的"郡"。　⑮见容未察——只看到了我弹琴的样子，而并未认真品味我的弹琴。　⑯浊以春温——"春"字衍文。浊以温：指声音浑厚温和。　君

也——如同君主的宽和气度。 ⑰廉折以清——指声音清脆。 相也——如同宰相的精明干练。 ⑱攫之深——攫:用手指抓弦。深:手指抓得紧而有力。 醳之愉——醳:通“释”,用手指向外拨弦。愉:音义皆同“舒”,舒缓,舒展。 政令也——犹如国家政令的有张有弛,有急有缓。 ⑲钧谐——和谐。 相益——相互补充。 回邪——意即曲折。 四时也——犹如一年四季的周而复始。 ⑳善语音——善于议论音乐。 ㉑弭(mǐ)人民——安抚黎民百姓。弭:安抚。 ㉒五音之纪——音乐方面的规律。 信——诚然,的确。 ㉓何为乎丝桐之间——与音乐又有什么关系?丝桐:制造琴的两种材料,这里指音乐。 ㉔复——反复,这里指反复演奏。 治昌——政治昌明。 ㉕连而径——指乐音的连贯、流畅。 存亡——使危亡的局面得以稳定。 ㉖琴音调而天下治——懂得使音律协调,也就懂得了治理国家的道理。 ㉗无若乎五音者——没有一条不像是音乐的道理。按:以上驺忌以琴理说齐威王事,不见于今本《战国策》。 ㉘淳于髡——姓淳于,名髡,战国时期的智者,事迹见《滑稽列传》。 ㉙得全全昌——得全:谓人臣事君之礼全具无失。全昌:若全具无失则身名获昌。 ㉚谨受令——犹言我将牢牢记住你的教导。 谨毋离前——泷川资言曰:“言常在王前无所失也。” ㉛狶(xī)膏棘轴——用猪油润滑车轴。狶:猪。棘轴:枣木做的车轴。 方穿——方形的孔槽。此句意谓圆轴如果插到方形的孔槽里,即使有润滑油也还是转动不起来。 ㉜谨事左右——指与周围的人搞好关系。 ㉝弓胶昔干——把胶涂在弓体上。《索隐》曰:“昔,久旧也。干,弓干也……言作弓之法,以胶被昔干,而纳诸檠中则是犹以势令人合也。” 不能傅合疏罅(xià)——傅合:弥合。疏罅:缝隙。 ㉞狐裘虽敝,不可补以黄狗之皮——即俗话之所谓不能“狗尾续貂”。 ㉟较——考校,检查、调整。 载其常任——负荷其应当负荷起的重量。 ㊱趋出——小步疾行而出。“趋”是古人在君长面前走路的一种恭敬姿势。 面其仆曰——面对着他的车夫说,极写其认真、动心的样子。 ㊲微言——隐语。 响之应声——极言其反应之快。响:指回声。 必封不久——不久即将成为有土封君。 ㊳下邳——齐县名,在今江苏睢宁北。 号曰成侯——以上淳于髡与驺忌对答事,今本《战国策》不载。按:史公所写的这些与齐威王有关的故事,自可看作齐威王时代之事,但所谱之年代不对,本世家与《六国年表》都将齐威王时代向前提了二十二年。㊴会田——会同打猎。㊵燕人祭北门,赵人祭西门——谓燕人、赵人纷纷来徐州之北门、西门祭祀,以求福免祸。徙而从者——指燕、赵之人搬迁到徐州投奔黔夫。㊶军其郊——屯兵于赵国的交通要冲。郊:冲要之处。赵不伐——赵免去受伐。魏全——魏见此形势而退兵,亦未获损。㊷襄陵——魏县名,在今河南睢县。弊魏——使魏国毁敝。弊:犹敝,指消耗,受损。乘魏之弊——乘其疲敝而破之。㊸其后成侯驺忌与田忌不善——"其后"二字疑衍。田忌:齐威王时的名将。㊹杀其大夫牟辛——"大夫"应作"夫人"。牟辛:威王夫人之名。㊺欲为大事——指图谋篡夺齐王之位。㊻致伯——授予其诸侯霸主之称号。㊼深结韩之亲——意即慨然答应相救,令其誓死抗魏。而晚承魏之弊——殆至魏已疲敝时,乃起兵击之。可重利而得尊名——既可得重利,又可获美名。㊽田婴——齐国将领,孟尝君田文之父。孙子为师——即通常所谓"为军师"。㊾博望——齐县名,在今山东聊城茌平区西北。㊿平阿——齐县名,在今山东阳谷东北。51驺衍——也写作"邹衍",阴阳五行学家。田骈——道家人物。接予——道家人物。慎到——法家人物。环渊——道家人物。52不治而议论——不负责具体政事,只管发表议论。53稷下学士复盛——中井积德曰:"前不录稷下,而此记'复盛',盖前文有阙耳。"稷下:《集解》引刘向曰:"齐有稷门,城门也。"

湣王元年,秦使张仪与诸侯执政会于齧桑①。三年,封田婴于薛。四年,迎妇于秦。②七年,与宋攻魏,败之观泽③。

十二年,攻魏。楚围雍氏,秦败屈丐。苏代谓田轸曰④:"臣愿有谒于公,其为事甚完,使楚利公,⑤成为福,不成亦为福。今者臣立于门⑥,客有言曰魏王谓韩冯、张仪曰⑦:'煮枣将拔,齐兵又进,子来救寡人则可矣;⑧不救寡人,寡人弗能拔⑨。'此特转辞[10]也。秦、韩之兵毋东，旬余，则魏氏转，韩从秦[11]，秦逐张仪，交臂而事齐楚[12]，此公之事成也。"田轸曰："奈何使无东[13]？"对曰："韩冯之救魏之辞，必不谓韩王曰'冯以为魏'，必曰'冯将以秦、韩之兵东却齐宋，冯因抟三国之兵，乘屈丐之弊，南割于楚，故地必尽得之矣'[14]。张仪救魏之辞，必不谓秦王曰'仪以为魏'，必曰'仪且以秦、韩之兵东距齐、宋，仪将抟三国之兵，乘屈丐之弊，南割于楚，名存亡国，实伐三川而归，此王业也'[15]。公令楚王与韩氏地，使秦制和[16]，谓秦王曰'请与韩地，而王以施三川[17]，韩氏之兵不用而得地于楚'。韩冯之东兵之辞且谓秦何[18]？曰'秦兵不用而得三川，伐楚、韩以窘魏，[19]魏氏不敢东，是孤齐也'[20]。张仪之东兵之辞且谓何[21]？曰'秦、韩欲地而兵有案，声威发于魏，魏氏之欲不失齐楚者有资矣'[22]。魏氏转，秦、韩争事齐、楚，楚王欲而无与地，[23]公令秦、韩之兵不用而得地，有一大德也。[24]秦、韩之王劫于韩冯、张仪而东兵以徇服魏，[25]公常执左券以责于秦、韩，此其善于公而恶张子多资矣。[26]"

十三年，秦惠王卒。二十三年，与秦击败楚于重丘[27]。二十四年，秦使泾阳君质于齐。[28]二十五年，归泾阳君于秦。孟尝君薛文入秦，即相秦。[29]文亡去[30]。二十六年，齐与韩、魏共攻秦，至函谷军焉。二十八年，秦与韩河外[31]以和，兵罢。二十九年，赵杀其主父。齐佐赵灭中山。

三十六年，王为东帝，秦昭王为西帝。苏代自燕来，入齐，见于章华东门[32]。齐王曰："嘻，善，子来！秦使魏冉致帝[33]，子以为何如？"对曰："王之问臣也卒，而患之所从来微，[34]愿王受之而勿备称[35]也。秦称之，天下安之，王乃称之，无后也。[36]且让争帝名[37]，无伤也。秦称之，天下恶之，王因勿称，以收天下，此大资也。[38]且天下立两帝，王以天下为尊齐乎？尊秦乎？"王曰："尊秦。"曰："释帝[39]，天下爱齐乎？爱秦乎？"王曰："爱齐而憎秦。"曰："两帝立约伐赵，孰与伐桀宋之利？[40]"王曰："伐桀宋利[41]。"对曰："夫约钧然与秦为帝[42]而天下独尊秦而轻齐，释帝则天下爱齐而憎秦，伐赵不如伐桀宋之利，故愿王明释帝以收天下，倍约宾秦，[43]无争重，而王以其间举宋。[44]夫有宋，卫之阳地危[45]；有济西，赵之阿东国危；[46]有淮北，楚之东国危；[47]有陶、平陆，梁门不开。[48]释帝而贷之以伐桀宋之事，国重而名尊，燕、楚所以形服，天下莫敢不听，此汤武之举也。[49]敬秦以为名，而后使天下憎之，此所谓以卑为尊者也。[50]愿王孰虑之。"于是齐去帝复为王，秦亦去帝位。

三十八年，伐宋。秦昭王怒曰："吾爱宋与爱新城、阳晋同[51]。韩聂[52]与吾友也，而攻吾所爱，何也？"苏代为齐谓秦王曰："韩聂之攻宋，所以为王也。齐强，辅之以宋[53]，楚魏必恐，恐必西事秦，是王不烦一兵，不伤一士，无事而割安邑也，此韩聂之所祷于王也。[54]"秦王曰："吾患齐之难知。一从一衡，其说何也？[55]"对曰："天下国令齐可知乎[56]？齐以攻宋，其知事秦以万乘之国自辅，不西事秦则宋治不安。[57]中国白头游敖之士皆积智欲离齐秦之交，[58]伏式结轶西驰[59]者，未有一人言善齐者也；伏式结轶东驰者，未有一人言善秦者也。何则？皆不欲齐秦之合也。何晋、楚之智而齐、秦之愚也！[60]晋、楚合必议齐、秦，齐、秦合必图晋、楚，请以此决事。[61]"秦王曰："诺。"于是齐遂伐宋，宋王出亡，死于温。齐南割楚之淮北，西侵三晋，欲以并周室，为天子。泗上诸侯邹、鲁之君皆称臣，诸侯恐惧。

三十九年，秦来伐，拔我列城九。

四十年，燕、秦、楚、三晋合谋，各出锐师以伐，败我济西[62]。王解而却[63]。燕将乐毅遂入临菑，尽取齐之宝藏器。湣王出亡，之卫。卫君辟宫舍之，称臣而共具。[64]湣王不逊，卫人侵之。[65]湣王去，走邹、鲁，有骄色，邹、鲁君弗内，遂走莒。楚使淖齿将兵救齐，因相齐湣王。淖齿遂杀湣王而与燕共分齐之侵地卤器。[66]

湣王之遇杀，其子法章变名姓为莒太史敫家庸。[67]太史敫女奇法章状貌，以为非恒人，怜而常窃衣食之，[68]而与私通焉。淖齿既以去莒，莒中人及齐亡臣相聚求湣王子，欲立之。法章惧其诛己也，久之，乃敢自言"我湣王子也"。于是莒人共立法章，是为襄王。以保莒城而布告齐国中："王已立在莒矣。"

襄王既立，立太史氏女为王后，是为君王后，生子建。太史敫曰："女不取媒因自嫁，非吾种也，污吾世。"终身不睹君王后。君王后贤，不以不睹故失人子之礼。

襄王在莒五年，田单以即墨攻破燕军，迎襄王于莒，入临菑。齐故地尽复属齐。齐封田单为安平君。

十四年，秦击我刚、寿。[69]十九年，襄王卒，子建立。

王建立六年，秦攻赵，齐、楚救之。秦计曰："齐、楚救赵，亲则退兵，不亲遂攻之。"[70]赵无食，请粟于齐，齐不听。周子曰："不如听之以退秦兵，不听则秦兵不却，是秦之计中而齐楚之计过也。[71]且赵之于齐、楚，捍蔽也，犹齿之有唇也，唇亡则齿寒。今日亡赵，明日患及齐、楚。且救赵之务，宜若奉漏瓮沃焦釜也。[72]夫救赵，高义也；却秦兵，显名也。义救亡国，威却强秦之兵，不务为此而务爱粟，为国计者过矣。"齐王弗听。秦破赵于长平四十余万，遂围邯郸。

十六年，秦灭周。君王后卒。二十三年，秦置东郡[73]。二十八年，王入朝秦，秦王政置酒咸阳。三十五年，秦灭韩。三十七年，秦灭赵。三十八年，燕使荆轲刺秦王，秦王觉，杀轲。明年，秦破燕，燕王亡走辽东。明年，秦灭魏，秦兵次于历下[74]。四十二年，秦灭楚。明年，虏代王嘉，灭燕王喜。

四十四年，秦兵击齐。齐王听相后胜计，不战，以兵降秦。秦虏王建，迁之共。遂灭齐为郡。[75]天下壹并于秦，秦王政立号为皇帝。始，君王后贤，事秦谨，与诸侯信，齐亦东边海上，秦日夜攻三晋、燕、楚，五国各自救于秦，以故王建立四十余年不受兵。君王后死，后胜相齐，多受秦间金，多使宾客入秦，秦又多予金，客皆为反间，劝王去从朝秦，不修攻战之备，不助五国攻秦，秦以故得灭五国。五国已亡,秦兵卒入临菑,民莫敢格者。[76]王建遂降,迁于共。故齐人怨王建不蚤与诸侯合从攻秦,听奸臣宾客以亡其国,歌之曰:“松耶柏耶?住建共者客耶[77]?”疾建用客之不详[78]也。

(以上为第三段,写齐湣王骄盈好战,破国亡身,以及齐国日益衰落,被秦所灭的过程。)

①鬶桑——魏县名,在今江苏沛县西南。 ②四年——应作齐威王三十七年,公元前320年。按:是年齐威王死,前文所谓之“威王卒,子宣王辟疆立”应移于此。 迎妇于秦——此娶秦女为妇者,即齐宣王。 ③观泽——魏县名,在今河南清丰南。 ④苏代——史公以为是苏秦之弟,今考据者皆以为不然,详情见《苏秦列传》。 田轸——即陈轸,纵横家,此时在楚为官。按:“苏代谓田轸”云云一段见于《战国纵横家书》第二十二章,无说者之名,因文中有“今者秦立于门”之语,故各家皆以为是苏秦说陈轸之语。 ⑤其为事甚完——意谓这将是一件大好事。 使楚利公——《战国纵横家书》作“便楚利公”,是也,意即对楚国、对您自身都有好处。 ⑥臣立于门——《战国纵横家书》作“秦立于门”,“秦”字苏秦自谓。 ⑦韩冯——也写作“韩凭”,《战国纵横家书》作“韩倗”,即公仲侈,时为韩国宰相。 张仪——时为秦国宰相。 ⑧煮枣——魏县名,在今山东东明南。 子来救——你们倘能来救,指韩、秦两国之兵。 ⑨寡人弗能拔——《战国纵横家书》作“寡人弗能支”,是。支:支撑,抵抗。意谓将离开秦、韩,归顺齐国。能:耐,坚持,挺着。 ⑩转辞——改变策略的话。 ⑪秦、韩之兵毋东,旬余,则魏氏转,韩从秦——按:《战国纵横家书》无句末“秦”字,整句作“秦、韩之兵毋东,旬余,则魏氏转、韩氏从”,意思即倘能让秦、韩两国在十天之内不出兵救魏,则魏国必将转而投靠楚,韩国也将跟着投靠楚。 ⑫秦逐张仪,交臂而事齐楚——《战国纵横家书》无“齐”字,意思是,到那时秦国也将罢斥张仪,老老实实地来归附楚国。 ⑬奈何使无东——用什么办法可以让“秦、韩之兵毋东”呢?奈何:如何,用什么办法。 ⑭东却齐宋——向东打败齐、宋两国后。 因抟三国之兵——乘机集中韩、秦、魏三国的兵力。抟:集聚。

南割于楚——向南攻楚，割取其地。　故地——指此前被楚国强占去的韩国土地。　⑮名存亡国——表面上说是为了救魏。亡国：即将灭亡之国。　伐三川——向韩、周两国炫耀功德，捞取一种“仁义之师”的美名。伐：夸耀。三川：指今河南洛阳及洛阳西南一带，因其地有黄河、雒水、伊水而得名，这些地区当时属于韩、周两国。　王业——王者的事业，指以“仁义”服人。　⑯令楚王与韩氏地，使秦制和——让楚王姑且割给韩国一块地盘，再请秦王出来主持说和此事，这不就一下子把韩、秦两国全都拉过来了吗？制和：主持楚、韩之间的媾和。⑰请与韩地，而王以施三川——我们楚国愿向韩国割让一块地盘，而韩国之所以能获得这块地盘，是因为秦国的努力，我们将让韩国对秦王您感谢恩德。施三川：对韩国施恩。　⑱韩氏之兵不用而得地于楚。韩冯之东兵之辞且谓秦何——二句为苏秦自问自答之语。意思是，韩国不用出兵就得到了楚国的地盘，但他以什么理由向秦王推辞他不出兵救魏了呢？　⑲秦兵不用而得三川——你们秦国不用出兵就能受到韩国、周国的感谢。得三川：得到韩、周两个国家的拥戴。　伐楚、韩以窘魏——炫耀与楚、韩的友好关系以使魏国处于被动。伐：炫耀，矜夸，矜夸其制楚、韩之和。　⑳魏氏不敢东——指不敢倒向齐国，因其周边国家都与秦国友好。　孤齐——使齐国孤立。　㉑张仪之东兵之辞且谓何——此句亦为苏秦自问自答之语。意思是，张仪又怎么对秦王说他改变了主意拒绝出兵救魏了呢？辞：推辞，拒绝。　㉒秦、韩欲地而兵有案——《战国纵横家书》作“韩欲地而兵案”，无“秦”“有”二字。意思是韩国原想攻魏以得地，现在不用费力地从楚国得到了，于是停止了进军。　声威发于魏——更以声势震慑了魏国。　魏氏之欲不失齐楚者有资矣——这一来就使魏国内部主张与齐国、楚国联合的人有理由说话了。　㉓魏氏转，秦、韩争事齐、楚——魏国的战略改变（即转而亲齐、楚），秦、韩也争相倒向齐、楚。　楚王欲而无与地——《战国纵横家书》作“王欲毋予地”，无“楚”“而”二字，意思是到这时楚王实际上也就用不着再割土地给韩国。　㉔秦、韩之兵不用而得地——韩得楚地，秦得以“伐（矜功）三川”。　有一大德——意即有大德。㉕劫——受控制。　以徇服魏——为救魏、服魏而使秦、韩付出牺牲。

徇:牺牲自己以顺从他人。 ㉖左券——债主所持的契约。 以责于秦、韩——向秦韩两国提出要求。 此其善于公而恶张子多资矣——这就是对您(陈轸)有利,对张仪有多种不利的事情。恶:不利。按:以上苏秦说陈轸事,今本《战国策》不载,而见于1973年长沙马王堆出土的《战国纵横家书》。 ㉗重丘——楚县名,在今河南泌阳东北。 ㉘泾阳君——名市,秦惠王之子,昭王之弟,在秦国很有权势,与穰侯、高陵君、华阳君合称为“四贵”。 质于齐——到齐国做人质,据《孟尝君列传》,秦昭王派泾阳君入齐为质,是为了求使孟尝君入秦,与此不同。 ㉙孟尝君薛文——即田文,齐将田婴之子,孟尝君是其封号。因其有封邑在薛,故也称“薛文”。 入秦,即相秦——据《孟尝君列传》,孟尝君入秦后,昭王起初想让孟尝君为相,后听人挑动,转欲杀之,与此说法不同。 ㉚文亡去——孟尝君依靠鸡鸣、狗盗之力逃出函谷关,得回齐国事,详见《孟尝君列传》。 ㉛与韩河外——将前所占领的黄河以南地区归还韩国。《韩世家》于此作“秦与我河外及武遂”。此处实际指前文之所谓“三川”地带。 ㉜章华东门——章华宫的东门。《集解》引《齐都赋》注,以为是齐都小城的城门。 ㉝秦使魏冉致帝——秦国派魏冉来尊我为东帝。魏冉:秦昭王之舅,秦武王去世后,佐昭王夺位为君,封穰侯,此时正为秦相。致:送某物、某名于人。 ㉞问臣也卒——向我问得太突然。卒:后多作“猝”,突然。 患之所从来微——灾祸的到来总是逐渐的,不易被人注意的。 ㉟勿备称——不要以此为称。《战国策》于此“勿庸称”,庸:意思同“用”。 ㊱天下安之——谓没有强烈的反对声浪。 无后也——犹言未晚。 ㊲让争帝名——讲究礼让,有不与人争相称帝的美名。 ㊳以收天下——以博取各国君臣的好感。 大资——绝好的资本。 ㊴释帝——放弃帝号不要。 ㊵两帝立约伐赵——秦、齐两国联盟共同伐赵,此即秦国“远交近攻”之方略。 孰与伐桀宋之利——意谓是跟在秦国后头帮着秦国伐赵好呢,还是看准机会自己伐宋好呢?桀宋:指宋国的末代国君宋王偃,《宋微子世家》说他即位以来,屡兴兵与四邻国家为敌,在国内也极其荒淫残暴,诸侯皆称之曰“桀宋”。 ㊶伐桀宋利——宋小国弱,且又邻齐,得地则归齐所有,故曰利。宋国的国都原在睢阳(在今河南商丘南),此时已迁移到彭城(在今江苏徐州)。 ㊷夫约钧然与秦为帝——张照曰:“去‘钧然’二字,文义自明。”泷川资言曰:“《策》姚本无‘钧然’二字。”按:诸说是也,“夫约与秦为帝”意思甚顺;然而照原文解释亦尚可通。约钧:指相约称帝,其利相等。钧:通“均”。 ㊸明释帝——公开声明自己不搞称帝之举。 倍约宾秦——抛弃以前与秦国商定的称帝之约,而反过来排斥秦国。倍:通“背”。宾:通“摈”,排斥。 ㊹无争重——不要与秦争高低。 以其间举宋——乘诸国与秦闹矛盾的机会而攻取宋国。 ㊺夫有宋,卫之阳地危——倘若占有了宋国,那卫国的残余地盘就岌岌乎难保了。阳地:《集解》曰:“濮阳之地。”濮阳当时是卫国的都城。 ㊻济西——约当今山东之禹城、茌平、聊城一带,因其地处当时的济水以西,故云。 赵之阿东国危——“阿东”应作“河东”,即今之河北大名与山东之临清、武城一带,都处于当时的黄河以东,属于赵国。 ㊼淮北——当时宋国的地盘,约当今之安徽北部与河南东南部一带。 楚之东国——约当今之江苏北部一带。 ㊽陶——魏县名,在今山东菏泽定陶区。 平陆——齐县名,在今山东汶上北。 梁门不开——极言魏国受逼的恐惧之状。梁门:魏都大梁的城门。 ㊾贷——即“代”,代替。 形服——泷川资言曰:“形,势也,畏势而服。” 汤武之举——商汤伐桀、武王伐纣一样的顺天应民之举。 ㊿敬秦以为名——表面上说是齐国不如秦国,没有资格与秦国平起平坐。 以卑为尊——貌似卑怯,实际所得的是更大的尊贵。 (51)吾爱宋与爱新城、阳晋同——这三个国家我都想要,别人休想染指。新城:韩县名,在今河南伊川西南,这里指韩国。阳晋:卫县名,在今山东郓城西,这里指卫国。 (52)韩聂——即《战国策》之所谓“韩珉”,时为齐湣王之相。 (53)齐强,辅之以宋——齐灭宋后,则是又给强齐加上一宋。 (54)无事而割安邑——无事:不用战斗。安邑:魏国的旧都,在今山西夏县西北。 祷于王——为王祈祷,极言其希望如此。 (55)一从一衡——犹言时纵时横。从:“纵”的古字。 其说何也——他到底是什么意思呢? (56)天下国令齐可知乎——别的国家难道就让齐国信得过了吗?《战国策》“国”字作“固”,整句的意思仍相同。 (57)以——通“已”。 其知事秦以万乘之国自辅——词语略生涩。大意谓，齐国明白，他要是和秦国交好，就能得到一个万乘之国的援助。 不西事秦则宋治不安——如果不与秦国交好，即使占领了宋国，也无法稳定那里的政局。 ㊽白头游敖之士——从事了一辈子奔走游说的人们。敖：即“遨”。 积智——费尽脑筋。 离齐秦之交——挑拨齐秦两国的关系。 ㊾伏式结轶西驰——即乘车西驰入秦。伏式：这里指乘车。式：通“轼”。结轶：此处同“结辙”，车迹纵横相结，极言其往来的车子之多。 ㊿何晋、楚之智——为什么三晋与楚国人都这么聪明。晋：指韩、赵、魏三国。 而齐、秦之愚也——为什么齐国、秦国人都这么傻，总是受人离间而不觉悟呢。 61必议齐、秦——必定商量着伐齐伐秦。 请以此决事——这就是衡量对谁有利的标准。 62燕、秦、楚、三晋合谋，各出锐师以伐，败我济西——此即乐毅率五国联军破齐于济西事，过程详见《燕召公世家》《乐毅列传》。燕、秦、楚、三晋合谋：合谋者为燕、秦、三晋五国。此曰有楚，误。济西：济水以西，约当今山东之茌平、聊城、禹城等一带，当时属齐。 63王解而却——齐湣王的军队溃散东逃。 64辟宫舍之——腾出自己的宫室给齐湣王住。 共具——为齐湣王备办筵席。 65湣王不逊——齐湣王向卫国摆架子，对卫君无礼。 卫人侵之——卫人给齐湣王以回击。侵：此指语言与态度上的反讥、回敬。湣王究竟对卫人如何“不逊”，卫人究竟如何“侵之”，史无详载，大约依据《鲁仲连义不帝秦》而演义之。 66淖(zhuō)齿遂杀湣王——齐湣王至莒，淖齿数之以昏暴不听“天”“地”“人”之警告，遂“杀之于鼓里(地名)”。而《韩非子》又有所谓“淖齿之用齐也，擢湣王之筋，悬于庙梁，宿昔而死”之语。淖齿：楚国将领。 与燕共分齐之侵地卤器——卤器：抢掠来的东西。卤，通“掳”。杨宽曰：“当时楚未参与合纵攻齐，派淖齿率军万人前来帮助，因而被齐湣王任为齐相。但是楚的主要目的在于收回过去被宋所取的淮北地，同时控制齐的政权，因而淖齿与齐湣王发生矛盾，齐湣王被淖齿杀死于莒的东庙，不久淖齿为齐王孙贾所杀。” 67莒太史敫(jiǎo)——莒县的富人姓太史，名敫。 庸——仆，雇工。据《田单列传》，乃变姓名为太史敫家灌园。 68非恒人——不是平常人。 窃衣食之——偷偷地给予其衣、食。“衣”“食”皆用作动词。 69十四年——公元前270年。

秦击我刚、寿——时为秦昭王三十七年,所派之秦将为“客卿灶”。刚、寿:皆齐县名。刚:也作“纲”,在今山东宁阳东北。寿:在今山东东平西南。 ⑳秦计曰——秦国人的计划是。 亲则退兵,不亲遂攻之——意谓如果齐、楚与赵的关系亲密,决心救赵,我们就退兵;如果看来平常,我们就集中力量攻赵。 ㉑周子——齐之谋臣,史失其名。鲍彪以为是“周最”。 秦之计中——秦国本来就准备了“不亲遂攻之”。 过——错误。 ㉒救赵之务——救赵之紧急。鲍彪曰:“务:趣也,事也。” 奉漏瓮沃焦釜——极言其不容耽搁。奉:捧。 ㉓秦置东郡——在新攻取的魏国地盘上设立了东郡,郡治濮阳(在今河南濮阳西南)。 ㉔秦兵次于历下——意即秦军占领了齐国的西部地区。次:驻扎。历下:在今山东济南东南。 ㉕共——秦县名,在今河南辉县市。 灭齐为郡——灭掉齐国后,在齐国的中部地区设立了齐郡,在齐国的东南部地区设立了琅邪郡。 ㉖卒入临菑——突然攻入齐国的都城。卒:后多作“猝”,突然。 格——抗拒。 ㉗松耶柏耶?住建共者客耶——据《战国策·齐策六》,齐王建听客邪说而入秦,秦“处之共松柏之间,饿而死。先是,齐为之歌曰:‘松邪?柏邪?住建共者客耶?’”住建共者:导致齐王建被迁于共的人。指后胜之流。 ㉘用客之不详——不仔细,不谨慎。

太史公曰:盖孔子晚而喜《易》。《易》之为术,幽明远矣,非通人达才孰能注意焉!故周太史之卦田敬仲完,占至十世之后;及完奔齐,懿仲卜之亦云。田乞及常所以比犯二君①,专齐国之政,非必事势之渐然也,盖若遵厌兆祥云。②

(以上为第四段,是作者的论赞,史公对田氏齐国的建立表现出了十足的不解。)

①比犯二君——连续地弑掉两个君主。比:并,连续。二君:指晏孺子与简公。 ②非必事势之渐——并不是事物由小到大的发展之必然。 盖若遵厌兆祥云——就像是遵循着某种命定的先兆似的。遵厌:遵循。兆祥:先兆预示的吉凶。

［**简评**］《田敬仲完世家》记述了陈国贵族陈完(后代改姓田)家族的事迹。陈完因在国内难以立足而逃到齐国,其后代在齐国逐渐发展,逐步把持齐国政权,至田和遂篡齐国之政,建立田氏齐国。威王、宣王统治时期,齐国强盛一时。至湣王,因骄纵好战,齐国被五国联军所破,湣王被杀,齐国从此一蹶不振。湣王之后的几十年中,齐国被秦国的“远交近攻”政策所迷惑,采取“孤立政策”,希求苟安,不助韩、赵、魏、楚抗秦,待至其他诸国被灭,齐国最后也被秦国所并吞。东方六国,尤其是其中的魏国、齐国、赵国,先后都有着强大、兴盛的光荣历史,而结果竟一个个相继被秦国所灭,其教训是深刻而又特别令人深思的,古今对此之评论甚多,最精彩而又最简明的我看莫过于苏洵的《六国论》了。

陈完只是一个陈国诸侯的儿子,并不像胡公满或杞东楼公那样是舜和禹的后代,也不像微子启那样自身具有高的“道德”水准。陈完的后代之所以能在齐国篡夺姜氏政权,完全是靠着田乞、田常搞阴谋,靠着阴谋活动篡取政权,这在《史记》中本来是一个被批判的主题,但由于《左传》的作者生活在战国初期,是看到了正在壮大中的田氏齐国的,为了给田氏政权唱赞歌,于是收录了田氏后代为神化自己而为其祖先所编造的“五世其昌”“八世之后,莫之与京”的神话。搞“阴谋”居然也能开国定邦,这人世间难道还有“天理”“良心”么?司马迁想不通。正好《左传》里有这么一说,司马迁更加无法理解,于是也就带着疑问引过来了。时至今日,我们究竟是应该把《田敬仲完世家》中的这段“神话”看作是司马迁的疑问,正如他在《伯夷列传》中的怀疑天道有无呢?还是把它理解为司马迁真的相信这一套,从而一本正经地批评司马迁历史观的局限性呢?我倾向于前者。其实话又说回来,所谓搞不搞“阴谋”,是不是“篡夺”别人家的政权,这是封建社会伦理学家们争辩的问题。我们看待这些事情的尺度只有两条，这就是“对人民的态度如何”与“对历史的发展是否有利”，只要田氏实行的政策能使齐国兴旺发达，又能给齐国的百姓带来好处，受齐国的百姓欢迎，他们就是齐国的好君主，至于姓姜姓田，那是无所谓的。

司马迁对齐威王、齐宣王无疑是敬佩、赞扬的，他们都尊士、用贤，接受批评、听从劝谏，齐国能在他们手下强盛一时，司马迁是绝对称颂的。齐威王是战国时代少有其比的明君之一。齐宣王招贤纳士，对众学者“皆命曰列大夫，为开第康庄之衢、高门大屋，尊宠之”。别的不说，单是这一条，就足够司马迁感慨万千的了。

［**集评**］《太史公自序》：“完子避难，适齐为援，阴施五世，齐人歌之。成子得政，田和为侯。王建动心，乃迁于共。嘉威宣能拨浊世而独宗周，作《田敬仲完世家》第十六。”

司马光曰：“从横之说虽反覆百端，然大要合从者六国之利也。昔先王建万国，亲诸侯，使之朝聘以相交，飨晏以相乐，会盟以相结者，无他，欲其同心勠力以保国家也。向使六国能以信义相亲，则秦虽强暴，安得而亡之哉？夫三晋者，齐楚之藩蔽；齐楚者，三晋之根柢。形势相资，表里相依。故以三晋而攻齐楚，自绝其根柢也；以齐楚而攻三晋，自撤其藩蔽也。安有撤其藩蔽以媚盗，曰‘盗将爱我而不攻’，岂不悖哉！”（《资治通鉴》卷七）

苏辙曰：“韩、魏、赵、楚与秦壤地相接，虽欲勉强抗秦，而干戈日至，势不可矣。如燕、齐负海，前有四国之限，燕弱不足言，如齐之强，使与四国合从，推其有余以补不足，时出而拯其亟，虽秦之暴，亦安能遂灭诸侯乎？然威、宣方以其力攻伐诸侯，诸侯不亲；湣王取宋破燕，求逞其欲，不暇及远；而王建偷安自守，侥幸秦之见容，与五国相随而亡，岂非天哉！然吾观六国之亡，其君无一人可以守国者：楚考烈王死，李园专国，负刍与王犹争立，仅能自定，而秦兵至；赵王迁信谗以诛李牧；魏景湣王用秦间以废信陵；韩王安制于韩玘，燕丹私怨始皇欲以刺客毙秦，虽使秦寇不作，其势亦不能久安矣，而况秦乘其弊乎！”（《古史》）

郭嵩焘曰：“秦之并诸侯成于商鞅远交近攻之策，亦知六国之心互相兼并，以求自私其国，无能规画天下大事为久远计者，是以更历威王、宣王之世，曾无见难相救之心也。长平之败，赵以受韩上党地而激怒秦，又不用廉颇而使赵括将，非齐、楚之救所能及也。所云‘秦计’，亦战国策士虚张其事而为之辞。茅坤论之曰：‘惜君王后深入秦人之购，卒不救赵。’遽以为君王后受秦之购，未审也。”（《史记札记》）

吴如嵩等曰：“战国中期以来，齐、秦两强东、西对峙，势均力敌，谁要想在对抗中取胜，都必须因势利导，借助三晋和楚、燕的力量，削弱并最终战胜对方。齐国曾有两次机会，但都失去了。一次是周慎靓王三年（前318）公孙衍发动的魏、赵、韩、楚、燕五国合纵攻秦，当时齐国只作壁上观，未采取任何行动，坐失良机。另一次是周赧王二十八年（前287）齐国自己以‘攻秦去帝’为号召发动的齐、赵、魏、韩、燕五国的合纵伐秦。齐国目光短浅，只盯着灭宋这个眼前利益，却看不到借此良机削弱秦国将会带来的长远利益，以及灭宋后将会产生的严重后果，从而又一次失去了机会。秦国则能恰到好处地把握时机，利用齐灭宋之后，与各国矛盾激化的战略态势，因势利导，以盟主身分（份）策动联合伐齐，终于借他国之力达到了削弱强大对手的战略目的。齐国几遭亡国惨祸，乃是其长期以来错误的军事战略造成的。宋国是地处中原的膏腴之地，周围的大国都在觊觎宋国的土地，连远在西面的秦国也对陶邑怀有野心。齐把独吞宋国作为战略目标，必然会遭到各国的反对。”

“后来，齐湣王又先后三次进攻宋国，在连年征战，兵力匮乏的情况下，又听信苏秦所谓赵、燕不会反对齐国灭宋的分析，调集齐赵、齐燕边境的齐国部队投入灭宋战争，造成边备的空虚。这样，齐国一方面激化了与各国的矛盾，成为众矢之的；另一方面国力、军力又遭到严重的消耗，因此，当五国联军伐齐之际，齐国就没有足够的力量来抵御，以致遭受到毁灭性的打击。齐国的失败还有政治上的原因，齐湣王与田文争权夺势，造成统治阶层内部的严重分裂，田文为报私仇，竟成为反齐势力的中坚，必欲鼓动诸侯伐齐而后快。齐湣王骄矜自用，残暴昏聩，使得百姓不附，宗族离心，大臣不亲。这些也是强齐迅速衰落的重要原因。”

“应该指出的是，各国为维持战略均势而合纵伐齐，结果却恰恰打破了秦、齐两强对峙的战略均势。齐国遭此重创，从此丧失了与秦国相抗衡，称雄天下的实力，使战国的战略格局又发生了变化：两强对峙的战略均势被打破，实力的天平倾向了秦国，一强独霸的局势逐渐形成，这就在客观上为秦国实施东进战略，最后横扫六合，统一天下准备了条件。”（《中国军事通史·战国军事史》）

田齐诸侯世系表

悼子（前410—前405年）——和子（前404—前385年）——侯剡（和子子，前384—前375年）——桓公（侯剡弟，前374—前357年）——威王（桓公子，前356—前320年）——宣王（威王子，前319—前301年）——湣王（宣王子，前300—前284年）——襄王（湣王子，前283—前265年）——王建（襄王子，前264—前221年）　被秦所灭

按：《田敬仲完世家》与《六国年表》谱列的齐国诸侯世系错误甚多，今依杨宽《战国大事年表》重新谱列。

孔子世家第十七

孔子生鲁昌平乡陬邑。[1]其先宋人也，曰孔防叔[2]。防叔生伯夏，伯夏生叔梁纥[3]。纥与颜氏女野合而生孔子，祷于尼丘得孔子。[4]鲁襄公二十二年而孔子生[5]。生而首上圩顶，故因名曰“丘”云。[6]字仲尼[7]，姓孔氏。

丘生而叔梁纥死，葬于防山。[8]防山在鲁东，由是孔子疑其父墓处，母讳之也[9]。孔子为儿嬉戏，常陈俎豆，设礼容[10]。孔子母死，乃殡五父之衢，盖其慎也[11]。郰人輓父之母诲孔子父墓，[12]然后往合葬于防焉。

孔子要绖，季氏飨士，[13]孔子与往。阳虎绌曰：“季氏飨士，非敢飨子也。”[14]孔子由是退。

孔子年十七，鲁大夫孟釐子病且死，[15]诫其嗣懿子曰：“孔丘，圣人之后，灭于宋。[16]其祖弗父何始有宋而嗣让厉公[17]。及正考父佐戴、武、宣公，三命兹益恭，[18]故鼎铭云：‘一命而偻，再命而伛，三命而俯，循墙而走，亦莫敢余侮。[19]饘于是，粥于是，以糊余口[20]。’其恭如是。吾闻圣人之后，虽不当世，必有达者[21]。今孔丘年少好礼，其达者欤？吾即没，若必师之[22]。”及釐子卒，懿子与鲁人南宫敬叔往学礼焉[23]。是岁，季武子卒，平子代立。

（以上为第一段，写孔子青少年时代的事情。）

①昌平乡——其地有昌平山，以为乡名。　陬(zōu)邑——也写作“郰邑”，在今山东曲阜东南。　②孔防叔——为避华氏之害，第一个由宋迁鲁的人。　③叔梁纥(hé)——《左传》作“陬叔纥”，亦称“陬人纥”，襄公时的勇士。　④纥与颜氏女野合而生孔子，祷于尼丘得孔子——按：二语繁费。崔适云：“此文疑本作‘纥与颜氏女祷于尼丘，野合而生孔子’。”颜氏女：名“徵在”。尼丘：即山东曲阜东南的尼山。野合：未经婚嫁而交合。　⑤鲁襄公二十二年而孔子生——《公羊》《穀梁》皆谓孔子生于鲁襄公二十一年（前552），司马迁则以为在襄公二十二年（前551）。今学术界通常取司马迁说。1939年，民国教育部曾官方确定8月27日为孔子诞辰，且规定这一天为我国之教师节。　⑥首上圩(yú)顶——头顶当中洼下。圩：水田周围的土埂。　因名曰“丘”云——《白虎通·姓名》：“孔子首类尼丘山，盖中低而四旁高，如屋宇之反。”泷川资言曰：“云，未必之辞。史公未必信之，姑记所传耳。”⑦字仲尼——名曰“丘”，字“仲尼”，皆取于孔子故乡的“尼丘”而相互补充，“仲”是排行。　⑧丘生而叔梁纥死——《索隐》引《孔子家语》曰：“生三岁而梁纥死。”　防山——又名笔架山，在今山东曲阜东。⑨孔子疑其父墓处，母讳之也——讳：不愿说。《礼记·檀弓》郑玄注曰：“孔子之父郰叔梁纥与颜氏之女徵在野合而生孔子，徵在耻焉，不告。”　⑩陈俎(zǔ)豆，设礼容——俎：其形如几案，用以盛放祭祀用的牛羊豕。豆：其形如灯，用以装带汁的祭品。二句言孔子自幼即与他儿异，天生好礼。　⑪殡五父之衢，盖其慎也——殡：停柩，这里指临时埋葬。五父之衢：当时曲阜城里的街道名。由于孔子不知其父的葬地，无法将其母与其父正式合葬，故只好临时将其母殡于五父衢，以待他日找到父墓再正式安葬，这是出于慎重的考虑。　⑫輓父——人名，《礼记》作“曼父”。　诲孔子父墓——将叔梁纥的墓址告诉了孔子。诲：教导，告知。　⑬要绖(dié)——腰间还系着白布带，亦即还戴着孝。

季氏飨士——季氏：即季孙氏，世代执掌鲁国政权的大贵族。此时的当政者为季孙宿，史称季武子。飨士：犒赏士卒。　⑭阳虎——字货，季孙氏的家臣，大管家。　绌——通“黜”，斥退，不接待。　非敢——

“不能”的婉转说法。 ⑮孔子年十七——时当鲁昭公七年,公元前535年。 孟釐子病且死——孟釐子名仲孙貜,鲁国贵族,即所谓“孟孙氏”。 ⑯圣人之后——“圣人”指正考父。正考父所以能称“圣人”即因有下面所述之名言。按:古代称“圣人”并不严格,只要才能超众即可。 灭于宋——《集解》引杜预曰:“孔子六世祖孔父嘉为宋华督所杀,其子奔鲁也。” ⑰弗父何始有宋而嗣让厉公——语略不顺。弗父何:西周时人,宋湣公之长子,宋厉公之兄。宋湣公死后弗父何当立,弗父何让位于其弟,即宋厉公。 ⑱正考父——东周初人,弗父何的曾孙。 三命兹益恭——意即职位越提升,本人的表现就越是谦恭谨慎。三命:指其一命为士,再命为大夫,三命为卿。兹益:犹言“越发”。兹:通“滋”。 ⑲鼎铭——正考父庙中鼎上的铭文。 一命而偻(lóu),再命而伛(yǔ),三命而俯,循墙而走,亦莫敢余侮——偻:躬身弯腰。伛、俯:也都是弯腰,其程度依次较“偻”更深。循墙而走:言不敢安然行于路中,盖谨慎之极。亦莫敢余侮:也没人敢欺侮我。 ⑳饘(zhān)于是,粥于是,以糊余口——大意为,我就是用这个鼎来煮粥吃的。饘:稠粥,这里用作动词,意即煮稠粥。糊口:即指吃。 ㉑虽不当世,必有达者——意谓即使不能当政为君,也必然能成为贤达的人。当世:当政,治国。 ㉒吾即没,若必师之——即:倘,如。若:尔,你。㉓懿子与鲁人南宫敬叔往学礼焉——此盖终言后事。《索隐》曰:“敬叔与懿子皆孟僖子之子,不应更言‘鲁人’。”

孔子贫且贱。及长,尝为季氏史,料量平;[①]尝为司职吏,而畜蕃息。[②]由是为司空。已而去鲁,斥乎齐,逐乎宋、卫,困于陈、蔡之间,于是反鲁。[③]孔子长九尺有六寸[④],人皆谓之“长人”而异之。鲁复善待,由是反鲁[⑤]。

鲁南宫敬叔言鲁君曰:“请与孔子适周。”[⑥]鲁君与之一乘车,两马,一竖子俱,[⑦]适周问礼,盖见老子云。辞去,而老子送之曰:“吾闻富贵者送人以财,仁人者送人以言。吾不能富贵,窃仁人之号,送子以言,曰:‘聪明深察而近于死者,好议人者也。[⑧]博辩广大危其身者,发人之恶者也。[9]为人子者毋以有己[10],为人臣者毋以有己。'"孔子自周反于鲁,弟子稍益进[11]焉。

是时也,晋平公淫,六卿擅权,东伐诸侯;楚灵王兵强,陵轹中国;齐大而近于鲁。鲁小弱,附于楚则晋怒;附于晋则楚来伐;不备于齐,齐师侵鲁。

鲁昭公之二十年,而孔子盖年三十矣。齐景公与晏婴来适鲁,景公问孔子曰:"昔秦穆公国小处辟,其霸何也?"对曰:"秦,国虽小,其志大;处虽辟,行中正。身举五羖,爵之大夫,起累绁之中,[12]与语三日,授之以政。以此取之,虽王可也,其霸小矣。"景公说。

孔子年三十五,而季平子与郈昭伯以斗鸡故得罪鲁昭公[13],昭公率师击平子,平子与孟氏、叔孙氏三家共攻昭公,昭公师败,奔于齐,齐处昭公乾侯[14]。其后顷之,鲁乱。[15]孔子适齐,为高昭子家臣,欲以通乎景公。[16]与齐太师语乐,闻《韶》音,学之,三月不知肉味,齐人称之。

景公问政孔子,孔子曰:"君君,臣臣,父父,子子[17]。"景公曰:"善哉!信如君不君,臣不臣,父不父,子不子,虽有粟,吾岂得而食诸!"他日又复问政于孔子,孔子曰:"政在节财。"景公说,将欲以尼谿田封孔子。晏婴进曰:"夫儒者滑稽而不可轨法;[18]倨傲自顺,不可以为下;[19]崇丧遂哀,破产厚葬,不可以为俗;[20]游说乞贷,不可以为国。[21]自大贤之息,周室既衰,礼乐缺有间。[22]今孔子盛容饰,繁登降之礼、趋详之节,[23]累世不能殚其学,当年不能究其礼[24]。君欲用之以移齐俗,非所以先细民也[25]。"后,景公敬见孔子,不问其礼。异日,景公止孔子曰:"奉子以季氏,吾不能,以季孟之间待之。"[26]齐大夫欲害孔子[27],孔子闻之。景公曰:"吾老矣,弗能用也。"孔子遂行,反乎鲁。

(以上为第二段,写孔子居鲁为小吏,及适周、适齐的经过。)

①为季氏史——为季孙氏作文书官。按:《孟子》于此作"委吏"

(管库员),正与下文“料量平”相应;若作“季氏史”,失之泛泛矣。 料量平——出入公平准确。 ②司职吏——管理牲畜的小官。 蕃息——繁殖得多。蕃:盛。息:生。 ③司空——主管建筑的官。 已而去鲁,斥乎齐,逐乎宋、卫,困于陈、蔡之间,于是反鲁——崔適认为:“已而去鲁”至“于是反鲁”二十一字,及下文“鲁复善待,由是反鲁”八字,皆定公十四年(前496)去鲁后至反鲁之总结,重衍于此也。 ④孔子长九尺有六寸——有:通“又”。按:秦汉时的一尺约当23.1厘米。九尺六寸约当今之2.22米。 ⑤鲁复善待,由是反鲁——八字衍文,参上崔適说。 ⑥鲁南宫敬叔言鲁君——蒋伯潜认为:句首之“鲁”字衍,当删。 请与孔子适周——适周:出使周国。当时的周国都于雒邑(在今河南洛阳东北)。关于孔子适周的时间自古说法不一,司马迁将其系于孔子十七岁之后,三十岁之前,既无确切时间,且又怀疑其事件的真实性。 ⑦一乘车——古代称一车四马为“一乘”。 竖子——僮仆。 俱——同行。 ⑧聪明深察——头脑清晰且又好盘根究底。 近于死——犹言“更容易死”“更招来死”。 议人——议论别人的是非。 ⑨博辩广大——学问多、见识广。 发人之恶——揭发别人的短处。 ⑩毋以有己——意即不能有任何私心、任何保留,要能够把一切都贡献出去。 ⑪弟子稍益进——学生渐渐地多起来。 ⑫五羖(gǔ)——指百里奚,春秋前期虞国人。谏虞君不听,虞灭后被秦穆公以五张黑羊皮(羖)换入秦国,授以国政,人称“五羖大夫”。 累绁(léi xiè):囚犯披戴的绳套枷锁。 ⑬季平子与郈(hòu)昭伯以斗鸡故得罪鲁昭公——郈昭伯:鲁国大夫,名恶。据《左传·昭公二十五年》,季平子与郈昭伯斗鸡,结果两家闹起矛盾,互相攻伐,郈氏不敌,遂挑动鲁昭公出兵以攻季氏。 ⑭昭公师败,奔于齐,齐处昭公乾侯——按:据《左传》与《鲁周公世家》,昭公出逃时居于郓,郓本鲁邑,齐取之,以处昭公;三年后昭公如晋,晋乃处昭公于乾侯。乾侯:晋邑名,在今河北成安东南。 ⑮其后顷之——事后不久。 鲁乱——指鲁国国内无君,三桓专政而不使其君入,昭公在外寄居八年,遂死于外。 ⑯高昭子——名张,齐国大夫,“昭”字是谥。高氏与国氏皆为齐国大贵族,世代执掌齐政。 欲以通乎景公——想通过高昭子而靠近齐景公。通:

达,接近。⑰君君,臣臣,父父,子子——意谓君要像君,臣要像臣,父要像父,子要像子。即各自都要严守自己的等级地位。⑱滑稽——言其辞令无穷,变化多端,能颠倒黑白,混淆是非。不可轨法——不可视为法则遵行。⑲倨傲自顺——狂妄自大,自以为是。不可以为下——不能让这种人来做自己的臣下。⑳崇丧——重视办丧事,讲究丧礼的繁文缛节。遂哀——不节制悲哀。遂:任意,放纵。不可以为俗——不能让这种现象成为风俗。㉑乞贷——乞求、借贷。谓自己不事生产,专靠求告他人为生。不可以为国——不能容许这号人在社会上招摇撞骗。㉒大贤——指文、武、周公。息——通"熄",灭,成为过去。礼乐缺有间——礼乐不行有一段时间了。间:空隙。㉓盛容饰——打扮成一种讲究礼仪的样子。繁登降之礼、趋详之节——意即将登堂下阶以及各种行走的礼节搞得特别繁琐。㉔累世不能殚(dān)其学,当年不能究其礼——意谓他们的那种繁琐礼制叫人几辈子也学不完。累世:几辈子。殚:尽,完。当年:犹言"当世",一生。究:搞清楚。㉕非所以先细民也——这不是用来引导教育人民的东西。先:引导,带动。细民:平民百姓。㉖止——挽留。奉子以季氏——像对待季孙氏那样对待你。季孙氏当时为鲁国正卿。以季孟之间待之——用低于季孙氏,高于孟孙氏的待遇对待你。㉗欲害孔子——"欲"字似衍。害:嫉恨。

孔子年四十二,鲁昭公卒于乾侯,定公立。定公立五年,夏,季平子卒,桓子嗣立。季桓子穿井得土缶,中若羊,问仲尼,云"得狗"。[①]仲尼曰:"以丘所闻,羊也。丘闻之,木石之怪夔、罔阆,水之怪龙、罔象,土之怪坟羊。[②]"

吴伐越,堕会稽,得骨节专车[③]。吴使使问仲尼:"骨何者最大?"仲尼曰:"禹致群神于会稽山,防风氏后至,禹杀而戮之,其节专车,此为大矣。"吴客曰:"谁为神?"仲尼曰:"山川之神足以纲纪天下,其守为神[④],社稷为公侯,皆属于王者。[⑤]"客曰:"防风何守?"仲尼曰:"汪罔氏之君守封、禺之山,[⑥]为釐姓。在虞、夏、商为汪罔，于周为长翟，今谓之大人。”客曰：“人长几何？”仲尼曰：“僬侥氏三尺[7]，短之至也。长者不过十之，数之极也[8]。”于是吴客曰：“善哉，圣人！”

桓子嬖臣曰仲梁怀，与阳虎有隙。阳虎欲逐怀，公山不狃[9]止之。其秋，怀益骄，阳虎执怀。桓子怒，阳虎因囚桓子，与盟而醳之。阳虎由此益轻季氏。季氏亦僭于公室，陪臣执国政，是以鲁自大夫以下皆僭离于正道。故孔子不仕，退而修《诗》《书》《礼》《乐》，弟子弥众，至自远方，莫不受业焉。

定公八年，公山不狃不得意于季氏，因阳虎为乱，[10]欲废三桓之適，更立其庶孽阳虎素所善者，遂执季桓子。桓子诈之，得脱。定公九年，阳虎不胜，奔于齐。是时孔子年五十[11]。

公山不狃以费[12]畔季氏，使人召孔子。孔子循道弥久，温温无所试，莫能己用，[13]曰：“盖周文、武起丰、镐而王，今费虽小，傥庶几乎！[14]”欲往。子路不说，止孔子。孔子曰：“夫召我者岂徒哉？如用我，其为东周乎！[15]”然亦卒不行。

其后定公以孔子为中都宰，一年，四方皆则之。[16]由中都宰为司空，由司空为大司寇[17]。

定公十年春，及齐平[18]。夏，齐大夫黎鉏言于景公曰：“鲁用孔丘，其势危齐。”乃使使告鲁为好会，会于夹谷。[19]鲁定公且以乘车好往。[20]孔子摄相事[21]，曰：“臣闻有文事者必有武备，有武事者必有文备。古者诸侯出疆，必具官以从，请具左右司马。[22]”定公曰：“诺。”具左右司马。会齐侯夹谷，为坛位，土阶三等，以会遇之礼相见，[23]揖让而登。献酬之礼毕，齐有司趋而进曰：“请奏四方之乐。”景公曰：“诺。”于是旍旄羽袚矛戟剑拨鼓噪而至。[24]孔子趋而进，历阶而登，不尽一等，举袂而言曰[25]：“吾两君为好会，夷狄之乐何为于此！请命有司[26]！”有司却之，不去，则左右视晏子与景公。[27]景公心怍[28]，麾而去之。有顷，齐有司趋而进曰：“请奏宫中之乐。”景公曰：“诺。”优倡侏儒为戏而前。孔子趋而进，历阶而登，不尽一等，曰："匹夫而营惑诸侯者罪当诛！[29]请命有司！"有司加法焉，手足异处[30]。景公惧而动，知义不若，归而大恐，告其群臣曰："鲁以君子之道辅其君，而子独以夷狄之道教寡人，使得罪于鲁君，为之奈何？"有司进对曰："君子有过则谢以质，小人有过则谢以文。[31]君若悼[32]之，则谢以质。"于是齐侯乃归所侵鲁之郓、汶阳、龟阴之田以谢过。

定公十三年夏，孔子言于定公曰："臣无藏甲，大夫毋百雉之城。[33]"使仲由为季氏宰，将堕三都。[34]于是叔孙氏先堕郈。季氏将堕费，公山不狃、叔孙辄率费人袭鲁[35]。公与三子入于季氏之宫，登武子之台。[36]费人攻之，弗克，入及公侧[37]。孔子命申句须、乐颀下伐之，费人北。[38]国人追之，败诸姑蔑。[39]二子[40]奔齐，遂堕费。将堕成，公敛处父[41]谓孟孙曰："堕成，齐人必至于北门[42]。且成，孟氏之保鄣，无成，是无孟氏也，我将弗堕。"十二月，公围成，弗克。

定公十四年，孔子年五十六，由大司寇行摄相事[43]，有喜色。门人曰："闻'君子祸至不惧，福至不喜。'"孔子曰："有是言也，不曰'乐其以贵下人[44]'乎？"于是诛鲁大夫乱政者少正卯。与闻国政三月，粥羔豚者弗饰贾，男女行者别于途，[45]途不拾遗。四方之客至乎邑者不求有司，皆予之以归。[46]

齐人闻而惧，曰："孔子为政必霸，霸则吾地近焉，我之为先并矣。盍致地焉[47]？"犁鉏曰："请先尝沮之，沮之而不可，则致地，庸迟乎！[48]"于是选齐国中女子好者八十人，皆衣文衣而舞《康乐》，文马三十驷，遗鲁君。陈女乐文马于鲁城南高门外。季桓子微服往观再三，将受，乃语鲁君为周道游[49]，往观终日，怠于政事。子路曰："夫子可以行矣。"孔子曰："鲁今且郊，如致膰乎大夫，[50]则吾犹可以止。"桓子卒受齐女乐，三日不听政；郊，又不致膰俎于大夫。孔子遂行，宿乎屯[51]。而师已送，曰："夫子则非罪。"[52]孔子曰："吾歌可夫？"歌曰："彼妇之口，可以出走[53]；彼妇之谒，可以死败[54]。盖优哉游哉，维以卒岁[55]！”师己反，桓子曰：“孔子亦何言？”师己以实告。桓子喟然叹曰：“夫子罪我以群婢故也夫！”[56]

（以上为第三段，写孔子居鲁为中都宰、司寇及摄行相事的经历。）

①得土缶，中若羊——“若”字当作“有”。　问仲尼，云“得狗”——盖季氏不识其物，误以为狗，故惊问孔子谓己得狗。　②木石之怪——山中的怪物。　夔（kuí）——其状似人的一足兽。　罔阆（wǎng liǎng）——亦作“魍魉”，山精，好学人声而迷惑人者。　罔象——能食人，一名“沐肿”。　坟羊——土怪。　③得骨节专车——得到了一节大骨头，足足装满一车。　④山川之神足以纲纪天下，其守为神——意谓山川的神灵，可以主宰天下，因而我们称那些主管祭祀山川神灵的诸侯也叫“神”。　⑤社稷为公侯——《集解》引王肃曰：“但守社稷，无山川之祀者，直为公、侯而已。”　皆属于王者——意谓大国的诸侯以及小国的公、侯，都统统服从全国唯一的帝王。　⑥汪罔氏——古代部族名，也叫“长翟（狄）”。　封、禺——二山名，在今浙江德清西南，两山相距二里。　⑦僬侥（jiāo yáo）氏三尺——僬侥氏：传说中的“小人国”。三尺：略当于今之七十厘米。　⑧长者不过十之，数之极也——谓其最高不能超过僬侥氏的十倍，这也就到了数字的顶点了。长翟身高“三丈”，约当于现在的七米。　⑨公山不狃（niǔ）——也是季孙氏家臣。　⑩定公八年——公元前502年。　因阳虎为乱——阳虎前已为“乱”，与季氏有隙，故公山不狃欲借助之。因：求助、借助。　⑪年五十——按：应作“年五十一”。　⑫费——鲁邑名，在今山东费县西北，当时属于季氏，而公山不狃为季氏做费宰。　⑬循道——遵行先王之道。　温温——蕴蓄饱满的样子。　莫能己用——无人用己。　⑭周文、武起丰、镐而王——意谓周朝的文王、武王当初就是凭借着丰、镐那么两个小地方发展起来，最后称王于天下的。　今费虽小，傥庶几乎——如今公山不狃所占据的费邑虽小，但如果真的用我实行王道，那说不定还能大有作为呢！傥：或许。庶几：差不多。　⑮岂徒哉——难道是没有目的吗？徒：白白地。　如用我，其为东周乎——如果他们真能用我，我将在东方重新建立一个像文、武、

周公那样的周王朝。东周:东方的“周王朝”。 ⑯中都宰——中都地方的行政官。中都:鲁邑名,在今山东汶上西。 则——效法,以之为榜样。 ⑰大司寇——掌管诉讼司法的最高长官。 ⑱平——也叫“成”,指国与国间为结束敌对状态,恢复和平友好而订立盟约。 ⑲好会——友好的会晤。 夹谷——地名,有说在今山东济南莱芜区一带。 ⑳乘车——日用的一般车驾,与“兵车”相对而言。 好往——友好地前去。好:指无敌意,无戒备。 ㉑摄相事——史公之意谓孔子遂由大司寇代行宰相职务。按:前云齐人畏惧孔子被鲁所用而设夹谷之会,此又云“孔子摄相事”,皆见史公对孔子当时在鲁国地位的理解,但读史者仍多谓孔子乃充当傧相。 ㉒具官以从——配备好各种官属,跟随前往。具:配备,设置。 司马——武官名,“具左右司马”即指带领一定数量的武装保卫人员。 ㉓为坛位——筑土为坛,于坛上布列两国诸侯的位次。 土阶三等——夯土为阶,坛高三级。极言其简。 会遇之礼——两国国君平等相会的礼节。 ㉔旍(jīng)旄羽袚(fú)矛戟剑拨(fá)——皆武舞中所用的道具。旍:同“旌”,旗类。旄:幢也,其形如宝盖。羽、袚:皆编羽而成,舞者所执。袚:头巾。拨:大楯。 鼓噪而至——《穀梁传》云:“齐人鼓噪而起,欲以执鲁君。” ㉕历阶——一步一级。 不尽一等——还有一层台阶没有上完(就开口说话了)。极言其情势之紧急。 举袂而言曰——见事急之状。按:此“举袂而言曰”亦犹《魏公子列传》中晋鄙之“举手视公子曰”,皆见其急迫惶急之态。 ㉖请命有司——意即“请有关负责人立刻对此加以处置”! ㉗却——使之离去。 则左右视晏子与景公——泷川资言曰:“‘则’犹言‘于是’;‘左右视’,孔子视也。” ㉘怍(zuò)——惭愧。 ㉙匹夫——指小人,下等人。 营惑——同“荧惑”,迷惑,乱人视听。 ㉚手足异处——按:《穀梁传》云:“罢会,齐人使优施舞于鲁君之幕下。孔子曰:‘笑君者罪当死。’使司马行法焉,首足异门而出。” ㉛谢以质——用实在的东西表示歉意。谢:道歉。质:实。 文——指花言巧语,没用的东西,“实”之反。 ㉜悼——痛心,愧悔。 ㉝臣无藏甲——家臣不得私存甲兵,即不准搞自己的武装,如阳虎等人即所谓“家臣”。 大夫毋百雉之城——大夫的封邑,其城不能过百雉。按:城高一丈,长三丈叫一雉。百雉,即城墙的每面之长为三百丈,约当今之六百九十三米。如季孙氏、叔孙氏等即所谓“大夫”。㉞仲由——即子路,名“由”,孔子的学生,以长于政事闻名。　为季氏宰——为季孙氏当管家。宰:家臣。　将堕三都——谓以国家的命令让三桓各自拆毁自己的都城,以其超过百雉,不合规定。堕:通“隳”,毁坏。三都:即下面依次讲到的叔孙氏的都城“郈”、季孙氏的都城“费”、孟孙氏的都城“成”。　㉟公山不狃、叔孙辄率费人袭鲁——公山不狃原为费宰,前与阳虎勾结作乱,今又乘费人之不满率众而起;叔孙辄原不得意于叔孙氏,前从阳虎夺嫡失败,今又乘机而起。袭鲁:袭击鲁国都城曲阜。　㊱三子——指季孙氏(名斯)、孟孙氏(名何忌)、叔孙氏(名州仇)三卿。　季氏之宫——季孙氏在曲阜城中的宫院。　武子之台——当年季武子所筑的楼台。季武子名“宿”,是现任鲁卿季桓子的曾祖。　㊲入及公侧——《集解》引服虔曰:“人有入及公之台侧。”《左传》与此同。杨伯峻以为“入”字乃“矢”字之误,言费人自台下仰攻,故矢及公侧。似以后者为是。　㊳申句须、乐颀(qí)——皆鲁国大夫。　费人北——谓公山不狃、叔孙辄等败走。北:败走。　㊴国人——指鲁国公室的军队。国:国都。　姑蔑——古邑名,在今山东泗水县东。　㊵二子——指公山不狃与叔孙辄。　㊶公敛处父——孟孙氏的家臣,时为成宰。　㊷堕成,齐人必至于北门——北门:指鲁国国都曲阜的北门。其意谓“成”是鲁国北方的重镇,可以屏障北方。今拆其城,齐国军队将可南下直趋鲁都北门。　㊸由大司寇行摄相事——按:“摄”“行”二字皆谓代理、权任。又前文已云“摄相事”,今复云“行摄相事”,前后重复。梁玉绳曰:“‘摄相’者,乃傧相会盟之事……乃史公以当国为相,故于《秦纪》及吴、齐、晋、楚、魏世家、《伍子胥传》直书‘孔子相鲁’,岂不误哉?鲁之相,季氏尸之,孔子安得‘摄’乎?”　㊹乐其以贵下人——按:孔子此语答非所问,近于巧辩。㊺粥羔豚者弗饰贾——粥:同“鬻(yù)”,卖。羔豚:羊、猪。弗饰贾:不讨虚价,是一说一。饰:虚增。贾:后作“价”。　别于途——分路行走,各走一边。　㊻至乎邑者——来鲁国城邑办事的人。　不求有司——不用向主管人提出请求。　皆予之以归——意谓鲁国的百姓们就能够使其各得所需而归。 ㊼我之为先并矣，盍致地焉——先并：首先被鲁国吞并。盍致地焉：何不及早地割给他们一片土地，以求安宁呢？盍：何不。按：此数语三传均不载，史公将孔子的作用夸得过神。 ㊽先尝沮之——先找人去试着挑拨其君臣关系。尝：试。沮：以言语破坏。 庸迟——何迟。庸：岂，何。 ㊾周道游——犹言“到各处走一遍”。季氏与鲁君因不好明言去城南看齐国女乐，故而说是“到各处走走”。 ㊿郊——郊祀，在城外举行的祭天活动。 致膰（fán）乎大夫——膰：祭肉。按照礼节规定，天子或诸侯的祭祀过后，要把祭肉分发给大臣，以表示对这些大臣的尊重。 51屯——鲁邑名，在今山东郓城东北，一说在今山东阳谷东北。 52师己——鲁国乐师名“己”。 夫子则非罪——先生您是没有过错的。 53彼妇之口，可以出走——意谓妇人口舌可以离间君臣关系，使贤臣被迫出走。 54彼妇之谒，可以死败——谒：进，进言。死败：指人死国败。 55优哉游哉，维以卒岁——意谓逍遥散荡，凑凑合合地打发日子吧！优游：即“悠游”，指时日闲暇、身心散荡。 56喟（kuì）然——伤心的样子。 群婢——指齐国女乐。

孔子遂适卫，主于子路妻兄颜浊邹家。卫灵公问孔子：“居鲁得禄几何？”对曰：“奉粟六万[1]。”卫人亦致粟六万。居顷之，或谮孔子于卫灵公。灵公使公孙余假一出一入。[2]孔子恐获罪焉，居十月，去卫。

将适陈，过匡，颜刻为仆，以其策指之曰[3]：“昔吾入此，由彼缺也。”匡人闻之，以为鲁之阳虎。阳虎尝暴匡人，匡人于是遂止孔子。孔子状类阳虎，拘焉五日。颜渊后，子曰：“吾以汝为死矣。”颜渊曰：“子在，回何敢死！”匡人拘孔子益急，弟子惧。孔子曰：“文王既没，文不在兹乎[4]？天之将丧斯文也，后死者不得与于斯文也[5]；天之未丧斯文也，匡人其如予何！”孔子使从者为宁武子[6]臣于卫，然后得去。

去即过蒲[7]。月余，反乎卫，主蘧伯玉[8]家。灵公夫人有南子者,使人谓孔子曰:“四方之君子不辱欲与寡君为兄弟者,必见寡小君。[9]寡小君愿见。”孔子辞谢,不得已而见之。夫人在絺帷中。孔子入门,北面稽首。夫人自帷中再拜,环佩玉声璆然。孔子曰:“吾乡为弗见,见之礼答焉[10]。”子路不说,孔子矢之曰:“予所不者,天厌之!天厌之!”[11]居卫月余,灵公与夫人同车,宦者雍渠参乘,出,使孔子为次乘,招摇市过之。孔子曰:“吾未见好德如好色者也。”于是丑之,去卫,过曹。是岁,鲁定公卒。

孔子去曹适宋,与弟子习礼大树下。宋司马桓魋欲杀孔子,拔其树[12]。孔子去。弟子曰:“可以速矣。”孔子曰:“天生德于予,桓魋其如予何!”

孔子适郑,与弟子相失,孔子独立郭东门。郑人或谓子贡曰:“东门有人,其颡似尧,其项类皋陶,其肩类子产,然自要以下不及禹三寸,累累若丧家之狗。”子贡以实告孔子。孔子欣然笑曰:“形状,末也;而谓似‘丧家之狗’,然哉!然哉!”

孔子遂至陈,主于司城贞子[13]家。岁余,吴王夫差伐陈,取三邑而去。赵鞅伐朝歌。楚围蔡,蔡迁于吴。吴败越王句践会稽。

有隼集于陈廷而死,楛矢贯之,石砮,矢长尺有咫。[14]陈湣公使使问仲尼。仲尼曰:“隼来远矣,此肃慎[15]之矢也。昔武王克商,通道九夷百蛮,使各以其方贿来贡,使无忘职业。[16]于是肃慎贡楛矢石砮,长尺有咫。先王欲昭其令德,以肃慎矢分大姬,配虞胡公而封诸陈。[17]分同姓以珍玉,展亲;[18]分异姓以远方职,使无忘服。[19]故分陈以肃慎矢。”试求之故府,果得之。

孔子居陈三岁,会晋楚争强,更伐陈,及吴侵陈,陈常被寇。孔子曰:“归与归与!吾党之小子狂简,进取不忘其初。[20]”于是孔子去陈。

过蒲,会公叔氏以蒲畔,[21]蒲人止孔子。弟子有公良孺者,以私车五乘从孔子。其为人长贤,有勇力,谓曰:“吾昔从夫子遇难于匡,今又遇难于此,命也已。吾与夫子再罹难,宁斗而死。”斗甚疾。蒲人惧，谓孔子曰："苟毋适卫，吾出子[22]。"与之盟，出孔子东门。[23]孔子遂适卫。子贡曰："盟可负邪？"孔子曰："要盟也，神不听[24]。"

卫灵公闻孔子来，喜，郊迎。问曰："蒲可伐乎？"对曰："可。"灵公曰："吾大夫以为不可。今蒲，卫之所以待晋、楚也[25]，以卫伐之，无乃不可乎？"孔子曰："其男子有死之志，妇人有保西河之志。吾所伐者不过四五人。[26]"灵公曰："善。"然不伐蒲。

灵公老，怠于政，不用孔子。孔子喟然叹曰："苟有用我者，期月而已，三年有成。[27]"孔子行。

佛肸为中牟宰，[28]赵简子攻范、中行，伐中牟，佛肸畔。[29]使人召孔子，孔子欲往。子路曰："由闻诸夫子：'其身亲为不善者，君子不入也。'今佛肸亲以中牟畔，子欲往，如之何？"孔子曰："有是言也。不曰坚乎，磨而不磷；不曰白乎，涅而不淄。我岂匏瓜也哉，焉能系而不食？[30]"

孔子击磬，有荷蒉而过门者，[31]曰："有心[32]哉，击磬乎！硁硁乎，莫己知也夫而已矣[33]！"

孔子学鼓琴师襄子，十日不进。[34]师襄子曰："可以益矣。[35]"孔子曰："丘已习其曲矣，未得其数也。[36]"有间，曰："已习其数，可以益矣。"孔子曰："丘未得其志[37]也。"有间，曰："已习其志，可以益矣。"孔子曰："丘未得其为人[38]也。"有间，曰："有所穆然深思焉，有所怡然高望而远志焉。"曰："丘得其为人：黯然而黑，幾然而长，眼如望羊，如王四国，非文王其谁能为此也！[39]"师襄子辟席再拜，曰："师盖云《文王操》也[40]。"

孔子既不得用于卫，将西见赵简子。至于河而闻窦鸣犊、舜华之死也，[41]临河而叹曰："美哉水，洋洋乎！丘之不济此，命也夫！"子贡趋而进曰："敢问何谓也？"孔子曰："窦鸣犊、舜华，晋国之贤大夫也。赵简子未得志之时，须此两人而后从政；及其已得志，杀之乃从政。丘闻之也，刳胎杀夭则麒麟不至郊，竭泽涸渔则蛟龙不合阴阳,覆巢毁卵则凤皇不翔。何则?君子讳伤其类也。夫鸟兽之于不义也尚知辟之,而况乎丘哉!”乃还息乎陬乡,作为《陬操》以哀之。[42]而反乎卫,入主蘧伯玉家。

他日,灵公问兵陈。孔子曰:“俎豆之事则尝闻之,军旅之事未之学也。”明日,与孔子语,见蜚雁,仰视之,色不在孔子。孔子遂行,复如陈。

夏,卫灵公卒,立孙辄,是为卫出公。六月,赵鞅内太子蒯聩于戚[43]。阳虎使太子絻,八人衰绖,伪自卫迎者,哭而入,遂居焉[44]。冬,蔡迁于州来。是岁鲁哀公三年,而孔子年六十矣。齐助卫围戚,以卫太子蒯聩在故也。

夏,鲁桓、釐庙燔,南宫敬叔救火。[45]孔子在陈,闻之,曰:“灾必于桓、釐庙乎[46]?”已而果然。

秋,季桓子病,辇而见鲁城[47],喟然叹曰:“昔此国几兴矣,以吾获罪于孔子,故不兴也。[48]”顾谓其嗣康子曰:“我即死,若必相鲁;相鲁,必召仲尼。”后数日,桓子卒,康子代立。已葬,欲召仲尼。公之鱼[49]曰:“昔吾先君用之不终,终为诸侯笑。今又用之不能终,是再为诸侯笑。”康子曰:“则谁召而可?”曰:“必召冉求[50]。”于是使使召冉求。冉求将行,孔子曰:“鲁人召求,非小用之,将大用之也。”是日,孔子曰:“归乎归乎!吾党之小子狂简,斐然成章,吾不知所以裁之。[51]”子赣知孔子思归,送冉求,因诫曰“即用,以孔子为招”云。[52]

冉求既去,明年,孔子自陈迁于蔡。蔡昭公将如吴,吴召之也。前昭公欺其臣迁州来,后将往,大夫惧复迁,公孙翩射杀昭公。楚侵蔡。秋,齐景公卒。

明年,孔子自蔡如叶。叶公问政,孔子曰:“政在来远附迩。”他日,叶公问孔子于子路,子路不对。孔子闻之,曰:“由,尔何不对曰‘其为人也,学道不倦,诲人不厌,发愤忘食,乐以忘忧,不知老之将至’云尔。”

去叶，反于蔡。长沮、桀溺耦而耕，孔子以为隐者，使子路问津焉。[53]长沮曰："彼执舆者为谁？"子路曰："为孔丘。"曰："是鲁孔丘与？"曰："然。"曰："是知津矣。"桀溺谓子路曰："子为谁？"曰："为仲由。"曰："子，孔丘之徒与？"曰："然。"桀溺曰："悠悠者天下皆是也，而谁以易之[54]？且与其从辟人之士，岂若从辟世之士哉！[55]"耰而不辍[56]。子路以告孔子，孔子怃然曰："鸟兽不可与同群。天下有道，丘不与易也。[57]"

他日，子路行，遇荷蓧丈人，曰："子见夫子乎？"[58]丈人曰："四体不勤，五谷不分，孰为夫子！"植其杖而芸[59]。子路以告，孔子曰："隐者也。"复往，则亡。

孔子迁于蔡三岁，吴伐陈。楚救陈，军于城父[60]。闻孔子在陈、蔡之间，楚使人聘孔子。孔子将往拜礼，陈、蔡大夫谋曰："孔子贤者，所刺讥皆中诸侯之疾。今者久留陈、蔡之间，诸大夫所设行[61]皆非仲尼之意。今楚，大国也，来聘孔子。孔子用于楚，则陈、蔡用事大夫危矣。"于是乃相与发徒役围孔子于野。不得行，绝粮。从者病，莫能兴[62]。孔子讲诵弦歌不衰。子路愠见曰："君子亦有穷乎？"孔子曰："君子固穷，小人穷斯滥矣。"

子贡色作[63]。孔子曰："赐，尔以予为多学而识之者与？"曰："然。非与？"孔子曰："非也，予一以贯之[64]。"

孔子知弟子有愠心，乃召子路而问曰："《诗》云'匪兕匪虎，率彼旷野'。吾道非邪？吾何为于此？[65]"子路曰："意者吾未仁邪？人之不我信也。意者吾未知邪？人之不我行也。[66]"孔子曰："有是乎！由，譬使仁者而必信，安有伯夷、叔齐？使知者而必行，安有王子比干？"

子路出，子贡入见。孔子曰："赐，《诗》云'匪兕匪虎，率彼旷野'。吾道非邪？吾何为于此？"子贡曰："夫子之道至大也，故天下莫能容夫子。夫子盖少贬[67]焉？"孔子曰："赐，良农能稼而不能为穑，良工能巧而不能为顺。[68]君子能修其道，纲而纪之，统而理之,而不能为容[69]。今尔不修尔道而求为容,赐,而志不远矣[70]!”

子贡出,颜回入见。孔子曰:“回,《诗》云‘匪兕匪虎,率彼旷野’。吾道非邪?吾何为于此?”颜回曰:“夫子之道至大,故天下莫能容。虽然,夫子推而行之。不容何病?不容然后见君子!夫道之不修也,是吾丑也。夫道既已大修而不用,是有国者之丑也。不容何病,不容然后见君子!”孔子欣然而笑曰:“有是哉颜氏之子!使尔多财,吾为尔宰。[71]”

于是使子贡至楚,楚昭王兴师迎孔子,然后得免。

昭王将以书社地七百里[72]封孔子。楚令尹子西曰:“王之使使诸侯有如子贡者乎?”曰:“无有。”“王之辅相有如颜回者乎?”曰:“无有。”“王之将率有如子路者乎?”曰:“无有。”“王之官尹有如宰予者乎?”曰:“无有。”“且楚之祖封于周,号为子男五十里。[73]今孔丘述三五之法,明周召之业,[74]王若用之,则楚安得世世堂堂方数千里乎[75]?夫文王在丰,武王在镐,百里之君,卒王天下。今孔丘得据土壤,贤弟子为佐,非楚之福也。”昭王乃止。其秋,楚昭王卒于城父。

楚狂接舆歌而过孔子,曰:“凤兮凤兮,何德之衰!往者不可谏兮,来者犹可追也!已而已而,今之从政者殆而![76]”孔子下,欲与之言。趋而去,弗得与之言。

于是孔子自楚反乎卫。是岁也,孔子年六十三,而鲁哀公六年也。

其明年,吴与鲁会缯,征百牢。[77]太宰嚭召季康子,康子使子贡往,然后得已。[78]

孔子曰:“鲁卫之政,兄弟也[79]。”是时,卫君辄父不得立,在外,诸侯数以为让。[80]而孔子弟子多仕于卫,卫君欲得孔子为政。子路曰:“卫君待子而为政,子将奚先[81]?”孔子曰:“必也正名乎!”子路曰:“有是哉,子之迂也!何其正也?[82]”孔子曰:“野哉[83]由也!夫名不正则言不顺,言不顺则事不成,事不成则礼乐不兴，礼乐不兴则刑罚不中，刑罚不中则民无所错手足矣。夫君子为之必可名，言之必可行。君子于其言，无所苟而已矣。”

其明年，冉有为季氏将师，与齐战于郎，[84]克之。季康子曰：“子之于军旅，学之乎？性之乎？”冉有曰：“学之于孔子。”季康子曰：“孔子何如人哉？”对曰：“用之有名；播之百姓，质诸鬼神而无憾[85]。求之至于此道[86]，虽累千社，夫子不利也[87]。”康子曰：“我欲召之，可乎？”对曰：“欲召之，则毋以小人固之[88]，则可矣。”而卫孔文子将攻太叔，问策于仲尼。[89]仲尼辞不知，退而命载[90]而行，曰：“鸟能择木，木岂能择鸟乎！”文子固止[91]。会季康子逐公华、公宾、公林，以币迎孔子[92]，孔子归鲁。

孔子之去鲁凡十四岁而反乎鲁。

（以上为第四段，写孔子周游卫、郑、陈、蔡等国的艰辛经历。）

①奉粟六万——奉：通“俸”。六万：《正义》曰：“六万小斗，计当今二千石也，周之斗、升、斤、两皆用小也。” ②公孙余假——卫国的公室子弟，名“余假”。 一出一入——谓手持兵仗出入，以胁孔子。③匡——卫邑名，在今河南长垣西南。 颜刻为仆——颜刻：孔子的学生。仆：车夫。 策——马鞭。 ④文王既没，文不在兹乎——自从周文王死后，天下的文化不是全集中在我这儿了吗？ ⑤天之将丧斯文也，后死者不得与于斯文也——如果老天爷想让文化灭绝，那么当初它就不该让我掌握这些东西。斯：此，这。后死者：孔子指称自己，与“既没”的文王相对而言。与：参与，掌握。 ⑥宁武子——名俞，卫国大夫，是一个颇受孔子敬重的人。 ⑦蒲——卫邑名，在今河南长垣，在匡之北。 ⑧蘧伯玉——名瑗，卫国大夫，是一个颇受孔子尊敬的人。⑨不辱欲与寡君为兄弟者——不辱：不以为辱，谦辞。寡君：对别国人说话时，自称本国的国君的谦辞。 寡小君——以称本国国君的夫人。 ⑩吾乡为弗见，见之礼答焉——我本来是不想见她的，后来既已见了，也就只好以礼相答。这是弟子们不满孔子叩拜南子，孔子为自己辩解的话。乡：通“向”，前者。为：将。 ⑪矢——誓，即今所谓“起誓”。 予所不者，天厌之——我说的话如果不是真的，让老天爷抛弃

我。不:同“否”,假。厌:厌弃,抛弃。 ⑫宋司马桓魋(tuí)——司马:主管全国兵事。桓魋:宋国的权臣,宋桓公的后代,亦称“向魋”。 拔其树——马茂元认为:“拔其树,孔子去”是“孔子去,拔其树”的倒文。桓魋想杀孔子,赶到后,孔子已去,因此拔掉这棵树表示忿恨。 ⑬司城贞子——司城:官名。贞子:是其人之谥,姓字不详。 ⑭有隼(sǔn)集于陈廷——隼:也称八鹞,鹰类猛禽。集:鸟停于树。陈廷:陈国的宫廷。 楛(hù)矢——楛木为杆的箭。 石砮(nǔ)——石头磨成的箭头。 矢长尺有咫(zhǐ)——矢:箭杆。尺有咫:一尺零八寸。有:通“又”。咫:八寸。按:古代的一尺八寸约当于现在的四十一厘米,是一种很短的箭。 ⑮肃慎——古代部落名,在今吉林、黑龙江一带,即后来的女真。 ⑯各以其方贿来贡——方贿:地方出产,土特产。 无忘职业——不要忘记对中央天子应尽的义务。职业:职分,义务。 ⑰先王——指周武王。 昭其令德——显示自己的美德。即下所云分封疆土,赏赐珍玉等。 以肃慎矢分大姬——把肃慎进贡来的短矢赐给了自己的长女太姬。 配虞胡公而封诸陈——配:嫁给。虞胡公:名满,舜的后代。有关太姬下嫁胡公满,周封胡公满于陈的详情,见《陈杞世家》。 ⑱同姓——武王的兄弟子侄等,如鲁、卫、燕、晋、曹、蔡等国。 展亲——加深亲族关系。展:重。 ⑲分异姓以远方职——异姓:异姓功臣与受优待的前朝旧族,如齐、宋、陈、杞等。远方职:远方部落进来的贡物。职:贡。 无忘服——不要忘记服从周天子。 ⑳吾党之小子——指留在鲁国的弟子。党:乡党,乡里。 狂简——积极、耿直。狂:指有进取心。简:爽直,亮直。 进取不忘其初——好进取或已经入仕者,都能不忘初志。初:初志,指前所接受的文武之道。 ㉑公叔氏——卫国大夫公叔戍。 以蒲畔——以蒲邑为据点,叛变卫国。 ㉒苟毋适卫,吾出子——只要你答应不去卫都,我就放你走。因蒲人怕孔子到卫告知蒲地之虚实。 ㉓与之盟——谓孔子与蒲人发誓结约。 出孔子东门——蒲人将孔子送出了蒲邑的东门。意思是让他东去鲁国,不要北去卫国。 ㉔要盟也,神不听——在别人要挟强制下订立的盟约,孔子认为这种盟约可以不遵守。 ㉕蒲,卫之所以待晋、楚也——待晋、楚:抵抗晋、楚。蒲在卫之西南,晋、楚之军来伐卫,蒲是卫国西南方的屏障。此语盖言蒲邑的军事力量之强。

㉖有死之志——指宁可被杀而不从公叔氏为乱。 保西河之志——指发誓不离故乡,不随叛者迁于他处。西河:此指流经卫国的这段黄河,以其在蒲之西,故蒲人称之“西河”。 吾所伐者——指忠实于叛乱分子,需要我们去动手收拾的人。 ㉗期(jī)月而已——谓一年之内可使政教畅行。期月:周遍一年之十二月,即指一年。 成——见成效,获成功。 ㉘佛肸(bì xī)——晋国大夫。 中牟宰——中牟县的行政长官。中牟:晋邑名,在今河南鹤壁西。 ㉙赵简子攻范、中行,伐中牟——晋国的范氏、中行氏被赵氏、韩氏、魏氏等打败后,先后逃到朝歌、邯郸,赵氏穷追不舍,直至将其追入齐境,而中牟宰佛肸支持范氏、中行氏,故赵氏移兵伐之。 佛肸畔——畔:通“叛”。因中牟被赵氏所攻,故佛肸遂公开反击赵氏。按:晋国的六卿相攻,原无所谓“叛”,但因赵氏假名公室,故称反赵氏者为“叛”。 ㉚不曰坚乎,磨而不磷;不曰白乎,涅(niè)而不淄——俗话不是说过嘛,真正坚硬的东西是磨不烂的,真正洁白的东西是染不黑的。磷:烂。涅:黑染料,这里用作动词,染。淄:黑。 匏瓜——葫芦。 焉能系而不食——岂能只是挂着让人看,不能让人吃,以比喻自己的不从事政治活动。 ㉛磬——石制乐器。 荷蒉(kuì)——背着草筐。荷:背。蒉:草筐。 ㉜有心——指关心政事。 ㉝硁(kēng)硁——击磬声。 莫己知也夫而已矣——没有人了解自己吗,那也就算啦! ㉞师襄子——鲁国乐师,其名为襄。 不进——未学新业,仍在反复弹十日前初学的曲调。 ㉟可以益矣——可以增加一些新内容啦。 ㊱习其曲——熟习了它的曲调。 未得其数——有曰指“节奏之数”,也有曰指“方法,技术”。

㊲未得其志——还没有弄清乐曲所表达的思想。 ㊳未得其为人——还没有理解作曲家在乐曲中所塑造的形象。 ㊴得其为人——悟出了音乐所塑造的形象。 黯然——黝黑的样子。 幾然——身材高大的样子。幾:通“颀”。 望羊——亦作“望洋”,远视貌。 如王四国——是一位统有天下的帝王。如:而。 谁能为此——谁能如此,谁能成为这个样子。 ㊵师盖云《文王操》也——我的老师告诉我这好像是《文王操》。盖:语词,表示推断的语气。《文王操》:古琴曲名,

据说是周文王所作。 ㊶至于河——当时的黄河自今河南荥阳向东北流，至今河北沧州东入海，卫都濮阳在黄河之东，晋国在黄河之西，故孔子如晋须渡黄河。 窦鸣犊、舜华——二人事迹不详。 ㊷还息乎陬乡——此“陬乡”应在卫地，非孔子之故乡“陬邑”。 作为《陬操》——《孔子家语》作《槃操》，梁玉绳曰：“殆取‘考槃’之义欤？” ㊸内太子蒯聩于戚——将逃入晋国的太子蒯聩送回卫国居于戚邑，以为其进一步夺取政权作准备。内：“纳”的古字，以武力强行送入。戚：卫邑名，在今河南濮阳北。 ㊹阳虎使太子絻（wèn），八人衰绖（cuī dié），伪自卫迎者，哭而入，遂居焉——以上五句是补叙上句蒯聩入戚的过程。阳虎让蒯聩装成回国奔丧的样子，为了防止卫国边境上的士兵阻拦，还特意让八个人装成是卫国的来使，好像是专门来接蒯聩回卫国的。絻：丧时之服，以布为卷帻，以纳四垂发，而露其髻。衰绖：丧服。 ㊺鲁桓、釐庙燔——鲁国宗庙失火，鲁桓公、鲁釐公的木主被焚毁。 南宫敬叔——鲁国大夫，孟僖子之子。 ㊻灾必于桓、釐庙乎——桓公是弑其兄隐公而自立的；釐公非嫡，乃乘闵公被庆父所弑之隙而得立，孔子认为他们都是不应当享受祭祀的，故有此推测。 ㊼辇（niǎn）而见鲁城——让人抬着巡视鲁都曲阜之城。辇：人抬的轿子，或人挽的车子。 ㊽几兴——几乎就要兴盛起来了。 以吾获罪于孔子，故不兴也——获罪：“得罪”的客气说法，指季桓子当年接受齐国女乐，致使孔子离开鲁国事。按：让季桓子将孔子作用估计得如此之高，见史公之感情态度。 ㊾公之鱼——季氏的家臣。 ㊿冉求——字子有，孔子的学生，以长于政事闻名。 (51)斐然——文采繁盛的样子。 吾不知所以裁之——中井积德曰：“‘裁’字由‘章’字而生，是以锦文彩缎为喻也，夫子盖欲归而裁之以就人才也。” (52)子赣——即子贡。 诫——告。 即用，以孔子为招——你回去如果受到任用，要想办法把先生招回去。即：若。 (53)长沮、桀溺——金履祥以为二人盖以物色而名之，如“荷蒉”“晨门”“荷蓧丈人”之类。其一人长而沮洳，一人桀然高大而涂足。 耦而耕——二人合伙持耜而耕。耦：郑玄曰：“二耜为耦。” 问津——打听渡口在哪里。 (54)悠悠者天下皆是也，而谁以易之——意谓社会的混乱黑暗到处都是一样的，又有谁可以改变它呢？悠悠者：

指不可改变的黑暗混乱现实。 ⑮从辟人之士——从:跟随。辟人之士:躲开坏人去另寻好人的人,指孔子。 辟世之士——躲开这个乱世的人,即隐士,如长沮、桀溺、荷蒉者。 ⑯耰(yōu)而不辍——覆土不止,即不想再说话了。耰:原指农具锄杠或钉耙。这里用作动词,指碎土以覆种子。 ⑰怃然——伤心失意的样子。 鸟兽不可与同群——犹言一个人怎么能离开社会去和鸟兽一块生活呢?天下有道,丘不与易也——易:变革。朱熹曰:"天下若已平治,则我无用变易之。正为天下无道,故欲以道易之耳。" ⑱荷蓧——背着草筐。 子见夫子乎——夫子:犹今之所谓"先生""老师"。按:子路原与孔子同出,因事落后,不见孔子,故问于荷蓧丈人。 ⑲植其杖而芸——植:"置"的古字。谓置其杖于地而芸草。 ⑳城父——陈邑名,在今安徽亳州东南。 ㉑设行——施行。实行的章程、制度。 ㉒从者病,莫能兴——病:躺倒。兴:起,立。 ㉓色作——怒形于色。作:发作。 ㉔一以贯之——谓自己的学说有其核心宗旨,并非徒以广博为事。 ㉕匪兕(sì)匪虎,率彼旷野——《诗经·小雅·何草不黄》之文。意谓:我们又不是野兽,为什么叫我们整天沿着旷野奔跑呢?匪:通"非"。兕:野牛。率:循,沿着。 吾道非邪?吾何为于此——我们奉行的道义莫非是错了吗?不然,怎么落到这个地步呢? ㉖未知——智慧不足。知:"智"的古字。 不我行——使我们的仁道不能畅行于世。 ㉗盖少贬焉——何不自己稍微降低一点呢?盖:通"盍",何不。 ㉘能稼而不能为穑——能努力把土地耕种好,但无法保证一定能收成。稼:种。穑:收获。 能巧而不能为顺——能保证自己的工艺精巧,但无法保证符合别人的心意。 ㉙不能为容——不一定能使统治者接受、容纳。 ㉚而志不远矣——你的志量可不怎么远大哟。而:尔,你。 ㉛有是哉——犹今之所谓"真有你的",惊喜敬佩之词。 使尔多财,吾为尔宰——如果你家的财产多,我甘愿为你去当管家,即愿意为你服务。按:以上孔子与子路、子贡、颜回三段对答《左传》《论语》皆不载。 ㉜书社地七百里——泷川资言曰:"书社,书名于里社之籍也,犹曰'居民'也。书社十,即十户。书社百,即百户……古书但云'书社'几十几百,而无云'书社地'几十里几百里者,史文'地'字'里'字当删。"按:

“书社七百”,即封给孔子七百户。 ⑬楚之祖封于周——楚之先祖鬻熊曾事周文王,其五世孙熊绎被周成王封于楚蛮,封以子男之田。 号为子男五十里——周初之封诸侯共分五等,一曰公,二曰侯,三曰伯,四曰子,五曰男。子男同列,皆封地五十里。 ⑭述三五之法——述:讲究,阐发。三五:指三皇五帝,儒家所称的大圣人,他们的政治被儒家称为至善至美。 周召(shào)之业——周公、召公所创造的业绩。周公、召公都被儒家称为圣人。 ⑮楚安得世世堂堂方数千里乎——谓孔子必将遵古制而裁削之。 ⑯已而——犹言“算了吧”。而:通“尔”。 从政者——掌权者。 殆——腐败,不可救药。 ⑰缯——鲁邑名,在今山东兰陵。 征百牢——吴向鲁索取牛羊豕各一百头作为贡礼。牢:这里指太牢,牛羊豕各一头。据《周礼》,致天子,十二牢;上公,九牢;侯伯,七牢;子男,五牢。吴征百牢,实为无理。鲁大夫子服景伯以礼斥之,吴国不听,最后鲁国还是给了吴国百牢。 ⑱太宰嚭(pǐ)——即伯嚭,时为吴国太宰。 康子使子贡往,然后得已——意谓子贡至伯嚭处向其讲明了季康子何以不能亲出的原因,事情遂告了结。 ⑲鲁卫之政,兄弟也——其一指两个国家都是周王室的兄弟,文化传统也很接近;其二是眼前两个国家的混乱衰败也相差无几。 ⑳卫君辄父——即蒯聩,因得罪其父逃到晋国,其子辄继其祖父为君后,蒯聩乃依靠赵鞅、阳虎等国外势力强行进入卫国之戚邑。 诸侯数以为让——以此谴责卫国。让:责。 ㉑奚先——先抓哪一项。奚:何。 ㉒有是哉,子之迂也——真是像人所说,您可真够迂的!迂:迂阔,大而无当,不切时宜。 何其正也——有什么可正的! ㉓野哉——犹今之所说“放肆”。野:粗野。 ㉔其明年——当作“后四年”,即鲁哀公十一年(前484),孔子年六十八。 郎——鲁邑名,在今山东鱼台东北,一说在今山东曲阜附近。 ㉕用之有名,播之百姓,质诸鬼神而无憾——(孔子如果用兵)那一定是师出有名,连百姓、鬼神都会拥护的。播:告知。质:询问。无憾:无不满,无意见。 ㉖求之至于此道——按:此句上下不连贯,疑有脱文。 ㉗虽累千社,夫子不利也——(如果是不义的战争)那么即使掠得几万家人口,孔子也不会认为这是好事。累:几个。千社:两万五千户人家。古代二十五家为一社。 ㉘毋以小人固之——不要像对待小人那样拘泥、限制他。固：拘泥，限制。

⑧⑨孔文子将攻太叔——孔文子：名圉（yǔ），卫国丈夫，卫太子蒯聩的姐夫。太叔：名疾，卫国贵族。 问策——问攻之之策。 ⑨⓪命载——犹言“命驾”，打发人备车。 ⑨①固止——坚决挽留。 ⑨②季康子逐公华、公宾、公林，以币迎孔子——按：“逐”字应作“使”。币：贽也，聘迎之礼品。

鲁哀公问政，对曰：“政在选臣[①]。”季康子问政，曰：“举直错诸枉，则枉者直[②]。”康子患盗，孔子曰：“苟子之不欲，虽赏之不窃[③]。”然鲁终不能用孔子，孔子亦不求仕。

孔子之时，周室微而礼乐废，《诗》《书》缺。追迹三代之礼，序《书传》，上纪唐虞之际，下至秦缪，编次其事。曰：“夏礼吾能言之，杞不足征也[④]。殷礼吾能言之，宋不足征也。足，则吾能征之矣。”观殷、夏所损益，曰：“后虽百世可知也，以一文一质。”[⑤]“周监二代，郁郁乎文哉，吾从周[⑥]！”故《书传》《礼记》自孔氏[⑦]。

孔子语鲁大师[⑧]：“乐其可知也，始作翕如，纵之纯如，皦如，绎如也，以成。[⑨]”“吾自卫反鲁，然后乐正，《雅》《颂》各得其所。”

古者《诗》三千余篇，及至孔子，去其重，取可施于礼义，上采契、后稷，中述殷周之盛，至幽厉之缺，始于衽席，[⑩]故曰“《关雎》之乱以为《风》始[⑪]，《鹿鸣》为《小雅》始，《文王》为《大雅》始，《清庙》为《颂》始”。三百五篇孔子皆弦歌之，以求合《韶》《武》《雅》《颂》之音。礼乐自此可得而述，以备王道，成六艺。

孔子晚而喜《易》，序《彖》《系》《象》《说卦》《文言》[⑫]。读《易》，韦编三绝[⑬]。曰：“假我数年，若是，我于《易》则彬彬[⑭]矣。”

孔子以《诗》《书》《礼》《乐》教，弟子盖三千焉，身通六艺者七十有二人。如颜浊邹之徒，颇受业者甚众[⑮]。

孔子以四教：文，行，忠，信[⑯]。绝四：毋意，毋必，毋固，毋我[⑰]。所慎：齐，战，疾[⑱]。子罕言利与命与仁。不愤不启，举一隅不以三隅反，[19]则弗复也。

其于乡党，恂恂[20]似不能言者。其于宗庙朝廷，辩辩言，唯谨尔[21]。朝，与上大夫言，訚訚如也[22]；与下大夫言，侃侃如也[23]。

入公门，鞠躬如也；[24]趋进，翼如也[25]。君召使傧，色勃如也。[26]君命召，不俟驾行矣。

鱼馁，肉败，割不正，不食[27]。席不正，不坐。食于有丧者之侧，未尝饱也。

是日哭，则不歌[28]。

见齐衰、瞽者，虽童子必变[29]。

"三人行，必得我师。""德之不修，学之不讲，闻义不能徙，不善不能改，是吾忧也。"使人歌，善，则使复之，然后和之。

子不语：怪，力，乱，神。

子贡曰："夫子之文章可得闻也；夫子言天道与性命，弗可得闻也已。"

颜渊喟然叹曰："仰之弥高，钻之弥坚，瞻之在前，忽焉在后。夫子循循然善诱人，博我以文，约我以礼，欲罢不能。既竭我才，如有所立，卓尔，虽欲从之，蔑由也已[30]。"

达巷党人曰："大哉孔子，博学而无所成名。"[31]子闻之曰："我何执？执御乎？执射乎？我执御矣[32]。"牢曰："子云'不试，故艺'。"[33]

鲁哀公十四年春，狩大野[34]。叔孙氏车子鉏商获兽，以为不祥。[35]仲尼视之，曰："麟也。"取之[36]。曰："河不出图，雒不出书，吾已矣夫[37]！"颜渊死，孔子曰："天丧予[38]！"及西狩见麟，曰："吾道穷矣！"喟然叹曰："莫知我夫[39]！"子贡曰："何为莫知子？"子曰："不怨天，不尤人，下学而上达，知我者其天乎！"

"不降其志，不辱其身，伯夷、叔齐乎！"谓"柳下惠、少连降志辱身[40]矣"。谓"虞仲、夷逸隐居放言，行中清，废中权"[41]。"我则异于是，无可无不可。"

子曰:“弗乎弗乎,君子病没世而名不称焉。[42]吾道不行矣,吾何以自见于后世哉?”乃因史记作《春秋》,上至隐公,下讫哀公十四年,十二公。据鲁,亲周,故殷,运之三代。[43]约其文辞而指博[44]。故吴楚之君自称王,而《春秋》贬之曰“子”;践土之会实召周天子,而《春秋》讳之曰“天王狩于河阳[45]”:推此类以绳当世,贬损之义,后有王者举而开之。[46]《春秋》之义行,则天下乱臣贼子惧焉。

孔子在位听讼,文辞有可与人共者,弗独有也。[47]至于为《春秋》,笔则笔,削则削,子夏之徒不能赞一辞。[48]弟子受《春秋》,孔子曰:“后世知丘者以《春秋》,而罪丘者亦以《春秋》。”

(以上为第五段,写孔子晚年归鲁,整理文献及写作《春秋》的经历。)

①政在选臣——泷川资言曰:“《中庸》哀公问政,子曰:‘文武之政,布在方策,其人存则其政举,其人亡则其政息,故为政在人。’史公盖以‘政在选臣’四字易之。《论语·颜渊》篇亦云樊迟问知,子曰‘知人’。” ②举直错诸枉,则枉者直——意谓要任用好人去管理那些坏人,坏人就可以变好了。错:通“措”,安排,放置。枉:邪曲。 ③苟子之不欲,虽赏之不窃——只要你自己不贪婪,那么即使你鼓励人家去偷盗,人家也不会去。 ④夏礼吾能言之,杞不足征也——夏朝的礼我可以讲,但是现在杞国所存的文献资料不足以证明我的理论。杞是周朝初年所封的诸侯国,其国君是夏朝的后代。征:证明、证实。 ⑤观殷、夏所损益——看到了殷朝对夏朝各种典章制度的修改与变通的情况。损:删减。益:增添。 后虽百世可知也,以一文一质——即使一百辈子以后的变化情况,我也可以由此推知,它是一文一质互相交替的。文:文采。指提倡、讲究礼乐政法等典章制度。质:质朴。指不讲究礼乐政法等典章制度。 ⑥周监二代,郁郁乎文哉,吾从周——周朝是吸取借鉴夏商两代的典章制度而建立的国家,它的文采最繁盛,我欣赏周朝!监:同“鉴”,借鉴。郁郁:盛貌。从:认同,欣赏。 ⑦《书传》《礼记》自孔氏——《尚书》与《礼记》都是通过孔子传授下来的。《礼记》:

孔子所见的讲述上古礼仪的书，绝非指今所传之《礼记》。 ⑧鲁大师——鲁国的乐官。大：通“太”。 ⑨乐其可知也——音乐的演奏规律是可以掌握的。 始作翕(xī)如——开始时往往很平和。翕如：翕翕然，妥帖的样子。 纵之纯如，皦如，绎如也——接着演奏下去就越发得圆润纯美、历历清晰、连绵不绝。纵：展开，放开。纯：和谐貌。皦：清晰貌。绎：连续不绝貌。 以成——就这样地一直到完。 ⑩至幽厉之缺——《诗经》中有许多反映周厉王、周幽王时代政治黑暗的作品，如《正月》《十月之交》等。 始于衽席——意谓古代圣君与昏乱之君的政治好坏，都是从身边做起，都与他们的婚姻生活有关。如殷契、后稷都有好母亲，而周厉王、周幽王都有坏妻子。衽席：即床席。代指夫妻生活。 ⑪《关雎》之乱以为《风》始——“之乱”二字应削，此句意即《关雎》是《国风》的第一篇。《关雎》的内容是描写青年男女求爱结婚的，与上文“始于衽席”正相应。 ⑫序《彖》(tuàn)《系》《象》《说卦》《文言》——给《易经》编写了《彖辞》《系辞》《象辞》《说卦》《文言》五种注释书。 ⑬韦编三绝——极言其读得遍数之多，以至于穿连简策的皮条都被翻断了好多次。 ⑭彬彬——有修养、有学问的样子。这里指对文章理解得深透。 ⑮如颜浊邹之徒，颇受业者甚众——意谓(除上述正式登门，完整受业的弟子外)其他如颜浊邹等那种略从孔子受过业的人，就很多啦。颇：略，不多。 ⑯以四教：文，行，忠，信——以四种内容教育学生。文：文采辞令，亦兼指所学典籍的内容和义理。行：道德操行。忠：忠恕之道。信：信义，说话算话。 ⑰绝四：毋意，毋必，毋固，毋我——根绝四种毛病。毋意：不凭空揣测。意：揣测。毋必：不武断。必：决断，事未定而存必然之见。毋固：不固执。毋我：能舍己见以从人。 ⑱所慎：齐，战，疾——齐：通“斋”，祭祀之前的斋戒。斋不慎则不敬于神；战事乃生死成败之所系，疾病则个人性命之所关，故皆不可不慎。 ⑲不愤不启——按：《论语》作“不愤不启，不悱不发”。“愤”“悱”皆指心有疑难，苦思而不得其解时的焦灼之状。

举一隅不以三隅反——隅：角。反：联想、推想。 ⑳恂恂——温和恭敬的样子。 ㉑辩辩言，唯谨尔——辩：明确而有条理。朱熹曰：“宗庙，礼法之所在；朝廷，政事之所出，言不可以不明辩，故必详问而极言之,但谨而不放尔。” ㉒訚(yín)訚如也——犹言“訚訚然”,中正耿直的样子。 ㉓侃(kǎn)侃如也——和悦亲切的样子。 ㉔公门——朝廷之门。 鞠躬如也——恭敬貌。杨伯峻认为:“鞠躬”不能当“曲身”讲,这是双声字,用以形容谨慎恭敬的样子。 ㉕趋进,翼如也——趋:小步疾行。这是古代臣子在君父面前行走的一种特定的礼节性姿势。翼:恭敬的样子。俞樾曰:“非必取象于鸟也。” ㉖君召使傧——国君命去陪伴迎送宾客。 色勃如——突然变色的样子。朱熹曰:“敬君命故也。” ㉗鱼馁(něi),肉败,割不正,不食——孔安国曰:“鱼败曰馁也。”杨伯峻认为:“割”指宰杀猪牛羊时肢体的分解,古人有一定的分解方法,不按那方法分解的便叫“割不正”。 ㉘是日哭,则不歌——朱熹曰:“哭,谓吊哭,一日之内,余哀未忘,自不能歌也。” ㉙见齐衰、瞽者,虽童子必变——见到穿孝服的或是见到瞎子,即使他们是小孩子,也立刻变色显出同情的样子。齐衰:丧服的一种,以熟麻布为之,以其缉边,故曰“齐衰”(斩衰不缉边)。 ㉚既竭我才,如有所立,卓尔,虽欲从之,蔑由也已——杨伯峻译:“我已经用尽我的才力,似乎能够独立地工作。要想再向前迈进一步,又不知怎样着手了。” ㉛达巷党人——达巷:旧注为乡党名。今人杨伯峻译“达巷党”为“达街”,以为“巷党”犹言“里巷”。 博学而无所成名——学识渊博,无所不通,使人无法再说他是哪一门的专家。 ㉜我执御矣——我掌握了赶车的技术。按:古代称人生本领有所谓“六艺”,即礼、乐、射、御、书、数,这六种技术中以“御”为最低下。 ㉝牢——有说是孔子弟子之名。 不试,故艺——由于没有被执政者所任用,所以在下层学了许多技艺。《论语·子罕》有云:“吾少也贱,故多能鄙事。”试:任用。 ㉞大野——后称巨野,薮泽名,在今山东巨野北,当时属鲁,在曲阜城之西。 ㉟叔孙氏车子鉏商——叔孙氏家族的乘车武士名曰鉏商。车子:犹言“车士”,乘车的武士。 不祥——样子奇特,人皆不识其名,故以为不祥。 ㊱取之——谓狩猎者乃将其收管起来。 ㊲河不出图,雒不出书,吾已矣夫——黄河里不再出图,雒水里不再出书(意即当今的世上没有圣王),我可算是完啦。据说伏羲氏的时代曾有龙马背着图出于黄河,伏羲氏就是根据此图画了八卦。又说大禹时代曾有灵龟背着书出于雒水,禹就是根据此书作了《九畴》。后世遂常以“河出图,雒出书”来称说时代清平、国有圣王。按:《论语·子罕》有所谓“子曰:‘凤鸟不至,河不出图,吾已矣夫’”。原不知此语为何而发,今史公乃将其与西狩获麟联系了起来。 ㊳天丧予——犹言“老天爷这可要了我的命了”。按:孔子称颜渊死曰“天丧予”见《论语·先进》。但颜渊去世甚早,是十一年前的事,史公为突出孔子晚年的悲剧性,故依《公羊传》将其彼时之叹也集中到了这里。 ㊴莫知我夫——没有人理解我呀! ㊵柳下惠、少连降志辱身——柳下惠:名展禽,鲁国人,年代比孔子略早,是一个身处污朝而能坚持个人操守的人物,他曾三次被贬官,但都没有赌气离开鲁国。少连:据《礼记》说其人以“善居丧”著称,其他事迹不详。 ㊶虞仲——隐士之流。 夷逸——庄子一类的人。 放言——信口开河,无所顾忌。 行中清——立身行事合乎廉洁的准则。 废中权——废身不仕合乎居乱世的权变之道。权:临时通融。 ㊷弗乎弗乎——犹言“不是吗,不是吗”。反问语,以起下句。病没世而名不称——害怕死后而名字得不到后人称道。病:用作动词。害怕,不愿意。 ㊸据鲁——以鲁国为中心、为纲领。 亲周——尊周,尊崇周天子。 故殷——以殷事为借鉴。故:旧事。引申为轨鉴。 运之三代——融会贯通夏、殷、周三代的经验教训。运:贯通。 ㊹约其文辞而指博——犹言“其辞约,其指博”。约:简明。指:通“旨”,文章的思想。 ㊺践土之会实召周天子,而《春秋》讳之曰“天王狩于河阳”——僖公二十八年(前632),晋文公破楚师于城濮(在今山东鄄城西南),而后在践土(在今河南原阳西南)与诸侯举行盟会,并邀请周天子也来参加。《左传》云:“是会也,晋侯召王。以诸侯见,且使王狩。仲尼曰:‘以臣召君,不可以训’,故书曰‘天王狩于河阳’。”狩:冬猎,这里指打猎。河阳:晋邑,在今河南孟州西,离践土不远。㊻推此类以绳当世,贬损之义——大意谓使《春秋》成为一种批评、褒贬当时政治的准绳。绳:标准、尺度,这里用作动词。贬损:批评、褒贬。

后有王者举而开之——等待日后有圣王出现能把《春秋》的宗旨张大开来。 ㊼在位听讼——在法官之位,听取诉讼者的口供。盖指为司寇时事。 文辞有可与人共者,弗独有也——书写判词时凡是应该与人商量的地方，绝不独自专断。 ㊽笔则笔，削则削——意谓自己要写就写，要删就删，别人不能参与意见。 子夏之徒不能赞一辞——子夏：姓卜，名商，孔子的学生，以长于文学著称。不能赞一辞：不能改动一个字。赞：助，加。

明岁，子路死于卫。[①]孔子病，子贡请见。孔子方负杖逍遥于门，曰："赐，汝来何其晚也？"孔子因叹，歌曰："太山坏乎！梁柱摧乎！哲人萎乎！"因以涕下。谓子贡曰："天下无道久矣，莫能宗予。夏人殡于东阶，周人于西阶，殷人两柱间。[②]昨暮予梦坐奠两柱之间，予始殷人也。[③]"后七日卒。

孔子年七十三，以鲁哀公十六年四月己丑卒[④]。哀公诔之曰："旻天不吊，不慭遗一老，[⑤]俾屏余一人以在位，茕茕余在疚。[⑥]呜呼哀哉！尼父，毋自律！[⑦]"子贡曰："君其不没于鲁[⑧]乎！夫子之言曰：'礼失则昏，名失则愆。失志为昏，失所为愆[⑨]。'生不能用，死而诔之，非礼也；称'余一人'，非名也。"

孔子葬鲁城北泗上[⑩]，弟子皆服三年。三年心丧毕，相诀而去，则哭，各复尽哀；或复留。唯子赣庐于冢上，凡六年，然后去。弟子及鲁人往从冢而家[⑪]者百有余室，因命曰孔里。鲁世世相传以岁时奉祠孔子冢，而诸儒亦讲礼乡饮、大射于孔子冢[⑫]。孔子冢大一顷[⑬]，故所居堂弟子内，后世因庙，藏孔子衣冠琴车书，[⑭]至于汉二百余年不绝。高皇帝过鲁，以太牢祠焉。诸侯卿相至，常先谒，然后从政。

孔子生鲤，字伯鱼。伯鱼年五十，先孔子死。

伯鱼生伋，字子思，年六十二，尝困于宋。子思作《中庸》。

子思生白，字子上，年四十七。子上生求，字子家，年四十五。子家生箕，字子京，年四十六。子京生穿，字子高，年五十一。子高生子慎，年五十七，尝为魏相。[⑮]

子慎生鲋，年五十七，为陈王涉博士，死于陈下[⑯]。

鲋弟子襄,年五十七。尝为孝惠皇帝博士,迁为长沙太守,长九尺六寸。

子襄生忠,年五十七。忠生武,武生延年及安国。安国为今皇帝博士,至临淮太守,蚤卒。安国生卬,卬生驩。

(以上为第六段,写孔子之死与其后代世系。)

①明岁——鲁哀公十五年(前480),孔子七十二岁。 子路死于卫——死于卫太子蒯聩叛乱夺权,推翻其子出公辄之役。时子路为卫大夫孔悝之邑宰,为讨贼而战死。 ②夏人殡于东阶——殡:停棺。指人死成殓后,停棺受吊。东阶:古代贵族厅堂的台阶分三道,西阶供客人行走,东阶供主人行走。 殷人两柱间——谓殷人之停棺乃停于正堂的两柱之间。 ③梦坐奠两柱之间——梦见自己坐在正厅的两柱之间享人进食。奠:祭祀。这里指进食。 予始殷人也——孔子的祖先是宋国人,宋国是殷朝的后代。 ④鲁哀公十六年——公元前479年。 四月己丑卒——按:史公此说依《春秋》《左传》。而《春秋》之所谓"四月"乃指周历,合夏历之二月,夏历的"二月己丑"即二月初十。 ⑤旻(mín)天不吊——犹言"老天爷不体怜我"。旻天:天的泛称。吊:怜悯,体恤。 不慭(yìn)遗一老——不愿意给我留下这么一个老人。不慭:不肯,不愿。 ⑥俾屏余一人以在位——抛下我一个在这个位子上。俾:让,使。屏:亦作"摒",抛弃。余一人:天子用以自称,诸侯则曰"寡人"。今哀公曰"余一人",是非礼的。 茕(qióng)茕余在疚——犹言"使我孤孤单单,痛苦不已"。茕茕:孤独的样子。疚:病痛。王观国曰:"《节南山》诗曰:'不吊昊天';《十月之交》诗曰:'不慭遗一老,俾守我王';《闵予小子》诗曰:'嬛嬛在疚。'然则鲁哀公诔孔子之辞盖集《诗》辞而为诔辞耳。" ⑦尼父——对"仲尼"的敬称,亦犹周武王称"姜尚"为"尚父",齐桓公称"管仲"为"仲父"。 毋自律——自己无法树立法度。盖深叹孔子一没,世更无人,自己失去依靠、失去楷模。毋:无,没有。 ⑧不没于鲁——不能在鲁国得到善终。不没:不得善终。按:后来哀公果因与三桓矛盾尖锐,出逃于越,事见《鲁周公世家》。 ⑨失志为昏,失所为愆——失志:指哀公日后的失国。失所:指哀公日后的出奔。 ⑩葬鲁城北泗上——葬于曲阜城北的泗水

边上,即今"孔林"的位置。 ⑪从冢而家——搬到孔子的坟墓旁边去住。 ⑫诸儒亦讲礼乡饮、大射于孔子冢——按:句中"冢"字应作"家"。讲礼乡饮、大射:即讲习乡饮、大射之礼。讲:讲习,演练。乡饮:乡官为送本乡贤士入京应试而举行的宴饮。大射:诸侯于祭祀前和臣下举行的射箭仪式,射中者参加祭祀,不中者不得参加。 ⑬孔子冢大一顷——按:此句"冢"字亦应作"家",孔子家即今所谓"孔府"。孔府在汉代"大一顷",约当今之数十亩;到今时之孔府占地已至两百四十余亩矣。 ⑭故所居堂弟子内——语略不顺,盖谓孔子当时所住的厅堂与诸弟子所住的卧室。内:内室、卧室。 后世因庙,藏孔子衣冠琴车书——后代遂将"孔府"变为祭祀孔子的庙宇,将孔子生前的衣冠、车服、琴书等收集珍藏起来。 ⑮子高生子慎——"子慎"也作"子顺"。 尝为魏相——为战国时魏国之相。 ⑯为陈王涉博士,死于陈下——《儒林列传》云:"陈涉之王也,而鲁诸儒持孔氏之礼器往归陈王。于是孔甲为陈涉博士,卒与涉俱死。"按:"孔鲋"字"甲"。陈下:陈县城下,陈县当时是陈涉"张楚"国的都城。

太史公曰:《诗》有之:"高山仰止,景行行止①。"虽不能至,然心乡往之。余读孔氏书,想见其为人。适鲁,观仲尼庙堂车服礼器,诸生以时习礼其家,余祗回留之②不能去云。天下君王至于贤人众矣,当时则荣,没则已焉。孔子布衣,传十余世,学者宗之。自天子王侯,中国言六艺者折中于夫子,可谓至圣矣!③

(以上为第七段,是作者的论赞,表达了司马迁对孔子的极端企慕与敬仰之情。)

①高山仰止,景行(háng)行(xíng)止——犹言"高山啊,使我仰望;大路啊,让我行走。"景行:朱熹注:"大道也。"止:语气词。 ②祗回留之——犹言"往返流连",徘徊不忍离去的样子。祗:敬。按:"祗回"有作"低回",意思略同。 ③言六艺者折中于夫子——六艺:此指《诗》《书》《易》《礼》《乐》《春秋》六种儒家经典。折中于夫子:以孔子的思想观点作为衡量是非的标准。折中:取正,判断。 可谓至圣

矣——李景星认为:《孟子》称孔子为“圣之时(适时)者”已是创论;史公更称之为“至圣”,尤为定评。自是以后,遂永远不能易矣。

[**简评**] 《孔子世家》记述了孔子一生所从事的种种活动,介绍了他的思想学说并进行了高度评价,对其坎坷周流、困顿不遇的一生,寄寓了极大的惋惜和同情。司马迁对孔子顽强刻苦、虚心好学的精神,渊博的知识学问,还有为研究整理古代文献所付出的巨大努力和取得的丰富成果,表达了极大的敬仰与赞佩之情。司马迁认为孔子是我国古代足以称为“周公第二”的大圣人、大学者,并立志以孔子为楷模,要写“第二部《春秋》”,要做“孔子第二”。

孔子有他宏伟的政治理想,并有将这种理想付诸实践的政治才干,作品中对此是有充分表现的。但客观形势总是对孔子不利,以至于他到处碰壁,其处境与司马迁笔下的吴起、屈原等相同,这是令司马迁非常悲哀的,司马迁对此表达了无比的愤慨与同情。《孔子世家》的悲剧气氛与整个《史记》的悲剧气氛相一致。司马迁对孔子百折不挠,锲而不舍,宁知其不可为而为之,不改变信念,不降低目标,绝不与恶势力同流合污的奋斗精神极为赞赏。司马迁正是从孔子这种处逆境而誓不回头的精神中受到了鼓舞。文王拘而演《周易》,仲尼厄而作《春秋》,屈原放逐乃赋《离骚》,左丘失明厥有《国语》,这些先贤的故事是司马迁一生奋斗力量的源泉。在这篇作品里,司马迁既是写孔子,也是在借写孔子抒发自己之情,以塑造一个他心目中理想的古代士人的悲剧形象。

《孔子世家》是司马迁根据《论语》《左传》《孟子》《礼记》等书中的旧有资料加以排比、谱列而成的。其原始材料虽然多数旧有,但其谱列工作在很大程度上是司马迁的首创,因为迄今为止,我们还没有发现先秦的古籍中有过孔子的传记或者年谱一类的东西,因此《孔子世家》就成了远从汉代以来研究孔子思想和生平的最重要依据之一,在我国学术史上有着极其重要的地位。

[**集评**] 《太史公自序》:“周室既衰,诸侯恣行。仲尼悼礼废乐崩,追修经术,以达王道,匡乱世反之于正,见其文辞,为天下制仪法,垂六蓺之统纪于后世,作《孔子世家》第十七。”

司马贞曰:“教化之主,吾之师也,为帝王之仪表,示人伦之准的。自子思以下代有哲人,继世象贤,诚可仰同列国。前史既定,吾无间然。又孔子非有诸侯之位而亦称‘系(世)家’者,以是圣人为教化之主,又代有贤哲,故亦称‘系(世)家’焉。”(《史记索隐》)

张守节曰:“孔子无侯伯之位而称‘世家’者,太史公以孔子布衣传十余世,学者宗之,自天子王侯中国言‘六艺’者宗于夫子,可谓‘至圣’,故为‘世家’。”(《史记正义》)

赵翼曰:“孔子无公侯之位而《史记》独列于‘世家’,尊孔子也。凡列国世家与孔子毫无相涉者亦皆书‘是岁孔子相鲁’‘孔子卒’,以其系天下之重轻也。”(《陔餘丛考》)

郭嵩焘曰:“高帝始以太牢祀孔子,太史公适鲁得观孔子庙堂,诸生以时习礼其家。《儒林传》亦称陵夷至秦,天下并争于战国,然齐鲁间学者独不废,是孔子之道因是以自世其家,不待后世之追崇也。史公列孔子于‘世家’,自纪其实而已,儒者或誉之,或毁之,盖皆未达其旨也。”(《史记札记》)

钱穆曰:“孔子周游,其抱负并不在为某一国、某一家,故曰:‘天下有道,丘不与易。’孔子实已超出当时狭义的国家与民族观念之上,而贡献其理想于当时之所谓‘天下’。此种游仕精神,为后起学者所仍袭,到底造成了一个大一统的中国。”“孔子的政治活动失败了,而孔子的教育事业却留下一个绝大的影响。孔子是开始传播贵族学到民间来的第一个。孔子是开始把古代贵族宗庙里的知识来变换成人类社会共有共享的学术事业之第一个。”(《国史大纲》)

又曰:“孔子周游求仕,乃孔子之自由,亦即孔子之成功。道不行,则非孔子之失败,故曰‘杀身成仁,舍生取义’。杀身舍生非失败,成仁取义则成功。全部中国史,乃一部成功史,在个人则成圣成贤,为孝子,为忠臣。在大群则五千年来成为一广土众民大一统之民族国家,至今而仍屹立在天壤间,举世无与匹。此即其成功矣。”(《现代中国学术论衡》)

范文澜曰:“孔子生在东周,还只好寄统一的希望于名义上为天下共主的周天子,虽不可能成为事实,但中央集权的统一思想,开始萌芽,实含有进步的意义。”“孔子和儒家学说无可置辩的是中国封建文化的主体。”“他的学说的某些部分,表现了汉民族在文化特点上的某些精神形态;他的学说,也影响了中国境内外非汉族的各族,在汉族与各族间起着精神联系的作用。孔子基本上是个大教育家,他一生在学习,在思想,在温故知新,在诲人不倦。他积累了极其丰富的经验,特别是教育和行为方面的经验。”(《中国通史简编》)

陈涉世家第十八

陈胜者，阳城[1]人也，字涉。吴广者，阳夏[2]人也，字叔。陈涉少时，尝与人佣耕，辍耕之垄上，怅恨久之，曰："苟富贵，无相忘。"庸[3]者笑而应曰："若[4]为庸耕，何富贵也？"陈涉太息曰："嗟乎，燕雀安知鸿鹄之志哉！"

二世元年[5]七月，发闾左適戍渔阳九百人，[6]屯大泽乡。[7]陈涉、吴广皆次当行，为屯长[8]。会天大雨，道不通，度已失期。失期，法皆斩。陈胜、吴广乃谋曰："今亡亦死，举大计亦死，等死，死国可乎？[9]"陈胜曰："天下苦秦久矣。吾闻二世少子也，不当立，当立者乃公子扶苏。扶苏以数谏故，上使外将兵。今或闻无罪，二世杀之。百姓多闻其贤，未知其死也。项燕为楚将，数有功，爱士卒，楚人怜之。或以为死，或以为亡。今诚以吾众诈自称公子扶苏、项燕，为天下唱[10]，宜多应者。"吴广以为然。乃行卜。卜者知其指意，曰："足下事皆成，有功。然足下卜之鬼乎[11]！"陈胜、吴广喜，念鬼[12]，曰："此教我先威众耳。"乃丹书帛曰"陈胜王"，置人所罾[13]鱼腹中。卒买鱼烹食，得鱼腹中书，固以怪之矣。又间令吴广之次所旁丛祠中，[14]夜篝火[15]，狐鸣呼曰："大楚兴，陈胜王。"卒皆夜惊恐。旦日，卒中往往语，皆指目[16]陈胜。

吴广素爱人，士卒多为用者。将尉[17]醉，广故数言欲亡，忿恚[18]尉，令辱之，以激怒其众。尉果笞广。尉剑挺[19]，广起，夺而杀尉。陈胜佐之，并杀两尉。召令徒属曰："公等遇雨，皆已失期，失期当斩。藉弟令[20]毋斩，而戍死者固十六七。且壮士不死即已，死即举大名[21]耳，王侯将相宁有种乎！"徒属皆曰："敬受命。"乃诈称公子扶苏、项燕，从民欲也。袒右[22]，称大楚，为坛而盟，祭以尉首。陈胜自立为将军，吴广为都尉。攻大泽乡，收而攻蕲[23]。蕲下，乃令符离人葛婴将兵徇蕲以东，[24]攻铚、酂、苦、柘、谯，[25]皆下之。行收兵，比至陈[26]，车六七百乘，骑千余，卒数万人。攻陈，陈守令[27]皆不在，独守丞与战谯门中。[28]弗胜，守丞死，乃入据陈。数日，号令召三老、豪杰与皆来会计事，[29]三老、豪杰皆曰："将军身被坚执锐，伐无道，诛暴秦，复立楚国之社稷，功宜为王。"陈涉乃立为王，号为张楚[30]。

（以上为第一段，写陈涉起义的背景及其发动过程。）

①阳城——秦县名，在今河南登封东南。 ②阳夏（jiǎ）——秦县名，在今河南太康。 ③庸——通"佣"。 ④若——尔，你。 ⑤二世元年——公元前209年。 ⑥发闾左——征调住在里巷左侧的居民。 適戍——发配戍守。適：通"谪"。《汉书·食货志》注引应劭曰："秦时以適发之，名適戍。先发吏有过及赘婿贾人，后以尝有市籍（户籍记为商人）者发，又后以大父母、父母尝有市籍者。戍者曹辈尽，复入闾取其左发之，未及取右而秦亡。"师古曰："居里门之左者，一切发之。"有关"闾左"的解释还有许多，如曰"平民居闾左""穷者取闾左"云云，皆不可信。 渔阳——秦县名，县治在今北京密云区西南。 ⑦屯——停驻。 大泽乡——在今安徽宿州东南。 ⑧屯长——下级军吏，大约相当于后世的连排长。《后汉书·百官志》云："大将军营五部，部校尉一人，比二千石；军司马一人，比千石；部下有曲，曲有军候一人，比六百石；曲下有屯，屯长一人，比二百石。"此是汉制，录之以为参考。 ⑨"今亡亦死"四句——亡：潜逃。举大计：行大谋。指造反。死国：为建立自己的王朝豁出命去干。 ⑩唱——通"倡"，倡导，发

端。 ⑪卜之鬼乎——“卜”上应增“何不”二字读，意谓您为何不到鬼神那里去占卜一下呢？实际是暗示他让他假借鬼神号召群众。 ⑫念鬼——心里寻思卜者所说的“卜之鬼”是什么意思。 ⑬罾(zēng)——渔网。这里用作动词，即“捕获”之意。 ⑭间——私下，暗中。 次所——戍卒所驻之处。 丛祠——荒庙，草树荫蔽中的神庙。 ⑮篝火——《集解》引徐广曰：“篝者，笼也。”即点灯笼。姚范曰：“篝，疑同‘煹’，即举火丛祠，岂必笼耶？”按：姚说是。《汉书·陈胜项籍传》作“构火”。师古曰：“构，谓结起也。”亦即举火、点火之意。 ⑯指目——师古曰：“指而私目视之。”按：“指目”二字最见戍卒对陈涉的怪异敬畏之神情。 ⑰将尉——统领戍卒的秦朝军尉。将：统领、率领。 ⑱忿恚(huì)——恼怒。这里是使动用法。激之使怒。 ⑲剑挺——佩剑脱出。一说，即拔剑。前说是。 ⑳藉弟令——即便，即使。“藉”“假”一声之转，“弟”“但”一声之转。“藉”“假”“弟”“但”四字于此同义。 ㉑举大名——指称王。《项羽本纪》云：“少年欲立婴便为王，异军苍头特起，陈婴母谓婴曰‘自我为汝家妇，未尝闻汝先古之有贵者，今暴得大名，不祥’。”可见。 ㉒袒右——师古曰：“袒右者，脱右肩之衣，当时取异于凡众也。” ㉓蕲(qí)——秦县名，县治在今安徽宿州东南。 ㉔符离——秦县名，县治在今安徽宿州东北。 徇——巡行宣令而使之听己也。 ㉕铚(zhì)——秦县名，县治在今安徽濉溪县南。 酂(cuó)——秦县名，县治在今河南永城西。 苦(gǔ)——秦时县名，县治在今河南鹿邑。 柘(zhè)——秦县名，县治在今河南柘城北。 谯——秦县名，县治在今安徽亳州。 ㉖陈——秦郡名，郡治在今河南周口淮阳区。 ㉗守令——郡守和县令。因为当时陈是陈郡，同时也是陈县的治所，故有守有令。 ㉘守丞——在郡留守的郡丞。郡丞是郡守的副官。 谯门——上有谯楼的城门。 ㉙号令召三老、豪杰与皆来会计事——“与”字疑衍文。三老：乡官，职掌教化。豪杰：当地有名望、有势力的人物。王慎中曰：“(以下数句中)连下‘皆’字，见人心归附之同。” ㉚张楚——国号。《索隐》引李奇曰：“欲张大楚国，故称张楚也。”按：此说勉强。泷川资言曰：“张楚，国号，取张大之义。”即张楚犹言“大楚”。

当此时,诸郡县苦秦吏者,皆刑其长吏,[1]杀之以应陈涉。乃以吴叔为假王[2],监诸将以西击荥阳[3],令陈人武臣、张耳、陈餘徇赵地[4],令汝阴人邓宗徇九江郡。[5]当此时,楚兵数千人为聚者,不可胜数。

葛婴至东城[6],立襄彊为楚王。婴后闻陈王已立,因杀襄彊,还报。至陈,陈王诛杀葛婴。陈王令魏人周市北徇魏地[7]。吴广围荥阳。李由为三川守,[8]守荥阳,吴叔弗能下。陈王征国之豪杰与计,以上蔡人房君蔡赐为上柱国。[9]

周文,陈之贤人也,尝为项燕军视日[10],事春申君[11],自言习兵,陈王与之将军印,西击秦。行收兵至关[12],车千乘,卒数十万,至戏[13],军焉。秦令少府章邯免郦山徒、人奴产子生,[14]悉发以击楚大军,尽败之。周文败,走出关,止次曹阳二三月[15]。章邯追败之。复走次渑池[16]十余日,章邯击,大破之。周文自刭。军遂不战。

武臣到邯郸[17],自立为赵王,陈餘为大将军,张耳、召骚为左右丞相。陈王怒,捕系武臣等家室,欲诛之。柱国曰:“秦未亡而诛赵王将相家属,此生一秦也。不如因而立之。”陈王乃遣使者贺赵,而徙系武臣等家属宫中,而封耳子张敖为成都君,趣赵兵亟入关[18]。赵王将相相与谋曰:“王王赵,非楚意也,楚已诛秦,必加兵于赵。计莫如毋西兵,使使北徇燕地以自广也。赵南据大河,北有燕、代,楚虽胜秦,不敢制赵。若楚不胜秦,必重赵。赵乘秦之弊,可以得志于天下。”赵王以为然,因不西兵,而遣故上谷卒史韩广将兵北徇燕地。[19]

燕故贵人豪杰谓韩广曰:“楚已立王,赵又已立王。燕虽小,亦万乘之国也,愿将军立为燕王。”韩广曰:“广母在赵,不可。”燕人曰:“赵方西忧秦,南忧楚,其力不能禁我。且以楚之强,不敢害赵王将相之家,赵独安敢害将军之家!”韩广以为然,乃自立为燕王。居数月，赵奉燕王母及家属归之燕。

当此之时，诸将之徇地者，不可胜数。周市北徇地至狄[20]，狄人田儋杀狄令，自立为齐王，以齐反，击周市。市军散，还至魏地，欲立魏后故宁陵君咎[21]为魏王。时咎在陈王所，不得之魏。魏地已定，欲相与立周市为魏王，周市不肯。使者五反，陈王乃立宁陵君咎为魏王，遣之国，周市卒为相。

将军田臧[22]等相与谋曰："周章军已破[23]矣，秦兵旦暮至，我围荥阳城弗能下，秦军至，必大败。不如少遣兵，足以守荥阳，悉精兵迎秦军。今假王骄，不知兵权[24]，不可与计，非诛之，事恐败。"因相与矫王令以诛吴叔，献其首于陈王。陈王使使赐田臧楚令尹印[25]，使为上将。田臧乃使诸将李归等守荥阳城，自以精兵西迎秦军于敖仓。[26]与战，田臧死，军破。章邯进兵击李归等荥阳下，破之，李归等死。

阳城人邓说将兵居郏，[27]章邯别将击破之，邓说军散走陈。铚人伍徐将兵居许[28]，章邯击破之，伍徐军皆散走陈。陈王诛邓说。

陈王初立时，陵人秦嘉、铚人董緤、符离人朱鸡石、取虑人郑布、徐人丁疾等皆特起，[29]将兵围东海守庆[30]于郯。陈王闻，乃使武平君畔为将军，监郯下军。秦嘉不受命，嘉自立为大司马[31]，恶属武平君。告军吏曰："武平君年少，不知兵事，勿听！"因矫以王命[32]杀武平君畔。

章邯已破伍徐，击陈，柱国房君死。章邯又进兵击陈西张贺军。陈王出监战，军破，张贺死。

腊月，陈王之汝阴[33]，还至下城父[34]，其御[35]庄贾杀以降秦。陈胜葬砀[36]，谥曰隐王[37]。

陈王故涓人将军吕臣为仓头军，[38]起新阳[39]，攻陈，下之，杀庄贾，复以陈为楚。

初，陈王至陈，令铚人宋留将兵定南阳，入武关。[40]留已徇南阳,闻陈王死,南阳复为秦。宋留不能入武关,乃东至新蔡[41]。遇秦军,宋留以军降秦。秦传留至咸阳,车裂留以徇。

秦嘉等闻陈王军破出走,乃立景驹为楚王,引兵之方与[42],欲击秦军定陶[43]下。使公孙庆使齐王,欲与并力俱进。齐王曰:“闻陈王战败,不知其死生,楚安得不请而立王!”公孙庆曰:“齐不请楚而立王,楚何故请齐而立王!且楚首事,当令于天下。”田儋诛杀公孙庆。

秦左右校[44]复攻陈,下之。吕将军走,收兵复聚。鄱盗当阳君黥布之兵相收[45],复击秦左右校,破之青波[46],复以陈为楚。会项梁立怀王孙心为楚王。

(以上为第二段,写农民起义军与秦王朝的决死斗争。陈涉虽兵败身死,但他点燃的反秦烈火已成燎原之势。)

①“当此时”三句——郭嵩焘曰:“此及下文‘当此时,楚兵数千人为聚者不可胜数’,‘当此之时,诸将之徇地者不可胜数’,连用‘当此时’三字,见一时仓卒乘乱而起,抢攘衡决,情事历历如见。” ②假王——未正式受封而暂时代理王事的人。 ③荥(xíng)阳——秦县名,县治在今河南荥阳东北。 ④赵地——战国时赵国的地盘,相当今河北南部一带。 ⑤汝阴——秦县名,县治在今安徽阜阳。 九江郡——秦郡名。辖今之江苏、安徽二省的淮南江北地区。郡治寿春,在今安徽寿县。 ⑥东城——秦县名,县治在今安徽定远东南。 ⑦魏地——师古曰:“即梁地,非河东之魏也。”梁地在今河南开封一带。 ⑧李由——秦丞相李斯之子。 三川——秦郡名,辖今河南西部黄河、伊河、洛河三水流域。三川郡即以此三水为名。郡治在今河南洛阳。 ⑨上蔡——秦县名,县治在今河南上蔡西南。 房君——封号。上柱国——战国时楚国官名,凡破军杀将者可使充之,位极尊崇。后为虚衔。 ⑩视日——占测时日的吉凶,是古时的一种迷信职业。 ⑪春申君——名黄歇,楚国大贵族,以善养士闻名,与孟尝君、平原君、信陵君并称。《史记》有传。 ⑫关——指函谷关,在今河南灵宝东北。 ⑬戏——戏亭,在今陕西西安临潼区东,有戏水流经其下,因以

为名。 ⑭少府——即少府令,秦官,九卿之一,掌山海池泽的收入,以供皇家生活之用。 章邯——秦将,后降项羽,事见《项羽本纪》。 免——免其罪,使之从军。 郦山徒——在郦山为秦始皇修筑陵墓的苦役犯。郦山在今陕西西安临潼区东南。 人奴产子生——按:“人”“生”二字衍文。有的本子断作“郦山徒人”。“徒人”二字连文略生疏,《汉书》无“生”字。奴产子:奴婢所生的孩子。 ⑮止次曹阳二三月——李景星认为:二三月,应作二三日。次:驻扎,停留。曹阳:亭名,在今河南灵宝东北。 ⑯渑池——秦县名,县治在今河南渑池西。 ⑰邯郸——古都邑名,旧址在今河北邯郸。 ⑱趣(cù)——促。 亟(jí)——迅速。 ⑲上谷——秦郡名,郡治沮阳,在今河北怀来东南。 卒史——亦称曹史,郡守的掾属。 ⑳狄——秦县名,县治在今山东高青东南。 ㉑宁陵君咎——即魏咎,故魏国的公子,曾被封为宁陵君。魏被秦灭,咎降为平民。反秦义军起,咎被立为魏王。数月后,被秦将章邯包围,自杀。 ㉒田臧——吴广的部将。 ㉓周章军已破——《汉书》注引服虔曰:“周章即周文。”按:周章与周文应是一人,“文”“章”二字相应,一为其名,一为其字。亦犹《项羽本纪》之或称项羽,或称项籍也。 ㉔兵权——用兵作战的临机应变之术。权:权变,应时变通。 ㉕陈王使使赐田臧楚令尹印——王鏊曰:“陈涉兵无纪律若此。”按:田臧杀吴广,陈涉即赐之以楚令尹印,盖以自己无力控制,亦与武臣称赵王,韩广称燕王,而陈涉武臣之无可奈何相同。令尹:战国时楚官名,职同丞相。 ㉖迎——迎击。 敖仓——秦朝储藏粮食的大仓库,在今河南荥阳东北敖山上。 ㉗邓说——陈涉的部将。说:“悦”的古字。 郯(tán)——《正义》曰:“郯当作郏。”按:《正义》说是。郯在今山东郯城北,东去陈郡甚远,章邯之兵不能突然至此;郏即今河南郏县,在荥阳南、陈之西,地理形势相合。 ㉘许——秦县名,县治在今河南许昌东。 ㉙陵——应作凌,秦县名,县治在今江苏泗阳西北。 取虑——秦县名,县治在今江苏睢宁西南。 徐——秦县名,县治在今江苏泗洪南。 特起——自成一军而不属他人。 ㉚东海守庆——秦朝的东海郡太守名庆者。东海郡的郡治在郯。 ㉛大司马——周代官名,掌全国军务。 ㉜王命——指张楚王陈胜的命令。

㉝陈王之汝阴——谓陈胜在陈西被章邯打败，南逃至汝阴。汝阴：秦县名，县治在今安徽阜阳。之：往。 ㉞还至下城父——谓又北折而至下城父。下城父：古邑名，在今安徽涡阳东南。按：下城父在汝阴东北，再往东北就是宿州，陈胜发动起义的地方；再往东，郯城还有秦嘉的大军，因此陈胜一摆脱秦军追赶，便折回向东北走。 ㉟御——车夫。 ㊱砀（dàng）——秦县名，县治在今河南永城东北。 ㊲谥曰隐王——谓汉代谥陈涉曰隐王。谥法云："不显尸国曰隐。"尸：主也。主国不显，即功业不彰之意。又曰："隐，哀也。"谓其生平行事令人哀怜。 ㊳陈王故涓人将军吕臣——曾为陈王当过涓人，后来成了将军的吕臣。涓人：也叫中涓，为王者主管洒扫、洗涤等内务。 仓头军——旧注解释为全军皆着青巾，以别于其他部伍。仓：通"苍"。按：此说可疑，解见《项羽本纪》注。 ㊴新阳——秦县名，县治在今安徽界首北。按：细索此段文意，仿佛是吕臣在陈王生前为其充任中涓；陈王被杀后，吕臣是激于对叛徒的义愤，逃至新阳，号召陈王旧部，组织起一支队伍重新起事的，所以说"为苍头军"，"起新阳"。这支队伍竟至一举攻下陈郡，杀死了为秦朝驻守的叛徒庄贾，真是英雄壮举，千载下犹有生气。 ㊵南阳——秦郡名，郡治宛县，在今河南南阳。 武关——在今陕西丹凤东南。 ㊶新蔡——秦县名，县治在今河南新蔡。 ㊷方与——秦县名，县治在今山东鱼台西。 ㊸定陶——秦县名，县治在今山东菏泽定陶区。 ㊹左右校——即左右校尉。 ㊺鄱（pó）盗当阳君黥布之兵相收——按："鄱盗"上应增"与"字读，《汉书》作"与番盗英布相遇"。鄱：指鄱江，源于安徽西南部，流入鄱阳湖。当阳君：即英布。英布先在鄱江为盗，后归项梁，称当阳君。《史记》有传。相收：相会，相合。 ㊻青波——秦县名，县治在今河南新蔡西南。

陈胜王凡六月。已为王，王陈。其故人尝与庸耕者闻之，之陈，扣宫门曰："吾欲见涉。"宫门令[①]欲缚之。自辩数[②]，乃置，不肯为通。陈王出，遮道[③]而呼涉。陈王闻之，乃召见，载与俱归。入宫，见殿屋帷帐，客曰："夥颐[④]！涉之为王沈沈者[⑤]！"楚人谓多为夥，故天下传之，“夥涉为王[⑥]”，由陈涉始。客出入愈益发舒，言陈王故情。或说陈王曰：“客愚无知，颛妄言，轻威。”陈王斩之。诸陈王故人皆自引去，由是无亲陈王者。陈王以朱房为中正[⑦]，胡武为司过[⑧]，主司[⑨]群臣。诸将徇地，至，令之不是者[⑩]，系而罪之，以苛察为忠。其所不善者，弗下吏，辄自治之。陈王信用之。诸将以其故不亲附，此其所以败也。

陈胜虽已死，其所置遣侯王将相竟亡秦，由涉首事也。高祖时为陈涉置守冢三十家砀[⑪]，至今血食[⑫]。

（以上为第三段，补叙陈涉失败的原因。）

①宫门令——守卫宫门的官员。 ②辩数——分辩诉说。数：一条一条地说。 ③遮道——拦路。遮：拦截。 ④夥颐——郭嵩焘曰：“夥，惊喜诧叹之音。颐者，语词。”按：惊喜诧叹称“夥”，今河北、天津、北京等地区犹然。 ⑤沈沈者——富丽深邃的样子。 ⑥夥涉为王——俞正燮曰：“言其时天下相王者多，时人轻之，谓王为‘夥涉’，盖庾词相喻也。”按：夥涉即被人称呼过“夥颐”的陈涉，“夥”字成为外号，冠在了名字的前面。 ⑦中正——官名。主管考核官吏，确定官吏的升降。 ⑧司过——犹如后日的监察御史，职掌纠弹。 ⑨司——通“伺”，暗中窥察。 ⑩令之不是者——即不服从命令者。 ⑪置守冢三十家砀——李景星曰：“按《史》《汉》“高纪”，皆言‘予守冢十家’。” ⑫血食——指享受祭祀。因为祭祀时要杀牛、羊、豕作为供品，故云。

褚先生曰[①]：地形险阻，所以为固也；兵革刑法，所以为治也，犹未足恃也。夫先王以仁义为本，而以固塞文法[②]为枝叶，岂不然哉！吾闻贾生之称曰[③]：

秦孝公据殽函之固，拥雍州之地，[④]君臣固守，以窥周室。有席卷天下，包举宇内，囊括四海之意，并吞八荒之心。当是时也，商君佐之，内立法度，务耕织，修守战之备；外连衡而斗诸侯，于是秦人拱手而取西河之外。

孝公既没，惠文王、武王、昭王蒙故业，因遗策，南取汉中，西举巴蜀，东割膏腴之地，收要害之郡。诸侯恐惧，会盟而谋弱秦；不爱珍器重宝肥饶之地，以致天下之士，合从缔交，相与为一。当此之时，齐有孟尝，赵有平原，楚有春申，魏有信陵：此四君者，皆明知而忠信，宽厚而爱人，尊贤而重士，约从连衡，兼韩、魏、燕、赵、宋、卫、中山之众。[5]于是六国之士有宁越、徐尚、苏秦、杜赫之属为之谋，[6]齐明、周最、陈轸、邵滑、楼缓、翟景、苏厉、乐毅之徒通其意，[7]吴起、孙膑、带他、兒良、王廖、田忌、廉颇、赵奢之伦制其兵，[8]尝以什倍之地，百万之师，仰关[9]而攻秦。秦人开关而延敌[10]，九国之师遁逃而不敢进。秦无亡矢遗镞[11]之费，而天下固已困矣。于是从散约败，争割地而赂秦。秦有余力而制其弊，追亡逐北，伏尸百万，流血漂橹，[12]因利乘便，宰割天下，分裂山河，强国请服，弱国入朝。

施及孝文王、庄襄王，享国之日浅，国家无事。

及至始皇，奋六世之余烈，振长策而御宇内，吞二周而亡诸侯，[13]履至尊而制六合，执敲朴以鞭笞天下，[14]威振四海。南取百越之地，以为桂林、象郡，百越之君俯首系颈，委命下吏。[15]乃使蒙恬北筑长城而守藩篱，却匈奴七百余里，胡人不敢南下而牧马，士亦不敢贯弓而报怨。[16]于是废先王之道，燔百家之言[17]，以愚黔首。堕名城，杀豪俊，收天下之兵聚之咸阳，销锋鍉，铸以为金人十二，[18]以弱天下之民。然后践华为城，因河为池，据亿丈之城，临不测之溪以为固；[19]良将劲弩，守要害之处，信臣精卒，陈利兵而谁何。天下已定，始皇之心，自以为关中之固，金城千里，子孙帝王，万世之业也。

始皇既没，余威振于殊俗[20]。然而陈涉瓮牖绳枢之子，氓隶之人，而迁徙之徒也。[21]材能不及中人，非有仲尼、墨翟之贤，陶朱、猗顿[22]之富也。蹑足行伍之间，俯仰仟佰之中，率罢散之卒，[23]将数百之众，转而攻秦。斩木为兵，揭竿为旗，天下云会响应，赢粮而景从，山东豪俊遂并起而亡秦族矣。[24]

且天下非小弱也；雍州之地，殽函之固自若也。[25]陈涉之位，非尊于齐、楚、燕、赵、韩、魏、宋、卫、中山之君也；锄耰棘矜，非銛于句戟长铩也；[26]適戍之众，非俦于九国之师也；[27]深谋远虑，行军用兵之道，非及乡时之士[28]也。然而成败异变[29]，功业相反也。尝试使山东之国与陈涉度长絜大，比权量力，则不可同年而语矣。[30]然而秦以区区之地，致万乘之权，抑八州而朝同列，百有余年矣，然后以六合为家，殽函为宫。[31]一夫作难而七庙堕，[32]身死人手，为天下笑者，何也？仁义不施，而攻守之势异也[33]。

（以上为第四段，是作者的论赞，作者引用贾谊的《过秦论》议论了秦朝灭亡的原因。）

①褚先生曰——应作“太史公曰”，可比较《秦始皇本纪》之论赞。褚先生：名少孙，西汉元帝、成帝时期为博士，是司马迁《史记》最早的研读者与整理者之一，其简略生平与其所补的作品见于《三代世表》《外戚世家》《梁孝王世家》《三王世家》《张丞相列传》《田叔列传》《滑稽列传》《龟策列传》八篇。　②固塞文法——固塞：坚固的塞堡，应上文“地形险阻”而言。文法：指法律条文，应上文“兵革刑法”而言。③吾闻贾生之称曰——以下所引文字即《过秦论》，其主旨在于分析论述秦王朝的失败原因。贾生：即贾谊，西汉文帝时的杰出政论家。“生”字在汉代是对学者、隐者的敬称。　④秦孝公——名渠梁，公元前361—前338年在位。　殽函——崤山、函谷关，秦国东部的关险，崤山在今河南西部，函谷关在今河南灵宝东北。殽：即崤山。　雍州——古代的九州之一，大致包括今陕西和与之邻近的甘肃东部地区。⑤明知——同“明智”。　约从连衡——按：《秦始皇本纪》引此文作“约从离衡”，言孟尝等四君皆为其国共相约结为纵，以离散秦之横。　兼韩、魏、燕、赵、宋、卫、中山之众——按：此处应补“齐”“楚”两国方与事实相合。　⑥于是——当此时。　六国——指韩、魏、赵、燕、齐、

楚。 宁越——赵人，曾为周威公师。 徐尚——有以为即《魏世家》之“外黄徐子”。 苏秦——当时有名的纵横家。 杜赫——周人，曾以安天下说周昭文君。 ⑦齐明——东周臣，后仕秦、楚及韩。 周冣(zuì)——亦作“周最”“周聚”。周之公子。 陈轸——当时著名的纵横家。 邵滑——也作“召滑”，曾为楚大司马。 楼缓——先仕赵，后为秦相。 翟景——即《战国策》中之“翟强”，曾为魏相。 苏厉——司马迁以为是苏秦之弟。 乐毅——当时杰出的军事家。 ⑧吴起——战国初期杰出的政治家、军事家。 孙膑——战国中期杰出的军事家。 带他、兒良——王念孙以为“带他”即“带季”，与兒良同为赵、魏将。 王廖——具体事迹不详，《吕氏春秋·不二》篇有“王廖贵先，兒良贵后”之语。 田忌——齐国名将。 廉颇、赵奢——都是赵国名将。按：吴起死于楚悼王二十一年(前381)，下距秦孝公即位(前361)尚有二十年，距秦惠文王即位(前337)则有四十四年。孙膑为齐宣王将，与商君同时，孝公时人。 ⑨仰关——有本作“叩关”，“仰”是从秦国的地势之高而言之。 ⑩延敌——引敌使之进入。延：引，请，此处表现出从容不迫、以逸待劳的样子。 ⑪亡矢遗镞——丢一矢，损一箭，极言其花费之少。 ⑫追亡逐北——即追击败兵。亡：逃。北：背，败。 流血漂橹——语出《尚书·武成》，原作“血流漂杵”。杵：筑墙用的工具。橹：大盾也。 ⑬策——打马的竹片。后世用以指马鞭。 御宇内——即统治天下。御：驾驭，统治。 吞二周——指灭掉西周君与东周君，在其地设立三川郡。周国到战国后期已经小得只剩了雒阳及其周围的一点地方，但就在这点仅有的地盘上又一分为二，分别被“周天子”手下的两家大贵族所把持，一个以巩县(在今河南巩义西南)为中心，名曰“东周君”；一个以王城(在今河南洛阳)为中心，名曰“西周君”，“周天子”则名副其实地成了寄人篱下的傀儡。西周君于公元前256年被秦昭王所灭，东周君于前249年被秦庄襄王所灭，今皆系于始皇名下，与事实不符。 ⑭履至尊——登上皇帝之位。 制六合——亦即统治天下。六合：天之下、地之上的东西南北四方之内。 敲朴——都是打人的棍棒之类。 ⑮百越——指今广东、广西及与之邻近的周边地区，因这一带的民族种类繁多，故以“百”

字名之。　桂林——秦郡名,郡治在今广西桂平西南。　象郡——秦郡名,郡治临尘(在今广西崇左)。　委命下吏——把自己的性命交由秦始皇手下的官吏安排处置,极言其服从之状。　⑯士——此指匈奴人。　贯弓——张弓。　⑰燔百家之言——即通常所说的“焚书”。　⑱堕名城——堕:通“隳”,毁坏。始皇三十二年(前215),有所谓“坏城郭,决通防”。　兵——兵器。　销锋鍉,铸以为金人十二——意谓熔化这些兵器,改铸成了十二个大铜人。鍉:通“镝”,箭头。　⑲践华为城——登上华山,以华山作为秦地的东城墙。　因河为池——用今陕西东界的黄河作为秦地的护城河。　亿丈之城——即以华山所做的城墙。　不测之溪——即以黄河所做的护城河。不测:无法测量其深。　⑳殊俗——谓异国、异族。　㉑瓮牖(yǒu)绳枢——以破缸作窗口,以绳子系门轴,极言其居室之贫。　氓(méng)隶——平民。氓:指民。　迁徙——充军,发配。　㉒陶朱、猗顿——都是古代有名的大富翁。陶朱:陶朱公范蠡,春秋末期人,辅佐句践灭吴后,转去经商,成为巨富。猗顿:以放牧、制盐发家的大富翁。　㉓蹑足——小步走,谨慎小心的样子。　俯仰——这里指“俯首”,与上句“蹑足”意思相近。也有本引此文作“倔起”,即突然兴起。　仟佰——千夫长、百夫长。极言其品级之低。也有本引此文作“阡陌”,意即陇亩、田间。　罢散——疲惫,散乱。极言其不堪一击。罢:通“疲”。　㉔揭——举。　云会响应——如云之会聚,如响之应声。皆喻其快。　赢粮——自己带着粮食。　景从——像影子随着形体,时刻不离。景:“影”的本字。　山东——崤山以东。泛指昔时六国之地。　㉕天下非小弱也——统一了天下的秦王朝,不是比统一前的秦国更弱小了。　自若也——还是和从前一样。　㉖锄櫌(yōu)——锄柄。　棘矜(qín)——以棘木棒当矛。矜:矛柄。或曰伐棘以为杖。　銛(xiān)——锐利。　句——同“勾”。　长铩——长矛。　㉗適戍之众——被发配远戍边地的士卒。適:通“谪”。　俦——侔,相比。　㉘乡时之士——指吴起、孙膑诸人。乡:通“向”,昔日。　㉙成败异变——即成败不同。“异”“变”二字同义。　㉚度长絜大——比一比谁长谁大。度、絜:都是比量的意思。　不可同年而语——极言其差别之悬远。 ㉛致万乘之权——一谓使自己先成了一个强大的诸侯国。 抑八州——意即将其他国家都压了下去。古代称中国有九州,秦国居于雍州,故统称秦国以外的其他区域为“八州”。 朝同列——使与之同列的东方诸侯都来朝拜秦。 百有余年矣——从秦孝公实行变法(前356)到秦始皇统一六国(前221),共一百三十多年。 六合为家,殽函为宫——使整个天下成为一家,以崤山、函谷关为秦朝的宫墙。指秦国统一天下,秦王称帝。 ㉜一夫作难——指陈涉一个“匹夫”的首难反秦。 七庙堕——指政权毁灭,国家灭亡。七庙:皇帝的宗庙,因其庙内供奉着七代先祖。《礼记·王制》:“天子七庙,三昭三穆与太祖之庙而七。”堕:通“隳”,毁坏。宗庙毁也就意味着王朝灭亡。 ㉝仁义不施,而攻守之势异也——按:以上为《过秦论》上篇,批评了秦始皇统一全国后所实行政策的失误。

[**简评**] 本篇记述了陈涉首难反秦的全过程,表现了陈涉的果敢精神和农民起义军的强大威力,高度评价和热情歌颂了陈涉在反秦过程中的历史作用。肯定陈涉,是汉朝的官方观点,但像《太史公自序》中说的:“桀纣失其道而汤、武作,周失其道而《春秋》作。秦失其政,而陈涉发迹”,将陈涉同汤、武、孔子这种古代大圣人比肩的,只有司马迁一人。司马迁之所以能如此,有三点原因。其一、出于他的进步历史观,他同情下层人民,重视下层人民的力量,而不迷信“君权神授”;其二、是他受到汉初进步思想家的影响,如贾谊的《过秦论》即推崇陈涉;其三、司马迁敬佩陈涉等在生死面前的勇敢抉择,虽六月身死,但其意义重于泰山。

这是我国第一篇记录农民战争的历史文献,起义的原因,反秦的声势,以及早期农民战争的种种弱点和它失败的历史教训,都包含在其中。

[**集评**] 《太史公自序》:“桀纣失其道而汤、武作,周失其

道而《春秋》作。秦失其政,而陈涉发迹,诸侯作难,风起云蒸,卒亡秦族。天下之端,自涉发难,作《陈涉世家》第十八。"

司马贞曰:"胜立数月而死,无后,亦称'系(世)家'者,以其所遣王侯将相竟灭秦,为首事故也。然时因扰攘,起自匹夫,假托妖祥,一朝称楚,历年不永,勋业蔑如,继之齐、鲁,曾何等级!可降为'列传'。"(《史记索隐》)

刘知幾曰:"'世家'其为义也,岂不以开国承家世代相续?至如陈胜,起自群盗,称王六月而死,子孙不嗣,社稷靡闻,无'世'可传,无'家'可宅,而以'世家'为称,岂当然乎?"(《史通》)

李景星曰:"升项羽于'本纪',列陈涉于'世家',俱属太史公破格文字。项羽垂成而终为汉困死,是古今极不平事,升之'本纪',盖所以惜之而不以成败论也。陈涉未成,能为汉驱除,是当时极关系事,列之'世家',盖所以重之而不与寻常等也。且涉虽一起即蹶,所遣之王侯将相卒能亡秦,既不能一一皆为之传,又不能一概抹杀,摈而不录。即云有各'纪''传'在,无妨带叙互见;然其事有可以隶属者,亦有不能强为隶属者,此中安置,颇觉棘手。惟斟酌于'纪''传'之间将涉列为'世家',将其余与涉俱起不能遍为立传之人皆纳入'涉世家'中,则一时之草泽英雄皆有归宿矣。故通篇除吴广外,牵连而书者至有二十余人之多。千头万绪,五花八门,却自一丝不乱,非大手笔何能为此!"(《四史评议》)

外戚世家第十九

自古受命帝王及继体守文之君，非独内德茂也，盖亦有外戚之助焉。[①]夏之兴也以涂山，而桀之放也以末喜。[②]殷之兴也以有娀，纣之杀也嬖妲己。[③]周之兴也以姜原及大任，而幽王之禽也淫于褒姒。[④]故《易》基《乾》《坤》，《诗》始《关雎》，[⑤]《书》美"釐降"，《春秋》讥"不亲迎"。[⑥]夫妇之际，人道之大伦也。[⑦]礼之用，唯婚姻为兢兢[⑧]。夫乐调而四时和[⑨]，阴阳之变，万物之统也[⑩]。可不慎与？人能弘道，无如命何[⑪]。甚哉，妃匹之爱，君不能得之于臣，父不能得之于子，[⑫]况卑下乎！既欢合矣，或不能成子姓；[⑬]能成子姓矣，或不能要其终[⑭]：岂非命也哉？孔子罕称命，盖难言之也。非通幽明之变，恶能识乎性命哉？

（以上为第一段，是全篇的小序，指出了后妃对帝王与国家政治的重要影响，并感慨了作为一个后妃难以把握自身命运的问题。）

①受命帝王——指开国之君。古称开国之君都是秉承"天命"降临人世的。　继体守文——继体：继承先人统绪。守文：遵守前代法令。　内德——帝王本人的道德。　外戚——在本文中主要指后妃。

②夏之兴——指夏朝的开国帝王禹因治水有功而接受舜的禅让，开创了夏王朝。　涂山——此指涂山之女，禹之妻。涂山是国名，相传在

今安徽怀远。禹娶涂山之女事见《夏本纪》。　桀之放——夏朝的末代帝王桀被商汤击败后流放。　末喜——也作“妹喜”，夏桀的宠妃。③殷之兴——殷朝祖先契的兴起。契是舜、禹时代的贤臣。　有娀（sōng）——指有娀氏之女，商朝祖先契的母亲简狄。简狄吞玄鸟卵而生契的故事见《诗经·商颂·玄鸟》及《殷本纪》。　纣之杀——商朝的末代帝王纣被周武王打败，自焚而死。　嬖（bì）妲（dá）己——嬖：宠幸。妲己：殷纣的宠妃，有苏氏之女。　④姜原——周朝始祖后稷的母亲。姜原履大人迹而生稷的故事见《诗经·大雅·生民》与《周本纪》。　大任——季历的妻子，周文王的母亲。　幽王——西周的最后一个帝王，名宫涅，公元前781—前771在位。　褒姒——有关褒姒出身以及幽王宠褒姒导致国破身死的故事，见《国语·郑语》及《周本纪》。　⑤《易》基《乾》《坤》——《易经》的六十四卦从《乾》卦《坤》卦开始。基：始也。《系辞》云：“乾道成男，坤道成女，乾知大始，坤作成物。”　《诗》始《关雎》——《诗经》以《关雎》篇作开头。《诗大序》：“关雎，后妃之德也，风之始也，所以风天下而正夫妇也。”　⑥《书》美“釐降”——釐降：分派下嫁。《尚书·尧典》称舜之美云“釐降二女于妫汭”，言尧欲观舜治迹，以己之二女妻之。　《春秋》讥“不亲迎”——《索隐》曰：“《公羊》：‘纪裂繻来逆女。’《传》曰‘逆女不书’，此何以书？讥何？讥尔始不亲迎也。”事在隐公二年（前721）。　⑦夫妇之际——夫妻之间的这种关系。　人道之大伦——是社会人伦最重要的一项。⑧礼之用，唯婚姻为兢兢——要说“礼”的运用，没有比婚姻之礼更需要认真讲究的了。兢兢：谨慎小心的样子。　⑨乐调而四时和——古人论乐，常带神秘性，曾有所谓乐律协和能使四季风调雨顺之说。四时：即四季。　⑩阴阳之变，万物之统也——《索隐》曰：“阴阳变，则能生万物，是阴阳即夫妇也。夫妇道和而能化生万物，万物人为之本，故云万物之统。”　⑪人能弘道，无如命何——人可以弘扬大道，改造社会，但却无法改变命定的东西。《论语·卫灵公》：“人能弘道，非道弘人。”《论语·宪问》：“道之将行也与，命也；道之将废也与，命也，公伯寮其如命何！”史公截取了两句孔子的话加以拼合，以叹息人为改变不了命定。　⑫妃匹之爱——夫妻之间的恩爱。妃匹：犹言匹配，即男女婚姻。妃:配。　君不能得之于臣,父不能得之于子——其意似指臣子所有的这种夫妻之爱,做君父的也许一辈子享受不到,只有空羡慕而已。钱锺书曰:"贵居九重,富有四海,亦或不可强致,事与愿违。"⑬欢合——即合欢。指男女成亲。　或不能成子姓——有些人结了婚但不能有子孙。　⑭或不能要其终——有些人能生儿子但却无好的结果。

太史公曰:秦以前尚略矣,其详靡得而记焉。[①]汉兴,吕娥姁为高祖正后,男为太子。[②]及晚节色衰爱弛,而戚夫人有宠,其子如意几代太子者数矣[③]。及高祖崩,吕后夷戚氏,诛赵王,[④]而高祖后宫唯独无宠疏远者得无恙[⑤]。

吕后长女为宣平侯张敖妻,敖女为孝惠皇后[⑥]。吕太后以重亲故,欲其生子万方,[⑦]终无子,诈取后宫人子为子[⑧]。及孝惠帝崩,天下初定未久,继嗣不明,[⑨]于是贵外家,王诸吕以为辅[⑩],而以吕禄女为少帝后,欲连固根本牢甚,[⑪]然无益也。

高后崩,合葬长陵。[⑫]禄、产等惧诛,谋作乱,大臣征之。天诱其统[⑬],卒灭吕氏。唯独置孝惠皇后居北宫[⑭]。迎立代王,是为孝文帝,奉汉宗庙。此岂非天邪?非天命孰能当之?

(以上为第二段,写刘邦的皇后吕雉,为自己、为儿子、为家族的种种徒劳,而刘恒反坐享其成的"命定"之不可知。)

①秦以前尚略矣——秦以前那些后妃的命运如何,时代太久远,记载太稀少啦。尚略:久远,稀少。　靡得而记——无法著之于史。②吕娥姁(xū)——即吕后,名雉,字娥姁。　男为太子——吕后共生一子一女,其子即后来的惠帝刘盈。　③其子如意几代太子者数矣——戚夫人所生之子赵王刘如意,好几次差点儿挤掉太子刘盈,取代其地位。数:屡,多次。　④高祖崩——事在高祖十二年(前195)。吕后夷戚氏,诛赵王——夷:平,杀。吕后先将赵王如意召至京城以毒酒鸩杀之,又将戚夫人去足、去手、熏目、煇耳,投之厕所唤为"人彘"。⑤唯独无宠疏远者得无恙(yàng)——薄姬知道吕后阴险,故而自动

远离刘邦,结果因疏远而得福。无恙:无患。 ⑥敖女为孝惠皇后——吕后让惠帝娶其姐姐鲁元公主的女儿为皇后。 ⑦重亲——最近的亲戚。 欲其生子万方——千方百计地让她生儿子,因为有了儿子才能稳固皇后的位置。 ⑧诈取后宫人子为子——将后宫里其他姬妾生的孩子抱过来,假说是皇后生的。按:此句非常重要。有此句在前,则后文"继嗣不明",以及周勃等所谓少帝"非刘氏子"者,皆别有用心之捏造。 ⑨孝惠帝崩——事在孝惠七年(前188)。 继嗣不明——指孝惠皇后所抱以为己子者是否真是孝惠帝的儿子,群臣有怀疑。 ⑩贵外家,王诸吕以为辅——惠帝死后,吕后临朝执政,封诸吕为王、为侯事。见《吕太后本纪》。 ⑪吕禄——吕后次兄吕释之之子,高后七年(前181)被封为赵王。 少帝——惠帝之子,原名刘义,后改名刘弘。孝惠死后,吕后先是立了孝惠皇后所养的儿子为帝,在位四年,此子因获知其生母被杀有怨言,被吕后杀死,接着改立了另一个后宫子刘义,即少帝。 欲连固根本牢甚——想要紧密地结成亲戚,以便牢牢把持政权。 ⑫高后崩——事在高后八年(前180)。 合葬长陵——长陵:刘邦的陵墓。在今陕西咸阳东,吕后的陵墓在长陵的西侧。此处的所谓"合葬"只是说葬在同一个坟圈里。 ⑬天诱其统——意即上天保佑汉朝的皇统。诱:通"佑",保佑。统:《集解》引徐广曰:"一作'衷'。"按:"天诱其衷"为《左传》常用语,见僖公二十八年(前632)、成公十三年(前578)、襄公二十五年(前548)、定公四年(前506)、哀公十六年(前479)。杨伯峻以为意即"天心在我"。 ⑭独置孝惠皇后居北宫——独置:单单地留下,以示有别于对待其他吕氏党羽,其他与诸吕有牵连、有血缘关系的人均已"无少长皆斩之"。北宫:地处指未央宫之北,故曰北宫。

薄太后,父吴[①]人,姓薄氏。秦时与故魏王宗家女魏媪通,[②]生薄姬。而薄父死山阴,因葬焉。[③]

及诸侯畔秦,魏豹立为魏王,[④]而魏媪内其女于魏宫。媪之许负所相[⑤],相薄姬,云当生天子。是时项羽方与汉王相距荥阳,天下未有所定。豹初与汉击楚,及闻许负言,心独喜,因背汉而畔,中立,更与楚连和。汉使曹参等击虏魏王豹,以其国为郡,而薄姬输织室[⑥]。豹已死,汉王入织室,见薄姬有色,诏内后宫,岁余不得幸。始姬少时,与管夫人、赵子儿[⑦]相爱,约曰:“先贵无相忘。”已而管夫人、赵子儿先幸汉王。汉王坐河南宫成皋台,此两美人相与笑薄姬初时约。汉王闻之,问其故,两人具以实告汉王。汉王心惨然,怜薄姬,是日召而幸之。薄姬曰:“昨暮夜妾梦苍龙据吾腹。”高帝曰:“此贵征也,吾为女遂成之[⑧]。”一幸生男,是为代王。其后薄姬希见高祖。

高祖崩,诸御幸姬戚夫人之属,吕太后怒,皆幽之,不得出宫。而薄姬以希见故,得出,从子之代,为代王太后。太后弟薄昭从如代。

代王立十七年,高后崩。大臣议立后,疾外家吕氏强,皆称薄氏仁善,故迎代王,立为孝文皇帝,而太后改号曰皇太后,弟薄昭封为轵侯。

薄太后母亦前死,葬栎阳[⑨]北。于是乃追尊薄父为灵文侯,会稽郡置园邑三百家,[⑩]长丞已下吏奉守冢,寝庙上食祠如法。[⑪]而栎阳北亦置灵文侯夫人园,如灵文侯园仪。薄太后以为母家魏王后,早失父母,其奉薄太后,诸魏有力者。[⑫]于是召复魏氏,赏赐各以亲疏受之。[⑬]薄氏侯者凡一人[⑭]。

薄太后后文帝二年,以孝景帝前二年崩,葬南陵。以吕后会葬长陵,故特自起陵,近孝文皇帝霸陵。

(以上为第三段,写文帝母薄太后屡经坎坷,因祸得福的经历。)

①吴——汉县名,县治在今江苏苏州。 ②故魏王——秦朝统一前的魏王。 宗家女——同一家族的女子。 魏媪(ǎo)——姓魏的某妇人。媪:老妇,这里指妇女。 ③山阴——秦县名,县治在今浙江绍兴。 因葬焉——于是就葬在了山阴。 ④诸侯畔秦——指陈涉起义,天下相继造反事。 魏豹立为魏王——诸侯起兵反秦时,魏国宗室

首先称王的是魏豹之兄魏咎，魏咎于秦二世二年（前208）兵败被杀后，魏豹继之为王。汉元年（前206）诸侯灭秦后，项羽分封魏豹为西魏王，都平阳（在今山西临汾西南）。　⑤之许负所相——到许负那里相面。许负：当时有名的相者。所：处。陈直认为“负”为“妇”字之省文，许负是郭解的外祖母。　⑥薄姬输织室——输：送，投入。织室：收容罪犯以从事织作的所在。　⑦管夫人、赵子儿——刘邦的两个姬妾。⑧吾为女遂成之——女：通“汝”。遂成：二字同义，完成，成功。意思是我今天就让你怀孕。　⑨栎阳——汉县名，县治在今陕西西安阎良区。　⑩会稽郡——汉郡名，郡治吴县，在今江苏苏州。　园邑——管理该区域的居民与负责陵园守护的行政单位，级别略同于一个县。⑪长丞已下吏奉守冢——让该园邑的主管官员祭祀守护陵墓。长丞：主管园邑的长官与其副职，有如县里的县长与县丞。已：同“以”。奉守：供奉，守护。　寝庙——即指庙。前殿供神位者曰庙，后殿“象人之居”者曰寝。　上食——上供。　祠如法——按照规定进行祭祀。⑫早失父母——谓薄太后早失父母。　其奉薄太后，诸魏有力者——按：句末“者”字应削，《汉书》无。奉：供养，养育。　⑬召复魏氏——将薄太后的母家诸人叫进京城，免除其一切赋税徭役。复：免除劳役及租税。　赏赐各以亲疏受之——按照他们与薄太后亲缘关系的远近，分别给予赏赐。　⑭薄氏侯者凡一人——即太后之弟薄昭。

窦太后，赵之清河观津[①]人也。吕太后时，窦姬以良家子入宫侍太后。太后出宫人以赐诸王，各五人，窦姬与在行中。窦姬家在清河，欲如赵近家[②]，请其主遣宦者吏：“必置我籍赵之伍中。”[③]宦者忘之，误置其籍代伍中。籍奏，诏可。当行，窦姬涕泣，怨其宦者，不欲往。相强，乃肯行。至代，代王独幸窦姬，[④]生女嫖，后生两男。[⑤]而代王王后生四男。先代王未入立为帝而王后卒。及代王立为帝，而王后所生四男更病死[⑥]。孝文帝立数月，公卿请立太子，而窦姬长男最长，立为太子。[⑦]立窦姬为皇后，女嫖为长公主[⑧]。其明年，立少子武为代王，[⑨]已而又徙梁，是为梁孝王。

窦皇后亲蚤卒[10]，葬观津。于是薄太后乃诏有司，追尊窦后父为安成侯，母曰安成夫人。令清河置园邑二百家，长丞奉守，比灵文园法[11]。

窦皇后兄窦长君，弟曰窦广国，字少君。少君年四五岁时，家贫，为人所略卖[12]，其家不知其处。传十余家，至宜阳，[13]为其主入山作炭，暮卧岸下百余人，[14]岸崩，尽压杀卧者，少君独得脱，不死。自卜数日当为侯，从其家之长安。[15]闻窦皇后新立，家在观津，姓窦氏。广国去时虽小，识其县名及姓，又常与其姊采桑堕，用为符信，[16]上书自陈。窦皇后言之于文帝，召见，问之，具言其故，果是。又复问他何以为验，对曰："姊去我西时，与我决于传舍中，丐沐沐我，请食饭我，[17]乃去。"于是窦后持之而泣，泣涕交横下。侍御左右皆伏地泣，助皇后悲哀。乃厚赐田宅金钱，封公昆弟家于长安[18]。

绛侯、灌将军等曰[19]："吾属不死，命乃且县此两人。[20]两人所出微，不可不为择师傅宾客，又复效吕氏大事也[21]。"于是乃选长者、士之有节行者与居。窦长君、少君由此为退让君子，不敢以尊贵骄人。

窦皇后病，失明。文帝幸邯郸慎夫人、尹姬，皆毋子。孝文帝崩，孝景帝立，乃封广国为章武侯。长君前死，封其子彭祖为南皮侯。吴楚反时，窦太后从昆弟子窦婴，任侠自喜，将兵，以军功为魏其侯。窦氏凡三人为侯[22]。

窦太后好黄帝、老子言，帝及太子诸窦不得不读黄帝、老子，尊其术。

窦太后后孝景帝六岁，建元六年崩，合葬霸陵。遗诏尽以东宫金钱财物[23]赐长公主嫖。

（以上为第四段，写文帝窦皇后极富神秘色彩的传奇性经历。）

①清河观津——清河郡的观津县。按：观津县属信都郡（郡治在

今河北衡水市冀州区),不属清河郡,此谓“清河观津”者,误。观津:汉县名,县治在今河北武邑东。 ②欲如赵近家——请求去赵国,以求离家近点。赵国的都城邯郸,离观津县较近。 ③主遣宦者吏——主管此项分配工作的宦者。 必置我籍赵之伍中——我籍:我的名单。赵之伍:去赵国的五个人。 ④至代——当时的代国都于中都,在今山西平遥西南。 代王——刘恒,即日后的汉文帝。 ⑤女嫖——即历史上所说的“大长公主”。 两男——即景帝刘启与梁孝王刘武。⑥更病死——先后都得病而死。更:更替。 ⑦窦姬长男——即日后之汉景帝刘启。 立为太子——事在文帝元年(前179)正月。 ⑧女嫖为长公主——“长公主”以称皇帝之姊,此时景帝未即位,其姊不得称“长公主”。 ⑨其明年——文帝二年(前178)。 立少子武为代王——事在文帝二年(前178)之三月。少子:窦皇后所生的次子。非谓文帝诸子之最少者。 ⑩窦皇后亲蚤卒——亲:指父母。蚤:通“早”。 ⑪比灵文园法——与灵文园的规格待遇相同。 ⑫略卖——被劫走转卖。略:意思为“掠”。 ⑬传——义同“转”,辗转。宜阳——汉县名,县治在今河南宜阳西。 ⑭入山作炭——陈直曰:“疑为石炭,即今日之煤。” 岸下——山岩之下,既云“入山作炭”,则非水涯。 ⑮自卜数日当为侯——周寿昌以为“日”字当作“曰”。曰:占卜得语。窦广国之至长安,得见窦后,当在文帝初;而广国之封章武侯,实在景帝朝,安所谓“数日”耶?卜数:即占卜。 从其家——跟从其宜阳之主人家。 ⑯常与其姊采桑堕——常:通“尝”,曾经。采桑堕:采桑时从树上掉了下来。 用为符信——以此作为证据。符信:凭证,证据。 ⑰去我西时——离开我西去长安时。 与我决于传(zhuàn)舍中——决:通“诀”,分别。传舍:驿站。 丐沐沐我——上“沐”字指洗头水,下“沐”字指洗头。 请食——求来一点饭食。⑱封公昆弟家于长安——“封公”二字疑衍。 ⑲绛侯——指周勃。刘邦的开国功臣,后来又有诛灭吕氏、拥立文帝之功,文帝初年为丞相。灌将军——指灌婴。刘邦的开国功臣,又以灭诸吕、拥立文帝之功,先为太尉,后继周勃为丞相。 ⑳吾属——犹言“我等”。 命乃且县此两人——县:同“悬”,这里是“掌握”的意思。两人:即窦氏兄弟。

㉑又复效吕氏大事也——句上应增“不者”二字读。 ㉒窦氏凡三人为侯——即窦广国、窦彭祖、窦婴。 ㉓东宫金钱财物——东宫即长乐宫,因其地处未央宫之东,故称东宫。东宫当时为太后所居,“东宫金钱财物”即窦太后的一切金钱财宝。

王太后,槐里人,[①]母曰臧儿。臧儿者,故燕王臧荼孙[②]也。臧儿嫁为槐里王仲妻,生男曰信,与两女[③]。而仲死,臧儿更嫁长陵田氏,生男蚡、胜。[④]臧儿长女嫁为金王孙妇,生一女矣[⑤],而臧儿卜筮之,曰两女皆当贵。因欲奇两女,乃夺金氏。[⑥]金氏怒,不肯予决,乃内之太子宫。[⑦]太子幸爱之,生三女一男。[⑧]男方在身[⑨]时,王美人梦日入其怀。以告太子,太子曰:“此贵征也。”未生而孝文帝崩,孝景帝即位,王夫人生男。

先是臧儿又入其少女儿姁,[⑩]儿姁生四男。

景帝为太子时,薄太后以薄氏女为妃。及景帝立,立妃曰薄皇后。皇后毋子,毋宠。薄太后崩,废薄皇后。

景帝长男荣,其母栗姬。栗姬,齐人也。立荣为太子。长公主嫖有女[⑪],欲予为妃。栗姬妒,而景帝诸美人皆因长公主见景帝,得贵幸,皆过栗姬。[⑫]栗姬日怨怒,谢长公主[⑬],不许。长公主欲予王夫人,王夫人许之。长公主怒,而日谗栗姬短于景帝曰:“栗姬与诸贵夫人幸姬会,常使侍者祝唾其背,挟邪媚道。[⑭]”景帝以故望[⑮]之。

景帝尝体不安,心不乐,属诸子为王者于栗姬,[⑯]曰:“百岁后,善视之。”栗姬怒,不肯应,言不逊。景帝恚,心嗛之而未发也。[⑰]

长公主日誉王夫人男之美,景帝亦贤之,又有曩者所梦日符,计未有所定。王夫人知帝望栗姬,因怒未解,阴使人趣大臣立栗姬为皇后。大行[⑱]奏事毕,曰:“‘子以母贵,母以子贵’,今太子母无号,宜立为皇后。”景帝怒曰:“是而所宜言邪[⑲]!”遂案诛大行，而废太子为临江王。栗姬愈恚恨，不得见，以忧死。卒立王夫人为皇后，其男为太子，封皇后兄信为盖侯。

景帝崩，太子袭号为皇帝。尊皇太后母臧儿为平原君。封田蚡为武安侯，胜为周阳侯。

景帝十三男，一男为帝，十二男皆为王。而儿姁早卒，其四子皆为王。王太后长女号曰平阳公主，次为南宫公主，次为林虑公主。

盖侯信好酒，田蚡、胜贪，巧于文辞。王仲蚤死，葬槐里，追尊为共侯，置园邑二百家。及平原君卒，从田氏葬长陵，置园比共侯园。而王太后后孝景帝十六岁，以元朔四年崩，合葬阳陵。王太后家凡三人为侯[20]。

（以上为第五段，写景帝王皇后的奇特经历。）

①王太后——名娡。 槐里——汉县名，县治在今陕西兴平东南，即秦时之所谓废丘。 ②故燕王臧荼孙——是当年燕王臧荼的孙女。臧荼原是燕王韩广的部将，汉元年曾被项羽封为燕王。孙：此处指孙女。 ③两女——即王皇后与王儿姁（xū）。 ④长陵田氏——长陵县的田氏某人，史失其名。长陵：刘邦陵墓所在的县名（即前文之所谓“陵邑”），在今陕西咸阳东。 生男蚡、胜——有关田蚡、田胜的事情，参见《魏其武安侯列传》。 ⑤臧儿长女——即日后之王皇后。 金王孙——姓金，名王孙。 生一女——即日后之修成君。 ⑥欲奇两女——想使两个女儿显示奇异，获取大富大贵。 乃夺金氏——将日后的王皇后从金氏家中抢了回来。 ⑦不肯予决——指不肯与之离婚。 乃内之太子宫——此句的主语为“臧儿”。意谓臧儿遂将日后的王皇后，送给了当时还在当太子的汉景帝。内：“纳”的古字，送进。 ⑧幸爱——两字的意思相同，都是喜欢、宠爱的意思。 生三女一男——三女：指日后的平阳公主、南宫公主、林虑公主。一男：即日后的汉武帝。 ⑨方在身——指怀孕。 ⑩先是——在此之前。 又入其少女儿姁——又将其小女儿也献给了汉景帝。少女：小女儿。 ⑪长公主嫖有女——名阿娇，即日后的陈皇后。 ⑫诸美人——指皇帝的

各个嫔妃。美人:汉宫嫔妃的位号名,皇后以下有“美人”“良人”“八子”“七子”“长使”“少使”等,见《汉书·外戚传》。 因长公主见景帝——通过长公主的介绍得以受皇帝亲幸。 皆过栗姬——受宠的程度都超过了栗姬。 ⑬谢长公主——拒绝了长公主为其女儿的求亲。谢:拒绝。 ⑭诸贵夫人幸姬——指受景帝宠幸的众妃嫔。“夫人”与“姬”都是皇后以外其他妃嫔的统称。 祝唾其背——旧时诅咒人使其遭殃的一种方式。 挟邪媚道——为了自己取媚而采用邪魔外道的手段,如上述“祝唾其背”即是。 ⑮望——怨恨。 ⑯属——通“嘱”,托付。 诸子为王者——指其他妃妾所生的孩子。 ⑰恚(huì)——恼怒。 心嗛(xián)之——怨恨存在心里。嗛:怀恨。 ⑱大行——原称典客。朝官名,“九卿”之一,主管少数民族事务及接待宾客等。按:此“大行”史失其名。 ⑲是而所宜言邪——这话是你所应该说的吗?而:尔,汝。 ⑳王太后家凡三人为侯——即王信、田蚡、田胜。

卫皇后字子夫,生微[①]矣。盖其家号曰卫氏,出平阳侯邑。[②]子夫为平阳主讴者[③]。武帝初即位,数岁无子。平阳主求诸良家子女十余人,饰置家。武帝祓霸上还,因过平阳主。[④]主见所侍美人,上弗说。[⑤]既饮,讴者进,上望见,独说卫子夫。是日,武帝起更衣,子夫侍尚衣轩中,[⑥]得幸。上还坐,欢甚,赐平阳主金千斤。主因奏子夫奉送入宫。子夫上车,平阳主拊其背曰:“行矣,强饭,勉之![⑦]即贵,无相忘。”入宫岁余,竟不复幸。武帝择宫人不中用者,斥出归之。卫子夫得见,涕泣请出。上怜之,复幸,遂有身,尊宠日隆。召其兄卫长君、弟青为侍中。[⑧]而子夫后大幸,有宠,凡生三女一男。男名据。

初,上为太子时,娶长公主[⑨]女为妃。立为帝,妃立为皇后,姓陈氏,无子。上之得为嗣,大长公主有力[⑩]焉,以故陈皇后骄贵。闻卫子夫大幸,恚,几死者数矣。上愈怒。陈皇后挟妇人媚道,其事颇觉,于是废陈皇后,而立卫子夫为皇后。

陈皇后母大长公主，景帝姊也，数让武帝姊平阳公主曰："帝非我不得立，已而弃捐吾女，壹何不自喜而倍本乎！"⑪平阳公主曰："用⑫无子故废耳。"陈皇后求子，与医钱凡九千万，然竟无子。

卫子夫已立为皇后，先是卫长君死，乃以卫青为将军，击胡有功，封为长平侯。青三子在襁褓中，皆封为列侯。及卫皇后所谓姊卫少儿，少儿生子霍去病，以军功封冠军侯，号骠骑将军。青号大将军。立卫皇后子据为太子。卫氏枝属以军功起家，五人为侯⑬。

及卫后色衰，赵之王夫人幸，有子，为齐王。

王夫人蚤卒。而中山李夫人有宠，有男一人，为昌邑王。

李夫人蚤卒，其兄李延年以音幸，号协律。⑭协律者，故倡也，兄弟皆坐奸，族。⑮是时其长兄广利为贰师将军，伐大宛，不及诛，还，而上既夷李氏，后怜其家，乃封为海西侯。

他姬子二人为燕王、广陵王。其母无宠，以忧死。

及李夫人卒，则有尹婕妤之属，更有宠。⑯然皆以倡见，非王侯有土之士女，不可以配人主也。

（以上为第六段，写武帝卫皇后以歌姬入宫而获宠的情形，并附带叙述了卫皇后以后的几个受宠妃子。）

①微——一指微贱；二指微茫，即身世不明，卫子夫二者兼之。②号曰卫氏——自称是姓卫。　出平阳侯邑——在平阳侯家的封地上长大。平阳侯：其首封者为刘邦的开国功臣曹参。曹参的重孙名曰曹时，娶景帝的长女阳信公主为妻。阳信公主则因其丈夫为平阳侯，故人们通常称阳信公主为平阳公主。平阳侯封地平阳县，在今山西临汾西南。　③平阳主讴者——平阳公主家的歌女。讴者：歌伎。　④祓(fú)霸上——到霸水边上去祭祀。当时的霸水自蓝田流来，经长安城东，北流入渭水。祓：即禊(xì)，三月上巳日的临水祭祀，以求去除不祥。　因过平阳主——顺路拐到了平阳公主家。平阳公主是武帝的同胞大姐。　⑤主见所侍美人——见：叫出来让武帝看。侍：《汉书》作"偫(zhì)"，储存。谓储存以待武帝之用。　说——"悦"的古字。

⑥更衣——婉指上厕所。 侍尚衣轩中——侍尚衣:侍候皇上更换衣服。尚:管理。轩:指殿堂四周的游廊。这里指通向厕所的小厅。 ⑦拊——同“抚”,表示亲热的一种动作。 行矣——犹今之谓“走好”,兼有祝福与勉励两重意思。 强饭,勉之——汉人送别的常用语,《汉乐府》与《古诗十九首》中尚多有“努力加餐饭”云云。 ⑧卫长君——卫子夫的同母兄,字“长君”。 弟青——卫子夫的同母弟,后来成为武帝伐匈奴的名将。 侍中——官名,皇帝身边的侍从人员。 ⑨长公主——名嫖,文帝之女,景帝之胞姊。凡现任皇帝之姊称“长公主”,现任皇帝之姑则称“大长公主”,故刘嫖至武帝即位后应称“大长公主”。 ⑩大长公主有力——即帮助武帝母子搞垮了栗姬,废掉了栗太子,夺取了皇后、太子之位。 ⑪数让——屡屡责备。 壹何——何其,多么。 自喜——自感庆幸。 倍本——忘本。倍:通“背”。 ⑫用——因,由于。 ⑬五人为侯——指卫青与其三子,再加上霍去病。按:《史记》叙卫皇后与太子事止于此,其悲惨结局不在《史记》的叙事范围,详见《汉书·武五子传》。 ⑭李延年以音幸——以精通音律而获宠幸。按:李延年是武帝的男宠,事迹参见《佞幸列传》。 号协律——李延年因被封为“协律都尉”,故号之曰“协律”。 ⑮协律者,故倡也——李延年原本是个乐伎。 兄弟皆坐奸,族——李延年兄弟俱得幸于武帝,出入宫廷,因其弟与宫人奸,李延年也连带被族诛。 ⑯尹婕妤之属——即后文褚先生所补之尹夫人、邢夫人等。 更——更相,相继。

褚先生曰:臣为郎时,问习汉家故事者钟离生。[①]曰:王太后在民间时所生子女者,父为金王孙。王孙已死。景帝崩后,武帝已立,王太后独在。而韩王孙名嫣,素得幸武帝,承间白言太后有女在长陵也。[②]武帝曰:“何不蚤言!”乃使使往先视之,在其家。武帝乃自往迎取之。跸道,先驱旄骑出横城门,乘舆驰至长陵。[③]当小市西入里[④],里门闭,暴开门,[⑤]乘舆直入此里,通至金氏门外止。使武骑围其宅,为其亡走,身自往取不得也[⑥]。即使左右群臣入呼求之。家人惊恐,女亡匿内中床下。[7]扶持出门,令拜谒。武帝下车泣曰:"嚄!大姊,何藏之深也!"[8]诏副车载之,回车驰还,而直入长乐宫[9]。行诏门著引籍,通到谒太后。[10]太后曰:"帝倦矣,何从来?"帝曰:"今者至长陵得臣姊,与俱来。"顾曰:"谒太后!"太后曰:"女某邪?"曰:"是也。"太后为下泣,女亦伏地泣。武帝奉酒前为寿,奉钱千万,奴婢三百人,公田百顷,甲第[11],以赐姊。太后谢曰:"为帝费焉。"于是召平阳主、南宫主、林虑主三人俱来谒见姊,因号曰修成君[12]。有子男一人,女一人。男号为修成子仲,女为诸侯王王后。[13]此二子非刘氏,以故太后怜之。修成子仲骄恣,陵折吏民,皆患苦之[14]。

卫子夫立为皇后,后弟卫青字仲卿,以大将军封为长平侯。四子,长子伉为侯世子,侯世子常侍中,[15]贵幸。其三弟皆封为侯[16],各千三百户,一曰阴安侯,二曰发干侯,三曰宜春侯,贵震天下。天下歌之曰:"生男无喜,生女无怒,独不见卫子夫霸天下!"

是时平阳主寡居,当用列侯尚主。[17]主与左右议长安中列侯可为夫者,皆言大将军可。主笑曰:"此出吾家,常使令骑从我出入耳,奈何用为夫乎?"左右侍御者曰:"今大将军姊为皇后,三子为侯,富贵振动天下,主何以易之[18]乎!"于是主乃许之。言之皇后,令白之武帝,乃诏卫将军尚平阳公主焉。

褚先生曰:丈夫龙变[19]。传曰:"蛇化为龙,不变其文;家化为国,不变其姓。"[20]丈夫当时富贵,百恶灭除,光耀荣华,贫贱之时何足累之哉!

武帝时,幸夫人尹婕好[21]。邢夫人号娙娥,众人谓之"娙何"。[22]娙何秩比中二千石,容华秩比二千石,[23]婕好秩比列侯。常从,婕好迁为皇后。

尹夫人与邢夫人同时并幸,有诏不得相见[24]。尹夫人自请武帝,愿望见邢夫人,帝许之。即令他夫人饰,从御者数十人,为邢夫人来前[25]。尹夫人前见之,曰:"此非邢夫人身也。"帝曰:"何以言之?”对曰:“视其身貌形状,不足以当人主矣[26]。”于是帝乃诏使邢夫人衣故衣,独身来前。尹夫人望见之,曰:“此真是也。”于是乃低头俯而泣,自痛其不如也。谚曰:“美女入室,恶女之仇[27]。”

褚先生曰:浴不必江海,要之去垢;马不必骐骥,要之善走;士不必贤世,要之知道;女不必贵种,要之贞好。传曰:“女无美恶,入室见妒;士无贤不肖,入朝见嫉。”美女者,恶女之仇。岂不然哉!

钩弋夫人姓赵氏,河间人也。[28]得幸武帝,生子一人,昭帝是也。武帝年七十,乃生昭帝。昭帝立时,年五岁[29]耳。

卫太子废后,未复立太子。而燕王旦上书,愿归国入宿卫[30]。武帝怒,立斩其使者于北阙[31]。

上居甘泉宫,召画工图画周公负成王也。[32]于是左右群臣知武帝意欲立少子也。后数日,帝谴责钩弋夫人。夫人脱簪珥叩头。帝曰:“引持去,送掖庭狱[33]!”夫人还顾,帝曰:“趣行,女不得活!”夫人死云阳宫[34]。时暴风扬尘,百姓感伤。使者夜持棺往葬之,封识[35]其处。

其后帝闲居,问左右曰:“人言云何[36]?”左右对曰:“人言且立其子,何去其母乎!”帝曰:“然。是非儿曹愚人所知也。往古国家所以乱也,由主少母壮也。女主独居骄蹇,淫乱自恣,莫能禁也。女不闻吕后邪?”故诸为武帝生子者,无男女,其母无不谴死[37],岂可谓非贤圣哉!昭然远见,为后世计虑,固非浅闻愚儒之所及也。谥为“武”,岂虚哉[38]!

(以上为第七段,是褚先生所补叙的有关修成君、卫子夫、卫青、尹夫人、钩弋夫人的故事。)

①故事——过去的事情。　钟离生——姓钟离,史失其名。生:先生的简称,亦可单称“先”。　②韩王孙名嫣——字王孙,武帝的男宠,刘邦功臣韩王信之曾孙。　承间——乘空隙。　③跸道——清道戒

严。　先驱旄骑——指车驾前的仪仗队。旄骑：用于驾前开路的一种披头散发的仪仗兵。之所以要披头散发，是因为相传秦文公时的武士曾因披头散发而战胜妖魔。　横城门——也称“横门”，长安北城墙由西而东的第一门。　乘舆——皇帝的车驾。这里指皇帝。　④当小市西入里——从小市场的西侧进入该女所居的里巷。　⑤里门闭——看守里门的人不知出了何事而赶紧关门。　暴开门——粗暴地将里门砸开。　⑥为其亡走，身自往取不得也——为其亡走：“为”下应增“恐”字。身：亲自。指武帝。　⑦亡匿——躲藏。　内中——内室。　⑧武帝下车泣曰——“泣”字似应依《汉书》作“立”。　嚄(huò)——惊怪声。　⑨长乐宫——也称东宫。在未央宫之东，当时为太后所居之地。　⑩行——路上。指边走边办下述诸事。　诏门著引籍——“引籍”即“门籍”，守门者所掌管的一种名簿，在册者即可进入。　通——令人先进去禀报。　⑪甲第——上等的府宅。　⑫因号曰修成君——修成君虽亦王太后所生，但因非刘氏，不能称“公主”，故武帝赐号曰“修成君”。　⑬修成子仲——修成君之子，其名为仲。史失其姓，盖不知修成君嫁何人。　女为诸侯王王后——据《淮南衡山列传》，淮南王刘安之子刘迁，娶修成君之女为妃。淮南王阴谋造反，怕修成君女知其事，遂令其子与该女离婚。此云“为诸侯王王后”者，误，刘迁从未为王，此女何得为“王后”？　⑭陵折吏民，皆患苦之——周寿昌曰：“修成子仲，后为长安令义纵所捕案者，即此人。”　⑮四子——卫青只有三子。　为侯世子——为其父长平侯的世子。世子：如同帝王的太子，为法定继承人。　常侍中——常在宫廷侍奉皇帝。侍中：也用为官名，皇帝的侍从官。　⑯其三弟皆封为侯——中井积德曰：“按卫将军本传，青三子，长子伉，宜春侯；次不疑，阴安侯；季子登，发干侯。少孙误为伉有三弟，又以宜春为季弟，皆误。”　⑰平阳主寡居——平阳公主原来的丈夫曹时已死，故曰“寡居”。寡：独。　当用列侯尚主——要找一个列侯做公主的丈夫。尚：上配。意思即娶。　⑱何以易之——焉能轻视。易：轻。　⑲龙变——像龙一样地变化无穷。　⑳传——汉代用以泛指前人的著作。　不变其文——其身上的固有斑纹不变。　家化为国——指封侯、封王，有了封邑。国：汉代用以称列侯或诸侯王的封地。 ㉑婕妤(jié yú)——妃嫔的封号名,武帝时仅低于皇后。《汉旧仪》云:"皇后为婕妤下舆,坐称'起'礼比丞相。" ㉒娙娥(xíng é)——妃嫔的封号名,低于婕妤。 众人谓之"娙何"——当时人们都呼"娙娥"为"娙何"。 ㉓娙何秩比中二千石——秩:官阶。中二千石:相当于汉代的"九卿"。 容华秩比二千石——容华:妃嫔的封号名,在娙娥之下。比二千石:相当于郡守、诸侯相一级。 ㉔不得相见——不让她们两个人见面。 ㉕即令他夫人饰,从御者数十人,为邢夫人来前——此夹注句,依今之标点则为:"即令他夫人饰(从侍御者数十人)为邢夫人来前。"他夫人:其他妃嫔。 ㉖不足以当人主——配不上与皇帝结对。当:犹言"配"。 ㉗美女入室,恶女之仇——按:此句接得过于突然,因为尹夫人只是自惭,并没有表现出嫉妒的意思。 ㉘钩弋夫人——据《汉书·外戚传》,此女生来双手拳曲,武帝为之掰开后,双手遂愈,从此得幸。因居于钩弋宫,遂号钩弋夫人。 河间——汉代诸侯国名,国都乐成,亦作"乐城",在今河北献县东南。 ㉙五岁——按:"五岁"应作"八岁"。 ㉚愿归国入宿卫——归国:将自己的封国归还朝廷。入宿卫:入宫保卫皇帝。实际意思是希求当太子。 ㉛北阙——这里指未央宫之北门。因古代之宫门外立有双阙,故称宫门曰"阙"。 ㉜甘泉宫——离宫名,在今陕西淳化北的甘泉山上。 周公负成王——负:背着。武王死后,成王年幼,当时的一切国事都是靠周公辅助处理。 ㉝掖庭狱——宫廷里的监狱。掖庭:宫掖,宫廷,此处即指甘泉宫。 ㉞云阳宫——即甘泉宫,该宫所在的县当时叫云阳。 ㉟封识——堆土并做好标志。识:通"志"。按:钩弋夫人墓在今陕西淳化。 ㊱人言云何——人们对此怎么说。 ㊲其母无不谴死——此言夸大无实。 ㊳谥为"武",岂虚哉——黄震曰:"为武帝生子者,其母无不谴死,褚先生赞其为'圣贤'事,虽曰有感之言,亦岂人情也哉!"

[简评] 此篇名为"外戚",实则主要是写后妃,外戚只是连带提及。作品通过记叙汉朝前期从高祖到武帝时期多名后妃的事迹,撕掉了统治阶级那层温情脉脉的面纱,展示了宫廷内部为

争宠夺权而进行的你死我活的斗争，具有重要的祛魅意义。司马迁认为后妃的品德好坏，与国家兴衰有密切关系，因此作品中表现出一种希望后妃修德的心理，这是很自然的。作品在描写家庭生活场景方面富有特色，像窦皇后姊弟相认一节就写得十分生动。褚先生所续汉武帝迎修成君事，其精彩程度亦不亚于史迁。

［**集评**］《太史公自序》："成皋之台，薄氏始基。诎意适代，厥崇诸窦。栗姬偩贵，王氏乃遂。陈后太骄，卒尊子夫。嘉夫德若斯，作《外戚世家》第十九。"

钟惺曰："总叙中突出一'命'字，遂用作全篇主意。逐节叙事，不必直言'命'字，而起伏颠倒，隐然各有一'命'字散于一篇之中，而使人自得之。非独文情章法之妙，使宫帏恩幸之间各有所以自安而无所觊。夺无限妄想，消无限隐忧，固作史者之苦心也。"(《史怀》)

吴见思曰："通篇虽列五家，中间隐隐以'天命'二字挑剔照应，而神情自成一片。""(薄姬)'当生天子'可幸遇矣，偏下织室；下织室不遇矣，偏内后宫；内后宫复遇矣，偏不得幸：三番曲折，写天命之靡常。""(窦姬)因遣而请，因请而误，因误而怨，乃至独幸，五层(转)折，因缘福泽，皆在误中，非人之所能为也。"(《史记论文》)

李景星曰："《外戚世家》大旨主于纪后，后之戚族乃带叙及之。通篇以'命'字为骨，开首一序即接连点出，以下步步跟定，再不脱离。有明应处，如'此岂非天耶？非天命孰能当之'等句是。有暗写处，如'吕太后以重亲故，欲其生子万方，终无子'；窦太后欲置赵籍中，'宦者忘之，误置代籍中'；陈皇后求子，'与医钱凡九千万，然竟无子'等处是。盖后之于国有内助关系，而外戚之于后又有连带关系，合并叙来，面面俱到，忙中寓闲，最见手法。其特出神处,尤在以咏叹作顿挫,使读之者得其言外之意,反复玩味,愈引愈长。后来史家叙此等事,皆以平铺为之,则味同嚼蜡矣。”(《四史评议》)

林纾曰:“记窦皇后弟窦广国事……史公之写物情,挚矣。……下一‘丐’字、‘请’字……觉窦皇后之深情,窦广国身世之落漠,寥寥数语,而惨状悲怀,已尽呈纸上。”“‘助皇后悲哀’,悲哀宁能助耶?然舍却‘助’字,又似无字可以替换。苟令窦皇后见之,思及‘助’字之妙,亦且破涕为笑。”(《春觉斋论文》)

楚元王世家第二十

楚元王刘交者，高祖之同母[1]少弟也，字游。

高祖兄弟四人，长兄伯[2]，伯蚤卒。始高祖微时，尝辟事，时时与宾客过巨嫂食。[3]嫂厌叔，叔与客来，嫂详为羹尽，栎釜，[4]宾客以故去。已而视釜中尚有羹，高祖由此怨其嫂。及高祖为帝，封昆弟，而伯子独不得封。太上皇[5]以为言，高祖曰："某非忘封之也，为其母不长者耳。"于是乃封其子信为羹颉侯[6]，而王次兄仲于代。[7]

高祖六年，已禽楚王韩信于陈，乃以弟交为楚王，都彭城[8]。即位二十三年卒，子夷王郢立。夷王四年卒，子王戊立。

王戊立二十年，冬，坐为薄太后服私奸，削东海郡。[9]春，戊与吴王合谋反，其相张尚、太傅赵夷吾谏，不听。戊则杀尚、夷吾，起兵与吴西攻梁，破棘壁。[10]至昌邑南，与汉将周亚夫战。[11]汉绝吴、楚粮道，士卒饥，吴王走，楚王戊自杀，军遂降汉。

汉已平吴楚，孝景帝欲以德侯子续吴，以元王子礼续楚。[12]窦太后[13]曰："吴王，老人也，宜为宗室顺善。[14]今乃首率七国，纷乱天下，奈何续其后！"不许吴[15]，许立楚后。是时礼为汉宗正，乃拜礼为楚王，奉元王宗庙，是为楚文王。

文王立三年卒，子安王道立。安王二十二年卒，子襄王注立。襄王立十四年卒，子王纯代立⑯。王纯立，地节二年，中人上书告楚王谋反，⑰王自杀，国除，入汉为彭城郡。

（以上为第一段，介绍刘邦的几个兄弟，并主要介绍了其弟刘交的子孙在汉代前期的兴衰经历。）

①同母——与同父异母者相对而言。极言其血缘之亲近。 ②长兄伯——此所谓“伯”应是行，而不是名。下文“仲”亦应如此。盖刘邦父兄之名皆不雅，故遂称其父曰“太公”，称其长兄曰“伯”，次兄曰“仲”。 ③辟事——犹今之所谓“躲难”，盖刘邦于其举兵前已数为不轨之事矣。辟：通“避”。 巨嫂——大嫂。即刘伯之妻。 ④叔——指刘邦。 详为羹尽——详：通“佯”，假装。 栎（lì）釜——师古曰：“以勺轹釜，令为声也。”钱大昕曰：“栎、轹声近。” ⑤太上皇——刘邦之父。刘邦于六年（前201）封其父为太上皇。 ⑥封其子信为羹颉侯——《索隐》曰：“羹颉，爵号，非县名，以其（母）栎釜故也。”崔适曰：“此虽名号侯，而别有封邑。《汉书·王子侯表》：‘羹颉侯信，高后元年有罪，削爵一级为关内侯。’然则前此固列侯也。” ⑦次兄仲——名喜，刘濞之父。 代——秦郡名，汉初时而为国，时而为郡，郡治在今河北蔚县东北。 ⑧彭城——在今江苏徐州。 ⑨王戊立二十年——相当于景帝二年（前155）。 坐为薄太后服私奸——刘戊在这年为景帝的祖母薄太后服丧期间，犯了奸淫罪。 削东海郡——将楚国的东海郡（郡治在今山东郯城北）收归中央。 ⑩梁——诸侯国名，国都睢阳（在今河南商丘南）。当时的梁王刘武，是汉景帝的胞弟，是抗阻吴、楚叛军西进的最重要的力量之一。 棘壁——古邑名，在今河南柘城西北，当时梁国都城睢阳的西南方。 ⑪昌邑——汉县名，县治在今山东巨野南，当时梁国都城睢阳的东北方。 周亚夫——刘邦开国功臣周勃之子，当时为太尉，是汉军的最高统帅，当时周亚夫的主力大军就屯扎在昌邑。 ⑫欲以德侯子续吴——德侯子：名通，刘濞之侄。德侯是刘濞之弟。续吴：接续着做吴王。 元王子礼——刘礼，刘交之子，刘戊之叔。 ⑬窦太后——文帝之皇后，景帝之母。 ⑭吴王，老人也——按辈分说，汉景帝称刘濞为叔叔，且其年龄在六十以上，故窦太

后如此说。 顺善——做榜样,带头做好事。 ⑮不许吴——不为吴国立后,从此吴国的建制被撤销。 ⑯襄王立十四年卒,子王纯代立——事在武帝元鼎二年(前115)。按:以上楚之诸王皆有谥,唯此句称"王纯",知此时刘纯尚在位,此上皆史公原文。 ⑰地节二年——公元前68年。"地节"是汉宣帝的年号(前69—前66年),司马迁没有活到这个时候,故"王纯立"以下二十七字,定为后人所续。 中人——王纯身边的人,实际是王纯后母之亲属。

赵王刘遂者,其父高祖中子,名友,谥曰"幽"。幽王以忧死,故为"幽"。[1]高后王吕禄于赵,一岁而高后崩。大臣诛诸吕吕禄等,乃立幽王子遂为赵王。

孝文帝即位二年,立遂弟辟彊,取赵之河间郡为河间王,[2]是为文王。立十三年卒,子哀王福立。一年卒,无子,绝后,国除,入于汉。

遂既王赵二十六年,孝景帝时坐晁错以適削赵王常山之郡。[3]吴楚反,赵王遂与合谋起兵。其相建德、内史王悍谏,不听。遂烧杀建德、王悍,发兵屯其西界,欲待吴与俱西[4]。北使匈奴,与连和攻汉。汉使曲周侯郦寄击之。赵王遂还,城守邯郸,相距七月。吴楚败于梁,不能西。匈奴闻之,亦止,不肯入汉边。栾布自破齐还,[5]乃并兵引水灌赵城。赵城坏,赵王自杀,邯郸遂降。赵幽王绝后[6]。

(以上为第二段,附写赵王刘友之子刘遂、刘辟彊兄弟的一些经历。)

①幽王以忧死——刘友于高祖十一年(前196)被刘邦立为淮阳王。惠帝元年(前194),吕后杀死赵王刘如意后,移刘友为赵王。后刘友遭其王后吕氏女所谗,被吕后召进京城,活活饿死。 故为"幽"——"幽"下应有"王"字。 ②孝文帝即位二年——公元前178年。 辟彊——辟:通"避"。或曰"辟疆"。 取赵之河间郡为河间王——意即从赵国割出一块地盘,立赵王之弟为王。河间郡:郡治乐

城，在今河北献县东南。本来属于赵国。 ③遂既王赵二十六年——景帝前元三年(前154)。 坐晁错以適削赵王常山之郡——由于赵王的过失而被受晁错怂恿的汉景帝又削去了赵国的常山郡。適：通“谪”，因罪被罚。常山郡：汉郡名，郡治真定(在今河北正定南)，原来属赵，如今被收归朝廷。 ④与俱西——和吴国一道西攻长安。 ⑤栾布——汉初名将，原为彭越的部下。 自破齐还——意谓平定了齐地的叛乱者，自东方而还。此“齐”字乃指胶西、胶东、菑川、济南四叛国，齐国乃被四国所围，被栾布所救。 ⑥赵幽王绝后——刘友的两个儿子，刘遂造反兵败自杀，刘辟彊有子无孙，于是一门绝后。

太史公曰：国之将兴，必有祯祥，君子用而小人退；国之将亡，贤人隐，乱臣贵。使楚王戊毋刑申公，遵其言；[1]赵任防与先生[2]，岂有篡杀之谋，为天下僇哉？[3]贤人乎，贤人乎！非质有其内，恶能用之哉？[4]甚矣，“安危在出令，存亡在所任”，诚哉是言也！

(以上为第三段，是作者的论赞，对统治者因不用贤才、不纳贤者之言而导致亡国破家的结局表达了深深慨叹。)

①使楚王戊毋刑申公，遵其言——申公：名培，汉初有名的儒生，曾与楚元王之子刘郢客同学。刘郢客为楚王后，请申培任其子刘戊之傅。至刘戊为楚王时，性行淫暴，竟将申培罚作苦役。 遵其言——听从他的劝告。 ②防与先生——其人其事皆不详。 ③篡杀之谋——指伙同吴国一道造反。 为天下僇——被天下人所耻笑。僇：通“戮”，辱，耻笑。 ④质有其内——自身具有这种好品质。 恶(wū)能用之哉——如何能采纳、听用呢？恶：也写作“乌”，如何，怎么。

[简评] 本篇名为《楚元王世家》，但实际上总体介绍了整个刘邦家族，其中所记载的史实主要分四个支系进行叙述：其一是刘邦长兄刘伯的夫人与其儿子的事迹；其二是刘邦次兄刘仲与其儿子的事迹；其三是刘邦母弟刘交与其后代的事迹；其四又

附叙了刘邦之子刘友后代的事迹。楚元王刘交在刘邦四兄弟中是仅次于刘邦的佼佼者，前期跟随刘邦打天下，可以说是“没有功劳也有苦劳”；后期当了楚王后，深知谦隐，以《诗》《书》文章为事，从不引惹刘邦、吕后的猜嫌。可惜这些事情都没有在本文写出，让读者只好再费事地到《汉书》中去查找，这不能不说是一种遗憾。刘交的孙子刘戊，平时性行淫暴，曾将规劝他的师傅申公处以严刑，说明他日后的造反不是偶然的。可惜这些事情本篇也未写到，需要到《儒林列传》或《汉书》中去找。这种处理同样也是未必合适的。比较《汉书·楚元王传》的相关段落，显然是《汉书》更为充实、更为明晰。

本篇重点写了刘交之孙刘戊与刘邦之孙刘遂，伙同刘邦次兄之子吴王刘濞共同谋反的过程，亦即史书上所称的“七国之乱”。有人说这篇作品很像写周初问题的《管蔡世家》，确实不错。《管蔡世家》将武王、周公、召公、康叔以外的其他周武王的兄弟全部作了交代，而特别又以管叔、蔡叔对中央王朝的叛乱为重点。至于司马迁总体介绍周武王和刘邦的这些兄弟为什么不挑个更好的地方，而偏把他们和几个叛乱分子放在一起呢？这可真有点让人费解。篇末的论赞，一改宿命论、天人感应的陈词滥调，而特别强调了尊贤、用贤的问题，既可见司马迁进步的历史观，也透露出司马迁对现实政治中许多无可奈何之事的深深感慨。

［**集评**］《太史公自序》：“汉既谲谋，禽信于陈；越荆剽轻，乃封弟交为楚王，爰都彭城，以强淮泗，为汉宗藩。戊溺于邪，礼复绍之。嘉游辅祖，作《楚元王世家》第二十。”

柯维骐曰：“《汉书》以《楚元王传》与《荆燕吴（传）》并列，而以赵王遂与高祖五子同传，盖楚元王高祖之弟；而赵王，高祖之子也。史迁世家只序楚元王，而此特附赵王者，盖以防与先生与

申公事相类，有贤不用，卒犯大戮，均可为世戒也。”（《史记考要》）

李景星曰：“《楚元王世家》后附《赵世家》，而统名之曰‘元王世家’，与《管蔡世家》附《曹世家》同，皆因同姓而又较有关系也。同姓则可以附书，较有关系则又不能与他附书者同列，必特别出之以示郑重，太史公于此非漫然也。况赵王遂又与吴、楚同谋，其不听善言而取灭亡又与楚王戊相类，合而书之政（正）自相宜。观赞语曰‘使楚王戊毋刑申公，赵任防与先生’云云，则史公之命意可知矣。”（《四史评议》）

张大可曰：“本篇是西汉初同姓叛乱诸侯的‘世家’，类例西周初的‘管蔡世家’。”“传主无足称者。传末赞论，寓有深意，应与《匈奴传赞》并观。司马迁认为治乱安危，战争胜败，在很大程度上……表现为贤才是否得到任用或者埋没，这在天人感应弥漫的汉代，显然是一种进步的历史观。”（《史记新注》）

荆燕世家第二十一

荆王刘贾者，诸刘，不知其何属[①]。初起时，汉王元年[②]，还定三秦，刘贾为将军，定塞地，[③]从东击项籍。

汉四年，汉王之败成皋[④]，北渡河，得张耳、韩信军，军修武，深沟高垒，使刘贾将二万人，骑数百，渡白马津[⑤]入楚地，烧其积聚，以破其业，无以给项王军食。已而楚兵击刘贾，贾辄壁不肯与战，而与彭越相保。[⑥]

汉五年，汉王追项籍至固陵[⑦]，使刘贾南渡淮围寿春[⑧]。还至，使人间招楚大司马周殷。[⑨]周殷反楚，佐刘贾举九江，迎武王黥布兵，[⑩]皆会垓下，共击项籍。汉王因使刘贾将九江兵，与太尉卢绾西南击临江王共尉。[⑪]共尉已死，以临江为南郡。

汉六年春，会诸侯于陈[⑫]，废楚王信，囚之，分其地为二国[⑬]。当是时也，高祖子幼，昆弟少，又不贤[⑭]，欲王同姓以镇天下，乃诏曰："将军刘贾有功，及择子弟[⑮]可以为王者。"群臣皆曰："立刘贾为荆王，王淮东五十二城；高祖弟交为楚王，王淮西三十六城。"因立子肥[⑯]为齐王。始王昆弟刘氏也。

高祖十一年秋，淮南王黥布反，东击荆。荆王贾与战，不胜，走富陵[⑰]，为布军所杀。高祖自击破布。十二年，立沛侯刘濞为吴王,王故荆地。[18]

(以上为第一段,写刘贾因佐刘邦开国有功被封王,以及其后来被黥布所灭的过程。)

①诸刘,不知其何属——刘姓诸人中的一个,不知其属于哪个支派。 ②初起时,汉王元年——《汉书》作"不知其初起时",其意谓至"汉元年"始有关于刘贾活动的记载。汉王元年:公元前206年。 ③还定三秦——事在汉元年(前206)八月。三秦:指项羽封三个秦朝降将在关中所建立的雍、翟、塞三个国家。通常用以代指关中地区。 定塞地——平定了塞王司马欣所占的地盘。塞国的都城栎(yuè)阳在今陕西西安阎良区东南。 ④败成皋——刘邦在成皋被项羽所困,与滕公逃出成皋事,见《高祖本纪》。成皋:古城名,在今河南荥阳。 ⑤白马津——古黄河上的渡口名,在今河南滑县东北。 ⑥辄壁——总是坚守营垒,不肯出战。 与彭越相保——与彭越相互支援,相互依靠。彭越:原在巨野泽中为盗,诸侯反秦时,彭越亦与秦作战;因未随项羽入关,故未被项羽封王。项羽分封诸侯后,彭越与齐王田荣联合,首先举兵反项,成为了刘邦的一个重要方面军。 ⑦固陵——秦县名,县治在今河南太康南。 ⑧寿春——秦县名,县治在今安徽寿县。 ⑨还至——指到达寿春后。还:通"旋",随即,立即。 间招——暗中招纳。 大司马周殷——项羽手下的高级将官,当时驻兵于今安徽之舒城、六安一带。大司马:古官名,主管军事的最高长官。此处是虚衔。 ⑩举九江——完全控制了原属黥布的九江国,其地约在今安徽中部。 迎武王黥布——黥布原是项羽的部将,被项羽封为九江王。项羽北上伐齐时,黥布未积极支持,被项羽所怨恨。刘邦败于彭城后,派谋士随何入九江策动黥布背叛项羽。在刘邦与项羽对峙于荥阳时,黥布以游兵活动于项羽左翼。现九江一带已全部归属于汉,群龙无首,故周殷等请这个有威望的"老主子"来统领全军。所谓武王,是黥布当年为九江王时自命的称呼。 ⑪太尉卢绾(wǎn)——卢绾是刘邦的同乡,儿时的伙伴。刘邦被项羽封为汉王,卢绾即被刘邦任为太尉。太尉:秦汉时国家的最高军事长官,当时的"三公"之一。 临江王共尉——被项羽所封的临江王共敖的儿子。"共尉"亦作"共驩"。临江国的都城江

陵,在今湖北荆州西北。 ⑫会诸侯于陈——目的是袭捕韩信。韩信为刘邦破杀项羽于垓下后,刘邦立即将韩信由原来的齐王改封为楚王。一年后,有人告发韩信想造反,于是刘邦便假说要南游云梦泽,中途在陈郡袭捕了韩信。陈:汉郡名,郡治在今河南周口淮阳区。 ⑬分其地为二国——将韩信的固有封地分成两块,称其西北部曰"楚",都彭城(在今江苏徐州);称其东南部曰"荆",都吴县(在今江苏苏州)。⑭昆弟少,又不贤——昆弟:兄弟。刘邦之长兄刘伯早年已死;现存者有次兄刘仲、少弟刘交。刘仲没有出息,刘交也未见有多大才干。⑮择子弟——指选拔刘邦的儿子与兄弟。 ⑯子肥——刘邦的私生子刘肥,史称"齐悼惠王"。 ⑰富陵——汉县名,县治在今江苏盱眙东北,一作江苏淮安洪泽区西北,当时属荆。 ⑱沛侯刘濞——刘邦次兄刘仲之子,原被封为沛侯。 王故荆地——领有刘贾原来的国土,然改荆国称吴国,且将其都城由吴县改迁于广陵(在今江苏扬州)。

燕王刘泽者,诸刘远属也。高帝三年,泽为郎中。高帝十一年,泽以将军击陈豨,[①]得王黄[②],为营陵侯。

高后时,齐人田生游乏资,以画干营陵侯泽。[③]泽大说之,用金二百斤为田生寿。田生已得金,即归齐。二年,泽使人谓田生曰:"弗与矣。"[④]田生如长安,不见泽,而假大宅,令其子求事吕后所幸大谒者张子卿。[⑤]居数月,田生子请张卿临,亲修具。[⑥]张卿许往。田生盛帷帐共具,譬如列侯。[⑦]张卿惊。酒酣,乃屏人说张卿曰:"臣观诸侯王邸弟百余,皆高祖一切功臣。[⑧]今吕氏雅故本推毂高帝就天下,[⑨]功至大,又亲戚太后之重[⑩]。太后春秋长,诸吕弱,[⑪]太后欲立吕产为吕王,王代[⑫]。太后又重发之,恐大臣不听。[⑬]今卿最幸,大臣所敬,何不风大臣以闻太后[⑭],太后必喜。诸吕已王,万户侯亦卿之有。[⑮]太后心欲之,而卿为内臣,不急发[⑯],恐祸及身矣。"张卿大然之,乃风大臣语太后。太后朝,因问大臣,大臣请立吕产为吕王[⑰]。太后赐张卿千斤金[⑱],张卿以其半与田生。田生弗受,因说之曰:"吕产王也,诸大臣未大服[⑲]。今营陵侯泽,诸刘,为大将军,独此尚觖望。[20]今卿言太后,列十余县王之[21]。彼得王,喜去,诸吕王益固矣。”张卿入言,太后然之,乃以营陵侯刘泽为琅邪王。琅邪王乃与田生之国[22]。田生劝泽急行,毋留。出关,太后果使人追止之。已出,即还。

及太后崩,琅邪王泽乃曰:“帝少,诸吕用事,刘氏孤弱。”乃引兵与齐王合谋西,欲诛诸吕。[23]至梁,闻汉遣灌将军屯荥阳,[24]泽还兵备西界[25],遂跳驱至长安[26]。代王亦从代至[27],诸将相与琅邪王共立代王为天子。天子乃徙泽为燕王,乃复以琅邪予齐,复故地[28]。

泽王燕二年,薨,谥为敬王。传子嘉,为康王。

至孙定国,与父康王姬奸,生子男一人。夺弟妻为姬,与子女[29]三人奸。定国有所欲诛杀臣肥如令郢人[30],郢人等告定国,定国使谒者以他法劾捕格杀郢人以灭口。至元朔元年[31],郢人昆弟复上书具言定国阴事,以此发觉。诏下公卿,皆议曰:“定国禽兽行,乱人伦,逆天,当诛。”上许之。定国自杀,国除为郡[32]。

(以上为第二段,写刘泽侥幸被吕后封王,以及其子孙在燕为王的情形。)

①高帝十一年——公元前196年。　泽以将军击陈豨(xī)——按:击陈豨乃刘邦亲自统兵,刘泽仅其部下一小将而已。陈豨:刘邦的开国功臣。高祖七年(前200),韩王信叛投匈奴,刘邦率军往讨,于是陈豨被任为代相,监代、赵边兵。高祖十年(前197)秋,陈豨举兵反汉。　②王黄——原是韩王信的部将,韩王信反汉逃入匈奴后,王黄等继续在北部边境勾结卢绾、陈豨等为乱。　③田生——田先生,字子春。　游乏资——到京城打秋风,穷得没有盘缠了。游:周游。指奔走干谒。　以画干营陵侯——画:谋划,给人出点子。干:求见,寻求赏识。　④二年——过了两年,即吕后七年(前181)。　弗与矣——(你)不再帮助我了。与:助。　⑤假大宅——向人租借了一套大房子。　求事——请求前去侍奉。　大谒者——官名,诸谒者的头领,如“谒者仆射”之类。谒者是为帝王通报、传达与赞礼诸事的侍从人员。　⑥请

张卿临——请其光临自己“家”。 亲修具——亲手为其置备筵席。具:供具。这里指筵席。 ⑦盛帷帐共具——指陈设、筵席等一切都富丽堂皇。共具:同上所谓修具之“具”。 譬如列侯——像列侯之家一样的排场。 ⑧诸侯王邸(dǐ)弟百余——邸弟:犹言府第。邸:原指诸侯在天子京城修筑的府舍,以备进京朝拜天子时之所用。这里指府第。弟:同“第”。按:刘邦的诸侯王总共也不到二十个,何至夸说曰“百余”? 皆高祖一切功臣——一概都是高祖时代的功臣。一切:即今之所谓“一概”“通通”。 ⑨雅故本——三字同义,即“本来”“向来”的意思。 推毂——以动宾结构当动词用,以取其形象,即协助、佐助的意思。 ⑩亲戚太后之重——意谓诸吕都是太后的重要亲戚。 ⑪春秋长——指年事高。 诸吕弱——指爵位低,官职小。 ⑫太后欲立吕产为吕王,王代——此文应作“太后欲立吕禄为王,王代”,“吕”字衍。吕产:吕后长兄吕泽之次子,于吕后六年(前182)已被封为梁王。吕禄:吕后次兄吕释之之子,此时为胡陵侯。代:汉初诸侯国名,此时之代王名恒,刘邦之子,国都在今山西平遥西南。时吕后欲改封刘恒为赵王,借此机会封吕禄为代王。 ⑬重发之——意即自己不好开口。 恐大臣不听——因刘邦在世时曾规定过“非刘氏者不得王”,恐大臣坚守此议。 ⑭风大臣以闻太后——给大臣们吹风,让他们主动向太后建议。风:吹风,示意。 ⑮诸吕已王——诸吕一旦获得封王。 万户侯亦卿之有——据《吕太后本纪》,张卿办过此事后,果被封为建陵侯。万户侯:即通常所说的列侯。列侯的封地大体为一个县,当时久经战乱,人口稀少,许多县的人口不足万户。 ⑯不急发——不及早按照太后的心思提出建议。 ⑰大臣请立吕产为吕王——梁玉绳以为此句应作“大臣请立吕禄为赵王”。 ⑱赐张卿千斤金——“斤”字疑衍。 ⑲吕产王也,诸大臣未大服——梁玉绳认为此处之“吕产”亦应作“吕禄”。 ⑳诸刘——应依《汉书》作“诸刘长”,即在刘姓诸臣中,年龄最大。 大将军——此时尚非固定官名,只表示为诸将中之位次崇高者。 独此尚觖望——所不满足的也就是这个封王了。觖望:失望,不满。 ㉑列十余县王之——划出十来个县封之为王。列:通“裂”。 ㉒之国——去琅邪国上任。 ㉓与齐王合谋西——齐王:齐哀王刘襄，公元前188—前179年在位。合谋：据《齐悼惠王世家》，吕后死，刘襄之弟刘章在长安城给其兄报信，劝其兄起兵入长安诛诸吕以称帝。至于刘泽乃是被齐王刘襄所劫持，后来又以诡语逃出齐营，入长安以投靠周勃者。　欲诛诸吕——此刘襄起兵之意，至于刘泽，乃吕氏一党，岂肯为此？必刘泽巧为粉饰之言。　㉔至梁——齐军西进至梁地（在今山东菏泽定陶区一带）时。按：当时的梁为吕产的封国。　灌将军屯荥阳——灌将军：名婴，刘邦的开国功臣。荥阳：汉县名，在今河南荥阳东北，历来为兵家必争之地。刘襄统兵西下，灌婴奉吕氏命屯兵拦阻。　㉕泽还兵备西界——据《齐悼惠王世家》，刘襄起兵后，首先劫持了刘泽，夺取了琅邪国的军队。待至刘襄与灌婴结盟后，遂率军回至齐国之西境待命。今于刘泽亦云"回兵备西界"，备齐之西界乎？备琅邪之西界乎？完全不合事实。　㉖遂跳驱至长安——跳驱：脱身独驰。当时刘泽被刘襄所劫持，诡言愿至长安探听虚实，遂只身奔赴长安。㉗代王亦从代至——事在吕后八年（前180）后九月。代王即刘恒，刘邦之子。周勃、陈平等乘灌婴与刘襄结盟，吕氏惶恐动摇之际，借助刘章等人的力量诛灭了吕氏一党。他们害怕刘襄的英武，不愿使之为帝，乃从代国迎来了一向处于谦退、韬晦中的刘恒。　㉘复故地——琅邪郡原为齐地，齐又反吕有大功，故将琅邪郡归还齐国。　㉙子女——犹言女儿。　㉚定国有所欲诛杀臣肥如令郢人——按：此句繁复词费，意即刘定国想要杀一个名叫"郢人"的肥如县县令。肥如：汉县名，在今河北卢龙北，当时属燕。郢人：史失其姓。　㉛元朔元年——公元前128年。元朔：汉武帝的第三个年号（前128—前123年）。　㉜定国自杀，国除为郡——撤销燕国建制，改设为郡。按：《平津侯主父列传》说主父偃"尊立卫皇后，及发燕王定国阴事，偃有功焉"。则知燕王定国之犯事，与主父偃大有关系。

太史公曰：荆王王也，由汉初定，天下未集，故刘贾虽属疏，然以策为王，填江淮之间。[①]刘泽之王，权激吕氏[②]，然刘泽卒南面称孤者三世。事发相重，岂不为伟乎！[③]

（以上为第三段，是作者的论赞，作者对刘贾、刘泽的封王表现了某种嘲弄意味。刘贾尚出于侥幸,刘泽则皆出于奸猾狡诈矣。)

①以策为王——也被策立为王。以:似应作“亦”。 填江淮之间——指为荆王。填:通“镇”,镇抚。 ②权激吕氏——以权谋诡诈的手段刺激吕后,即先说吕后封诸吕为王,而自己也捎带搭了上去。③事发相重——指与吕氏相互借重以获得封王。 岂不为伟乎——似应依《汉书》作“岂不危哉”!盖谓田生给刘泽所出的主意,亦犹苏秦、张仪之行,“真倾危之士哉”!

[**简评**] 本文写了刘邦的两个同村“功臣”,就因为姓刘遂得以封王的事迹。刘贾在楚汉战争期间的确有军功,尽管没有周勃、樊哙、灌婴等那样跟随刘邦的时间长、功劳大,但封侯还是可以的。至于最后得封为荆王,这就只能算是一种侥幸,沾了姓刘的光了。刘泽在刘邦打天下的期间没有任何军功,在刘邦称帝后讨伐北方叛乱时活捉了王黄。刘泽被封侯,在很大程度上是因为他是樊哙的女婿,吕后的侄女婿。刘泽与陈平一样,都是极力迎合吕后,在诸吕时代极不甘心寂寞的。刘泽甚至靠着田生、张卿的活动,在吕后那里分得了一杯羹。待至刘襄起兵讨诸吕,刘章、周勃也在朝廷发动了政变的情势下,刘泽没有被刘襄杀掉已属万幸;反而因及时地投奔周勃、陈平,并因诋毁刘襄,拥立刘恒,而最终被刘恒感恩地封为燕王,一个变色龙就是如此左右逢源的。司马迁对刘泽的行为进行了隐微的嘲讽,这是可以理解的。但文章对刘泽事后的自我粉饰、篡改事实之语,也照样写出,以至于和《齐悼惠王世家》之所述完全抵牾,司马贞引刘氏以为这是出于“燕、齐两史各言其主立功之迹,太史公闻疑,遂各记之”。话虽如此,但不分黑白,照本宣科,岂良史所应为?读者应将此文与《吕太后本纪》《齐悼惠王世家》比照阅读。

[**集评**] 《太史公自序》:“维祖师旅,刘贾是与;为布所袭,

丧其荆吴。营陵激吕，乃王琅邪；怵午信齐，往而不归。遂西入关，遭立孝文，获复王燕。天下未集，贾泽以族，为汉藩辅，作《荆燕世家》第二十一。”

黄震曰：“（田生）如长安，不见泽，而以计谒高后之所幸张子卿，使王诸吕以张本，而王刘泽于燕。然则田生所干刘泽之画，即明年所施于张子卿之计。曰‘弗与’云者，弗与我施行所画，促之之辞尔。泽，刘氏也，而王诸吕，乃出其计，其罪大矣。故太史公之赞曰‘刘泽之王，权激吕氏’。……于干刘泽，不言其所画，而于干张子卿言之，文法之相为先后如此。”（《黄氏日钞》）

李笠曰：“太史公之赞曰‘刘泽之王，权激诸吕’，故云‘权激’者，罪之非嘉之也。观《汉书》‘伟’作‘危’，史公之用意更明矣。……班史语明，史公语微，以意逆志，斯不远而（耳）。”（《史记订补》）

李景星曰：“《荆燕世家》用笔最简括，事最多，而制局又最紧，是太史公极用意文字。《荆世家》曰‘诸刘，不知其何属’；《燕世家》曰‘诸刘远属’，两世家相合处，即在于此。《荆世家》叙刘贾之功，凡分五层，俱用重笔；《燕世家》叙刘泽之王，全在田生说张卿一段，虽亦分五层，而笔笔轻活，与前半叙次有奇正相生之妙。赞语劲矫，‘权激吕氏’，‘事发相重’，造句极简重古奥。”（《四史评议》）

齐悼惠王世家第二十二

齐悼惠王刘肥者，高祖长庶男也。[①]其母外妇[②]也，曰曹氏。高祖六年，立肥为齐王，[③]食七十城，诸民能齐言者皆予齐王。[④]

齐王，孝惠帝[⑤]兄也。孝惠帝二年，齐王入朝。惠帝与齐王燕饮，亢礼如家人。[⑥]吕太后怒，且诛齐王[⑦]。齐王惧不得脱，乃用其内史勋计，献城阳郡，以为鲁元公主汤沐邑。[⑧]吕太后喜，乃得辞就国。

悼惠王即位十三年，以惠帝六年卒。子襄立，是为哀王。

哀王元年，孝惠帝崩，吕太后称制，天下事皆决于高后。二年，高后立其兄子郦侯吕台为吕王，割齐之济南郡为吕王奉邑。

哀王三年，其弟章入宿卫于汉，[⑨]吕太后封为朱虚侯，以吕禄女妻之。后四年，封章弟兴居为东牟侯，皆宿卫长安中。

哀王八年，高后割齐琅邪郡，立营陵侯刘泽为琅邪王。

其明年，赵王友入朝，幽死于邸。[⑩]三赵王皆废[⑪]。高后立诸吕为三王[⑫]，擅权用事。

（以上为第一段，写刘邦庶长子刘肥与刘肥子刘襄在吕后当权时被吕后侵陵割剥，以及二人竭力隐忍的情景。）

①齐悼惠王——“齐”是刘肥的封国名，国都临菑，在今山东淄博

东北齐都镇。“悼惠”是谥号。　庶男——非嫡妻所生的儿子。　②外妇——外头的情妇。刘肥是刘邦与别人家的女人私通而生，出生后被送到刘邦家，交吕后收养。　③高祖六年——公元前201年。　立肥为齐王——齐地原是刘邦功臣韩信的封国，高祖五年（前202），刘邦袭夺韩信兵权，将韩信改封到楚国，而后又以莫须有的罪名降之为淮阴侯，软禁于长安。正是在这种背景下，刘封其子刘肥为齐王，都临菑；封其弟刘交为楚王，都彭城。　④食七十城——齐国在春秋、战国以及西汉初都是大诸侯国，人们也常以“七十城”称齐之疆域广大。　能齐言者皆予齐王——此谓近齐城邑，凡语言与齐一类者，皆割属齐王，言其疆域之大。　⑤孝惠帝——刘盈，刘邦之子，吕后所生，公元前194—前188年在位。　⑥燕饮——安闲和乐的宴饮。燕：安。　亢礼如家人——亢礼：行对等之礼。家人：平民。《吕太后本纪》云：“孝惠与齐王燕饮太后前，孝惠以为齐王兄，置上坐，如家人之礼。”　⑦且诛齐王——刘邦之爱子赵王如意与其母戚夫人在孝惠元年（前194）皆已被吕后所杀，故刘肥此次进京原即凶多吉少。　⑧内史勋——齐国的内史，名勋，史失其姓。内史：官名，汉初诸侯国的行政长官，治理该国民政。　城阳郡——齐国的郡名，郡治在今山东莒县。　鲁元公主——刘邦之女，吕后所生。　汤沐邑——古代诸侯进京朝见天子，天子在京城附近划给诸侯一块领地作为生活开销，曰“汤沐邑”。后来皇后、公主等亦皆有“汤沐邑”，实即额外给她们一块领地。据《吕太后本纪》，齐王不仅给鲁元公主献上了一个郡，而且还“尊公主为王太后”。

⑨哀王三年——相当于吕后二年（前186）。　入宿卫于汉——到汉王朝的京城充当皇帝的保卫人员。　⑩其明年——事情就在当年，曰“明年”误。　赵王友——刘邦之子，赵王如意被杀后，刘友由淮阳王移封赵王。　幽死于邸——吕后七年（前181），赵王友被调至京城，活活饿死。　⑪三赵王皆废——刘邦的儿子刘如意先为赵王，于高帝十二年（前195）刘邦刚死时即被吕后调进京城用毒药毒死；接着刘友又于吕后七年（前181）一月被吕后调进京城活活饿死；同年二月刘邦的另一个儿子刘恢又被移封赵王，同年六月被迫自杀。　⑫立诸吕为三王——吕产原被封为吕王，当刘恢由梁王改封赵王后，吕产遂被封为梁

王；吕禄原为胡陵侯，当三个刘姓的赵王相继被杀后，吕禄遂被封为赵王；吕通是吕产之侄，原被封为东平侯，当刘邦之子燕灵王刘建病死后，吕后遂灭其子，而封吕通为燕王。

朱虚侯年二十，有气力，忿刘氏不得职。[①]尝入侍高后燕饮，高后令朱虚侯刘章为酒吏[②]。章自请曰："臣，将种也，请得以军法行酒。[③]"高后曰："可。"酒酣，章进饮歌舞[④]。已而曰："请为太后言耕田歌[⑤]。"高后儿子畜之[⑥]，笑曰："顾而父知田耳，[⑦]若生而为王子，安知田乎[⑧]？"章曰："臣知之。"太后曰："试为我言田。"章曰："深耕概种，立苗欲疏，非其种者，[⑨]锄而去之。"吕后默然。顷之，诸吕有一人醉，亡酒，章追，拔剑斩之而还。报曰："有亡酒一人，臣谨行法斩之。"太后左右皆大惊。业已许其军法，无以罪也，因罢。自是之后，诸吕惮朱虚侯，虽大臣皆依朱虚侯，刘氏益强。[⑩]

其明年，高后崩。赵王吕禄为上将军，吕王产为相国，皆居长安中，聚兵以威大臣，欲为乱。朱虚侯章以吕禄女为妇，知其谋，乃使人阴出告其兄齐王，欲令发兵西，朱虚侯、东牟侯为内应，以诛诸吕，因立齐王为帝[⑪]。

齐王既闻此计，乃与其舅父驷钧、郎中令祝午、中尉魏勃阴谋发兵。[⑫]齐相召平闻之，乃发卒卫王宫。[⑬]魏勃绐召平曰："王欲发兵，非有汉虎符验[⑭]也。而相君围王，固善[⑮]，勃请为君将兵卫卫王。"召平信之，乃使魏勃将兵围王宫。勃既将兵，使围相府。召平曰："嗟乎！道家之言'当断不断，反受其乱'，乃是也。"遂自杀。于是齐王以驷钧为相，魏勃为将军，祝午为内史[⑯]，悉发国中兵。使祝午东诈琅邪王曰："吕氏作乱，齐王发兵欲西诛之。齐王自以儿子，年少，不习兵革之事，愿举国委大王。[⑰]大王自高帝将[⑱]也，习战事。齐王不敢离兵[⑲]，使臣请大王幸之临菑见齐王计事，并将齐兵以西平关中之乱。"琅邪王信之，以为然，乃驰见齐王。齐王与魏勃等因留琅邪王，而使祝午尽发琅邪国而并将其兵[20]。

琅邪王刘泽既见欺，不得反国，乃说齐王曰："齐悼惠王，高皇帝长子，推本言之，而大王高皇帝適长孙也，当立。今诸大臣狐疑未有所定，而泽于刘氏最为长年，大臣固待泽决计。今大王留臣无为也，不如使我入关计事。"齐王以为然，乃益具车送琅邪王。

琅邪王既行，齐遂举兵西攻吕国之济南[21]。于是齐哀王遗诸侯王书曰："高帝平定天下，王诸子弟，悼惠王于齐[22]。悼惠王薨，惠帝使留侯张良立臣为齐王。惠帝崩，高后用事，春秋高，听诸吕擅废高帝所立。[23]又杀三赵王，灭梁、燕、赵以王诸吕，分齐国为四[24]。忠臣进谏，上惑乱不听[25]。今高后崩，皇帝春秋富，未能治天下，固恃大臣诸侯。今诸吕又擅自尊官，聚兵严威，[26]劫列侯忠臣，矫制以令天下，宗庙所以危。今寡人率兵入诛不当为王者。"

汉闻齐发兵而西，相国吕产乃遣大将军灌婴东击之。灌婴至荥阳[27]，乃谋曰："诸吕将兵居关中，欲危刘氏而自立。我今破齐还报，是益吕氏资[28]也。"乃留兵屯荥阳，使使喻齐王及诸侯，与连和，以待吕氏之变而共诛之[29]。齐王闻之，乃西取其故济南郡，亦屯兵于齐西界以待约。

吕禄、吕产欲作乱关中[30]，朱虚侯与太尉勃、丞相平等诛之。朱虚侯首先斩吕产，于是太尉勃等乃得尽诛诸吕。而琅邪王亦从齐至长安。

大臣议欲立齐王，而琅邪王及大臣曰："齐王母家驷钧，恶戾，虎而冠者也。[31]方以吕氏故几乱天下，今又立齐王，是欲复为吕氏也。代王母家薄氏，君子长者；且代王又亲高帝子，于今见在，且最为长。以子则顺，以善人则大臣安[32]。"于是大臣乃谋迎立代王，而遣朱虚侯以诛吕氏事告齐王，令罢兵。

灌婴在荥阳，闻魏勃本教齐王反，既诛吕氏，罢齐兵，使使召责问魏勃。勃曰："失火之家，岂暇先言大人[33]而后救火乎！"因退立，股战而栗，恐不能言者，终无他语[34]。灌将军熟视笑曰："人谓魏勃勇，妄庸人耳，何能为乎！"乃罢魏勃[35]。魏勃父以善鼓琴见秦皇帝。及魏勃少时，欲求见齐相曹参，家贫无以自通，乃常独早夜埽齐相舍人门外。相舍人怪之，以为物，而伺之[36]，得勃。勃曰："愿见相君，无因，故为子埽，欲以求见。"于是舍人见勃曹参[37]，因以为舍人。一为参御，言事[38]，参以为贤，言之齐悼惠王。悼惠王召见，则拜为内史。始，悼惠王得自置二千石[39]。及悼惠王卒而哀王立，勃用事，重于齐相[40]。

王既罢兵归，而代王来立，是为孝文帝。

孝文帝元年，尽以高后时所割齐之城阳、琅邪、济南郡复与齐，而徙琅邪王王燕，益封朱虚侯、东牟侯各二千户[41]。

是岁，齐哀王卒，太子侧立，是为文王。

（以上为第二段，写刘章、刘襄首先发难，促使周勃、陈平等人乘机发动政变，从中诛灭诸吕事。）

①有气力——慷慨任气，且又勇武多力。　不得职——不被任用，不能在位掌权。　②酒吏——酒筵上的令官，以监督不守规矩者。　③将种——将门之后，《曹相国世家》载有刘肥率军随刘邦讨伐黥布事。　行酒——监督酒席上的一切活动。　④酒酣，章进饮歌舞——"饮"字衍文。进歌舞：即自身进前歌舞。　⑤请为太后言耕田歌——"歌"字涉上文"歌舞"衍，应削。　⑥高后儿子畜之——高后向来把刘章看作小孩子。畜：养，对待。　⑦顾——转折语，犹今所谓"关键是""问题是"。　而父知田——而：你，你的。刘章的父亲刘肥，少时长于平民之家，故吕后以此相调笑。　⑧若生而为王子，安知田乎——你生下来就是王者之子，怎么会懂得种地呢？若：尔，你。　⑨穊（jì）种——犹言"密植"。穊：密。　立苗欲疏——等到定苗时，就要注意分布得合理。　非其种者——凡不是自己种下的作物，即一切野生的东西，这里隐指吕氏。或解作物种，血统，凡不属自己血统的人，亦指吕氏。　⑩虽大臣皆依朱虚侯——虽：即使。大臣：如周勃、陈平之流。

刘氏益强——谓刘氏势力因此而加强。 ⑪以诛诸吕，因立齐王为帝——按：刘章欲使其兄刘襄为帝，其兄欣然举兵前来，此政变之原动力，其他皆由此所引发。 ⑫驷钧——姓驷名钧。 郎中令——此指齐国的郎中令。汉初各诸侯国的官职设置与中央王朝相同，郎中令统领帝王的警卫、侍从，主管守卫宫廷。 中尉——诸侯国的中尉是主管该国军事的长官。 ⑬齐相召（shào）平——当时各诸侯国的丞相都由朝廷派遣，对中央负责，故此召平与齐王的立场、态度不同。 乃发卒卫王宫——名为“保卫”，实乃将其围困。 ⑭非有汉虎符验——没有汉王朝中央的虎符作为凭证。意思即他根本调不了兵，造不成反。虎符：朝廷调兵的印信，用铜做成虎形，中分为二，一半存于朝廷，一半在统兵的将领之手。验：凭证。 ⑮相君围王，固善——你现在把他围起来，的确是很好的。 ⑯内史——官名，诸侯国的内史主管该国民政，秩二千石。 ⑰自以儿子，年少——儿子：犹言“小孩子”．刘襄与刘泽按辈分说，是孙子辈，故以“小孩子”自称。 愿举国委大王——愿把整个国家军队都交给你指挥。委：托付。 ⑱自高帝将——自高帝时已为将。 ⑲不敢离兵——不能离开军队。 ⑳使祝午尽发琅邪国而并将其兵——尽发：调发其全部的人力、物力。按：自吕后割琅邪郡以封刘泽，刘襄未尝一日不敌视刘泽而欲灭之，故一旦起兵，必先东出囚其人而夺其地。 ㉑吕国之济南——现时属于吕国的济南郡。徐孚远曰：“齐王发兵，先取琅邪，复攻济南，盖收复全齐以为根本，恐吕氏未即灭，为两持计也。” ㉒悼惠王于齐——“于”字应依《吕太后本纪》作“王”。 ㉓春秋高——指年岁大，与下文之“春秋富”意思相反。

听诸吕擅废高帝所立——不直指吕后所为，而婉言曰“听诸吕”，极有策略语，亦礼貌语。擅废高帝所立：指惠帝死后，太子继位为帝，四年后，因其有怨言被吕后杀害，接着吕氏又改立了惠帝的另一个儿子刘弘。此罪恶之极大者，故应首述。 ㉔分齐国为四——本来一个齐国，先是被迫拿出了城阳郡，以为鲁元公主的汤沐邑，然后被割出了琅邪郡，以为刘泽的琅邪国，最后又被割出了济南郡，以为吕台的吕国，故谓由一变四。 ㉕上惑乱不听——此处之“上”表面是指当时在位的小傀儡皇帝刘弘，实则指吕后。 ㉖尊官——提高官职，如吕产为相国，吕禄为上将军。 聚兵严威——集结兵力,显示威严。 ㉗荥阳——汉县名,县治在今河南荥阳,自古以来的军事要地。 ㉘益吕氏资——为吕氏之篡国增加筹码。 ㉙以待吕氏之变而共诛之——按:下文周勃、陈平、刘章等能在京城发动政变,关键在于灌婴的中途倒戈,吕氏至此彻底孤立,失败成定局。 ㉚吕禄、吕产欲作乱关中——诸吕之不得人心属实,谓其"欲作乱关中",乃强加罪名。 ㉛齐王母家驷钧——齐王母亲的娘家人名驷钧者。驷钧是齐王母亲的弟弟,齐王刘襄之舅。

恶戾,虎而冠者也——恶戾:凶狠残暴。虎而冠者:简直就是一只戴着人帽子的老虎。 ㉜以子则顺,以善人则大臣安——按:周勃、陈平等惧齐王之英武,欲立弱者以便其控制,故极力寻找借口压制齐王。 ㉝先言大人——先报告一家之主。 ㉞因退立,股战而栗,恐不能言者,终无他语——史珥曰:"勃盖知婴忌己之勇,故饰诈以脱祸耳。" ㉟乃罢魏勃——罢:放过。中井积德曰:"勃之免死,以怯也。即直对不屈,或速罪也。" ㊱以为物,而伺之——物:汉人称具有某种神秘属性的精灵。伺:暗中窥探。 ㊲见勃曹参——将魏勃引见给了曹参。 ㊳一为参御,言事——有一回魏勃给曹参赶车,向他说了自己对某件事情的见解。御:赶车。 ㊴自置二千石——据《后汉书·百官志》,汉初各诸侯国的官职设置与朝廷相同,除其丞相由朝廷委派外,御史大夫以下都由各诸侯王自己任命。而"御史大夫及诸卿,皆秩二千石"。诸卿:相当于今之中央各部,如前面提到的郎中令、内史、中尉等都属这个范围。 ㊵勃用事,重于齐相——按:太史公欣赏魏勃,故详其始末如此。 ㊶益封朱虚侯、东牟侯各二千户——意思是还让他们当以前的朱虚侯与东牟侯,只是给每个人增加了两千户的封地。益封:加封,指扩大领地。

齐文王元年,汉以齐之城阳郡立朱虚侯为城阳王,以齐济北郡立东牟侯为济北王。[①]

二年,济北王反,汉诛杀之,地入于汉。[②]

后二年,孝文帝尽封齐悼惠王子罢军等七人皆为列侯[③]。

齐文王立十四年卒，无子，国除，地入于汉。

后一岁，孝文帝以所封悼惠王子分齐为王，[④]齐孝王将闾[⑤]以悼惠王子杨虚侯为齐王。故齐别郡尽以王悼惠王子：子志为济北王，子辟光为济南王，子贤为菑川王，子卬为胶西王，子雄渠为胶东王，与城阳、齐凡七王。

齐孝王十一年，吴王濞、楚王戊反，兴兵西，告诸侯曰："将诛汉贼臣晁错以安宗庙[⑥]。"胶西、胶东、菑川、济南皆擅发兵应吴楚。欲与齐，齐孝王狐疑，城守不听，[⑦]三国兵共围齐[⑧]。齐王使路中大夫[⑨]告于天子。天子复令路中大夫还告齐王："善坚守，吾兵今破吴楚矣。"路中大夫至，三国兵围临菑数重，无从入。三国将劫与路中大夫盟，[⑩]曰："若反言汉已破矣，齐趣下三国，不且见屠。[⑪]"路中大夫既许之，至城下，望见齐王，曰："汉已发兵百万，使太尉周亚夫击破吴楚，方引兵救齐，齐必坚守无下！"三国将诛路中大夫。

齐初围急，阴与三国通谋，[⑫]约未定，会闻路中大夫从汉来，喜，及其大臣乃复劝王毋下三国。居无何，汉将栾布、平阳侯等兵至齐，击破三国兵，解齐围。已而复闻齐初与三国有谋，将欲移兵伐齐。齐孝王惧，乃饮药自杀。景帝闻之，以为齐首善，以迫劫有谋，[⑬]非其罪也，乃立孝王太子寿为齐王，是为懿王，续齐后。而胶西、胶东、济南、菑川王咸诛灭，地入于汉。徙济北王王菑川。

齐懿王立二十二年卒，子次景立，是为厉王。

齐厉王，其母曰纪太后。太后取其弟纪氏女为厉王后。王不爱纪氏女。太后欲其家重宠[⑭]，令其长女纪翁主入王宫，正其后宫，毋令得近王，[⑮]欲令爱纪氏女。王因与其姊翁主奸。

齐有宦者徐甲，入事汉皇太后。[⑯]皇太后有爱女曰修成君[⑰]，修成君非刘氏，太后怜之。修成君有女名娥，太后欲嫁之于诸侯[⑱]。宦者甲乃请使齐，必令王上书请娥。皇太后喜，使甲之齐。

是时齐人主父偃知甲之使齐以取后事，亦因谓甲："即事成，幸言偃女愿得充王后宫[19]。"甲既至齐，风以此事[20]。纪太后大怒，曰："王有后，后宫具备。且甲，齐贫人，急乃为宦者[21]，入事汉。无补益，乃欲乱吾王家[22]！且主父偃何为者[23]？乃欲以女充后宫！"徐甲大穷[24]，还报皇太后曰："王已愿尚娥，然有一害，恐如燕王。[25]"燕王者，与其子昆弟奸[26]，新坐以死，亡国，故以燕感太后[27]。太后曰："无复言嫁女齐事。"事浸浔闻于天子，主父偃由此亦与齐有郤[28]。

主父偃方幸于天子，用事，[29]因言："齐临菑十万户，市租千金[30]，人众殷富，巨于长安，此非天子亲弟爱子不得王此[31]。今齐王于亲属益疏。"乃从容言："吕太后时齐欲反，吴、楚时孝王几为乱，今闻齐王与其姊乱。"于是天子乃拜主父偃为齐相，且正[32]其事。主父偃既至齐，乃急治王后宫宦者为王通于姊翁主所者[33]，令其辞证皆引王。王年少，惧大罪为吏所执诛，乃饮药自杀。绝无后。

是时赵王惧主父偃一出废齐，恐其渐疏骨肉，[34]乃上书言偃受金及轻重之短[35]。天子亦既囚偃，公孙弘言[36]："齐王以忧死，毋后，国入汉，非诛偃无以塞天下之望[37]。"遂诛偃。

齐厉王立五年死，毋后，国入于汉。

（以上为第三段，写刘肥之子刘兴居、刘将闾、刘辟光、刘贤、刘卬、刘雄渠以及刘将闾之孙刘次景先后被朝廷所灭的过程，突出描写了齐孝王刘将闾因对四国围攻一度动摇而被栾布逼死与其孙刘次景被主父偃逼死的情形。）

①齐文王元年——相当于汉文帝二年（前178）。　以齐之城阳郡立朱虚侯为城阳王——国都在今山东莒县。　以齐济北郡立东牟侯为济北王——国都卢县，在今山东济南长清区西南。按：刘章、刘兴居诛灭吕氏有功，朝廷原拟封刘章为赵王、封刘兴居为梁王。后来抑而不封，今又割齐国之地以封二人，目的是既造成刘肥子孙之间的矛盾，且又将齐国化整为零，仍是出于对刘襄当年起兵讨诸吕的余悸。　②二

年——相当于汉文帝三年(前 177)。 济北王反,汉诛杀之,地入于汉——刘兴居不满汉文帝对齐国的处置,愤而造反,详见后文。 ③尽封齐悼惠王子罢军等七人皆为列侯——"七人"应作"十人",指管侯罢军、瓜丘侯宁国、营侯信都、杨丘侯安、杨虚侯将闾、朸侯辟光、安都侯志、平昌侯卬、武城侯贤、白石侯雄渠,皆悼惠王子,以文帝四年(前176)五月甲寅同日封。 ④后一岁——文帝十六年(前 164)。 以所封悼惠王子分齐为王——将两年前封以为侯的刘肥的十个儿子,除四人已死外,其余六人分割当年齐文王仅有的领土(前已被没收,现又退回)以为王。 ⑤齐孝王将闾——名将闾,刘肥之子,刘襄、刘章之弟。两年前被封为杨虚侯,此次乃封之为齐王,国土仅领齐郡,其他旧属齐国之郡尽以分封他人。按:此句应说"以悼惠王子杨虚侯将闾为齐王",不宜称作"齐孝王将闾"云云,否则将闾易被误解作本已为王者。 ⑥以安宗庙——因这次造反与被反的双方都姓刘,都是同族内部的事务,故而不说"安社稷"而说"安宗庙"。 ⑦欲与齐——想拉着齐国一道造反。与:联合。 城守不听——不听叛乱者的诱惑而坚守城池。 ⑧三国兵共围齐——"三国"当作"四国",指胶东、胶西、菑川、济南。 ⑨路中大夫——姓路,官为中大夫。中大夫:王者身边的侍从人员,掌议论。 ⑩三国将——围困齐国的三个国家的统兵将领。"三"应同上作"四"。 劫与路中大夫盟——劫持路中大夫,逼着路中大夫与他们起誓订盟。 ⑪若反言汉已破矣——你要改变原来的意思,就说汉王朝已被诸国打败啦。若:你。 齐趣下三国——齐国要赶快向三国投降。"三"应同上作"四"。趣下:赶紧投降。趣:疾速。 不且见屠——否则将被三国屠城。屠:杀光。 ⑫齐初围急——齐国当初被围形势危急的时候。 阴与三国通谋——迫于压力而有所动摇。 ⑬首善——开始时的用心是好的,指不跟从叛乱。 以迫劫有谋——后来在强大势力的压迫下才与四国有通谋行为。 ⑭欲其家重宠——想让其娘家的女人连续在齐王宫廷受宠。 ⑮纪翁主——纪太后所生的"翁主",齐厉王之姊。师古曰:"天子不自主婚,故谓之'公主';诸侯自主婚,故其女号'翁主'。'翁'者,父也。" 正其后宫,毋令得近王——整治齐王的其他嫔妃们,不准她们接近齐王。正:纠察,整治。

后宫:这里指王后以外的其他妃嫔。 ⑯齐有宦者徐甲——齐国有一个到汉王朝宫廷当宦者的徐姓某人,因不知其名,故以“甲”“乙”相称。 汉皇太后——即武帝之母王太后。 ⑰修成君——王太后与其前夫金氏所生的女儿,汉武帝的同母异父姊。 ⑱欲嫁之于诸侯——想把她嫁给一个刘姓的诸侯王。 ⑲即事成,幸言偃女愿得充王后宫——你的事情如果办成了,希望能捎带着说说,让我的女儿也能进到齐王宫廷去。即:若,如果。幸:谦辞,这里的意思即“请你”。 ⑳风以此事——将这些事情隐隐约约地透露给了纪太后。风:犹今之所谓“吹风”,非正式地试探性地提出问题。 ㉑急乃为宦者——言徐甲贫窘无聊,乃自刑而为宦者。 ㉒无补益,乃欲乱吾王家——没给我们帮别的忙,倒想给我们齐国的宫廷添乱。 ㉓主父偃何为者——主父偃算个什么东西。 ㉔大穷——狼狈到了极点。穷:困,无计可施。 ㉕王已愿尚娥——齐王已经同意娶娥为妻。尚:上配,高攀。 恐如燕王——担心齐王日后的下场将像不久前犯事的燕王一样。 ㉖与其子昆弟奸——意即奸淫了他的几个女儿。子昆弟:女儿的姊妹。 ㉗以燕感太后——感:刺激,打动。徐甲前已夸口,今无法交差,遂扯出了齐王的阴私,既为自己做台阶,又陷齐王于死地。 ㉘事浸浔闻于天子——事情渐渐地传到了武帝的耳朵里。浸浔:渐渐,犹水之浸润。 郤——通“隙”,间隙。引申为矛盾。 ㉙主父偃方幸于天子——主父偃在武帝元光年间因上书受到赏识,由白丁到郎中、谒者、中大夫,“一岁中四迁”。 用事——主事,官不大而权不小。《平津侯主父列传》说主父偃“尊立卫皇后,及发燕王定国阴事,偃有功焉。大臣皆畏其口,赂遗累千金”。 ㉚市租千金——每天从市场所收之税即可多达千金。 ㉛非天子亲弟爱子不得王此——意思是换个亲缘关系稍远的人,就很容易据齐地图谋叛乱。按:《高祖本纪》曾有田肯向刘邦进过此言,主父偃乃效其意。 ㉜正——纠察,查办。 ㉝为王通于姊翁主所者——指给齐王与其姊牵线搭桥的人。 ㉞是时赵王——名彭祖,景帝之子,景帝五年(前152)由广川移封至赵。此人之性行事迹详见《五宗世家》。 恐其渐疏骨肉——怕他逐渐地挑拨各个刘姓国家与朝廷的关系。杨树达曰:“时彭祖太子丹与其姊妹奸,彭祖之惧盖以此。” ㉟言偃受金及轻重之短——受金：指接受贿赂。轻重：王骏图曰：“故为轻重其辞以害齐。” ㊱亦——已。 公孙弘——亦齐人，以读《公羊春秋》平步青云，时在朝为御史大夫，主管监察。 ㊲非诛偃无以塞天下之望——塞：堵，平息。天下之望：天下人对主父偃逼死齐王的怨恨不平。望：怨恨，不满。

齐悼惠王后尚有二国，城阳及菑川。菑川地比齐。[①]天子怜齐，为悼惠王冢园在郡，割临菑东环悼惠王冢园邑，尽以予菑川，以奉悼惠王祭祀。[②]

城阳景王章，齐悼惠王子，以朱虚侯与大臣共诛诸吕，而章身首先斩相国吕王产于未央宫。孝文帝既立，益封章二千户，赐金千斤。孝文二年，以齐之城阳郡立章为城阳王。立二年卒，子喜立，是为共王。

共王八年，徙王淮南。四年，复还王城阳。凡三十三年卒，子延立，是为顷王。

顷王二十六年卒，子义立，是为敬王。敬王九年卒，子武立，是为惠王。惠王十一年卒，子顺立，是为荒王。荒王四十六年卒，子恢立，是为戴王。戴王八年卒，子景立，至建始三年，十五岁，卒。[③]

济北王兴居，齐悼惠王子，以东牟侯助大臣诛诸吕，功少。及文帝从代来，兴居曰：“请与太仆婴入清宫[④]。”废少帝[⑤]，共与大臣尊立孝文帝。

孝文帝二年，以齐之济北郡立兴居为济北王，与城阳王俱立。立二年，反。始大臣诛吕氏时，朱虚侯功尤大，许尽以赵地王朱虚侯，尽以梁地王东牟侯。及孝文帝立，闻朱虚、东牟之初欲立齐王，故绌其功。及二年，王诸子，乃割齐二郡以王章、兴居。[⑥]章、兴居自以失职夺功，章死；[⑦]而兴居闻匈奴大入汉，汉多发兵，使丞相灌婴击之，文帝亲幸太原，以为天子自击胡，遂发兵反于济北。天子闻之,罢丞相及行兵,皆归长安。[8]使棘蒲侯柴将军击破虏济北王,王自杀,地入于汉,为郡。

后十三年,文帝十六年,复以齐悼惠王子安都侯志为济北王。十一年,吴楚反时,志坚守,不与诸侯合谋。[9]吴楚已平,徙志王菑川。

济南王辟光,齐悼惠王子,以勒侯孝文十六年为济南王。十一年,与吴楚反。汉击破,杀辟光,以济南为郡,地入于汉。

菑川王贤,齐悼惠王子,以武城侯文帝十六年为菑川王。十一年,与吴楚反,汉击破,杀贤。

天子因徙济北王志王菑川。志亦齐悼惠王子,以安都侯王济北。菑川王反,毋后,乃徙济北王王菑川。凡立三十五年卒,谥为懿王。子建代立,是为靖王。二十年卒,子遗代立,是为顷王。三十六年卒,子终古立,是为思王。二十八年卒,子尚立,是为孝王。五年卒,子横立,至建始三年,十一岁,卒。

胶西王卬,齐悼惠王子,以昌平侯文帝十六年为胶西王。十一年,与吴楚反。汉击破,杀卬,地入于汉,为胶西郡。

胶东王雄渠,齐悼惠王子,以白石侯文帝十六年为胶东王。十一年,与吴楚反,汉击破,杀雄渠,地入于汉,为胶东郡。

(以上为第四段,写刘肥诸子中独城阳王刘章与菑川王刘志两支福禄绵长的情形。)

①城阳及菑川——当时城阳国的国王为刘章之子刘喜。菑川国的国王为刘肥之子刘志。 比齐——靠近齐国。比:挨近。菑川国的都城剧县在齐国都城临菑东南百余里。 ②在郡——指在齐郡。 环悼惠王冢园邑——围着刘肥陵园的各县乡。 以奉悼惠王祭祀——令刘志接续主持悼惠王刘肥的祭祀。 ③建始三年——公元前30年。“建始”是汉成帝的年号。 十五岁,卒——指刘景为城阳王十五年而死。按:“荒王四十六年”以下数句,非史公原文,乃后人增补。 ④请与太仆婴入清宫——太仆婴:即夏侯婴,也称滕婴,刘邦的开国功臣。太仆:官名,九卿之一,掌管皇帝的车马,并为皇帝赶车。清宫:清理宫

廷。因为当时吕后虽死，但吕后所立的小傀儡皇帝尚在，须要将其清理出去。⑤废少帝——此“少帝”即惠帝之子，吕后杀死第一个，改立的第二个小傀儡。⑥二年——指文帝二年（前178）。王诸子——文帝封自己的儿子为王。刘参被封为太原王，刘胜被封为梁王，刘武被封为代王。乃割齐二郡以王章、兴居——由于实在无法向天下人交代，故而文帝才不得不封刘章、刘兴居为王，但又不从朝廷给予土地，而是从立有大功的齐国割出两个郡，封刘章为城阳王（都莒县，在今山东莒县），刘兴居为济北王（都卢县，在今山东济南长清区西南）。于此可见文帝对刘襄、刘章兄弟忌恨或者说是畏惧到了何种程度。⑦章、兴居自以失职夺功——失职：指被剥夺了自己应得的封土。夺功：有诛灭吕氏的大功勋而不被承认。章死——刘章死于文帝三年（前177）四月，乃抑郁愤恚而死。⑧罢丞相及行兵——将丞相灌婴与派出的军队一齐撤回。皆归长安——谓文帝与丞相灌婴等皆回长安。⑨十一年——刘志为济北王的第十一年，即景帝三年（前154）。吴楚反时，志坚守，不与诸侯合谋——实情乃被其臣下所阻，非出自刘志本心。

太史公曰：诸侯大国无过齐悼惠王。以海内初定，子弟少，激秦之无尺土封，故大封同姓，以填万民之心。①及后分裂，固其理也。②

（以上为第五段，是作者的论赞，慨叹了齐国本来最大，因而也就问题最多，后来也就被分得最碎的情理之必然。）

①激秦之无尺土封——激：感发，意即“接受教训”。《汉书·高五王传》作“激秦孤立亡藩辅”，可为此句作注。大封同姓——刘邦在灭项与建国初期曾分封过十几个异姓王，如韩信、彭越、黥布等。后因感觉这些人不可靠，于是造作罪名，将其逐个剪灭。又深感秦王朝不封子弟之孤立无援，于是遂大封子弟为王，并留下了“非刘氏者不得王”的遗训。填——通“镇”，镇抚。②及后分裂——指把一个庞大的齐国分割为许多小国，还把许多原属于齐国的郡县收归朝廷。固其理也——这符合强极变弱，大极变小的规律。

［**简评**］ 本篇记述了西汉第一大诸侯国齐国自刘邦去世至武帝年间近百年的兴衰变化，展现了汉王朝皇室与外戚、中央与地方等各派势力之间的尖锐复杂矛盾。齐国原是刘邦开国功臣韩信的封国，韩信帮助刘邦消灭项羽后，立刻被刘邦调离齐国改封于楚国，不久又被强加罪名杀害。也正是在这种刘邦怀疑异姓，只相信自己子弟的情况下，刘邦分封其私生子刘肥为齐王，分封其弟刘交为楚王。齐国在刘邦诛除异姓、大封子弟为王的诸国中疆域最广，势力最大，领有六郡七十多个县。刘邦死后，执政的吕后曾与刘邦一道大肆诛杀功臣，招致了功臣们的畏惧与痛恨。吕后还大封吕姓诸人为王，残酷地迫害刘邦诸子，又引起了刘姓与吕姓的尖锐矛盾。因此吕后一死，刘邦的子孙与在朝的功臣便联合起来，一举将吕氏集团杀了个一干二净。在这次政变中，刘邦子孙中起作用最大的就是刘肥的儿子刘章与刘襄。有关这次政变的过程细节详见《吕太后本纪》。早在刘肥为齐王时，就深受吕后之迫害，并险些被吕后所杀，因此齐国对诸吕的仇恨是根深蒂固的。也正是由于吕后去世后，先有刘章在朝与其兄刘襄在齐国起兵讨伐诸吕，后有诸吕派出率军抵抗齐兵的灌婴中途倒戈，才使早已有职无权的周勃、陈平得以从朝廷发难，依靠着刘章的力量迅速诛灭了吕氏集团。刘章之所以让刘襄首先发难，是想让刘襄做皇帝，但周勃、陈平等却害怕有这么一个英武的主子，于是他们从外头偷偷地迎来了一贯貌似谦退的代王刘恒。而刘恒即位后，不仅不感谢刘襄、刘章的关键作用，反而倒打一耙说他们这种行为是“造反”。于是在新贵们弹冠相庆这种意外之福的时候，刘章、刘襄兄弟几乎什么也没有得到，只落得相继郁郁而死的结局。

一个诸侯国敢于起兵反对“朝廷”，这是新上台的皇帝所惧怕的，于是他们开始着手削弱诸侯国。他们首先从齐国挖出两个郡，分封在诛灭吕氏集团过程中有功的刘章与刘兴居。不久，又分割齐国以分封刘肥的其他六个未曾封王的儿子,从而使原来的齐国由一个变成了七个,这就是贾谊为汉文帝所出的高招儿,叫作"众建诸侯而少其力",也就是把他们化整为零。到景帝时,更采用晁错的建议,进一步寻找借口削减诸侯王的领土,于是引发了"七国之乱"。"七国"的首领是吴国,副首领是楚国,其余五个之中的四个都来自原先大齐国的范围。严格说来,刘姓的诸侯王起兵反对姓刘的皇帝,第一个是济北王刘兴居,第二个是淮南王刘长,都在文帝时代,但声势都不大。直到景帝时的这场"七国之乱",才算把刘姓反对刘姓的战争推到了最高潮。"七国之乱"平定后,齐地诸侯王只剩下两个,这就是刘章后代的"城阳国"和刘志后代的"菑川国",这两个小国一直维持到了西汉末年。在武帝时代,汉廷采用主父偃的建议,实行"推恩法",使诸侯国越分越小,而且随时可以被消灭。这以后的诸侯王只是仰食租税,不再管一兵一卒,即使想造反也只能是有其心而无其力了。

这篇作品涉及的问题很多,应与《吕太后本纪》《楚元王世家》《袁盎晁错列传》《吴王濞列传》《汉兴以来诸侯王年表》等参照阅读。

[**集评**] 《太史公自序》:"天下已平,亲属既寡;悼惠先壮,实镇东土。哀王擅兴,发怒诸吕,驷钧暴戾,京师弗许。厉之内淫,祸成主父。嘉肥股肱,作《齐悼惠王世家》第二十二。"

凌约言曰:"此叙齐世家,而前后血脉却以朱虚侯贯之,是亦一体。"(《史记评林》引)

黄震曰:"赵隐王以鸩死,赵幽王以幽死,赵共王以愤死,燕王建有子亦见杀,惟齐王肥献城吕氏之女,幸脱虎口,甚矣,吕氏之不仁也。肥子朱虚侯竟能手诛诸吕,复安社稷,呜呼,真高皇帝子孙哉!"(《黄氏日钞》)

李景星曰："《齐悼惠王世家》以齐王为主，而城阳、淄（菑）川、济南、济北、胶东、胶西，皆悼惠王后，故附载焉。通篇当分两截一尾读，前一截叙齐、琅邪、朱虚、东牟事；后一截叙齐、胶东、胶西、淄（菑）川、济北事，而中间作一小结，以界清前后。末尾又附城阳六传作为余波，以终齐事。而于其中又插入魏勃事、路中大夫事及纪太后嫁女等事，忽而正写，忽而旁写；忽用重笔，忽用闲笔，如千军万马中有整瞥从容之乐。自非才力富足，那能办此？……篇内可议处，如齐哀王《遗诸侯王书》已载《吕后纪》，此处当约略言之，不必全载。又城阳王附传中'至建始三年，十五岁卒'句；淄（菑）川王附传中'至建始三年，十一岁卒'句，皆预书后来年号，想系褚少孙添入。即不必删去，读者于此亦当注意焉。"（《四史评议》）

萧相国世家第二十三

萧相国何者，沛丰[①]人也。以文无害为沛主吏掾。[②]

高祖为布衣时，何数以吏事护高祖。[③]高祖为亭长，常左右之。[④]高祖以吏繇咸阳，吏皆送奉钱三，何独以五。[⑤]

秦御史监郡者与从事，常辨之。[⑥]何乃给泗水卒史事，第一。[⑦]秦御史欲入言征何，何固请，[⑧]得毋行。

及高祖起为沛公，何常为丞督事。[⑨]沛公至咸阳，诸将皆争走金帛财物之府分之，何独先入收秦丞相御史[⑩]律令图书藏之。沛公为汉王，以何为丞相。项王与诸侯屠烧咸阳而去，汉王所以具知天下阸塞，户口多少，强弱之处，民所疾苦者，以何具得秦图书也。何进言韩信，汉王以信为大将军，语在《淮阴侯》事中。

汉王引兵东定三秦，何以丞相留收巴蜀，填抚谕告，使给军食。[⑪]汉二年，汉王与诸侯击楚，何守关中，侍太子，治栎阳，[⑫]为法令约束，立宗庙社稷宫室县邑。[⑬]辄奏上，可，许以从事；即不及奏上，辄以便宜施行，上来以闻[⑭]。关中事计户口转漕给军[⑮]，汉王数失军遁去，何常兴关中卒，辄补缺。[⑯]上以此专属任何关中事[⑰]。

汉三年，汉王与项羽相距京索之间，上数使使劳苦丞相。[⑱]鲍生[⑲]谓丞相曰："王暴衣露盖[⑳]，数使使劳苦君者，有疑君心也。为君计,莫若遣君子孙昆弟能胜兵者悉诣军所,[21]上必益信君。”于是何从其计,汉王大说。

(以上为第一段,写萧何在辅佐刘邦灭秦、灭项中所建立的种种功勋。)

①沛丰——沛县里的丰邑。当时沛县的县治在今江苏沛县;当时的丰邑在今江苏丰县。 ②文无害——杨树达曰:“言能为文书无疵病。缘官书贵于周密,稍有罅隙,即可偾事。” 主吏掾(yuàn)——即功曹,相当于现在之县人事科长。 ③吏事——指触犯了公家规定的科条。 护——袒护,救助。 ④亭长——“乡”下面的基层小吏,主缉捕盗贼等事。当时的亭长下有“亭父”及“求盗”各一人。 左右——袒护,佐助。 ⑤以吏繇咸阳——以小吏的身份率县民去首都咸阳服劳役。 吏皆送奉钱三,何独以五——师古曰:“出钱以资行,他人皆三百,何独五百。”送奉:二字连读,即赠送。 ⑥御史监郡——御史原是负责监察的朝官,上属御史大夫。秦朝时派到郡里监督工作,人称“监公”,与郡守、郡尉同为郡里的主要长官。 与从事——与萧何打过交道。 辨之——认为萧何办事精明。辨:清楚,明白。这里用作动词。 ⑦给泗水卒史事——充当泗水郡卒史的职务。泗水郡的郡治在相县,在今安徽濉溪县西北。沛县属泗水郡管辖。卒史:郡吏名,郡中设有卒史、书佐各十人。 第一——谓其才干、成绩名列第一。⑧欲入言征何——师古曰:“欲因入奏事之次,言于朝廷,征何用之。”征:调。 固请——恳切推辞。 ⑨高祖起为沛公——事在秦二世元年(前209)九月。此年七月,陈胜等起兵反秦。九月,刘邦亦在沛县起兵,攻下沛县后,被拥立为沛县县令。战国时楚国例称县令曰“公”。 为丞督事——以沛县县丞的身份协助刘邦管理各种事务。县丞是县令的助手。 ⑩秦丞相御史——指秦朝的丞相府与御史大夫府。⑪填抚——镇压,安抚。填:通“镇”。 使给军食——让巴、蜀、汉中为刘邦供应东方前线的军粮。 ⑫何守关中,侍太子——刘邦在彭城惨败时,吕后与刘邦之父都被项羽捉去,刘邦在西逃的路上遇见了其子刘盈与其女鲁元公主。刘邦遂将刘盈送回关中,立为太子,令萧何等护卫刘盈以镇守关中根据地。 治栎阳——以栎阳(在今陕西西安阎良

区)为临时都城。 ⑬为法令约束——即制定各种法律条文、规章制度。 立宗庙社稷宫室县邑——宗庙:帝王的祖庙。社稷:帝王祭祀土神、谷神的坛台。县邑:县城与县下的城镇。这里是指建立行政机构。按:以上数句见刘邦、萧何等之雄才大略,于惨败的形势下,高瞻远瞩,指挥若定。 ⑭以便宜施行,上来以闻——即根据情况需要,先付诸实行,等刘邦来了,再向他禀告。 ⑮关中事计户口转漕给军——关中事:三字疑衍。计户口:指按户口征粮征丁。转漕给军:运送粮食以供应前线。陆运曰"转",水运曰"漕"。 ⑯兴——征调,调发。 辄补缺——《项羽本纪》写刘邦自彭城溃退回荥阳后,"诸败军皆会,萧何亦发关中老弱未傅悉诣荥阳"。 ⑰专属任何关中事——将关中根据地的一切事务全部委托给萧何一个人。属任:嘱托、委任。 ⑱汉三年——公元前204年。 相距京索之间——刘邦与项羽从汉二年(前205)五月刘邦的彭城之败后,在京索一带形成对峙。京索:京是秦县名,县治在今河南荥阳东南;索是古城名,在今河南荥阳。 劳苦——犹言"慰问"。 ⑲鲍生——其名不详。"生"犹言"先生"。 ⑳暴衣露盖——意即无衣蔽体,无伞遮阳。 ㉑昆弟——兄弟。 能胜兵——能够拿动武器的人。 悉诣(yì)军所——全部到前线去。诣:到。

汉五年,既杀项羽,定天下,论功行封。群臣争功,岁余功不决[①]。高祖以萧何功最盛,封为酂侯,所食邑多。[②]功臣皆曰:"臣等身被坚执锐,多者百余战,少者数十合,攻城略地,大小各有差。今萧何未尝有汗马之劳,徒持文墨议论,不战,顾反居臣等上,何也?"高帝曰:"诸君知猎乎?"曰:"知之。""知猎狗乎?"曰:"知之。"高帝曰:"夫猎,追杀兽兔者狗也,而发踪指示兽处者人也。今诸君徒能得走兽耳,功狗[③]也。至如萧何,发踪指示,功人也。且诸君独以身随我,多者两三人。今萧何举宗数十人皆随我,功不可忘也。"群臣皆莫敢言。

列侯毕已受封,及奏位次,皆曰:"平阳侯曹参身被七十创,攻城略地，功最多，宜第一。”上已桡功臣，多封萧何，至位次未有以复难之，[4]然心欲何第一。关内侯鄂君进曰[5]：“群臣议皆误。夫曹参虽有野战略地之功，此特一时之事[6]。夫上与楚相距五岁，常失军亡众，逃身遁者数矣。然萧何常从关中遣军补其处，非上所诏令召，而数万众会上之乏绝者数矣。[7]夫汉与楚相守荥阳数年，军无见粮[8]，萧何转漕关中，给食不乏。陛下虽数亡山东[9]，萧何常全关中以待陛下，此万世之功也。今虽亡曹参等百数[10]，何缺于汉？汉得之不必待以全[11]。奈何欲以一旦之功而加[12]万世之功哉！萧何第一，曹参次之。”高祖曰：“善。”于是乃令萧何第一，赐带剑履上殿[13]，入朝不趋[14]。

上曰：“吾闻进贤受上赏。萧何功虽高，得鄂君乃益明。”于是因鄂君故所食关内侯邑封为安平侯[15]。是日，悉封何父子兄弟十余人，皆有食邑。乃益封何二千户，以帝尝繇咸阳时何送我独赢奉钱二也。[16]

（以上为第二段，写萧何受刘邦封赏时的格外荣宠。）

①群臣争功，岁余功不决——按：群臣争功事见《留侯世家》，句中第二个“功”字衍文。 ②鄼侯——封爵名，封地鄼县，县治在今河南永城西。 食邑——享有的领地。 ③功狗——猎狗一样的功劳。④桡——使之屈服。 未有以复难之——没有办法再加以刁难。⑤关内侯——有侯爵而无封地者，其级别低于有封地的列侯。 鄂君——名千秋，开始为关内侯，后来封安平侯。 ⑥一时之事——短时间的效用。 ⑦非上所诏令召——用不着皇上发命令征调。 数万众会上之乏绝——当皇上正愁没人的时候，萧何的几万人正好送到。⑧见粮——现在等用的粮食。见：同“现”。 ⑨数亡山东——指不少东方地区得而复失。山东：崤山以东，泛指秦时的东方六国之地。⑩虽亡曹参等百数——即使没有一百个曹参这样的人。 ⑪不必待以全——不一定非得靠着他，国家才能保全。 ⑫加——加之于上，即今所谓“凌驾”。 ⑬赐带剑履上殿——按：“带”字应削。汉承秦法，规定群臣上殿不准穿鞋子，不准带兵器，今特许萧何“剑履上殿”，是对他

的特殊优宠。 ⑭趋——小步疾行。这是古人在君长面前走路时的一种礼节性姿势。 ⑮因鄂君故所食关内侯邑封为安平侯——因:就着,在原有的基础上。此语意谓鄂千秋原来已经是关内侯,再加上推扬萧何使刘邦满意,于是二者累积,遂封以为列侯。 ⑯益——追加。 独赢奉钱二——特别地多给我两个大钱。赢奉:多给。

汉十一年,陈豨反,高祖自将,[①]至邯郸。未罢,淮阴侯谋反关中,[②]吕后用萧何计,诛淮阴侯[③],语在《淮阴》事中。上已闻淮阴侯诛,使使拜丞相何为相国[④],益封五千户,令卒五百人一都尉为相国卫。[⑤]诸君皆贺,召平独吊。[⑥]召平者,故秦东陵侯[⑦]。秦破,为布衣,贫,种瓜于长安城东,瓜美,故世俗谓之"东陵瓜",从召平以为名也。召平谓相国曰:"祸自此始矣。上暴露于外而君守于中,非被矢石之事而益君封置卫者,[⑧]以今者淮阴侯新反于中,疑君心矣[⑨]。夫置卫卫君,非以宠君也。愿君让封勿受,悉以家私财佐军,则上心说。"相国从其计,高帝乃大喜。

汉十二年秋,黥布反,上自将击之,数使使问相国何为。相国为上在军,乃拊循勉力百姓,悉以所有佐军,如陈豨时。[⑩]客有说相国曰:"君灭族不久矣。夫君位为相国,功第一,可复加哉?然君初入关中,得百姓心,十余年矣,皆附君,常复孳孳得民和。[⑪]上所为数问君者,畏君倾动关中[⑫]。今君胡不多买田地,贱贳贷[⑬]以自污?上心乃安。"于是相国从其计,上乃大说。

上罢布军归,民道遮行上书,言相国贱强买民田宅数千万。上至,相国谒。上笑曰:"夫相国乃利民[⑭]!"民所上书皆以与相国,曰:"君自谢民[⑮]。"相国因为民请曰:"长安地狭,上林[⑯]中多空地,弃,愿令民得入田,毋收稿为禽兽食。[⑰]"上大怒曰:"相国多受贾人财物,乃为请吾苑!"乃下相国廷尉[⑱],械系之。数日,王卫尉[⑲]侍,前问曰:"相国何大罪,陛下系之暴[⑳]也?"上曰:"吾闻李斯相秦皇帝,有善归主,有恶自与。今相国多受贾竖金而为民请吾苑，以自媚于民，故系治之。”王卫尉曰：“夫职事苟有便于民而请之，真宰相事，陛下奈何乃疑相国受贾人钱乎！且陛下距楚数岁，陈豨、黥布反，陛下自将而往，当是时，相国守关中，摇足则关以西非陛下有也。[21]相国不以此时为利[22]，今乃利贾人之金乎？且秦以不闻其过亡天下，李斯之分过[23]，又何足法哉。陛下何疑宰相之浅[24]也。”高帝不怿。是日，使使持节赦出相国。相国年老，素恭谨，入，徒跣[25]谢。高帝曰：“相国休矣[26]！相国为民请苑，吾不许，我不过为桀纣主，而相国为贤相。吾故系相国，欲令百姓闻吾过也。”

何素不与曹参相能，及何病，孝惠自临视相国病，[27]因问曰：“君即百岁后，谁可代君者？”对曰：“知臣莫如主。”孝惠曰：“曹参何如？”何顿首曰：“帝得之矣！臣死不恨[28]矣！”

何置田宅必居穷处，为家不治垣屋。[29]曰：“后世贤，师吾俭；不贤，毋为势家所夺[30]。”

孝惠二年，相国何卒，谥为文终侯。[31]

后嗣以罪失侯者四世，绝，天子辄复求何后，封续酂侯，[32]功臣莫得比焉。

（以上为第三段，写萧何在刘邦称帝后岌岌可危的为相情形。）

①汉十一年——公元前196年。　陈豨反——陈豨是刘邦的开国功臣，高祖七年（前200），被任为代国丞相，监代、赵边兵。高祖十年（前197）八月，因疑惧而举兵反。　高祖自将——自己统兵以讨陈豨。　②未罢——指讨伐陈豨的战事尚未结束。　淮阴侯谋反关中——淮阴侯：韩信，帮助刘邦打败项羽的头号功臣，高祖四年（前203）破齐后被封为齐王，高祖五年（前202）破项羽后被改封楚王，高祖六年（前201）被诬告谋反，降为淮阴侯。高祖十一年（前196）春，韩信又被诬告谋反。　③吕后用萧何计，诛淮阴侯——吕后欲召韩信，怕韩信不来，于是派萧何亲自去请，韩信被萧何骗入长乐宫之钟室，被吕后设伏所杀。　④相国——其职务与丞相同，但比“丞相”位尊权大，而且只设一人。　⑤都尉——奉命独当一面的军官，其级别略与校尉同。　为

相国卫——以保卫萧何的安全。 ⑥召(shào)平——姓召名平。召:也写作“邵”。 吊——哀慰其不幸,这里即警告的意思。 ⑦故秦东陵侯——秦朝时的东陵侯。 ⑧暴露——犹今所谓冒着日晒雨淋。被矢石——冒着箭镞与飞石冲锋。被:通“披”,这里即迎着、冒着。⑨疑君心矣——“疑”上应有“有”字。 ⑩拊循勉力百姓——拊循:安抚。拊:同“抚”。勉力:即“勉励”,鼓励。 如陈豨时——如前刘邦往讨陈豨时,萧何之“让封勿受,悉以家私财佐军”等。 ⑪十余年——自汉元年(前206)萧何随刘邦入咸阳,至此正好十年。 皆附君——全都拥护你。 常复孳(zī)孳得民和——至今你还孜孜不倦地做好事,提高威望。“常”字应作“尚”。孳孳:勤奋努力的样子。 ⑫倾动关中——把关中百姓都吸引地倾向于你,使刘邦的固有地位动摇。⑬贱贳(shì)贷——低利息的向人借贷。据下文则是强买人家东西不给钱。贳:赊欠。 ⑭利民——夺民所有以为利。 ⑮君自谢民——你自己去向百姓们道歉。谢:道歉,请罪。 ⑯上林——即上林苑,秦汉时代的皇家猎场,在今陕西西安西,当时有几个县大。 ⑰入田——进去耕种。 毋收稿——把作物的秸秆留在苑里,作为动物的饲料。

⑱廷尉——九卿之一,主管司法的最高长官。 ⑲王卫尉——史失其名。卫尉:九卿之一,负责警卫宫廷的武官。 ⑳系之暴——突然将其下狱。暴:突然。 ㉑摇足——犹今之所谓“顿足”“跺脚”,以喻办事之容易。 关以西——函谷关以西。指关中,楚汉战争时期刘邦的根据地。 ㉒不以此时为利——不在此时谋大利。意即篡国,造反。

㉓分过——分担罪责。即上文之“有善归主,有恶自与”。㉔浅——指将人估计得过低。犹今所谓以小人之心度君子之腹。㉕徒跣——光着脚。这是古人表示请罪的一种姿态。 ㉖休矣——犹言“算了吧”“别这个样子啦”。 ㉗相能——犹言“相得”“相好”。孝惠——即汉惠帝,名盈,刘邦之子,吕后所生。公元前194—前188年在位。 自临——亲自到萧何家中。 ㉘不恨——没有遗憾。恨:憾。

㉙穷处——破败荒僻的地方。 垣屋——具有高大围墙的宅第。㉚不贤,毋为势家所夺——倘若后代的子孙没出息,留着让有权势的人将家产宅第占去,那也毫无必要。按:萧何此举深得老子之精义。

㉛孝惠二年——公元前193年。　相国何卒，谥为文终侯——按：萧何墓在今陕西咸阳，是刘邦陵园的陪葬墓之一。　㉜以罪失侯者四世——曾有四代子孙因犯罪而被除掉酂侯的爵禄。　绝，天子辄复求何后，封续酂侯——据《汉书》，萧何之子萧禄无子，高后封萧何夫人为酂侯；萧何之孙萧遗无子，文帝以萧遗之弟萧则为嗣；萧则有罪免，景帝以萧则之弟萧嘉为侯；萧嘉之子萧胜有罪免，武帝立萧何曾孙萧庆为侯。

太史公曰：萧相国何于秦时为刀笔吏，录录未有奇节。[①]及汉兴，依日月之末光[②]，何谨守管籥，因民之疾秦法，顺流与之更始。[③]淮阴、黥布等皆以诛灭，而何之勋烂[④]焉。位冠群臣，声施后世，与闳夭、散宜生等争烈矣。[⑤]

（以上为第四段，是作者的论赞，作者对许多大功臣被杀，独萧何“位冠群臣，声施后世”的情形表达了深深感慨。）

①刀笔吏——泛指官府中的各种吏员。师古曰：“刀，所以削书也。古者用简牒，故吏皆以刀笔自随也。”　录录——平庸的样子。②依日月之末光——意指萧何紧紧投靠了刘邦与吕后。　③谨守管籥——为刘邦看家。指镇守关中而言。管籥：开锁的钥匙。籥：同“钥”。　疾——痛恨。　顺流与之更始——因势利导地实行了一些新的政策措施。　④烂——灿烂。　⑤施（yì）——延续，流传。　闳夭、散宜生——都是辅佐武王灭纣开国的大功臣。　争烈——犹言比美，指功业相当。烈：业，功业。

［**简评**］　本篇记叙了萧何在辅佐刘邦打天下、安天下的过程中建立的不朽功勋，以及他在刘邦猜忌下战战兢兢，时刻谋求自保的艰难处境。萧何是刘邦的老朋友，对刘邦如此忠心，功劳又如此之大，但他的处境却仍如此岌岌可危，这就清楚地揭示了统治者内部为了权力而扭曲人性的一种历史规律。作者描写刘邦与萧何双方的心理活动，极其生动，极其细致入微。萧何在为

相期间实行清静无为的政策,使社会安定,经济得以恢复。后来又不计个人得失,推荐曹参作为自己的接班人,这些行为都符合一个大臣的标准,也契合司马迁的政治和社会理想。在杀韩信的问题上,萧何扮演了极不光彩的角色,本文的“太史公曰”对此含蓄地表达了讽刺之意。

[**集评**] 《太史公自序》云:“楚人围我荥阳,相守三年;萧何填抚山西,推计踵兵,给粮食不绝,使百姓爱汉,不乐为楚。作《萧相国世家》第二十三。”

黄震曰:“高帝起布衣得天下,非有分义素服人心,故所与同起者帝无不疑之。至如关中天下根本,何每留守而帝自将,帝所任者莫如何,所疑者亦莫如何也。方帝距京索间,非用鲍生计遣子孙诣军,何几族;及自将邯郸,非用召平计悉家财佐军,何几族;其后自将击黥布,非用说客计多买田宅自污,何又几族。然则,何虽相帝定天下,常怀救死之不暇,纵何非刀笔吏,又何暇经纶之事乎?其后为民请苑,稍欲展布而械系已及。帝之赦何也,言‘我不过为桀纣,而相国为明(贤)相’,是正怒其掠主誉以得民心也。呜呼,其亦异于古人所以推诚共治之道哉!”(《黄氏日钞》)

方苞曰:“《萧相国世家》所叙实绩仅四事,其定汉家律令及受遗命辅惠帝皆略焉。盖收秦律令图书、举韩信、镇抚关中三者,乃鄂君所谓万世之功也。其终也,举曹参以自代而无少芥蒂,则至忠体国可见矣。至其所以自免,皆自他人发之,非智不足也,使何自觉之,则于至忠体国之道有伤矣。故终载请上林空地械系廷尉,明何用诸客之谋非得已耳。若定律令,则别见曹参、张苍传;何之终,惠帝临问而举参,则受遗命不待言矣。盖是二者,于何为顺且易,非万世之功之比也。”(《方望溪先生文集》)

郭嵩焘曰："史公于萧、曹以下皆薄视之……然萧何运筹，要是三代以下名相，自汉以后无有能及之者也。""《萧何传》极写高帝猜忮之心，以何守关中久，得民心故也。高帝以匹夫有天下，一变三代相承立国之局，其心惴惴焉，惟惧人之效其所为而思所以诛戮之，而遂以开后世有天下者猜忌功臣之风，于是圣人以道经营天下，奠定生民之盛轨不复可见于世。由高帝以天下自私而不闻道，贻祸若斯之烈也。"（《史记札记》）

曹相国世家第二十四

平阳侯曹参[1]者，沛人也。秦时为沛狱掾，而萧何为主吏，居县为豪吏矣。[2]

高祖为沛公而初起也，参以中涓从[3]。将击胡陵、方与，攻秦监公军，[4]大破之。东下薛，击泗水守军薛郭西。[5]复攻胡陵，取之。徙守方与。方与反为魏，击之。[6]丰反为魏，攻之，赐爵七大夫。[7]击秦司马尸军砀东，破之，取砀、狐父、祁善置。[8]又攻下邑以西，至虞，击章邯车骑。[9]攻爰戚及亢父，先登。[10]迁为五大夫。北救阿，击章邯军，陷陈，追至濮阳。[11]攻定陶，取临济。[12]南救雍丘。击李由军，破之，杀李由，虏秦候一人。[13]秦将章邯破杀项梁也，沛公与项羽引而东。[14]楚怀王以沛公为砀郡长，将砀郡兵。[15]于是乃封参为执帛，号曰建成君。[16]迁为戚公[17]，属砀郡。

其后从攻东郡尉军，破之成武南[18]。击王离军成阳南，复攻之杠里，[19]大破之。追北，西至开封，击赵贲军，[20]破之，围赵贲开封城中。西击秦将杨熊军于曲遇，破之[21]，虏秦司马及御史各一人，迁为执珪。[22]从攻阳武，下轘辕、缑氏[23]，绝河津[24]，还击赵贲军尸北[25]，破之。从南攻犨，与南阳守齮战阳城郭东[26]，陷陈，取宛，虏齮，尽定南阳郡[27]。从西攻武关、峣关，取之[28]。前攻秦军蓝田[29]南，又夜击其北，秦军大破，遂至咸阳，灭秦。

（以上为第一段，写曹参随刘邦起义，入关灭秦。）

①平阳侯曹参——封地平阳，在今山西临汾西南。 ②狱掾（yuàn）——主管刑狱的吏曹，犹如今之县公安局局长。 主吏——功曹，主管人事，犹如今之县人事科长。 豪吏——在全县的吏员中，以他的权位为最高。 ③参以中涓从——中涓：给帝王管理内务的侍从人员。涓：洁，言其在内主洁清洒扫之事。按：刘邦诸将曾为中涓者，除曹参外尚有灌婴、靳歙等人，皆同时，盖此"中涓"亦仅官称，示其亲信而已，非真主清洁之事。 ④将击胡陵、方与——率兵攻击胡陵、方与二县，事在秦二世二年（前208）十月。胡陵：秦县名，县治在今山东鱼台东南。方与：秦县名，县治在今山东鱼台西。 监公——即监郡。秦时郡里的长官有郡守、郡尉、监郡三人。被刘邦等打败的泗水监，其名曰"平"。 ⑤东下薛——事在秦二世二年十一月。薛：秦郡名，郡治在今山东枣庄薛城区。 泗水守——泗水郡的郡守，其人名"壮"。 ⑥方与反为魏——驻守方与县的刘邦军背叛刘邦，归附魏咎。事在秦二世二年十二月。 击之——谓曹参率军为刘邦往击之。 ⑦丰反为魏——丰是沛县的乡镇名，刘邦的老家。当时刘邦派雍齿替他镇守丰邑，结果雍齿叛变，投靠了魏咎。 赐爵七大夫——刘邦封曹参为七大夫。按：秦爵二十级中第五级为"大夫"，第六级为"公大夫"，第七级为"官大夫"，第九级为"五大夫"，没有所谓"七大夫"，疑此处之"七大夫"即指第七级的"官大夫"。 ⑧击秦司马尸（yí）军砀东，破之，取砀、狐父、祁善置——事在秦二世二年二月。司马：武官名，在军中主管司法，其人名"尸"。砀：秦郡名，郡治在今河南永城东北。狐父：亭名，在今安徽砀山县南。祁善置：《正义》曰："祁县之善置。"秦之祁县，汉称为"祁乡"，在今河南夏邑东北。置：驿站。 ⑨攻下邑以西，至虞——事在秦二世二年三月。下邑：秦县名，县治在今安徽砀山县。虞：秦县名，县治在今河南虞城北。 章邯——秦将名，三个月前已破杀陈涉。 ⑩爰戚——秦县名，县治在今山东嘉祥西南。 亢父——秦县名，县治在今山东济宁南。 先登——率先登上城墙。 ⑪北救阿——北救东阿县。当时齐地的义军首领田荣被章邯围困于此，刘邦、

项羽击败章邯,将其救出,事在秦二世二年七月。 陷陈——即"陷阵",攻破敌人的阵地。 濮阳——秦县名,也是东郡的郡治所在地,在今河南濮阳西南。 ⑫定陶——秦县名,县治在今山东菏泽定陶区西北。 临济——秦县名,县治在今河南封丘东。 ⑬南救雍丘。击李由军,破之,杀李由——事在秦二世二年八月。雍丘:秦县名,县治在今河南杞县。李由:秦丞相李斯之子,当时任三川郡(郡治在今河南洛阳)的郡守。 候——军官名。一个将军下领若干"部",部的长官称"校尉";一个校尉下领若干"曲",曲的长官称"候"。 ⑭秦将章邯破杀项梁——事在秦二世二年九月。项梁是项羽之叔,当时楚地起义军的实际领袖,起义以来连续获胜,近日又破杀李由,因而骄傲懈怠,被章邯破杀于定陶。 引而东——引兵向东方撤退。 ⑮楚怀王——姓熊名心,被秦所灭的楚国的后代,于秦二世二年(前208)六月被项梁等拥立为义军领袖。 砀郡长——即砀郡的郡守。 ⑯乃封参为执帛——谓刘邦封曹参为执帛。执帛:战国时楚国的爵位名,低于"执珪"。 君——比"侯"低一等。 ⑰戚公——戚县县令。 ⑱从攻东郡尉军,破之成武南——事在秦二世三年(前207)十月。东郡尉:东郡的郡尉。成武:秦县名,县治在今山东成武。 ⑲击王离军成阳南——王离:秦将名,秦始皇的名将王翦之孙。成阳:也作"城阳",秦县名,县治在今山东菏泽东北。 杠里——古邑名,在当时的成阳县西,在今山东菏泽牡丹区东。 ⑳追北——追击败军。北:败走。 赵贲(bēn)——秦将名。 ㉑西击秦将杨熊军于曲遇,破之——曲遇:古邑名,在今河南中牟东。按:刘邦等攻赵贲于开封、破杨熊于曲遇皆在秦二世三年三月。 ㉒御史——当时的朝官名,主管监察。秦时亦派御史到各郡进行监督,称"郡监"或"监公"。 执珪——楚爵名,其地位同于上卿。 ㉓从攻阳武,下轘辕、缑(gōu)氏:事在秦二世三年四月。阳武:秦县名,县治在今河南原阳东南。轘辕、缑氏:轘辕关与缑氏县,都在今河南洛阳偃师区东南。 ㉔绝河津——断绝黄河渡口。意即不让黄河以北的义军过来争夺地盘,这里的河津是指平阴津,在今河南洛阳孟津区东北。 ㉕还击赵贲军尸北——回兵击破赵贲军于尸乡之北。尸乡在今河南洛阳偃师区西。 ㉖南攻犨,与南阳守齮战阳城郭东——犨:秦县名,县治在今河南鲁山县东南。南阳守齮:南阳郡的郡守名齮,史失其姓。阳城:秦县名,县治在今河南方城东。 ㉗取宛,虏齮,尽定南阳郡——宛:秦县名,在今河南南阳,当时为南阳郡的郡治。按:刘邦占领南阳郡在秦二世三年七月。据《高祖本纪》,南阳守齮败于阳城后,乃"走保城守宛",刘邦围宛,南阳守齮派其舍人陈恢出城与刘邦约降,刘邦乃封南阳守齮为殷侯,为其守南阳,自己率兵西去。今乃谓"取宛,虏齮",两处说法大异。 ㉘西攻武关、峣(yáo)关,取之——武关:在今陕西丹凤东南,是河南南部通往陕西的交通要道。峣关:在今陕西商洛西北。 ㉙蓝田——秦县名,县治在今陕西蓝田西。

项羽至,以沛公为汉王。汉王封参为建成侯[①]。从至汉中,迁为将军。从还定三秦,初攻下辩、故道、雍、斄。[②]击章平军于好畤南,破之,围好畤,取壤乡。[③]击三秦军壤东及高栎,[④]破之。复围章平,章平出好畤走。因击赵贲、内史保军[⑤],破之。东取咸阳,更名曰新城。参将兵守景陵二十日,三秦使章平等攻参,参出击,大破之,赐食邑于宁秦[⑥]。参以将军引兵围章邯于废丘[⑦]。以中尉从汉王出临晋关[⑧]。至河内,下修武[⑨],渡围津,东击龙且、项他定陶[⑩],破之。东取砀、萧、彭城[⑪]。击项籍军,汉军大败走。参以中尉围取雍丘[⑫]。王武反于外黄,程处反于燕[⑬],往击,尽破之。柱天侯反于衍氏[⑭],又进破取衍氏。击羽婴于昆阳,追至叶。[⑮]还攻武彊,因至荥阳[⑯]。参自汉中为将军、中尉从击诸侯,及项羽败,还至荥阳,凡二岁。

高祖二年,拜为假左丞相,[⑰]入屯兵关中。月余,魏王豹反,以假左丞相别与韩信东攻魏将军孙遬军东张,[⑱]大破之。因攻安邑[⑲],得魏将王襄。击魏王于曲阳,追至武垣,生得魏王豹[⑳]。取平阳,得魏王母妻子,尽定魏地,凡五十二城,赐食邑平阳。因从韩信击赵相国夏说军于邬东,大破之,斩夏说。[㉑]韩信与故常山王张耳引兵下井陉,击成安君,[㉒]而令参还围赵别将戚将军于邬城中[㉓]。戚将军出走,追斩之。乃引兵诣敖仓汉王之所[㉔]。韩信已破赵,为相国,东击齐[25]。参以右丞相属韩信,攻破齐历下军,遂取临菑。[26]还定济北郡,攻著、漯阴、平原、鬲、卢。[27]已而从韩信击龙且军于上假密,大破之,斩龙且[28],虏其将军周兰。定齐,凡得七十余县。得故齐王田广相田光、其守相许章、及故齐胶东将军田既。韩信为齐王,引兵诣陈,与汉王共破项羽,而参留平齐未服者。

项籍已死,天下定,汉王为皇帝,韩信徙为楚王,齐为郡,参归汉相印。[29]高帝以长子肥为齐王,而以参为齐相国。以高祖六年赐爵列侯,与诸侯剖符,世世勿绝。食邑平阳万六百三十户,号曰平阳侯,除前所食邑[30]。

以齐相国击陈豨将张春[31]军,破之。黥布反,参以齐相国从悼惠王将兵车骑十二万人,与高祖会击黥布军,大破之。南至蕲,还定竹邑、相、萧、留。[32]

参功:凡下二国,县一百二十二;得王二人,相三人,将军六人,大莫敖、郡守、司马、侯、御史各一人。[33]

(以上为第二段,写曹参在楚汉战争与西汉建国初期为刘邦所立的种种功勋。)

①封参为建成侯——盖只有名号而无封地。 ②下辩——秦县名,县治在今甘肃成县西北。 故道——秦县名,县治在今陕西宝鸡西南。地处陈仓道的北端。 雍——秦县名,县治在今陕西宝鸡凤翔区。 斄(tái)——秦县名,县治在今陕西武功西。 ③击章平军于好畤(zhì)南——章平:章邯之弟。好畤:秦县名,县治在今陕西乾县。 壤乡——好畤县管辖的乡名,在今陕西武功南。 ④壤东——壤乡之东。 高栎——《正义》以为与壤乡同为乡镇名。 ⑤击赵贲、内史保军——赵贲:原为秦将,今乃为章邯将。内史保:内史名保,史失其姓。内史:官名,国都及其郊区的行政长官,犹如后世的京兆尹;亦用作政区名,不称郡。秦时的内史治咸阳,此时属于章邯。 ⑥赐食邑于宁秦——将宁秦县划给曹参为领地。宁秦:秦县名,刘邦即位后改称华阴,县治在今陕西华阴东。 ⑦围章邯于废丘——废丘:秦县名,章邯

雍国的都城,在今陕西兴平东南。按:章邯于汉元年(前206)八月被刘邦军围于雍丘,直到汉二年(前205)六月方被击败自杀,据守孤城长达十个月。 ⑧以中尉从汉王出临晋关——事在汉二年三月。此时废丘尚未攻拔,曹参、樊哙等遂与刘邦东出关,而改由他人继续围困废丘。中尉:帝王首都的治安长官。临晋关:也叫蒲津关。在临晋(在今陕西大荔东)城东的黄河边上。所谓"出临晋关",即渡黄河以取魏王豹。 ⑨至河内,下修武——事在汉二年三月。河内:秦郡名,郡治怀县,在今河南武陟西南。修武:秦县名,在今河南获嘉。按:诸侯灭秦后,项羽封赵将司马卬为殷王,领有河内郡,国都朝歌,在今河南淇县。 ⑩渡围津,东击龙且、项他定陶——事在汉二年四月。围津:即白马津,白马县的黄河渡口名,在今河南滑县东北。龙且、项他:都是项羽的部将。定陶:秦县名,县治在今山东菏泽定陶区西北。 ⑪东取砀、萧、彭城——萧:秦县名,县治在今安徽萧县西北。彭城:在今江苏徐州,当时项羽的都城,在萧县以东。 ⑫雍丘——秦县名,县治在今河南杞县。 ⑬王武反于外黄,程处反于燕——王武、程处都是刘邦的部将,见刘邦败于彭城,遂相继反水。外黄:秦县名,县治在今河南民权西北。燕:秦县名,县治在今河南延津东北。 ⑭柱天侯反于衍氏——柱天侯:刘邦部将。其人不详。衍氏:古邑名,在今河南郑州北。 ⑮击羽婴于昆阳——羽婴:姓羽,名婴。其人不详,似亦为刘邦的叛将。昆阳:秦县名,县治在今河南叶县。 叶——秦县名,县治在今河南叶县南。 ⑯还攻武疆,因至荥阳——武疆:古邑名,在今河南郑州东北。因其临近上文所说的"衍氏",故曰"还攻"。荥阳:秦县名,县治在今河南荥阳东北。 ⑰高祖二年——公元前205年。 拜为假左丞相——谓除其原有的武职外,还加给曹参以"左丞相"的虚衔。假:犹言"代理"。 ⑱魏王豹反——魏王豹于汉二年三月归附刘邦,随刘邦东伐项羽,刘邦于彭城惨败后,魏豹又反水独立,事在同年五月。 别与韩信东攻魏将军孙遬军东张——按:韩信率军击破魏豹军于蒲坂事,在汉二年八月。别:指另带一支人马。东张:古邑名,在今山西临猗西南。 ⑲安邑——战国时魏国的旧都,在今山西夏县西北。 ⑳击魏王于曲阳,追至武垣,生得魏王豹——曲阳:一说作周阳,在今山西绛县东南。一说为阳曲,在今山西太原。武垣:即“垣县”,在今山西垣曲东南。按:《淮阴侯列传》于此作“信乃益为疑兵,陈船欲渡临晋,而伏兵从夏阳以木罂缶渡军,袭安邑。魏王豹惊,引兵迎信,信遂虏豹”。　㉑击赵相国夏说(yuè)军于邬东——赵相国:应作“代相国”。当时赵王歇封陈馀为代王,由于陈馀要留在赵国辅佐赵歇,因而派夏说为代相,前往代地管理国事。邬:秦县名,县治在今山西介休东北。　斩夏说——事在汉二年后九月。　㉒故常山王张耳——张耳原被项羽封为常山王,让其领有赵国的南部地区。陈馀不纳,赶走了张耳,仍扶持赵歇占据赵地为赵王。张耳无法,只好西去投靠了刘邦。　引兵下井陉(xíng),击成安君——事在汉三年(前204)十月。井陉:太行山的山口名,在今河北井陉。成安君:陈馀的封号。　㉓还围赵别将戚将军于邬城中——谓破杀陈馀与赵歇后始派曹参往围之。别将:别统一军的将领。邬城:即上文所说的“邬县”。　㉔引兵诣敖仓汉王之所——谓曹参奉命离开韩信,往归刘邦的大本营。敖仓:秦朝所建的粮仓,在今河南荥阳东北的敖山上,当时刘邦驻兵这一带。　㉕韩信已破赵,为相国,东击齐——事在汉四年(前203)十月。韩信、张耳等灭赵后,刘邦封张耳为赵王,留下来镇抚赵地。而命韩信“为相国”,与曹参等东出伐齐。这里的“相国”也是刘邦给韩信加的虚衔。　㉖右丞相——亦是虚衔。　攻破齐历下军,遂取临菑——事在汉四年(前203)十月。历下:古地名,在今山东济南东南,因其南对历山而得名。临菑:当时齐王田广的都城,在今山东淄博临淄区。　㉗还定济北郡——郡治博阳,在今山东泰安东南。因济北在临菑之西,故曰“还定”。　攻著、漯阴、平原、鬲、卢——著:秦县名,县治在今山东济南济阳区。漯阴:县名,县治在今山东齐河县东北,在当时著县的西南。平原:县名,县治在今山东平原西南。鬲:秦县名,县治在今山东德州东南。卢:县名,县治在今山东济南长清区西南。以上五县都在今山东的西北部,当时皆属济北郡。

㉘击龙且军于上假密,大破之,斩龙且——事在汉四年十一月。龙且:项羽的部将,奉命率军二十万救齐。上假密:即高密,县治在今山东高密西南,地处潍水东岸。　㉙齐为郡——在韩信移封为楚王后,齐国地盘曾有一段时间改设为郡。　参归汉相印——按:曹参随韩信破齐时,

曾有"右丞相"的虚衔,然虚衔无所谓"归"。视此处文意,似曹参在韩信为齐王时,曾任齐国丞相,故齐国的建制一撤,曹参须"归汉相印",然此事各篇皆无明文。 ㉚除前所食邑——收回以前所封的其他领地,如前所谓"宁秦"云云。 ㉛击陈豨将张春——事在汉十一年(前196)冬。陈豨是刘邦的开国功臣,被任为代相,监赵、代边兵,于汉十年(前197)八月谋反。 ㉜蕲——汉县名,县治在今安徽宿州东南。 竹邑——汉县名,县治在今安徽宿州埇桥区。 相——汉县名,县治在今安徽濉溪县西北。 萧——汉县名,县治在今安徽萧县西北。 留——汉县名,县治在今江苏沛县东南。 ㉝凡下二国——凡:总共。二国:指魏与齐。 得王二人——指魏王豹与齐王田广。 相三人——指夏说、田光、许章。 将军六人——李由、王襄、戚公、龙且、周兰、田既。 大莫敖——楚国官号,时近六国,故有"令尹""莫敖"之称。 郡守——南阳守齮。

孝惠帝元年,除诸侯相国法,[①]更以参为齐丞相。参之相齐,齐七十城[②]。天下初定,悼惠王富于春秋[③],参尽召长老诸生,问所以安集百姓,如齐故俗[④]。诸儒以百数,言人人殊,参未知所定。闻胶西有盖公,善治黄老言,使人厚币请之。[⑤]既见盖公,盖公为言治道贵清静而民自定,推此类具言之。[⑥]参于是避正堂,舍盖公[⑦]焉。其治要用黄老术[⑧],故相齐九年,齐国安集,大称贤相。

惠帝二年,萧何卒。参闻之,告舍人趣治行,"吾将入相。"居无何,使者果召参。参去,属其后相[⑨]曰:"以齐狱市为寄,慎勿扰也[⑩]。"后相曰:"治无大于此者乎?"参曰:"不然。夫狱市者,所以并容[⑪]也,今君扰之,奸人安所容也?吾是以先之。"

参始微时,与萧何善;及为将相,有郤[⑫]。至何且死,所推贤唯参。参代何为汉相国,举事无所变更,一遵萧何约束。

择郡国吏木诎于文辞,重厚长者,即召除为丞相史。[⑬]吏之言文刻深,欲务声名者,[⑭]辄斥去之。日夜饮醇酒。卿大夫已下吏及宾客见参不事事,来者皆欲有言。至者,参辄饮以醇酒,间之,欲有所言，复饮之，醉而后去，终莫得开说，以为常。

相舍后园近吏舍，吏舍日饮歌呼。从吏恶之，无如之何，乃请参游园中，闻吏醉歌呼，从吏幸相国召按之[15]。乃反取酒张坐饮，亦歌呼与相应和。

参见人之有细过，专掩匿覆盖之，府中无事。

参子窋为中大夫。[16]惠帝怪相国不治事，以为"岂少朕与[17]？"乃谓窋曰："若归，试私从容问而父曰：'高帝新弃群臣，帝富于春秋，君为相，日饮，无所请事，何以忧天下乎？'然无言吾告若也[18]。"窋既洗沐归，间侍，自从其所谏参。[19]参怒，而笞窋二百，曰："趣入侍[20]，天下事非若所当言也。"至朝时，惠帝让参曰："与窋胡治乎？乃者我使谏君也。"[21]参免冠谢曰："陛下自察圣武孰与高帝？"上曰："朕乃安敢望先帝乎！"曰："陛下观臣能孰与萧何贤？"上曰："君似不及也。"参曰："陛下言之是也。且高帝与萧何定天下，法令既明，今陛下垂拱，参等守职，遵而勿失，不亦可乎？"惠帝曰："善。君休矣！"

参为汉相国，出入三年，卒，谥懿侯。子窋代侯。百姓歌之曰："萧何为法，顜若画一[22]；曹参代之，守而勿失。载其清净，民以宁一。"

平阳侯窋，高后时为御史大夫。孝文帝立，免为侯。立二十九年卒，谥为静侯。子奇代侯，立七年卒，谥为简侯。子时代侯，时尚平阳公主，生子襄。时病疠，归国[23]。立二十三年卒，谥夷侯。子襄代侯。襄尚卫长公主[24]，生子宗。立十六年卒，谥为共侯。子宗代侯。征和二年中，宗坐太子死，国除。[25]

（以上为第三段，写曹参在惠帝时期继萧何为相国后的种种表现。）

①孝惠帝元年——公元前194年。孝惠帝刘盈，刘邦之子，吕后所生。　除诸侯相国法——即改变诸侯王国内的"相国"的称呼与其设置办法、权力范围等，以与中央王朝的"相国"相区别，如改称"丞相"，

即是其一。②参之相齐，齐七十城——极言齐国之大，在汉初的诸侯国中独一无二。③悼惠王富于春秋——指刘肥当时年轻。富于春秋：未来的时光尚长。④参尽召长老诸生，问所以安集百姓，如齐故俗——长老诸生：有知识、有阅历的老年学者。诸生：各位先生。安集：犹言安抚。如齐故俗：按照齐地固有的习俗。⑤胶西——当时为齐国之郡，郡治高密，在今山东高密西南。黄老言——以黄帝、老子相标榜的一种学说，大约形成于战国中后期，今有新出土的《黄帝四经》可资参考。厚币——厚礼，古时多用璧、帛等以为聘问之礼品。⑥治道贵清静而民自定——治理国家的诀窍在于统治者首先要清静无为，统治者一旦清静无为，则百姓们自然也就安定下来了。推此类具言之——本着这种"清静无为"的精神给曹参逐一讲解。⑦避正堂，舍盖公——把丞相衙门的正堂腾出来让盖公住。⑧其治要用黄老术——曹参治理齐国，主要是运用黄老思想。要：主要，关键。⑨属其后相——嘱咐齐国的继任为丞相者。属：通"嘱"，托付。⑩以齐狱市为寄，慎勿扰也——狱市：有说是地名，梁玉绳引《梁溪漫志》以为"乃齐阛阓之地，奸人所容，故当勿扰之"。《集解》引《汉书音义》以为"狱市兼受善恶，若穷极，奸人无所容窜；奸人无所容窜，久且为乱"。也有说指刑法与市场两件事情。梁玉绳引《猗觉寮杂记》以为"狱如教唆词讼，资给盗贼；市如用私斗秤，欺谩变易之类，皆奸人图利之所，若穷治尽则事必枝蔓，此等无所容，必为乱，非省事之术也"。寄：托付。扰：意即整治。⑪并容——好人坏人都允许其存在，即今之所谓"睁一只眼，闭一只眼"。⑫及为将相，有郤——郤：通"隙"，隔阂，矛盾。按：司马迁对于贫时为友，富贵则产生怨隙的人情世态多有不满，《张耳陈馀列传》的论赞即阐发此旨。⑬择郡国吏——指从各郡、各诸侯国的行政官员中物色可以调进中央的人选。木诎——即"木讷"，拙于言辞。除——授，任命。丞相史——丞相手下的办事人员。⑭言文刻深——指严格执法，严格以规章制度律人。言文：指法律条文与规章制度。欲务声名——追求"办事严格"的好名声。⑮幸相国召按之——希望曹参能把这些人整治一下。幸：希望。按：惩治，查办。⑯参子窋(zhú)——曹窋。中大夫——郎中令的属官，在皇帝身边掌议论。 ⑰岂少朕与——莫非对我有什么不满意吗？少：不满，也有说指藐视。 ⑱无言吾告若也——不要说是我让你问的。 ⑲洗沐归——即休假回家。洗沐：洗头洗澡，这里指休息日、假日。 自从其所——像是出自己意。 ⑳趣入侍——意即你只管侍候好皇帝就行了。趣：紧要。 ㉑让——责备。 与窋胡治乎——意即问其为什么要给曹窋一顿板子。胡：为何。治：笞掠。也有说意即“与窋何干”。 ㉒顜若画一——意即清楚明白。顜若：较然，明确的样子。顜：校正；校订。 ㉓时病疠，归国——曹时因长癞疮，与公主离异，回了平阳领地（在今山西临汾西南）。 ㉔卫长公主——武帝之长女，卫子夫所生。 ㉕征和二年——公元前91年。征和：汉武帝的倒数第二个年号，公元前92—前89年。 宗坐太子死，国除——谓曹宗因受戾太子的牵连被杀，平阳侯的封爵被废。戾太子名据，卫子夫所生，征和二年因巫蛊事被逼反，后兵败自杀。受此牵连，卫氏被灭族。曹宗是卫子夫的女儿所生，自然也无法幸免。

太史公曰：曹相国参攻城野战之功所以能多若此者，以与淮阴侯俱[①]。及信已灭，而列侯成功，唯独参擅其名[②]。参为汉相国，清静，极言合道[③]。然百姓离秦之酷后，参与休息无为，故天下俱称其美矣[④]。

（以上为第四段，是作者的论赞，作者对曹参的成功、扬名深为感叹，与《萧相国世家》的论赞意思相同。）

①以与淮阴侯俱——是因为他跟上了韩信这位名将。 ②及信已灭，而列侯成功，唯独参擅其名——徐孚远曰：“此言深惜淮阴侯，使人怆然。”姚苎田曰：“非薄参也，正痛惜淮阴耳。” ③清静，极言合道——杨慎曰：“但倒一字，谓‘言极合道’也。”张大可曰：“指曹参与惠帝那一番垂拱无为的对话，完全合于治道。极言：透辟妙言。”姚苎田曰：“此赞言简而意甚长，不满平阳意最为显著。” ④俱称其美——指称赞惠帝，同时亦称赞曹参。

［**简评**］ 本篇记述了曹参在辅佐刘邦打天下时立下的赫赫战功，以及继萧何为相后实行的清静无为、休养生息的政策和取得的政绩。作为一个开国功臣，一个建国初期的宰相，曹参的确是应该充分肯定的。但司马迁出于他对汉王朝许多事情的看法，对曹参并无太多的称颂。他说曹参之所以能够立下如此的军功，完全是因为跟随了韩信，而韩信又过早地被刘邦除掉，这才凸显了曹参。至于说到相业，司马迁又说他是比着葫芦画瓢地学了萧何，曹参个人没有任何新东西。归根结底，曹参在司马迁心目中是一个庸庸碌碌、因人成事的家伙，因此《曹相国世家》也就是一篇言此而意彼，似赞而实讽的作品，这显然是不够客观的。但其中也蕴含了司马迁的深意，这就是当作品赞扬曹参继承发扬萧何无为而治的政治局面时，有一种对比、批判汉武帝"多欲政治"的意味。这篇文章的写法，也很受韩愈的重视，韩愈《曹成王碑》的某些段落，显然就是参考着这篇文章的样子写出来的。

［**集评**］ 《太史公自序》："与信定魏，破赵拔齐，遂弱楚人。续何相国，不变不革，黎庶攸宁。嘉参不伐功矜能，作《曹相国世家》第二十四。"

黄震曰："参自高帝起兵，无一战不预，虽非赫赫功，而未尝以败闻。天下既平，犹从击陈豨、黥布，盖参与帝终始兵间而不见疑。相齐齐治，相汉汉治，参有大过人者矣。而《史》论战功，则谓之'当信之灭'；论治功，则谓其'当秦之后'，若有抑扬之意焉。愚谓参明哲保身，虽信不能及；而立法易，守法难，参以人豪一遵何约束，除吏皆木讷，而深刻者辄斥去，所以养成汉家宽厚之风，虽何无以尚之，参其可少哉！"又曰："曹参天下甫定，远相侯（齐）国，此所以独不见疑于高帝也，然又安知非帝有心于远之耶？"（《黄氏日钞》）

钟惺曰："曹参大学问人，深于黄老言者也。相齐问'所以安集百姓如齐故俗'，其主意何尝不定？礼盖公以定群疑，即田单拜卒为神师故智耳。盖'如齐故俗'，参一生作用始终只此四字，故去齐以狱市为寄……为汉相一遵萧何约束，只是'如齐故俗'之意。吏之言文刻深、务声名者辄去之，知千古吏治无如'务名声'三字，正恶其扰耳，何其识之远也！饮醇一段，似顽钝，复似滑稽，其藏身之妙即寓于治国之中，善用黄老者，留侯外，参一人而已。"(《史怀》)

留侯世家第二十五

留侯[1]张良者,其先韩[2]人也。大父[3]开地,相韩昭侯、宣惠王、襄哀王。[4]父平,相釐王、悼惠王。[5]悼惠王二十三年[6],平卒。卒二十岁[7],秦灭韩。良年少,未宦事[8]韩。韩破,良家僮[9]三百人,弟死不葬[10],悉以家财求客[11]刺秦王,为韩报仇,以大父、父五世相韩[12]故。

良尝学礼淮阳[13]。东见仓海君[14]。得力士,为铁椎重百二十斤。秦皇帝东游,良与客狙击秦皇帝博浪沙中,[15]误中副车[16]。秦皇帝大怒,大索天下,求贼甚急,为张良故也。良乃更名姓,亡匿下邳。[17]

良尝间从容步游下邳圯上,[18]有一老父,衣褐[19],至良所,直[20]堕其履圯下,顾谓良曰:"孺子[21],下取履!"良愕然,欲殴之。为其老,强忍,下取履。父曰:"履我[22]!"良业为取履,因长跪履之。[23]父以足受,笑而去。良殊大惊,随目之。父去里所[24],复还,曰:"孺子可教矣。后五日平明,与我会此。"良因怪之,跪曰:"诺。"五日平明,良往。父已先在,怒曰:"与老人期[25],后,何也?"去,曰:"后五日早会。"五日鸡鸣,良往。父又先在,复怒曰:"后,何也?"去,曰:"后五日复早来。"五日,良夜未半往。有顷[26],父亦来，喜曰："当如是。"出一编书[27]，曰："读此则为王者师矣。后十年兴[28]。十三年，孺子见我济北[29]，穀城山[30]下黄石即我矣。"遂去，无他言，不复见。旦日视其书，乃《太公兵法》[31]也。良因异之，常习诵读之。

居下邳，为任侠[32]。项伯常[33]杀人，从良匿。

（以上为第一段，写张良的家世及其青年时事。）

①留侯——张良的封号。留：秦县名，县治在今江苏沛县东南。②韩——国名。战国初期，韩、赵、魏三家大夫瓜分晋国土地而自立国家，韩都阳翟（在今河南禹州）。韩景侯六年（前403），正式受周天子册命为诸侯。为战国七雄之一。 ③大父——祖父。 ④韩昭侯——名武，前362—前333年在位。 宣惠王——昭侯之子，前332—前312年在位，韩国从此改侯称王。 襄哀王——名仓，宣惠王之子，前311—前296年在位。 ⑤釐王——名咎，襄哀王之子，前295—前273年在位。 悼惠王——《韩世家》及《世本》皆作"桓惠王"。釐王之子，前272—前239年在位。 ⑥悼惠王二十三年——公元前250年。⑦卒二十岁——指张平死后二十年，公元前230年。 ⑧宦事——为官做事。有曰，"宦"为"尝"字之误。 ⑨家僮——家人，婢仆。⑩不葬——指不以礼相葬，为节省钱财。 ⑪客——宾客、食客。泛指战国时期具有各种专长、技能的士人。这里指勇士，刺客。 ⑫五世相韩——按：应曰"相韩五世"。 ⑬淮阳——古郡国名，郡治陈县，即今河南周口淮阳区。 ⑭仓海君——师古曰："盖当时贤者之号也。"而《集解》《索隐》皆谓仓海君为秽貊（mò）国的君长。因为秽貊国后来归汉为苍（沧）海郡，故史公以当时郡名称之。按：秽貊国在今朝鲜中部地区。 ⑮狙（jū）击——伺机袭击。狙：暗中窥伺。 博浪沙——古地名，在今河南原阳。今县东南旧有博浪城，相传即张良狙击始皇帝处。《始皇本纪》云："二十九年，始皇东游，至阳武博狼沙中，为盗所惊。求弗得，乃令天下大索十日。"始皇二十九年，即公元前218年。⑯副车——也叫属车，古代帝王出行时的从车。《索隐》引《汉官仪》云："天子属车三十六乘。" ⑰亡匿——逃避，躲藏。 下邳——秦县

名,县治在今江苏睢宁西北。 ⑱从容——悠闲舒缓、不慌不忙的样子。 圯(yí)——桥。古东楚方言。 ⑲褐——粗布短衣。古代贫者所服。 ⑳直——特意,故意。王念孙曰:“欲以观其能忍与否耳……谓特堕其履于桥下,而使良取之也。”一说:直,恰好。 ㉑孺子——犹小子、竖子,含藐视轻蔑意。 ㉒履我——犹言“给我穿上(鞋子)”! ㉓“良业为取履”二句——意谓张良心想既然已经给他取上来了,(那就再忍耐一下给他穿上吧,)于是就跪下身去给他穿上了。业:既已。长跪:直身而跪。指双膝着地,伸直腰股。 ㉔里所——一里来地。所:许,表示“约略”“大概”。 ㉕期——约会。 ㉖有顷——过了一会儿。 ㉗一编书——犹今所谓“一本书”“一册书”。古代的书籍有些写在竹简上,用皮条把它们串联在一起,因而用“编”来作为书籍的量词。 ㉘兴——谓兴起,发迹。隐指诸侯反秦。 ㉙济北——济水之北。当时的济水,其流经今山东的部分,与今之黄河河道约略相当。 ㉚穀城山——也称黄山,在今山东东阿东北。苏轼曰:“夫子房受书于圯上之老人也,其事甚怪,然亦安知其非秦之世有隐君子者出而试之?……夫老人者,以为子房才有余而忧其度量之不足,故深折其少年刚锐之气,使之忍小忿而就大谋。” ㉛《太公兵法》——相传为太公姜尚所著的兵书。郭嵩焘认为:张良智术纯袭老子欲翕固张、欲取固与之旨,所从受学,殆亦盖公言黄老者之流,而托名《太公兵法》耳。 ㉜任侠——以他人急难为己任。即好打抱不平的意思。如淳曰:“相与信为任,同是非为侠。”师古曰:“任,谓任使其气力;侠之言挟也,以权力侠辅人也。” ㉝常——通“尝”。曾经。

后十年[①],陈涉等起兵,良亦聚少年百余人。景驹自立为楚假王[②],在留。良欲往从之,道遇沛公。沛公将数千人,略地[③]下邳西,遂属焉。沛公拜良为厩将[④]。良数以《太公兵法》说沛公,沛公善之,常用其策。良为他人言,皆不省[⑤]。良曰:“沛公殆天授。[⑥]”故遂从之,不去见景驹。

及沛公之薛[⑦],见项梁。项梁立楚怀王。良乃说项梁曰:“君已立楚后,而韩诸公子横阳君成贤,[8]可立为王,益树党[9]。"项梁使良求韩成,立以为韩王。以良为韩申徒[10],与韩王将千余人西略韩地,得数城,秦辄[11]复取之,往来为游兵颍川[12]。

沛公之从雒阳南出轘辕[13],良引兵从沛公,下韩十余城,击破杨熊[14]军。沛公乃令韩王成留守阳翟,与良俱南,攻下宛[15],西入武关[16]。沛公欲以兵二万人击秦峣[17]下军,良说曰:"秦兵尚强,未可轻。臣闻其将屠者子,贾竖[18]易动以利。愿沛公且留壁[19],使人先行,为五万人具食,益为张旗帜诸山上,为疑兵,令郦食其持重宝啖[20]秦将。"秦将果畔,欲连和俱西袭咸阳[21],沛公欲听之。良曰:"此独其将欲叛耳,恐士卒不从。不从必危,不如因其解击之。"沛公乃引兵击秦军,大破之。逐北至蓝田,[22]再战,秦兵竟败[23],遂至咸阳,秦王子婴降沛公。

沛公入秦宫,宫室、帷帐、狗马、重宝、妇女以千数[24],意欲留居之。樊哙谏沛公出舍[25],沛公不听。良曰:"夫秦为无道,故沛公得至此。夫为天下除残贼[26],宜缟素为资[27]。今始入秦,即安其乐,此所谓'助桀为虐'。且'忠言逆耳利于行,毒药[28]苦口利于病',愿沛公听樊哙言。"沛公乃还军霸上[29]。

项羽至鸿门[30]下,欲击沛公,项伯乃夜驰入沛公军,私见张良,欲与俱去。良曰:"臣为韩王送[31]沛公,今事有急,亡去不义。"乃具以语沛公。沛公大惊,曰:"为将奈何[32]?"良曰:"沛公诚欲倍项羽邪?"沛公曰:"鲰生[33]教我拒关无内诸侯,秦地可尽王,故听之。"良曰:"沛公自度能却项羽乎?"沛公默然良久,曰:"固不能也。今为奈何?"良乃固要项伯。项伯见沛公。沛公与饮为寿[34],结宾婚[35]。令项伯具言沛公不敢倍项羽,所以距关者,备他盗也。及见项羽[36]后解,语在《项羽》事中。

汉元年[37]正月,沛公为汉王,王巴、蜀。汉王赐良金百溢[38],珠二斗,良具以献项伯。汉王亦因令良厚遗项伯,使请汉中地[39]。项王乃许之,遂得汉中地。汉王之国,良送至褒中[40],遣良归韩。

良因说汉王曰："王何不烧绝所过栈道[41]，示天下无还心，以固[42]项王意。"乃使良还行烧绝栈道[43]。

良至韩，韩王成以良从汉王故，项王不遣成之国，从与俱东。良说项王曰："汉王烧绝栈道，无还心矣。"乃以齐王田荣反书告项王[44]。项王以此无西忧汉心，而发兵北击齐。

项王竟不肯遣[45]韩王，乃以为侯，又杀之彭城[46]。良亡，间行[47]归汉王，汉王亦已还定三秦矣。复以良为成信侯，从东击楚。至彭城，汉败而还。至下邑[48]，汉王下马据鞍[49]而问曰："吾欲捐关以东等弃之，谁可与共功者[50]？"良进曰："九江王黥布，楚枭将，与项王有郄[51]；彭越与齐王田荣反梁地；[52]此两人可急使。而汉王之将独韩信可属大事，当一面。即欲捐之，捐之此三人，则楚可破也。"汉王乃遣随何[53]说九江王布，而使人连彭越。及魏王豹反[54]，使韩信将兵击之，因举[55]燕、代、齐、赵。然卒破楚者，此三人力也。

张良多病，未尝特将[56]也，常为画策臣，时时从汉王。

汉三年，项羽急围汉王荥阳[57]，汉王恐忧，与郦食其谋桡楚权。[58]食其曰："昔汤伐桀，封其后于杞[59]。武王伐纣，封其后于宋。今秦失德弃义，侵伐诸侯社稷，灭六国之后，使无立锥之地。陛下诚能复立六国后世，毕已受印，此其君臣百姓必皆戴陛下之德，莫不乡风慕义，愿为臣妾[60]。德义已行，陛下南乡称霸，楚必敛衽[61]而朝。"汉王曰："善。趣刻印[62]，先生因行佩之矣[63]。"

食其未行，张良从外来谒。汉王方食，曰："子房前！[64]客有为我计桡楚权者。"具以郦生语告，曰："于子房何如？"良曰："谁为陛下画此计者？陛下事去矣！"汉王曰："何哉？"张良对曰："臣请借前箸为大王筹之。[65]"曰："昔者汤伐桀而封其后于杞[66]者，度能制桀之死命也。今陛下能制项籍之死命乎？"曰："未能也。""其不可一也。武王伐纣封其后于宋者，度能得纣之头也。今陛下能得项籍之头乎？"曰："未能也。""其不可二也。武王入殷[67]，表商容之闾[68]，释箕子之拘，[69]封比干之墓[70]。今陛下能封圣人之墓，表贤者之闾，式智者之门乎？[71]”曰：“未能也。”“其不可三也。发钜桥之粟，散鹿台之钱，以赐贫穷[72]。今陛下能散府库以赐贫穷乎？”曰：“未能也。”“其不可四矣。殷事已毕，偃革为轩[73]，倒置干戈，覆以虎皮，以示天下不复用兵。今陛下能偃武行文，不复用兵乎？”曰：“未能也。”“其不可五矣。休马华山之阳，示以无所为。今陛下能休马无所用乎？”曰：“未能也。”“其不可六矣。放牛桃林之阴，[74]以示不复输积。今陛下能放牛不复输积乎？”曰：“未能也。”“其不可七矣。且天下游士离其亲戚，弃坟墓，去故旧，从陛下游者，徒欲日夜望咫尺之地[75]。今复六国，立韩、魏、燕、赵、齐、楚之后，天下游士各归事其主，从其亲戚[76]，反其故旧坟墓，陛下与谁取天下乎？其不可八矣。且夫楚唯无强，六国立者复桡而从之[77]，陛下焉得而臣之？诚用客之谋，陛下事去矣。”汉王辍食吐哺，[78]骂曰：“竖儒[79]，几败而公[80]事！”令趣销印。

汉四年，韩信破齐而欲自立为齐王，汉王怒。张良说汉王，汉王使良授齐王信印，语在《淮阴》事中。

其秋，汉王追楚至阳夏南[81]，战不利而壁固陵[82]，诸侯期[83]不至。良说汉王[84]，汉王用其计，诸侯皆至。语在《项籍》事中。

（以上为第二段，写张良筹谋划策，协助刘邦灭秦灭项事。）

①后十年——秦二世元年（前209）。 ②假王——暂时代理以行王事。 ③略地——扩占地盘。略：开辟、扩占。 ④厩（jiù）将——军中主管马匹的官。厩：马房。 ⑤省（xǐng）——领会，明白。 ⑥殆（dài）——大概。 天授——犹言“天给与（人世）”。 ⑦薛——秦县名，县治在今山东滕州南。 ⑧诸公子——指诸侯的除嫡长子以外的其他儿子。 横阳君成——即韩成，横阳君是其封号。 ⑨益树党——犹言更多地建立同盟的势力。益：更加。党：党羽，同伙。 ⑩申徒——即司徒，官名，掌管民户、土地、徒役的辅政大臣。周寿昌认为：劝项梁立韩后，与他日说汉高销六国印相反，盖时异则事殊，不独为韩也。 ⑪辄（zhé）——就，往往。 ⑫游兵——游击部队。 颍

川——秦郡名,郡治阳翟(今河南禹州),即韩国之旧地。 ⑬轘辕(huán yuán)——山名,在今河南洛阳偃师区东南,因山路盘旋往还而得名。 ⑭杨熊——秦朝将领。 ⑮宛——秦县名,县治在今河南南阳。 ⑯武关——在今陕西丹凤东南,是陕西南部与河南南部的交通要道。 ⑰峣——峣关,旧址在今陕西商洛西北,北周武成元年(559)移置青泥故城(今陕西蓝田)侧,改名青泥关。建德二年(573)又改蓝田关,因蓝田县为名。隋大业元年(605)徙还故址。是长安一带通往河南南部地区的交通要道。 ⑱贾竖——对商人的轻蔑称呼。竖:犹今之所谓"小子""东西"。 ⑲留壁——停止前进,扎下大营。壁:营垒。这里用作动词。 ⑳啖(dàn)——吃,喂。这里是引诱的意思。茅坤认为:留壁者,严我阵也;五万人具食者,以备不时奋击之饷也;张旗帜诸山,乱其耳目而分其兵也;以重宝啖秦将者,饵之使懈也。 ㉑咸阳——秦朝的国都,在今陕西咸阳东北窑店镇附近。 ㉒逐北——追击败军。北:背也。战时以背对敌,即败逃。 蓝田——秦县名,县治在今陕西蓝田西。 ㉓竟败——一连地败,彻底大败。竟:终,彻底。 ㉔宫室、帷帐、狗马、重宝、妇女以千数——按:此处行文有语病,似应作:"宫室、帷帐、狗马、重宝不可胜计,妇女以千数。"视下注引樊哙语可知。 ㉕樊哙谏沛公出舍——《集解》引徐广曰:"一本哙谏曰:'沛公欲有天下邪?将欲为富家翁邪?'沛公曰:'吾欲有天下。'哙曰:'今臣从入秦宫,所观宫室帷帐珠玉重宝钟鼓之饰,奇物不可胜极;入其后宫,美人妇女以千数,此皆秦所以亡天下也。愿沛公急还霸上,无留宫中。'沛公不听。"胡三省曰:"樊哙起于狗屠,识见如此!余谓哙之功当以谏留秦宫为上,鸿门诮让项羽次之。" ㉖残贼——指残虐害民的暴君。《孟子·梁惠王下》云:"贼仁者谓之贼,贼义者谓之残。残贼之人,谓之一夫。"一夫即谓独夫民贼。 ㉗缟素为资——犹言"俭朴为本"。缟素:服饰不用文绣,以言其俭也。资:本也。或曰:"缟素,有丧之服,谓吊民也。"二者皆通。 ㉘毒药——性质猛烈的药物。毒:狠,烈。 ㉙霸上——古地名,在今陕西西安东,因其地处霸水西岸的高原上而得名。 ㉚鸿门——古地名,在今陕西西安临潼区东,当地人称之为项王营。 ㉛送——犹言"跟从"。 ㉜为将奈何——语略不顺，应作“将为奈何”，或“为之奈何”。《汉书·张陈王周传第十》作“为之奈何”。 ㉝鲰（zōu）生——犹言“竖子”“小子”，骂人语。鲰：小鱼。以指小人。有曰鲰为姓者，恐非，《索隐》引《楚汉春秋》云此人姓解。 ㉞为寿——举酒祝之健康长寿。 ㉟结宾婚——结交为友，并订为儿女亲家。宾：宾朋，朋友。 ㊱见项羽——即著名的鸿门宴事。 ㊲汉元年——刘邦被封为汉王的第一年，即公元前206年。㊳溢——通“镒”，重量单位，一镒为二十四两。有曰二十两。 ㊴使请汉中地——项羽封刘邦以巴蜀，刘邦欲兼有汉中之地，故托项伯代为之请求。汉中：秦郡名，郡治南郑（今陕西汉中）。 ㊵褒中——古邑名，盖古之褒国所都也，在今陕西汉中一带。褒中距南郑已经不远。㊶所过栈道——即褒斜道上之阁道。褒斜道是咸阳通往汉中以及巴蜀的重要通道之一。栈道：亦称“阁道”。谓峭岩陡壁上凿孔架桥连阁而成的一种道路。 ㊷固——稳定，强化。谓迷惑项羽之心，使之坚信刘邦无意东出。 ㊸行烧绝栈道——师古曰：“且行且烧，所过之处皆烧之也。” ㊹乃以齐王田荣反书告项王——田荣：战国时齐国贵族的后裔，陈涉起义后，田荣亦与其堂兄田儋起兵于齐地。后田儋死，田荣又立田儋之子田市为王。因与项梁、项羽有矛盾，故未随之西下破秦。项羽亦恨田荣，故分封时乃命随其入关的田都为齐王，而改田市王胶东。田荣不平，故倡言反项羽。见《田儋列传》。反书：指反项的檄文、文告之类。按：张良烧绝栈道，及以齐王反书遗项王二事，促成项羽北征田荣，于是刘邦乃有乘隙回取三秦之举。二者关系至大。 ㊺遣——谓遣其去韩国就任。 ㊻彭城——春秋时宋邑，秦置县。治今江苏徐州，当时为项羽的国都。 ㊼间行——走小道。 ㊽下邑——秦县名，县治即今安徽砀山县。当时刘邦的将领吕泽率军居此，故刘邦往投之。

㊾据鞍——坐在马鞍上。按：古时行军休息，常解下马鞍用以为坐卧之具，故云。 ㊿“吾欲捐关以东等弃之”二句——意谓我打算豁出函谷关以东的地区不要，（用以作为封赏之资）谁可以（接受此赏）与我共同建立功业呢？关以东等：犹言关东诸地。 51与项王有郄（xì）——郄：隔阂，矛盾。项羽北征田荣，召黥布一同前往，黥布未去，只派了一员偏将前去敷衍，项羽甚为不满。所谓有郄即指此。 52彭越——原

为巨野泽中之“盗”，陈涉起义后，彭越亦拉起一支队伍，但由于未随刘、项西下入关，故后来未受封赏。田荣首倡反项，为联络同盟，故赐彭越将军印，彭越遂反于梁地。　梁——战国时国名，即魏国，因公元前364年，魏惠王迁都大梁（今河南开封），故也称梁国。　㊸随何——刘邦的谋士，以口辩闻名。随何劝说黥布叛楚归汉事，详见《黥布列传》。

㊹魏王豹反——魏豹是战国时魏国王室后裔，因起义反秦被立为魏王。入关后，项羽改封之为西魏王，都平阳（今山西临汾西南）。汉二年（前205）三月，刘邦率诸侯东击项羽，这时魏豹也加入了刘邦的反项行列；四月，刘邦败于彭城，这时各诸侯又都纷纷倒戈，魏豹也于此时返回西魏，宣告拥项反刘，故刘邦派韩信击之。　㊺举——占领，攻克。

㊻特将——单独领兵，独当一面。特：独。　㊼荥阳——战国韩邑名，秦置县。在今河南荥阳东北，历来为军事要地。　㊽桡（náo）——削弱。　楚权——项羽的势力。　㊾杞——古国名，初在雍丘，即今河南杞县。《史记·陈杞世家》云：“杞东楼公者，夏后禹之后苗裔也。殷时或封或绝。”郦食其所谓“汤伐桀，封其后于杞”者，亦大略言之耳。策士所云，不足深究。　㊿臣妾——仆婢。这里指臣下、子民。　(61)敛衽——整理衣襟。敛衽而朝是表示恭敬、服从、愿为其下的意思。

(62)趣刻印——犹言“赶紧刻治印章”。趣：迅速。陈直认为：汉官印，文职多铸印，武职在军旅仓促中多用刻印。　(63)因行佩之矣——犹言“出发时就可以带着它啦”。因行：趁往行之机。佩：携带。又，师古曰“佩，谓授与六国使带也”，亦通。　(64)子房——张良的字。　前——犹言：“过来！”泷川资言曰：“汉高呼诸臣常称其名，独于张良则否，盖以宾待之也。”　(65)前箸——面前的筷子。　筹——计算。刘辰翁曰：“借箸，谓能不能，每下一箸。”　(66)汤伐桀而封其后于杞——据《夏本纪》云：“汤遂率兵以伐夏桀。桀走鸣条，遂放而死。……汤封夏之后，至周封于杞也。”杞：古国名，开始都于雍丘（今河南杞县）。

(67)殷——指殷都朝歌（今河南淇县），为商代帝乙、帝辛（纣）的别都。

(68)表商容之闾——在商容所住过的里巷立表以彰显之。表：标也。如碑碣匾额之类，用以彰显善行者也。商容：纣时贤人，谏纣不听，去而隐于太行山。　(69)箕子——纣王之叔，为殷太师，谏纣不听，因佯狂为奴,被纣所囚。　拘——囚禁。王念孙认为:“释箕子之拘”应作“式箕子之门”。若作“释箕子之拘”,则与下文不合。《汉书·张陈王周传第十》《新序·善谋篇》并作‘式箕子门’。”　⑦⓪封比干之墓——增修比干之坟墓,以旌其功勋。封:加土。比干:纣时贤臣,因力谏纣王,被剖心而死。　⑦①式——通“轼”,车前横木。古人乘车路逢某事某物,有应表示敬意者,即俯身靠在车前横木上,这种动作也叫作轼。　智者——指箕子一类的人。　⑦②“发钜桥之粟”三句——《周本纪》记武王灭商后,曾经“命南宫括散鹿台之财,发钜桥之粟,以振贫弱萌隶”。钜桥:指钜桥仓,商朝的粮仓名,旧址在今河北曲周东北的衡漳水东岸。鹿台:古台名,旧址在今河南鹤壁淇滨区,纣王生前曾把大量的财宝储藏在这里。武王破商后,纣王逃上鹿台,自焚而死。　⑦③偃革为轩——《索隐》引苏林云:“革者,兵车也;轩者,朱轩、皮轩也。谓废兵车而用乘车也。”偃:停止。此处指废弃。轩:一种前顶较高而有帷幕的车。即所谓“乘车”,与兵车相对而言。兵车指以畜力牵引的战车。　⑦④放牛——让牛休息。牛:指战时供运输所用者。　桃林——亦称桃林塞,约当今河南灵宝以西、陕西潼关以东地区。按:《周本纪》云:“纵马于华山之阳,放牛于桃林之虚,偃干戈,振兵释旅,示天下不复用也。”
⑦⑤望咫尺之地——谓企图得一块封地。即称王称侯。咫尺:谦言其小。周制,一咫为八寸,合今制市尺六寸二分二厘。　⑦⑥从其亲戚——指回到家乡、回到亲人那里去。从:往就、往投。　⑦⑦“且夫楚唯无强”二句——李笠认为:言天下唯楚最强,若立六国者,是复令其折挠而赴楚也。无强:犹言“无敌”,无有比之更强者。桡而从之:犹言“屈而服之”。　⑦⑧辍食——中断了吃饭。辍(chuò):停止,中断。　吐哺——吐出口中正在咀嚼的食物。　⑦⑨竖儒——犹言“这个儒家小子!”是对儒生的蔑称。　⑧⓪而公——犹言“你老子(我)”。这是刘邦经常使用的骂人语。　⑧①追楚至阳夏南——按:是年九月,刘邦与项羽划鸿沟为界,双方讲和。项羽信以为实,随即撤兵东归,刘邦用张良、陈平计,不顾盟约,立刻率兵追击。遂至阳夏南。阳夏:秦县名,县治在今河南太康。　⑧②战不利而壁固陵——按:当时刘邦原约韩信、彭越等共击项羽,至期,韩、彭之兵未至;项羽回击刘邦,邦军失利,故屯于固陵坚守

之。壁：坚守营垒；驻守。固陵：秦县名，在今河南太康南。 ⑧③期——谓已到约定的期限。 ⑧④良说汉王——指张良劝刘邦预先分割项羽土地给韩信、彭越、黥布等，使其各为己战事。

汉六年[1]正月，封功臣。良未尝有战斗功，高帝曰："运筹策帷帐中，决胜千里外，子房功也。自择齐三万户[2]。"良曰："始臣起下邳，与上会留，此天以臣授陛下。陛下用臣计，幸而时中，臣愿封留足矣，不敢当三万户[3]。"乃封张良为留侯，与萧何等俱封。

上已封大功臣二十余人，其余日夜争功不决，未得行封。上在雒阳南宫，从复道[4]望见诸将往往相与坐沙中语。上曰："此何语？"留侯曰："陛下不知乎？此谋反耳。"上曰："天下属[5]安定，何故反乎？"留侯曰："陛下起布衣，以此属[6]取天下，今陛下为天子，而所封皆萧、曹故人所亲爱，而所诛者皆生平所仇怨。今军吏计功，以天下不足遍封[7]，此属畏陛下不能尽封，恐又见疑平生过失[8]及诛，故即相聚谋反耳[9]。"上乃忧曰："为之奈何？"留侯曰："上平生所憎，群臣所共知，谁最甚者？"上曰："雍齿与我故[10]，数尝窘辱我。我欲杀之，为其功多，故不忍。"留侯曰："今急先封雍齿以示群臣，群臣见雍齿封，则人人自坚[11]矣。"于是上乃置酒，封雍齿为什方侯，而急趣丞相、御史定功行封。群臣罢酒，皆喜曰："雍齿尚为侯，我属无患矣。"

刘敬说高帝曰："都关中。"[12]上疑之。左右大臣皆山东[13]人，多劝上都雒阳："雒阳东有成皋[14]，西有殽、黾[15]，倍河[16]，向伊、雒[17]，其固亦足恃。"留侯曰："雒阳虽有此固，其中小[18]，不过数百里，田地薄，四面受敌，此非用武之国也。夫关中左殽、函[19]，右陇、蜀[20]，沃野千里，南有巴、蜀之饶[21]，北有胡苑之利[22]，阻[23]三面而守，独以一面东制诸侯。诸侯安定，河渭漕挽天下，[24]西给京师；诸侯有变，顺流而下，足以委输[25]。此所谓金城千里[26]，天府之国也，刘敬说是也。"于是高帝即日驾，西都关中[27]。

留侯从入关[28]。留侯性多病，即道引不食谷[29]，杜门不出岁余。

上欲废太子[30]，立戚夫人子赵王如意。大臣多谏争，未能得坚决者[31]也。吕后恐，不知所为。人或谓吕后曰："留侯善画计策，上信用之。"吕后乃使建成侯吕泽劫留侯，[32]曰："君常为上谋臣，今上欲易太子，君安得高枕而卧乎？"留侯曰："始上数在困急之中，幸用臣策。今天下安定，以爱欲易太子，骨肉之间，虽臣等百余人何益！"吕泽强要曰："为我画计。"留侯曰："此难以口舌争也。顾上有不能致[33]者，天下有四人。四人者年老矣，皆以为上慢侮人，故逃匿山中，义不为汉臣。然上高此四人。今公诚能无爱金玉璧帛，令太子为书，卑辞安车[34]，因使辩士固请，宜来。来，以为客，时时从入朝，令上见之，则必异而问之。问之，上知此四人贤，则一助也。"于是吕后令吕泽使人奉太子书，卑辞厚礼，迎此四人。四人至，客建成侯所。

汉十一年，黥布反[35]，上病，欲使太子将，往击之。四人相谓曰："凡来者，将以存太子。太子将兵，事危矣。"乃说建成侯曰："太子将兵，有功则位不益太子；无功还，则从此受祸矣。且太子所与俱[36]诸将，皆尝与上定天下枭将也，今使太子将之，此无异使羊将狼也，皆不肯为尽力，其无功必矣。臣闻'母爱者子抱[37]'，今戚夫人日夜侍御，赵王如意常抱居前，上曰'终不使不肖子居爱子之上'，明乎其代太子位必矣。君何不急请吕后承间[38]为上泣言：'黥布，天下猛将也，善用兵，今诸将皆陛下故等夷[39]，乃令太子将此属，无异使羊将狼，莫肯为用。且使布闻之，则鼓行而西[40]耳。上虽病，强载辎车[41]，卧而护[42]之，诸将不敢不尽力。上虽苦，为妻子自强[43]'。"于是吕泽立夜见吕后，吕后承间为上泣涕而言，如四人意。上曰："吾惟[44]竖子固不足遣，而公自行耳。"于是上自将兵而东，群臣居守，皆送至灞上。留侯病，自强起，至曲邮[45]，见上曰："臣宜从，病甚。楚人剽疾[46]，愿上无与楚人争锋。"因说上曰:“令太子为将军,监关中兵。”上曰:“子房虽病,强卧而傅太子。”是时叔孙通为太傅,[47]留侯行少傅事。

汉十二年,上从击破布军归,疾益甚,愈欲易太子。留侯谏,不听,因疾不视事。叔孙太傅称说引古今,以死争太子。上详[48]许之,犹欲易之。及燕[49],置酒,太子侍。四人从太子,年皆八十有余,须眉皓白,衣冠甚伟。上怪之,问曰:“彼何为者?”四人前对,各言名姓,曰东园公,角里[50]先生,绮里季,夏黄公。上乃大惊,曰:“吾求公数岁,公辟逃我,今公何自从吾儿游乎?”四人皆曰:“陛下轻士善骂,臣等义不受辱,故恐而亡匿。窃闻太子为人仁孝,恭敬爱士,天下莫不延颈欲为太子死者,故臣等来耳。”上曰:“烦公幸卒调护太子。”

四人为寿已毕,趋[51]去。上目送之,召戚夫人指示四人者曰:“我欲易之,彼四人辅之,羽翼已成,难动矣。吕后真而主[52]矣。”戚夫人泣,上曰:“为我楚舞,吾为若楚歌[53]。”歌曰:“鸿鹄高飞,一举千里。羽翮已就,横绝[54]四海。横绝四海,当可奈何!虽有矰缴[55],尚安所施!”歌数阕,戚夫人嘘唏流涕,上起去,罢酒。竟不易太子者,留侯本招此四人之力也[56]。

留侯从上击代[57],出奇计马邑下[58],及立萧何相国[59],所与上从容言天下事甚众,非天下所以存亡,故不著[60]。留侯乃称曰:“家世相韩,及韩灭,不爱万金之资,为韩报仇强秦,天下振动。今以三寸舌为帝者师,封万户,位列侯,此布衣之极,于良足矣。愿弃人间事,欲从赤松子[61]游耳。”乃学辟谷,道引轻身[62]。会高帝崩,吕后德留侯,乃强食之,曰:“人生一世间,如白驹过隙,何至自苦如此乎!”留侯不得已,强听而食。

后八年[63]卒,谥为文成侯。子不疑代侯。

子房始所见下邳圯上老父与《太公书》者,后十三年从高帝过济北,果见榖城山下黄石,取而葆祠之[64]。留侯死,并葬黄石冢。每上冢伏腊,祠黄石[65]。

留侯不疑，孝文帝五年坐不敬，国除[66]。

（以上为第三段，写刘邦建国后，张良在分封功臣、定都关中、护持太子诸事上所起的作用。）

①汉六年——公元前201年。 ②自择齐三万户——按：垓下之战后，项羽败亡，韩信之兵权遂亦被刘邦所夺，并将其由齐王改封楚王，故此时刘邦可以令张良自择齐地。 ③不敢当三万户——按：张良深明形势，亦深知刘邦、吕后其人，故处处谦退，此道家之教也，故下场与韩、彭不同。 ④复道——亦称阁道，楼阁间的空中通道。 ⑤属——即将。 ⑥此属——此辈，这班人。 ⑦以天下不足遍封——意谓把整个国家的土地通通分掉，也不够给人们定封的。 ⑧平生过失——犹言"过去的错误"。 ⑨故即相聚谋反耳——李维桢曰："沙中之人，怏怏不平见于词色，未必谋反，但留侯为弭乱计，故权辞以对耳。"茅坤曰："沙中偶语，未必谋反也，谋反乃族灭事，岂野而谋者？子房特假此恐喝高帝。及急封雍齿，则群疑定矣。" ⑩故——《汉书·张陈王周传第十》作"有故怨"。有故：此指有怨隙。按：雍齿原为刘邦部将，刘邦令其守丰，魏人招之，雍齿遂叛刘归魏。刘邦还军攻丰，数攻不下。后破丰，雍齿奔魏（后来雍齿又归服了刘邦）。所谓"有故"，以及下句的"尝窘辱我"，即指此事。有人将"故"字解释为"故交""情谊"，恐非。 ⑪自坚——自安，内心安定。 ⑫刘敬说高帝曰："都关中。"——张文虎曰："'曰'字疑衍，《汉书》无。"刘敬：原名娄敬，以一戍卒的身份劝说刘邦建都关中，因受赏识被赐姓刘，故名刘敬。 ⑬山东——崤山（或曰华山）以东。 ⑭成皋——古邑名，在今河南荥阳汜水镇西。地形险要，历来为军事重镇。 ⑮殽、黾——即崤山及渑池水。崤山在今河南洛宁县西北，东西绵亘三十五里。黾池：亦作"渑池"。古城名，因南有黾池得名。在今河南渑池县西。 ⑯倍河——背倚黄河。倍：通"背"，背向。 ⑰向伊、雒——面对伊水、雒水。伊水发源于今河南栾川伏牛山北麓，东北流，在今洛阳偃师区附近入雒水。雒水源于陕西东南部之冢岭山，东入河南，在洛阳东北汇入黄河。 ⑱其中小——言其中平原之地甚小。 ⑲殽、函——指崤山及函谷关。 ⑳陇、蜀——指陇山和岷山。陇山在今陕西陇县西南，岷山在今四川

与甘肃界上，二山相连。 ㉑巴、蜀之饶——饶：富庶。巴、蜀二郡在今四川境内，古有“天府之国”的美称。 ㉒胡苑之利——胡：中国古代对匈奴等北方和西方各族的泛称。苑：牧场。《正义》曰：“上郡、北地（二郡名，在今陕西、宁夏境内）之北，与胡接，可以牧养禽兽，又多致胡马，故谓胡苑之利也。” ㉓阻——凭借，倚靠。 ㉔河渭——黄河与渭水。 漕挽天下——谓（通过黄河与渭水的水路）运来天下各地的粮食。漕挽：指从水路连接陆路运输物资。 ㉕委输——输送积聚的货物；转运。指运输粮草供应前线。 ㉖金城千里——极言其固。 ㉗西都关中——谓西都栎阳（在今陕西西安阎良区东南武屯街道）。至七年（前200），始徙都长安。 ㉘从入关——谓跟从刘邦西入栎阳，不似他侯各去自己之封地。此言张良格外受刘邦信任。 ㉙道引——也作导引。古代道家养生之法。运用呼吸俯仰、肢体屈伸、意念活动等使体内血气通畅，促进身体健康。 不食谷——也称辟谷。道引与辟谷都是古代道家所提倡的养生之术。 ㉚太子——指刘盈。即日后的孝惠帝，吕后所生。 ㉛未能得坚决者——犹言“还没有人能使刘邦拿定主意”。 ㉜建成侯吕泽——据《高祖功臣侯者年表》，建成侯乃吕释之，吕泽为周吕侯，二人皆吕后兄。此云建成侯吕泽者，误也，应作吕释之。下文吕泽亦误。 劫——挟持、强制。 ㉝不能致——不能得到，请不出来。 ㉞安车——安稳舒适的车子。 ㉟黥布反——黥布时为淮南王，都寿春（今安徽寿县）。韩信、彭越被杀，黥布疑将及己，故畏祸而反。详见《黥布列传》。 ㊱与俱——与之同行。俱：偕，一道。 ㊲母爱者子抱——意谓其母受宠，其子则亦将多为其父所抚爱抱持。 ㊳承间——趁机，找空隙。 ㊴故等夷——旧日的平辈。等夷：同辈；同等地位的人。夷：侪辈；等辈。 ㊵鼓行而西——谓大张旗鼓地杀向京师。 ㊶强载辎（zī）车——强打精神地坐着辎车。辎车：有帷盖，可供伤病者坐卧的车。 ㊷护——监督。 ㊸自强——强制自己，勉强坚持。 ㊹惟——思，考虑。 ㊺曲邮——古村落名，在今陕西西安临潼区东。 ㊻剽（piāo）疾——勇猛迅捷。剽：迅捷。 ㊼叔孙通——当时有名的儒生，曾为秦朝博士，后归依刘邦。汉朝建国后，他为刘邦制定了一套朝廷的礼法。《史记》有传。 太傅——指太子太傅,与太子少傅皆为太子的辅导官。 ㊽详——通“佯”,假装。 ㊾燕——通“宴”。宴饮。 ㊿角(lù)里——复姓。 (51)趋——小步疾走。这是臣、子在君、父面前行走的礼节。 (52)而主——你的主子。而:尔,汝。 (53)为我楚舞,吾为若楚歌——按:戚夫人家定陶,刘邦家沛,皆故楚地也,故爱楚调。若:尔,汝。 (54)横绝——横越。绝:穿过,越过。 (55)矰缴(zēng zhuó)——泛指射具。矰:一种射鸟用的拴着丝绳的短箭。缴:系在箭后的丝绳。 (56)“竟不易太子者”二句——司马光《考异》曰:“高祖刚猛伉厉,非畏搢绅讥议者也,但以大臣皆不肯从,恐身后赵王不能独立,故不为耳……岂山林四叟片言遽能柅(阻止)其事哉?” (57)击代——指代相陈豨叛汉,刘邦率军往讨事。事在高祖十年(前197)秋。代:汉初诸侯国名,韩王信为代王时,都马邑(在今山西朔州朔城区);陈豨为代相时,居代县(在今河北蔚县东北)。 (58)出奇计马邑下——张良究出何计,诸篇皆不载。郭嵩焘曰:“《高祖本纪》:‘闻豨将皆故贾人,乃多与金啖豨将。’留侯计划多此类,尤善窥伺隐秘,所谓‘出奇计马邑下’,或谓此也。” (59)及立萧何相国——《集解》引《汉书音义》曰:“何时未为相国,良劝高祖立之。”泷川资言曰:“‘何’下添‘为’字看。” (60)不著——谓不书于史也。 (61)赤松子——古代传说为仙人的名字。 (62)乃学辟谷,道引轻身——刘子翚认为:良欲从赤松子游,盖婉其辞以脱世网,所谓鸿飞冥冥,弋人何慕焉。袁黄认为:张良辟谷,曹参湎于酒,陈平淫于酒与妇人,其皆有不得已乎?其忧思深,其道周,其当吕氏之际乎?良也辟世,故引而立于洁;参、平避事,故推而纳诸污。夫神仙为高尚所托,而公宰非优游之司,余以是轻留侯焉。 (63)后八年——高后元年(前187)。 (64)葆祠之——珍重地供着它。葆:通“宝”。珍贵。 (65)每上冢伏腊,祠黄石——意谓每年两次祭祀张良时,同时也一并祭祀黄石。伏:夏季伏日之祭。腊:冬季腊日之祭。 (66)坐不敬,国除——按:《高祖功臣侯者年表》作“不疑坐与门大夫谋杀故楚内史,当死,赎为城旦,国除”。与此文异。

太史公曰:学者多言无鬼神,然言有物[①]。至如留侯所见老父予书,亦可怪矣。高祖离困[②]者数矣,而留侯常有功力焉,岂可谓非天乎？上曰："夫运筹策帷帐之中，决胜千里外，吾不如子房。"余以为其人计[3]魁梧奇伟，至见其图，状貌如妇人好女。盖孔子曰："以貌取人，失之子羽[4]。"留侯亦云[5]。

（以上为第四段，是作者的论赞，作者对张良这位一代名臣，仿佛是并无褒美之意。）

①物——此指精灵、神怪的东西。 ②离困——遭逢困败。离：通"罹(lí)"，遭，陷。 ③计——估计。引申为"大概""可能"之义。 ④以貌取人，失之子羽——《仲尼弟子列传》云："澹(tán)台灭明，武城人，字子羽，少孔子三十九岁。状貌甚恶。欲事孔子，孔子以为材薄。既已受业，退而修行，行不由径(小路)，非公事不见卿大夫。南游至江，从弟子三百人，设取予去就，名施乎诸侯。孔子闻之，曰：'吾以言取人，失之宰予；以貌取人，失之子羽。'"失：错。 ⑤留侯亦云——泷川资言曰："'留侯'上添'余于'二字看。"按：古人以身材魁梧高大为美，张良"状貌如妇人好女"，故不易为人所重，然而却有大才，故作者认为自己对留侯亦以貌失之也。

［**简评**］ 作品记述了张良筹谋划策，佐助刘邦灭秦灭项，以及在刘邦建国后，协助他稳定王朝秩序所进行的种种活动。作者对张良其人的足智多谋，及其佐汉开国的巨大功勋，自是敬服的；但是对他那种欲取反予、出尔反尔、故弄玄虚的手段，以及他那种远事避祸、明哲保身的态度，则是有所不满的。自古以来人们对此文的理解见仁见智，各不相同，我们认为司马迁对张良其人是有所抑扬，并不是全盘肯定的。

［**集评**］ 《太史公自序》："运筹帷幄之中，制胜于无形，子房计谋其事，无知名，无勇功，图难于易，为大于细，作《留侯世家》第二十五。"

真德秀曰："子房为汉谋臣，虽未尝一日居辅相之位，而其功实为三杰之冠，故高帝首称之。其人品在伊、吕间，而学则有王

霸之杂;其才如管仲,而气象高远则过之。自汉而下,惟诸葛孔明略相伯仲。”(《真西山读书记》)

黄震曰:“利啖秦将,旋破嶢(峣)关,汉以是先入关;劝还霸上,固要项伯,汉以是脱鸿门;烧绝栈道,激项攻齐,汉以是得还定三秦;败于彭城,则劝连布、越;将立六国,则借箸销印;韩信自王,则蹑足就封:此汉所以卒取天下。劝封雍齿,销变未形;劝都关中,垂安后世;劝迎四皓,卒定太子:又所以维持汉室于天下既得之后。凡良一谋一画,无不系汉得失安危,良又三杰之冠也哉!”(《黄氏日钞》)

司马光曰:“以子房之明辨达理,足以知神仙之为虚诡矣,然其欲从赤松子游者,其智可知也。夫功名之际,人臣之所难处。如高帝所称者,三杰而已,淮阴诛夷,萧何系狱,非以履盛满而不止耶?故子房托于神仙,遗弃人间,等功名于外物,置荣利而不顾,所谓明哲保身者,子房有焉。”(《资治通鉴》)

李景星曰:“盖子房乃汉初第一谋臣,又为谋臣中第一高人,其策谋甚多,若从详铺叙,非繁而失节,即板而不灵。且其事大半已见于《项》《高》二纪中,世家再见,又嫌于复,故止举其大计数条著之于篇。而中间又虚括其辞曰‘常为画策臣,时时从汉王’;篇末又总结之曰‘所与上从容言天下事甚众,非天下所以存亡,故不著’。用笔如此,乃觉详略兼到,通体皆灵。尤妙在‘老人授书’及‘四皓定太子’两段,全于淡处著笔,虚处传神,使留侯逸情高致,一一托出,信乎其为文字中之神品也。赞语冲逸淡远,极与世家相称。‘至见其图,状貌如妇人好女’,带补留侯状貌,亦为他处所无。”(《四史评议》)

陈丞相世家第二十六

陈丞相平者,阳武[①]户牖乡人也。少时家贫,好读书,有田三十亩,独与兄伯[②]居。伯常耕田,纵平使游学。[③]平为人长大美色。人或谓陈平曰:"贫何食而肥若是?"其嫂嫉平之不视家生产,曰:"亦食糠覈[④]耳。有叔如此,不如无有。"伯闻之,逐其妇而弃之。

及平长,可娶妻,富人莫肯与者,贫者平亦耻之。久之,户牖富人有张负[⑤],张负女孙五嫁而夫辄死,人莫敢娶。平欲得之。邑中有丧,平贫,侍丧[⑥],以先往后罢为助[⑦]。张负既见之丧所,独视伟[⑧]平。平亦以故后去[⑨]。负随平至其家,家乃负郭[⑩]穷巷,以弊席为门,然门外多有长者[⑪]车辙。张负归,谓其子仲[⑫]曰:"吾欲以女孙予陈平。"张仲曰:"平贫不事事[⑬],一县中尽笑其所为,独奈何予女乎?"负曰:"人固有好美如陈平而长贫贱者乎?"卒与女。为平贫,乃假贷币以聘[⑭],予酒肉之资以内妇[⑮]。负诫其孙曰:"毋以贫故,事人不谨,事兄伯如事父,事嫂如母[⑯]。"平既娶张氏女,赍[⑰]用益饶,游道[⑱]日广。

里中社[⑲],平为宰[⑳],分肉食甚均[㉑]。父老曰:"善,陈孺子[㉒]之为宰!"平曰:"嗟乎!使平得宰天下,亦如是肉矣[㉓]!"

(以上为第一段,写陈平少时的生活经历。)

①阳武——秦县名,县治在今河南原阳东南。 ②伯——非其名字,乃排行。犹言"老大"。 ③纵——听任,支持。 游学——周游求学。游:周游,交游。 ④覈——糠中的谷粒。也指米麦的粗屑。《汉书》注引孟康曰:"核,麦糠中不破者也。"这里指糠。 ⑤张负——姓张的老妇。负:古借为"妇",如《高祖本纪》之"武负",《绛侯周勃世家》之"许负",其义皆同。 ⑥侍丧——为丧家帮忙理事。侍:为之做事。 ⑦为助——给人家帮忙。 ⑧视伟——视而伟之。即"看重"。 ⑨后去——留到最后才走。为待他人散去,得有与张负说话之机。按:此处与《高祖本纪》之写吕翁欲识高祖事同。 ⑩负郭——背依城墙。郭:外城。 ⑪长者——有道德、有才干的人。通常指一些社会名流,或豪侠之士。 ⑫仲——亦排行。犹言"老二"。 ⑬不事事——指没有个正当的职业,言其"不视家生产",而专事游学或为人打杂。 ⑭假贷币以聘——借给陈平钱,让陈平拿这些钱来做聘礼。 ⑮予酒肉之资以内妇——给陈平置办筵席的钱让他来办理娶亲之事。内:同"纳",娶。 ⑯事嫂如母——《集解》曰:"兄伯已逐其妇,此嫂疑后娶也。"许应元曰:"兄已逐妇,而负言事嫂,亦概言礼当如是耳。" ⑰赍——此处音义皆与"资"同。《汉书》作"资"。资用:指生活用度。 ⑱游道——交游范围。 ⑲社——古代祭祀土神的活动,分春秋两次,在春者曰春社,祭祀以祈年丰;在秋者曰秋社,祭祀以谢丰年。《荆楚岁时记》云:"社日,四邻并结宗会社,宰牲牢,为屋于树下,先祭神,然后分享其胙(祭肉)。"据蔡邕《陈留东昏库上里社碑》云:"惟斯库里,古阳武之牖乡,陈平由此社宰遂相高祖也。"可知陈平所居之里曰库上里。 ⑳宰——师古曰:"主切割肉也。" ㉑分肉食甚均——李笠认为:食字疑衍。按:《汉书》无"食"字。 ㉒孺子——老人对年轻人的称呼,犹今之所言"这孩子""这小子"。 ㉓使平得宰天下,亦如是肉矣——按:其语气与陈涉垄上之叹,及项羽、刘邦观始皇之语相同,以预示来日之不凡。

陈涉起而王陈,使周市略定魏地,立魏咎为魏王,与秦军相攻于临济[①]。陈平固已前谢[②]其兄伯,从少年往事魏王咎于临济。

魏王以为太仆[③]。说魏王不听，人或谗之，陈平亡去。

久之，项羽略地至河上[④]，陈平往归之，从入破秦[⑤]，赐平爵卿[⑥]。项羽之东王彭城也，汉王还定三秦而东，殷王[⑦]反楚。项羽乃以平为信武君，将魏王咎客在楚者以往，击降殷王而还。项王使项悍拜平为都尉，赐金二十溢[⑧]。居无何，汉王攻下殷。项王怒，将诛定殷者将吏。陈平惧诛，乃封其金与印，使使归项王，而平身间行杖剑亡。渡河[⑨]，船人见其美丈夫独行，疑其亡将，要[⑩]中当有金玉宝器，目之，欲杀平。平恐，乃解衣裸而佐刺船[⑪]。船人知其无有，乃止。

平遂至修武降汉。因魏无知求见汉王。汉王召入。是时万石君奋为汉王中涓，[⑫]受平谒[⑬]，入见平[⑭]。平等七人俱进，赐食。王曰："罢，就舍矣[⑮]。"平曰："臣为事来，所言不可以过今日。"于是汉王与语而说之，问曰："子之居楚何官？"曰："为都尉。"是日乃拜平为都尉，使为参乘[⑯]，典护军[⑰]。诸将尽讙[⑱]，曰："大王一日得楚之亡卒，未知其高下，而即与同载，反使监护军长者[⑲]！"汉王闻之，愈益幸[⑳]平。遂与东伐项王。至彭城，为楚所败，引而还。收散兵至荥阳，以平为亚将[㉑]，属于韩王信，军广武[㉒]。

绛侯、灌婴等咸谗陈平曰："平虽美丈夫，如冠玉[㉓]耳，其中未必有也。臣闻平居家时，盗其嫂[㉔]；事魏不容，亡归楚；归楚不中，又亡归汉。今日大王尊官之，令护军。臣闻平受诸将金，金多者得善处，金少者得恶处。平，反覆乱臣也，愿王察之。"汉王疑之，召让[㉕]魏无知。无知曰："臣所言者，能也；陛下所问者，行[㉖]也。今有尾生、孝己[㉗]之行而无益于胜负之数，陛下何暇用之乎？楚汉相距，臣进奇谋之士，顾其计诚足以利国家不耳，且盗嫂受金又何足疑乎？"汉王召让平曰："先生事魏不中，遂事楚而去[㉘]，今又从吾游，信者固多心[㉙]乎？"平曰："臣事魏王，魏王不能用臣说，故去，事项王；项王不能信人，其所任爱，非诸项即妻之昆弟，虽有奇士不能用，平乃去楚。闻汉王之能用人，故归大王。臣裸身来，不受金无以为资。诚臣计画有可采者，愿大王用之；使无可用者，金具在[30]，请封输官[31]，得请骸骨[32]。”汉王乃谢，厚赐，拜为护军中尉[33]，尽护诸将。诸将乃不敢复言。

其后，楚急攻，绝汉甬道，围汉王于荥阳城[34]。久之，汉王患之，请割荥阳以西以和。项王不听。汉王谓陈平曰：“天下纷纷，何时定乎？”陈平曰：“项王为人，恭敬爱人，士之廉节好礼者多归之。至于行功爵邑[35]，重[36]之，士亦以此不附。今大王慢而少礼，士廉节者不来；然大王能饶[37]人以爵邑，士之顽钝[38]嗜利无耻者亦多归汉。诚各去其两短，袭[39]其两长，天下指麾则定[40]矣。然大王恣侮人，不能得廉节之士。顾楚有可乱[41]者，彼项王骨鲠之臣亚父、钟离眛、龙且、周殷之属，[42]不过数人耳。大王诚能出捐数万斤金，行反间，间其君臣，以疑其心，项王为人意忌[43]信谗，必内相诛。汉因举兵而攻之，破楚必矣。”汉王以为然，乃出黄金四万斤，与陈平，恣所为，不问其出入。

陈平既多以金纵反间于楚军，宣言诸将钟离眛等为项王将，功多矣，然而终不得裂地而王，欲与汉为一，以灭项氏而分王其地。项羽果意不信钟离眛等。项王既疑之，使使至汉。汉王为太牢具[44]，举进。见楚使，即详[45]惊曰：“吾以为亚父使，乃项王使！”复持去，更以恶草具[46]进楚使。楚使归，具以报项王。项王果大疑亚父。亚父欲急攻下荥阳城，项王不信，不肯听。亚父闻项王疑之，乃怒曰：“天下事大定矣，君王自为之！愿请骸骨归！”归未至彭城，疽[47]发背而死。陈平乃夜出女子二千人荥阳城东门，楚因击之，陈平乃与汉王从城西门夜出去[48]。遂入关，收散兵复东。

其明年，淮阴侯破齐，自立为齐王，使使言之汉王。汉王大怒而骂，陈平蹑[49]汉王。汉王亦悟，乃厚遇齐使，使张子房卒立信为齐王。封平以户牖乡。用其奇计策，卒灭楚。常[50]以护军中尉从定燕王臧荼。

汉六年[51]，人有上书告楚王韩信反。高帝问诸将。诸将曰："亟发兵坑竖子耳。"高帝默然。问陈平，平固辞谢，曰："诸将云何？"上具告之。陈平曰："人之上书言信反，有知之者乎？"曰："未有。"曰："信知之乎？"曰："不知。"陈平曰："陛下精兵孰与楚？"上曰："不能过[52]。"平曰："陛下将用兵有能过韩信者乎？"上曰："莫及也。"平曰："今兵不如楚精，而将不能及，而举兵攻之，是趣[53]之战也，窃为陛下危之。"上曰："为之奈何？"平曰："古者天子巡狩，会诸侯。南方有云梦[54]，陛下第[55]出伪游云梦，会诸侯于陈[56]。陈，楚之西界，信闻天子以好出游[57]，其势必无事而郊迎谒[58]。谒，而陛下因禽之，此特一力士之事耳。"高帝以为然，乃发使告诸侯会陈，"吾将南游云梦。"上因随以行[59]。行未至陈，楚王信果郊迎道中。高帝豫具武士，见信至，即执缚之，载后车。信呼曰："天下已定，我固当烹！"高帝顾谓信曰："若毋声[60]！而反，明矣！"武士反接[61]之。遂会诸侯于陈，尽定楚地。还至雒阳，赦信以为淮阴侯[62]，而与功臣剖符[63]定封。

于是与平剖符，世世勿绝，为户牖侯[64]。平辞曰："此非臣之功也。"上曰："吾用先生谋计，战胜克敌，非功而何？"平曰："非魏无知，臣安得进？"上曰："若子可谓不背本矣。"乃复赏魏无知。其明年，以护军中尉从攻反者韩王信于代。卒至平城，[65]为匈奴所围，七日不得食。高帝用陈平奇计，使单于阏氏[66]，围以得开。高帝既出，其计秘，世莫得闻。

高帝南过曲逆[67]，上其城，望见其屋室甚大，曰："壮哉县！吾行天下，独见雒阳与是耳。"顾问御史曰："曲逆户口几何？"对曰："始秦时三万余户，间者[68]兵数起，多亡匿，今见五千户。"于是乃诏御史，更以陈平为曲逆侯，尽食之[69]，除前所食户牖。

其后常以护军中尉从攻陈豨及黥布。凡六出奇计[70]，辄益邑，凡六益封。奇计或颇秘，世莫能闻也。

（以上为第二段，写陈平六出奇计，帮助刘邦创建并初步稳定了汉帝国的经过。)

①临济——古邑名,在今山东高青。 ②谢——辞别。 ③太仆——官名,为皇帝管理车马。 ④河上——黄河边上。指今河南东北部、山东西部一带地区。 ⑤从入破秦——谓随同项羽一道入关灭秦。 ⑥赐平爵卿——《集解》引张晏曰:"礼秩如卿,不治事。"谓礼则尊之,而实不用。 ⑦殷王——司马卬(áng),都朝歌(今河南淇县)。《高祖本纪》云:"(汉)二年三月,下河内,虏殷王,置河内郡。"司马卬乃被汉所虏而降者,非如此文之所谓"反楚"。 ⑧溢——通"镒",一镒为二十四两。一说为二十两。 ⑨渡河——渡黄河。当时项羽居彭城(今江苏徐州),刘邦在修武(今河南获嘉),修武在河北,故陈平需渡河。 ⑩要——古"腰"字。 ⑪刺船——划船。凌约言认为:解衣裸身以释船人疑,此平未遇汉时一奇计也。 ⑫万石君奋——名石奋,以其后来与四子皆官至两千石,五人合为万石,故时人誉之曰万石君。《史记》有传。 中涓——官名,为王者主管清洁洒扫诸事,是近身的侍从人员。 ⑬谒——名帖。古代求见人时,要给通报人员一张名片,上写自己的姓名、居里、官职等,使之转呈要见的人,然后听待传呼。 ⑭入见平——谓经通报后,乃使陈平得以入见刘邦。 ⑮罢,就舍矣——犹言"好啦,回去休息吧"。 ⑯参乘——官职名,与王者同车、立于王右以为警卫的人员。有时王者亦临时让某人参乘,以示对其亲敬尊信之意。此取其后者。 ⑰典护军——主管监督、监察诸军将士的工作。护:监护,监察。 ⑱讙——谓喧哗不服。 ⑲反使监护军长者——王念孙曰:"长者,诸将自谓,犹言使之监护我等也。'监护'下不当有'军'字,此因上文典护军而衍,《汉书》《汉纪》皆无'军'字。" ⑳幸——亲近、宠用。 ㉑亚将——亦犹《项羽本纪》之所谓"次将",低于大将的军官。 ㉒广武——古城名,在今河南荥阳东北广武山上。城分东西两座,中隔广武涧,东城为项羽所据,西城为刘邦所据。 ㉓冠玉——冠上的玉饰,谓只能做点缀,而无实用价值。 ㉔盗其嫂——师古曰:"盗犹私也。"谓与其嫂私通。 ㉕让——责备。 ㉖行——操行,品德。 ㉗尾生、孝己——指守信义的人。据说尾生曾与一女子相约于桥下,女子未来而洪水至,尾生守地不移,遂抱桥柱而死。

事见《战国策·燕策》。孝己是殷高宗的儿子,为其后母所谗,孝己为不伤其父,终不言其冤而被流放致死。 ㉘事魏不中,遂事楚而去——按:此处有语病。应作“事魏不中,遂去而事楚”。或作“事魏不中,事楚而去”。中:谓中用。去:谓离开。 ㉙多心——谓三心二意,不专一。 ㉚金具在——《汉书》作“大王所赐金具在”。中井积德曰:“金具在,所受于诸将之金。时平已闻无知之语,故汉王不诘金事,而平直以金事为对。”按:中井说于上下文意相合。 ㉛输官——送交国库。 ㉜请骸骨——请求辞职的客气说法。 ㉝护军中尉——秦官有护军都尉,此宜似之。高祖始命陈平参乘,典护军,尚无固定职名,今委之护军中尉,职名乃定。 ㉞绝汉甬道,围汉王于荥阳城——事详见《高祖本纪》。甬道:两侧筑有墙壁的通道。时汉军守荥阳,筑甬道以通河上之敖仓,取粟以供军。 ㉟行功爵邑——犹言“论功封赏”。爵:授之以爵。邑:分之以地。 ㊱重——吝啬。 ㊲饶——多。这里指“舍得给”。 ㊳顽钝——无棱角,无气节。 ㊴袭——重,合。《汉书》作“集”,义同。 ㊵指麾(huī)则定——犹言“挥手可定”,极言其易。麾:通“挥”。 ㊶乱——指破坏其关系而言,即离间。 ㊷骨鲠(gěng)之臣——原指忠直敢言之人,谓其犹如骨鲠在喉,非吐出不得畅快。鲠:鱼骨。按:骨鲠之臣在这里指骨干、核心人物。 亚父——项羽对范增的尊称,言其对范增的礼敬程度仅亚于父。 钟离眛(mò)、龙且(jū)、周殷——皆楚名将,事迹见《项羽本纪》《淮阴侯列传》。 ㊸意忌——即“疑忌”。意:疑也。 ㊹太牢具——牛羊豕三牲皆备的饭食,待客的最高礼数。具:原指盛食品的器具,后即用以指饭食,筵席。 ㊺详——通“佯”,假装。 ㊻恶草具——粗劣的食品。草:粗也。《通鉴辑览》曰:“陈平此计,乃欺三尺童,未可保其必信者,《史》乃以为奇而世传之,可发一笑。” ㊼疽(jū)——痈疮。多发于项部、背部和臀部,治疗不及时有生命危险。 ㊽从城西门夜出去——泷川资言曰:“‘夜’字与上文复,《汉书》删。” ㊾蹑(niè)——踩。陈平蹑阻汉王发怒事,详见《淮阴侯列传》。 ㊿常——通“尝”。刘邦讨平臧荼叛乱事在汉五年(前202)十月,见《高祖本纪》。 51汉六年——公元前201年。 52不能过——按:去年垓(gāi)下之战始罢,韩信之兵即被刘邦所收，今韩信至楚未久，而云刘邦精兵不如楚，夸张太过。 ㊼趣——促。 ㊽云梦——薮泽名，在今湖北监利南。汉代的云梦泽地域不大，后来有关云梦的说法愈来愈多，区域也越说越大。 ㊾第——但，姑且。 ㊿陈——古都邑名，在今河南周口淮阳区。 (57)以好出游——以和平安乐的心情出巡。好：指无恶意。 (58)郊迎谒——谓至陈郊而迎谒刘邦。 (59)因随以行——随以行，谓即日行，使其不测。 (60)若毋声——犹言："你不要喊叫！""若""而"同义，皆谓"尔""你"也。 (61)反接——反缚双手。 (62)赦信以为淮阴侯——中井积德曰："反逆者，三族之罪也，岂可赦哉？赦信，以见其无罪也。"程敏政认为：吕氏之杀淮阴侯，千古之所共愤，而予以为平实启之，吕氏特成之耳。平一言而使高帝为无恩之主，元勋受无罪之诛，平亦不义之甚矣！ (63)剖符——符由金属或竹木制成，中分为二，王者与被封者各持其一，遇有事时，合符以为信。 (64)为户牖侯——前云"封平以户牖乡"，今乃云"为户牖侯"，则前者但以之为食邑，今乃正式封侯。按：陈平两次获赏皆为韩信事而得。 (65)卒——最后。 平城——古邑名，在今山西大同东北。刘邦讨韩王信被匈奴所围事，详见《高祖本纪》《韩信卢绾列传》。 (66)使单于阏氏（yān zhī）——派人到单于的阏氏那里去。单于：匈奴最高君长的称号。阏氏：单于夫人的称号，如汉代皇帝之妃嫔。 (67)曲逆——秦县名，县治在今河北顺平东南。 (68)间者——犹言"在这段时间里"。间：空隙。 (69)尽食之——谓令其尽食曲逆五千户之租税。即把全县都封给了他。钱大昕曰："高祖功臣尽食一县者，惟平一人。" (70)凡六出奇计——钱大昭曰："间疏楚君臣，一奇计也；夜出女子二千人荥阳东门，二奇计也；蹑汉王立信为齐王，三奇计也；伪游云梦缚信，四奇计也；解平城围，五奇计也；其六当在从击臧荼、陈豨、黥布时，《史》传无文。"

高帝从破布军还，病创[1]，徐行至长安。燕王卢绾反，上使樊哙以相国将兵攻之[2]。既行，人有短恶哙者。高帝怒曰："哙见吾病，乃冀我死也。"用陈平谋而召绛侯周勃受诏床下，曰："陈平亟驰传载勃代哙将，平至军中即斩哙头[3]！”二人既受诏，驰传未至军，行计之[4]曰：“樊哙，帝之故人也，功多，且又乃吕后弟吕媭之夫，有亲且贵，帝以忿怒故，欲斩之，则恐后悔。宁囚而致上，上自诛之。”未至军，为坛，以节[5]召樊哙。哙受诏，即反接载槛车[6]，传诣长安[7]，而令绛侯勃代将，将兵定燕反县。

平行闻高帝崩，平恐吕太后及吕媭谗怒[8]，乃驰传先去[9]。逢使者诏平与灌婴屯于荥阳。平受诏，立复驰至宫，哭甚哀，因奏事丧前[10]。吕太后哀之，曰：“君劳，出休矣。”平畏谗之就[11]，因固请得宿卫中[12]。太后乃以为郎中令[13]，曰傅教孝惠[14]。是后吕媭谗乃不得行。樊哙至，则赦复爵邑[15]。

孝惠帝六年[16]，相国曹参卒，以安国侯王陵为右丞相[17]，陈平为左丞相。

王陵者，故沛人，始为县豪，高祖微时，兄事陵。陵少文任气[18]，好直言。及高祖起沛，入至咸阳，陵亦自聚党数千人，居南阳[19]，不肯从沛公。及汉王之还攻项籍，陵乃以兵属汉。项羽取陵母置军中，陵使至，则东乡坐陵母[20]，欲以招陵。陵母既私送使者，泣曰：“为老妾语陵，谨事汉王。汉王，长者也，无以老妾故，持二心。妾以死送使者。”遂伏剑而死。项王怒，烹陵母。陵卒从汉王定天下。以善雍齿[21]，雍齿，高帝之仇，而陵本无意从高帝，以故晚封，为安国侯。

安国侯既为右丞相，二岁，孝惠帝崩。高后欲立诸吕为王，问王陵，王陵曰：“不可。”问陈平，陈平曰：“可。”吕太后怒，乃详迁陵为帝太傅，实不用陵。陵怒，谢疾免，杜门竟不朝请，七年而卒。

陵之免丞相，吕太后乃徙平为右丞相，以辟阳侯审食其为左丞相。左丞相不治[22]，常给事[23]于中。

食其亦沛人。汉王之败彭城西，楚取太上皇、吕后为质，食其以舍人[24]侍吕后。其后从破项籍为侯，幸于吕太后。及为相，居中，百官皆因决事[25]。

吕媭常以前陈平为高帝谋执樊哙，数谗曰："陈平为相非治事，日饮醇酒，戏妇女。"陈平闻，日益甚[26]。吕太后闻之，私独喜[27]。面质吕媭[28]于陈平曰："鄙语曰'儿妇人口不可用'，顾[29]君与我何如耳，无畏吕媭之谗也。"

吕太后立诸吕为王，陈平伪听之[30]。及吕太后崩，平与太尉勃合谋，卒诛诸吕，立孝文皇帝，陈平本谋也[31]。审食其免相[32]。

（以上为第三段，写陈平在吕后朝屈伸变化，应付自如，并最后诛灭诸吕的经过。）

①病创——因伤重而不能起床。刘邦击黥布时，被流矢所中，回京途中，伤乃转重。创：创伤，由外力打击而造成的伤害。 ②以相国将兵攻之——按：此"相国"乃虚衔。高帝时只有萧何为汉相国。 ③"陈平亟驰传（zhuàn）载勃代哙将"二句——意谓让陈平带着周勃一道乘传车前往，至军，则由陈平杀死樊哙，而后回京报命，留周勃以统其军。亟：急。传：驿车。 ④行计之——道上边行边计议。 ⑤节——符节。天子派出使者，使之持以为信验。 ⑥槛车——囚车。 ⑦传诣长安——用驿站的车马把樊哙递解到长安。袁黄认为：床下之对，察帝甚亲，知帝病必不起，而政自吕后出。即执以归上，上在，幸自诛之，则手刃哙者非我也；有如宫车一日晏驾，而哙得以逋其诛，则为德于吕氏岂有竟哉？此平之谲也。 ⑧平恐吕太后及吕媭（xū）谗怒——按：此句文字不顺。泷川资言曰："枫山本无'怒'字。"《汉书》乃无"谗"字。皆较本文为长。 ⑨先去——谓离开樊哙的囚车，单身奔赴京师，以求尽快向吕后表明心迹。 ⑩"立复驰至宫"三句——用"奏事丧前"的古礼，来辩解其不去荥阳的违命，苦表心迹，固请宿卫，陈平的自谋其身真可谓到家了。 ⑪就——成。 ⑫宿卫中——宿卫宫廷。居此则身近吕后，有事可以早知，可以早为之谋。 ⑬太后乃以为郎中令——郎中令，九卿之一，主管宫廷门户及宫中若干事宜，权甚切要。按：陈平受吕后信倚，自是因其能违背高祖命令而保全樊哙。 ⑭曰傅教孝惠——李笠曰："'曰'字疑衍。"陈仁锡曰："'孝惠'，当作'皇

帝’。”傅教:辅导教育。 ⑮樊哙至,则赦复爵邑——泷川资言曰:“高祖欲斩樊哙,恐其党于吕氏也。而赦死复爵,岂老苏所谓‘遗患’者耶?但既夺其兵权,则哙不能有为,平、勃讲之精矣。” ⑯孝惠帝六年——公元前189年。 ⑰右丞相——汉自曹参死,罢相国,而另设左、右丞相二人,右丞相居上。 ⑱少文任气——不注意繁文缛节,而重视感情骨气。 ⑲南阳——秦郡名,郡治宛县(今河南南阳)。 ⑳东乡坐陵母——谓使陵母居上座,项羽自居下座,故意令王陵使者见之,意欲打动王陵使之降己。东乡:古代设席,凡不面对庭下者,以东向坐为尊。乡:通“向”。 ㉑善雍齿——与雍齿相友善。雍齿事见《高祖本纪》《留侯世家》。 ㉒不治——《集解》引孟康曰:“不立治处,使止宫中也。”按:其意乃谓审食其虽身为左相,但却不开设办事衙门,因为他要经常在宫内听候使唤。审食其是吕后的宠幸。 ㉓给事——服务,听候使唤。 ㉔舍人——战国、秦汉时期以门客身份而为其主人充当侍役者。 ㉕皆因决事——都要通过他来决定大事。因:借助,通过。 ㉖陈平闻,日益甚——乃韬晦之意,陈平谋身之道极高。 ㉗吕太后闻之,私独喜——王先谦认为:平不以能加于辟阳之上,又无治迹,故后喜之。 ㉘面质吕媭——犹言当着吕媭的面。质:对,当着。 ㉙顾——犹言“就看”“关键是”。 ㉚陈平伪听之——吴见思认为:只如此写,妙。是直笔?是回护?令人自得之。 ㉛陈平本谋也——陈平与周勃卒诛诸吕事,详见《吕太后本纪》《绛侯周勃世家》。黄震认为:陈平与太尉勃合谋卒诛诸吕,然使诸吕谋逆者,平阿意太后之过也。纵火焚人之家,而随以扑灭,言功耶?罪耶? ㉜审食其免相——诸吕被诛后,审食其遂亦被免相。文帝三年(前177),因旧隙,被淮南王刘长所杀。见《淮南衡山列传》。

孝文帝立,以为太尉勃亲以兵诛吕氏,功多;陈平欲让勃尊位,乃谢病。孝文帝初立,怪平病,问之。平曰:“高祖时,勃功不如臣平。及诛诸吕,臣功亦不如勃。愿以右丞相让勃。”于是孝文帝乃以绛侯勃为右丞相,位次第一;平徙为左丞相,位次第二。

赐平金千斤，益封三千户。

居顷之，孝文皇帝既益明习国家事，朝而问右丞相勃曰："天下一岁决狱[①]几何？"勃谢曰："不知。"问："天下一岁钱谷出入几何？"勃又谢不知，汗出沾背，愧不能对。于是上亦问左丞相平。平曰："有主者。"上曰："主者谓谁？"平曰："陛下即问决狱，责廷尉；[②]问钱谷，责治粟内史[③]。"上曰："苟各有主者，而君所主者何事也？"平谢曰："主臣[④]！陛下不知其驽下[⑤]，使待罪[⑥]宰相。宰相者，上佐天子理阴阳，顺四时，下育万物之宜，外镇抚四夷诸侯，内亲附百姓，使卿大夫各得任其职焉。"孝文帝乃称善。右丞相大惭，出而让[⑦]陈平曰："君独[⑧]不素教我对！"陈平笑曰："君居其位，不知其任邪？且陛下即问长安中盗贼数，君欲强对邪？"于是绛侯自知其能不如平远矣。居顷之，绛侯谢病请免相，陈平专为一丞相。

孝文帝二年[⑨]，丞相陈平卒，谥为献侯。子共侯买代侯。二年卒，子简侯恢代侯。二十三年卒，子何代侯。二十三年，何坐略[⑩]人妻，弃市[⑪]，国除。

始陈平曰："我多阴谋，是道家之所禁。吾世即废，亦已矣，终不能复起，以吾多阴祸也[⑫]。"然其后曾孙陈掌以卫氏亲贵戚，[⑬]愿得续封陈氏，然终不得。

（以上是第四段，写陈平晚年在文帝朝揽权的情形。）

①决狱——判处案件。 ②即——若。 责——问。 廷尉——九卿之一，主管刑狱，相当于今之最高法院院长。 ③治粟内史——九卿之一，后改为大农令，相当于今之农业部长。 ④主臣——或欲称主，或又称臣，以见其惶恐口吃之状。《张释之冯唐列传》："主臣！陛下虽得廉颇、李牧，弗能用也。"与此义同。 ⑤驽(nú)下——犹言"低能""拙笨"。驽：劣马。 ⑥待罪——"任职"的谦虚说法。犹言心怀惴惴，不知何日将因官事不办而受谴责。 ⑦让——责怪。 ⑧独——竟。 素——平素，平日。 ⑨孝文帝二年——公元前178年。 ⑩略——掠，抢。 ⑪弃市——即指处死。古时常于集市处决

罪犯,以表示与众人共同抛弃之。 ⑫“吾世即废”四句——意谓我的封爵倘若在我自身就被废掉,我想那也就是永远完了,不可能再兴起了,因为我会搞阴谋,所以也必然要更多地遭遇阴祸。钱锺书认为:勿信天道,却又主张阴德,说理固难自圆;而触事感怀,乍彼乍此,亦彼亦此,浑置矛盾于不顾,又人之常情恒态耳。 ⑬陈掌——大将军卫青之姊卫少儿的情夫。 以卫氏亲贵戚——按:此句文字不顺,《汉书》作“以卫氏亲戚贵”。

太史公曰:陈丞相平少时,本好黄帝、老子之术。方其割肉俎[①]上之时,其意固已远矣。倾侧扰攘楚魏之间,[②]卒归高帝。常出奇计,救纷纠之难,振国家之患。及吕后时,事多故[③]矣,然平竟自脱[④],定宗庙[⑤],以荣名终,称贤相,岂不善始善终哉!非知谋孰能当此者乎[⑥]?

(以上为第五段,是作者的论赞,于慨叹中带有揶揄之韵。)

①俎(zǔ)——砧板。 ②倾侧——彷徨不定的样子。 扰攘——时局纷乱的样子。 ③多故——多变。 ④自脱——自免于难。 ⑤定宗庙——指重新稳定刘氏政权。 ⑥非知谋孰能当此者乎——王鏊(ào)曰:“知谋二字,断尽陈平一生。”林云铭认为:智谋二字,一篇主脑。

［**简评**］ 作品记叙了陈平六出奇计,协助高祖定天下,又在多难之秋,履险如夷,并能卒建大功,成为西汉一代名臣的全过程。陈平是以智谋(更准确地说是“阴谋”)著称的,但是他那一出对付项羽,两出对付韩信的所谓“奇计”,却不为太史公所赞赏;至于他那种云蒸雾变,屈伸随时,察因观衅,鹰击鸷搏的功夫,则恐怕更是为太史公所惊讶、叹息,而自认永远学不来的。

［**集评**］ 《太史公自序》:“六奇既用,诸侯宾从于汉;吕氏之事,平为本谋,终安宗庙,定社稷,作《陈丞相世家》第二十六。”

郭嵩焘曰:“《陈丞相世家》兼附王陵、审食其二传,以并在高、惠之世与平为左右丞相,其事以类相从,是史公极意经营以归简约之旨。”(《史记札记》)

黄震曰:“(陈平)卒诛诸吕,然使诸吕逆者,平阿意太后之过也。纵火人之家,而随以扑灭言功,功耶?罪耶?代右相勃决狱钱谷之对,徒以大言胜勃,平无其实也。董晋有言:天下安危,宰相之能与否可见,谋议于上前者不足道。平一时欺君之言,后世犹或称之,误矣。始平自以多阴谋惧多阴祸,以此足觇其本心云。”(《黄氏日钞》)

王鸣盛曰:“陈平,小人也。汉得天下皆韩信功,一旦有告反者,闾左蜚语,略无证据,平不以此时弥缝其隙,乃倡伪游云梦之邪说,使信无故见黜;其后为吕后所杀,直平杀之耳。迨高祖命即军中斩樊哙,而平械之归。哙,吕氏党也,故平活之,其揣时附势如此。且平‘六出奇计’,而其解白登之围,特图画美人以遗阏氏,计甚庸鄙,又何奇焉!”(《十七史商榷》)

绛侯周勃世家第二十七

绛[①]侯周勃者,沛[②]人也。其先卷[③]人,徙沛。勃以织薄曲[④]为生,常为人吹箫给丧事,材官引强[⑤]。

高祖之为沛公初起,勃以中涓从攻胡陵,[⑥]下方与[⑦]。方与反,与战,却適,攻丰。[⑧]击秦军砀[⑨]东。还军留及萧。[⑩]复攻砀,破之。下下邑[⑪],先登。赐爵五大夫[⑫]。攻蒙、虞[⑬],取之。击章邯[⑭]车骑,殿[⑮]。定魏地[⑯]。攻爰戚、东缗[⑰],以往至栗[⑱],取之。攻齧桑[⑲],先登。击秦军阿[⑳]下,破之。追至濮阳[㉑],下鄄城[㉒]。攻都关、定陶,[㉓]袭取宛朐[㉔],得单父令[㉕]。夜袭取临济[㉖],攻张[㉗],以前至卷,破之。击李由军雍丘下。[㉘]攻开封[㉙],先至城下为多[㉚]。后章邯破杀项梁[㉛],沛公与项羽引兵东如砀。自初起沛还至砀,一岁二月。楚怀王封沛公号安武侯,为砀郡长[㉜]。沛公拜勃为虎贲令[㉝],以令从沛公定魏地。攻东郡尉于城武,[㉞]破之。击王离[㉟]军,破之。攻长社[㊱],先登。攻颍阳、缑氏,[㊲]绝河津[㊳]。击赵贲军尸北。[㊴]南攻南阳守齮[㊵],破武关、峣关。[㊶]破秦军于蓝田[㊷],至咸阳,灭秦。

项羽至,以沛公为汉王。汉王赐勃爵为威武侯。从入汉中[㊸],拜为将军。还定三秦[㊹],至秦,赐食邑怀德[㊺]。攻槐里、好畤，[46]最[47]。击赵贲、内史保[48]于咸阳，最。北攻漆[49]。击章平、姚卬[50]军。西定汧[51]。还下郿、频阳。[52]围章邯废丘。破西丞[53]。击盗巴[54]军，破之。攻上邽[55]。东守峣关。转击项籍。攻曲逆[56]，最。还守敖仓[57]，追项籍。籍已死，因东定楚地泗川、东海郡，[58]凡得二十二县。还守雒阳、栎阳[59]，赐与颍阴侯共食钟离[60]。以将军从高帝击反者燕王臧荼[61]，破之易[62]下。所将卒当驰道[63]为多。赐爵列侯，剖符世世勿绝。食绛八千一百八十户，号绛侯。

（以上为第一段，写周勃在佐助刘邦灭秦、灭项中所建立的种种功勋。）

①绛——春秋晋地，县治在今山西侯马西。此处“绛”为封号名，未必有实地。　②沛——秦县名，县治在今江苏沛县。　③卷——秦县名，县治在今河南原阳旧原武西北。　④薄曲——用竹箧或苇箧编成的养蚕用具。　⑤材官——一种武卒的称号。　引强——拉硬弓。中井积德曰：“郡国设材官骑士，平时无所用，有事而后发之，常给口食而不役，如救火卒然，故必别有生业也。”按：此文之“材官引强”，疑是为丧家充当仪仗队，非军中之材官。　⑥中涓——在帝王之侧，为之主管清洁洒扫的官员。　胡陵——秦县名，县治在今山东鱼台东南。⑦方与——秦县名，县治在今山东鱼台西。　⑧適——《汉书》作“敌”。　丰——古邑名，原属沛县。汉朝建国后，设丰县，县治在今江苏丰县。时叛将雍齿据丰反刘邦，故邦军往攻之。　⑨砀——秦县名，县治在今河南永城东北。当时亦为砀郡的郡治所在地。　⑩还军——以其在砀东与秦军战不利，故还。见《高祖本纪》。　留——秦县名，县治在今江苏沛县东南。　萧——秦县名，县治在今安徽萧县西北。⑪下邑——秦县名，县治在今安徽砀山县。　⑫五大夫——秦爵名，秦爵最高为二十级，五大夫为第五级。　⑬蒙——秦县名，县治在今河南商丘梁园区东北。　虞——秦县名，县治在今河南虞城北。　⑭章邯——秦将，曾打败陈涉起义军，又破杀项梁；后被项羽打败，投降了项羽，被封为雍王。　⑮殿——即所谓“断后”，撤退时走在最后。⑯魏地——战国时魏国的地盘，即今河南东北部地区。　⑰爰戚——

秦县名,县治在今山东嘉祥西南。 东缗——秦县名,县治在今山东金乡县。 ⑱栗——秦县名,县治在今河南夏邑。 ⑲齧(niè)桑——古亭名,在今江苏沛县西南。 ⑳阿——即东阿,战国齐邑,在今山东阳谷县东北之阿城镇。 ㉑濮阳——秦县名,县治在今河南濮阳西南,当时亦为东郡的郡治所在地。 ㉒鄄(juàn)城——秦县名,县治在今山东鄄城北。 ㉓都关——秦县名,县治在今山东郓城西。 定陶——秦县名,县治在今山东菏泽定陶区。 ㉔宛朐——亦作“宛句”,秦县名,县治在今山东曹县西北。 ㉕单父令——单父县的县令。单父即今山东单县。 ㉖临济——古邑名,在今山东高青。 ㉗张——秦县名,县治在今山东东平。 ㉘李由——秦相李斯之子,时为三川郡的郡守。 雍丘——秦县名,县治在今河南杞县。 ㉙开封——秦县名,县治在今河南开封。 ㉚先至城下为多——《集解》引文颖曰:“勃士卒至者多。” ㉛章邯破杀项梁——事在秦二世二年(前 208)九月,详见《项羽本纪》。 ㉜砀郡长——即砀郡之郡守。 ㉝虎贲令——犹今之所谓“卫队长”。虎贲:勇士的称号。言其勇猛无敌,可以奔逐猛虎。贲:同“奔”。 ㉞东郡尉——东郡的郡尉。郡尉是郡中职掌武事的长官。 城武——也作“成武”。在今山东成武。 ㉟王离——秦国名将王翦之孙。 ㊱长社——秦县名,县治在今河南长葛东。 ㊲颍阳——秦县名,县治在今河南许昌西南。 缑(gōu)氏——秦县名,县治在今河南洛阳偃师区东南。 ㊳绝——断绝,挡住。 河津——黄河渡口,这里指平阴津,在今河南洛阳孟津区东北。按:怀王曾与诸将约曰:“先入定关中者王之。”刘邦为先入关,一路绕过坚城,向西急行;时河北义军将领司马卬亦欲渡河入关,刘邦为阻司马卬之南渡,故绝河津。事见《高祖本纪》。 ㊴赵贲——秦将。 尸——即尸乡,古邑名,在今河南偃师西。 ㊵南阳守齮(yǐ)——南阳郡的郡守名齮。南阳郡的郡治在宛县(在今河南南阳)。 ㊶武关——在今陕西丹凤东南。 峣(yáo)关——又名蓝田关,在今陕西商洛西北。武关和峣关都是关中地区通往河南南部地区的重要通道。 ㊷蓝田——秦县名,县治在今陕西蓝田西。 ㊸汉中——秦郡名,郡治南郑(今陕西汉中)。 ㊹还定三秦——事在汉元年(前 206)八月。三秦:指关中地区，因为项羽曾分割关中地区，以封秦朝的三员降将。故云。 ㊺怀德——秦县名，县治在今陕西大荔东南。 ㊻槐里——汉县名，即秦时之废丘。县治在今陕西兴平东南。 好畤——秦县名，县治在今陕西乾县东好畤村。 ㊼最——谓作战最勇，功劳最大。 ㊽内史保——内史：官名，即后日之京兆尹，掌治京畿地方。保：内史之名也。按：赵贲原是秦将，项羽入关后，分封三秦将为王，此后赵贲与所谓"内史保"者皆属章邯。 ㊾漆——秦县名，县治在今陕西彬州。 ㊿章平、姚卬——皆章邯部将。 51汧(qiān)——秦县名，县治在今陕西陇县南。 52郿——春秋周邑，县治在今陕西眉县东。 频阳——秦县名，县治在今陕西富平东北。 53西丞——西县的县丞。西县在今甘肃天水西南。丞是县令的副手。 54盗巴——章邯的部将。 55上邽(guī)——秦县名，县治在今甘肃天水。 56曲逆——秦县名，县治在今河北顺平东南。钱大昕曰："《汉书》'曲逆'作'曲遇'，'逆'字误。"梁玉绳曰："曲遇在中牟，故下文云'还守敖仓'；若曲逆属中山，不相值也。"按：赵、代、中山之地皆韩信取之，未闻周勃从韩信，疑钱、梁说是。曲遇在今河南中牟东北。 57敖仓——秦朝所建的大粮仓，在今河南荥阳北的敖山上。 58泗川——秦郡名，郡治相县(在今安徽濉溪西北)。东海郡——郡治郯(tán)县(在今山东郯城北)。 59还守雒阳、栎阳——雒阳、栎阳都曾做过战时的都城，为刘邦的中央机构所在，故需大将守之。 60颍阴侯——指灌婴，刘邦的将军，功封颍阴侯，《史记》有传。 共食钟离——意谓以钟离县为二将之食邑，共衣食其租税。钟离县在今安徽凤阳东北。 61臧荼——原为燕王韩广的部将，因随项羽入关，被封为燕王。高祖三年(前204)，韩信破魏、代、赵后，臧荼被迫降汉。高祖五年(前202)七月，臧荼反，被讨平。 62易——秦县名，县治在今河北雄县。 63当驰道——犹言"为天子开路"。驰道：天子车驾所行之道。驰道，犹言乘舆耳。言勃将卒在驰道有功也。

以将军从高帝击反韩王信于代[①]，降下霍人[②]。以前至武泉[③]，击胡骑[④]，破之武泉北。转攻韩信军铜鞮，[⑤]破之。还，降太原六城[⑥]。击韩信胡骑晋阳[⑦]下，破之。下晋阳。后击韩信军于砦石，[8]破之，追北[9]八十里。还攻楼烦[10]三城，因击胡骑平城[11]下，所将卒当驰道为多。勃迁为太尉[12]。

击陈豨[13]，屠马邑[14]。所将卒斩豨将军乘马絺[15]。击韩信、陈豨、赵利[16]军于楼烦，破之。得豨将宋最、雁门守圂[17]。因转攻得云中守遬、丞相箕肆、将勋。[18]定雁门郡十七县，云中郡十二县。因复击豨灵丘[19]，破之，斩豨，得豨丞相程纵、将军陈武、都尉[20]高肆。定代郡九县。

燕王卢绾[21]反，勃以相国代樊哙将[22]，击下蓟[23]，得绾大将抵、丞相偃、守[24]陉、太尉弱、御史大夫施，屠浑都[25]。破绾军上兰[26]，复击破绾军沮阳[27]。追至长城[28]，定上谷十二县，右北平[29]十六县，辽西、辽东二十九县，[30]渔阳[31]二十二县。最[32]从高帝得相国一人，丞相二人，将军、二千石[33]各三人；别[34]破军二，下城三，定郡五，县七十九，得丞相、大将各一人。

勃为人木强[35]敦厚，高帝以为可属[36]大事。勃不好文学[37]，每召诸生说士，东向坐[38]而责之："趣为我语[39]。"其椎[40]少文如此。

勃既定燕而归，高祖已崩矣，以列侯事孝惠帝[41]。孝惠帝六年[42]，置太尉官，以勃为太尉。十岁[43]，高后崩。吕禄以赵王为汉上将军，吕产以吕王为汉相国，秉[44]汉权，欲危刘氏。勃为太尉，不得入军门。陈平为丞相，不得任事。于是勃与平谋，卒诛诸吕而立孝文皇帝。其语在《吕后》《孝文》事中。

（以上为第二段，写周勃在汉朝初年为维护与巩固刘氏王朝所做出的种种贡献。）

①击反韩王信于代——事在高祖七年（前200）。韩王信：战国时韩国诸侯的后裔，随刘邦灭秦、灭项羽，被刘邦封为韩王。先都阳翟（在今河南禹州），后被迁到晋阳（在今山西太原市西南古城营）。韩王信自请北都马邑（在今山西朔州）。后被匈奴所围，韩王信遂降匈奴，且引匈奴南掠太原郡，故刘邦往击之。代：秦郡名，郡治代县（在今河北蔚县东北）。 ②霍人——秦县名，汉代改为葰人县，治今山西繁峙。 ③武泉——汉县名，县治在今内蒙古呼和浩特东北。 ④胡

骑——指匈奴骑兵。胡:古代用以称北部边境的少数民族,秦汉时期主要指匈奴人。 ⑤韩信——指韩王信,非淮阴侯。 铜鞮(dī)——汉县名,县治在今山西沁县南。 ⑥太原六城——谓太原郡之六城。⑦晋阳——在今山西太原西南古城营,当时为太原郡的郡治所在地。⑧后——王先谦曰:"'后'当作'复',下文'复击绾军沮阳',即其证。" 砦(shā)石——古邑名,在今山西宁武。 ⑨追北——追击溃败之敌。北:背也。双方交战而示之以背,即指败逃。 ⑩楼烦——秦县名,县治在今山西宁武。 ⑪平城——秦县名,县治在今山西大同东北。 ⑫太尉——官名,秦、汉时为三公之一,主管全国军事。 ⑬陈豨(xī)——刘邦的将领,汉初,任代国的相国,统领赵、代两国的边防部队。后因与朝廷互相猜疑,于高祖十年(前197)反,自称代王,与叛将韩王信等共同勾结匈奴,为乱北方,故刘邦等又出兵击之。 ⑭马邑——汉县名,治今山西朔州。 ⑮乘马绨——姓乘马,名绨。 ⑯赵利——战国时赵国诸侯的后裔,为韩王信的部将。韩王信反汉兵败,逃入匈奴后,韩王信的残存势力遂立赵利为王。至陈豨反,赵利遂与之合伙。 ⑰雁门——汉郡名,郡治善无(在今山西右玉南)。守圂(hùn)——其郡守名圂。 ⑱得——擒获。 云中——汉郡名,郡治云中(在今内蒙古托克托东北古城镇)。 守遬(sù)——其郡守名遬。丞相——谓韩王信之丞相。 ⑲灵丘——汉县名,县治在今山西灵丘东。 ⑳都尉——略低于将军的武官名。 ㉑卢绾(wǎn)——卢绾是刘邦的同乡好友,高祖五年(前202),燕王臧荼反汉被灭后,卢绾被立为燕王。陈豨谋反失败后,陈豨降将有言卢绾与陈豨通谋者,刘邦派人侦视,随即又派樊哙往击之。此高祖十二年(前195)事。 ㉒勃以相国代樊哙将——樊哙是刘邦的开国元勋,又在讨伐臧荼、韩王信、陈豨等叛乱中立有大功。有人告卢绾谋反,刘邦即命樊哙往击之。此时又有人说樊哙党附吕氏,日后会威胁到戚夫人与赵王刘如意,刘邦大怒,即命陈平往诛樊哙,而命周勃往代樊哙统其讨卢绾之兵。按:此处之"相国",乃是加官,只表尊宠,而非实任其职。 ㉓蓟——汉县名,县治在今北京西南。 ㉔守——谓广阳郡的郡守。当时广阳郡的郡治在蓟。 ㉕浑都——汉县名,县治在今北京昌平区。 ㉖上兰——水名,亦名马兰溪,在今北京延庆区西。 ㉗沮(jǔ)阳——秦县名,县治在今河北怀来东南。当时亦是上谷郡的郡治所在地。 ㉘长城——谓昔日燕国所筑之旧长城。在今河北张家口、内蒙古赤峰以北。 ㉙右北平——郡名。秦治无终(在今天津蓟州区),西汉移治平刚(在今宁城西南)。 ㉚辽西——汉郡名,郡治阳乐(在今辽宁义县西)。 辽东——汉郡名,郡治襄平(在今辽宁辽阳)。 ㉛渔阳——汉郡名,郡治渔阳(在今北京密云区西南)。 ㉜最——总计。 ㉝二千石——官阶名,相当于朝内的太子太傅、典属国、水衡都尉等,以及地方上的郡守。 ㉞别——指单独领兵。 ㉟木强——憨厚刚直。 ㊱属(zhǔ)——委托,托付。 ㊲不好文学——指不讲究辞令,不善修饰自己的语言。 ㊳东向坐——谓自己东向而坐。古人在不面对庭下的座席上,以东向坐为尊。自己面对宾客东向坐,是一种不客气、不谦让的表现。 ㊴趣(cù)为我语——犹言:“快点给我说!”呵责说话者不要拐弯抹角,不要引经据典、废话连篇。趣:迅速。 ㊵椎——鲁钝,直出直入,无文采。 ㊶以列侯事孝惠帝——以列侯的身份在孝惠帝朝居官任职。为区别多数列侯要前往自己的封地而言。 ㊷孝惠帝六年——公元前189年。 ㊸十岁——谓周勃任太尉的第十年。 ㊹秉——执,把持。

文帝既立,以勃为右丞相,赐金五千斤,食邑万户[①]。居月余,人或说勃曰:“君既诛诸吕,立代王[②],威震天下,而君受厚赏,处尊位,以宠[③],久之即祸及身矣。”勃惧,亦自危,乃谢请[④]归相印。上许之。岁余,丞相平卒,上复以勃为丞相。十余月,上曰:“前日吾诏列侯就国[⑤],或未能行,丞相吾所重,其率先之[⑥]。”乃免相就国[⑦]。

岁余,每河东守、尉行县至绛,[⑧]绛侯勃自畏恐诛,常披甲,令家人持兵以见之[⑨]。其后人有上书告勃欲反,下廷尉[⑩]。廷尉下其事长安[⑪],逮捕勃治之。勃恐,不知置辞。吏稍侵辱之。勃以千金与狱吏,狱吏乃书牍背[⑫]示之,曰:“以公主为证。”公主者,孝文帝女也，勃太子[13]胜之尚之，故狱吏教引为证。勃之益封受赐，尽以予薄昭[14]。及系急，薄昭为言薄太后，太后亦以为无反事。文帝朝，太后以冒絮提文帝，[15]曰："绛侯绾[16]皇帝玺，将兵于北军[17]，不以此时反，今居一小县，顾[18]欲反邪！"文帝既见绛侯狱辞，乃谢曰："吏方验而出之[19]。"于是使使持节[20]赦绛侯，复爵邑。绛侯既出，曰："吾尝将百万军，然安知狱吏之贵乎[21]！"

绛侯复就国。孝文帝十一年[22]卒，谥为武侯。子胜之代侯。六岁[23]，尚公主不相中[24]，坐杀人，国除。绝一岁，文帝乃择绛侯勃子贤者河内[25]守亚夫，封为条侯，续绛侯后。

（以上为第三段，写周勃晚年的愤慨遭遇。）

①食邑万户——食万户之邑。即封之以万户之地，使之收租税，衣食其间。　②立代王——即立刘恒为帝。刘恒为帝前是代王，都中都（在今山西平遥西南）。　③以宠——言以此为荣。宠：荣耀。　④谢请——即告请，致歉以辞之。　⑤诏列侯就国——命令所有列侯一律到自己的封地去。就国：去自己封地。按：汉初列侯多娶公主为妻，公主不欲离开京师去外地，故列侯亦皆留居京师。因其对中央王朝多有不便，故文帝皆令之就国。　⑥率先之——犹言"给他们带个头"。⑦乃免相就国——吴见思认为：倏起倏废，写功名之际，难处如此。⑧河东守、尉——河东郡的郡守与郡尉。河东郡的郡治在安邑（在今山西夏县西北）。　行县——到所属的各县进行视察。绛县属河东郡，故河东郡的守、尉皆可行县至绛。　⑨"勃自畏恐诛"三句——按：汉朝初年大肆诛杀功臣，使得人人自危，是其政策上之严重一弊。周勃有拥立之大功，尚畏惧如此，他人可知。　⑩下廷尉——把事情交由廷尉办理。廷尉：官名，九卿之一，是主管刑狱的最高长官。　⑪下其事长安——交由长安主管刑狱的官吏去办理。按：此文帝四年（前176）事。　⑫牍背——木简的背面。牍：古人写字用的木板。　⑬太子——汉初，诸王以及诸列侯之嗣子亦可称太子，与后世不同。　尚之——娶以为妻。皇帝之女地位至高，不可谓娶，尊之曰"尚"。⑭尽以予薄昭——薄昭乃汉文帝之舅，亦参与拥立有功，封为轵侯。

按：周勃早就结好于文帝之戚属，虽曰“木强”，盖亦深知官场之道。⑮冒絮——犹今妇女所戴之头巾。师古曰：“冒，覆也，老人所以覆其头。” 提——掷打。 ⑯绾(wǎn)——系也。这里指“掌握”“把持”。 ⑰将兵于北军——因为周勃诛诸吕时首先夺得了北军，故云。北军：卫戍长乐宫的部队。一说是卫戍京城的部队。其势力胜于南军。⑱顾——反而，反倒。 ⑲吏方验而出之——犹言“主管此事的官吏很快就要对证清楚，放他出去了”。方：即将。 ⑳节——符节，以竹为之，天子派出的使者持之以为信验。 ㉑安知狱吏之贵乎——按：史公于此等事，感慨无限。钱锺书认为：司马迁尝下于狱，肝槛棰楚，目验身经，《报任少卿书》痛乎言之，所谓“见狱吏则头抢地，视徒隶则心惕息”者。然此篇记周勃系狱事，仅曰“吏稍侵辱”，记周亚夫下吏事，仅曰“侵之益急”，《韩长孺列传》亦只曰：“蒙狱吏田甲辱安国”，均未尝本己遭受，稍事渲染，真节制之师也。将创巨痛深，欲言而有余怖耶？抑以汉承秦失，积重效尤，“被刑之徒比肩而立”，狱吏之“深刻残贼”，路人皆知，故不须敷说圆墙况味乎？ ㉒孝文帝十一年——公元前169年。 ㉓六岁——谓周胜之代立为侯的第六年。 ㉔尚公主不相中——犹言与公主不和。 ㉕河内——汉郡名，郡治怀县（在今河南武陟西南）。

条侯亚夫自未侯为河内守时，许负[1]相之，曰：“君后三岁而侯。侯八岁为将相，持国秉[2]，贵重矣，于人臣无两。其后九岁而君饿死。”亚夫笑曰：“臣之兄已代父侯矣，有如卒，子当代，亚夫何说[3]侯乎？然既已贵如负言，又何说饿死？指示我。”许负指其口曰：“有从理[4]入口，此饿死法[5]也。”居三岁，其兄绛侯胜之有罪，孝文帝择绛侯子贤者，皆推亚夫，乃封亚夫为条侯，续绛侯后。

文帝之后六年[6]，匈奴大入边。乃以宗正[7]刘礼为将军，军霸上[8]；祝兹侯徐厉为将军，军棘门[9]；以河内守亚夫为将军，军细柳[10]，以备胡。上自劳军。至霸上及棘门军，直驰入，将以下骑送迎[11]。已而之细柳军，军士吏披甲，锐兵刃[12]，彀弓弩[13]，持满[14]。天子先驱[15]至，不得入。先驱曰："天子且至！"军门都尉[16]曰："将军令曰：'军中闻将军令，不闻天子之诏[17]。'"居无何，上至，又不得入。于是上乃使使持节诏将军："吾欲入劳军。"亚夫乃传言开壁门[18]。壁门士吏谓从属车骑曰："将军约，军中不得驱驰。"于是天子乃按辔[19]徐行。至营，将军亚夫持兵揖曰："介胄之士不拜[20]，请以军礼见。"天子为动，改容式车[21]。使人称谢："皇帝敬劳将军。"成礼而去。既出军门，群臣皆惊。文帝曰："嗟乎，此真将军矣！曩[22]者霸上、棘门军，若儿戏耳，其将固可袭而虏也。至于亚夫，可得而犯邪！"称善者久之。月余，三军皆罢，乃拜亚夫为中尉[23]。

孝文且崩时，诫太子曰："即有缓急，周亚夫真可任将兵。"文帝崩，拜亚夫为车骑将军[24]。

孝景三年[25]，吴、楚反。亚夫以中尉为太尉，东击吴、楚。因自请上曰："楚兵剽轻，难与争锋[26]。愿以梁委之[27]，绝其粮道，乃可制。"上许之。

太尉既会兵荥阳，[28]吴方攻梁，梁急，请救。太尉引兵东北走昌邑[29]，深壁而守。梁日使使请太尉，太尉守便宜，不肯往。梁上书言景帝，景帝使使诏救梁。太尉不奉诏，坚壁不出，而使轻骑兵弓高侯[30]等绝吴、楚兵后食道。吴兵乏粮，饥，数欲挑战，终不出。夜，军中惊，内相攻击扰乱，至于太尉帐下。太尉终卧不起。顷之，复定。后吴奔壁东南陬[31]，太尉使备西北。已而其精兵果奔西北，不得入。吴兵既饿，乃引而去。太尉出精兵追击，大破之。吴王濞弃其军，而与壮士数千人亡走，保于江南丹徒[32]。汉兵因乘胜，遂尽虏之，降其兵，购吴王千金。月余，越人斩吴王头以告。凡相攻守三月，而吴、楚破平。于是诸将乃以太尉计谋为是。由此梁孝王与太尉有郤。

（以上为第四段，写周亚夫的治军才能，及其平定吴、楚七国之乱的巨大功勋。)

①许负——汉初时的相者,其人又见于《外戚世家》《游侠列传》。相——相面。 ②持国秉——掌握国家大权。秉:通“柄”,权柄。 ③何说——犹言“何因”“何由”。 ④从理——竖纹。从:“纵”的古字。 ⑤法——也称“法令”,指口边的纹理。古人相面,认为竖纹入口是饿死的征象。 ⑥孝文之后六年——孝文帝十七年(前164)时,改年号为后元元年。后六年为公元前158年。 ⑦宗正——官名,当时为九卿之一,主管皇族事务。 ⑧霸上——古地名,在今陕西西安东,因其地处霸水西岸高原上而得名。 ⑨棘门——古地名,原为秦宫门,在今陕西咸阳东北。 ⑩细柳——古地名,在今陕西咸阳西南渭河北岸。 ⑪将以下骑送迎——按:此处文字不顺,“下”字疑当重出,作“将以下,下骑送迎”。 ⑫锐兵刃——即指刀出鞘。⑬彀(gòu)弓弩——即所谓弓上弦。彀:张也。 ⑭持满——把弓拉圆。刘奉世认为:言“彀弓弩”是也,敌未至,何遽“持满”?何时已乎?此二字疑衍。 ⑮先驱——师古曰:“导驾者也。” ⑯军门都尉——把守营门的都尉官。都尉是略低于将军的武官。 ⑰“军中闻将军令”二句——《六韬·立将》云:“军中之事,不闻君命。”《司马穰苴列传》云:“将在军,君令有所不受。”其义相同。 ⑱壁门——即营门。壁:营垒。 ⑲按辔(pèi)——压着缰绳,使车马徐行。 ⑳介胄之士不拜——《集解》引应劭曰:“礼,介者不拜。”介:甲,铠甲。胄:头盔。郭大有认为:文帝劳军细柳,而先趋至,不得入,节制之兵宜若此矣;但天子既入其营,非临阵对敌可比,夫何尚以介胄自居,长揖不拜?使所遇而非帝,欲不及祸,难哉。按:此亦史公好奇,故夸饰之迹甚显。 ㉑式车——把头伏在车前的横木上。这是古人在车上表示恭敬而做出的一种姿式。式:通“轼”。 ㉒曩(nǎng)——从前,已往。 ㉓中尉——维持京城治安的武官,后来改称执金吾。 ㉔车骑将军——将军的名号,仅次于大将军和骠骑将军。 ㉕孝景三年——公元前154年。 ㉖“楚兵剽(piāo)轻”二句——按《留侯世家》云:“上自将兵而东……留侯病,自强起,至曲邮,见上曰:‘臣宜从,病甚,楚人剽疾,愿上无与楚人争锋。’”这是当时人们对楚人的一般看法。剽轻:勇猛迅捷。 ㉗以梁委之——把梁

国给他(叫他打)。梁:汉景帝之弟梁孝王刘武的封国,都于睢阳(在今河南商丘南)。 ㉘会兵——集结兵力。 荥阳——汉县名,县治在今河南荥阳。 ㉙昌邑——汉县名,县治在今山东巨野南。当时为山阳郡的郡治所在地。 ㉚弓高侯——韩颓当,韩王信之子。以其率众由匈奴归降于汉,故封之为弓高侯。 ㉛奔壁东南陬(zōu)——谓奔袭亚夫军营之东南角。陬:隅,角落。据本文,周亚夫时壁于昌邑,吴楚奔壁东南陬,周亚夫乃备西北云者,即昌邑事;但据《吴王濞列传》,此事乃发生于"下邑",两文殊失统一。 ㉜丹徒——汉县名,县治在今江苏镇江丹徒区。

归,复置太尉官[①]。五岁,迁为丞相,景帝甚重之。景帝废栗太子[②],丞相固争之,不得。景帝由此疏之。而梁孝王每朝,常与太后言条侯之短。

窦太后曰:"皇后兄王信可侯也。"景帝让曰:"始南皮、章武侯[③]先帝不侯,及臣即位乃侯之。信未得封也。"窦太后曰:"人主各以时行[④]耳。自窦长君在时,竟不得侯,死后乃其子彭祖顾[⑤]得侯。吾甚恨[⑥]之。帝趣侯信也[⑦]!"景帝曰:"请得与丞相议之。"丞相议之,亚夫曰:"高皇帝约:'非刘氏不得王,非有功不得侯。不如约,天下共击之。'今信虽皇后兄,无功,侯之,非约也。"景帝默然而止。

其后匈奴王唯徐卢[⑧]等五人降,景帝欲侯之以劝后[⑨]。丞相亚夫曰:"彼背其主降陛下,陛下侯之,则何以责人臣不守节者乎?"景帝曰:"丞相议不可用。"乃悉封唯徐卢等为列侯。亚夫因谢病。景帝中三年,以病免相。

顷之,景帝居禁中[⑩],召条侯,赐食。独置大胾[⑪],无切肉,又不置櫡。条侯心不平,顾谓尚席[⑫]取櫡。景帝视而笑曰:"此不足君所乎[⑬]?"条侯免冠谢。上起[⑭],条侯因趋[⑮]出。景帝以目送之,曰:"此怏怏者非少主臣也[⑯]!"

居无何,条侯子为父买工官尚方甲楯杀人放火五百被可以葬者。[17]取庸[18]苦之，不予钱。庸知其盗买县官[19]器，怒而上变告子[20]，事连污条侯。书既闻上，上下吏。吏簿责[21]条侯，条侯不对。景帝骂之曰："吾不用也[22]。"召诣廷尉[23]。廷尉责曰："君侯欲反邪？"亚夫曰："臣所买器，乃葬器也，何谓反邪？"吏曰："君侯纵不反地上，即欲反地下耳。"吏侵之益急。初，吏捕条侯，条侯欲自杀，夫人止之，以故不得死，遂入廷尉。因不食五日，呕血而死。国除。

绝一岁，景帝乃更封绛侯勃他子坚为平曲侯，续绛侯后。十九年卒，谥为共侯。子建德代侯，十三年，为太子太傅。坐酎金[24]不善，元鼎五年[25]，有罪，国除。

条侯果饿死。死后，景帝乃封王信为盖侯。

（以上为第五段，写周亚夫因立朝刚正，最后被害的情况。）

①复置太尉官——按：汉初之太尉官，时置时废。据《汉兴以来将相名臣年表》：刘邦最早以卢绾为太尉，高祖五年（前202）罢太尉官；至高后四年（前184），又以周勃为太尉，孝文帝三年（前177）又罢太尉官；孝景帝三年（前154），周亚夫往讨吴、楚，开始仅授以虚衔，至归，乃又正式设置此官。 ②栗太子——名荣，以其母姓栗，故时人称之栗太子。栗姬性妒，孝景姊长公主刘嫖与孝景妃王夫人共同倾陷之。孝景帝七年（前150），栗太子被废，栗姬也愤郁而死。 ③南皮、章武侯——南皮：指窦彭祖，窦太后兄窦长君之子。章武侯：窦广国，窦太后之弟。二人皆以外戚封侯。 ④各以时行——《索隐》曰："谓人主各当其时而行事，不必一一相法也。" ⑤顾——反而，反倒。⑥恨——后悔，遗憾。 ⑦帝趣侯信也——犹言"你要赶紧封王信为侯"。趣：急，迅即。 ⑧唯徐卢——原匈奴王，于景帝中元三年（前147）冬，率其众降汉。 ⑨劝后——鼓励其余的人（继续来降）。劝：鼓励。 ⑩禁中——指宫中，以其门阁有禁，非侍御之臣不得入内，故云。 ⑪胾（zì）——大块的肉。 ⑫尚席——主管安排酒席的人。尚：主管。 ⑬此不足君所乎——意谓："这难道还不满你的意吗？"⑭上起——言景帝发怒站起。 ⑮趋——小步疾走。这是臣下在君亲

面前行走的一种礼节。 ⑯此怏怏者非少主臣也——犹言:“这个心怀不满的家伙,不是将来可以侍奉幼主的臣子!”怏怏:犹言“悻悻”,内心不平、不满的样子。余有丁认为:置胾不置箸,是景帝作意以觇亚夫,乃亚夫怒形于色,此亦不善处危机也。 ⑰工官尚方——犹言“尚方工官”。即尚方令,主管为皇家制造御用的刀剑之类。 五百被——犹言“五百套”。被(pī):套,具。 ⑱庸——通“佣”,雇工。 ⑲县官——指天子,皇家。亦用为“国家”之义。 ⑳上变告子——谓上书告发条侯之子。变:也叫“变事”,告发谋反事件的书状。 ㉑簿责——师古曰:“书之于簿,一一责问之也。”中井积德曰:“吏持簿而责问焉,所对辄上簿也。”按:此时尚未逮治,乃派吏持簿至其家验问之。 ㉒吾不用也——《集解》引孟康曰:“不用汝对,欲杀之也。”中井积德曰:“下吏簿责,不直付廷尉,是帝犹有优意,而欲有所宥赦也。然而亚夫恚不对,帝乃怒其不承当优意也。曰‘吾不复用汝矣’,是弃之之辞也。” ㉓召诣廷尉——命令条侯到廷尉处受审。 ㉔酎金——指汉代诸侯献给皇帝作为助祭宗庙用的黄金。酎:经过多次酿制的醇酒,祭祀宗庙时用之。据丁孚《汉仪》记载,汉代酎金的数目,是按照各诸侯国的户口来计算,每千口奉金四两。其封邑在南方诸郡的,交犀角、象牙、玳瑁,以折黄金。按:所谓“酎金不善”,是当时皇帝为取消这些诸侯国而称说的一种借口。据《平准书》记,武帝时单以酎金问题失侯的就有一百多人。 ㉕元鼎五年——公元前112年。元鼎:汉武帝的第五个年号。

太史公曰:绛侯周勃始为布衣时,鄙朴[①]人也,才能不过凡庸。及从高祖定天下,在将相位,诸吕欲作乱,勃匡[②]国家难,复之乎正。虽伊尹、周公,[③]何以加哉!亚夫之用兵,持威重[④],执坚刃[⑤],穰苴[⑥]曷有加焉!足己而不学[⑦],守节不逊[⑧],终以穷困。悲夫!

(以上为第六段,是作者的论赞,作者称颂了周勃父子的为人及其卓绝功业,而对他们的悲惨遭遇,寄予了无限同情。)

①鄙朴——粗陋朴实。鄙：粗陋，不懂礼仪，缺乏修养。②匡——扶正，救助。③伊尹——商初名臣，曾辅佐商汤灭夏。周公——名姬旦，武王之弟，曾辅佐武王灭商建国，后又辅佐成王治理天下。伊尹和周公被后世视为名臣的代表，被儒家称为圣人。④持威重——谓有威严，而且稳重。⑤执坚刃——泷川资言曰："'刃'读为'忍'。"忍：严厉，不慈。盖指其意志坚定，法令严明。⑥穰苴(jū)——春秋时期齐国的军事家。因做过司马官，故人们也称之曰司马穰苴。《史记》有传。后世曾流传有《司马穰苴兵法》。⑦足己而不学——自以为是而不学习。足己：自足，自满。按：史公责项羽曰"奋其私智而不师古"，与此义同。⑧守节不逊——在坚守臣节时表现不谦逊。坚守臣节指争栗太子、不封王信、不封唯徐卢等。不逊：指不顺适天子之意。王鏊曰："千古见之，犹为气塞，其父子两朝遭遇如此，不可咎其不逊也。"沈家本曰："伤之至，非责之也。"按：沈说是也。读史公之文，应识其文外之意，王说尚嫌表面。

［**简评**］作品称颂了周勃在建立与巩固汉王朝，以及周亚夫在平定七国之乱、维护国家统一过程中所做出的卓越贡献，而对他们父子两代最后的惨痛遭遇，尤其是对周亚夫的惨遭杀害，表现了无限的同情与不平。作者对周勃的"木强敦厚""椎少文"，是似贬而实褒的，这与萧、曹、张、陈诸人的望风观色、阿意取容，恰成对照。因此，史公于刘邦开国诸臣中，对周勃的贬辞最少，而对之表现的同情独多。作者对汉高帝、汉文帝、汉景帝的猜忌功臣，尤其是那种往往以莫须有的罪名，对功臣横加打击乃至残酷杀害的行径，虽则用语委婉，而揭露仍是极其有力的。

［**集评**］《太史公自序》："诸吕为从，谋弱京师，而勃反经合于权；吴楚之兵，亚夫驻于昌邑，以厄齐赵，而出委以梁。作《绛侯世家》第二十七。"

黄震曰："周勃从高帝终始兵间，晚尤多战功。高后殁，手诛诸吕，迎立文帝，功孰大焉。厚德如文帝，疑谤一开，微太后几族。甚矣，功名之盛难居，而嫌隙之微当戒也。亚夫尤重厚守正，平吴楚有大功，其争废太子、争侯王信、争侯降匈奴徐卢等五人，又皆宰相职也，反以怏怏疑之，卒置死地。景帝尤少恩哉！”（《黄氏日钞》）

凌约言曰：“亚夫之为人，太史公虽不明言，然必悻直行行者。方其将屯细柳，只以备胡，且近在长安数十里间，非若出临边塞与敌对垒，有呼吸不可测知者，何至天子劳军不得入？及持节诏之始开壁门，又不得驰驱，而以军礼见；王旅万骑，乘舆黄屋，欲制命于将帅，岂人臣之礼哉！则其傲睨帝尊，习与性成，故赐食不设箸，即有不平之意，‘怏怏非少主臣’必已见于辞气间矣。以是陨身，其可惜也夫。”（《史记评林》引）

汤谐曰：“绛侯诛吕安刘大功，具在《吕后》《孝文》语中，此不复详，而独缕叙其功成自危，系狱惕息情事，感叹作波折，举重若轻，剪裁之妙也。条侯细柳军容，写得浩瀚沉雄，真有云垂海立意象；写吴楚功，亦坚緻密栗；后写刚直不容，感慨跌宕，无限烟波，视叙绛侯事，为尤可悲涕矣！”（《史记半解》）

李景星曰：“绛侯两世有大功于汉，而两世亦俱以下吏收场，此太史公最伤心处，故用全力写之。前半写绛侯处，略用《曹相国世家》文法，以琐碎胜，而遒古过之；后半写绛侯之子条侯处，却又以整齐胜。……赞语抑扬尽致，含蓄无穷。”（《四史评议》）

梁孝王世家第二十八

梁孝王武者，孝文皇帝子也，而与孝景帝同母。母，窦太后[①]也。

孝文帝凡四男：长子曰太子，是为孝景帝；次子武；次子参；次子胜。[②]孝文帝即位二年，以武为代王，以参为太原王，以胜为梁王。[③]二岁，徙代王为淮阳王。[④]以代尽与太原王，号曰代王[⑤]。参立十七年，孝文后二年卒，谥为孝王。子登嗣立，是为代共王。立二十九年，元光二年卒，子义立，是为代王。十九年，汉广关，[⑥]以常山为限[⑦]，而徙代王王清河[⑧]。清河王徙以元鼎三年也。

初，武为淮阳王十年，而梁王胜卒，谥为梁怀王。怀王最少子，爱幸异于他子。其明年，徙淮阳王武为梁王。梁王之初王梁，孝文帝之十二年也[⑨]。梁王自初王通历已十一年[⑩]矣。

梁王十四年[⑪]，入朝。十七年，十八年，比年入朝，留，其明年，乃之国。[⑫]二十一年，入朝。二十二年，孝文帝崩。二十四年，入朝。二十五年，复入朝。是时上未置太子也。上与梁王燕饮，尝从容言曰："千秋万岁后传于王。"王辞谢。虽知非至言，然心内喜。太后亦然。

其春，吴楚齐赵七国反[⑬]。吴楚先击梁棘壁[⑭]，杀数万人。梁孝王城守睢阳，而使韩安国、张羽等为大将军，以距吴楚。吴楚以梁为限，不敢过而西，[15]与太尉亚夫等相距三月[16]。吴楚破，而梁所破杀虏略与汉中分[17]。明年，汉立太子。[18]其后梁最亲，有功，又为大国，居天下膏腴地。地北界泰山，西至高阳，四十余城，皆多大县。[19]

孝王，窦太后少子也，爱之，赏赐不可胜道。于是孝王筑东苑[20]，方三百余里。广睢阳城七十里[21]。大治宫室，为复道，自宫连属于平台三十余里。[22]得赐天子旌旗，出从千乘万骑。东西驰猎，拟于天子。出言趩，入言警[23]。招延四方豪桀，自山以东游说之士[24]，莫不毕至，齐人羊胜、公孙诡、邹阳之属。公孙诡多奇邪计，初见王，赐千金，官至中尉[25]，梁号之曰“公孙将军”。梁多作兵器弩弓矛数十万，而府库金钱且百巨万，珠玉宝器多于京师。

二十九年十月，梁孝王入朝，景帝使使持节乘舆驷马，迎梁王于关下。[26]既朝，上疏因留，以太后亲故[27]。王入则侍景帝同辇，出则同车游猎，射禽兽上林中。[28]梁之侍中、郎、谒者著籍引出入天子殿门，与汉宦官无异。[29]

十一月，上废栗太子，窦太后心欲以孝王为后嗣。大臣及袁盎等有所关说于景帝[30]，窦太后义格，亦遂不复言以梁王为嗣事由此。[31]以事秘，世莫知。乃辞归国。

其夏四月，上立胶东王为太子[32]。梁王怨袁盎及议臣，乃与羊胜、公孙诡之属阴使人刺杀袁盎及他议臣十余人。逐其贼[33]，未得也。于是天子意梁王，逐贼，果梁使之。[34]乃遣使冠盖相望于道，覆按梁，[35]捕公孙诡、羊胜。公孙诡、羊胜匿王后宫。使者责二千石急[36]，梁相轩丘豹及内史韩安国进谏王，[37]王乃令胜、诡皆自杀，出之[38]。上由此怨望于梁王。梁王恐，乃使韩安国因长公主谢罪太后[39]，然后得释。

上怒稍解，因上书请朝。既至关，茅兰说王，[40]使乘布车，从两骑入，匿于长公主园。汉使使迎王，王已入关，车骑尽居外，不知王处。太后泣曰:“帝杀吾子!”景帝忧恐。于是梁王伏斧质于阙下,[41]谢罪,然后太后、景帝大喜,相泣,复如故。悉召王从官入关。然景帝益疏王,不同车辇矣。

三十五年[42]冬,复朝。上疏欲留,上弗许。归国,意忽忽不乐。北猎良山,有献牛,足出背上,孝王恶之。六月中,病热,六日卒,谥曰孝王。

孝王慈孝,每闻太后病,口不能食,居不安寝,常欲留长安侍太后。太后亦爱之。及闻梁王薨,窦太后哭极哀,不食,曰:“帝果杀吾子!”景帝哀惧,不知所为。与长公主计之,乃分梁为五国,尽立孝王男五人为王,女五人皆食汤沐邑。于是奏之太后,太后乃说,为帝加壹飡[43]。

(以上为第一段,写梁孝王刘武的生平事迹,主要写了与其兄汉景帝的尖锐矛盾。)

①窦太后——原为吕后宫女,后被赐给代王刘恒。刘恒入朝为帝,窦氏遂为皇后。 ②次子参;次子胜——刘参、刘胜,都是一般姬妾所生,史不书其母姓。又,此所谓“胜”,应依《汉书》作“揖”。 ③孝文帝即位二年——公元前178年。 以武为代王——此时代国的国都为中都,辖有今山西中北部的四个郡。 以参为太原王——太原国的国都晋阳,在今山西太原西南古城营。 以胜为梁王——梁国的国都睢阳,在今河南商丘南。“胜”字亦应作“揖”。 ④二岁——即文帝四年(前176)。 徙代王为淮阳王——将刘武改封为淮阳王,国都陈,在今河南周口淮阳区。 ⑤以代尽与太原王,号曰代王——改刘参为代王,除领有原来的太原郡外,尚领有原代国的全部国土。 ⑥十九年——相当于武帝元鼎三年(前114)。 广关——函谷关原在今河南灵宝东北,元鼎三年(前114),向东移至今河南新安东,以扩大长安所在的关中地区的面积。 ⑦以常山为限——意思是新的函谷关扩迁至新安东后,就顺着当地的山势,修筑成一座关塞。常山:指新安城东旧有的矮山。 ⑧徙代王王清河——将代王刘义改封为清河王。清河国的国都清阳,在今河北清河东南。 ⑨孝文帝之十二年——公元前168年。

⑩通历已十一年——谓刘武自文帝二年初封代，后徙淮阳，又徙梁，通数文帝二年至十二年徙梁，总共为十一年。 ⑪梁王十四年——即文帝十五年（前165）。 ⑫留——指留在京师。 明年，乃之国——第二年才返回梁国。按：诸侯王连年入朝，以及留在京师，都是当时规定不能允许的，梁王能够如此，足见他的地位之特殊。 ⑬其春，吴楚齐赵七国反——事在景帝三年（前154）之春正月。此次带头叛乱的是吴王刘濞，响应而起的是楚王刘戊、赵王刘遂、胶西王刘印、济南王刘辟光、菑川王刘贤、胶东王刘雄渠，“齐国”并未参与叛乱。因为胶东、胶西、济南、菑川四国都在原来大齐国的地面，所以统称之为“齐”，其实这样说很容易造成混乱。 ⑭棘壁——古邑名，在今河南柘城西北，当时属梁。 ⑮以梁为限——由于梁国的拦截。限：阻，拦截。 不敢过而西——没办法越过梁国西攻长安。 ⑯与太尉亚夫等相距三月——太尉亚夫：即周亚夫，削平七国之乱的汉军统帅，当时率大军屯驻于睢阳东北之昌邑。 ⑰与汉中分——和朝廷军队的战果相等。 ⑱明年——景帝四年（前153）。 汉立太子——此时所立太子为景帝之长子刘荣，栗姬所生，故历史上亦称之为“栗太子”。 ⑲北界泰山——北与泰山郡为界，泰山郡的郡治奉高，在今山东泰安东。 高阳——乡亭名，在今河南杞县西南，当时属于陈留郡的圉（yǔ）县。 皆多大县——“皆”字应删。 ⑳东苑——也称“兔园”，因其位置在梁国都城睢阳以东，故以“东苑”称之，“兔”在十二生肖中也是代表东方。 ㉑广睢阳城七十里——扩大城圈至方圆七十里。 ㉒复道——空中通道。 自宫连属于平台——从城里的宫廷直通城东的平台。师古曰：“今其城东二十里所有故台基，其处宽博，土俗云‘平台’也。” ㉓出言趩，入言警——趩：清道戒严。趩，亦作“跸”。警：警卫，戒备。这里是互文见义，即出入都要加强警备，清道戒严。 ㉔自山以东游说之士——山以东：指关中以外的其他六国旧地。当时梁孝王广招宾客游士，除本文所说的羊胜、公孙诡、邹阳外，其他比较著名的还有枚乘、严忌、司马相如等。 ㉕中尉——诸侯国主管军事的长官。 ㉖使使持节乘舆驷马——意谓派使者手持旌节，驾着皇帝的副车前往迎接。乘舆：皇帝的车驾。也用以代指皇帝。 迎梁王于关下——到函谷关去

迎接梁王。 ㉗既朝——行过朝拜之礼后。 上疏因留——给皇帝上奏请求留在了京城。疏:奏章。 以太后亲故——因为皇太后也是梁王的母亲。 ㉘入则侍景帝同辇——入:指在宫廷内。辇(niǎn):人拉的车子。 上林——即上林苑,秦汉时期的皇家猎场。旧址在今陕西西安西南,区域广达数县。 ㉙著籍引——将某个人的姓名登入门卫室的出入名簿,允许其自由出入。 与汉宦官无异——"宦"字似衍。㉚大臣及袁盎等有所关说于景帝——袁盎告诫景帝不能擅改高祖以来的传子的规定。关说:开列理由,加以陈说。 ㉛义格——意谓立梁王为接班人的议题被搁置起来。义:通"议"。格:止。 不复言以梁王为嗣事由此——"由此"二字衍,应删。 ㉜立胶东王为太子——胶东王:即日后的汉武帝,名彻,王夫人所生,景帝四年被立为胶东王。㉝逐其贼——追查刺客的行踪。逐:追查,追拿。 ㉞意梁王——猜想是梁王所为。意:疑,猜想。 逐贼,果梁使之——按:前云"逐其贼,未得也",后又云"逐贼,果梁使之",繁复不顺。李笠《史记订补》认为,上句"逐"字乃涉下句"逐"字误衍,正确的文字应作:"其贼未得也,于是天子意梁王,逐贼,果梁使之。"按:李氏说是。 ㉟冠盖相望于道——极言其所派出的使者之多,后一批可以望见前一批的衣饰与车盖。冠盖:冠指使者的礼帽,盖指使者车上的大伞。 覆按梁——到梁国反复地进行调查、勘核。 ㊱责二千石急——严厉地逼着梁国的大臣们交出凶手。当时诸侯国的一些执政大臣如丞相、内史、中尉等都是二千石或比二千石。 ㊲梁相轩丘豹——姓轩丘,名豹。按:诸侯相是由朝廷委派去诸侯国的,理应站在朝廷立场。 内史韩安国——内史:在诸侯国管理民政的长官。韩安国:字长孺,以处理此次梁国事件蒙朝廷欣赏,后调入朝廷任御史大夫。 ㊳出之——将其尸体交了出来。㊴乃使韩安国因长公主谢罪太后——因:通过,凭借。长公主:名嫖,景帝与梁孝王的大姐。丈夫姓陈,生一女,因嫁与刘彻,于是又成了景帝的亲家婆。 ㊵既至关——指到达函谷关。 茅兰——孝王臣,事迹不详。 ㊶伏斧质——自己趴在砧板上,古人请罪的一种姿态。质:杀人下垫的砧板。 阙下——宫门前,因皇宫正门有双阙,故云。 ㊷三十五年——景帝中元六年(前144)。 ㊸为帝加壹飡——意即勉强吃了一点东西。飡:同“餐”。

梁孝王长子买为梁王,是为共王;子明为济川王;子彭离为济东王;子定为山阳王;子不识为济阴王。

孝王未死时,财以巨万计,不可胜数。及死,藏府余黄金尚四十余万斤,他财物称是。[①]

梁共王三年,景帝崩[②]。共王立七年卒,子襄立,是为平王。

梁平王襄十四年[③],母曰陈太后。共王母曰李太后。李太后,亲平王之大母也[④]。而平王之后姓任,曰任王后。任王后甚有宠于平王襄。初,孝王在时,有罍樽,直千金。[⑤]孝王诫后世,善保罍樽,无得以与人。任王后闻而欲得罍樽。平王大母李太后曰:“先王有命,无得以罍樽与人。他物虽百巨万,犹自恣也[⑥]。”任王后绝欲得之,平王襄直使人开府取罍樽,赐任王后。[⑦]李太后大怒,汉使者来,欲自言,平王襄及任王后遮止,闭门,李太后与争门,措指[⑧],遂不得见汉使者。李太后亦私与食官长及郎中尹霸等士通乱[⑨],而王与任王后以此使人风止[⑩]李太后。李太后内有淫行,亦已[⑪]。后病薨。病时,任后未尝请病;薨,又不持丧。[⑫]

元朔中,睢阳人类犴反者,[⑬]人有辱其父,而与淮阳太守客出同车[⑭]。太守客出下车,类犴反杀其仇于车上而去。淮阳太守怒,以让[⑮]梁二千石。二千石以下求反甚急,执反亲戚。[⑯]反知国阴事,乃上变事,具告知王与大母争樽状。[⑰]时丞相以下见知之[⑱],欲以伤梁长吏[⑲]。其书闻天子。天子下吏验问[⑳],有之。公卿请废襄为庶人。天子曰:“李太后有淫行,而梁王襄无良师傅,故陷不义。”乃削梁八城,枭[㉑]任王后首于市。梁余尚有十城。襄立三十九年卒,谥为平王。子无伤立为梁王[㉒]也。

济川王明者,梁孝王子,以桓邑侯孝景中六年为济川王。七岁,坐射杀其中尉,汉有司请诛,天子弗忍诛,废明为庶人。迁房陵[㉓],地入于汉为郡。

济东王彭离者，梁孝王子，以孝景中六年为济东王。二十九年，彭离骄悍，无人君礼，[24]昏暮私与其奴、亡命少年数十人行剽杀人，取财物以为好。所杀发觉者百余人，国皆知之，莫敢夜行。所杀者子上书言。汉有司请诛，上不忍，废以为庶人，迁上庸，地入于汉，为大河郡。

山阳哀王定者，梁孝王子，以孝景中六年为山阳王。九年卒，无子，国除，地入于汉，为山阳郡。

济阴哀王不识者，梁孝王子，以孝景中六年为济阴王。一岁卒，无子，国除，地入于汉，为济阴郡。

（以上为第二段，写梁孝王诸子孙的结局，大多数都在武帝实行"推恩法"的过程中被取消封国，改其地为郡县。）

①藏（zàng）府——仓库。　他财物称是——与此相称，与此成比例。称：相称，相对应。　②梁共王三年，景帝崩——事在景帝后元三年（前141）正月。　③梁平王襄十四年——相当于武帝元朔六年（前123）。　④李太后，亲平王之大母也——李太后是梁平王刘襄的亲奶奶。大母：祖母。　⑤罍樽（léi zūn）——酒器。当为商末周初之物。　直——通"值"。　⑥犹自恣也——也随你的便，想拿就拿。犹：尚。恣：随意，任意。　⑦绝欲得之——一定要得到它。　平王襄直使人开府——直：径，随即，谓不再商量、请示。　⑧措指——被门挤了手指。措：轧，夹住。　⑨与食官长及郎中尹霸等士通乱——梁玉绳曰："此句传写有误，当云'与食官长及郎中尹霸、士通等乱'。"　⑩风止——向其吹风示意，以制止其告状。　⑪亦已——也就搁下不提了。已：完，终止。　⑫请病——请安问病。　不持丧——不按礼法奉行对长辈的丧仪。　⑬元朔中——元朔年间，即公元前128—前123年。　类犴（àn）反——姓"类"，名"犴反"。　⑭而与淮阳太守客出同车——谓辱类犴反之父者与淮阳太守之客同车。淮阳：汉郡名，郡治陈县，在今河南周口淮阳区。淮阳郡属朝廷，东北与梁国接壤。　⑮让——责备。意即令梁国交出凶手。　⑯求——侦捕。　执反亲戚——执：拘留，关押。亲戚：此处指父母。　⑰知国阴事——知道梁国王室的阴私

不法之事。 上变事——指给朝廷上书。变事:《汉书》作“变”,指举报重大叛逆事件的文书。 具告知王与大母争樽状——“知”字衍文,应删。 ⑱时丞相以下见知之——意即类犴反的举报文书不仅告发了梁王的忤逆不孝,同时还告发了梁国诸大臣的知情不举。见知:即武帝时的“见知故纵”之法。 ⑲欲以伤梁长吏——目的是要伤害梁国的各级官吏,因为他们应淮阳太守之请,“二千石以下求反甚急”。 ⑳下吏验问——派官吏下来查问。 ㉑枭——斩首并悬挂示众。 ㉒子无伤立为梁王——梁贞王刘无伤卒于昭帝始元元年(前86),为史公所不及见,故只书其即位为梁王而止。 ㉓迁房陵——迁:流放,发配。房陵:汉县名,县治即今湖北房县。 ㉔二十九年——即武帝元鼎元年(前116)。 无人君礼——没有君长的样子。

太史公曰:梁孝王虽以亲爱之故,王膏腴之地,然会汉家隆盛,百姓殷富,故能植其财货,广宫室,车服拟于天子,然亦僭矣。

(以上为第三段,是作者的论赞,作者谴责了梁孝王的僭越以及骄奢淫逸。)

褚先生曰:臣为郎时,闻之于宫殿中老郎吏好事者称道之也。窃以为令梁孝王怨望,欲为不善者,事从中生。[①]今太后,女主也,以爱少子故,欲令梁王为太子。大臣不时正言其不可状,阿意治小,私说意以受赏赐,[②]非忠臣也。齐如魏其侯窦婴之正言也,[③]何以有后祸?景帝与王燕见[④],侍太后饮,景帝曰:“千秋万岁之后传王。”太后喜说。窦婴在前,据地言曰:“汉法之约,传子適孙,[⑤]今帝何以得传弟,擅乱高帝约乎!”于是景帝默然无声。太后意不说。

故成王与小弱弟立树下[⑥],取一桐叶以与之,曰:“吾用封汝。”周公[⑦]闻之,进见曰:“天王[⑧]封弟,甚善。”成王曰:“吾直与戏耳。”周公曰:“人主无过举[⑨],不当有戏言,言之必行之。”于是乃封小弟以应县[⑩]。

是后成王没齿不敢有戏言，言必行之。《孝经》曰："非法不言，非道不行。"此圣人之法言也。今主上不宜出好言于梁王。梁王上有太后之重，骄蹇日久；数闻景帝好言，千秋万世之后传王，而实不行。

又诸侯王朝见天子，汉法凡当四见耳。始到，入小见[11]；到正月朔旦，奉皮荐璧玉贺正月，法见；[12]后三日，为王置酒，赐金钱财物；后二日，复入小见，辞去。凡留长安不过二十日。小见者，燕见于禁门内，饮于省中，非士人所得入也。[13]今梁王西朝，因留，且半岁。入与人主同辇，出与同车。示风以大言[14]而实不与，令出怨言，谋畔逆，乃随而忧之，不亦远乎[15]！非大贤人，不知退让。今汉之仪法，朝见贺正月者，常一王与四侯俱朝见，十余岁一至。[16]今梁王常比年入朝见，久留。鄙语曰："骄子不孝。"非恶言也。故诸侯王当为置良师傅，相忠言之士，如汲黯、韩长孺等，敢直言极谏，安得有患害！

盖闻梁王西入朝，谒窦太后，燕见，与景帝俱侍坐于太后前，语言私说[17]。太后谓帝曰："吾闻殷道亲亲，周道尊尊，其义一也。[18]安车大驾，用梁孝王为寄。[19]"景帝跪席举身[20]曰："诺。"罢酒出，帝召袁盎诸大臣通经术[21]者曰："太后言如是，何谓也？"皆对曰："太后意欲立梁王为帝太子。"帝问其状，袁盎等曰："殷道亲亲者，立弟。周道尊尊者，立子。殷道质，质者法天，[22]亲其所亲，故立弟。周道文，文者法地，尊者敬也，敬其本始[23]，故立长子。周道，太子死，立適孙。殷道，太子死，立其弟。"帝曰："于公何如[24]？"皆对曰："方今汉家法周，周道不得立弟，当立子。故《春秋》所以非宋宣公。宋宣公死，不立子而与弟。弟受国死，复反之与兄之子。弟之子争之，以为我当代父后，即刺杀兄子。以故国乱，祸不绝。故《春秋》曰：'君子大居正，宋之祸宣公为之[25]。'臣请见太后白之。"袁盎等入见太后："太后言欲立梁王，梁王即终，欲谁立？"太后曰："吾复立帝子。"袁盎等以宋宣公不立正，生祸,祸乱后五世不绝,小不忍害大义状报太后。太后乃解说,即使梁王归就国。而梁王闻其义出于袁盎诸大臣所,怨望,使人来杀袁盎。袁盎顾之曰:"我所谓袁将军者也,公得毋误乎?[26]"刺者曰:"是矣!"刺之,置其剑,剑著身[27]。视其剑,新治。问长安中削厉工[28],工曰:"梁郎某子[29]来治此剑。"以此知而发觉之,发使者捕逐之。独梁王所欲杀大臣十余人,文吏穷本之,谋反端颇见。[30]太后不食,日夜泣不止。景帝甚忧之,问公卿大臣,大臣以为遣经术吏往治之,乃可解。[31]于是遣田叔、吕季主往治之。[32]此二人皆通经术,知大礼[33]。来还,至霸昌厩,取火悉烧梁之反辞,[34]但空手来对景帝。景帝曰:"何如?"对曰:"言梁王不知也。造为之者,独其幸臣羊胜、公孙诡之属为之耳。[35]谨以伏诛死,梁王无恙也。"景帝喜说,曰:"急趋谒太后。"太后闻之,立起坐飡,气平复。故曰,不通经术知古今之大礼,不可以为三公及左右近臣。少见之人,如从管中窥天也。

(以上为第四段,是褚先生补叙的有关梁孝王的事迹。)

①窃以为——此转述当时"老郎吏好事者"口气。　事从中生——完全是由宫中(指太后和皇帝)酿成的。　②不时——不及时。　阿意治小——曲顺着太后的意思,不考虑大的方面。　私说意——自己一心讨好上头。说:"悦"的古字。　③齐如——(假如)都像。齐:全都。　魏其侯窦婴之正言——即后文所述,其事已见于《魏其武安侯列传》。窦婴:窦太后之侄,在平定吴楚七国之乱中有功,封魏其侯。　④燕见——安闲相见,与正式场合的以礼相见对比而言。燕:通"宴",安闲。　⑤据地——两手撑地跪伏。　传子適孙——语略不顺,似应作"传適子孙"。即父亲传给儿子,儿子传给孙子。適:通"嫡"。　⑥故成王与小弱弟立树下——故:昔,从前。成王:周成王,名诵,武王之子。小弱弟:即叔虞。　⑦周公——名旦,文王之子,武王之弟,成王之叔,时在朝辅佐成王。事迹见《鲁周公世家》。　⑧天王——《春秋》对周天子的尊称,今褚少孙拿来用到周公的讲话中。⑨无过举——不能有错误的举动。　⑩应县——古地名,在今山西应

县。 ⑪小见——报到式的拜见。 ⑫正月朔旦——正月初一的早晨。 奉皮荐璧玉——把璧玉放在皮子做的衬垫上用盘子托着。荐:垫。 法见——礼法规定的隆重的朝见。按:褚少孙是元、成间人,当时已经使用《太初历》,"贺正月"即贺岁始。 ⑬燕见于禁门内——这是一种不拘礼法的家庭内部的和乐团聚。禁门:宫门。 省中——即指宫中。 非士人所得入——不是一般官僚士大夫进得去的。按:以上是诸侯王进京朝见皇帝与其在京期限的具体规定。 ⑭示风以大言——即口不应心地说什么"千秋万岁后传梁王"云云。 ⑮不亦远乎——岂不是太离谱了吗?远:指违背事理而言。 ⑯一王与四侯俱朝见——指一个国王带着他的四个已经封了侯的儿子一同进京朝见。

十余岁一至——十来年才能进京一回。 ⑰语言私说——意思是一起说家常,说得心里很高兴。词语生涩,但又显然与前面"私说意以受赏赐"中的"私说"用法相同,是褚少孙的惯用语。 ⑱殷道亲亲,周道尊尊——亲亲:亲其所当亲。尊尊:尊其所当尊。泷川资言引杨慎曰:"二句出《尚书纬》。"《索隐》曰:"殷人尚质,亲亲,谓亲其弟而授之;周人尚文,尊尊,谓尊祖之正体。故立其子,尊其祖也。" 其义一也——总的精神是一样的。换言之就是二者采用哪一种都可以。 ⑲安车大驾——婉称自己死后。 用梁孝王为寄——意思是"我把梁王托付给你"。用:以。寄:托付。 ⑳跪席举身——在坐席上跪起来,挺直上身。 ㉑通经术——深谙治国经邦之大计。但因此语出于元、成之间的褚少孙之口,故"经术"二字带有儒学色彩,主要指儒家经典及伦理纲常。 ㉒殷道质——殷朝讲究质朴。按:《高祖本纪》有所谓"夏之政忠,忠之敝,小人以野,故殷人承之以敬;敬之敝,小人以鬼,故周人承之以文"云云。本来是说夏政"质朴"的,现在又移到殷代去了。穿凿附会,亦随其言之而已。 法天——效法天。为什么效法"天"就必然是"亲亲"?又为什么"亲亲"就必须是"立弟"?也不过是随其诡辩而已。 ㉓敬其本始——意即敬其始祖。本始:始祖。 ㉔于公何如——犹今所谓"依你们看应该怎么样呢"。 ㉕君子大居正,宋之祸宣公为之——二语见《春秋公羊传·隐公三年》。大居正:重视确立接班人。大:看重,重视。 ㉖顾——视,回视。 袁将军——袁盎在文帝时曾为中郎将,是皇帝的卫队长,连皇帝都称他为“将军”。 得毋误乎——莫非弄错了吗?得毋:莫非。 ㉗置其剑,剑著身——扔下了他的剑,剑还在死者的身上插着。 ㉘削厉工——打造并磨砺刀剑的工匠。 ㉙梁郎某子——梁国的郎官某某人。 ㉚穷本之——犹如今之所谓盘根究底,穷本溯源。 谋反端颇见——图谋反叛的事情露出了苗头。 ㉛治——查办。 乃可解——事情才可能处理好。 ㉜田叔——汉初名臣,曾在赵王张敖处为吏,后入汉为汉中守,处理梁事后,又曾为鲁相。 吕季主——事迹不详,仅此一见。 ㉝大礼——犹言“大体”,办事情顾大局。 ㉞来还——查办梁国的问题后返回长安。 霸昌厩——驿站名,在今陕西西安临潼区东北,离长安已经很近。 悉烧梁之反辞——把梁国谋杀朝廷命官的一切口供通通烧掉。 ㉟言梁王不知也——口供都说梁王不知道。有人以为“言”字衍文,如删“言”字,则成了田叔以为梁王不知,意思上有区别。 造为之者,独其幸臣羊胜、公孙诡之属为之耳——按:词语繁复,应删去开头的“造为之者”四字,或删去后面的“为之”二字,两者不能同时保留。

［**简评**］ 作品记述了梁孝王及其整个支派的变化兴衰,而中心则是表现了梁孝王与汉景帝之间的剧烈复杂的权力之争,揭示了汉景帝与梁孝王兄弟之间、汉景帝与窦太后母子之间的种种不可调和的矛盾。这种皇室内部由争夺皇位继承权而引起的勾心斗角,贯穿整个阶级社会,是一个带有必然规律的问题。本文所表现的这场权位之争的兴起、激化,以及其最后的结局,几乎都与《左传》所披露的由争夺国家继承权而使整个家庭伦理完全扭曲的“郑伯克段于鄢”的故事相同,其历史意义是极其典型而又极其深刻的。

［**集评**］ 《太史公自序》:“七国叛逆,蕃屏京师,唯梁为捍;偩爱矜功,几获于祸。嘉其能距吴楚,作《梁孝王世家》第二十八。”

汤谐曰:"一篇写太后之溺爱梁王,正所以几危梁王,为千秋炯戒。后写罍樽事,则又见梁王之总于货宝,正所以危其后人也。然财物多太后所赐,则祸胎仍太后所贻,而溺爱之失益见矣。至其文境沉雄,于澹泊深老之中具生龙活虎之势,那得不令人叹绝!"(《史记半解》)

吴见思曰:"盛衰固有倚伏,嫌怨必有所从来,故至亲骨肉之间,有不期然而然者。史公先写梁之极盛时、极亲密时,正为后文伏案也。后逐节即就事实写,不多一语,而读之伤心,思之刻骨。"(《史记论文》)

李景星曰:"《梁孝王世家》以'僭'字作骨,通篇节节摹写,至赞末一句点明,如画龙点睛,破壁飞去矣。篇内叙梁王,先叙代、梁二王,以清头绪;后叙济川四王,以为收束,章法严密之至。其中又有极恢雅处,如叙梁王苑囿、宫室、旌旗、府库之盛及朝觐宠遇之隆是也。有曲折处,如'王辞谢。虽知非至言,然心内喜。太后亦然';'太后泣';'景帝忧恐';'然后太后、景帝大喜,相泣,复如故';'窦太后哭极哀,不食';'景帝哀惧';'太后乃说,为帝加壹飡'等语是也。赞语以短胜,几三转,笔峭而调古。"(《四史评议》)

五宗世家第二十九

孝景皇帝子凡十三人为王,而母五人,同母者为宗亲。[1]栗姬子曰荣、德、阏于[2]。程姬[3]子曰余、非、端。贾夫人[4]子曰彭祖、胜。唐姬[5]子曰发。王夫人儿姁子曰越、寄、乘、舜[6]。

河间献王德,以孝景帝前二年用皇子为河间王。[7]好儒学,被服造次[8]必于儒者。山东[9]诸儒多从之游。

二十六年卒,子共王不害立。四年卒,子刚王基代立。十二年卒,子顷王授代立[10]。

临江哀王阏于[11],以孝景帝前二年用皇子为临江王。三年卒,无后,国除为郡。

临江闵王荣,以孝景前四年为皇太子,[12]四岁废,用故太子为临江王[13]。

四年,坐侵庙壖垣为宫,上征荣。[14]荣行,祖[15]于江陵北门。既已上车,轴折车废[16]。江陵父老流涕窃言曰:"吾王不反矣!"[17]荣至,诣中尉府簿[18]。中尉郅都责讯王,[19]王恐,自杀,葬蓝田[20]。燕数万衔土置冢上,百姓怜之。

荣最长,死无后,国除,地入于汉,为南郡。

右三国本王[21]皆栗姬之子也。

（以上为第一段，是本篇的总冒，与栗姬所生刘德、刘阏于、刘荣三王之始末。）

①凡十三人为王——景帝共十四子，刘彻为帝，不在其内，其余共十三人以皇帝之子被封为王。　宗亲——同一宗派的亲属。　②栗姬子曰荣、德、阏（è）于——栗姬：因其子刘荣曾被立为太子，故栗姬之地位崇高；后因妒忌骄慢，被长公主与王夫人所倾轧，太子刘荣也连带被废。阏于：此子名"阏"，"于"字衍。　③程姬——事迹不详。　④贾夫人——即贾姬，见于《酷吏列传》。按：汉初时妃嫔的位号尚未细分，嫡妻称皇后，其他妃妾都称作"夫人"。　⑤唐姬——事迹不详。⑥王夫人儿姁子曰越、寄、乘、舜——王夫人：名儿姁，武帝生母王皇后之胞妹。　⑦河间献王德——栗姬的次子，"献"是谥号。　孝景帝前二年——公元前155年。　用皇子为河间王——以皇帝儿子的身份被封为河间王，河间国的国都乐成，在今河北献县东南。用：以，凭着。⑧被服造次——被服：指穿戴。造次：指一举一动。　⑨山东——崤山以东。泛指关中以东地区。　⑩顷王授代立——按：倾王授死于天汉三年（前98），史公尚在，此处不书其卒，盖遵"止于太初"之例。　⑪临江哀王阏于——临江国的都城在今湖北江陵西北之纪南城。　⑫临江闵王荣——刘德、刘阏之兄。荣最长，而传居二王之后者，以其从太子被废后乃为王。　孝景前四年为皇太子——时皇后被废，刘荣于诸姬所生子中年龄最长，故于景帝前四年（前153）被立为皇太子。　⑬用故太子为临江王——以"故太子"的身份被封为临江王。　⑭四年——应作"三年"，即景帝中元二年（前148）。　坐侵庙壖垣为宫——坐：因，因事而犯罪。侵庙壖（ruán）垣为宫：在为自己建造宫室时侵占了先祖庙宇四周的土地。壖垣：正式院墙以外的，为标志其周围属地而建立的小矮墙。壖：通"堧"。按：汉代朝廷为打击诸侯王，经常使用侵壖垣与酎金不合规定这两个罪名。　征荣——调刘荣进京。⑮祖——祖道，出行前祭路神。后亦以称宴送行。　⑯轴折车废——古人常以此类写法预示前途凶险。废：坏。　⑰父老流涕窃言曰："吾王不反矣！"——反：同"返"。作者极力铺陈，以显示其对刘荣的同情。⑱诣（yì）中尉府簿——到中尉府回答审问。中尉：主管首都治安的

武官。簿:这里指对簿,即接受审问。 ⑲郅都——景帝时任中郎将,直言敢谏。后迁中尉,执法严峻。事迹见《酷吏列传》。 责讯——斥责,审讯。 ⑳蓝田——山名,在今陕西蓝田东南。 ㉑本王——也称“初王”。指受封开国之王,以区别其后世子孙继位为王者。

鲁共王餘,以孝景前二年用皇子为淮阳王。二年,吴楚反破后,以孝景前三年徙为鲁王。好治宫室苑囿狗马。季年好音,不喜辞辩,为人吃。[①]

二十六年卒,子光代为王。初好音舆马;晚节啬,惟恐不足于财[②]。

江都易王非,以孝景前二年用皇子为汝南王。吴楚反时,非年十五,有材力,上书愿击吴。景帝赐非将军印,击吴。吴已破,二岁,徙为江都王,治吴故国,[③]以军功赐天子旌旗。元光五年[④],匈奴大入汉为贼,非上书愿击匈奴,上不许。非好气力,治宫观,招四方豪桀,骄奢甚。

立二十六年卒,子建立为王。七年自杀。淮南、衡山谋反[⑤]时,建颇闻其谋。自以为国近淮南,恐一日发,为所并,即阴作兵器,而时佩其父所赐将军印,载天子旗以出。易王死未葬,建有所说易王宠美人淖姬,夜使人迎与奸服舍中。[⑥]及淮南事发,治党与,颇及江都王建。[⑦]建恐,因使人多持金钱,事绝其狱[⑧]。而又信巫祝,使人祷祠妄言。建又尽与其姊弟[⑨]奸。事既闻,汉公卿请捕治建。天子不忍,使大臣即讯王[⑩]。王服所犯,遂自杀。国除,地入于汉,为广陵郡。

胶西于王端,以孝景前三年吴楚七国反破后,端用皇子为胶西王。端为人贼戾,又阴痿,[⑪]一近妇人,病之数月。而有爱幸少年为郎。为郎者顷之与后宫乱,端禽灭之,及杀其子母[⑫]。数犯上法,汉公卿数请诛端,天子为兄弟之故不忍,而端所为滋甚。有司再请削其国,去太半[⑬]。端心愠,遂为无訾省[⑭]。府库坏漏,尽腐财物，以巨万计，终不得收徙[15]。令吏毋得收租赋[16]。端皆去卫[17]，封其宫门，从一门出游。数变名姓，为布衣，之他郡国。

相、二千石往者[18]，奉汉法以治，端辄求其罪告之，无罪者诈药杀之。[19]所以设诈究变[20]，强足以距谏，智足以饰非。相、二千石从王治，则汉绳以法。[21]故胶西小国，而所杀伤[22]二千石甚众。

立四十七年，卒，竟无男代后，国除，地入于汉，为胶西郡。

右三国本王皆程姬之子也。

（以上为第二段，写程姬所生刘餘、刘非、刘端三王之始末。）

①季年——晚年。　好音——爱好音乐。　不喜——不善。　为人吃——说话口吃。　②晚节啬，惟恐不足于财——按：刘光死于武帝征和四年（前89），为史公所不及见，故此文作未了语。　③二岁——汝南王刘非二年，即景帝三年（前154）。　徙为江都王，治吴故国——吴王刘濞造反被杀后，灭其国，改称为“江都”，移封刘非为王，并以吴国的都城广陵为江都国的国都。　④元光五年——应作“元光六年”。“元光”是武帝的第二个年号，元光六年为公元前129年。　⑤淮南、衡山谋反——淮南王刘安、衡山王刘赐都是淮南王刘长之子，刘长于文帝六年（前174）因谋反被发配，自杀而死；文帝十二年（前168）封刘长之子刘安为淮南王（都寿春）、刘赐为衡山王（都邾）。至武帝元狩元年（前122），刘安、刘赐又图谋叛乱，事觉，皆自杀。　⑥淖（nào）姬——姓淖的某姬妾。　服舍——守丧者所栖息的庐舍。　⑦淮南事发——淮南王刘安等谋反的事情被发现。　治党与——追察同党。党与：即“党羽”。与：参与，交结。　⑧事绝其狱——语略不顺，大意谓通过行贿、收买，以脱去自己与淮南事件的牵连。　⑨姊弟——犹言姊妹。⑩使大臣即讯王——派大臣到江都王那里去上门讯问。是一种留面子的处理方式。即：就。　⑪贼戾——残忍凶暴。　阴痿——即今所谓“阳痿”。　⑫及杀其子母——而且将自己后宫与之淫乱的妃嫔连其私通所生的孩子一并杀死。　⑬去太半——三分之二为太半。　⑭无訾省——若今言“诸事不理”。訾：思。省：视。　⑮终不得收徙——不收起，又不徙置他处，存心让其烂掉。　⑯毋得收租赋——谓该在本

国为朝廷征收租税的事情,也顶着不办。 ⑰去卫——将身边的警卫人员全部遣散。 ⑱相、二千石往者——指由朝廷派到胶西去的官员。汉代建国初期,朝廷只给各诸侯国派“太傅”“丞相”,其他官员都由各诸侯王自己委任。吴楚七国之乱后,各诸侯国二千石一级的官员,如内史、中尉、御史等也一律由朝廷委派。 奉汉法以治——利用朝廷的法律来约束、制裁刘端。 ⑲端辄求其罪告之——刘端总是寻找这些官僚的把柄,向朝廷控告他们。 诈药杀之——狡猾地暗中下药将其毒死。 ⑳设诈究变——意即想尽一切办法来与朝廷派去的官员作对。究:穷尽。 ㉑从王治——顺着胶西王的意思处理胶西国的事情。汉绳以法——朝廷就要整治他们。 ㉒杀伤——被杀及受伤害。

赵王彭祖,以孝景前二年用皇子为广川王。赵王遂反破后,彭祖王广川。四年,徙为赵王。[①]十五年[②],孝景帝崩。彭祖为人巧佞,卑谄足恭,而心刻深。[③]好法律,持诡辩以中人。[④]彭祖多内宠姬及子孙。相、二千石欲奉汉法以治,则害于王家[⑤]。是以每相、二千石至,彭祖衣皂布衣,自行迎,除二千石舍。[⑥]多设疑事以作动之,得二千石失言,中忌讳,辄书之。[⑦]二千石欲治者,则以此迫劫;[⑧]不听,乃上书告,及污以奸利[⑨]事。彭祖立五十余年,相、二千石无能满二岁,辄以罪去,大者死,小者刑,以故二千石莫敢治。而赵王擅权,使使即县为贾人榷会,入多于国经租税。[⑩]以是赵王家多金钱,然所赐姬诸子,亦尽之矣。彭祖取故江都易王宠姬王建所盗与奸淖姬者为姬,甚爱之。

彭祖不好治宫室、禨祥,好为吏事。[⑪]上书愿督国中盗贼[⑫]。常夜从走卒行徼邯郸中。[⑬]诸使过客以彭祖险陂,[⑭]莫敢留邯郸。

其太子丹与其女及同产姊奸,与其客江充有郤。[⑮]充告丹,丹以故废。赵更立太子[⑯]。

中山靖王胜,以孝景前三年用皇子为中山王。十四年,孝景帝崩[⑰]。胜为人乐酒好内,有子枝属百二十余人。[⑱]常与兄赵王相非[⑲],曰:“兄为王,专代吏治事,王者当日听音乐声色。”赵王亦非之，曰："中山王徒日淫，不佐天子拊循百姓，何以称为藩臣！"

立四十二年卒。子哀王昌立，一年卒，子昆侈代为中山王。

右二国本王皆贾夫人之子也。

（以上为第三段，写贾夫人所生刘彭祖、刘胜二王与其子孙的始末。）

①赵王遂——刘遂是刘邦之孙，赵幽王刘友之子。大臣诛诸吕，文帝复立刘遂为赵王。景帝三年（前154），刘遂因响应吴楚叛乱而被消灭。 徙为赵王——刘遂因跟同造反被灭后，赵国改设为郡。两年后复立赵国，移封刘彭祖为赵王。 ②十五年——赵王彭祖十五年（前141）。 ③巧佞（nìng）——乖巧。善于见人说好话。 卑谄足恭——装出一副谦卑恭敬的样子，讨好于人。 心刻深——刻：苛严。深：浅之对，言其不可测。 ④好法律——喜欢钻研法律条文。 持诡辩以中人——凭着口才变着法地把人陷入法网。中：中伤，陷害。 ⑤害于王家——对刘彭祖的家族不利。 ⑥衣皂布衣——穿着黑色的平民衣服。 自行迎，除二千石舍——自行迎之，又为来者扫除其舍。即前文所说的"巧佞，卑谄足恭"。 ⑦多设疑事以作动之——提出许多疑难问题使其吃惊。作动：《汉书》作"诈动"。 失言，中忌讳——走嘴说了触犯皇帝忌讳的话。 辄书之——立刻将其记下来。 ⑧二千石欲治——谓当这些朝廷命官想按朝廷的规定查办赵国的事务时。 则以此迫劫——刘彭祖就拿出他所记录的这些官员们的把柄以逼迫他们就范。迫劫：逼迫、挟持。 ⑨奸利——以非法手段获取利益。 ⑩即县——到赵国所管的各县。 为贾人榷（què）会——说法有三：其一是去为商贾当经纪人，以收取佣金，而且对此实行垄断，不许别人干。榷：独木桥，用以比喻垄断。其二是给商人核算商品总值，向其征税。王先谦曰："会，会计也。总计贾人财物而征榷之，故曰榷会。"其三是派人去当商人，直接垄断市场。按：其一、其二说较好。 入多于国经租税——中井积德曰："王国租税有常经，今乃'榷会'所入之利，多于其常经租税之入也。" ⑪不好治宫室、禨（jī）祥——意即不喜欢大兴土木，不迷信"灾异""祥瑞"一类的妖言。禨祥：谓祈禳之事。 好为吏事——这里指爱好行政、司法方面的各种事务。 ⑫上书愿督国中

盗贼——上书向朝廷请求愿意亲自在赵国捕盗贼。督:查办。 ⑬夜从走卒——晚上带着几个走卒。从:使之跟着。 行徼(jiào)邯郸中——在赵国都城邯郸巡逻。行徼:巡逻。师古曰:"徼,谓巡察也。" ⑭诸使过客——因公事来赵国的使者以及过往旅客。 险陂(bì)——阴险邪恶。陂:邪佞,不正。 ⑮同产姊——同胞姐姐。 与其客江充有郤——江充:武帝时期的阴险人物,任"直指绣衣使者",曾在统治层内掀起多次动乱。后以巫蛊加害卫太子,被卫太子所杀。 ⑯赵更立太子——据《汉书》,赵国更立之太子为刘昌,后继其父位,史称顷王。按:史文结束于"赵更立太子",是史公结束此文时,刘彭祖尚为赵王。刘彭祖死于武帝征和元年(前92),前后共为王六十余年。 ⑰十四年,孝景帝崩——中山王刘胜之十四年,即景帝后元三年(前141)。 ⑱乐酒好内——好酒,好养姬妾。 有子枝属百二十余人——泷川资言曰:"并孙数之,故曰'枝属'。" ⑲相非——彼此指责短处。

长沙定王发[①],发之母唐姬,故程姬侍者。景帝召程姬,程姬有所辟[②],不愿进,而饰侍者唐儿使夜进。上醉不知,以为程姬而幸之,遂有身。已乃觉非程姬也。及生子,因命曰发[③]。以孝景前二年用皇子为长沙王。以其母微,无宠,故王卑湿贫国[④]。

立二十七年卒,子康王庸立。二十八年,卒,子鲋鮈立为长沙王。

右一国本王唐姬之子也。

(以上为第四段,写唐姬所生长沙王刘发与其子孙的始末。)

①长沙定王发——长沙国的国都临湘,在今湖南长沙。 ②有所辟——时值例假。 ③发——发觉。 ④卑湿贫国——这是当时北方人对长沙国的看法,可参看《屈原贾生列传》。

广川惠王越,以孝景中二年用皇子为广川王。

十二年卒,子齐立为王。齐有幸臣桑距。已而有罪,欲诛距,距亡,王因禽其宗族。距怨王,乃上书告王齐与同产奸。[①]自是之后,王齐数上书告言汉公卿及幸臣所忠等[②]。

胶东康王寄,以孝景中二年用皇子为胶东王。二十八年卒。淮南王谋反时,寄微闻其事,私作楼车镞矢战守备,候淮南之起。[③]及吏治淮南之事,辞出之[④]。寄于上最亲,意伤之,发病而死,不敢置后,[⑤]于是上闻[⑥]。寄有长子者名贤,母无宠;少子名庆,母爱幸,寄常欲立之。为不次,因有过,遂无言。[⑦]上怜之,乃以贤为胶东王,奉康王嗣,而封庆于故衡山地,为六安王[⑧]。

胶东王贤立十四年卒,谥为哀王。子庆为王[⑨]。

六安王庆,以元狩二年用胶东康王子为六安王。

清河哀王乘,以孝景中三年用皇子为清河王。十二年卒,无后,国除,地入于汉,为清河郡。

常山宪王舜,以孝景中五年用皇子为常山王。舜最亲[⑩],景帝少子,骄怠多淫,数犯禁,上常宽释之。立三十二年卒,太子勃代立为王。

初,宪王舜有所不爱姬生长男棁。棁以母无宠故,亦不得幸于王。王后脩生太子勃。王内多,所幸姬生子平、子商,王后希得幸。[⑪]及宪王病甚,诸幸姬常侍病,故王后亦以妒媢不常侍病,辄归舍。[⑫]医进药,太子勃不自尝药,又不宿留侍病。及王薨,王后、太子乃至。宪王雅不以长子棁为人数,[⑬]及薨,又不分与财物。郎[⑭]或说太子、王后,令诸子与长子棁共分财物,太子、王后不听。太子代立,又不收恤[⑮]棁。棁怨王后、太子。汉使者视宪王丧[⑯],棁自言宪王病时,王后、太子不侍,及薨,六日出舍[⑰]。太子勃私奸,饮酒,博戏,击筑,与女子载驰,环城过市,入牢视囚。[⑱]天子遣大行骞验王后及问王勃,请逮勃所与奸诸证左,王又匿之。[⑲]吏求捕,勃大急,使人致击笞掠,擅出汉所疑囚者[⑳]。有司请诛宪王后脩及王勃。上以脩素无行,使棁陷之罪,勃无良师傅,不忍诛。[㉑]有司请废王后脩,徙王勃以家属处房陵[㉒],上许之。

勃王数月，迁于房陵，国绝。月余，天子为最亲，乃诏有司曰："常山宪王蚤夭，后妾不和，适孽诬争，[23]陷于不义以灭国，朕甚闵焉。其封宪王子平三万户，为真定王；封子商三万户，为泗水王。[24]"

真定王平，元鼎四年用常山宪王子为真定王。

泗水思王商，以元鼎四年用常山宪王子为泗水王。十一年卒，子哀王安世立。十一年卒，无子。于是上怜泗水王绝，乃立安世弟贺为泗水王。

右四国本王皆王夫人儿姁子也。其后汉益封其支子[25]为六安王、泗水王二国。凡儿姁子孙，于今为六王[26]。

（以上为第五段，写王皇后之妹王儿姁所生刘越、刘寄、刘乘、刘舜四王与其子孙之始末。）

①王齐——广川王刘齐。 同产——此指同胞姊妹。 ②上书告言汉公卿及幸臣所忠等——告言：告发，举报。所忠：人名，武帝的近臣，杂见于《平准书》《司马相如列传》等篇。按：广川缪王刘齐在位四十五年，死于武帝征和元年（前92），而史文仅一句而止，疑有脱误。③楼车——可供登高以觇敌情的战车。 镞矢——箭头。 候淮南之起——意谓待淮南起事时他也一起行动。 ④辞出之——意即从犯事者的口供中将他牵扯了出来。 ⑤寄于上最亲——刘寄之母与武帝之母是亲姊妹。 不敢置后——不敢确立继承人，深感自己罪大。⑥于是上闻——这时武帝听说了此事。 ⑦为不次——不合长幼次序。 因有过，遂无言——因为自己有想随同淮南王谋反的过失，因而没敢讲出自己的想法。 ⑧封庆于故衡山地，为六安王——衡山原是淮南王刘安之弟刘赐的封国，国都邾县（今湖北黄冈西北）。刘赐于武帝元狩元年（前122）因与其兄刘安谋反，事觉自杀，国除。至此武帝又改其地曰六安国，以封刘寄之幼子刘庆。 ⑨子庆为王——"庆"字应作"通平"。刘通平之元年为武帝元封五年（前106），死于昭帝始元四年（前83）。 ⑩舜最亲——刘舜母与武帝母为亲姐妹，故刘舜与武帝的关系最亲。 ⑪内多——谓姬妾众多。 希得幸——很少能与刘舜

接触。希:稀疏。 ⑫妒媢(mào)——即妒嫉。 辄归舍——常常回去休息。辄:即,往往。 ⑬雅——平素,一向。 不以长子棁为人数——不把长子棁看成自己的儿子。 ⑭郎——官名,即郎中、中郎之类,指宪王生前的侍从人员。 ⑮收恤——亲近抚恤。 ⑯汉使者视宪王丧——朝廷派使者来参加、观察宪王的丧事。 ⑰及薨,六日出舍——谓老王爷刚死了六天,王后与太子就离开了服丧的庐舍。舍:服丧之庐舍。 ⑱私奸,饮酒,博戏,击筑,与女子载驰,环城过市——以上诸事皆发生在守丧期间,故罪名甚大。 入牢视囚——以言其与罪犯交结。 ⑲大行骞——张骞,武帝时的探险家,曾两次通使西域。大行:朝官名,也称典客,九卿之一,主管接待宾客。 验——调查取证。 请逮勃所与奸诸证左——向刘勃请求要逮捕他手下的有关人员。所与奸诸证左:与刘勃一起做过坏事可以充当佐证的人。证左:犹言佐证。 ⑳吏求捕勃大急,使人致击笞掠,擅出汉所疑囚者——数句词语生涩。方苞认为:吏求捕诸证佐于勃甚急,使人击掠勃左右,勃恐语泄,遂擅出汉所疑囚,使遁匿也。"汉所疑囚"即与奸诸证佐。"疑"读曰"拟",准备。 ㉑使棁陷之罪——意谓由于王后自己的品德不端,以致被刘棁控告成为罪人。 勃无良师傅——语气欠完整,盖谓刘勃因自幼无好的师、傅训导,故使今日陷于犯罪。 ㉒以家属处房陵——让其带着家属一道发配房陵。房陵:治今湖北房县,秦、汉时代是流放罪犯的地方。 ㉓蚤——通"早"。 后妾不和——王后与妃嫔闹矛盾。 適孽诬争——嫡子与庶子相互诬蔑,相互攻击。適:通"嫡",指刘勃。孽:庶子,姬妾所生之子。此处指刘棁。 ㉔真定王——国都真定,在今河北正定南。 泗水王——国都凌县,在今江苏泗阳西北。2002年11月在三庄乡之大青墩发现了泗水王墓。 ㉕益封其支子——朝廷更封立其庶子为王。指胶东王刘寄之少子刘庆被封为六安王;常山王刘舜之少子刘平被封为真定王、刘商被封为泗水王。 ㉖凡儿姁子孙,于今为六王——按:受封的国号共七个,现存者实为五王,即广川王刘齐、胶东王刘通平、六安王刘庆、真定王刘平、泗水王刘贺。

太史公曰:高祖时诸侯皆赋,得自除内史以下,[1]汉独为置丞相[②],黄金印。诸侯自除御史、廷尉正、博士,拟于天子[③]。自吴楚反后,五宗王世,汉为置二千石,[④]去“丞相”曰“相”,银印。诸侯独得食租税,夺之权。[⑤]其后诸侯贫者或乘牛车也。

(以上为第六段,是作者的论赞,史公对汉代诸侯的迅速衰落颇多感慨。)

①诸侯皆赋——《集解》引徐广曰:“国所出有,皆入于王也。” 自除内史以下——自行任命内史以下的各种官吏。自除:自己任命。内史:在诸侯国里主管民政的官员,秩二千石。 ②汉独为置丞相——按:汉中央政府为诸侯国置丞相是肯定的,此外还往往为诸侯国置太傅,如文帝曾出贾谊为长沙王太傅。 ③拟于天子——谓其骄奢豪华的程度可以和皇帝相比。 ④五宗王世——五个宗派的子孙被封为王时。 汉为置二千石——诸侯国里二千石一级的官员全部由朝廷任命。 ⑤独得食租税——只能享用该国百姓上交的租税。 夺之权——夺去了他们的军事、政治、司法等权力。

[**简评**] 作品分别记述了景帝五个妃子所生的十三个儿子的封王建国,以及他们各自发展传国的兴衰始末。由于是五个母亲所生,于是司马迁便称之为“五宗”。对此,后人颇不以为然,所以到班固的《汉书》里,就改称为“景十三王”了。至于王皇后所生的刘彻,因为他是“太子”,后来又做了皇帝,与此十三人不在一个等级,所以不计在内。作品写出了各诸侯王种种腐败现象,这是不奇怪的,历代的王公贵族,不这样的大概为数不多。一般说来,“承平”时代的诸侯王们不可能“有所作为”,这不仅因为他们多数没有这种才具,即使有,最高统治者也不可能允许他们去从军、从政,立德立功,因为这些人一旦有了资本,往往就可能谋反篡权,因此最高统治者对于这些人历来是严格监督防范的。作品对诸侯王与朝廷之间的这种矛盾是有明显揭露的,至于中山靖王的“乐酒好内”,河间献王的“被服造次必于儒者”,其实倒更像是一种防身之术。这篇文章的篇幅不长,对于每个人

的具体叙述就更为简单，但使人惊奇的是这篇作品在抓取人物特征，并用简练的笔触以突出人物个性上，却取得了其他长篇巨制也无法与之相比的成就。如其中写胶西王刘端存心与朝廷作对的桀骜情景，“笑面虎”赵王刘彭祖口蜜腹剑，且又以捕捉盗贼为最大乐趣的情景。其他如江都王刘非的好武，河间王刘德的好文，中山王刘胜的好酒，等等，无不各具面目。再如常山王刘勃家庭内部相互噬啮的纷纭复杂，以及临江王刘荣无辜被废，直到被陷害至死的凄惋悲哀，都无不令读者触目惊心，为之三叹。此文应与《外戚世家》《梁孝王世家》《荆燕世家》等参照阅读，以进一步了解最高统治者的后宫与其子弟们的生活情景，以及这个集团内部的尖锐复杂的矛盾状况。

［**集评**］《太史公自序》：“五宗既王，亲属洽和，诸侯大小为藩，爰得其宜，僭拟之事稍衰贬矣。作《五宗世家》第二十九。”

司马贞曰：“景帝子十四人，一武帝，余十三人为王，《汉书》谓之‘景十三王’，此名‘五宗’者，十三人为王，其母五人，司（同）母者为宗也。”（《史记索隐》）

王鸣盛曰：“《五宗世家》凡十三人，皆景帝子，以其母五人所生，号为‘五宗’，殊属无理，《汉书》改为《景十三王传》，是也。”（《十七史商榷》）

班固曰：“昔鲁哀公有言：‘寡人生于深宫之中，长于妇人之手，未尝知忧，未尝知惧。’信哉，斯言也。虽欲不危，亡不可得已。是故古人以宴安为鸩毒，亡德而富贵，谓之不幸。汉兴至于孝平，诸侯王以百数，率多骄淫失道，何则？沈溺放恣之中，居势使然也。自凡人犹系于习俗，而况哀公之伦乎？夫唯大雅，卓尔不群，河间献王近之矣。”（《汉书·景十三王传赞》）

黄震曰：“景十三王，惟河间王最贤，其学甚正，虽当时士大夫亦鲜及之，余率骄恣自灭。大率汉之封建，非特城邑过制，亦

失‘虽有周亲，不如仁人’之意，故适足以祸之耳。”（《黄氏日钞》）

李景星曰：“《五宗世家》以‘五宗’为经，以‘十三王’为纬，前总提，后分叙，章法极整。而中间记诸王处，或先提后叙，或先叙后提，或从旁面，或写余情，移步换形，一节一样，则又极变化之能事矣。赞语从今昔盛衰著想，正见汉家改制之善。末后一托，尤觉感慨无穷。”（《四史评议》）

三王世家第三十

“大司马臣去病昧死再拜上疏皇帝陛下[①]：陛下过听，使臣去病待罪行间。[②]宜专边塞之思虑，暴骸中野无以报，[③]乃敢惟他议以干用事者。[④]诚见陛下忧劳天下，哀怜百姓以自忘，亏膳贬乐，损郎员。[⑤]皇子赖天，能胜衣趋拜，[⑥]至今无号位师傅官[⑦]。陛下恭让不恤，群臣私望，[⑧]不敢越职而言。臣窃不胜犬马心[⑨]，昧死愿陛下诏有司，因盛夏吉时[⑩]定皇子位。唯陛下幸察[⑪]。臣去病昧死再拜以闻皇帝陛下。”三月乙亥，御史臣光守尚书令奏未央宫。[⑫]制曰：“下御史。”[⑬]

六年三月戊申朔，乙亥，[⑭]御史臣光守尚书令、丞非，下御史书到，言[⑮]：“丞相臣青翟、御史大夫臣汤、太常臣充、大行令臣息、太子少傅臣安行宗正事昧死上言[⑯]：大司马去病上疏曰：‘陛下过听，使臣去病待罪行间。宜专边塞之思虑，暴骸中野无以报，乃敢惟他议以干用事者，诚见陛下忧劳天下，哀怜百姓以自忘，亏膳贬乐，损郎员。皇子赖天，能胜衣趋拜，至今无号位师傅官。陛下恭让不恤，群臣私望，不敢越职而言。臣窃不胜犬马心，昧死愿陛下诏有司，因盛夏吉时定皇子位。唯愿陛下幸察[⑰]。’制曰‘下御史’。臣谨与中二千石、二千石臣贺等议[⑱]：古者裂地立国，并建诸侯以承天子，所以尊宗庙重社稷也。[19]今臣去病上疏，不忘其职，因以宣恩[20]，乃道天子卑让自贬以劳天下，虑皇子未有号位。臣青翟、臣汤等宜奉义遵职，愚憧而不逮事。[21]方今盛夏吉时，臣青翟、臣汤等昧死请立皇子臣闳、臣旦、臣胥为诸侯王。[22]昧死请所立国名[23]。”

制曰：“盖闻周封八百，姬姓并列，或子、男、附庸。[24]《礼》‘支子不祭[25]’。云‘并建诸侯所以重社稷’，朕无闻焉。且天非为君生民也[26]。朕之不德，海内未洽[27]，乃以未教成者强君连城，即股肱何劝？[28]其更议以列侯家之[29]。”

三月丙子[30]，奏未央宫。“丞相臣青翟、御史大夫臣汤昧死言：臣谨与列侯臣婴齐、中二千石、二千石臣贺、谏大夫博士臣安等议曰[31]：伏闻周封八百，姬姓并列，奉承[32]天子。康叔以祖考显，而伯禽以周公立。[33]咸为建国诸侯，以相傅为辅。[34]百官奉宪，各遵其职，而国统备矣。[35]窃以为‘并建诸侯所以重社稷’者，四海诸侯各以其职奉贡祭[36]。支子不得奉祭宗祖，礼也。封建使守藩国，帝王所以扶德施化。[37]陛下奉承天统，明开圣绪，尊贤显功，兴灭继绝。[38]续萧文终之后于酂[39]，褒厉群臣平津侯等[40]。昭六亲之序，明天施之属，[41]使诸侯王封君得推私恩分子弟户邑，锡号尊建百有余国[42]。而家皇子为列侯，则尊卑相逾，列位失序，不可以垂统于万世。[43]臣请立臣闳、臣旦、臣胥为诸侯王。”三月丙子，奏未央宫[44]。

制曰：“康叔亲属有十而独尊者，褒有德也。[45]周公祭天命郊，故鲁有白牡、骍刚之牲。[46]群公不毛，贤不肖差也。[47]‘高山仰之，景行向之’，朕甚慕焉。[48]所以抑未成，家以列侯可。[49]”

四月戊寅[50]，奏未央宫。“丞相臣青翟、御史大夫臣汤昧死言：臣青翟等与列侯、吏二千石、谏大夫、博士臣庆[51]等议：昧死奏请立皇子为诸侯王。制曰：‘康叔亲属有十而独尊者，褒有德也。周公祭天命郊，故鲁有白牡、骍刚之牲。群公不毛，贤不肖差也。

"高山仰之,景行向之",朕甚慕焉。所以抑未成,家以列侯可。'臣青翟、臣汤、博士臣将行等伏闻康叔亲属有十,[52]武王继体,周公辅成王,[53]其八人皆以祖考之尊建为大国[54]。康叔之年幼[55],周公在三公之位,而伯禽据国于鲁,[56]盖爵命之时,未至成人[57]。康叔后捍禄父之难[58],伯禽殄淮夷之乱[59]。昔五帝异制,周爵五等,春秋三等[60],皆因时而序尊卑。高皇帝拨乱世反诸正,昭至德,定海内,封建诸侯,爵位二等。[61]皇子或在襁褓而立为诸侯王,奉承天子,为万世法则,不可易。[62]陛下躬亲仁义,体行圣德,表里文武[63]。显慈孝之行,广贤能之路。内褒有德,外讨强暴。极临北海,西溱月氏,[64]匈奴、西域,举国奉师[65]。舆械之费,不赋于民。[66]虚御府之藏以赏元戎,[67]开禁仓[68]以振贫穷,减戍卒之半。百蛮之君,靡不乡风承流称意。[69]远方殊俗,重译而朝,泽及方外。[70]故珍兽至,嘉谷兴,天应[71]甚彰。今诸侯支子封至诸侯王,而家皇子为列侯,[72]臣青翟、臣汤等窃伏孰计之[73],皆以为尊卑失序,使天下失望,不可。臣请立臣闳、臣旦、臣胥为诸侯王。"四月癸未,奏未央宫,留中不下。[74]

"丞相臣青翟、太仆臣贺行御史大夫事、太常臣充、太子少傅臣安行宗正事昧死言[75]:臣青翟等前奏大司马臣去病上疏言,皇子未有号位,臣谨与御史大夫臣汤、中二千石、二千石、谏大夫、博士臣庆等昧死请立皇子臣闳等为诸侯王。陛下让文武,躬自切,及皇子未教。[76]群臣之议,儒者称其术,或悖其心。[77]陛下固辞弗许,家皇子为列侯。臣青翟等窃与列侯臣寿成等二十七人议,皆曰以为尊卑失序。[78]高皇帝建天下,为汉太祖,王子孙,广支辅[79]。先帝法则弗改,所以宣至尊也。[80]臣请令史官择吉日,具礼仪上,御史奏舆地图,他皆如前故事。[81]"制曰:"可。"

四月丙申[82],奏未央宫。"太仆臣贺行御史大夫事昧死言:太常臣充言卜入四月二十八日乙巳,可立诸侯王。臣昧死奏舆地图,请所立国名。礼仪别奏[83]。臣昧死请。"

制曰:“立皇子闳为齐王,旦为燕王,胥为广陵王。[84]”

四月丁酉[85],奏未央宫。六年四月戊寅朔[86],癸卯,御史大夫汤下丞相,丞相下中二千石,二千石下郡太守、诸侯相,丞书从事下当用者,如律令。[87]

(以上为第一段,写群臣请立武帝三子刘闳、刘旦、刘胥为王的过程。)

①大司马臣去病——去病,即霍去病,武帝时名将,以伐匈奴功被封为骠骑将军,加号大司马。大司马:古官名,“三公”之一,武帝时只是用为加官。 昧死再拜上疏皇帝陛下——昧死:冒着杀头的危险。大臣上疏使用的戒惧性谦词。 ②过听——错误地听信。 待罪行间——指受任大司马骠骑将军之职。行间:行伍之间。所谓“过听”“待罪”,都是谦辞。 ③专边塞之思虑——专门考虑国家边塞的安全。 暴骸中野——指战死沙场。中野:原野上。 ④惟他议——考虑自己职分以外的事情。 以干用事者——以麻烦主管该项事务的官员。干:犯,打扰。用事者:主管该项工作的人。 ⑤自忘——犹言忘身。 亏膳贬乐——降低伙食标准,裁减歌舞伎乐人员。 损郎员——减少自己侍奉、警卫人员的数量。 ⑥赖天——犹言托天之灵。 胜衣趋拜——谓幼儿渐长,身体能够架起衣服,能走路、行礼。趋:小步疾行。 ⑦号位——指“王”“侯”一类的封号。 师傅官——指太师、太傅,少师、少傅等,都是古代帝王、太子,或诸侯王、王太子身边主管教育、训导的官员。 ⑧恭让不恤——恭敬谦让,不把自己儿子们的私事放在心上。不恤:不考虑。 私望——私下观望。 ⑨不胜犬马心——犹言实在克制不住自己犬马报主的一片心情。 ⑩盛夏吉时——《礼记·月令》有所谓“立夏之日,天子亲帅三公、九卿、大夫以迎夏于南郊,还反,行赏、封诸侯”。 ⑪唯陛下幸察——请陛下考虑我的建议。唯:祈请语。幸:谦辞。 ⑫三月乙亥——阴历三月二十八。这一年为武帝元狩六年(前117)。 御史臣光守尚书令——光是人名,其姓不详。其正式的职务是御史,同时又权且担任尚书令的职务。守:兼任。位卑官高曰“守”,位高官卑曰“行”(代理)。御史:此处大约是指“侍御史”,皇帝身边的侍应人员。尚书令:少府的属官,为皇

帝掌管文件，并管收发传达。　奏未央宫——盖霍去病将上疏交给尚书令，尚书令送呈皇帝也。未央宫：汉代皇帝所居住的宫殿，在当时长安城的西南部。　⑬制——特指皇帝的命令，此章程由秦始皇开始。　下御史——张大可认为：下到御史府讨论。汉制，诏令下达的程序，由御史府讨论后转丞相执行。　⑭三月戊申朔——三月的初一是戊申。朔：指每个月的第一天。　乙亥——前文称霍去病的领衔上疏是在“乙亥”，现在御史把皇帝的批件送交丞相，丞相组织讨论后的联名上书仍是在“乙亥”，也就是同一天，可见汉廷诸臣为武帝封子的奔走效力有多么积极。　⑮御史臣光守尚书令、丞非——任御史并兼任尚书令者名光，又有任尚书丞者名非。　下御史书到——按：此处行文欠明畅，其意盖谓皇帝将其要办的事情下达给御史府，御史形成文件转发给丞相府，丞相组织有关官员讨论后，向皇帝提出有关执行的具体意见。以下所载即丞相府上报的请示执行的意见。　言——即丞相等上书所言。　⑯青翟——庄青翟，时为丞相。　御史大夫臣汤——张汤，武帝时的著名酷吏。事迹见《酷吏列传》。御史大夫：“三公”之一，主管监察。　太常臣充——《索隐》曰：“盖赵充也。”太常：也叫“奉常”，“九卿”之一，掌管宗庙祭祀。　大行令臣息——李息，武帝时讨伐匈奴的将领。大行令：也叫“典客”“大鸿胪”，主管接待宾客与少数民族事宜。　太子少傅臣安行宗正——有人说是“任安”，但任安无任“太子少傅”事，更不可能“行宗正事”，为“宗正”者必须刘氏族人。有人以为应是“刘安国”，但刘安国为宗正乃在五年之后；且刘安国也无法简称“安”。故还待深考。行宗正事：代理“宗正”职务。　⑰唯愿陛下幸察——“唯”下“愿”字衍。霍去病原文无“愿”字。　⑱臣谨与中二千石、二千石臣贺等议——“议”下应有“曰”字。中二千石：即“十足”的二千石，月俸一百八十斛，朝官中的“九卿”属于这一级。比之低一级的是“二千石”，月俸一百二十斛，朝官里的太子太傅、少傅、詹事、内史、典属国，以及各郡国的守、相大都属于这一级。再低一级的是“比二千石”，月俸百斛。斛（hú）：古代以十斗为一斛。一斗为十升。臣贺：公孙贺，时为太仆，“九卿”之一。　⑲并建诸侯——同时建立很多诸侯王。　承——拱卫。　尊宗庙重社稷——提高中央王朝的威望，维护中央王朝的安全。宗庙:皇族的祖庙。社稷:皇帝祭祀土、谷之神的地方。通常即以“宗庙”“社稷”代指国家政权。 ⑳宣恩——宣扬皇帝的恩德。 ㉑奉义遵职——意思为这原本是我们应该管的分内的事情。 愚憧(chōng)——即今所谓“愚蠢”。 不逮事——考虑问题跟不上。逮:及。 ㉒臣闳——刘闳,王夫人所生。 臣旦——刘旦,李姬所生。 臣胥——刘胥,李姬所生。 ㉓请所立国名——请皇帝明示封他们国家的名字。 ㉔周封八百——相传武王灭殷后,曾分封功臣、子弟以及当时归附的诸侯,共建立了八百个国家。 姬姓并列——许多姬姓国也并列其中,意思是同时也分封了一些姬姓的子弟为诸侯。《汉兴以来诸侯王年表》云:“武王、成、康所封数百,而同姓五十五。” 或子、男、附庸——意即(除了有的封国是公爵、侯爵外),也有的封国是子爵、男爵,甚而还有不能独立,托管于他国的“附庸”。 ㉕支子不祭——《礼记·曲礼》:“支子不祭,祭必告于宗子。”“宗子”即嫡长子。支子:嫡长子以外的其他儿子,刘闳、刘旦、刘胥就都属于这一类。不祭:不能主持祭祀祖先,言外之意即这些人不能封王。 ㉖天非为君生民也——《左传·文公十三年》有“天生民而树之君”,意思是上天为了治民的需要而设君,不能为了供奉君长而生民。 ㉗未洽——指帝王的恩德教化尚未普施于民。 ㉘未教成者——指刘闳、刘旦、刘胥。 强君连城——勉强地让他们去充当连城之君。 即股肱何劝——这样做结果将对其他大臣们产生何种影响。即:则。股肱:大腿、胳膊。这里指辅佐帝王的大臣。劝:勉励,鼓舞。 ㉙以列侯家之——意即不能封他们为“王”,可以低一等给他们封“侯”建“家”。“家”在这里用作动词。按:春秋时代的诸侯称“国”,各诸侯国的大夫称“家”;汉代的诸侯王相当于春秋时的诸侯国,则汉代的列侯只能相当于诸侯国的卿大夫,只能称“家”。 ㉚三月丙子——阴历三月二十九,即霍去病建言、丞相请封、皇帝驳回的第二天。 ㉛列侯臣婴齐——列侯者名“婴齐”,其姓不详。仓修良以为此人任郎中,《汉书·艺文志》列有《郎中婴齐》十二篇。姑录之以备参酌。 谏大夫博士臣安——有人认为此指任安,不知何据,《田叔列传》中写任安事,未言其曾为“谏大夫”与“博士”。“博士”是皇帝身边的侍从官,以备参谋顾问之用。 ㉜奉承——侍奉,拱卫。 ㉝康叔——名封,周武王的胞弟。 以祖考显——就因为他的祖父是文王,父亲是武王,于是便被封在了卫国。考:古代敬称死去的父亲。 伯禽以周公立——伯禽就因为是周公的儿子,于是便被封到了鲁国。 ㉞咸为建国诸侯——咸:皆。建国诸侯:开国的国君。 以相傅为辅——朝廷派出丞相与太傅去辅佐他们治理国家。此与前文霍去病之所谓"皇子至今无位号师傅官"句相应。按:汉代的诸侯国,由朝廷派"傅相";西周之封建诸侯,从未听说周室为之派"傅相"。 ㉟奉宪——奉法。 国统——国家的纲领秩序。此指被封建的诸侯国而言。 ㊱各以其职奉贡祭——各自按照自己的职守,给朝廷进贡助祭。汉代诸侯国要按规定给朝廷进贡,还要参加朝廷举行的祭祖活动,并交纳酎金等。奉:进献。 ㊲封建使守藩国——把这些支子封在一些小国,使之成为中央的屏藩。 帝王所以扶德施化——皇帝可以通过他们弘扬朝廷的功德,帮朝廷施行教化。扶:助。 ㊳明开圣绪——指皇帝明确表达了自己的意旨、心愿。绪:心绪,意愿。 显功——褒奖对国有功的家族。 兴灭继绝——语出《论语》:"兴灭国,继绝世。"意即把那些已经灭绝的、断代的诸侯国再重建起来,并使之世代相衍地传下去。 ㊴续萧文终之后于酂(zàn)——萧文终:即萧何,刘邦的开国功臣,谥曰"文终侯"。萧何生前被封为酂侯,封地酂县,治今河南永城酂城镇。萧何的后代有的因无子,有的因犯罪,曾多次被撤销封地,后又多次蒙皇帝的恩典,得以续封。 ㊵褒厉——奖励。 平津侯——指公孙弘,武帝时以丞相被封为平津侯。按:汉初的丞相都是刘邦的开国功臣,本身都是列侯;至武帝时开始有以儒生或官吏累迁为相者,为提高他们的地位,故武帝皆封之为侯,公孙弘是头一个。 ㊶昭——显,使之分明。 六亲之序——六种亲属的关系准则。"六亲"说法不一,有说指父、母、兄、弟、妻、子;有说指父子、夫妇、兄弟。 天施——天恩之所施。 ㊷推私恩分子弟户邑,锡号尊建百有余国——指武帝听主父偃建议实行"推恩法",令各诸侯国给其所有子嗣每人都分一块国土,封之为侯。据《建元以来王子侯者年表》,仅从元朔二年(前127)至元狩元年(前122),以王子为侯者就有一百四十余人。锡号:赐给王号或侯号。锡:赐。百有余国:当时的"推恩法"主要是分封诸侯王之子为侯,但也有诸侯王的"支子"被封为王,如《五宗世家》所载之胶东王子刘庆被封为六安王。而前代诸侯王之"支子"为王者尚多有其人,如淮南王刘长的"支子"刘安、刘勃、刘赐;梁孝王的"支子"刘明、刘彭离、刘定、刘不识等。㊸家皇子为列侯——使皇子建"家"为列侯。　尊卑相逾——卑者反居于尊者之上。诸侯之支子能封至诸侯王,而皇帝之子反而为列侯,故曰"尊卑相逾,位列失序"。　垂统——作为一种法度纲常传于后世。㊹三月丙子,奏未央宫——此八字前已出过,今又重出,疑衍。㊺康叔亲属有十——周武王的同胞兄弟共有十人,康叔排行第九。独尊——指康叔先在周王朝任司寇,后又被封在卫国。　褒有德——奖励品德之高者。《卫康叔世家》云:"成王长,用事,举康叔为周司寇,赐卫宝祭器,以章有德。"　㊻周公祭天命郊——由于周公长年佐助周天子,德高勋重,故鲁国也可以祭天命郊。祭天命郊:在郊外举行祭天之礼,其名曰郊。这原是只有帝王才能进行的一种活动,但由于周公地位特殊,故允许鲁国也能郊祀祭天。　鲁有白牡、骍刚之牲——鲁:周公受封的国家,但因周公始终在朝辅佐周天子,所以实际去曲阜开国的是周公的儿子伯禽。白牡:纯白毛色的公牛。骍刚:纯红毛色的公牛。都是用作祭祀的牺牲。牲:牺牲,指牛羊猪等动物祭品。　㊼群公不毛——指周公、康叔以外的其他武王的兄弟,只能享用毛色不纯的公牛的祭祀。何休《公羊传》注:"不毛,不纯色也。"　贤不肖差也——这是由人的优秀与否所体现出的差别。　㊽高山仰之,景行向之——《诗经·车辖》中的句子,原文作"高山仰止,景行行止"。这里的意思是:高山,让我仰望;美好的德行,让我向往。　朕甚慕焉——我很仰慕周公、康叔那种人,也很欣赏古代那种区别待人的做法。　㊾抑未成——对尚未成才的孩子应加裁抑。　家以列侯可——还是把他们封作列侯为好。　㊿四月戊寅——阴历四月初一,即丞相二次上书,武帝又二次驳回的第三天。　51博士臣庆——有人以为是"石庆"或"萧庆",都有问题。　52博士臣将行——名将行,其姓不详。　伏闻——犹言"窃闻","伏"字是谦辞。　53武王继体——武王继其父文王为君。　成王——名诵,武王之子,即位时年龄很小,故周公代其处理政事。

㊹其八人——其余八人，即伯夷考、管叔鲜、蔡叔度、曹叔振铎、成叔武、霍叔处、康叔封、冉季载。其中伯夷考死于文王前，故武王灭商分封天下时，除周公外，还有七人。　皆以祖考之尊建为大国——都是只靠着他们是文王的儿子被封为大国诸侯。　㊺康叔之年幼——武王克殷后分封诸侯时，于诸弟中只封了周公、管叔、蔡叔、叔振铎、叔武、叔处；而康叔与季载皆年幼未封。　㊻周公在三公之位——周代称太师、太傅、太保为三公，也有说以司徒、司马、司空为三公，周公先佐武王，后佐成王，位居首辅，故称在“三公之位”。　伯禽据国于鲁——由于周公留于朝廷辅政，故封其子伯禽为鲁公，前往鲁国封地，成为鲁国实际的开国之君。　㊼爵命之时，未至成人——此指康叔、伯禽二人而言。据文意，似庄青翟、张汤等以为武王之弟“八人”与周公之子伯禽同时受封，而康叔、伯禽其时皆“未至成人”。然《管蔡世家》《卫康叔世家》所述与此不同。又《鲁周公世家》载伯禽赴鲁与到鲁后三年报政之情状，似伯禽亦非“未至成人”。　㊽康叔后捍禄父之难——据《卫康叔世家》，武王灭殷后，封纣子武庚禄父于故殷地，又派管叔鲜、蔡叔度等在其周围以监视之。后来管、蔡联合武庚禄父一道造反，被周公镇压，而后才封康叔于卫，以统治殷遗民。此云康叔先受封，“后捍禄父之难”，与事实不合。捍：抵御，制止。　㊾殄（tiǎn）淮夷之乱——据《鲁周公世家》，伯禽即位之后，有管、蔡、淮夷、徐戎之反，于是伯禽率师伐之。殄：消灭。淮夷：当时居住在今安徽、江苏北部淮水流域的少数民族。　㊿五帝异制——五帝：司马迁用以指黄帝、颛顼、帝喾、尧、舜。异制：各人的章程制度不同。　周爵五等——指公、侯、伯、子、男。　春秋三等——泷川资言曰：“隐五年《公羊传》云：‘诸侯者何？天子三公称公，王者之后称公；其余大国称侯，小国称伯、子、男。’春秋三等，盖用《公羊》说。”

(61)拨乱世反诸正——原话出自《公羊传·哀公十四年》，这里指灭秦灭项，建立汉王朝，实行新政策。　昭至德——显示出了前所未有的崇高德惠。昭：显扬。　封建诸侯，爵位二等——指只有诸侯王与列侯两级。　(62)或在襁褓而立为诸侯王——如赵王刘如意、淮南王刘长封王时皆年龄不大。　不可易——谓高祖的章程不可更改。易：改。(63)表里文武——同时具有文王、武王两者的德能。　(64)极临北海——

指讨伐匈奴。极:尽,尽头。北海:说法不一,有说指今蒙古境内的大沙漠,即所谓“潮海”。《卫将军骠骑列传》称霍去病讨伐匈奴曾“封狼居胥山,禅于姑衍,登临瀚海”而归。也有说“北海”指今俄罗斯境内的贝加尔湖。　西溱月氏——溱:通“臻”,抵达。“西臻月氏”指张骞通西域。月氏(yuè zhī):秦汉之际游牧于敦煌、祁连间。西汉文帝三至四年(前177—前176)间,遭匈奴攻击,大部分人西迁塞种地区(今新疆伊犁河流域)。后又迁徙到中亚大夏故地,张骞通西域曾至其地。
⑥⑤举国奉师——尽出其国之所有以供应汉朝军队,极言其归附、支援之状。　⑥⑥舆械之费——指一切军费支出。舆械:车马兵器。　不赋于民——不向国内的百姓征收赋税。按:此语不合事实,武帝发动对四夷的战争而导致国内经济危机的情景,见《平准书》。　⑥⑦虚御府之藏(zàng)——拿出皇家府库的储存。　元戎——兵车。这里指从军将士。　⑥⑧禁仓——宫廷里的粮仓。禁:宫禁,宫廷。　⑥⑨百蛮——指当时的东越、南越以及西南夷的诸小国。　乡风承流称意——意即一切都顺承汉王朝的意旨行事。乡风:仰慕,向往。乡:通“向”。　⑦⓪重译——经过几层翻译。极言其相距之遥远,语言之不通。　方外——国境线以外。　⑦①天应——上天对人世的感应。即所谓“珍兽至,嘉谷兴”云云。　⑦②诸侯支子封至诸侯王——如淮南王刘长的“支子”刘安、刘勃、刘赐;梁孝王的“支子”刘明、刘彭离、刘定、刘不识等皆被封王。　家皇子为列侯——意即封皇帝的诸子为列侯。家:这里用作动词,即授予爵号、领地,以开始其作为列侯的世袭。　⑦③窃伏孰计之——“窃”“伏”皆谦辞。孰:“熟”的古字。孰计:反复思考。　⑦④四月癸未——阴历四月初六。开始曰“四月戊寅,奏未央宫”;结尾又曰“四月癸未,奏未央宫”,前后不一,岂又冈白驹所谓前者为“上疏发句之文”,后者为“记奏之月日”耶?　留中不下——没有批示下达。意即被搁起来了。　⑦⑤太仆臣贺行御史大夫事——洪亮吉曰:“此时张汤尚为御史大夫,而云贺行其事,汤岂以病在告耶?”　太子少傅——官名,负责太子的教导、训育工作。　⑦⑥让文武——推让自己不敢上比文王、武王,不敢按文王、武王的章程封立自己的儿子。　躬自切——犹今所谓对自己要求很严。　⑦⑦称其术——凭着自己学过的东西发表

见解。 悖其心——指说话没有表达出真正的意思。 ⑦⑧列侯臣寿成——萧何之玄孙酂侯寿成,后为太常。 皆曰以为尊卑失序——按:"曰"字疑衍。 ⑦⑨广支辅——广建支子,以为藩辅。 ⑧⓪法则——用作动词,意即遵照执行。 宣至尊——宣扬皇帝的恩德。 ⑧①奏——进呈。 舆地图——即地图。《索隐》曰:"谓地为'舆'者,天地有覆载之德,故谓天为'盖',谓地为'舆'。故地图称'舆地图'。" 他皆如前故事——其他事情都按过去的章程办。 ⑧②四月丙申——阴历四月十九。 ⑧③礼仪别奏——分封典礼的具体仪式,另行奏上。 ⑧④皇子闳为齐王——国都临菑,在今山东淄博东北齐都镇。 旦为燕王——国都蓟县,在今北京城西南。 胥为广陵王——国都广陵,在今江苏扬州西北蜀冈上。 ⑧⑤四月丁酉——阴历四月二十。 ⑧⑥六年四月戊寅朔——元狩六年(前117)的阴历四月初一是戊寅日。按:从叙事的角度讲,此七字完全没用;其所以中间插入此七字,是为了强调下面所叙事情的郑重。 ⑧⑦丞书从事下当用者——大家都要按照皇帝的诏书行事,下达命令给有关办事的人员。用:用事,办事。丞:通"承"。 如律令——按照命令行事。

"维六年四月乙巳,皇帝使御史大夫汤庙立子闳为齐王。[①]曰:於戏,小子闳,受兹青社![②]朕承祖考,维稽古,建尔国家,[③]封于东土,世为汉藩辅[④]。於戏念哉[⑤]!恭朕之诏,惟命不于常。[⑥]人之好德,克明显光[⑦]。义之不图,俾君子怠[⑧]。悉尔心,允执其中,天禄永终。[⑨]厥有愆不臧,乃凶于而国,害于尔躬。[⑩]於戏,保国艾民,可不敬与!王其戒之。[⑪]"

右齐王策[⑫]。

"维六年四月乙巳,皇帝使御史大夫汤庙立子旦为燕王。曰:於戏,小子旦,受兹玄社[⑬]!朕承祖考,维稽古,建尔国家,封于北土,世为汉藩辅。於戏!荤粥氏虐老兽心,侵犯寇盗,加以奸巧边萌。[⑭]於戏!朕命将率徂征厥罪。[⑮]万夫长,千夫长,三十有二君皆来。[⑯]降期奔师,荤粥徙域,北州以绥。[⑰]悉尔心,毋作怨,毋倗德，毋乃废备，[18]非教士不得从征[19]。於戏，保国艾民，可不敬与！王其戒之。”

右燕王策[20]。

“维六年四月乙巳，皇帝使御史大夫汤庙立子胥为广陵王。曰：於戏，小子胥，受兹赤社[21]！朕承祖考，维稽古，建尔国家，封于南土，世为汉藩辅。古人有言曰：‘大江之南，五湖之间，其人轻心。[22]杨州保疆，三代要服，不及以政。[23]’於戏！悉尔心，战战兢兢，乃惠乃顺。[24]毋侗好轶，毋迩宵人，维法维则。[25]《书》云：‘臣不作威，不作福’，靡有后羞。[26]於戏，保国艾民，可不敬与！王其戒之。”

右广陵王策[27]。

（以上为第二段，直录武帝封立刘闳、刘旦、刘胥的三篇策文。）

①维——古代官样文书上的惯用发语词。　乙巳——阴历四月二十八。　庙立——在宗庙里封之为王。　②於戏——同“呜呼”，感叹词。　受兹青社——你来接过这一份代表东方的青色土。《索隐》引蔡邕《独断》云：“皇子封为王，受天子太社之土，若封东方诸侯，则割青土，藉以白茅，授之以立社，谓之茅土。齐在东方，故云青社。”　③朕承祖考——我继承着祖父、父亲传下来的皇位。　稽古，建尔国家——稽：考。按：此语乃模仿《尚书·尧典》开头的“曰若稽古”。　④世为汉藩辅——要世世代代成为汉王朝的屏藩与拱卫者。　⑤於戏念哉——你可要牢牢地记着啊。念：想，记。　⑥恭朕之诏——师古曰：“‘共’读曰‘恭’，言敬听我诏。”　惟命不于常——乃《周书·康诰》语，意即天命不是一成不变的。　⑦人之好德，克明显光——“明”字用作动词，意思是好德之人就能够使其光辉明亮。　⑧义之不图，俾君子怠——如果不常思做好事，那就会使君子们对你失望。俾：使。怠：松懈，人心瓦解。　⑨悉尔心——你尽心竭力。　允执其中——要不偏不倚，行中和之政。允：准确，真正。　天禄永终——这样你就能享用完上天赐给你的禄命。按：此语乃仿效《论语·尧曰》中的“咨，尔舜，天之历数在尔躬，允执其中，四海困穷，天禄永终”。　⑩厥有僭

(qiān)不臧——如果你尽干坏事,不干好事。僁:俗“愆”字。愆:罪。臧:善。　凶于而国——那你的国家就要出乱子了。而:你,你的。　害于尔躬——你自身也就要倒霉了。躬:自身。　⑪艾(yì)民——安民。艾:通“乂”,治,安抚。　可不敬与——能不兢兢业业,尽心尽力吗?　王其戒之——你可要警惕啊!　⑫右齐王策——《索隐》认为:此三王策皆武帝手制。按:据后面褚少孙之补文,知武帝在封刘闳为齐王前,曾与刘闳之母王夫人有约。又据《汉书·武五子传》,齐王刘闳在位共八年,死后无子,国除。　⑬玄社——指代表北方的黑色土。在社稷坛上,北方的土是黑色的。　⑭荤粥(xūn yù)氏——匈奴的祖先。这里指当时与燕国接壤的匈奴。　虐老兽心——这是当时汉人对匈奴的看法。《匈奴列传》说匈奴的习俗是“贵壮健,贱老弱”,“壮者食肥美,老者食其余”。　侵犯寇盗——指一再进犯掠虏汉王朝的北部边境。　奸巧边萌——意即引诱蛊惑边民作乱。边萌:边境之民。萌:通“氓”。　⑮将率——同“将帅”。　徂(cú)征——往征,前往讨伐。

⑯万夫长,千夫长——指匈奴的军中长官。　三十有二君皆来——指来降服汉朝。《卫将军骠骑列传》称霍去病之功有“获首虏八千余级,降异国之王三十二人”。　⑰降期奔师——谓匈奴人偃旗息鼓,军队溃散。降期:《汉书》作“降旗”,即偃旗。　荤粥徙域——指匈奴人逃到了大漠以北。　绥——安定。　⑱毋作怨——不要做招人怨恨的事。　毋俷(fèi)德——不要败坏自己的品德。俷:败坏。　毋乃废备——应作“毋废乃备”。乃:你,你的。言无乏武备,常备匈奴。⑲非教士不得从征——士非素教习,不得从军征发。即孔子“以不教人战,是谓弃之”之意。后文褚少孙解释此句作“非习礼义,不得在其侧”,意思亦通。　⑳右燕王策——按:燕王刘旦为王三十八年,于昭帝元凤元年(前80)因谋反被诛,国除。刘旦之墓在今北京丰台区之大葆台,由封土、墓道、甬道、回廊、黄肠题凑、前室、后室等部分组成。㉑赤社——指代表南方的红色土。在社稷坛上南方的土是红色的。㉒大江——长江。　五湖——说法不一,但基本都是指今太湖与其周边的一些小湖。　轻心——浮躁,易生事。　㉓杨州保疆——意谓古扬州这一带的封疆,即上述五湖所在的大江以南的今江苏南部、浙江以

及更南的地区。王先谦解此作:“恃其疆域阻深也。”意即仗恃其地理形势而不服王化。二义皆可通。 三代要服——谓自夏、商、周以来,一直处于“要服”地位。要服:据《尚书·禹贡》,由天子的京城向外辐射,第一个五百里叫甸服,第二个五百里叫侯服,第三个五百里叫绥服,第四个五百里叫要服,再往外叫荒服。“要服”即口头约定的服从。 不及以政——后文褚少孙解之曰:“不大及以政教,以意御之而已。”意即不能实行严格有效的管辖。 ㉔战战兢兢——小心谨慎的样子。 乃惠乃顺——对国人实行惠政,顺应他们的愿望。 ㉕毋侗好轶——不要总是佚乐游荡。侗:长久。或曰,“侗”与“童”通。轶:通“逸”,安乐。 毋迩宵人——不要亲近小人。迩:近。宵:通“小”。 维法维则——法、则:这里都用作动词,即紧依法则之意。 ㉖《书》——《尚书》。 作威——对人施展威严。 作福——降福禄于人。《尚书·洪范》云:“惟辟(君)作福,惟辟作威,惟辟玉食。臣无有作福、作威、玉食。臣之有作福、作威、玉食,其害于而家,凶于而国。” 靡有后羞——不会招来日后的受辱。 ㉗右广陵王策——刘胥在元狩六年(前117)被封为广陵王,五凤四年(前54)因诅咒宣帝事发而自杀,谥曰“厉”。

太史公曰:古人有言曰:“爱之欲其富,亲之欲其贵①。”故王者疆土建国,封立子弟,所以褒亲亲,序骨肉,②尊先祖,贵支体,广同姓于天下也③。是以形势强而王室安④。自古至今,所由来久矣。非有异也,故弗论箸⑤也。燕齐之事,无足采者⑥。然封立三王,天子恭让,群臣守义⑦,文辞烂然,甚可观也⑧,是以附之世家⑨。

(以上为第三段,是作者的论赞,作者交代了自己写作此传的原因。亦有人称此论赞为后人模仿史公口吻所伪造。)

①爱之欲其富,亲之欲其贵——二句见《孟子·万章》。万章问孟子:舜弟象日以杀舜为事,舜为帝后,为何还要封象?孟子回答说:仁人之于弟也,不藏怒焉,不宿怨焉,亲爱之而已矣。亲之,欲其贵也;爱之,欲其富也。 ②疆土建国——划出领土,建立国家。疆:理,划出界线。

褒亲亲——褒奖自己的亲属。李笠曰:“亲亲者,亲其亲也。‘褒亲亲’,文不成义。‘亲亲’当作‘亲戚’,与下‘骨肉’‘先祖’‘支体’一例。” 序骨肉——意即表达兄弟之间的骨肉之情。 ③支体——这里指子孙。 广同姓——广建同姓为王为侯。 ④形势强而王室安——各地建有诸侯,共同拱卫王室,致使中央王朝稳如磐石。 ⑤论箸——同“论著”,意即论述。按:以上乃崇尚分封制的迂腐之论,李斯与秦始皇早已驳斥之。 ⑥燕齐之事——指封建“燕”“齐”“广陵”三国之事。 无足采者——不值一提,没有更多新鲜的。采:采录。 ⑦天子恭让,群臣守义——指武帝假惺惺地推让三回,群臣谦卑而又恳切地连续求请,其实都是在演戏。 ⑧文辞烂然,甚可观也——按:于此可以窥见司马迁的审美观。司马迁明说本篇的内容“无足采者”,可取的就在于其“文辞灿然”,因而将其载入了《史记》。 ⑨是以附之世家——归有光认为:《三王世家》本不缺,读此赞文可见。太史公亦不及见三王后事,褚先生浅陋,遂谓“求其世家不可得”也。序亦云“三子之王,文辞可观”,可知独载其文辞也。按:亦有人认为前面的资料为后人所编,而所谓“太史公曰”者,亦后人所伪造。

褚先生曰:臣幸得以文学为侍郎[①],好览观太史公之列传[②]。传中称《三王世家》文辞可观,求其世家终不能得。[③]窃从长老好故事者取其封策书,编列其事而传之[④],令后世得观贤主之指意。

盖闻孝武帝之时,同日而俱拜三子为王:封一子于齐,一子于广陵,一子于燕。各因子才力智能,及土地之刚柔,人民之轻重,为作策以申戒之。[⑤]谓王:“世为汉藩辅,保国治民,可不敬与!王其戒之。”夫贤主所作,固非浅闻者所能知,非博闻强记君子者所不能究竟其意。至其次序分绝,文字之上下,简之参差长短,[⑥]皆有意,人莫之能知。谨论次其真草诏书[⑦],编于左方,令览者自通其意而解说之。

王夫人者,赵人也,与卫夫人并幸武帝[⑧],而生子闳。闳且立为王时,其母病,武帝自临问之。曰:“子当为王,欲安所置之[⑨]?”

王夫人曰："陛下在，妾又何等可言者。"帝曰："虽然，意所欲[10]，欲于何所王之？"王夫人曰："愿置之雒阳。"武帝曰："雒阳有武库敖仓，天下冲阸，汉国之大都也。[11]先帝以来，无子王于雒阳者。去雒阳，余尽可。"王夫人不应。武帝曰："关东之国无大于齐者。齐东负海而城郭大，古时独临菑中十万户，天下膏腴地莫盛于齐者矣。"王夫人以手击头，谢曰："幸甚。"[12]王夫人死而帝痛之，使使者拜之曰："皇帝谨使使太中大夫明奉璧一，赐夫人为齐王太后。[13]"子闳王齐，年少，无有子，立，不幸早死，国绝，为郡。天下称齐不宜王云。

所谓"受此土"者，诸侯王始封者必受土于天子之社，归立之以为国社，以岁时祠之。[14]《春秋大传》曰："天子之国有泰社。东方青，南方赤，西方白，北方黑，上方黄。[15]"故将封于东方者取青土，封于南方者取赤土，封于西方者取白土，封于北方者取黑土，封于上方者取黄土。各取其色物，裹以白茅，封以为社。[16]此始受封于天子者也，此之为主土。主土者，立社而奉之[17]也。"朕承祖考"，祖者先也，考者父也。"维稽古"，维者度也，念也，稽者当也，当顺古之道也。[18]

齐地多变诈，不习于礼义，故戒之曰"恭朕之诏，唯命不可为常。人之好德，能明显光。不图于义，使君子怠慢。悉若心，信执其中，[19]天禄长终。有过不善，乃凶于而国，而害于若身"。齐王之国，左右维持以礼义[20]，不幸中年早夭。然全身无过，如其策意。[21]

传曰"青采出于蓝，而质青于蓝"者，教使然也。[22]远哉贤主，昭然独见：诫齐王以慎内[23]；诫燕王以无作怨，无俷德；诫广陵王以慎外[24]，无作威与福。

夫广陵在吴越之地，其民精而轻，[25]故诫之曰"江湖之间，其人轻心。杨州葆疆，三代之时，迫要使从中国俗服，不大及以政教，以意御之而已。[26]无侗好佚，无迩宵人，维法是则。无长好佚乐驰骋弋猎淫康，而近小人。常念法度，则无羞辱矣”。三江、五湖有鱼盐之利，铜山之富，天下所仰。故诫之曰“臣不作福”者，勿使行财币，厚赏赐，以立声誉，为四方所归也。又曰“臣不作威”者，勿使因轻以倍义[27]也。

会孝武帝崩，孝昭帝初立，先朝广陵王胥[28]，厚赏赐金钱财币，直三千余万，益地百里，邑万户。

会昭帝崩，宣帝初立，缘恩行义[29]，以本始元年中，裂汉地，[30]尽以封广陵王胥四子：一子为朝阳侯；一子为平曲侯；一子为南利侯；最爱少子弘，立以为高密王。

其后胥果作威福，通楚王使者[31]。楚王宣言曰：“我先元王，高帝少弟也，封三十二城。今地邑益少，我欲与广陵王共发兵，立广陵王为上[32]；我复王楚三十二城，如元王时。”事发觉，公卿有司请行罚诛。天子以骨肉之故[33]，不忍致法于胥，下诏书无治广陵王，独诛首恶楚王。传曰“蓬生麻中，不扶自直；白沙在泥中，与之皆黑”者，土地教化使之然也。其后胥复祝诅谋反[34]，自杀，国除。

燕土垮埆，北迫匈奴，[35]其人民勇而少虑，故诫之曰“荤粥氏无有孝行而禽兽心，以窃盗侵犯边民。朕诏将军往征其罪，万夫长，千夫长，三十有二君皆来。降旗奔师，荤粥徙域远处，北州以安矣”。“悉若心，无作怨”者，勿使从俗以怨望也。“无俷德”者，勿使王背德也。“无废备”者，无乏武备，常备匈奴也。“非教士不得从征”者，言非习礼义不得在于侧也。

会武帝年老长，而太子不幸薨[36]，未有所立，而旦使来上书，请身入宿卫于长安[37]。孝武见其书，击地，怒曰：“生子当置之齐鲁礼义之乡，乃置之燕赵。[38]果有争心，不让之端见矣。”于是使使即斩其使者于阙下。

会武帝崩，昭帝初立，旦果作怨而望大臣。[39]自以长子当立，与齐王子刘泽等谋为叛逆。出言曰：“我安得弟在者！今立者乃大将军子也。[40]"欲发兵。事发觉,当诛。昭帝缘恩宽忍,抑案不扬。[41]公卿使大臣请,遣宗正与太中大夫公户满意、御史二人,偕往使燕,风喻之。[42]到燕,各异日,更见责王[43]。宗正者,主宗室诸刘属籍,先见王,为列陈道昭帝实武帝子状。[44]侍御史乃复见王,责之以正法。[45]问:"王欲发兵罪名明白,当坐之。汉家有正法,王犯纤介小罪过,即行法直断耳,安能宽王。[46]"惊动以文法[47]。王意益下,心恐[48]。公户满意习于经术,最后见王,称引古今通义,国家大礼,文章尔雅[49]。谓王曰:"古者天子必内有异姓大夫,所以正骨肉也[50];外有同姓大夫,所以正异族也。周公辅成王,诛其两弟,故治。[51]武帝在时,尚能宽王。今昭帝始立,年幼,富于春秋。[52]未临政,委任大臣。[53]古者诛罚不阿亲戚[54],故天下治。方今大臣辅政,奉法直行,无敢所阿,恐不能宽王。王可自谨,无自令身死国灭,为天下笑。"于是燕王旦乃恐惧服罪,叩头谢过。大臣欲和合骨肉,难伤之以法。[55]

其后旦复与左将军上官桀等谋反[56],宣言曰"我次太子[57],太子不在,我当立,大臣共抑我[58]"云云。大将军光辅政,与公卿大臣议曰:"燕王旦不改过悔正,行恶不变。"于是修法直断,行罚诛。旦自杀,国除,如其策指。有司请诛旦妻子。孝昭以骨肉之亲,不忍致法,宽赦旦妻子,免为庶人。传曰"兰根与白芷,渐之滫中,君子不近,庶人不服"者,所以渐然也。[59]

宣帝初立,推恩宣德,以本始元年中尽复封燕王旦两子:一子为安定侯;立燕故太子建为广阳王,以奉燕王祭祀。

(以上为第四段,是褚先生补写的有关封立刘闳、刘旦、刘胥为王的逸事。)

①以文学为侍郎——文学:这里指经术。汉代又以"文学",或称"贤良文学"作为选拔读书人的科目名。侍郎:与中郎、郎中同为帝王的侍从人员,上属郎中令。 ②太史公之列传——此指《太史公自序》。 ③传中称《三王世家》文辞可观——《太史公自序》称写作《三

王世家》的缘由为:“三子之王,文辞可观,作《三王世家》第三十。” 求其世家终不能得——谓褚先生想读《三王世家》之原文而不可得。 ④从长老好故事者取其封策书,编列其事而传之——看此语,则仿佛前面的群臣上书与天子之封策,非《史记》原书之所有,甚至所谓“太史公曰”者,亦褚少孙以后之人所补辑。 ⑤土地之刚柔——指山川土地的性质不同,如有的多山,有的多水等。刚柔:指多山或多水。 人民之轻重——指风俗习性的好动好静,以及桀骜善良之不同。轻:浮躁好动。重:朴实沉稳。 申戒——讲道理以告诫之。 ⑥次序分绝——指文章的前后安排与段落、文句的开合停顿。 文字之上下——文字的前后安排。 简——竹简。当时书写所用的材料,这里指文章的篇幅。 ⑦论次其真草诏书——论次:阐发,编排。真草诏书:指诏书的草稿与抄写的正稿。 ⑧与卫夫人并幸武帝——卫夫人:即卫皇后,名子夫,元朔元年(前128)被立为皇后。据《外戚世家》,王夫人的年龄比卫皇后小,受宠在卫皇后之后。 ⑨欲安所置之——你想把他封在什么地方。 ⑩虽然,意所欲——尽管如此,你还是谈谈你怎么想的。 ⑪敖仓——国家的大粮仓,在今河南荥阳东北敖山上,西距雒阳不远,因黄河之冲刷南移,其地已入黄河中。 冲阨——交通要冲,军事重地。 汉国之大都——汉王朝直接管辖的重要城市。 ⑫王夫人以手击头,谢曰:“幸甚。”——吴见思认为:闺房私语,已定齐王,觉以前诏奏,皆属虚文。 ⑬太中大夫明——太中大夫名“明”,姓氏不详。太中大夫:郎中令的属官,在帝王身边掌议论。 奉璧——捧着玉璧。 赐夫人为齐王太后——因其子已为齐王,此时又追封其母为齐王太后。据此知古代其子为王者,其母并不能当然地成为“太后”,亦如栗姬之子已为“太子”,而栗姬并未成为“皇后”。 ⑭“受此土”——即前文封策所谓“受兹青社”“受兹玄社”云云。 受土于天子之社——从中央王朝的社稷坛上领来一包土。 归立之以为国社——此即诸侯国的社稷坛。 岁时祠之——按年关、四时进行祭祀。 ⑮《春秋大传》——旧注曰“未详”,仓修良《史记辞典》认为指董仲舒的《春秋繁露》。录之以备参酌。 天子之国有泰社——在中央王朝的都城里立有泰社。泰社:最大的社稷坛,与诸侯国的社稷坛相比而言。 东方青,南方赤,西方白，北方黑，上方黄——此指社稷坛上的五色土。所谓"上方黄"，其实是"黄色土"居于坛台的中央。 ⑯各取其色物——不同方位的受封者各领其相应颜色的土。 裹以白茅——用一种特定的白色茅草衬垫着放在盘子里。 封以为社——带到各自的国家堆土建成一座社稷坛。 ⑰立社而奉之——建起社稷坛从而祭祀它。奉：祭祀。 ⑱维者度也，念也——维：通常解作发语词，褚先生这里解作"思维"之维，亦通。 稽者当也——古人多释"稽"为"考"，而褚先生释"稽"为"当""顺"，盖因"考古"之后，则当"顺其道而行之"，故二者的意思亦可相通。 ⑲悉若心——即前面的"悉尔心"。若：尔，你。 信执其中——信：与前文之"允"同义，即"确实""真正"的意思。 ⑳左右维持以礼义——左右：左右之人，指齐国的主要官员。维持：辅佐、护持。 ㉑全身——保持身命完好无损。 如其策意——完全按照皇帝诏策的意思做。 ㉒传——汉代用以称前代贤人的著作，此处乃指《荀子》。 青采出于蓝，而质青于蓝——见《荀子·劝学》，原文作"青取之于蓝而青于蓝"。 教使然也——意谓这都是教育的结果。 ㉓慎内——指加强自己的道德修养。 ㉔慎外——指警告他注意自己的外部活动。 ㉕吴越——春秋时代的吴国与越国。吴国的国都在今江苏苏州，越国的国都在今浙江绍兴。刘闳的广陵国即在当年的吴国境内。 精而轻——彪悍好动。精：精悍，彪悍。 ㉖迫要——逼迫、要挟。 使从中国俗服——让他们穿中原地区的衣服，用中原地区的习俗。 以意御之——"意"字应作"德"。 ㉗因轻以倍义——因此不把背弃礼义当成一回事。轻：不重视。倍：通"背"。 ㉘先朝广陵王胥——首先让广陵王刘胥进京朝见新皇帝，这是对诸侯的一种荣宠。 ㉙缘恩行义——因宣帝与刘胥是骨肉之亲，故对刘胥施加恩义。 ㉚本始元年——公元前73年。 裂汉地——另从朝廷的管辖区分出领土。与武帝时所行的"推恩法"，让各诸侯王分自己的领土以封自己的儿子为侯不同。 ㉛通楚王使者——意即与楚王通使往来。楚王：刘延寿，高祖弟楚元王刘交的后代，武帝天汉元年(前100)为楚王，国都彭城(今江苏徐州)。宣帝地节元年(前69)，因阴谋欲立广陵王刘胥为帝而被诛。 ㉜我欲与广陵王共发兵，立广陵王为上——按：今中华本“发兵”下有一“云”字，文理不通；且“云”下用句号，亦使语气不连贯。今削去“云”字，改用逗号。 ㉝天子以骨肉之故——此时的天子为汉宣帝。骨肉：刘胥与宣帝之祖父（戾太子）是亲兄弟，故称其关系曰“骨肉”。 ㉞祝诅谋反——按：刘胥先是不满意其少弟刘弗陵为帝，后又不满意其侄孙刘询为帝，多次采用巫术诅咒皇帝速死。 ㉟垸埆（qiāo què）——土地坚瘠。 迫——挨近。 ㊱武帝年老长，而太子不幸薨——武帝十六岁即位，至太子死时，年六十六岁。太子不幸薨：指戾太子被江充以巫蛊事逼反，武帝派兵往讨，太子起兵与战，兵败被杀事，在武帝征和二年（前91）。 ㊲请身入宿卫于长安——请求将燕国交回朝廷，而入朝给其父武帝充当护卫。这实际是想谋取太子地位，刘旦以为戾太子既死，按次序下面就应该轮到他了。 ㊳当置之齐鲁礼义之乡——前文刚说过“齐地多变诈，不习于礼义”，今此又说“齐鲁礼义之乡”，何其抵牾？盖“礼义之乡”主要指“鲁”，“齐”乃连带言之。 乃置之燕赵——谓后悔当初之安置错误。 ㊴武帝崩，昭帝初立——事在武帝后元二年（前87）。昭帝即位时年八九岁，大权皆在辅政大臣霍光等人之手。 旦果作怨而望大臣——语略生涩。作怨而望：意即怨恨。 ㊵我安得弟在者——我哪里还有这么小的弟弟？ 大将军——指霍光，汉武帝的托孤大臣，时为大司马大将军。 ㊶缘恩宽忍——由于和刘旦是亲兄弟，故而宽宏隐忍。 抑案不扬——指将问题压下，没有张扬。 ㊷公卿使大臣——“使”字系衍文，应删。 宗正——主管刘氏宗族事务的官员，以刘氏中年高有德者任之，不知其人为谁。 太中大夫公户满意——姓公户，名满意，官任太中大夫。太中大夫是皇帝的侍从官员，多以博学者为之，以备参谋顾问。 御史——御史大夫的属官，主管监察、弹劾。 偕往使燕——共同前往燕国。 风喻之——示意让刘旦主动认罪。 ㊸各异日，更见责王——错开时间，各自分别会见并谴责刘旦。更：轮番。 ㊹主宗室诸刘属籍——属籍：类似今之所谓“家谱”。 列陈道——按：三字意思重复，即为之讲说。 ㊺侍御史——即上文所说的“御史二人”，御史大夫的属官，负责举劾非法。 责之以正法——依照国家大法谴责其罪状。 ㊻王犯纤介小罪过，即行法直断耳——意思是即使你犯了很小的罪过,也要受到国法的惩处。　安能宽王——意谓(今天你犯了如此弥天大罪)国家还怎么能宽恕你。　㊼惊动以文法——以法律条文对之进行恫吓。　㊽王意益下,心恐——刘旦的气焰越来越低,开始害怕了。　㊾文章尔雅——谓公户满意说起话来温文尔雅、引经据典,气度不凡。文章:指公户满意的一套套言辞。尔雅:宽和有涵容。　㊿内有异姓大夫,所以正骨肉也——按:此"异姓"应作"同姓",下句"同姓"应作"异姓"。正骨肉:纠察皇族内部的犯罪者。　51诛其两弟——指西周成王时,管叔、蔡叔伙同纣子武庚造反,被周公讨平,管叔与武庚被杀,蔡叔被流放事。　故治——所以能得到太平。　52今昭帝始立——陈仁锡认为:"昭帝"当作"皇帝"。　年幼,富于春秋——按:语意重复,"富于春秋"四字当省。富于春秋:指年轻,未来的时光尚长。　53未临政——尚未亲自管理政权。　委任大臣——指霍光等当时执政。　54诛罚不阿亲戚——不因亲戚而曲法。阿:曲。　55和合骨肉——调和刘旦与昭帝的兄弟关系。　难伤之以法——谓不方便以法伤之,遂又将其放过。　56复与左将军上官桀等谋反——事在昭帝元凤元年(前80)。上官桀:姓上官,名桀,时任左将军。上官桀本来与霍光等都是昭帝的佐命大臣,且与霍光是亲戚。后来二人发生矛盾,上官桀与刘旦勾结朝臣桑弘羊、武帝女盖长公主等群起诬告霍光谋反,企图拥立刘旦为帝,以消灭昭帝、霍光等,结果事败被诛。　57我次太子——我的年岁只比戾太子刘据小。按:刘旦其实也比齐王刘闳小,但当时刘闳已去世。　58抑我——压制我。　59兰根与白芷——都是香草名。　渐之滫(xiū)中——浸泡在臭水里。渐:浸染,浸泡。滫:淘过米的水。泛指臭水。　不服——不佩戴在身。按:以上"传曰"数语见《荀子·劝学》。　所以渐然也——这是慢慢受浸染形成的。

[**简评**]　关于此文的作者,自古争论不休。有说"太史公曰"以前的部分为史公之原作,盖史公搜集了原始资料,而未及编写成文者。也有说"太史公曰"以前之资料乃褚先生所收集,原本在褚先生的"序文"下,而被褚先生以后的人移到了作品的

开头，且又伪造了一个“太史公曰”，以乱假成真。后面这个说法是比较合乎情理的，我们仔细分析褚先生的序言便可以弄清真伪。

本文虽非史公之原作，但仍有其价值，而且还是很有特色的。首先可以让我们看到帝王与群臣之间的那种虚应故事，纯粹是在演戏。封刘胥为齐王，是武帝与王夫人在卧室中早已定下来的；而运作起来，则首先由霍去病貌似是出以“忠”心，实则是“谄媚”地恳切提出，而后交由大臣们讨论；接着是大臣们毫不迟缓地提出请求，请皇帝批准；而皇帝则又很像是“大公无私”，谦虚谨慎，一连几次地驳回大臣们的建议。作品的“太史公曰”中说这些是“天子恭让，群臣守义”，其实正如吴见思所说：“闺房私语，已定王齐，觉以前诏奏，皆属虚文。”妙哉斯言！自古以来，统治者之间的这种“虚文”不知有多少，即如王莽、曹丕、司马炎、刘裕等人的篡位，不也是一定要“禅让”多次，“辞让”多次，最后才“接受”下来吗？另一方面，通过这篇文章可以让我们看到汉王朝决定一件重要事情的具体程序，而这些是其他任何作品中所没有记载过的，单是凭这一点，这篇作品就足以令我们刮目相看。三篇策文的写法，完全是模仿《尚书》，词语古奥，使人读起来有一种“庄严肃穆”之感，却也是几则很滑稽、很有趣味的小文章。

［**集评**］《太史公自序》：“三子之王，文辞可观，作《三王世家》第三十。”

王鸣盛曰：“《三王世家》，武帝之子，所载直取请封三王之疏及三封策录之，与他王叙述迥异，则迁特漫尔钞录，犹待润色，未成之笔也。据《汉书·武五子传》，武帝六男，卫皇后生戾太子，赵婕妤生昭帝，王夫人生齐怀王闳，李姬生燕剌王旦、广陵厉王胥，李夫人生昌邑哀王髆。迁但取闳、旦、胥，不及戾太子及髆者，闳、旦、胥之封在元狩六年，迁书迄太初，则三王自应入‘世家’。髆封于天汉四年，既有所不及书；而戾太子之败在征和二年，迁固目击其事，前则因其为太子，不当入‘世家’；后则既败，不复补书，且有所讳也。”（《十七史商榷》）

郭嵩焘曰：“史公赞言‘燕齐之事，无足采者’，故特录其疏议制诏之文，以著其封国之原始，以三王立未久，其事迹本无可采也。……武帝三王以元狩六年封，时武帝即位已十四年矣。君臣相与逊让，以文辞争胜，史公录之，亦见汉世典章。凡诏令之行，由尚书令下之御史，由御史下之丞相，与其一时议事之制，备具于篇，实亦一朝之故实也。褚少孙谓‘求其世家不可得’，传《史记》者遂以阙文言之，岂非孟浪！”（《史记札记》）

朱东润曰：“《三王世家》则因褚先生自言论次其真草诏书，编于左方，其非迁作，尤无异议。就其赞文观之，则作于元凤元年燕王旦坐谋反自杀，及五凤四年广陵王胥坐祝诅上自杀之间，语别见。然赞称‘太史公曰’，寻他篇亦多如此。此非褚先生故遗阙漏以待后人之发覆，直以一则古人有言公之义，二则好事之徒，相次撰续，袭太史公旧称而名之，此则《史记》诸赞之不出于一人，有明验矣。”（《史记考索》）